1위
박문각

2024

순경공채 | 경력채용 | 경위공채 시험대비 전면개정판

# 박문각 경찰

# 박용증
# 아두스 경찰학

## 진도별 기출문제집

박용증 편저

동영상강의 www.pmg.co.kr

두문자로 쏙쏙 암기하는

**아**름다운 **두**문자 **스**토리 **경찰학!**

박문각

PREFACE

# 이 책의 머리말

## 잘 만든 두문자 하나, 10회독보다 낫다!

경찰학은 전형적인 암기과목입니다. 이해를 바탕으로 철저하게 암기할 때 합격 점수를 받을 수 있습니다. 핵심은 '어떻게 암기하느냐?'입니다. 우직하게 반복으로만 공부하면 언젠가는 외울 수 있겠지만 너무 비효율적이고 지칩니다. 그리고 여전히 시험장에서 정답에 확신이 없게 됩니다. 그러나 잘 만들어진 두문자는 개념을 명쾌하게 정리하고 헷갈리지 않게 합니다. 어떤 시험에서든 안정적으로 고득점을 하게 합니다.

천재는 노력하는 자를 이길 수 없고, 노력하는 자는 즐기는 자를 이길 수 없습니다. 그런데 즐기는 자도 이길 수 없는 사람은 "두문자로 외운 사람"입니다.

이 교재에서 사용하는 아두스에는 뇌를 자극하기 위해 오감을 활용한 사실적인 표현들이 많습니다. 다소 저속한 표현도 있고 어떤 것은 너무 유치해서 손이 오그라드는 것도 있습니다. 거슬리는 표현이 있더라도 그것은 암기를 위한 기술적인 방법일 뿐 필자의 본래 의도가 아님을 이해하여 주시기 바랍니다. 암기를 위한 아두스는【 】로 표시하였습니다.

여러분과 함께 좋은 수험서를 만들어 나가겠습니다. 아두스로 공부하신 모든 분들이 모두 좋은 성적을 얻고 반드시 합격하기를 기원합니다.

박용증

FEATURE

# 이 책의 특징

## 기억과 암기법

### 1. 기억의 속성

기원전 500년, 그리스에 시모니데스라는 시인이 있었다. 그가 왕이 주관한 연회에 참석하였다가 잠시 밖으로 나온 사이에 돌로 지어진 연회장이 무너졌다. 이때 시모니데스는 연회장에 있던 모든 사람들의 이름과 위치를 정확하게 기억하였다. 당시 시인들은 서너 시간 동안의 이야기나 대서사시를 외우기 위한 그들만의 암기법을 사용하고 있었다고 한다. 이 일화로 시모니데스는 기억법의 아버지로 불리게 되었다.

원숭이 엉덩이는 빨~개
빨가면 사과
사과는 맛있어
맛있으면 바나나
바나나는 길어
길으면 기차
기차는 빨라
빠르면 비행기
비행기는 높아
높으면 백두산

지금도 기억하는 재밌는 동요이다. 이 동요에서 키워드는 '원숭이', '사과', '바나나', '기차', '비행기', '백두산'이다. 이 노래를 모르는 상태에서 6개의 단어를 순서대로 외우라고 하면 쉽지 않다. 외웠다고 하더라도 불과 몇 분 후면 희미해진다.

이 노래를 아직도 기억할 수 있는 것은 각 키워드 사이를 연결하는 고리가 있기 때문이다. 이 고리는 논리적인 듯하면서 아닌 듯도 하다. 빨간 것이 어찌 사과뿐인가? 맛있는 것은 또 얼마나 많은데 하필 바나나인가? 어쨌든 이 노래 덕분에 키워드 6개를 순서대로 암기할 수 있다.

가끔은 잊었다고 생각한 것들이 어떤 일을 계기로 소환된다. 1주일 전에 무엇을 했는지 생각하면 떠오르는 것이 거의 없지만, 그날 있었던 일 중 한 가지만 제대로 기억하면 다른 일들도 연쇄적으로 기억할 수 있다. 기억은 서로 연결되어 저장되는 속성 때문에 하나의 실마리만 잘 잡으면 전체를 기억할 수 있다.

### 2. 암기법은 뼈대를 세우는 것이다

기억력과 암기력은 비슷해 보이지만 차이가 있다. 기억력은 이전에 입력된 경험을 저장하고 있다가 필요할 때 끄집어내는 능력이고, 암기력은 의도적으로 잊지 않기 위해 노력하여 기억하는 것이다. 시모니데스는 평소 훈련으로 기억력이 좋았던 것이고, 동요는 기억의 연상법과 노래를 결합한 암기법의 일종이다. 기억력을 높이기 위해서는 좋은 음식을 먹고 적당한 운동을 하는 등 집중력을 높이는 다양한 방법이 있겠지만, 암기력을 높이기 위해서는 디테일한 기술적인 방법이 필요하다.

건물을 지을 때는 뼈대부터 단단히 세운다. 기둥이 튼실하면 벽이나 천장 같은 것은 기둥에 잘 연결만 하면 집을 완성할 수 있다. 우리가 공부하는 지식들은 스토리가 없고 자극이 약해서 마치 바다에 둥둥 떠다니는 쓰레기처럼 가만히 두면 흩어져 버린다. 태평양 어딘가에는 흘러 다니던 쓰레기들이 서로 엉겨 붙어서 작은 섬을 이루고 있다고 한다. 망망대해에서도 어떤 기댈 것만 있으면 얼마든지 붙들어 둘 수가 있다. 암기법은 기억이라는 조각들을 뭉치게 하는 기초 작업이다.

### 3. 암기법을 찾는 것은 낫을 가는 것이다

가을의 한 농촌 마을. 두 농부가 논에서 열심히 벼를 베고 있었다. 한 사람은 허리를 펴는 법 없이 계속 뱄다. 그러나 다른 한 사람은 중간마다 논두렁에 앉아 쉬었다. 노래까지 흥얼거렸다. 저녁이 되어 두 사람이 수확한 벼의 양을 비교해 보았다. 틈틈이 논두렁에 앉아 쉬었던 농부의 수확량이 훨씬 더 많았다. 쉬지 않고 이를 악물고 열심히 일한 농부가 따지듯 물었다.

"난 한 번도 쉬지 않고 일했는데 이게 도대체 어떻게 된 거야?"

틈틈이 쉰 농부가 빙긋이 웃으며 대답했다.

"난 쉬면서 낫을 갈았거든."

(출처: 『노는 만큼 성공한다』, 김정운, 21세기북스, 2021)

## 아두스 숫자법

### 1. 기본 원리

매년 채용시험에서 20~30% 정도는 숫자와 관련된 문제가 출제된다. 숫자 문제는 정확하게 암기하고 있지 않으면 정답을 찾을 수 없다. 경찰학을 공부하면서 대략 200여 개의 숫자를 접하게 된다. 이렇게 많은 숫자를 암기하기 위해서는 요령이 필요하다. 아무리 천재라도 절대 반복만으로 200여 개의 숫자를 외울 수 없다.

숫자에는 뜻이 없지만 '24'는 '이사'로, '79'는 '친구'로 바꿀 수 있다. '한라산 1,950미터'는 '한(1)번 구(9)경 오십(50)시오'로, '에베레스트 8,848미터'는 에베레스트가 네팔에 있기 때문에 '팔팔네팔'로 생각하면 쉽게 외울 수 있다. 이처럼 숫자를 의미 있는 한글로 바꾸어 스토리텔링을 하면 오래 기억할 수 있게 된다.

숫자를 한글로 바꾸는 체계적인 법칙이 「아두스 숫자법」이다. 숫자 하나를 한 개의 글자로 치환하여 의미 있는 단어로 만드는 것이다. 0에서 10까지 숫자에 한글의 자음과 모음을 지정하고, 지정된 한글의 초성으로 단어를 만든다.

**◈ 아두스 숫자 변환표**

| 구분 | | 1 | 2 | 3 | 4 | 5 | 6 | 7 | 8 | 9 | 0 | 10 |
|---|---|---|---|---|---|---|---|---|---|---|---|---|
| 원칙 | 자음 | ㅎ | ㄷ | ㅅ | ㄴ | ㅁ | ㅂ | ㅊ,ㅈ | ㅍ,ㅌ | ㄱ,ㅋ | | |
| | 모음 | ㅏ | ㅑ | ㅓ | ㅕ | ㅗ | ㅠ | ㅜ | ㅛ | ㅡ | ㅣ | |
| 예외 | | 일 | 이,리 | | 사 | 다 | 여 | | | | 영,공<br>빵,떡 | 열,장<br>'시'류 |

**자음 암기**: 한둘셋넷 미비 칠팔구 | **모음 암기**: 아야어여 오육 우표 으이

숫자 1은 'ㅎ'이 초성인 모든 글자이다. 모음과 받침은 무시한다. 1에 해당하는 말은 '하, 학, 한, 할 ~' 등이다. 예외적으로 '일'은 'ㅎ' 초성이 아니지만 1에 포함된다. 같은 방법으로 숫자 2는 초성이 'ㄷ'으로 되는 '닥, 단, 달 ~' 등이고, 예외로 '이'와 '리'가 있다. 4의 예외로 '사', 5의 예외로 '다섯'의 '다'가 있고, 6의 예외로 '여섯'의 '여'가 있다.

숫자에 대칭하는 자음은 숫자의 발음과 관련된다. 1~4는 '하나, 둘, 셋, 넷'의 초성자인 'ㅎ, ㄷ, ㅅ, ㄴ'으로, 7~9는 'ㅊ, ㅍ, ㄱ'으로 지정된다. 숫자 '0'은 자음의 지정 없이 모음 'ㅣ'와 예외인 '영, 공, 빵, 떡'으로만 구성되어 있다. 5와 6은 초성이 'ㅇ'으로 같아서 구별을 위하여 'ㅁ'과 'ㅂ'을 사용한다. 자음의 5번째가 ㅁ이고 6번째가 ㅂ이다. 5와 6은 자음이 '미비'하다고 생각하면 'ㅁ'과 'ㅂ'을 쉽게 떠올릴 수 있다. 자음의 순서를 『한둘셋넷 미비 칠팔구』로 암기하고 각 초성이 숫자값이 된다. 추가된 자음으로 'ㅈ,

ㅌ, ㅋ'이 있는데, 이들은 기본 자음에 보조적으로 사용한다.

특별한 자음으로 'ㄹ'과 'ㅇ'이 있다. 이들은 아무런 숫자에도 지정되어 있지 않다. 'ㄹ'과 'ㅇ'이 초성이 되면 변환표에서 'ㅏ, ㅑ, ㅓ, ㅕ' 등 모음에 지정된 숫자가 그 값이 된다. 숫자를 모음으로 바꾸면, 1은 '아, 악, 안, 알 ~' 또는 '라, 락, 란, 랄 ~' 등이 될 수 있다. 2는 '야, 약, 얀, 얄 ~' 또는 '랴, 략, 랸 ~' 등이 된다.

모음은 1~0까지 순서대로 지정되었지만, 예외로 'ㅛ'와 'ㅠ'의 자리가 바뀌었다. 'ㅛ'가 8이 되고 'ㅠ'가 6이다. '6(육)'의 발음에 맞추기 위하여 'ㅠ'를 6으로 옮긴 것이다. 모음의 순서가 빨리 생각날 수 있도록 『아야어여 오육 우표 으이』로 암기할 수 있다. '표'의 'ㅍ'에서 8을 연상할 수 있다.

쌍자음은 단자음과 같다. '싸'는 '사'와 같아서 4가 되고, '짜'는 '자'와 같아서 7이 된다. 복모음은 먼저 나오는 단모음 숫자와 같다. 'ㅐ'는 'ㅏ'와 같아서 1이 되고, 'ㅙ'는 'ㅗ'와 같아서 5가 된다.

## 2. 2벌식, 3벌식 응용

아두스 숫자법은 한 글자의 「초성」만으로 숫자 1개를 표현한다. 이런 방식을 1벌식이라고 한다면, 한 글자의 「초성 + 중성」으로 숫자 2개를 표현(종성 받침은 무시)하는 것을 2벌식, 「초성 + 중성 + 종성」으로 숫자 3개를 표현하는 것을 3벌식이라고 할 수 있다. '학'이라는 글자는 1벌식에서는 1(ㅎ)이 되고, 2벌식에서는 11(ㅎ+ㅏ)이 되며, 3벌식에서는 119(ㅎ+ㅏ+ㄱ)가 된다. 큰 숫자는 2 · 3벌식을 사용하는 것이 훨씬 편리하다. 하지만, 2 · 3벌식은 한글 발음과 연계되지 못하고 만들어지는 글자가 다양하지 못하기 때문에 예외적으로 사용한다. 본서에서는 2벌식을 한 번만 사용하였다.

**확성기 등의 소음기준**(집시법 시행령 별표2)

| 구분 | 대상 지역 | 시간대 | | |
|---|---|---|---|---|
| | | 주간<br>(07:00~해지기 전) | 야간<br>(해진 후~24:00) | 심야<br>(00:00~07:00) |
| 등가소음도<br>(Leq) | 주거지역, 학교, 종합병원 | 65 이하(뽀) | 60 이하(삐) | 55 이하(목) |
| | 공공도서관 | 65 이하(뽀) | 60 이하(삐) | |
| | 그 밖의 지역 | 75 이하(초) | 65 이하(보) | |
| 최고소음도<br>(Lmax) | 주거지역, 학교, 종합병원 | 85 이하 | 80 이하 | 75 이하 |
| | 공공도서관 | 85 이하 | 80 이하 | |
| | 그 밖의 지역 | **95 이하** | | |

* 【주학종 도그(dog) 뽀삐목 뽀삐 초보】 애완견 뽀삐가 목줄하는 것이 처음이어서 초보라는 의미이다. 'ㅃ'과 'ㅂ'은 같으므로 65는 'ㅃ(6)'과 'ㅗ(5)'가 되고, 60은 'ㅃ(6)'과 'ㅣ(0)'가 된다. 같은 방법으로 55는 ㅁ(5)과 ㅗ(5)가 되고 75는 ㅊ(7)과 ㅗ(5)가 된다. 최고소음도는 등가소음도에 20을 더한 값이지만 그 밖의 지역만 예외적으로 95로 통합되었다.

### ◈ 아두스 숫자 변환표

| 구분 | 1 | 2 | 3 | 4 | 5 | 6 | 7 | 8 | 9 | 0 | 10 |
|---|---|---|---|---|---|---|---|---|---|---|---|
| 원칙 | ㅎ | ㄷ | ㅅ | ㄴ | ㅁ | ㅂ | ㅊ,ㅈ | ㅍ,ㅌ | ㄱ,ㅋ | | |
| | ㅏ | ㅑ | ㅓ | ㅕ | ㅗ | ㅠ | ㅜ | ㅛ | ㅡ | ㅣ | |
| 예외 | 일 | 이,리 | | 사 | 다 | 여 | | | | 영,공<br>빵,떡 | 열,장<br>'시'류 |

**자음 암기**: 한둘셋넷 미비 칠팔구
**모음 암기**: 아야어여 오육 우표 으이

### ◈ 변환 법칙

**1.【초성】** 단어의「초성」으로 숫자 1개를 표현, 중성과 종성은 무시
　예 12 = 호두, 13 = 학생

**2.【ㄹ=ㅇ】** 'ㄹ, ㅇ'이 초성일 때는 중성 모음이 숫자 값
　예 오, 로 = 5, 유, 류 = 6, 요, 료 = 8

**3.【쌍자음 = 단자음】** 쌍자음은 단자음과 숫자 값이 같음.
　예 까 = 가, 따 = 다

**4.【복모음 = 첫 단모음】** 복모음은 먼저 나오는 단모음 숫자 값으로 함.
　예 ㅐ = ㅏ(1), ㅙ = ㅗ(5)

**5.【0 ~ 99】** 긴 숫자는 두 자리씩 끊어서 말을 만듦.
　예 123456 : 회담(12)이 성사(34)되었다는 오보(56)

**6.【'시'류】** '시'류는 '시' 또는 '씨'에 받침이 다른 것을 의미
　예 시, 식, 신, 실, 심, 십, 싯, 싱, 씨, 씩 ~

※ 장 : 화투에서 10을 이르는 말

CONTENTS

# 이 책의 **차례**

## 제5편 각론

**박용증 아두스 경찰학**
진도별 기출문제집

두문자로 쏙쏙 암기하는

**아**름다운 **두**문자 **스**토리 **경찰학!**

PART

01

# 경찰학 기초이론

PART

# 01 경찰학 기초이론

## 제1장 경찰과 경찰학

### 제1절 경찰의 개념

**01 대륙법계 경찰개념에 관한 설명으로 가장 적절하지 않은 것은?** 〈23 채용1차〉

① 경찰이란 용어는 라틴어의 Politia에서 유래한 것으로 도시국가에 관한 일체의 정치, 특히 헌법을 지칭하였다.
② 경찰국가시대는 국가작용의 분화현상이 나타나 경찰개념이 외교·군사·재정·사법을 제외한 내무행정 전반에 국한되었다.
③ 크로이쯔베르크(Kreuzberg) 판결에 의하면 경찰청이 일반수권 규정에 근거하여 법규명령을 발할 수 있는 분야는 소극적 위험방지 분야에 한정된다.
④ 경찰은 시민으로부터 자치권한을 위임받은 조직체로서 시민을 위한 기능과 역할에 초점을 맞추어 형성되었다.

해설 ④ (×) 자치권에 근거하고 시민을 위한 역할과 기능 중심은 영미법계 경찰개념에 대한 설명이다.

정답 ④

**02 경찰개념의 변천과정에 대한 설명 중 적절하지 않은 것은 모두 몇 개인가?** 〈23 경간〉

가. 16세기 독일의 제국경찰법(1530년)에서 교회행정을 제외한 모든 국가활동을 경찰이라 했다.
나. 17세기 경찰국가시대의 경찰개념은 외교·국방·재정·사법을 제외한 내무행정 전반을 의미했다.
다. 18세기 계몽철학의 영향으로 경찰의 개념이 소극적 위험방지 분야로 한정되었다.
라. 프랑스 지방자치법전(1884년)에서 처음으로 행정경찰과 사법경찰을 구분했다.
마. 프로이센 경찰행정법(1931년)은 경찰의 직무를 적극적 복리증진으로 규정했다.

① 1개 ② 2개
③ 3개 ④ 4개

해설 라. (×) 행정경찰과 사법경찰로 최초로 구분한 법률은 프랑스의 죄와 형벌법전이다.
마. (×) 프로이센 「경찰행정법」에서 경찰은 위험방지를 위하여 의무에 합당한 재량으로 조치하여야 한다고 규정하여 크로이츠베르크 판결에 의하여 발전된 실질적 의미의 경찰개념을 성문화하였다.

정답 ②

**03** **경찰개념에 관한 설명 중 가장 적절하지 않은 것은?** 〈22 채용2차〉

① 경찰의 개념에 대한 정의는 시대 및 역사 그리고 각국의 전통과 사상을 배경으로 발달하기 때문에 일률적으로 정의를 내리기 어렵다.
② 1648년 독일은 베스트팔렌 조약을 계기로 사법이 국가의 특별작용으로 인정되면서 경찰과 사법이 분리되었다.
③ 독일은 제2차 세계대전 이후 보안경찰 이외의 행정경찰사무, 즉 영업경찰, 건축경찰, 보건경찰 등의 경찰사무를 다른 행정관청의 분장사무로 이관하는 비경찰화 과정을 거쳤다.
④ 독일 프로이센 고등행정법원의 크로이쯔베르크 판결을 계기로 경찰의 권한은 소극적 위험방지 분야로 한정하게 되었으며, 비로소 이 취지의 규정을 둔 「경죄처벌법전」(죄와 형벌법전)이 제정되었다.

해설 ④ (×) 크로이츠베르크 판결이 반영된 법률은 경찰행정법이다. 일반란트법(1794)을 적용한 판례가 크로이츠베르크 판결이며 이 판결을 반영한 법률이 경찰행정법이다.

정답 ④

**04** **프랑스 경찰개념의 발달과정에 대한 설명으로 가장 적절하지 않은 것은?** 〈22 경간〉

① 11세기경 프랑스에서는 법원과 경찰기능을 가진 프레보(Prévôt)가 파리에 도입되었고, 프레보는 왕이 임명하였다.
② 프랑스에서 경찰권이론은 14세기에 등장하였는데, 이 이론에 따르면 군주는 개인 간의 결투와 같은 자구행위를 억제하기 위하여 공동체의 원만한 질서를 보호할 권리와 의무를 갖고 있으며, 이를 위한 필수불가결한 조치를 경찰권에 근거하여 갖고 있다고 보았다.
③ 14세기 프랑스 경찰권 개념은 라 폴리스(La Police)라는 단어에 의해 대표 되었는데, 이 단어의 뜻은 초기에는 '공동체의 질서 있는 상태'를 의미했다가 나중에는 '국가목적 또는 국가작용'을 의미하였다.
④ 15세기 말 프랑스에서 독일로 도입된 경찰권이론은 '국민의 공공복리를 위해 강제력을 동원할 수 있는 통치자의 권한'으로 인정되어 절대적 국가권력의 기초를 제공하였다.

해설 ③ (×) 라 폴리스(La Police) : 초기에는 '국가목적 또는 국가작용'을 의미하다가 나중에는 '공동체의 질서 있는 상태'를 의미하였다.

정답 ③

## 05 경찰개념에 대한 설명으로 옳지 않은 것은? 〈21 경간〉

① 1794년 프로이센 일반란트(주)법은 '공공의 평온, 안전과 질서를 유지하고 공중 또는 그 구성원에 대한 절박한 위험을 제거하기 위하여 필요한 수단을 강구하는 것이 경찰의 책무이다'라고 규정하였다.

② 1884년 프랑스의 「지방자치법전」에 의하면 자치체경찰은 공공의 질서·안전 및 위생을 확보함을 목적으로 하며 행정경찰과 사법경찰을 최초로 구분하여 법제화하였다.

③ 크로이츠베르크(Kreuzberg) 판결은 경찰관청이 일반수권 규정에 근거하여 법규명령을 발할 수 있는 분야는 소극적인 위험방지에 한정된다는 사상이 법 해석상 확정되는 계기가 되어 경찰작용의 목적 축소에 기여하였다.

④ 띠톱판결은 행정(경찰)개입청구권을 최초로 인정한 판결이다.

해설 ② (×) **프랑스 죄와** 형벌법전에서 경찰은 개인의 자유**와** 재산, 안전을 위한 기관으로 규정되고 행정경찰**과** 사법경찰로 구분하였다. **【모두 and로 연결됨.】**

정답 ②

## 06 대륙법계의 경찰개념 형성과 발달과정에 대한 설명 중 가장 적절하지 않은 것은? 〈20 법학〉

① 중세의 프랑스에서는 경찰이 국가의 평온한 질서 있는 상태를 의미하였고, 이러한 프랑스의 경찰개념이 15세기 독일로 계수되었다.

② 16세기 독일의 「제국경찰법」에 의해 경찰의 개념은 교회행정의 권한을 제외한 일체의 국가행정을 의미하게 되었다.

③ 크로이츠베르크 판결을 계기로 경찰의 권한이 공공의 안녕, 질서유지 및 이에 대한 위험방지 분야에 한정된다는 취지의 규정을 둔 「프로이센 일반란트법」이 제정되었다.

④ 18세기 이후 계몽주의, 천부인권 사상을 이념으로 한 법치국가의 발전으로 경찰권의 발동은 소극적 위험방지 분야에 국한되는 것으로 이해하게 되었다.

해설 ①② (○) 14세기 프랑스의 경찰개념이 15세기에 독일로 계수되었고, 16세기 독일의 경찰개념에서 교회행정이 제외되었다.
③ (×) 크로이츠베르크 판결을 통해서 경찰은 소극적 위험방지에 한정되었고, 이러한 취지가 반영된 것이 「경찰행정법」이다.

**☞ 독일의 실질적 의미의 경찰개념 발전 과정**

> 퓌터(1776년)의 '임박한 위험' → 일반란트법(1794년)의 '절박한 위험' → 크로이츠베르크 판결(1882년)의 '소극적 위험방지에 한정' → 프로이센 경찰행정법(1931년)의 '의무에 합당한 재량'

④ (○) 법치국가 – 소극적 질서유지(적극행정 제외)

☞ 시대순서: 법치국가 시대의 주요 법령과 판례의 순서는 두문자로 "일죄크지경"이 되며, 16세기 독일의 제국경찰법이 가장 먼저이므로 제국경찰법의 '제'를 포함하면 **【제일죄 크(클)지경】**

정답 ③

## 07 대륙법계 국가의 경찰 개념에 대한 설명 중 옳지 않은 것은? 〈20 경간〉

① 1794년 「프로이센 일반란트법」 제10조에서 경찰관청은 공공의 평온, 안녕 및 질서를 유지하고, 또한 공중 및 그의 개개 구성원들에 대한 절박한 위험을 방지하기 위하여 필요한 기관이라고 규정하였다.

② 1795년 프랑스 「죄와 형벌법전」 제16조에서 경찰은 공공의 질서를 유지하고 개인의 자유와 재산 및 안전을 유지하기 위한 기관이라고 규정하였다.

③ 1882년 프로이센 고등행정법원은 크로이쯔베르크(Kreuzberg) 판결을 통해 경찰관청이 일반수권 규정에 근거하여 법규법령을 발할 수 있는 분야는 위험방지 분야에 한정된다고 판시하였다.

④ 1884년 프랑스 「지방자치법전」 제97조는 경찰의 직무범위에서 협의의 행정경찰적 사무를 제외시킴으로써 경찰의 직무를 소극목적에 한정하였다.

해설 ④ (×) 프랑스 지방자치법전에서 **자치**경찰은 **위생**업무를 담당하였다. **건**축, **영**업, **위**생업무는 협의의 행정경찰 사무에 해당하고, 협의의 행정경찰적 사무는 여전히 경찰의 업무에 포함되었다.

정답 ④

**08** **경찰개념에 대한 설명 중 가장 적절하지 않은 것은?** 〈18 채용3차〉

① 1794년 프로이센 경찰행정법은 "경찰관청은 공공의 평온, 안녕 및 질서를 유지하고 또한 공중 및 그의 개개 구성원들에 대한 절박한 위험을 방지하기 위하여 필요한 조치를 취하는 것은 경찰의 직무이다"라고 규정하였다.
② 행정경찰과 사법경찰은 프랑스에서 확립된 구분으로, 프랑스 「죄와 형벌법전」에서 유래하였다.
③ 경찰개념의 발달과정에서 경찰사무를 타 행정관청으로 이관하는 현상을 '비경찰화'라고 하는데, 위생경찰, 산림경찰 등을 비경찰화 사무의 예로 들 수 있다.
④ 대륙법계 국가의 경찰개념 형성과정은 경찰의 임무범위를 축소하는 과정이었으며 경찰과 시민을 대립하는 구도로 파악하였다.

해설 ① (×) 프로이센 일반란트법 : 경찰은 절박한 위험 방지
**【임플란트는 절박한 고통을 해소】**

정답 ①

**09** **18~20세기 독일과 프랑스에서의 경찰개념 형성 및 발달과정에 관한 설명으로 가장 적절하지 않은 것은?** 〈19 채용2차〉

① 경찰 개념을 소극적 질서유지로 제한하는 주요 법률과 판결을 시간적 순서대로 나열하면 프로이센 일반란트법(제10조)－프랑스 죄와 형벌법전(제16조)－크로이츠베르크 판결－프랑스 지방자치법전(제97조)－프로이센 경찰행정법(제4조)의 순이다.
② 크로이츠베르크 판결은 경찰의 직무범위는 위험방지 분야에 한정된다고 하는 사상이 법해석상 확정되는 계기가 되었다.
③ 프랑스 죄와 형벌법전은 행정경찰과 사법경찰을 최초로 구분하여 법제화하였다는 점에 의의가 있다.
④ 프랑스 지방자치법전은 경찰의 직무범위에서 협의의 행정경찰적 사무를 제외시킴으로써 경찰의 직무를 소극목적에 한정하였다.

해설 ① (○) 법률과 판결의 순서는 16세기 제국경찰법을 포함하여 **【제일죄 크(클)지경】**
④ (×) 프랑스 지방자치법전에서 자치경찰의 업무에 위생업무가 포함되었다. 협의의 행정경찰적 사무(건축, 영업, 위생경찰 등)는 여전히 경찰의 업무에 포함되었다.

정답 ④

**10** **경찰개념의 발달과정에 대한 다음 설명 중 가장 옳은 것은?** 〈17 경간〉

① 14세기 말 프랑스의 경찰개념이 15세기 말 독일에 계수되었고, 16세기 독일 제국경찰법에서 경찰은 외교·군사·재정·사법을 제외한 내무행정 전반을 의미하였다.
② 제2차 세계대전 이후 독일에서는 보안경찰을 포함한 협의의 행정경찰이 다른 행정관청의 사무로 이관되는 비경찰화 과정이 이루어졌다.
③ 프로이센 법원은 크로이쯔베르크 판결을 통해, 경찰관청이 일반적 수권조항에 근거하여 법규명령을 발할 수 있는 분야는 소극적인 위험방지 분야에 한정된다고 보았다.
④ 1884년 프랑스의 지방자치법전 제97조는 '자치단체 경찰은 공공의 질서·안전을 확보함을 목적으로 한다'고 규정하여 위생사무 등 협의의 행정경찰적 사무를 제외하고 경찰의 직무를 소극목적에 한정하였다.

해설 ① (×) 16세기 독일 제국경찰법에서 교회가 제외되었지만 여전히 국정전반을 의미하였다.
② (×) 비경찰화는 보안경찰을 제외한 일반 행정에 부수한 협의의 행정경찰이 이관되는 것이다.
④ (×) 자치경찰에서 위생사무를 담당하였다. 협의의 행정경찰이 여전히 포함되었다.

정답 ③

## 11 크로이쯔베르크(Kreuzberg) 판결에 대한 설명으로 적절한 것을 모두 고른 것은? 〈18 경감〉

㉠ 1882년 프로이센 고등행정법원이 판시하였다.
㉡ 베를린 시민이 Kreuzberg 부근에서 국영 담배공장 운반차에 부상을 당하여 민사법원에 손해배상청구소송을 제기한 사실관계에 기초하여, 손해가 공무원에 의하여 발생한 것이라는 이유에서 관할이 행정재판소로 옮겨지게 된 판결이다.
㉢ 경찰권 발동의 조리상 한계로서 경찰 소극 목적의 원칙 확립의 계기가 되었다.
㉣ 독일에서 경찰개입청구권을 인정한 판결의 효시로 평가된다.

① ㉠, ㉡　② ㉠, ㉢　③ ㉡, ㉣　④ ㉠, ㉡, ㉢

해설 ㉡ (×) 국영 담배공장 운반차에 부상을 당한 사건이 행정재판소로 옮겨져 국가배상 책임이 처음으로 인정된 판결은 프랑스의 블랑코 판결이다. **【(인형) 불량코는 배상】**
㉣ (×) 독일에서 경찰개입청구권을 인정한 판결의 효시는 띠톱판결이다.

정답 ②

## 12 대륙법계 경찰개념에 대한 설명으로 가장 적절하지 않은 것은? 〈19 승진〉

① 17세기 경찰국가 시대에는 국가작용의 분화현상이 나타나 경찰개념이 군사·재정·사법·외교를 제외한 내무행정 전반을 의미하였다.
② 1795년 프랑스 「죄와 형벌법전」 제16조는 '경찰은 공공질서를 유지하고 개인의 자유와 재산 및 안전을 유지하기 위한 기관'이라고 규정하였다.
③ 범죄의 예방과 검거 등 보안경찰 이외의 산업, 건축, 영업, 풍속경찰 등의 경찰사무를 다른 행정관청의 분장사무로 이관하는 현상을 '비경찰화'라고 한다.
④ 대륙법계 경찰의 업무 범위는 국정전반 → 내무행정 → 위험방지 → 보안경찰 순으로 변화하였다.

해설 ③ (×) 풍속경찰은 보안경찰에 해당한다. 비경찰화로 이관된 협의의 행정경찰이 아니다.

정답 ③

## 13 대륙법계 국가의 경찰제도에 관한 다음 설명 중 옳지 않은 것은 모두 몇 개인가? 〈18 경간〉

가. 대륙법계 국가의 경찰개념은 경찰권이라고 하는 일반 통치권적 개념을 전제로, 경찰이 시민을 위해서 수행하는 기능 또는 역할을 중심으로 형성되었다.
나. 1931년 프로이센 경찰행정법에는 경찰관청은 일반 또는 개인에 대한 공공의 안녕과 질서를 위협하는 위험을 방지하기 위하여 현행법의 범위 내에서 의무에 합당한 재량에 따라 필요한 조치를 취하지 않으면 안 된다고 규정하였다.
다. 경찰이란 용어는 라틴어의 Politia에서 유래한 것으로 도시국가에 관한 일체의 정치, 특히 헌법을 지칭하였다.
라. 크로이쯔베르크(Kreuzberg) 판결은 경찰임무의 목적 확대에 결정적인 계기를 만든 판결로 유명하다.
마. 경찰국가시대에 경찰권은 소극적인 치안유지만 할 뿐, 적극적인 공공복지의 증진을 위하여 강제력을 행사할 수 없었다.
바. 17세기 국가작용의 분화 현상이 나타나 경찰개념이 외교·군사·재정·사법을 제외한 내무행정 전반에 국한되었다.

① 1개　② 2개
③ 3개　④ 4개

해설 가. (×) 대륙법계는 경찰권의 **성질·발동 범위 기준**으로, 영미법계는 경찰의 **역할·기능 기준**으로 "경찰활동은 무엇인가", "경찰은 **무엇을 하는가**"에 중점을 두었다.
**【영미야, 자취(자치)방에서 역기 들고 뭐하니?】**
나. (○) **경찰행정법**: 경찰은 의무에 합당한 **재량**으로 조치
**【경찰행정은 무당재량】**
라. (×) 크로이츠베르크 판결은 소극적 위험방지 한정 **【큰소】**
마. (×) 경찰국가 시대에는 적극적 행정도 여전히 포함되어 있다.
바. (○) 17세기 베스트팔렌 조약(1648)을 계기로 국가작용의 분화 현상이 나타났다.

**☞ 경찰권한의 축소과정**
**【중전이 경내 법소에서 2차 비보를 받았다**(장희빈의 삶)**】**

중세시대 – 전반적 국가행정(교회 제외)
경찰국가 – 내무행정(군·사·재·외–제외)
법치국가 – 소극적 질서유지(적극행정 제외)
2차대전 후 – 비경찰화(협의 행정경찰 제외), 보안경찰에 국한

정답 ③

## 14 경찰개념의 형성 및 역사적 변천과정에 대한 설명으로 가장 적절한 것은? 〈19 승진〉

① 16세기 독일 제국경찰법은 교회행정을 포함한 국정 전반을 의미하였다.

② 17세기 대륙법계 국가에서는 국가작용의 분화현상이 나타나 경찰개념이 소극적인 위험방지 분야에 한정되었다.

③ 1794년 프로이센 일반란트법 제10조에서 경찰관청은 공공의 평온, 안녕 및 질서를 유지하고, 또한 공중 및 그의 개개 구성원들에 대한 절박한 위험을 방지하기 위하여 필요한 기관이라고 규정하였다.

④ 대륙법계 국가에서는 '경찰은 무엇인가'라는 문제보다 '경찰은 무엇을 하는가' 또는 '경찰활동이란 무엇인가'라는 문제를 중심으로 경찰개념이 논의되었다.

해설 ① (×) 교회행정을 제외하였다.
② (×) 17세기에 국가작용의 분화현상이 나타났지만, 소극적인 위험방지 업무뿐만 아니라 주민의 복지행정과 같은 적극적인 업무도 포함하고 있었다.
④ (×) 대륙법계는 경찰권의 성질 · 발동 범위 기준으로 '경찰은 무엇인가'를 중심으로, 영미법계는 경찰의 역할 · 기능 기준으로 "경찰활동은 무엇인가", "경찰은 무엇을 하는가" 하는 문제를 중심으로 경찰개념이 논의되었다.

정답 ③

## 15 근대 한국의 경찰개념 형성에 대한 설명으로 가장 적절하지 않은 것은? 〈22 경간〉

① 유길준은 경찰의 기본 업무로 치안에 집중할 것을 강조하면서 '위생'을 경찰업무에서 제외할 것을 주장하였다.

② 유길준은 「서유견문」 '제10편 순찰의 규제'를 통해 경찰제도 개혁을 주장하였다.

③ 유길준은 경찰제도를 행정경찰과 사법경찰로 구분할 것을 주장하였다.

④ 김옥균, 박영효 등이 일본의 경찰제도로부터 영향을 받은 반면, 유길준은 영국의 경찰제도로부터 영향을 받았다.

해설 ① (×) 유길준은 영국 등 서구의 제도를 견문한 한 후 저술한 '서유견문(1895년 출판)'의 '제10편 순찰의 규제'에서 경찰제도의 개혁을 주장하였다. 경찰을 행정경찰과 사법경찰로 분리하고, 치안뿐만 아니라 위생업무를 강조하였다. 한편, 김옥균, 박영효는 일본의 경찰제도로부터 영향을 받았다.

정답 ①

## 16 경찰개념의 형성 및 변천과 관련한 외국의 판례에 관한 설명으로 가장 적절하지 않은 것은? 〈23 경간〉

① 경찰개입청구권을 최초로 인정한 판결은 띠톱 판결이다.

② 일반적 수권조항에 근거한 경찰권의 발동은 소극적인 위험방지 분야에 한정된다는 사상을 확립시킨 계기가 된 판결은 1882년 크로이츠베르크(Kreuzberg) 판결이다.

③ 위법수집증거 배제법칙이 확립된 판결은 맵(Mapp) 판결이다.

④ 국가배상이 인정된 최초의 판결은 에스코베도(Escobedo) 판결이다.

해설 ④ (×) 국가배상책임을 최초로 인정한 판례는 Blanco 판결이고, 에스코베도(Escobedo) 판결은 변호인의 접견교통권을 침해하여 얻은 자백의 증거능력을 부정한 판결이다.

**주요 판례**

| | |
|---|---|
| 블랑코 판결(프)<br>(Blanco, 1873) | 블랑코라는 소년이 국영담배공장 운반차에 사고를 당한 사안에서 국가배상책임을 최초로 인정, 관할은 행정재판소라는 판결<br>**【(인형)불량코는 배상】** |
| 에스코베도(미)<br>(Escobedo, 1964) | 피고인 에스코베도와 변호인의 **접견교통권**을 침해하여 얻은 자백의 증거능력 부정<br>**【베드(bed)에서 접견교통】** |
| 미란다(미)<br>(Miranda, 1966) | 변호인 선임권, 진술거부권 등 권리 **고지** 없이 얻은 자백의 증거능력 부정 **【"미"라고 고지】** |
| 맵 판결(미)<br>(Mapp, 1961) | 맵의 집을 수색하여 폭파사건 혐의자를 찾지 못하자 음란물 소지 혐의로 체포한 사건에서 음란물은 **별건 수사로 취득한 위법한 증거**로서 배제하였다. |
| 띠톱 판결(독)<br>(1960) | 띠톱에서 발생하는 먼지와 소음에 대해 조치를 취해달라는 민원에 대하여, 행정청의 **재량권이 0으로 수축**되어 **행정개입청구권**이 인정된다는 판결 |

정답 ④

**17** **행정법 · 형사법 관련 판결에 대한 ㉠부터 ㉣까지의 설명 중 옳고 그름의 표시(○, ×)가 바르게 된 것은?** 〈18 경위〉

> ㉠ Blanco 판결은 Blanco란 소년이 국영담배공장 운반차에 부상을 당하여 민사법원에 소를 제기하였는데 손해가 공무원에 의하여 발생한 것이라는 이유에서 행정재판소 관할로 옮겨진 사건으로, 공무원에 의한 손해는 국가에 배상책임이 있고 그 관할은 행정재판소라는 원칙이 확립되는 계기가 되었다.
> ㉡ Kreuzberg 판결을 통해 경찰관청이 일반수권 규정에 근거하여 법규명령을 발할 수 있는 분야는 위험방지 분야에 한정된다고 판시하였다.
> ㉢ Escobedo 판결은 변호인과의 접견교통권을 침해하여 획득한 자백의 증거능력을 부정한 판결이다.
> ㉣ Miranda 판결은 변호인선임권, 접견교통권 및 진술거부권을 고지하지 않은 상태에서 이루어진 자백의 증거능력을 부정하여, 자백의 임의성과 관계없이 채취 과정에 위법이 있는 자백을 배제하게 되는 계기가 되었다.

① ㉠(×) ㉡(○) ㉢(×) ㉣(○)
② ㉠(○) ㉡(×) ㉢(○) ㉣(×)
③ ㉠(○) ㉡(○) ㉢(○) ㉣(○)
④ ㉠(○) ㉡(○) ㉢(×) ㉣(○)

정답 ③

**18** **형식적 의미의 경찰개념과 실질적 의미의 경찰개념에 관한 설명으로 옳은 것을 모두 고른 것은?** 〈23 승진〉

> ㉠ 정보경찰은 권력적 작용이므로 실질적 의미의 경찰이다.
> ㉡ 실질적 의미의 경찰은 국가의 일반통치권에 근거하여 국민에게 명령 · 강제하는 권력적 작용으로 독일의 전통적 행정법학에서 정립된 학문상 개념이다.
> ㉢ 형식적 의미의 경찰은 실정법상 보통경찰기관에 분배된 임무를 달성하기 위하여 행해지는 경찰활동으로 그 범위는 나라마다 차이가 있을 수 있다.
> ㉣ 실질적 의미의 경찰은 형식적 의미의 경찰을 모두 포괄한다.

① ㉠㉡ ② ㉡㉢
③ ㉠㉡㉢ ④ ㉡㉢㉣

해설 ㉠ (×) 실질적 의미의 경찰은 사회공공의 안녕과 질서유지를 위한 일반통치권에 근거한 명령 · 강제하는 작용을 의미하는 것으로 독일의 행정법학자들이 정의하였다. 일반적으로 정보경찰은 국가목적적 작용으로서 사회목적적 작용에 해당하지 않고, 비권력적 활동으로서 명령 · 강제하는 작용에 해당하지 아니하여 형식적 의미의 경찰에 해당한다.
㉣ (×) 실질적 의미의 경찰 또는 형식적 의미의 경찰은 서로를 포함하는 관계가 아니다. 공통된 부분도 있고, 형식적 의미의 경찰에만 포함되거나 실질적 의미의 경찰에만 포함되는 것이 있다.

정답 ②

**19 형식적 의미의 경찰과 실질적 의미의 경찰에 관한 설명으로 가장 적절하지 않은 것은?** 〈23 채용1차〉

① 형식적 의미의 경찰은 실정법상 개념으로 보통경찰기관에 분배되어 있는 임무를 달성하기 위하여 행하여지는 일체의 경찰작용이다.
② 형식적 의미의 경찰은 모두 실질적 의미의 경찰에 포함된다.
③ 실질적 의미의 경찰은 독일의 행정법학에서 정립된 학문상 개념이다.
④ 실질적 의미의 경찰은 사회공공의 안녕 질서유지와 같은 소극적 목적을 위한 작용이다.

해설> ② (×) 형식적 의미의 경찰과 실질적 의미의 경찰은 어느 한 쪽이 다른 한 쪽을 포함하는 관계가 아니다.

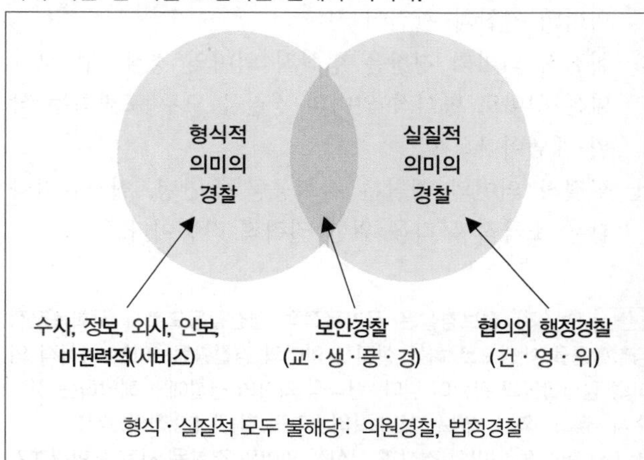


정답 ②

**20 실질적 의미의 경찰과 형식적 의미의 경찰에 대한 설명으로 적절한 것은 모두 몇 개인가?** 〈23 경간〉

| |
|---|
| 가. 실질적 의미의 경찰은 프랑스 행정법학에서 유래한다.<br>나. 형식적 의미의 경찰과 실질적 의미의 경찰은 일치한다.<br>다. 사무를 기준으로 하였을 때 우리나라 자치경찰은 형식적 의미의 경찰과 실질적 의미의 경찰 모두에 해당한다.<br>라. 공물경찰은 실질적 의미의 경찰에 해당한다.<br>마. 사법경찰은 실질적 의미의 경찰에 해당한다. |

① 1개　② 2개
③ 3개　④ 4개

해설> 가. (×) 실질적 의미의 경찰은 독일 행정법학에서 유래한다.
나. (×) 서로 일치하지 아니한다. 형식적 의미의 경찰에만 해당하거나 실질적 의미의 경찰에만 해당하는 것이 있으며, 서로 포함관계도 아니다.
다. (○) 우리나라 자치경찰은 「국가경찰과 자치경찰의 조직 및 운영에 관한 법률」에 의하여 경찰의 사무범위에 속하므로 형식적 의미의 경찰에 해당하고, 사회공공의 안녕과 질서유지를 위하여 명령·강제하므로 실질적 의미의 경찰에도 해당한다.
라. (○) 공물경찰은 공물 사용에 대한 장애를 방지·제거하기 위하여 명령·강제하는 작용으로서 도로경찰, 하천경찰 등이 그 예가 될 수 있다. 실질적 의미의 경찰에 해당하는 협의의 행정경찰의 종류에는 건축경찰, 영업경찰, 위생경찰, 공물경찰 등이 있다.
※ 공물에는 관청사와 같이 행정주체가 사용하는 물건에 해당하는 공용물, 도로나 하천과 같이 일반공중의 사용에 제공된 공공용물, 문화재와 같이 물건의 보존을 목적으로 하는 보존공물이 포함된다.
마. (×) 사법경찰은 과거 행위에 대한 수사로서, 현재 또는 장래의 질서유지를 목적으로 하는 실질적 의미의 경찰에 해당하지 아니한다.

정답 ②

## 21 실질적 의미의 경찰개념의 역사적 발전과정에 관한 설명 중 가장 적절하지 않은 것은? 〈22 채용1차〉

① 요한 쉬테판 퓌터(Johann Stephan Putter)가 자신의 저서인 『독일공법제도』에서 주장한 "경찰의 직무는 임박한 위험을 방지하는 것이다. 복리증진은 경찰의 본래 직무가 아니다."라는 내용은 경찰국가 시대를 거치면서 확장된 경찰의 개념을 제한하기 위한 노력의 일환으로 볼 수 있다.

② 크로이츠베르크 판결(1882)은 승전기념비의 전망을 확보할 목적으로 주변 건축물의 고도를 제한하기 위해 베를린 경찰청장이 제정한 법규명령은 독일의 『제국경찰법』상 개별적 수권조항에 위반되어 무효라고 하였다.

③ 독일의 경우, 15세기부터 17세기에 이르기까지 경찰은 공동체의 질서정연한 상태 또는 공동체의 질서정연한 상태를 창설하고 유지하기 위한 활동으로 이해되었고, 이러한 공동체의 질서정연한 상태를 창설·유지하기 위하여 신민(臣民)의 거의 모든 생활영역이 포괄적으로 규제될 수 있었다.

④ 1931년 제정된 『프로이센 경찰행정법』 제14조 제1항은 "경찰행정청은 현행법의 범위 내에서 공공의 안녕 또는 공공의 질서를 위협하는 위험으로부터 공중이나 개인을 보호하기 위하여 필요한 조치를 의무에 적합한 재량에 따라 취하여야 한다."라고 규정하여 크로이츠베르크 판결(1882)에 의해 발전된 실질적 의미의 경찰개념을 성문화시켰다.

해설 > ① (○) 1776년 퓌터는 계몽주의의 영향을 받아 경찰의 임무는 소극적 위험의 방지이며 적극적 복리증진은 경찰의 임무가 아니라는 주장을 하였다.
② (×) 크로이츠베르크 판결(1882년)에서 건축물의 높이를 제한하는 베를린 경찰청장의 명령은 위험방지를 위한 조치가 아니라 복지증진을 위한 조치이므로 무효라는 것이다. 이 판결은 '경찰은 절박한 위험을 방지하기 위한 기관'이라는 프로이센의 일반란트법(1794년)에 부합하는 판결로 볼 수 있으며, 또한 개별적 수권조항이 아닌 일반적 수권조항에 위반된다. 제국경찰법은 16세기 제정되었고 경찰의 개념을 교회행정을 제외한 일체의 국가행정을 의미하였으므로 시대적으로 맞지 않을뿐더러 내용적으로도 맞지 않다.

**독일의 실질적 의미의 경찰개념 발전 과정**

> 퓌터(1776년)의 '임박한 위험' → 일반란트법(1794년)의 '절박한 위험' → 크로이츠베르크 판결(1882년)의 '소극적 위험방지에 한정' → 프로이센 경찰행정법(1931년)의 '의무에 합당한 재량'

정답 ②

## 22 경찰개념에 대한 설명 중 옳지 않은 것은?

〈20 경간, 20 승진〉

① 일반행정기관이 실질적 의미의 경찰작용을 하는 경우는 있으나, 형식적 의미의 경찰작용을 하지는 않는다.

② 정보경찰의 활동은 실질적 의미의 경찰보다는 형식적 의미의 경찰과 관련이 깊다.

③ 실질적 의미의 경찰은 형식적 의미의 경찰 개념보다 넓은 의미로 형식적 의미의 경찰을 모두 포괄하는 상위 개념이다.

④ 실질적 의미의 경찰은 사회공공의 안녕, 질서유지와 같은 소극적 목적을 위한 권력적 작용이다.

해설 > ② (○) 정보경찰은 국가목적적 경찰활동으로서 사회목적적 경찰활동을 대상으로 하는 실질적 의미의 경찰활동보다는 형식적 의미의 경찰활동과 관련이 깊다. 형식적 의미의 경찰에만 해당하는 것: 수사, 정보, 외사, 안보, 서비스(비권력적 활동) **【수정외안서】**
③ (×) 형식적 의미의 경찰과 실질적 의미의 경찰은 서로 포함관계가 아니다.

정답 ③

**23 다음은 형식적 의미의 경찰개념과 실질적 의미의 경찰개념에 대한 설명이다. 옳은 것은 모두 몇 개인가?** 〈20 채용1차〉

> ㉠ 형식적 의미의 경찰이 언제나 실질적 의미의 경찰이 되는 것은 아니며, 실질적 의미의 경찰이 모두 형식적 의미의 경찰이 되는 것도 아니다.
> ㉡ 실질적 의미의 경찰은 사회공공의 안녕과 질서유지를 위한 권력적 작용이므로 소극목적에 한정된다.
> ㉢ 형식적 의미의 경찰은 사회목적적 작용을 의미하며 작용을 중심으로 파악된 개념이고, 실질적 의미의 경찰은 조직을 기준으로 파악된 개념이다.
> ㉣ 실질적 의미의 경찰은 실무상 정립된 개념이 아니라 학문적으로 정립된 개념으로 독일 행정법학에서 유래하였다.
> ㉤ 「경찰관 직무집행법」 제2조에 규정된 경찰의 직무범위가 우리나라에서의 형식적 의미의 경찰개념에 해당한다.

① 2개　② 3개
③ 4개　④ 5개

해설 ㉢ (×) 실질적 의미의 경찰은 사회목적적 작용을 의미하며 작용을 중심으로 파악된 개념이고, 형식적 의미의 경찰은 조직을 기준으로 파악된 개념이다.

정답 ③

**24 경찰개념에 관한 설명 중 가장 적절하지 않은 것은?** 〈23 채용2차〉

① 경찰개념은 역사적으로 발전되고 형성된 개념이므로, 근대국가에서의 일반적인 경찰개념을 '공공의 안녕과 질서유지를 위한 권력작용'이라고 할 경우, 이는 각국의 실정법상 경찰개념과 반드시 일치한다고는 할 수 없다.
② 실질적 의미의 경찰을 보안경찰과 협의의 행정경찰로 구분하는 것이 일반적 견해라고 할 때, 보안경찰은 독립적인 경찰기관이 관할하지만, 협의의 행정경찰은 각종의 일반행정기관이 함께 그것을 관장하는 경우가 많다.
③ 18~19세기에 등장한 법치국가는 절대주의적 경찰국가에 대항하는 의미에서 자유주의적 법치국가의 성격을 띠었고, 이와 같은 법치국가적 경찰개념이 처음으로 법제화된 경우로는 1794년의 '프로이센 일반란트법'을 들 수 있다.
④ 경찰의 개념을 형식적 의미의 경찰과 실질적 의미의 경찰로 구분할 때, 사법경찰(수사경찰)은 실질적 의미의 경찰에 포함된다.

해설 ④ (×) 실질적 의미의 경찰은 현재의 질서유지를 목적으로 한다. 사법경찰(수사경찰)은 과거의 행위에 대한 수사라는 점에서 실질적 의미의 경찰에 해당할 수 없고, 형식적 의미의 경찰에 해당한다.

정답 ④

## 제2절 경찰의 분류

**01 경찰개념의 분류와 내용에 대한 설명 중 가장 적절하지 않은 것은?** 〈20 법학〉

① 실질적 의미의 경찰개념은 사회 질서유지와 봉사활동과 같은 현대 경찰의 핵심적인 기능을 수행하는 경찰을 의미한다.
② 형식적 의미의 경찰개념은 경찰작용의 성질과는 관계없이 실정법상 경찰기관의 권한에 속하는 모든 작용을 의미한다.
③ 경찰권 발동의 시점을 기준으로 예방경찰과 진압경찰로 구분할 수 있다.
④ 일반행정기관이 실질적 의미의 경찰작용을 하는 경우는 있으나, 형식적 의미의 경찰작용을 하지는 않는다.

해설 > ① (×) 실질적 의미의 경찰은 명령·강제하는 활동이며 봉사활동과 관련되는 것은 형식적 의미의 경찰이다.
② (○) 실질적 의미의 경찰 : **독일**(프랑스 ×)의 **학**문적, 이론적 개념, **사**회적 목적 한정(정보·외사·안보 ×), **일**반 통치권에 기초(의원·법정경찰 ×), **작**용중심, **명**령·강제(권력적) 활동 한정(서비스 활동 ×), **소**극적(질서유지) 목적 한정 **【독학 사일**(하고) **작명소**(차렸다)**】**
③ (○) 경찰권 발동 **시**점을 기준으로 **예**방경찰과 **진**압경찰로 구분된다. **【예진씨(시)】**

정답 ①

**02 경찰의 개념 중 형식적 의미의 경찰과 실질적 의미의 경찰에 대한 설명으로 가장 적절한 것은?** 〈17 채용2차〉

① 실질적 의미의 경찰 개념은 이론상·학문상 정립된 개념이 아닌 실무상으로 정립된 개념이며, 독일 행정법학에서 유래하였다.
② 경찰이 아닌 다른 일반 행정기관 또한 경찰과 마찬가지로 형식적 의미의 경찰에 해당하는 활동을 할 수 있다.
③ 실질적 의미의 경찰은 형식적 의미의 경찰 개념보다 넓은 의미로 형식적 의미의 경찰을 모두 포괄하는 상위 개념이다.
④ 형식적 의미의 경찰이란 실정법상 보통 경찰기관에 분배되어 있는 임무를 달성하기 위해 행하여지는 경찰활동을 의미한다.

해설 > ① (×) 실질적 의미의 경찰 – 학문적 – 이론적 개념, 형식적 의미의 경찰 – 실정법 – 실무상 개념
② (×) 일반 행정기관은 형식적 의미의 경찰이 될 수 없다.
③ (×) 실질적 의미의 경찰과 형식적 의미의 경찰은 서로 포함관계가 아니다.

정답 ④

**03 경찰의 분류에 대한 설명으로 가장 적절하지 않은 것은?** 〈23 경간 변형〉

① 우리나라는 조직법상 행정경찰과 사법경찰의 구분이 없으며, 보통경찰기관이 양 사무를 모두 담당한다.
② 예방경찰과 진압경찰은 경찰권 발동 시점에 따른 구분이다.
③ 행정경찰은 주로 과거의 상황에 대하여 작용하며, 사법경찰은 주로 현재 또는 장래의 상황에 대하여 작용한다.
④ 질서경찰과 봉사경찰은 경찰 활동 시 강제력의 사용유무로 구분된다.

해설 > ③ (×) 행정경찰은 주로 현재 또는 장래의 상황에 대한 것이고, 사법경찰은 주로 과거의 상황에 대한 것이다.

정답 ③

**04** **경찰의 분류에 대한 설명으로 적절한 것은 모두 몇 개인가?** 〈22 경간〉

> 가. 고등경찰과 보통경찰의 구별은 독일에서 유래한 것으로 경찰에 의하여 보호되는 법익을 기준으로 한 구별이다.
> 나. 질서경찰과 봉사경찰은 경찰서비스의 질과 내용에 따라 구분한 것으로 범죄수사는 질서경찰에 해당하고 방범순찰은 봉사경찰에 해당한다.
> 다. 평시경찰과 비상경찰은 위해의 정도 및 담당기관에 따라 구분한 것으로 평시경찰은 보통경찰기관이 행하는 경찰작용이고 비상경찰은 비상사태 발생으로 계엄이 선포될 경우 계엄법에 따라 군대가 담당하는 경찰작용이다.
> 라. 보안경찰과 협의의 행정경찰은 권한의 책임과 소재에 따라 구분한 것으로 풍속경찰은 보안경찰에 해당하고 산림경찰은 협의의 행정경찰에 해당한다.
> 마. 행정경찰과 사법경찰은 경찰의 목적에 따른 구분이며 삼권분립 사상에서 유래하였다.

① 2개　　② 3개
③ 4개　　④ 5개

해설> 가. (×) 고등경찰과 보통경찰의 구별은 **프랑스에서 유래**한 것으로 경찰에 의하여 보호되는 법익을 기준을 한 구별이다. 고등경찰은 국가의 존립과 유지를 보장하기 위한 활동을 의미하고(국가적 법익), 보통경찰은 일반사회의 안녕과 질서유지를 목적으로 하는 활동을 의미한다. 보호법익에 따른 구분이다.
나. (○) 경찰활동의 질과 내용에 따른 구별은 질서경찰과 봉사경찰이다.
다. (○) **위해**의 정도에 따라서 **비상**경찰과 **평시**경찰로 구분된다.
**【(널) 위해 비평】**
라. (×) 업무의 독자성 여부에 따라서 보안경찰과 협의의 행정경찰로 구분되며, 권한의 책임과 소재에 따른 구분은 국가경찰과 자치경찰이다.
마. (○) 3권 분립 사상에 따라서 사법경찰과 행정경찰로 구분된다.

정답 ②

**05** **경찰의 분류에 대한 설명 중 가장 적절하지 않은 것은?** 〈21 법학〉

① 영미법계는 행정경찰과 사법경찰을 구분하지 않지만 대륙법계는 양자를 구분한다.
② 국가수사본부의 설치로 한국의 사법경찰은 보통경찰기관에서 완전히 독립하여 운영되고 있다.
③ 협의의 행정경찰은 오늘날 제도적으로 경찰이라고 불리지 않는다.
④ 업무 독자성의 구분에 따르면 보안경찰에는 생활안전경찰, 풍속경찰, 교통경찰, 경비경찰 등이 이에 해당한다.

해설> ② (×) 우리나라는 행정경찰과 사법경찰을 구분하지 않으며, 국가수사본부장은 경찰청장의 보조기관에 해당하며 독립된 행정관청이 아니다.
③ (○) 협의의 행정경찰은 건축, 영업, 위생 업무 등을 말하며, 실질적 의미의 경찰에만 해당하고 제도적 경찰이라고 볼 수 있는 형식적 의미의 경찰에는 해당하지 않는다.

정답 ②

**06** **경찰의 분류에 대한 설명으로 가장 적절하지 않은 것은?** 〈21 채용2차〉

① 우리나라에서는 보통경찰기관이 행정경찰 및 사법경찰 업무를 모두 담당한다.
② 진압경찰은 이미 발생한 위해의 제거나 범죄의 수사를 위한 경찰작용으로 범죄의 수사, 범죄의 제지, 총포・화약류의 취급 제한, 광견의 사살 등이 있다.
③ 봉사경찰은 서비스・계몽・지도 등 비권력적인 수단을 통하여 경찰의 직무를 수행하는 경찰활동으로 방범지도, 청소년선도, 교통정보제공 등이 있다.
④ 협의의 행정경찰은 다른 행정작용에 부수하여 그 행정작용과 관련해서 발생하는 위험을 방지하기 위해 행해지는 경찰작용으로 경제경찰, 산림경찰, 철도경찰 등이 있다.

해설> ② (×) 총포・화약류의 취급 제한은 예방경찰이다.

정답 ②

## 07 경찰의 분류에 대한 설명으로 가장 적절하지 않은 것은? 〈21 채용1차〉

① 행정경찰과 사법경찰: 경찰의 목적에 따라 구분하며, 프랑스의 「죄와 형벌법전」(「경죄처벌법전」)에서 이와 같은 구분을 최초로 법제화하였다.

② 협의의 행정경찰과 보안경찰: 다른 행정작용에 부수하느냐의 여부에 따라 구분하며, 협의의 행정경찰은 경찰활동의 능률성과 기동성을 확보할 수 있고 보안경찰은 지역 실정을 반영한 경찰조직의 운영과 관리가 가능하다.

③ 평시경찰과 비상경찰: 위해의 정도와 담당기관에 따라 구분하며, 평시경찰은 평온한 상태하에서 일반경찰법규에 의하여 보통경찰기관이 행하는 경찰작용이고 비상경찰은 비상사태 발생이나 계엄선포시 군대가 일반치안을 담당하는 경우이다.

④ 질서경찰과 봉사경찰: 경찰서비스의 질과 내용에 따라 구분하며, 「경범죄처벌법」 위반자에 대한 통고처분은 질서경찰의 영역에, 교통정보의 제공은 봉사경찰의 영역에 해당한다.

해설 > ② (×) 협의의 행정경찰과 보안경찰은 업무의 독자성 여부에 따른 구별이다. 경찰활동의 능률성과 기동성을 확보할 수 있는 경찰은 국가경찰이고, 지역 실정을 반영한 경찰조직의 운영과 관리가 가능한 경찰은 자치경찰이다.

정답 ②

## 08 경찰의 분류와 구분기준에 대한 설명 중 옳지 않은 것은 모두 몇 개인가? 〈21 경간, 23 채용1차〉

가. 보안경찰과 협의의 행정경찰은 업무의 독자성에 따른 구분 또는 경찰작용이 다른 행정작용에 부수(수반) 여부를 기준으로 한다.
나. 예방경찰과 진압경찰은 경찰권 발동 시점에 따라 분류된다.
다. 광의의 행정경찰과 사법경찰은 경찰의 목적·임무를 기준으로 한 구분이며 이러한 경찰개념의 구분은 삼권분립 사상에 투철했던 프랑스에서 확립된 개념이다.
라. 국가경찰과 자치경찰은 경찰유지의 권한과 책임의 소재(경찰의 조직·인사·비용부담)에 따른 분류이다.
마. 평시경찰과 비상경찰은 위해의 정도 및 담당기관에 따른 구분이다.
바. 질서경찰과 봉사경찰은 경찰서비스의 질과 내용에 따른 구분이다.

① 0개　② 1개
③ 2개　④ 3개

해설 >

**경찰의 분류**

| 기준 | 분류 | 아두스 |
|---|---|---|
| 목적<br>(3권 분립) | 사법경찰 | 목사행 |
| | 행정경찰 | |
| 업무<br>독자성 | 보안경찰 | 독(실)보협 |
| | 협의의 행정경찰 | |
| 경찰권<br>발동시점 | 예방경찰 | 예진씨(시) |
| | 진압경찰 | |
| 위해정도 | 비상경찰 | (널)위해<br>비평 |
| | 평시경찰 | |
| 경찰활동<br>질·내용 | 질서경찰 | 질질봉 |
| | 봉사경찰 | |
| 보호법익 | 보통경찰 | 보보고 |
| | 고등경찰 | |
| 권한과<br>책임 소재 | 국가경찰 | – |
| | 자치경찰 | |

정답 ①

## 09 국가경찰과 자치경찰에 대한 설명으로 적절하지 않은 것은 모두 몇 개인가?

〈18 · 20 · 22 · 23 채용, 18 · 23 경간 변형, 19 승진〉

가. 자치경찰은 국가경찰과 비교하여 비권력적 수단보다는 권력적 수단을 통해 국민의 생명과 신체 · 재산을 보호하고자 한다.
나. 국가경찰은 자치경찰과 비교하여 타 행정부문과의 긴밀한 협조 · 조정이 원활하다.
다. 국가경찰은 자치경찰과 비교하여 지역실정을 반영한 경찰조직의 운영 · 관리가 용이하다.
라. 국가경찰은 자치경찰과 비교하여 지역주민에 대한 경찰의 책임의식이 높다.
마. 자치경찰은 전국단위의 통계자료 수집 및 정확성 측면에서 불리하다.

① 1개 ② 2개 ③ 3개 ④ 4개

해설 가. (×) 자치경찰은 국가경찰과 비교하여 권력적 수단보다는 비권력적 수단을 통해 국민의 생명과 신체 · 재산을 보호하고자 한다.
다. (×) 자치경찰이 보다 지역실정을 반영하기 유리하다.
라. (×) 자치경찰이 보다 지역주민에 대한 책임의식이 높다.

**국가경찰과 자치경찰의 비교**

| 구분 | 국가경찰 | 자치경찰 |
|---|---|---|
| 장점 | ① 조직의 통일적 운영, 능률성, 기동성 발휘<br>② **다른 행정과 협조 원활**<br>③ 전국적, 광역적, 비상시 활동 유리<br>④ **전국적 통계자료 정확성** | ① 지역실정에 맞는 경찰조직 운영<br>② 주민에 대한 경찰의 책임감 높다.<br>③ 조직운영 개혁 용이 |
| 단점 | ① 지역 특성, 창의성 저해<br>② 정부 특정 정책수행으로 본연의 임무 소홀<br>③ 조직 비대화, **관료화** | ① 전국적 기동성, 위기 시 신속대응 곤란<br>② **다른 시 · 도경찰, 국가기관과 협조 곤란**<br>③ 조직 · 광역 · 국제범죄 대응 곤란<br>④ 지방세력 간섭으로 정실주의 우려<br>⑤ **정확, 유용한 통계자료 확보 곤란** |

정답 ③

# 제3절 경찰의 임무

## 01 경찰권 행사에 대한 설명으로 가장 적절하지 않은 것은?

〈23 경간〉

① 공공의 안녕은 법질서의 불가침성, 국가존립과 기능성의 불가침성, 개인의 권리와 법익의 보호로 구성되며, 경찰은 사회공공과 관련하여 국가의 존립과 기능을 보호할 의무가 있다.
② 위험은 경찰개입의 전제요건이므로 보호를 받게 되는 법익에 구체적으로 존재해야만 하고 경찰책임자가 누구인지는 불문한다.
③ 범죄수사에 있어서 범죄피해자를 위한 사법경찰권의 적극적인 개입을 인정하는 입법례가 증가하는 추세이다.
④ 공공질서와 관련하여 경찰이 개입할 것인가의 여부는 경찰의 결정에 맡겨져 있더라도 헌법상 과잉금지원칙이 준수되어야 한다.

해설 ② (×) 경찰은 구체적 위험뿐만 아니라 추상적 위험이 있는 경우에도 개입할 수 있다. 경찰권은 경찰위반상태에 책임 있는 자에게 발동되는 것이 원칙이며 예외적으로 비책임자에게도 경찰책임이 인정되는 경우가 있다.

정답 ②

## 02 공공질서에 관한 설명으로 가장 적절하지 않은 것은?

〈23 채용1차〉

① 원만한 공동체 생활을 위한 불가결적 전제조건으로서 공공사회에서 각 개인의 행동에 대한 불문규범의 총체이다.
② 공공질서의 개념은 절대적인 것이 아니라, 시대에 따라 변화하는 상대적이고 유동적인 개념이다.
③ 공공질서 개념의 적용 가능분야는 점차 확대되고 있다.
④ 통치권 집행을 위한 개입근거로 활용될 수 있는 공공질서 개념은 엄격한 합헌성이 요구되고, 제한적인 사용이 필요하다.

해설 ③ (×) 오늘날 규범화의 추세로 공공질서의 개념은 축소되고 있다.

정답 ③

## 03 경찰의 임무에 대한 설명으로 가장 적절하지 않은 것은? 〈21 채용2차〉

① 「국가경찰과 자치경찰의 조직 및 운영에 관한 법률」 제3조에서 경찰의 임무로 '국민의 생명·신체 및 재산의 보호', '범죄피해자 보호', '교통의 단속과 위해의 방지' 등을 규정하고 있다.

② 법질서의 불가침성은 공공의 안녕의 제1요소로서, 공법규범에 대한 위반은 일반적으로 공공의 안녕에 대한 위험으로 취급되어 경찰권 발동의 대상이 된다.

③ 공공질서란 원만한 공동체 생활을 위한 필수적인 전제조건으로서 공공사회에서 개개인의 행동에 대한 불문규범의 총체를 의미한다. 공공질서는 시대에 따라 변화하는 상대적·유동적 개념이다.

④ 위험이란 가까운 장래에 공공의 안녕이나 질서에 손해가 나타날 수 있는 가능성이 개개의 경우에 충분히 존재하는 상태를 의미한다. 위험은 구체적 위험과 추상적 위험으로 구분할 수 있으며 경찰 개입은 구체적 위험이 있을 때에만 가능하다.

해설 > ④ (×) 경찰개입은 구체적 위험 또는 추상적 위험이 있을 때 가능하다.

정답 ④

## 04 경찰의 임무를 공공의 안녕과 질서에 대한 위험의 방지라고 정의할 때, 이에 대한 설명으로 가장 적절한 것은? 〈20 채용2차〉

① '공공의 안녕'이란 개념은 '법질서의 불가침성'과 '국가의 존립 및 국가기관 기능성의 불가침성', '개인의 권리와 법익의 보호'를 포함하며, 이 중 공공의 안녕의 제1요소는 '개인의 권리와 법익의 보호'이다.

② '공공의 질서'란 원만한 공동체 생활을 위해 개인이 준수해야 할 불문규범의 총체를 의미하며, 법적 안전성 확보를 위해 불문 규범이 성문화되어가는 현상으로 인하여 그 영역이 점차 축소되고 있다.

③ 경찰이 의무에 합당한 사려 깊은 상황판단을 했음에도 불구하고 위험을 잘못 긍정한 경우를 '오상위험'이라고 한다.

④ 위험의 현실화 여부에 따라 '추상적 위험'과 '구체적 위험'으로 구분 할 수 있으며 경찰의 개입은 구체적 위험의 경우에만 정당화된다.

해설 > ① (×) 제1요소는 법질서의 불가침성이다. **【안녕! 법국개】**
③ (×) 외관적 위험이다.
④ (×) 경찰의 개입은 추상적 위험이 있을 경우에도 정당화된다.

정답 ②

**05** **경찰의 기본적 임무에 대한 설명 중 옳지 않은 것은 모두 몇 개인가?** 〈21 경간〉

가. '공공질서'는 원만한 공동체 생활을 영위하기 위한 불가결적 전제조건이 되는 각 개인의 행동에 대한 불문규범의 총체로서 오늘날 공공질서 개념의 사용 가능 분야는 확대되고 있다.
나. 오늘날 복지국가적 행정을 요구하고 있는 시대적 요청에 따라 경찰행정 분야에서도 각 개인이 경찰권의 발동을 요청할 수 있는 권리인 경찰개입청구권을 인정하기에 이르렀는데 이는 '재량권의 0으로의 수축이론'과 관련이 있다.
다. 인간의 존엄·자유·명예·생명 등과 같은 개인적 법익뿐만 아니라 사유재산적 가치나 무형의 권리에 대한 위험방지도 경찰의 임무에 해당한다. 그러나 개인적 권리와 법익이 보호된 경우라고 하더라도 경찰의 원조는 잠정적인 보호에 국한되어야 하고, 최종적인 권리구제는 법원(法院)에 의하여야 한다.
라. 법적 안정성의 확보를 위해 불문규범이 성문화되어 가는 현상으로 인하여 오늘날 공공의 질서라는 개념은 그 범위가 점차 축소되고 있다.
마. 위험은 경찰개입의 전제조건이나 위험이 보호를 받게 되는 법익에 구체적으로 존재해야 하는 것은 아니기 때문에 보행자의 통행이 거의 없는 밤 시간에 횡단보도 보행자 신호등이 녹색등일 때 정지하지 않고 진행한 경우에도 통행한 운전자는 경찰 책임자가 된다. 이는 공공의 안녕을 보호법익으로 하는 「도로교통법」을 침해함으로써 법질서의 불가침성을 침해하기 때문이다.
바. 외관적 위험에 대한 경찰권 발동은 경찰상 위험에 해당하는 적법한 개입이므로 경찰관에게 민·형사상 책임을 물을 수 없다. 단, 경찰개입으로 인한 피해가 '공공필요에 의한 특별한 희생'에 해당하는 경우에는 국가의 손실보상 책임은 발생할 수 있다.

① 0개 ② 1개
③ 2개 ④ 3개

해설〉 가. (×) 공공질서는 불문규범으로서 오늘날 규범의 성문화 현상으로 점점 축소되고 있다.

정답 ②

**06** **경찰의 임무를 공공의 안녕과 공공의 질서에 대한 위험의 방지라고 정의할 때, 위험에 관한 설명 중 가장 적절하지 않은 것은?** 〈22 채용1차〉

① 구체적 위험은 개별사례에서 실제로 또는 최소한 경찰관의 사전적 시점에서 사실관계를 합리적으로 평가하였을 때, 가까운 장래에 공공의 안녕이나 공공의 질서에 대한 손해가 발생할 충분한 개연성이 있는 상황과 관련이 있다.
② 오상위험에 근거한 경찰의 위험방지조치가 위법한 경우에는 경찰관 개인에게는 민·형사상 책임이 문제되고 국가에게는 손해배상책임이 발생할 수 있다.
③ 외관적 위험은 경찰관이 의무에 합당한 사려 깊은 상황판단을 하였음에도 위험을 잘못 긍정하는 경우이다.
④ 위험의 혐의만 존재하는 경우에 위험의 존재가 명백해지기 전까지는 예비적 조치로서 위험의 존재 여부를 조사할 권한은 없다.

해설〉 ④ (×) 위험의 혐의는 위험의 가능성은 예측되나 실현이 불확실한 경우로서 위험조사 차원의 경찰 개입이 가능하고, 위험이 명백해질 때까지 예비적 조치만 가능하다.

정답 ④

**07** **경찰의 임무를 공공의 안녕과 질서에 대한 위험의 방지라고 정의할 때, 위험에 대한 설명 중 가장 옳지 않은 것은?** 〈19 경간〉

① 오상위험은 객관적으로 판단할 때 위험의 외관 또는 혐의가 정당화되지 않음에도 경찰이 위험의 존재를 잘못 추정한 경우를 말한다.
② 위험에 대한 인식에 따라 외관적 위험, 위험혐의, 오상위험으로 구분된다.
③ 경찰의 개입은 구체적 위험 내지 적어도 오상위험(추정적 위험)이 있을 때 가능하다.
④ 손해란 보호받는 개인 및 공동의 법익에 관한 정상적 상태의 객관적 감소를 뜻하고, 보호법익에 대한 현저한 침해행위가 있어야 한다.

해설〉 ③ (×) 경찰의 개입은 적어도 추상적 위험이 있을 때 가능하다.

정답 ③

## 08 경찰의 위험방지 임무에서 말하는 '위험'에 관한 설명으로 가장 적절하지 않은 것은? 〈23 채용2차〉

① 경찰개입의 대상이 되는 위험은 행위책임에 기인한 것일 수도 있고 상태책임에 기인한 것일 수도 있다.
② 외관상 위험이 존재할 때의 경찰개입이 적법하더라도, 원칙적으로 국가의 손해배상책임을 발생시킨다.
③ 경찰의 범죄예방 및 위험방지 행위의 준비는 추상적 위험이 존재하는 경우에도 가능하다.
④ 위험혐의의 존재는 위험조사 차원의 경찰개입을 정당화시킨다.

해설 > ② (×) 외관상 위험이 존재할 때 경찰의 개입은 적법하며 특별한 희생이 인정될 경우 손실보상책임이 발생될 수 있다. 경찰개입이 위법할 경우 손해배상책임이 인정된다.

**위험 인식의 비교**

| 구분 | 인식 | 위법성, 보상 | 경찰관 민·형사 책임 |
|---|---|---|---|
| 외관적 위험 | 사려 깊은 판단 | 적법, 손실보상 | × |
| 위험 혐의 | 사려 깊은 판단 | 적법, 손실보상 | × |
| 오상 위험 | **위험 존재를 잘못 추정** | **위법, 손해배상** | ○ |

정답 ②

## 09 경찰의 기본적 임무 및 수단에 대한 설명 중 가장 적절하지 않은 것은? 〈19·23 법학 변형〉

① 공공의 안녕은 법질서, 국가의 존립과 기능, 개인의 권리와 법익의 불가침성을 뜻하며, 이 중 법질서의 불가침성이 공공의 안녕의 제1요소이다.
② 외관적 위험은 경찰이 의무에 합당한 사려 깊은 판단을 할 때 실제로 위험의 가능성은 예측되나 불확실한 경우를 말한다.
③ 외관적 위험의 경우 적법한 경찰개입이므로 경찰관 개인에게 민·형사상 책임을 물을 수 없다.
④ 오상위험은 객관적으로 판단할 때 위험의 외관 또는 혐의가 정당화되지 않음에도 경찰이 위험의 존재를 잘못 추정한 경우이다.

해설 > ② (×) 외관적 위험이 아닌 위험혐의에 대한 설명이다.

**위험 인식의 비교**

| 구분 | 인식 | 위법성, 보상 | 경찰관 민·형사 책임 |
|---|---|---|---|
| 외관적 위험 | 사려 깊은 판단 | 적법, 손실보상 | × |
| 위험 혐의 | 사려 깊은 판단 | 적법, 손실보상 | × |
| 오상 위험 | **위험 존재를 잘못 추정** | **위법, 손해배상** | ○ |

정답 ②

**10** **경찰의 기본적 임무인 위험의 방지에 대한 설명으로 가장 적절하지 않은 것은?** 〈20·22 승진〉

① 경찰개입을 위해서는 구체적 위험이 존재해야 하지만, 범죄예방 및 위험방지 행위의 준비는 추상적 위험 상황에서도 가능하다.
② 오상위험이란 경찰이 상황을 합리적으로 사려 깊게 판단하여 위험이 존재한다고 인식하여 개입하였으나 실제로는 위험이 없던 경우를 말하며 이 경우 국가의 손실보상책임이 발생할 수 있다.
③ 위험혐의란 경찰이 의무에 합당한 사려 깊은 상황 판단을 할 때, 위험의 발생 가능성은 예측되지만 위험의 실제 발생 여부가 불확실한 경우를 의미한다.
④ 손해란 보호법익에 대한 현저한 침해행위를 의미하고 정상적 상태의 객관적 감소이어야 하므로 단순한 성가심이나 불편함은 경찰개입의 대상이 아니다.

해설> ② (×) 오상위험이 아닌 외관적 위험에 대한 설명이다.
④ (○) 손해는 객관적 감소로 현저한 침해이고, 위험은 손해의 가능성이 임박한 경우이다.

정답 ②

## 제4절 경찰의 관할

**01** **경찰의 임무와 관할에 대한 설명으로 적절하지 않은 것은 모두 몇 개인가?** 〈23 경간〉

> 가. 「국가경찰과 자치경찰의 조직 및 운영에 관한 법률」은 경찰의 임무로 국민의 생명·신체 및 재산의 보호, 범죄의 예방·진압 및 수사, 범죄피해자 보호, 교통의 단속과 위해의 방지, 외국 정부기관 및 국제기구와의 국제협력 등을 규정하고 있다.
> 나. 인간의 존엄·자유·명예·생명 등과 같은 개인적 법익뿐만 아니라 사유재산적 가치에 대한 위험방지도 경찰의 임무에 해당하나, 무형의 권리에 대한 위험방지는 경찰의 임무에 해당하지 아니한다.
> 다. 경찰공무원이 국회 안에서 현행범인을 체포한 후에는 국회의장의 지시를 받을 필요가 없지만, 회의장 안에 있는 국회의원에 대하여는 국회의장의 명령 없이 체포할 수 없다.
> 라. 재판장은 법정에서의 질서유지를 위해 필요하다고 인정할 때에는 개정 전후에 상관없이 관할 경찰서장에게 경찰공무원의 파견을 요구할 수 있으며, 파견된 경찰공무원은 법정 내에서만 질서유지에 관하여 재판장의 지휘를 받는다.

① 0개　　② 1개
③ 2개　　④ 3개

해설> 나. (×) 지적재산권 등 무형의 권리에 대한 위험방지도 경찰의 임무에 해당한다.
다. (×) 국회 경위나 경찰공무원은 국회 안에 현행범인이 있을 때에는 체포한 후 의장의 지시를 받아야 한다. 다만, 회의장 안에서는 의장의 명령 없이 의원을 체포할 수 없다(국회법 제150조).
라. (×) 파견된 경찰공무원은 법정 내외의 질서유지에 관하여 재판장의 지휘를 받는다.

> 제60조(경찰공무원의 파견 요구) ① **재판장은** 법정에서의 질서유지를 위하여 필요하다고 인정할 때에는 **개정 전후에 상관없이 관할 경찰서장에게** 경찰공무원의 파견을 요구할 수 있다.
> ② 제1항의 요구에 따라 파견된 경찰공무원은 **법정 내외의 질서유지에** 관하여 재판장의 지휘를 받는다.

정답 ④

**02** **경찰의 관할에 대한 설명으로 가장 적절하지 않은 것은?** 〈23 채용1차〉

① 사물관할이란 경찰이 처리할 수 있고 또 처리해야 하는 사무내용의 범위를 말한다.
② 인적관할이란 광의의 경찰권이 어떤 사람에게 적용되는가의 문제이다.
③ 우리나라는 대륙법계의 영향으로 범죄수사를 경찰의 사물관할로 인정하고 있다.
④ 헌법상 대통령은 내란 또는 외환의 죄를 범한 경우를 제외하고는 재직 중 형사상의 소추를 받지 아니한다.

해설> ② (○) 광의의 경찰권은 협의의 경찰권, 수사권, 비권력적 활동으로 나눌 수 있다. 협의의 경찰권에는 수사권이나 비권력적 활동이 제외되므로 경찰의 인적범위는 광의의 경찰권을 의미한다.
③ (×) 영미법계의 영향으로 범죄수사를 경찰의 사물관할로 인정하고 있다.

정답 ③

**03** **경찰의 관할에 관한 설명 중 가장 적절하지 않은 것은?** 〈22 채용1차〉

① 「국회법」상 경위(警衛)나 경찰공무원은 국회 안에 현행범인이 있을 때에는 체포한 후 국회의장의 지시를 받아야 한다. 다만, 회의장 안에서는 국회의장의 명령 없이 국회의원을 체포할 수 없다.
② 「법원조직법」상 재판장은 법정에서의 질서유지를 위하여 필요하다고 인정할 때에는 개정 전후에 상관없이 관할 경찰서장에게 경찰공무원의 파견을 요구할 수 있으며, 이에 따라 파견된 경찰공무원은 법정 내외의 질서유지에 관하여 재판장의 지휘를 받는다.
③ 헌법상 대통령은 내란 또는 외환의 죄를 범한 경우를 제외하고는 재직 중 형사상의 소추를 받지 아니한다.
④ '사물관할'이란 경찰권이 발동될 수 있는 지역적 범위를 말하고, 대한민국의 영역 내 모든 범위에 적용되는 것이 원칙이다.

해설> ④ (×) 관할에는 사물관할, 인적관할, 지역관할로 구분할 수 있으며, **사물관할은 '사무관할'**로서, 사무의 범위를 설정한다.

정답 ④

**04** **경찰의 관할에 대한 설명으로 가장 적절하지 않은 것은?** 〈20 채용2차〉

① 사물관할은 경찰이 처리할 수 있고 또 처리해야 하는 사무내용의 범위를 말하며 우리나라는 범죄수사에 대한 임무가 경찰의 사물관할로 인정되고 있다.
② 경찰은 중대한 죄를 범하고 도주하는 현행범인을 추적하는 때에는 주한미군 시설 및 구역 내에서 범인을 체포할 수 있다.
③ 외교공관은 국제법상 치외법권 지역이나 화재, 감염병 발생과 같은 긴급한 상황에서는 외교사절의 동의 없이도 외교공관에 들어갈 수 있다.
④ 국회 경위와 경찰공무원은 국회 안에 현행범인이 있을 때에는 국회의장의 지시를 받은 후 체포하여야 한다.

해설> ② (○) SOFA 합의의사록 제22조 제10호
③ (○) 국제관례(국제관습법)상 인정된다. 지문의 '국제법상'은 '치외법권 지역'을 수식하는 것으로서 국제법의 규정에 의하여 동의 없이 외교공관에 들어갈 수 있다는 의미는 아니다. 다만, 영사관사에 대하여는 '화재 또는 신속한 보호조치를 필요로 하는 기타 재난의 경우에는 영사기관장의 동의가 있는 것으로 추정될 수 있다(제31조 제2호)'는 「영사관계에 관한 비엔나 협약」의 규정에 의하여 명시적인 동의 없이도 들어갈 수 있다.
④ (×) 국회 안의 현행범은 경찰이 체포한 후 의장의 지시를 받아야 한다. 단, 회의장 안에 있는 의원은 의장 명령 없이 체포할 수 없다.

정답 ④

## 05 경찰의 관할에 대한 설명 중 가장 옳지 않은 것은?

〈19 경간〉

① 국회의장은 국회의 경호를 위하여 필요한 때에는 국회운영위원회의 동의를 받아 일정한 기간을 정하여 정부에 대하여 필요한 경찰공무원의 파견을 요구할 수 있다.
② 국회 안에 현행범인이 있을 때에는 경위 또는 경찰공무원은 이를 체포한 후 국회의장의 지시를 받아야 한다. 다만, 국회의원은 회의장 안에 있어서는 국회의장의 명령 없이 이를 체포할 수 없다.
③ 재판장은 법정에서의 질서유지를 위해 필요하다고 인정할 때에는 개정 전후에 상관없이 관할경찰서장에게 경찰공무원의 파견을 요구할 수 있으며, 파견된 국가경찰공무원은 법정 내외의 질서유지에 관하여 재판장의 지휘를 받는다.
④ 외교공관과 외교관의 개인주택은 국제법상 치외법권 지역으로 불가침의 대상이 되지만 외교사절의 승용차, 보트, 비행기 등 교통수단은 불가침의 대상이 아니다.

해설 ④ (×) 외교사절의 승용차, 보트, 비행기 등 교통수단도 불가침 대상에 포함된다.

정답 ④

## 06 경찰의 관할에 대한 설명으로 가장 적절하지 않은 것은?

〈17 경감〉

① 사물관할은 경찰이 처리할 수 있고 또 처리해야 하는 사무내용의 범위를 말한다.
② 국회경위와 파견 국가경찰공무원은 국회의장의 지휘를 받으며, 경위는 회의장 건물 안에서, 경찰관은 회의장 건물 밖에서 경호한다.
③ 국회의장은 국회의 경호를 위하여 필요한 때에는 국가경찰위원회의 동의를 얻어 일정한 기간을 정하여 정부에 대하여 필요한 국가경찰공무원의 파견을 요구할 수 있다.
④ 법원에 파견된 국가경찰공무원은 재판장의 지휘를 받아 법정 내외의 질서유지를 담당한다.

해설 ③ (×) 국가경찰위원회가 아닌 국회운영위원회의 동의를 얻어 정부에 요청한다.

정답 ③

## 07 경찰의 관할에 대한 다음 설명 중 가장 옳은 것은?

〈16 채용2차, 17 경간 변형〉

① 인적관할이란 협의의 경찰권이 발동될 수 있는 인적 범위를 의미한다.
② 우리나라는 대륙법계의 영향을 받아 범죄수사에 관한 임무가 경찰의 사물관할로 인정되고 있다.
③ 재판장은 법정에서의 질서유지를 위해 필요하다고 인정할 때에는 개정 전후를 불문하고 관할 경찰서장에게 경찰공무원의 파견을 요구할 수 있으며, 파견된 경찰공무원은 법정 내외의 질서유지에 관하여 재판장의 지휘를 받는다.
④ 국회 안에 현행범인이 있을 때에는 경찰공무원은 반드시 사전에 국회의장의 지시를 받아 체포하여야 한다.

해설 ① (×) 광의의 경찰권은 협의의 경찰권, 수사권, 비권력적 활동으로 나눌 수 있다. 경찰의 인적범위는 광의의 경찰권을 의미하며, 협의의 경찰권에는 수사권이나 비권력적 활동이 제외되므로 경찰의 인적범위로 볼 수 없다.
② (×) 우리나라는 영미법계의 영향을 받아 범죄수사에 관한 임무가 경찰의 사물관할로 인정되고 있다. 대륙법계(프랑스)는 행정경찰과 사법경찰을 구분하였다.
④ (×) 국회 안의 현행범은 경찰이 체포한 후 의장의 지시를 받아야 한다. 단, 회의장 안에 있는 의원은 의장 명령 없이 체포할 수 없다.

정답 ③

## 제2장 경찰과 인권

**01 「경찰 인권보호 규칙」에 관한 설명으로 가장 적절하지 않은 것은?** 〈23 채용1차〉

① "경찰관등"이란 경찰청과 그 소속기관의 경찰공무원, 일반직 공무원을 말한다(단, 무기계약근로자 및 기간제근로자, 의무경찰은 제외한다).
② 경찰활동 전반에 걸친 민주적 통제를 구현하여 경찰력 오·남용을 예방하고, 경찰행정의 인권지향성을 높여 인권을 존중하는 경찰활동을 정립하기 위해 경찰청장 및 시·도경찰청장의 자문기구로서 각각 경찰청 인권위원회, 시·도경찰청 인권위원회를 설치하여 운영한다.
③ 경찰청장은 국민의 인권보호와 증진을 위하여 경찰 인권정책 기본계획을 5년마다 수립해야 한다.
④ 인권보호담당관은 인권침해를 예방하고 제도를 개선하기 위해 연 1회 이상 인권 관련 정책 이행 실태, 인권교육 추진 현황, 경찰청과 소속기관의 청사 및 부속 시설 전반의 인권침해적 요소의 존재 여부를 진단하여야 한다.

해설 ① (×) "경찰관등"이란 경찰청과 그 소속기관의 경찰공무원, 일반직공무원, 무기계약근로자 및 기간제근로자, 의무경찰을 의미한다(제2조).
③ (○) 인권정책 기본계획은 5년마다 수립하고, 인권교육종합계획은 3년마다 수립한다.
④ (○) 인권보호담당관은 **반기 1회** 이상 인권영향**평가**의 이행 여부를 **점검**하고, 연 1회 이상 인권 관련 정책 이행 실태 등을 진단한다. **【반점평가】**

정답 ①

**02 경찰의 기본이념에 대한 설명으로 옳은 것은?** 〈21 경간〉

① 경찰의 중앙과 지방간의 권한 분배, 경찰행정정보의 공개, 성과급제도 확대는 경찰의 민주성 확보방안이다.
② 인권존중주의는 비록 「국가경찰과 자치경찰의 조직 및 운영에 관한 법률」에서는 언급이 없으나, 「헌법」상 기본권 조항 등을 통하여 당연히 유추된다.
③ 경찰위원회제도, 「부패방지 및 국민권익 위원회의 설치와 운영에 관한 법률」상 국민감사청구제도, 경찰책임의 확보 등은 경찰의 민주성을 확보하기 위한 대내적 민주화 방안이다.
④ 국민의 모든 자유와 권리는 국가안전보장·질서유지 또는 공공복리를 위하여 필요한 경우에 한하여 법률로써 제한할 수 있으며 제한하는 경우에도 자유와 권리의 본질적인 내용을 침해할 수 없다.

해설 ① (×) 성과급 제도는 경영주의와 관련된다.
② (×) 「경찰법」: **민주성·효율성**(제1조), **인권존중·정치적 중립**(제4조) + 수사 **이의제기**(제6조②)
**【민효, 인정, 이의제기】** ※ 민효가 인정한 것에 이의제기함.
③ (×) "대내적"이라고 함은 경찰 내부를 의미한다. 경찰위원회와 국민감사청구제도는 대내적 제도가 아니다.

정답 ④

**03** 「경찰 인권보호 규칙」에 관한 설명 중 가장 적절하지 않은 것은? 〈22 채용1차〉

① '인권침해'란 경찰관등이 직무를 수행하는 과정에서 모든 사람에게 보장된 인권을 침해하는 것을 말한다.

② 경찰 활동 전반에 걸친 민주적 통제를 구현하여 경찰력 오·남용을 예방하고, 경찰 행정의 인권지향성을 높여 인권을 존중하는 경찰 활동을 정립하기 위해 시·도경찰청장 및 경찰서의 심의·의결기구로서 각각 시·도경찰청 인권위원회, 경찰서 인권위원회를 설치하여 운영한다.

③ 경찰청장은 경찰관등이 근무하는 동안 지속적·체계적으로 교육을 받을 수 있도록 3년 단위로 인권교육종합계획을 수립하여 시행하여야 한다.

④ 인권보호담당관은 인권침해를 예방하고 제도를 개선하기 위해 연 1회 이상 인권 관련 정책 이행 실태, 인권교육 추진 현황, 경찰청과 소속기관의 청사 및 부속 시설 전반의 인권침해적 요소의 존재 여부를 진단하여야 한다.

해설 ② (×) 인권위원회는 자문기관으로 심의·의결기구가 아니며, 경찰청과 시·도경찰청에만 설치되고 경찰서에는 설치되지 아니한다. **자문**기관으로는 **고**충위, **인**사위, **인**권위가 있다. **【자색문으로 고인인(Go in in)】**
④ (○) **인권진단은 연 1회 이상 대상** 경찰기관을 방문하여 진단한다.

정답 ②

**04** 「경찰 인권보호 규칙」에 대한 설명이다. 아래 가.부터 라.까지 설명 중 옳고 그름의 표시(○, ×)가 바르게 된 것은? 〈23 경간〉

가. 인권보호담당관은 분기별 1회 이상 인권영향평가의 이행 여부를 점검하고, 이를 경찰청 인권위원회에 제출하여야 한다.
나. 경찰청장은 경찰관 등이 근무하는 동안 지속적·체계적으로 교육을 받을 수 있도록 매년 단위로 인권교육종합계획을 수립하여 시행하여야 한다.
다. 경찰 활동 전반에 걸친 민주적 통제를 구현하여 경찰력 오·남용을 예방하고, 경찰 행정의 인권 지향성을 높여 인권을 존중하는 경찰 활동을 정립하기 위해 경찰청장 및 시·도경찰청장, 경찰서장의 자문기구로서 각각 경찰청 인권위원회, 시·도경찰청 인권위원회, 경찰서 인권위원회를 설치하여 운영한다.
라. 조사담당자는 사건을 조사하는 과정에서 동일한 사건에 대하여 경찰·검찰 등의 수사가 시작된 경우에는 사건 조사를 중지할 수 없다. 다만, 확인된 인권침해 사실에 대한 구제절차는 계속하여 이행할 수 있다.

① 가(○) 나(×) 다(○) 라(×)
② 가(×) 나(×) 다(○) 라(○)
③ 가(×) 나(×) 다(×) 라(○)
④ 가(×) 나(×) 다(×) 라(×)

해설 가. (×) 반기 1회 이상 점검한다.
나. (×) 경찰청장은 3년 단위로 인권교육종합계획을 수립·시행하고, 각 경찰관서장은 매년 수립·시행한다.
다. (×) 인권위원회는 경찰서에 설치되지 아니한다.
라. (×) 수사가 시작된 경우에는 사건 조사를 즉시 중지할 수 있다.

정답 ④

**05** **인권과 관련한 다음 설명 중 가장 적절하지 않은 것은?** 〈22 승진〉

① 「경찰관 인권행동강령」상 경찰관은 직무를 수행하는 과정에서 합리적인 이유 없이 성별, 종교, 장애, 등을 이유로 누구도 차별하여서는 아니 되고 신체적 · 정신적 · 경제적 · 문화적인 차이 등으로, 특별한 보호가 필요한 사람의 인권을 보호하여야 한다.
② 「경찰 인권보호 규칙」상 인권보호담당관은 분기 1회 이상 인권영향평가의 이행 여부를 점검하고 이를 경찰청 인권위원회에 제출하여야 한다.
③ 참가인원, 내용, 동원 경력의 규모, 배치, 장비 등을 고려하여 인권침해 가능성이 높다고 판단되는 집회 및 시위의 경우는 「경찰 인권보호 규칙」상 인권영향평가 실시 대상에 해당한다.
④ 「경찰 인권보호 규칙」상 인권침해사건 조사절차에서 사건이 종결되어 더 이상 물건을 보관할 필요가 없는 경우 조사담당자는 사건 조사 과정에서 진정인이 임의로 제출한 물건을 제출자가 요구하지 않더라도 반환할 수 있다.

해설 ② (×) 반기 1회 이상이다.

정답 ②

**06** **「경찰 인권보호 규칙」에 대한 설명 중 가장 적절하지 않은 것은?** 〈22 경간〉

① "경찰관등"이란 경찰청과 그 소속기관의 경찰공무원, 일반직공무원, 무기계약근로자 및 기간제근로자, 의무경찰을 의미 한다.
② 경찰 활동 전반에 걸친 민주적 통제를 구현하여 경찰력 오 · 남용을 예방하고, 경찰 행정의 인권지향성을 높여 인권을 존중하는 경찰 활동을 정립하기 위해 인권문제에 대한 심의기구로서 각각 경찰청 인권위원회, 시 · 도경찰청 인권위원회를 설치하여 운영한다.
③ "인권침해"란 경찰관등이 직무를 수행하는 과정에서 모든 사람에게 보장된 인권을 침해하는 것을 말한다.
④ "조사담당자"란 인권침해를 내용으로 하는 진정을 조사하고 이에 따른 구제 업무 등을 수행하는 경찰청과 그 소속기관에 근무하는 공무원을 말한다.

해설 ② (×) 경찰인권위원회는 심의기구가 아닌 자문기관이다.
※ **자문**기관 : **고충위, 인권위, 인사위 【자색문을 열고 고인인(Go in in)】**

정답 ②

## 07 다음 중 「경찰 인권보호 규칙」상 경찰청 및 그 소속 기관의 장이 진정을 기각할 수 있는 경우로 가장 적절한 것은? 〈21 채용2차〉

① 진정인이 진정을 취소한 경우
② 사건 해결과 진상 규명에 핵심적인 중요 참고인의 소재를 알 수 없는 경우
③ 진정 내용이 사실이 아니거나 사실 여부를 확인하는 것이 불가능한 경우
④ 진정의 원인이 된 사실이 공소시효, 징계시효, 및 민사상 시효 등이 모두 완성된 경우

해설 ① (×) 각하사유
② (×) 진정인, 피해자, 중요 참고인 등의 소재가 불명한 경우는 조사중지 사유
④ (×) 각하사유

**☞ 각하 및 기각 사유**

<table>
<tr><td>진정각하<br>(제29조)</td><td>① 인권침해에 해당하지 아니한 것이 명백한 경우<br>② 명백히 사실이 아니거나 이유가 없다고 인정되는 경우<br>③ 피해자 아닌 사람이 한 진정으로서 피해자가 원치 않는 것이 명백한 경우<br>④ 시효(공소/징계/민사) 완성, 수사·재판·구제절차 진행 중이거나 종결된 경우<br>⑤ 진정이 익명·가명으로 제출되거나 진정을 취소한 경우<br>⑥ 각하·기각된 진정을 다시 진정, 근거 없는 비방으로 업무방해 의도로 진정<br>⑦ 법원의 확정판결이나 헌재결정에 반대되는 경우<br>⑧ 국가인권위에서 동일 내용으로 조사 중이거나 조사한 사실이 확인된 경우</td></tr>
<tr><td>진정기각<br>(제37조)</td><td>① 진정 내용이 사실이 아니거나 사실여부를 확인 불가한 경우<br>② 진정 내용이 사실이지만 인권침해가 없는 경우<br>③ 이미 피해회복이 되어 구제조치가 필요 없는 경우<br>【싸인구 아니면 기각】<br><table><tr><th>각하</th><th>기각</th></tr><tr><td>명백히 사실이 아닌 경우</td><td>사실이 아닌 경우</td></tr><tr><td>인권침해 아닌 것이 명백</td><td>사실이지만 인권침해 없는 경우</td></tr></table></td></tr>
</table>

정답 ③

## 08 「경찰 인권보호규칙」(경찰청 훈령)에 대한 설명으로 가장 적절하지 않은 것은? 〈21 승진〉

① 인권보호담당관은 반기 1회 이상 인권영향평가의 이행 여부를 점검하고, 이를 경찰청 인권위원회에 제출하여야 한다.
② 경찰청장은 경찰관등이 근무하는 동안 지속적·체계적으로 교육을 받을 수 있도록 매년 인권교육종합계획을 수립·시행하여야 한다.
③ 조사담당자는 사건을 조사하는 과정에서 감사원의 조사, 경찰·검찰 등 수사기관에서 조사 또는 수사가 개시된 사유로 사건 조사를 진행할 수 없는 경우에는 조사를 중지할 수 있다. 다만, 확인된 인권침해 사실에 대한 구제 절차는 계속하여 이행할 수 있다.
④ 조사담당자는 제출자가 보관 중인 물건의 반환을 요구하는 경우에는 반환하여야 하며, 사건이 종결되어 더 이상 보관할 필요가 없는 경우에는 제출자가 요구하지 않더라도 반환할 수 있다.

해설 ① (○) 경찰청장의 인권영향평가 **【삼육 반점 평가】**

| |
|---|
| ① 제·개정하려는 법령 및 행정규칙을 **경찰위원회에 상정하기 60일 전** 실시<br>② 국민의 인권에 영향을 미치는 정책 및 계획 확정되기 이전<br>③ 참가인원, 동원 경력, 배치 장비 등을 고려하여 인권침해 가능성이 높은 **집회 및 시위 종료일로부터** 30일 **이전**<br>④ 인권보호담당관은 **반**기 1회 이상 인권영향평가 이행 여부를 점검하고 이를 경찰청 인권위원회에 제출 |

② (×) 경찰청장은 **3년** 단위로, 각 경찰관서장은 이를 반영하여 **매년** 수립
③ (○) 제35조(조사중지)
④ (○) 제32조(물건 등의 보관 등)

정답 ②

## 09 「경찰 인권보호 규칙」상 인권침해사건 조사절차에 관한 설명으로 가장 적절하지 않은 것은? 〈23 승진〉

① 조사담당자는 사건 조사 과정에서 진정인·피진정인 또는 참고인 등이 임의로 제출한 물건 중 사건 조사에 필요한 물건은 보관할 수 있다.

② 조사담당자는 제출받은 물건에 사건번호와 표제, 제출자 성명, 물건 번호 보관자 성명 등을 적은 표지를 붙인 후 봉투에 넣거나 포장하여 안전하게 보관하여야 한다.

③ 진정인이 진정을 취소한 사건에서 진정인이 제출한 물건이 있는 경우에는 진정인이 요구하는 경우에 한하여 반환할 수 있다.

④ 조사담당자는 사건을 조사하는 과정에서 동일한 사건에 대하여 경찰·검찰 등의 수사가 시작된 경우에는 사건 조사를 중지할 수 있다. 다만 확인된 인권침해 사실에 대한 구제 절차는 계속하여 이행할 수 있다.

해설 ③ (×) 진정을 취소하거나 사건이 종결된 경우, 그 밖에 보관하는 것이 적절하지 않은 경우에는 제출자가 요구하지 않더라도 물건을 반환할 수 있다.

> 제32조(물건 등의 보관 등) ① 조사담당자는 사건 조사 과정에서 진정인·피진정인 또는 참고인 등이 **임의로 제출한 물건** 중 사건 조사에 필요한 물건은 **보관할 수 있다.**
> ③ 조사담당자는 제출받은 물건에 사건번호와 표제, 제출자 성명, 물건 번호, 보관자 성명 등을 적은 표지를 붙인 후 **봉투에 넣거나 포장하여 안전하게 보관하여야 한다.**
> ④ 조사담당자는 제출자가 보관 중인 물건의 반환을 요구하는 경우에는 반환하여야 하며, 다음 각 호의 어느 하나에 해당하는 경우에는 **제출자가 요구하지 않더라도 반환할 수 있다.**
> 1. 진정인이 **진정을 취소**한 사건에서 진정인이 제출한 물건이 있는 경우
> 2. **사건이 종결**되어 더 이상 보관할 필요가 없는 경우
> 3. 그 밖에 물건을 계속 보관하는 것이 적절하지 않은 경우

정답 ③

## 10 「경찰 인권보호 규칙」상 경찰청 인권위원회에 대한 설명으로 가장 적절하지 않은 것은? 〈23 경간 변형〉

① 위원회 위원장 1명을 포함하여 7명 이상 13명 이하의 위원으로 구성한다. 이때, 특정 성별이 전체 위원 수의 10분의 6을 초과하지 아니해야 한다.

② 경찰의 직에 있거나 그 직에서 퇴직한 날부터 3년이 지나지 아니한 사람은 위원이 될 수 없다.

③ 위원장과 위촉 위원의 임기는 위촉된 날로부터 3년으로 하며, 위원장의 직은 연임할 수 없고, 위촉 위원은 두 차례만 연임할 수 있다.

④ 입건 전 조사·수사 중인 사건에 청탁 또는 경찰 인사에 관여하는 행위를 하거나 기타 직무 관련 비위사실이 있는 경우 청장은 위원회의 의견을 들어 위원을 해촉할 수 있다.

해설 ③ (×) 위원장과 위촉 위원의 임기는 위촉된 날로부터 2년이다.

> **제6조(위촉 위원의 결격사유)** ① 다음 각 호의 어느 하나에 해당하는 사람은 위원이 될 수 없다.
> 1. 「공직선거법」에 따라 실시하는 선거에 후보자(예비후보자 포함)로 등록한 사람
> 2. 「공직선거법」에 따라 실시하는 선거에 의하여 취임한 공무원이거나 그 직에서 퇴직한 날부터 3년이 지나지 아니한 사람
> 3. **경찰의 직에 있거나 그 직에서 퇴직한 날부터 3년이 지나지 아니한 사람**
> 4. 「공직선거법」에 따른 선거사무관계자 및 「정당법」에 따른 정당의 당원
>
> ② 위촉 위원이 제1항 각 호의 어느 하나에 해당하게 된 때에는 당연히 퇴직한다.

정답 ③

**11** **「경찰 인권보호 규칙」상 경찰청 및 시·도경찰청 인권위원회에 관한 설명으로 가장 적절한 것은?**

〈23 채용2차〉

① 당연직 위원은 경찰청은 청문감사인권담당관, 시·도경찰청 감사관으로 한다.

② 경찰청 인권위원회와 시·도경찰청 인권위원회 각각의 위원장과 위촉 위원의 임기는 위촉된 날로부터 2년으로 하며 위원장의 직은 연임할 수 없고, 위촉 위원은 세 차례만 연임할 수 있다.

③ 경찰청 인권위원회와 시·도경찰청 인권위원회의 정기회의는 각각 분기 1회 개최한다.

④ 경찰의 직에 있거나 그 직에서 퇴직한 날부터 3년이 지나지 아니한 사람은 경찰청 인권위원회나 시·도경찰청 인권위원의 위촉 위원이 될 수 없다.

해설 ① (×) 당연직 위원은 경찰청은 감사관, 시·도경찰청은 청문감사인권담당관으로 한다.
② (×) 위원장과 위촉 위원의 임기는 위촉된 날로부터 2년으로 하며 위원장의 직은 연임할 수 없고, 위촉 위원은 두 차례만 연임할 수 있다.
③ (×) 정기회의는 경찰청은 월 1회, 시·도경찰청은 분기 1회 개최한다.

정답 ④

**12** **「경찰 인권보호 규칙」에 대한 설명으로 옳지 않은 것은?**

〈19 채용1차〉

① 경찰청 인권위원회는 위원장 1명을 포함하여 7명 이상 13명 이하의 위원으로 구성한다. 이때, 특정 성별이 전체 위원 수의 10분의 6을 초과하지 아니해야 한다.

② 위원장과 위촉 위원의 임기는 위촉된 날로부터 2년으로 하며 위촉 위원은 두 차례만 연임할 수 있다.

③ 경찰청장은 매년 인권교육종합계획을 수립하여 시행하여야 한다.

④ 경찰관서의 장은 경찰청 인권교육종합계획의 내용을 반영하여 매년 인권교육 계획을 수립·시행하여야 한다.

해설 ③ (×) **경찰청장은 3년, 각 관서장은 매년** 인권교육종합계획을 수립하여 시행하여야 한다.

정답 ③

**13** **「경찰 인권보호 규칙」상 경찰청 및 시·도경찰청 인권위원회에 관한 설명으로 가장 적절한 것은?**

〈20·23 법학〉

① 위원회는 위원장 1명을 포함하여 7명 이상 15명 이하의 위원으로 구성한다. 이때, 특정 성별이 전체위원 수의 10분의 6을 초과하지 아니해야 한다. 위원장은 위원회에서 호선하며, 위원은 당연직 위원과 위촉 위원으로 구분한다.

② 경찰청장은 위원회의 위원이 특별한 사유 없이 연속적으로 임시회의에 2회 불참 등 직무를 태만히 한 경우 직권으로 위원을 해촉할 수 있다.

③ 위촉위원 중 「공직선거법」에 따라 실시하는 선거에 의하여 취임한 공무원이거나 그 직에서 퇴직한 날부터 5년이 지나지 아니한 사람은 결격사유에 해당한다.

④ 위원회의 회의는 정기회의와 임시회의로 구분하며, 재적위원 과반수의 출석으로 개의하고, 출석위원 과반수의 찬성으로 의결한다.

해설 ① (×) 7명 이상 13명 이하의 위원으로 구성한다.
② (×) 3회 불참한 경우이다.
③ (×) 3년이 지나지 아니한 경우이다.

> **제8조(위원의 해촉)** 다음 각 호의 어느 하나에 해당하는 경우에는 청장은 위원회의 의견을 들어 위원을 해촉할 수 있다.
> 1. 입건 전 조사·수사 중인 사건에 청탁 또는 경찰 인사에 관여하는 행위를 하거나 기타 직무 관련 비위사실이 있는 경우
> 2. 위원회의 명예를 실추시키거나 위원으로서의 품위를 손상시키는 행위를 한 경우
> 3. 특별한 사유 없이 연속으로 **정기회의에 3회 불참** 등 직무를 태만히 한 경우
> 4. 위원 스스로 직무를 수행하는 것이 곤란하다고 의사를 밝힌 경우
> 5. 그 밖에 부득이한 사유로 업무를 수행할 수 없는 경우

정답 ④

**14** 「경찰 인권보호 규칙」상 경찰청 및 시·도경찰청 인권위원회에 대한 설명으로 가장 적절한 것은? 〈18 채용3차〉

① 위원회는 위원장 1명을 포함하여 7명 이상 15명 이하의 위원으로 구성한다. 이때, 특정 성별이 전체 위원 수의 10분의 6을 초과하지 아니해야 한다.
② 위원회의 회의는 정기회의와 임시 회의로 구분하며, 정기회의는 경찰청은 분기 1회, 시·도경찰청은 월 1회 개최한다.
③ 위원장과 위촉 위원의 임기는 위촉된 날로부터 2년으로 하며 위원장의 직은 연임할 수 없고, 위촉 위원은 두 차례만 연임할 수 있다.
④ 위촉 위원에 결원이 생긴 경우 새로 위촉할 수 있고, 이 경우 위촉된 위원의 임기는 위촉된 날의 다음날부터 기산한다.

해설 ① (×) **7~13명,** 성별은 10분의 6을 초과하지 아니해야 한다(아니하도록 노력해야 한다 ×).
② (×) 경찰청은 월 1회, 시·도경찰청은 분기 1회
④ (×) 위원장과 위촉 위원의 임기는 **위촉된 날로부터** 2년으로 하며 위원장의 직은 연임할 수 없고, 위촉 위원은 두 차례만 연임할 수 있다(제7조①).

**경찰청(시·도경찰청) 인권위원회**

| | |
|---|---|
| 소속/성격 | **자문기구**로서 경찰청, 시·도경찰청에 설치(**경찰서** ×) |
| 구성 | **7~13인(특정 성별은 6/10 초과 금지)** |
| 위원장 | 위원장 **호선** |
| 공무원 위원 | 당연직으로 경찰청은 감사관, 시·도경찰청은 청문감사 인권담당관 |
| 임기 | ① **위원장 2년(호선, 연임불가), 위원 2년(2회 연임 가능)**<br>② 결원으로 새로 위촉하는 위원의 임기는 위촉된 날부터 기산한다. |
| 회의 | ① 정기회의는 **경찰청은 월 1회, 시·도경찰청은 분기 1회** 개최<br>② 임시회의는 위원장이 필요하다고 인정하거나 청장 또는 재적위원 1/3이상이 소집을 요구하는 경우 위원장이 소집<br>③ 재적 과반수 출석, 출석 과반수 찬성으로 의결 |

정답 ③

**15** 다음은 경찰활동의 기본이념과 관련된 법적 근거를 제시한 것이다. 이와 관련하여 〈보기 1〉과 〈보기 2〉의 내용이 가장 적절하게 연결된 것은? 〈22 채용2차〉

〈보기 1〉
(가) 헌법 제1조 제2항에서는 "대한민국 주권은 국민에게 있고, 모든 권력은 국민으로부터 나온다"라고 규정하고 있다.
(나) 헌법 제37조 제1항에서는 "국민의 자유와 권리는 헌법에 열거되지 아니한 이유로 경시되지 아니 한다"라고 규정하고 있다.
(다) 국가공무원법 제65조 제1항에서는 "공무원은 정당이나 그 밖의 정치단체의 결성에 관여하거나 이에 가입할 수 없다"라고 규정하고 있다.

〈보기 2〉
㉠ 인권존중주의 ㉡ 민주주의
㉢ 법치주의 ㉣ 정치적 중립주의

| | (가) | (나) | (다) |
|---|---|---|---|
| ① | ㉡ | ㉣ | ㉠ |
| ② | ㉢ | ㉡ | ㉣ |
| ③ | ㉡ | ㉠ | ㉣ |
| ④ | ㉢ | ㉠ | ㉣ |

정답 ③

## 16 경찰활동의 인권지향성을 제고하기 위한 제도적 수단들로 옳은 것은? 〈21 경간 변형〉

① 「국가재정법」에 따라 경찰은 예산을 편성할 때 예산이 인권에 미친 영향을 평가하는 보고서를 작성하여야 한다.

② 「국가경찰과 자치경찰의 조직 및 운영에 관한 법률」에 따라 인권보호와 관련된 국가경찰의 운영·개선에 관한 사항은 국가경찰위원회의 심의·의결을 거칠 수 있다.

③ 「경찰 인권보호 규칙」에 따라 경찰청장은 인권침해를 예방하고 인권친화적인 치안 행정이 구현되도록 소정의 사항에 대하여 인권영향평가를 실시하여야 한다.

④ 「국가인권위원회법」에 따라 국가인권위원회는 인권의 보호와 향상을 위하여 필요하다고 인정하면 경찰정책과 관행을 개선 또는 시정할 수 있다.

해설 ① (×) 국가재정법에 '인권'에 미칠 영향 또는 미친 영향에 대하여 규정된 것은 없고, 남성과 여성에 미칠 영향(성인지 예산서)과 미친 영향(성인지 결산서)에 대한 보고서 작성의무가 있다.

**☞ 국가재정법**

> **제26조(성인지 예산서의 작성)** ①정부는 예산이 여성과 남성에게 미칠 영향을 미리 분석한 보고서[이하 "성인지(性認知)예산서"라 한다]를 작성하여야 한다.
> **제57조(성인지 결산서의 작성)** ①정부는 여성과 남성이 동등하게 예산의 수혜를 받고 예산이 성차별을 개선하는 방향으로 집행되었는지를 평가하는 보고서(이하 "성인지 결산서"라 한다)를 작성하여야 한다.

② (×) 국가경찰위원회의 심의·의결을 거쳐야 한다.
④ (×) 정책과 관행의 개선 또는 시정을 권고하거나 의견을 표명할 수 있다(제25조①).

**☞ 인권 관련 규정 정리**

| | |
|---|---|
| 경찰법 | 제5조(권한남용의 금지) 경찰은 그 직무를 수행할 때 헌법과 법률에 따라 국민의 자유와 권리 및 모든 **개인이 가지는 불가침의 기본적 인권을 보호**하고, 국민 전체에 대한 봉사자로서 공정·중립을 지켜야 하며, 부여된 권한을 남용하여서는 아니 된다.<br>제10조(국가경찰위원회의 심의·의결 사항 등) ① 2. **국가경찰사무에 관한 인권보호와 관련되는 경찰의 운영·개선에 관한 사항**은 국가경찰위원회의 심의·의결을 거쳐야 한다.<br>제19조(시·도자치경찰위원회의 구성) ③ **위원 중 1명은 인권문제에 관하여 전문적인 지식과 경험이 있는 사람**이 임명될 수 있도록 노력하여야 한다.<br>제24조(시·도자치경찰위원회의 소관 사무) ① 4. **자치경찰사무 담당 공무원의** 부패 방지와 청렴도 향상에 관한 주요 정책 및 **인권침해** 또는 권한남용 소지가 있는 규칙, 제도, 정책, 관행 등의 개선 |
| 경직법 | 제1조(목적) ① 이 법은 국민의 자유와 권리 및 모든 **개인이 가지는 불가침의 기본적 인권**을 보호하고 사회공공의 질서를 유지하기 위한 경찰관(경찰공무원만 해당한다. 이하 같다)의 직무 수행에 필요한 사항을 규정함을 목적으로 한다. |

**☞ 국가인권위원회법**

> 제25조(정책과 관행의 개선 또는 시정 권고) ① 위원회는 인권의 보호와 향상을 위하여 필요하다고 인정하면 관계기관등에 **정책과 관행의 개선 또는 시정을 권고하거나 의견을 표명할 수 있다.**
> ② 제1항에 따라 권고를 받은 관계기관등의 장은 그 **권고사항을 존중하고 이행하기 위하여 노력하여야 한다.**
> ③ 제1항에 따라 권고를 받은 관계기관등의 장은 권고를 받은 날부터 **90일 이내에 그 권고사항의 이행계획을 위원회에 통지하여야 한다.**
> ④ 제1항에 따라 권고를 받은 관계기관등의 장은 그 **권고의 내용을 이행하지 아니할 경우에는 그 이유를 위원회에 통지하여야 한다.**
> ⑤ **위원회는** 필요하다고 인정하면 제1항에 따른 위원회의 권고와 의견 표명 및 제4항에 따라 권고를 받은 **관계기관등의 장이 통지한 내용을 공표할 수 있다.**

정답 ③

# 제3장 경찰의 윤리

## 제1절 경찰의 역할모델과 전문직업화

**01 경찰의 역할모델에 대한 설명 중 가장 적절하지 않은 것은?** 〈21 경채 변형〉

① '범죄와 싸우는 경찰모델'은 경찰의 역할을 명확하게 인식시켜 전문직화에 기여하는 측면이 있다.
② '범죄와 싸우는 경찰모델'은 법집행에 있어 흑백논리에 따른 이분법적 오류에 빠질 우려가 있다.
③ '치안서비스 제공자로서의 경찰모델'은 시민에 대한 서비스활동과 사회봉사 활동의 측면이 강조되어 지역사회 경찰활동과 일맥상통하는 측면이 있다.
④ '대역적 권위에 의한 활동'은 일시적이고 임시방편적 수단에 머물러서는 아니 된다.

해설> ④ (×) '대역적 권위에 의한 활동'은 경찰의 24시간 근무체제와 지역적 분담체제로 사건 현장에 제일 먼저 접근하는 특성 때문에 발생하는 것으로서, 경찰의 활동은 일시적이고 임시방편적 수단이어야 한다. 법적 근거를 가진 사회 봉사 활동기관의 활동 내에서 이루어져야 하고 이 범위를 넘어서는 안 된다.

정답 ④

**02 경찰의 전문직업화에 대한 설명으로 가장 적절한 것은?** 〈22 경간〉

① 미국의 서덜랜드(Edwin H. Sutherland)는 경찰의 높은 사회적 지위를 확보하기 위하여 전문직업화를 추진하였다.
② 경찰의 전문직업화는 경찰이 시민의 입장을 고려하지 않고 전문지식을 바탕으로 일방적으로 의사결정을 하므로 치안서비스의 질이 향상된다.
③ 경찰의 전문직업화는 경제적 · 사회적 약자가 경찰에 진출할 기회를 증대시켜 준다.
④ 경찰의 전문직업화는 경찰위상과 사기제고, 치안서비스 질의 향상 등의 이점이 있다.

해설> ① (×) 미국의 오거스트 볼머 등에 의하여 경찰의 전문직업화가 추진되었다.
② (×) 전문직업화의 윤리적 문제점인 부권주의에 해당한다. 일방적으로 의사결정하면 치안서비스의 질이 떨어진다.
③ (×) 전문직업화의 윤리적 문제점인 차별에 해당한다. 전문직이 되는데 장기간의 교육과 비용이 들면 가난한 사람에게는 진입 차단이 된다.

정답 ④

**03 경찰이 전문직업화되어 저학력자 등 경제적, 사회적 약자에게 경찰 직업에의 진입을 차단할 경우 발생할 수 있는 윤리적 문제점으로 가장 적절한 것은?** 〈16 경감〉

① 권위주의　② 소외
③ 부권주의　④ 차별

해설> ④ (○) 전문직이 되는 데 장기간의 교육과 비용이 들면 가난한 사람은 진입이 차단되는 것은 **차별**이다. **【가난 차별】**

정답 ④

**04** **경찰시험을 준비하는 甲은 언론에서 경찰공무원의 부정부패 기사를 보고 '나는 경찰이 되면 저런 행위를 하지 않겠다'는 생각을 가졌다. 이런 현상에 대한 설명으로 가장 적절하지 않은 것은?** 〈22 경간〉

① 이런 현상을 침묵의 규범이라고 한다.
② 개인적 성향과 조직 내 사회화 과정은 상호보완적 관계에 있다.
③ 경찰공무원의 사회화는 경찰이 되기 전의 가치관에 의해 영향을 받는다.
④ 경찰공무원은 공식적 사회화 과정보다 비공식적 사회화 과정의 영향을 더 많이 받는다.

해설 ① (×) "예기적 사회화 과정"이라고 한다.

정답 ①

**05** **다음은 하이덴하이머(A. J. Heidenheimer)의 부정부패 개념 정의 및 분류에 관한 것이다. ㉠부터 ㉢까지 들어갈 말로 옳은 것은?** 〈22 경채〉

> ㉠: 고객들은 잘 알려진 위험을 감수하고라도 원하는 이익을 받는 것을 확실히 하기 위하여 높은 가격(뇌물)을 지불하는 결과로 부패가 발생한다.
> ㉡: 부패는 뇌물수수 행위와 특히 결부되어 있지만, 반드시 금전적인 형태일 필요가 없는 사적 이익을 고려한 결과로 권위를 남용하는 경우를 포괄하는 용어이다.
> ㉢: 공직자가 법적으로 규정되어 있지 않은 금전적인 또는 다른 형태의 보수에 의하여 그 보수를 제공한 사람들에게 이로운 행위를 함으로써 공중의 이익에 손해를 끼칠 때 부패가 발생한다.

| | ㉠ | ㉡ | ㉢ |
|---|---|---|---|
| ① | 시장중심적 정의 | 관직중심적 정의 | 공익 중심적 정의 |
| ② | 관직중심적 정의 | 시장중심적 정의 | 공익 중심적 정의 |
| ③ | 시장중심적 정의 | 공익 중심적 정의 | 관직중심적 정의 |
| ④ | 관직중심적 정의 | 공익 중심적 정의 | 시장중심적 정의 |

정답 ①

## 제2절 경찰 일탈 이론

**01** **경찰과 윤리에 대한 설명 중 가장 적절하지 않은 것은?** 〈21 법학, 23 경간〉

① 클라이니히(J. Kleinig)는 도덕적 감수성의 배양이란 경찰관이 비판적 사고방식을 배양하여 잘못된 관행을 비판적으로 검토하여 수용하는 것이라고 한다.
② 돈을 주며 사건무마를 청탁하는 의뢰인의 요구를 결국 거절하도록 하는 경찰교육의 목적은 도덕적 결의의 강화에 있다.
③ 바람직한 경찰의 역할모델과 관련하여 '치안서비스 제공자로서의 경찰모델'은 시민에 대한 서비스활동과 사회봉사 활동의 측면이 강조되어 지역사회 경찰활동과 일맥상통하는 측면이 있다.
④ '범죄와 싸우는 경찰모델'은 경찰의 역할을 명확하게 인식시켜 전문직화에 기여하지만 법집행에 있어 흑백논리에 따른 이분법적 오류에 빠질 우려가 있다.

해설

**경찰윤리교육의 목적(클라이니히)**

| | |
|---|---|
| 도덕적 결의의 강화 | 경찰관이 **압력과 유혹에 굴복하지 않고** 소신과 직업의식에 따라 일을 처리하는 것 |
| 도덕적 감수성 배양 | 경찰관이 다양한 계층의 사람들에게 **차별 없이** 인간으로서 존중하고 공평하게 봉사하는 것 **【성차별 없이】** |
| 도덕적 전문능력 함양 | 경찰관이 **비판적 사고방식**을 배양하여 조직 내 관행을 비판적으로 수용하는 것 |

정답 ①

## 02 경찰의 일탈과 부패에 대한 설명으로 가장 적절하지 않은 것은? 〈23 경간〉

① 펠드버그는 경찰이 시민의 작은 호의를 받았다고 해서 반드시 큰 부패를 범하는 것은 아니라고 하였다.
② 델라트르는 '미끄러지기 쉬운 경사로이론'에 따라 시민의 작은 호의를 받은 경찰관 중 큰 부패로 이어지는 경찰관은 일부에 불과하므로 시민의 작은 호의를 금지할 필요는 없다고 하였다.
③ 윌슨(O.W.Wilson)은 '경찰은 어떤 작은 호의, 심지어 한 잔의 공짜 커피도 받도록 허용되어서는 안 된다.'라고 주장하였다.
④ 셔먼의 '미끄러지기 쉬운 경사로이론'은 부패에 해당하지 않는 작은 선물 등의 사소한 호의를 허용하면 나중에는 엄청난 부패로 이어진다는 이론이다.

해설 > ② (×) 펠드버그의 주장이다. 델라트르는 셔먼의 주장과 같이 사소한 호의도 받아서는 아니 된다고 하였다.

정답 ②

## 03 경찰의 부패에 관한 설명 중 가장 적절하지 않은 것은? 〈22 채용1차〉

① 'Dirty Harry 문제'는 도덕적으로 선한 목적을 위해 윤리적, 정치적, 혹은 법적으로 더러운 수단을 동원하는 것이 적절한가와 관련된 딜레마적 상황이다.
② 구조화된 조직적 부패는 서로가 문제점을 알면서도 눈감아주는 침묵의 규범 형성의 가능성을 높인다.
③ 셔먼(1985)의 미끄러운 경사(slippery slope) 개념은 작은 호의를 받는 것에 익숙해진 경찰관들이 결국 부패에 연루될 수 있음을 경고한다.
④ 전체사회가설은 신임경찰관이 조직의 부패 전통 내에서 고참 동료들에 의해 사회화됨으로써 부패의 길로 들어선다는 입장이다.

해설 > ① (○) Dirty Harry 문제 : 크로카스(Carl Klockars, 1983)는 당시 유명한 유괴영화인 'Dirty Harry'를 인용하여 '고결한 명분의 부패형태'를 제시하였다. 영화에서 경찰관 Harry는 유괴된 소녀를 찾기 위해 유괴범 Scorpio의 다리에 총을 쏘며 고문을 하였다. 크로카스는 선한 결과를 위하여 부정한 수단을 사용하는 경찰관은 처벌되어야 한다고 주장하였다.
④ (×) 신임경찰관이 조직의 부패 전통 내에서 고참 동료에 의하여 사회화된다는 이론은 구조원인가설이다.

정답 ④

## 04 부정부패에 관한 설명으로 가장 적절하지 않은 것은? 〈23 채용2차〉

① 작은 호의를 제공받은 경찰관이 도덕적 부채를 느껴 이를 보충하기 위해 결과적으로 선한 후속행위를 하는 상황은 미끄러운 경사(slippery slope) 가설의 맥락에서 이해할 수 있다.
② 대의명분 있는 부패(noble cause corruption)와 Dirty Harry 문제는 부패의 개념적 징표를 개인적 이익 추구를 넘어 조직 혹은 사회적 차원의 이익 추구로 확대하고자 하는 시도라고 볼 수 있다.
③ 고객이 위험을 감수하고서라도 원하는 이익을 확실히 취하기 위해 높은 가격의 뇌물을 지불하는 상황을 부패로 이해한다면, 이는 하이덴하이머(Heidenheimer)가 제시한 세 가지 유형의 부정부패 정의 중 시장중심적 정의와 가장 관련이 크다.
④ 공직자가 직무와 관련하여 그 지위 또는 권한을 남용하거나 법령을 위반하여 자기 또는 제3자의 이익을 도모하는 행위는 『부패방지 및 국민권익위원회의 설치와 운영에 관한 법률』상 부패행위에 해당한다.

해설 > ① (×) '도덕적 부채'란 사람이 살아가면서 자기도 모르는 사이에 남에게 상처를 주거나 이기적 행동으로 남에게 피해를 주는 경우를 말한다. 이러한 도덕적 부채를 느껴 선한 행위를 하는 것은 바람직한 경우이다. 미끄러지기 쉬운 경사로 이론은 작은 호의가 결국 부패로 연결된다는 것으로 도덕적 부채와 관련 없다.
② (○) 고결한 명분(noble cause)은 좋은 결과를 목적으로 한 활동이라도 불법적인 경우를 말한다. 크로카스(Carl Klockars)는 Dirty Harry 문제를 '고결한 명분'의 부패 형태로 제시하고 있다. Harry 형사가 범인을 고문한 것은 인질을 찾기 위함이므로 이는 개인적 이익을 위한 것이 아니라 조직 혹은 사회적 이익을 위한 부패로 볼 수 있다.

정답 ①

**05** **경찰의 부패원인가설에 대한 설명이 가장 적절하게 짝지어진 것은?** 〈22 승진〉

> ㉠ P경찰관은 부서에서 많은 동료들이 단독 출장을 가면서도 공공연하게 두 사람의 출장비를 청구하고 퇴근 후 잠깐 들러서 시간외 근무를 한 것으로 퇴근시간을 허위 기록되게 하는 것을 보고 P경찰관도 동료들과 같은 행동을 하였다.
> ㉡ 경찰관은 순찰 중 주민으로부터 피로회복 음료를 무상으로 받았고 그 다음 주는 식사대접을 받았다. 순찰 나갈 때마다 주민들에게 뇌물을 받는 습관이 들었고 주민들도 경찰관이 순찰을 나가면 마음의 선물이라며 뇌물을 주는 것이 관례가 되어버렸다.

① ㉠ – 전체사회 가설 ㉡ – 구조원인 가설
② ㉠ – 썩은 사과 가설 ㉡ – 구조원인 가설
③ ㉠ – 구조원인 가설 ㉡ – 전체사회 가설
④ ㉠ – 구조원인 가설 ㉡ – 썩은 사과 가설

해설> ㉠ 법규와 현실의 괴리 또는 서로의 부패를 눈감아 주는 침묵의 규범으로서 구조원인가설에 해당한다.
㉡ 시민사회가 경찰부패를 묵인하여 경찰의 부패를 조장하게 된다는 전체사회가설에 해당한다.

정답 ③

**06** **경찰부패에 대한 설명으로 가장 적절하지 않은 것은?** 〈22 경간〉

① 미끄러지기 쉬운 경사로 이론(Slippery slope theory)은 공짜 커피, 작은 선물 등의 사소한 호의가 나중에는 큰 부패로 이어질 수 있다는 점을 강조한다.
② 썩은 사과 이론(Rotten apple theory)은 부패의 원인을 개인적 결함보다는 조직의 체계적 원인으로 보고 있으며 조직차원의 경찰윤리교육의 중요성을 강조한다.
③ 구조원인 가설(Structural hypothesis)는 신임경찰들이 선배 경찰에 의해 조직의 부패전통 내에서 사회화되어 신임경찰도 기존경찰처럼 부패로 물들게 된다는 이론이다.
④ 윤리적 냉소주의 가설(Ethical cynicism hypothesis)은 경찰에 대한 외부통제기능을 수행하는 정치권력, 대중매체, 시민단체의 부패는 경찰의 냉소주의를 부채질하고 부패의 전염효과를 가져온다고 한다.

해설> ② (×) 썩은 사과 이론은 부패의 원인을 개인적 결함으로 본다.

정답 ②

**07** **경찰부패의 원인에 관한 다음 설명 중 가장 옳은 것은 무엇인가?** 〈18 경간〉

① 델라트르는 작은 호의를 금지해야 한다고 주장하였다.
② 미국의 로벅은 '시카고 시민이 경찰을 부패시켰다'고 주장하였다.
③ 경찰부패에 대한 내부고발은 '침묵의 규범'과 같은 개념이다.
④ 썩은 사과 가설은 부패의 원인이 개인이 아닌 조직적 결함에 있다고 본다.

해설> ② (×) 로벅은 구조원인가설을 주장하였다. '시카고 시민이 경찰을 부패시켰다'고 주장은 전체사회가설에 해당한다.
③ (×) 내부고발은 동료의 부패를 외부에 공표하는 것이고, 침묵의 규범은 동료의 부패를 눈감아 주는 것이다. 서로 상반되는 개념이다.
④ (×) 썩은 사과 가설은 부패의 원인을 개인적 결함으로 본다.

정답 ①

## 08 다음은 경찰부패에 대한 설명이다. 빈칸 ㉠부터 ㉣까지 들어갈 것으로 가장 적절하게 짝지어진 것은?

〈20 채용1차〉

- ( ㉠ )은 니더호퍼, 로벅, 바커 등이 제시한 이론으로 부패의 사회화를 통하여 신임경찰이 기존의 부패한 경찰에 물들게 된다는 입장이다.
- ( ㉡ )은(는) 남의 비행에 대하여 일일이 참견하면서 도덕적 충고를 하는 것을 의미한다.
- ( ㉢ )은 공짜 커피, 작은 선물 등의 사소한 호의가 나중에는 큰 부패로 이어질 수 있다는 점을 강조한다.
- ( ㉣ )은(는) 도덕적 가치관이 붕괴되어 동료의 부패를 부패라고 인식하지 못하는 것을 의미하며, 부패를 잘못된 행위로 인식하고 있지만 동료라서 모르는 척하는 침묵의 규범과는 구별되는 개념이다.

| | ㉠ | ㉡ | ㉢ | ㉣ |
|---|---|---|---|---|
| ① | 전체사회 가설 | Whistle blowing | 사회 형성재 이론 | Moral hazard |
| ② | 구조원인 가설 | Whistle blowing | 미끄러지기 쉬운 경사로 이론 | Deep throat |
| ③ | 전체사회 가설 | Busy bodiness | 사회 형성재 이론 | Deep throat |
| ④ | 구조원인 가설 | Busy bodiness | 미끄러지기 쉬운 경사로 이론 | Moral hazard |

해설 사회 형성재 이론은 경찰이 시민의 작은 호의를 받음으로써 시민과 친밀해질 수 있다는 이론이다. Deep throat는 '익명의 내부고발자'란 뜻으로 미국의 워터게이트 스캔들에 닉슨 대통령이 직접적으로 연관되었음을 폭로한 비밀 정보원의 별명이다.

정답 ④

## 09 경찰의 부패이론과 내부고발에 대한 설명으로 가장 옳은 것은?

〈21 경간, 23 채용1차〉

① '구조원인설'은 니더호퍼, 로벅, 바커, 윌슨 등이 주장한 이론으로서 신임경찰들이 선배경찰에 의해 조직의 부패전통 내에서 사회화되어 신임경찰도 기존경찰처럼 부패로 물들게 된다는 이론이다.

② '썩은 사과 가설'은 부패의 원인을 개인적 결함보다는 조직의 체계적 원인으로 보고 있으며 신임경찰 채용단계의 중요성을 강조한다.

③ '미끄러지기 쉬운 경사로 이론'은 펠드버그가 주장한 이론으로 공짜 커피나 작은 선물 등의 사소한 호의가 나중에 엄청난 부패로 이어진다는 이론이다.

④ 내부고발의 정당화 요건으로 적절한 도덕적 동기, 최후수단성, 성공 가능성, 중대성, 급박성 등이 있다.

해설 ① (×) 윌슨은 전체사회가설을 주장하였다.
② (×) '썩은 사과 가설'은 부패의 원인을 개인적 결함으로 본다.
③ (×) '미끄러지기 쉬운 경사로 이론'은 셔먼이 주장한 이론이다.
④ (○) 내부고발의 정당화 요건(클라이니히) 【클라이니휘 – 휘슬블로잉】

① 적절한 **도덕적 동기**에 의해 이루어질 것
② **외부공표 전 모든 내부채널 사용하여야 함.**
③ 내부고발자의 신념이 **합리적 증거**에 근거할 것
④ 도덕적 위반의 **중대성, 급박성**에 대한 세심한 고려 필요
⑤ **어느 정도 성공가능성이 있어야 함.**

정답 ④

**10** **다음은 경찰의 부패원인에 대한 설명이다. 아래 ㉠부터 ㉣까지의 설명 중 옳고 그름의 표시(○, ×)가 바르게 된 것은?** 〈20 승진〉

> ㉠ '전체사회 가설'은 시민사회의 부패가 경찰부패의 주요 원인이라고 보는 이론이다.
> ㉡ '썩은 사과 가설'은 선배경찰의 부패행태로부터 신임경찰이 차츰 사회화되어 신임경찰도 기존 경찰처럼 부패로 물들게 된다고 보는 이론이다.
> ㉢ 셔먼의 '미끄러지기 쉬운 경사로 이론'에 대해 펠드버그는 작은 호의를 받았다고 해서 반드시 경찰이 큰 부패를 범하는 것은 아니라고 비판한다.
> ㉣ '구조원인 가설'은 부패에 해당하지 않는 작은 호의가 습관화될 경우 더 큰 부패와 범죄로 빠진다고 보는 이론이다.

① ㉠(○) ㉡(×) ㉢(○) ㉣(×)
② ㉠(○) ㉡(○) ㉢(○) ㉣(×)
③ ㉠(×) ㉡(○) ㉢(○) ㉣(×)
④ ㉠(○) ㉡(×) ㉢(○) ㉣(○)

해설 ㉡ (×) 신임경찰이 선배경찰로부터 부패로 물들게 된다는 것은 '구조원인 가설'이다.
㉣ (×) 작은 호의가 부패로 연결된다는 것은 '미끄러지기 쉬운 경사로 이론'또는 '전체사회 가설'이론이다.

정답 ①

**11** **다음은 경찰관들의 일탈 사례와 이를 설명하는 이론(가설)이다. 〈보기 1〉과 〈보기 2〉의 내용이 가장 적절하게 연결된 것은?** 〈20 채용2차〉

> 〈보기 1〉
> (가) 경찰관 A는 동료 경찰관들이 유흥업소 업주들로부터 접대를 받은 사실을 알고도 모른 체했다.
> (나) 음주운전으로 징계처분을 받은 적이 있는 B가 다시 음주운전으로 적발되어 징계위원회에 회부되었다.
> (다) 주류판매로 단속된 노래연습장 업주가 담당 경찰관 C에게 사건무마를 청탁하며 뇌물수수를 시도하였다.

> 〈보기 2〉
> ㉠ 썩은 사과 가설
> ㉡ 미끄러지기 쉬운 경사로 이론
> ㉢ 구조원인 가설
> ㉣ 전체사회 가설

| | (가) | (나) | (다) |
|---|---|---|---|
| ① | ㉢ | ㉠ | ㉣ |
| ② | ㉠ | ㉢ | ㉣ |
| ③ | ㉠ | ㉢ | ㉡ |
| ④ | ㉢ | ㉠ | ㉡ |

해설 (가) 침묵의 규범으로서 조직부패를 설명하는 '구조원인 가설'과 관련된다.
(나) 개인의 자질 문제이므로 '썩은 사과 가설'과 관련된다.
(다) 시민사회가 경찰의 부패를 조장하는 것이므로 '전체사회 가설'과 관련된다.

정답 ①

**12** **경찰부패 문제의 해결을 위해 다음과 같이 「경찰청 공무원 행동강령」을 개정하였다고 가정한다면, 이와 같은 개정의 근거가 된 경찰부패이론(가설)으로 가장 적절한 것은?** 〈19 채용2차, 21 특공대〉

| 현행 | 개정안 |
|---|---|
| 공무원은 직무 관련 여부 및 기부·후원·증여 등 그 명목에 관계없이 동일인으로부터 1회에 100만원 또는 매 회계연도에 300만원을 초과하는 금품 등을 받거나 요구 또는 약속해서는 아니 된다. | 공무원은 직무 관련 여부 및 기부·후원·증여 등 그 명목에 관계없이 어떠한 금품 등도 받거나 요구 또는 약속해서는 아니 된다. |

① 썩은 사과 가설
② 미끄러지기 쉬운 경사로 이론
③ 형성재론
④ 구조원인 가설

해설 ② (○) 미끄러지기 쉬운 경사로 이론은 작은 호의도 거절해야 한다는 주장이다.
③ (×) 형성재 이론은 시민의 작은 호의를 받으면서 서로 친밀감을 형성할 수 있다는 것이다.

정답 ②

**13** **경찰의 부정부패 현상과 그 원인에 대한 설명으로 가장 적절한 것은?** 〈17 채용, 18·23 법학〉

① 사회 전체가 경찰 부패를 묵인하거나 조장할 때 경찰은 부패 행위를 하게 되며 시민 사회의 부패가 경찰 부패의 주원인으로 보는 이론은 전체사회 가설이다.
② 일부 부패 경찰을 모집 단계에서 배제하지 못하여 조직 전체를 부패로 물들게 한다는 구조원인 가설은 부패의 원인을 개인적 결함이 아닌 조직의 체계적 원인으로 파악한다.
③ 미끄러지기 쉬운 경사로 이론은 부패에 해당하는 작은 호의가 습관화될 경우 미끄러운 경사로를 타고 내려오듯이 점점 더 큰 부패와 범죄로 빠진다는 가설이다.
④ 썩은 사과 가설은 신임 경찰관들이 그들의 선배 경찰관들에 의해 조직의 부패 전통 내에서 사회화되어 신임 경찰도 기존 경찰처럼 부패로 물들게 된다고 주장한다.

해설 ② (×) 일부 부패 경찰을 모집 단계에서 배제하지 못하여 조직 전체를 부패로 물들게 한다는 것은 썩은 사과 가설로서 부패를 조직인 아닌 개인적 결함으로 본다.
③ (×) 작은 호의는 부패에 해당하지 않는다.
④ (×) 구조 원인 가설에 대한 설명이다.

정답 ①

**14 다음은 경찰의 부정부패 이론(가설)에 관한 설명이다. 주장한 학자와 이론이 가장 적절하게 연결된 것은?** 〈22 채용2차〉

> ㉠ 부패의 사회화를 통하여 신임경찰이 기존의 부패한 경찰에게 물들게 된다는 것으로 부패의 원인을 개인적 결함이 아닌 조직의 체계적 원인으로 보고 있다.
> ㉡ 시카고 경찰의 부패 원인 중 하나로 '시카고 시민이 경찰을 부패시켰다'라는 주장이 거론된 것처럼 시민사회가 경찰관의 부패를 묵인하거나 용인할 때 경찰관이 부패 행위에 빠져 들게 된다.

① ㉠ 델라트르(Delattre) – 미끄러지기 쉬운 경사로 이론
㉡ 니더호퍼(Neiderhoffer), 로벅(Roebuck), 바커(Barker) – 구조원인가설
② ㉠ 셔먼(Sherman) – 구조원인가설
㉡ 델라트르(Delattre) – 미끄러지기 쉬운 경사로 이론
③ ㉠ 니더호퍼(Neiderhoffer), 로벅(Roebuck), 바커(Barker) – 구조원인가설
㉡ 윌슨(Wilson) – 전체사회가설
④ ㉠ 윌슨(Wilson) – 전체사회가설
㉡ 펠드버그(Feldberg) – 구조원인가설

정답 ③

**15 경찰조직의 냉소주의에 관한 설명으로 가장 적절한 것은?** 〈23 채용2차〉

① 니더호퍼(Niederhoffer)는 사회체계에 대한 기존의 신념체제가 붕괴된 후 새로운 신념체제에 의해 급하게 대체될 때 냉소주의가 나타날 수 있다고 하였다.
② 조직 내 팽배한 냉소주의는 경찰의 전문직업화를 저해하는 기제로 작동할 수 있다.
③ 회의주의와 비교할 때, 냉소주의는 조직 내 특정한 대상을 합리적 의심을 통해 신뢰하지 않는 것과 관련이 있다.
④ 냉소주의 극복을 위한 가장 효과적인 조직관리 방안은 인간을 본래 게으르고 생리적 욕구 또는 안전의 욕구에 자극을 주는 금전적 보상이나 제재 등 외재적 유인에 반응한다고 상정하여 조직이 권위적으로 관리할 필요가 있다는 맥그리거(McGregor)의 인간모형에 기초한다.

해설 ① (×) 니더호퍼는 사회체계에 대한 기존의 신념체제가 붕괴된 후 새로운 신념체제에 의해 대체되지 않을 때 냉소주의가 나타날 수 있다고 하였다.
③ (×) 회의주의는 합리적 근거를 가지고 의심을 하지만, 냉소주의는 합리적 근거 없이 불신한다.
④ (×) 냉소주의 극복을 위하여 Y이론에 입각한 조직관리가 필요하다. 인간을 본래 게으르고 생리적 욕구 또는 안전의 욕구에 자극을 주는 금전적 보상이나 제재 등 외재적 유인에 반응한다고 상정하는 것은 X이론에 해당한다.

정답 ②

**16** **경찰문화의 냉소주의를 극복하기 위한 방안에 대한 설명이다. ㉠부터 ㉤까지 (　) 안에 들어갈 용어를 나열한 것으로 가장 적절한 것은?** 〈18 경감〉

> 인간관 중 ( ㉠ ) 이론은 인간이 책임감 있고 정직하여 ( ㉡ )적인 관리를 해야 한다는 이론이고, ( ㉢ ) 이론은 인간을 게으르고 부정직한 것으로 보아 ( ㉣ )적으로 관리해야 한다는 이론으로, ( ㉤ ) 이론에 의한 관리가 냉소주의를 극복하는 방안이 된다.

① ㉠ X ㉡ 민주 ㉢ Y ㉣ 권위 ㉤ X
② ㉠ X ㉡ 권위 ㉢ Y ㉣ 민주 ㉤ Y
③ ㉠ Y ㉡ 민주 ㉢ X ㉣ 권위 ㉤ Y
④ ㉠ Y ㉡ 권위 ㉢ X ㉣ 민주 ㉤ X

해설 >

☞ **냉소주의 회의주의**

| 구분 | 냉소주의(cynicism) | 회의주의(skepticism) |
|---|---|---|
| 공통점 | 불신을 바탕으로 불평과 불만 상태 | |
| 태도 | 모든 일을 차갑게 부정하며, **구경꾼의 자세로 비웃기만 하는 사람** | '**회의(會議)**'하는 것처럼 근거를 갖고 비판하며, 의심하고 주의하는 사람 |
| 차이점 | ① 합리적 근거 없다.<br>② 대상의 불특정<br>③ 개선 의지 없다.<br>④ 경찰조직에 대한 **신념 결여** | ① 합리적 근거 있다.<br>② 대상의 특정<br>③ 개선 의지나 신념이 있다. |
| 냉소주의 폐해 | ① 공중이 도덕적으로 타락했다거나 상부 지시가 **부당하다는 회의가 들 때** 나타남.<br>② 경찰청의 새로운 제도 발표에 전시행정이라고 **비웃는 것**은 조직에 대한 신념 결여<br>③ 냉소주의는 경찰의 전문직업화를 저해할 수 있음.<br>④ 미국의 **니더호퍼**: 냉소주의는 자신의 신념체제가 붕괴되었지만 새로운 것에 의해 대체되지 않을 때 나타나는 **도덕적 아노미 현상(혼란상태)**으로 봄. | |
| 냉소주의 극복방안 | 맥그리그의 Y이론에 입각한 조직관리 | |

정답 ③

## 제3절 경찰인의 윤리 표준(코헨&펠드버그)

**01** **장자크 루소(Jean Jacques Rousseau)가 주장한 사회계약론의 내용으로 가장 적절하지 않은 것은?** 〈23 경간〉

① 공동체의 구성원 전체가 개별적인 의지를 초월하는 일반의지에 따를 것을 약속함으로써 국가가 탄생하였으며 일반의지의 표현이 법이고 일반의지의 행사가 주권이 된다.
② 사회계약은 개인들이 문명사회의 현실을 벗어나 하나의 새로운 사회질서를 창출하는 공동행위이다.
③ 공동체 구성원은 사회계약을 통해서 자연적 자유 대신에 사회적 자유를 얻게 된다.
④ 시민들이 기본권을 보호받기 위해 계약을 통해 정부를 구성했으므로 국가가 시민의 기본권을 침해하는 경우 시민은 저항하고 나아가 그 정부를 해산할 수 있는 권리가 있다.

해설 > ④ (×) 로크의 주장이다. 루소도 국민의 저항을 주장하였지만, 루소는 일반의지에 의해 제정된 법을 집행하기 위한 기관으로서 정부의 존재를 인정하며, 정부는 국민의 대리인으로서 법을 집행하기 때문에 국민은 주권을 침해하는 정부에 저항한다기보다는 대리인인 정부를 폐기할 수 있다고 보았다. 따라서 '저항권'이라는 표현은 루소보다 로크에 적합하다고 할 수 있다.

정답 ④

**02** **코헨(Cohen)과 펠드버그(Feldberg)가 제시한 경찰활동의 윤리적 표준에 대한 설명으로 가장 적절하지 않은 것은?** 〈22 승진〉

① 경찰관이 절도범을 추격하던 중 도주하는 범인의 등 뒤에서 권총을 쏘아 사망하게 하는 경우는 공공의 신뢰 위반에 해당한다.
② 경찰관이 우범지역인 지역과 지역의 순찰업무를 맡았으나 A지역에 가족이 산다는 이유로 A지역에서 순찰 근무시간을 대부분 할애한 경우는 공정한 접근 위반에 해당한다.
③ 불법 개조한 오토바이를 단속하던 경찰관이 정지명령에 불응하는 오토바이를 향하여 과도하게 추격한 결과 운전자가 전신주를 들이받고 사망한 경우는 시민의 생명과 재산의 안전 위반에 해당한다.
④ 경찰이 사익을 위해 공권력을 사용하거나 필요한 최소한의 강제력을 초과하여 사용하였다면 공정한 접근 위반에 해당한다.

해설> ④ (×) 공공의 신뢰 위반에 해당한다. 공공의 신뢰위반은 시민이 자력구제하지 않고 **신**고하는 것, 신고를 하면 최소한의 강제력을 사용(**비**례의 원칙)하여, **반**드시 집행하고, 뇌물이나 접대등 **사**적 이익을 추구하지 않는 것이다. **【신−신비반사】**

정답 ④

**03** **코헨(Chhen)과 펠드버그(Feldberg)는 사회계약설로부터 도출한 경찰활동의 기준(윤리표준)을 제시하였다. 이와 관련된 〈보기1〉과 〈보기2〉의 내용이 가장 적절하게 연결된 것은?** 〈21 채용1차〉

〈보기 1〉
(가) 경찰은 사회 전체의 필요에 의해 생겨난 조직으로, 경찰서비스에 대한 동등한 필요를 가진 사람들이 그것을 받을 동등한 기회를 가져야 한다.
(나) 경찰관은 자의적으로 권한을 행사해서는 안 되고, 물리력의 행사는 필요최소한에 그쳐야 하며, 시민의 신뢰에 합당한 방식으로 권한을 행사해야 한다.
(다) 경찰은 그들에게 부여된 사회적 역할 범위 내에서 활동을 하여야 하며, 이러한 범위 내의 활동을 함에 있어서도 상호 협력을 통해 경찰목적을 달성해야 한다.

〈보기 2〉
㉠ 공공의 신뢰확보
㉡ 생명과 재산의 안전보호
㉢ 공정한 접근보장
㉣ 협동과 역할한계 준수

| | (가) | (나) | (다) |
|---|---|---|---|
| ① | ㉠ | ㉡ | ㉣ |
| ② | ㉠ | ㉣ | ㉡ |
| ③ | ㉢ | ㉡ | ㉣ |
| ④ | ㉢ | ㉠ | ㉣ |

해설> (가) 동등한 기회 제공 − 공정한 접근보장
(나) 시민의 신뢰에 합당한 방식 − 공공의 신뢰확보
(다) 사회적 역할 범위 내에서 활동 − 협동과 역할한계 준수

정답 ④

**04** **코헨(Cohen)과 필드버그(Feldberg)가 제시한 사회계약설로부터 도출되는 경찰활동의 기준을 제시하였다. 다음 각 사례와 가장 관련 깊은 경찰활동의 기준을 연결한 것 중 옳지 않은 것은 모두 몇 개인가?**

〈21 경간, 23 채용2차〉

가. 김순경은 절도범을 추격하던 중 도주하는 범인의 등 뒤에서 권총을 쏘아 사망하게 하였다. – <공공의 신뢰>

나. 1주일간 출장을 마치고 집에 돌아온 A는 자신의 TV가 없어진 것을 발견하였다. 그래서 여기저기 찾아보던 중에 평소부터 사이가 좋지 않던 옆집의 B가 A의 TV를 몰래 훔쳐가 사용 중인 것을 창문너머로 확인하였다. 이때 A는 몽둥이를 들고 가서 직접 자기의 TV를 찾아오려다가 그만두고, 경찰에 신고하여 TV를 되찾았다. – <공공의 신뢰>

다. 박순경은 순찰 근무 중 달동네는 가려하지 않고 부자동네인 구역으로만 순찰을 다니려고 하였다. – <공정한 접근>

라. 이순경은 어렸을 적 아버지로부터 가정폭력을 경험하였는데, 가정폭력 사건을 처리하면서 모든 잘못은 남편에게 있다고 단정지었다. – <냉정하고 객관적인 자세>

마. 최순경은 경찰 입직 전 집에 도둑을 맞은 경험이 있었다. 그런데 경찰에 임용되어 절도범을 검거하자, 과거의 도둑맞은 경험이 생각나 피의자에게 욕설과 가혹행위를 하였다. – <냉정하고 객관적인 자세>

바. 탈주범이 자기 관내에 있다는 첩보를 입수한 한순경이 상부에 보고하지 않고 공명심에 단독으로 검거하려다 탈주범 검거에 실패하였다. – <협동>

사. 은행강도가 어린이를 인질로 잡고 차량도주를 하고 있다면 경찰은 주위 시민들의 안전에 대한 위험에도 불구하고 추격(법집행)을 하여야 한다. – <생명과 재산의 안전확보>

① 0개 ② 1개
③ 2개 ④ 3개

해설 >

☞ **윤리표준의 구체적 내용(코헨 & 펠드버그)**
**【코펠의 공안팀 신객】**

| | |
|---|---|
| 공정한 접근 보장 | 경찰서비스는 누구에게나 **차별** 없이 제공되어야 하며, 친척이 산다는 이유로 A지역 순찰을 늘리거나, 동료의 위법을 눈감아 주는 **편**들기, 가난한 동네의 순찰을 결략하는 **해태**·무시 등이 위반사례이다. **【공차편해】** |
| 생명과 재산의 안전보호 | 사회계약의 궁극적 목적은 시민의 생명과 재산의 안전보호이며, 과도한 추격으로 폭주족이 사망한 경우는 위반 사례이다. |
| 팀웍과 역할한계 | 공명심에 단독으로 검거하려다 실패한 경우(팀웍), 형사가 범인에게 면박을 주거나 몽둥이로 처벌까지 한 경우(역할한계) 등이 위반사례이다. |
| 공공의 신뢰 | 자력구제 대신 경찰에 **신**고하는 것, 경찰은 최소한의 강제력(**비**례의 원칙)으로, **반**드시 집행하고, 뇌물 등 **사**적 이익을 배제한다. **【신-신비반사】** |
| 냉정하고 객관적인 자세 | 과도한 개입(개인적 선호, 편견, 경험)이나 무관심(냉소주의)를 경계하는 것으로 경찰관이 도둑 맞은 경험 때문에 절도범에 가혹한 경우 등 |

정답 ①

**05** **코헨과 펠드버그는 사회계약설로부터 도출되는 경찰활동의 기준을 제시하였다. 다음 각 사례와 가장 연관이 깊은 경찰활동의 기준으로 바르게 연결된 것은 모두 몇 개인가?** 〈17 경간〉

> ㉠ 甲순경은 절도범을 추격하던 중 도주하는 범인의 등 뒤에서 권총을 쏘아 사망하게 하였다. – <공정한 접근>
> ㉡ 乙경장은 순찰 근무 중 달동네는 가려고 하지 않고 부자 동네인 구역으로만 순찰을 다니려고 하였다. – <공공의 신뢰>
> ㉢ 丙순경은 경찰 입직 전 집에 도둑을 맞은 경험이 있었다. 그런데 경찰이 되어 절도범을 검거하자, 과거 도둑맞은 경험이 생각나 피의자에게 욕설과 가혹행위를 하였다. – <냉정하고 객관적인 자세>
> ㉣ 丁순경은 강도범을 추격하다가 골목길에서 칼을 든 강도와 조우하였다. 丁순경은 계속 추격하는 척하다가 강도가 도망가도록 내버려 두었다. – <공정한 접근>
> ㉤ 戊경장은 어렸을 적 아버지로부터 가정폭력을 경험하였는데, 가정폭력사건을 처리하면서 모든 잘못은 남편에게 있다고 단정지었다. – <공공의 신뢰>

① 1개 ② 2개
③ 3개 ④ 4개

해설 ㉠ (×) 비례원칙의 위반으로 '공공의 신뢰' 위반이다.
㉡ (×) 달동네는 가지 않으려는 것은 해태이며 '공정한 접근' 위반이다.
㉣ (×) 범인을 추격하다가 내버려둔 것은 해태가 아니고 '공공의 신뢰' 위반이다.
㉤ (×) 경찰관 개인의 경험으로 편견을 갖는 것은 '냉정하고 객관적인 자세' 위반이다.

정답 ①

## 제4절 경찰윤리강령

**01** **경찰과 윤리에 대한 설명으로 가장 적절한 것은?** 〈21 승진, 23 법학〉

① 1945년 국립경찰의 탄생 시 경찰의 이념적 좌표가 된 경찰정신은 대륙법계의 영향을 받은 '봉사와 질서'이다.
② 경찰현장에서는 "우리는 화합과 단결 속에 항상 규율을 지키며 검소하게 생활하는 근면한 경찰이다"라는 목표를 제시하였다.
③ 「경찰청 공무원 행동강령」에 따르면 공무원은 직무의 범위를 벗어나 사적 이익을 위하여 소속기관의 명칭이나 직위를 공표·게시하는 등의 방법으로 이용하거나 이용하게 하여서는 아니 된다.
④ 경찰윤리강령의 문제점 중 '냉소주의의 문제'란, 경찰관의 도덕적 자각에 따른 자발적인 행동이 아니라 외부로부터 요구된 타율성으로 인해 진정한 봉사가 이루어지지 않을 수 있다는 것을 의미한다.

해설 ① (×) "봉사와 질서"는 1945년 경찰 탄생 당시 경찰의 이념으로서 당시는 미군정(영미법) 시기이다.
② (×) "검소"한 것은 청렴한 깨끗한 경찰과 연결된다.
④ (×) **냉소주**의는 제정과정에 **참여 부족**, **일방적 하달**로 야기된다. 비진정성의 문제점은 '자발적인 행동이 아닌 타율성으로 진정한 봉사가 불가'하다는 것이다. **【냉소주 참여】**

**☞ 경찰윤리강령의 문제점 【냉소주 비우소 실행】**

| | |
|---|---|
| 냉소주의 | 제정과정에 **참여 부족**으로 야기 **【냉소주 참여】** |
| 비진정성 | **타율성**으로 **진정한 봉사 불가** |
| 우선순위 미결정 | 여러 상황에서의 우선순위 미제시 |
| 최소주의 | 강령의 수준 이상으로 근무하지 않으려는 **근무수준의 최저화**를 유발하며 강령의 내용을 **울타리로 삼아** 그 이상의 자기희생을 않으려 함. **【최소한 울타리】** |
| 실행가능성 | 강제력 없어서 **제재 미흡** |
| 행위중심적 | 행위 중심으로 의도나 **동기 소홀** |

정답 ③

## 02 다음 사례에서 나타나는 전문직업인으로서 경찰의 윤리적 문제점으로 가장 적절한 것은? 〈22 채용2차〉

> ○○경찰서 경비과 소속 경찰관 甲은 집회 현장에서 시위대가 질서유지선을 침범해 경찰관을 폭행하자 교통, 정보, 생활안전 등 다른 전체적인 분야에 대한 고려 없이 경비분야만 생각하고 검거 결정을 하였다.

① 부권주의　② 소외
③ 차별　④ 사적 이익을 위한 이용

해설 **소**외에 대한 설명이다. **나무**는 보고 숲은 보지 못하듯, 전문가가 자신의 분야만 보고 전체 맥락을 보지 못하는 문제점이다. **【소나무】**

정답 ②

## 03 다음 우리나라 경찰윤리강령들을 제정된 연도가 빠른 것부터 느린 순으로 바르게 연결한 것은? 〈23 경간〉

> 가. 새경찰신조　나. 경찰헌장
> 다. 경찰윤리헌장　라. 경찰서비스헌장

① 가 → 나 → 다 → 라
② 나 → 가 → 다 → 라
③ 나 → 라 → 가 → 다
④ 다 → 가 → 나 → 라

해설 다. 경찰윤리헌장 : 1966년
가. 새경찰신조 : 1980년
나. 경찰헌장 : 1991년
라. 경찰서비스헌장 : 1998년
※ 경찰관 인권행동강령 : 2020년

정답 ④

## 04 「경찰헌장」의 내용 중 괄호 안에 들어갈 가장 적절한 표현은? 〈16 · 23 승진, 16 경간, 17 채용〉

> 우리는 조국 광복과 함께 태어나 나라와 겨레를 위하여 충성을 다하며 오늘의 자유민주사회를 지켜온 대한민국 경찰이다(중략).
> 1. 우리는 정의의 이름으로 진실을 추구하며 어떠한 불의나 불법과 타협하지 않는 (㉠) 경찰이다.
> 1. 우리는 국민의 신뢰를 바탕으로 오직 양심에 따라 법을 집행하는 (㉡) 경찰이다.
> 1. 우리는 화합과 단결 속에 항상 규율을 지키며 검소하게 생활하는 (㉢) 경찰이다.

① ㉠ 의로운 ㉡ 공정한 ㉢ 깨끗한
② ㉠ 의로운 ㉡ 깨끗한 ㉢ 친절한
③ ㉠ 공정한 ㉡ 깨끗한 ㉢ 근면한
④ ㉠ 공정한 ㉡ 의로운 ㉢ 깨끗한

해설

**경찰헌장 【친의공근깨】**

| 내용 | 암기 |
|---|---|
| 1. 우리는 모든 사람의 인격을 존중하고 누구에게나 따뜻하게 **봉사**하는 **친절**한 경찰이다. | 친절봉사 |
| 2. 우리는 정**의**의 이름으로 진실을 추구하며 어떠한 불**의**나 불법과도 타협하지 않는 **의**로운 경찰이다. | 【의－의－의】 |
| 3. 우리는 국민의 신뢰를 바탕으로 오직 **양심**에 따라 법을 집행하는 **공정**한 경찰이다. | 양심공정 |
| 4. 우리는 건전한 상식 위에 전문지식을 갈고 닦아 맡은 바 일을 **성실**하게 수행하는 **근면**한 경찰이다. | 성실근면 |
| 5. 우리는 화합과 단결 속에 항상 규율을 지키며 **검소**하게 생활하는 **깨**끗한 경찰이다. | 【검소한 깨】 |

정답 ①

## 05 경찰윤리강령에 관한 설명으로 가장 적절하지 않은 것은? 〈16 경감〉

① 경찰윤리강령은 대외적으로 서비스 수준의 보장, 국민과의 신뢰관계 형성, 과도한 요구에 대한 책임 제한 등과 같은 기능을 한다.
② 경찰윤리강령은 대내적으로 경찰공무원 개인적 기준 설정, 경찰조직의 기준 제시, 경찰조직에 대한 소속감 고취, 경찰조직구성원에 대한 교육자료 제공 등의 기능을 한다.
③ 경찰윤리강령의 문제점으로 최소주의의 위험이란 강령 간 우선순위, 업무 간 우선순위를 제시하지 못하는 한계를 말한다.
④ 경찰윤리강령의 문제점으로 강제력의 부족이란 강령이나 훈령은 법적 강제력이 부족하여 그 이행을 보장하기 힘들다는 것을 말한다.

해설 ③ (×) 최소주의: 강령의 수준 이상으로 근무하지 않으려는 **근무수준의 최저화**를 유발하며 강령의 내용을 **울타리로 삼아** 그 이상의 자기희생을 않으려 함. **【최소한 울타리】**

**☞ 경찰윤리강령의 대외 · 대내적 기능**

| 구분 | 내용 |
|---|---|
| 대외적 기능 | ① 서비스 수준에 대한 확신 부여<br>② 국민과의 공공관계 개선<br>③ 과도한 요구에 대한 책임 제한<br>④ 경찰에 대한 국민의 평가기준<br>⑤ 경찰의 **전문직업화에 기여** |
| 대내적 기능 | ① **조직** 구성원의 자질통제 기준<br>② 경찰**조직**의 기준 제시<br>③ 경찰**조직**에 대한 소속감 고취<br>④ 경찰**조직** 구성원에 대한 교육자료 제공 |

정답 ③

## 06 경찰윤리에 대한 설명으로 가장 적절한 것은? 〈19 승진〉

① 사회계약설로부터 도출되는 경찰활동의 기준으로 볼 때 경찰관이 사회의 일부분이 아닌 사회 전체의 이익을 염두에 두어야 한다는 것은 '냉정하고 객관적인 자세'에 해당한다.
② 경찰 전문직업화의 문제점으로 '소외'는 전문직이 되는데 장기간의 교육이 필요하고 비용이 들어, 가난한 사람은 전문가가 되는 기회를 상실하는 것을 말한다.
③ 「경찰청 공무원 행동강령」에 따라 공무원은 「범죄수사규칙」 제30조에 따른 경찰관서 내 수사 지휘에 대한 이의제기와 관련하여 행동강령책임관에게 상담을 요청하여야 한다.
④ 경찰윤리강령의 문제점으로 '비진정성의 조장'은 강령의 내용을 행위의 울타리로 삼아 강령에 제시된 바람직한 행위 그 이상의 자기희생을 하지 않으려는 경향을 의미한다.

해설 ② (×) 가난한 사람이 기회를 잃는 것은 차별이다. **【가난 차별】** 소외는 나무는 보고 숲은 보지 못하듯, 전문가가 자신의 부서에 매몰되어 전체를 보지 못하는 것이다. **【소나무】**
③ (×) 이의제기는 항상 「할 수 있다」이며, 「해야 한다」가 아니다.
④ (×) 비**진**정성의 조장은 타율성으로 '**진**정한 봉사가 불가'한 것이고, 강령의 내용을 울타리로 삼는 것은 최소주의이다. **【작은 울타리】**

정답 ①

## 제5절 부패방지 및 국민권익위원회의 설치와 운영에 관한 법률

**01** **「부패방지 및 국민권익위원회의 설치와 운영에 관한 법률」에 대한 설명으로 옳지 않은 것은?** 〈20 경간〉

① 국민권익위원회는 신고가 접수된 부패행위의 혐의대상자가 경무관급 이상의 경찰공무원이고, 부패혐의의 내용이 형사처벌을 위한 수사 및 공소제기의 필요성이 있는 경우에는 위원회의 명의로 관할 수사기관에 고발할 수 있다.

② 조사기관은 신고를 이첩 받은 날부터 60일 이내에 감사・수사 또는 조사를 종결하여야 한다. 다만, 정당한 사유가 있는 경우에는 그 기간을 연장할 수 있으며, 위원회에 그 연장사유 및 연장기간을 통보하여야 한다.

③ 부패행위를 신고하고자 하는 자는 신고자의 인적사항과 신고취지 및 이유를 기재한 기명의 문서로써 하여야 하며, 신고대상과 부패행위의 증거 등을 함께 제시하여야 한다.

④ 신고자가 신고의 내용이 허위라는 사실을 알았거나 알 수 있었음에도 불구하고 신고한 경우에는 「부패방지 및 국민권익위원회의 설치와 운영에 관한 법률」의 보호를 받을 수 없다.

해설 ① (×) 국민권익위는 **검찰, 수사처, 경찰 등 관할 수사기관에 고발하여야 한다(할 수 있다 ×).** 고위공무원은 이 법에서는 '경무관급 이상'으로 규정되어 있으며, 「공직자의 이해충돌방지법」에서는 '치안감 이상의 경찰공무원 및 시・도경찰청장'으로 되어 있음에 유의한다. ② (○) 조사기관은 신고 이첩 받은 날부터 **60일 이내 조사 종결**해야 하며, 정당한 사유로 연장할 경우에는 위원회에 통보해야 한다. 조사기관은 **조사 종료 후 10일내 위원회 통보**하고, 위원회는 즉시 신고자에 요지를 통지한다. 위원회는 조사결과를 **통보받은 날부터 30일 이내에 재조사 요구**를 할 수 있다. 재조사를 종료한 경우 종료한 날부터 **7일 이내에 결과를 위원회에 통보해야 한다.**

정답 ①

## 제6절 부정청탁 및 금품 등 수수의 금지에 관한 법률

**01** **「부정청탁 및 금품 등 수수의 금지에 관한 법률」에 대한 설명 중 가장 적절하지 않은 것은?** 〈19 법학〉

① 공직자 등은 부정청탁을 받았을 때에는 부정청탁을 한 자에게 부정청탁임을 알리고 이를 거절하는 의사를 명확히 표시하여야 한다.

② 본 법에서 규정한 '공공기관'의 범위에는 「초・중등교육법」, 「고등교육법」, 「유아교육법」 및 그 밖의 다른 법령에 따라 설치된 각급 학교는 포함되나, 「사립학교법」에 따른 학교법인은 포함되지 않는다.

③ 공직자 등은 직무 관련 여부 및 기부・후원・증여 등 그 명목에 관계없이 동일인으로부터 1회에 100만원 또는 매 회계연도에 300만원을 초과하는 금품 등을 받거나 요구 또는 약속해서는 아니 된다.

④ 누구든지 직접 또는 제3자를 통하여 직무를 수행하는 공직자 등에게 부정청탁을 해서는 아니 되나, 사회상규(社會常規)에 위배되지 아니하는 것으로 인정되는 행위에 대해서는 이 법을 적용하지 아니한다.

해설 ② (×) '공공기관'의 범위에는 국가기관이나 지자체, 공직자윤리법의 **공직유관단체,** 공공기관의 운영에 관한 법률에 따른 기관, 각급 학교 및 **「사립학교법」에 따른 학교법인, 언론사** 등이 포함된다.

정답 ②

## 02 「부정청탁 및 금품 등 수수의 금지에 관한 법률」에 대한 설명으로 가장 적절한 것은? 〈18 경위〉

① '공공기관'에는 국회, 법원, 헌법재판소, 감사원, 국가인권위원회, 중앙행정기관(대통령 소속 기관과 국무총리 소속 기관을 포함한다)과 그 소속 기관 및 지방자치단체를 포함한다. 단, 선거관리위원회는 '공공기관'에 해당하지 않는다.

② '공공기관'에는 「초·중등교육법」, 「고등교육법」, 「유아교육법」 및 그 밖의 다른 법령에 따라 설치된 각급 학교가 포함된다. 단, 「사립학교법」에 따른 학교법인은 '공공기관'에 해당하지 않는다.

③ '공직자 등'에는 「언론중재 및 피해구제 등에 관한 법률」 제2조 제12호에 따른 언론사의 대표자와 그 임직원이 포함된다.

④ '공직자 등'에는 「변호사법」 제4조에 따른 변호사 자격이 있는 자는 포함된다고 명시되어 있다.

해설 ③ (○) '공직자 등'에는 공무원, 공무원으로 인정된 사람, 공직유관단체 및 기관의 장과 그 임직원, 각급 학교의 장과 교직원 및 학교법인의 임직원, 언론사의 대표자와 그 임직원 등이다.
④ (×) 변호사는 포함되지 않는다.

정답 ③

## 03 「부정청탁 및 금품 등 수수의 금지에 관한 법률」에 대한 설명으로 가장 적절하지 않은 것은? 〈23 경간〉

① 공직자 등은 사례금을 받는 외부강의를 할 때에는 대통령령으로 정하는 바에 따라 외부강의 요청명세 등을 소속 기관장에게 그 외부강의를 마친 날부터 10일 이내에 서면으로 신고하여야 한다. 다만, 외부강의를 요청한 자가 국가나 지방자치단체인 경우에는 그러하지 아니한다.

② 공직자 등은 부정청탁을 받았을 때에는 부정청탁을 한 자에게 부정청탁임을 알리고 이를 거절하는 의사를 명확히 표시하여야 한다.

③ 증여를 포함한 사적 거래로 인한 채무의 이행 등 정당한 권원(權原)에 의하여 제공되는 금품 등은 수수를 금지하는 금품 등에 해당하지 아니한다.

④ 공직자 등은 직무 관련 및 기부·후원·증여 등 그 명목에 관계없이 동일인으로부터 1회에 100만원 또는 매 회계연도에 300만원을 초과하는 금품 등을 받거나 요구 또는 약속해서는 아니 된다.

해설 ③ (×) 금품수수의 예외에 증여는 제외된다. 따라서 증여는 직무 관련 불문하고 1회에 100만원 또는 매 회계연도에 300만원을 초과하는 금품을 받아서는 아니 되고, 직무와 관련하여 동 금액 이하로 받아서는 아니 된다.

정답 ③

## 04 「부정청탁 및 금품 등 수수의 금지에 관한 법률」에 대한 설명 중 가장 적절한 것은? 〈22 승진〉

① 공직자 등은 직무 관련 여부 및 기부 후원 증여 등 그 명목에 관계없이 동일인으로부터 1회에 100만원 또는 매 회계연도에 300만원을 초과하는 금품을 받거나 요구 또는 약속해서는 아니 된다.

② 이 법의 위반행위가 발생하였거나 발생하고 있다는 사실을 알게 된 경우에는 이해관계인만 수사기관에 신고할 수 있다.

③ 직급에 상관없이 모든 공직자의 외부강의 사례금 상한액은 1시간당 30만원이며 1시간을 초과하면 상한액은 45만원이다.

④ 부정청탁을 받은 공직자 등은 부정청탁을 한 자에게 부정청탁임을 알렸다면 이와 별도로 거절하는 의사는 명확하지 않아도 된다.

해설 > ① (○) 기준 금액을 초과하는 경우에는 직무관련 여부를 불문하고, 기준 금액 이하일 경우에는 직무와 관련되는 경우에만 제한된다.
② (×) 누구나 신고할 수 있다.
③ (×) 1시간당 40만원, 초과 시 상한액은 150%인 60만원까지이다.
④ (×) 거절의사를 명확히 밝혀야 한다.

정답 ①

## 05 「부정청탁 및 금품 등 수수의 금지에 관한 법률」에 대한 설명으로 가장 적절하지 않은 것은? 〈21 채용2차〉

① 공직자 등 자신이 수수 금지 금품 등을 받거나 그 제공의 약속 또는 의사표시를 받은 경우에는 소속기관장에게 지체 없이 서면 또는 구두로 신고하여야 한다.

② 공직자 등은 사례금을 받는 외부강의 등을 할 때에는 대통령령으로 정하는 바에 따라 외부강의 등의 요청 명세 등을 소속기관장에게 그 외부강의 등을 마친 날부터 10일 이내에 서면으로 신고하여야 한다. 다만, 외부강의 등을 요청한 자가 국가나 지방자치단체인 경우에는 그러하지 아니하다.

③ 「부정청탁 및 금품 등 수수의 금지에 관한 법률」에 따라 국회, 법원, 헌법재판소, 선거관리위원회, 감사원, 국가인권위원회, 고위공직자 범죄수사처, 중앙행정기관(대통령 소속 기관과 국무총리 소속 기관을 포함한다)과 그 소속 기관 및 지방자치단체는 공공기관에 해당한다.

④ 공직자 등은 직무 관련 여부 및 기부・후원・증여 등 그 명목에 관계없이 동일인으로부터 1회에 100만원 또는 매 회계연도에 300만원을 초과하는 금품 등을 받거나 요구 또는 약속해서는 아니 된다.

해설 > ① (×) **단순한 부정청탁을 받았을 때에는** 부정청탁을 한 자에게 부정청탁임을 알리고 이를 거절하는 의사를 명확히 표시하고 이러한 부정청탁이 반복되는 경우에 소속기관장에게 서면으로 신고하여야 하지만(제7조), **수수 금지 금품 등을 받거나** 그 제공의 약속 또는 의사표시를 받은 경우에는 소속기관장에게 **지체 없이 서면으로 신고**하여야 한다. 이 법에서 구두로 신고하는 경우는 없다.

정답 ①

**06** **「부정청탁 및 금품 등 수수의 금지에 관한 법률」 제8조 '금품 등의 수수 금지'에 대한 설명으로 가장 적절하지 않은 것은?** 〈21 승진〉

① 경찰서장이 소속경찰서 경무계 직원들에게 격려의 목적으로 제공하는 회식비는 '수수를 금지하는 금품 등'에 해당하지 아니한다.

② A경위가 휴일 인근 대형마트 행사에서 추첨권에 당첨되어 수령한 수입차는 '수수를 금지하는 금품 등'에 해당하지 아니한다.

③ 공직자 등이 8촌 이내의 혈족, 4촌 이내의 인척, 배우자로부터 제공받는 금품 등은 '수수를 금지하는 금품 등'에 해당하지 아니한다.

④ 공직자 등은 직무 관련 여부 및 기부·후원·증여 등 그 명목에 관계없이 동일인으로부터 1회에 100만원 또는 매 회계연도에 200만원을 초과하는 금품 등을 받거나 요구 또는 약속해서는 아니 된다.

해설> ④ (×) 1회에 100만원, 매 회계연도 300만원이다. 정답 ④

**07** **「부정청탁 및 금품 등 수수의 금지에 관한 법률」에 대한 설명으로 가장 적절하지 않은 것은?** 〈19 채용1차〉

① 원활한 직무수행 목적으로 제공되는 음식물·경조사비·선물 등으로서 대통령령으로 정하는 가액 범위 안의 금품 등은 수수 금지의 예외 사유이다.

② 사회상규에 따라 허용되는 금품 등은 수수 금지의 예외 사유이다.

③ 공직자 등은 직무 관련 여부 및 기부·후원·증여 등 그 명목에 관계없이 동일인으로부터 1회에 100만원 또는 매 회계연도에 300만원을 초과하는 금품 등을 받거나 요구 또는 약속해서는 아니 된다.

④ 사적 거래(증여 포함)로 인한 채무의 이행 등 정당한 권원(權原)에 의하여 제공되는 금품 등은 수수 금지의 예외 사유이다.

해설> ④ (×) 증여는 신고하여야 한다. 부정청탁금지법에서 수수금지 예외에서 제외하여 신고대상에 포함시키고 있다. 정답 ④

**08** **「부정청탁 및 금품 등 수수의 금지에 관한 법률」 제8조에서 규정하는 '금품 등의 수수 금지'에 대한 설명으로 가장 적절하지 않은 것은?** 〈19 승진〉

① 공직자 등은 직무 관련 여부 및 기부·후원·증여 등 그 명목에 관계없이 동일인으로부터 1회에 100만원 또는 매 회계연도에 300만원을 초과하는 금품 등을 받거나 요구 또는 약속해서는 아니 된다.

② 공직자 등은 직무와 관련하여 대가성 여부를 불문하고 1회에 100만원 또는 매 회계연도에 300만원 이하의 금품 등을 받거나 요구 또는 약속해서는 아니 된다.

③ 공직자 등과 관련된 직원상조회·동호인회·동창회·향우회·친목회·종교단체·사회단체 등이 정하는 기준에 따라 구성원에게 제공하는 금품 등은 수수를 금지하는 금품 등에 해당하지 아니한다.

④ 공직자 등의 직무와 관련된 공식적인 행사에서 주최자가 참석자에게 통상적인 범위에서 일률적으로 제공하는 교통, 숙박, 음식물 등의 금품 등은 수수를 금지하는 금품 등에 해당한다.

해설> ④ (×) **공식행사에서 통상적 범위로 일률 제공하는 교통·숙박·음식물** 등은 수수금지 예외 대상이다. **상사·부조금·사적이해·친족·단체·공식행사·불특정다수·사회상규는 예외 【상부 사친단 공불사】**

정답 ④

**09** **「부정청탁 및 금품 등 수수의 금지에 관한 법률」에 대한 설명으로 가장 적절하지 않은 것은?** 〈20 승진〉

① 부정청탁을 받은 공직자 등이 그에 따라 직무를 수행한 경우 2년 이하의 징역 또는 2천만원 이하의 벌금에 처한다.

② 공직자 등은 직무 관련 여부 및 기부 후원 증여 등 그 명목에 관계없이 동일인으로부터 1회에 100만원 또는 매 회계연도에 300만원을 초과하는 금품 등을 받거나 요구 또는 약속해서는 아니 된다.

③ 사적 거래(증여는 제외한다)로 인한 채무의 이행 등 정당한 권원에 의하여 제공되는 금품 등은 동법 제8조(금품 등의 수수 금지)에서 규정하는 수수가 금지된 금품 등에 해당하지 않는다.

④ 공직자 등과 관련된 직원상조회 동호인회 동창회 향우회 친목회 종교단체 사회단체 등이 정하는 기준에 따라 구성원에게 제공하는 금품 등은 동법 제8조(금품 등의 수수 금지)에서 규정하는 수수를 금지하는 금품 등에 해당한다.

해설> ④ (×) 단체에서 기준에 따라 제공하는 금품은 수수금지 예외대상이다. **상**사 · **부**조금 · **사**적이해 · **친**족 · **단**체 · **공**식행사 · **불**특정다수 · **사**회상규는 예외 **【상부 사친단 공불사】**

**☞ 금품수수 금지(제8조)**

| 구분 | 1회 100만원, 연 300만원 이하 | 금액 초과 |
|---|---|---|
| 직무 관련 | 수수액의 2~5배 과태료<br>(징계부가금, 형사처벌시 미부과) | 3년↓징역 또는<br>3천만↓벌금 |
| 직무 무관 | – | |
| 직무 관련+<br>대가성 | 특가법, 형법상 뇌물죄(5년 이하 징역) 적용 | |

정답 ④

**10** **「부정청탁 및 금품 등 수수의 금지에 관한 법률」상 외부강의 등의 사례금 수수 제한에 대한 설명 중 옳지 않은 것은?** 〈20 경간 변형〉

① 공직자 등은 자신의 직무와 관련되거나 그 지위·직책 등에서 유래되는 사실상의 영향력을 통하여 요청받은 교육·홍보·토론회·세미나·공청회 또는 그 밖의 회의 등에서 한 강의·강연·기고 등(이하 "외부강의 등"이라 한다)의 대가로서 대통령령으로 정하는 금액을 초과하는 사례금을 받아서는 아니 된다.

② 공직자 등은 국가나 지방자치단체의 요청에 의해 외부강의 등을 할 때에는 대통령령으로 정하는 바에 따라 외부강의 등의 요청 명세 등을 소속기관장에게 신고하여야 한다.

③ 공직자 등은 외부강의 등을 마친 날부터 10일 이내에 서면으로 신고하여야 한다.

④ 소속기관장은 공직자 등이 신고한 외부강의 등이 공정한 직무수행을 저해할 수 있다고 판단하는 경우에는 그 외부강의 등을 제한할 수 있다.

해설> ② (×) 국가나 지자체가 요청한 강의는 신고대상이 아니다.
③ (○) 사례금 받는(무료×) 외부(국가 · 지자체×) 강의만, 사후(사전×) 10일 내 신고 **【열강(10) 후 신고】**
※ 신고할 때 일부 내용을 알 수 없는 경우, 그 부분을 제외하고 신고한 후 추후 안 날부터 **5일** 이내에 **보완**(시행령 제26조②) **【오일 보충】**

정답 ②

**11** 「부정청탁 및 금품등 수수의 금지에 관한 법률」 및 동법 시행령에 관한 설명으로 가장 적절하지 않은 것은? 〈23 채용2차〉

① 공직자등은 직무 관련 여부 및 기부·후원·증여 등 그 명목에 관계없이 동일인으로부터 1회에 100만원 또는 매 회계연도에 300만원을 초과하는 금품 등을 받거나 요구 또는 약속해서는 아니 된다.
② 경찰청에서 근무하는 甲총경은 A전자회사의 요청으로 시간 당 30만원의 사례금을 약속받고 A전자회사의 직원을 대상으로 자신의 직무와 관련된 3시간짜리 강의를 월 1회, 총 3개월간 진행하였다. 이 경우 甲총경이 지급받을 수 있는 최대사례금 총액은 270만원이다.
③ B 자동차회사의 요청으로 자신의 직무와 관련된 외부강의를 마치고 소정의 사례금을 약속받은 乙경무관은 대통령령으로 정하는 바에 따라 외부강의의 요청 명세 등을 소속기관장에게 그 외부강의를 마친 날부터 10일 이내에 서면으로 신고하여야 한다.
④ 사단법인 C학회가 주관 및 개최한 토론회에 참석하여 자신의 직무와 관련된 토론을 한 丙경감이 상한액을 초과하는 사례금을 받은 경우 초과사례금을 받은 사실을 안 날부터 2일 이내에 동법 시행령이 정한 사항을 적은 서면으로 소속기관장에게 신고하여야 한다.

해설 ② (×) 공무원등(국가·지자체 공무원, 공직유관단체 임직원 등)의 상한액은 시간당 40만원이며, 1시간을 초과하더라도 최고 60만원까지 받을 수 있다. 따라서, 60만원 × 3회에 해당하는 180만원이 최대사례금이 된다. 참고로 사례금의 지급주체, 강의 일자, 대상, 내용(주제) 중 어느 하나라도 다른 경우의 사례금은 강의마다 각각 지급이 가능하다(국민권익위 매뉴얼).

정답 ②

## 제7절 이해충돌방지법

**01** 「공직자의 이해충돌방지법」에 관한 내용 중 적절한 것은 모두 몇 개인가? 〈23 승진〉

> ㉠ 공직자는 배우자가 공직자 자신의 직무관련자(「민법」 제777조에 따른 친족 제외)와 토지 또는 건축물 등 부동산을 거래하는 행위(다만, 공개모집에 의하여 이루어지는 분양이나 공매·경매·입찰을 통한 재산상 거래 행위는 제외)를 한다는 것을 사전에 안 경우에는 안 날부터 14일 이내에 소속기관장에게 그 사실을 서면으로 신고하여야 한다.
> ㉡ 공직자는 직무관련자에게 사적으로 노무 또는 조언·자문 등을 제공하고 대가를 받는 행위를 해서는 아니 된다(단, 「국가공무원법」 등 타 법령·기준에 따라 허용되는 경우는 제외).
> ㉢ 공직자는 사회상규에 따라 허용되는 경우라 할지라도 직무관련자인 소속 기관의 퇴직자(공직자가 아니게 된 날부터 2년이 지나지 아니한 사람만 해당)와 사적 접촉(골프, 여행, 사행성 오락을 같이 하는 행위)시 소속기관장에게 신고해야 한다.
> ㉣ 사적 이해관계자에 공직자 자신 또는 그 가족(「민법」 제779조에 따른 가족)도 해당된다.

① 1개 ② 2개
③ 3개 ④ 4개

해설 ㉢ (×) 사회상규에 따라 허용되는 경우에는 신고할 필요가 없다.

> 제15조(퇴직자 사적 접촉 신고) ① 공직자는 직무관련자인 소속 기관의 퇴직자(공직자가 아니게 된 날부터 2년이 지나지 아니한 사람만 해당한다)와 사적 접촉(골프, 여행, 사행성 오락을 같이 하는 행위를 말한다)을 하는 경우 소속기관장에게 신고하여야 한다. 다만, 사회상규에 따라 허용되는 경우에는 그러하지 아니하다.

정답 ③

## 02 「공직자의 이해충돌 방지법」에 대한 설명으로 가장 적절한 것은? 〈23 경간〉

① 공직자가 소속된 공공기관과 계약을 체결하거나 체결하려는 것이 명백한 개인이나 법인 또는 단체는 직무관련자에 해당한다.
② 고위공직자는 그 직위에 임용되거나 임기를 개시하기 전 3년 이내에 민간 부문에서 업무활동을 한 경우, 그 활동 내역을 그 직위에 임용되거나 임기를 개시한 다음 날부터 30일 이내에 소속기관장에게 제출하여야 한다.
③ 직무와 관련된 다른 직위에 취임한 공직자는 3천만원 이하의 과태료를 부과한다.
④ 공직자로 채용·임용되기 전 3년 이내에 공직자 자신이 대리하거나 고문·자문 등을 제공했던 개인이나 법인 또는 단체는 사적 이해관계자에 해당한다.

해설 ① (○) 제2조 **【이공계요?】**

> 5. "직무관련자"란 다음 각 목의 어느 하나에 해당하는 개인·법인·단체 및 공직자를 말한다.
> 가. 공직자의 직무수행과 관련하여 일정한 행위나 조치를 요구하는 개인이나 법인 또는 단체
> 나. 공직자의 직무수행과 관련하여 이익 또는 불이익을 직접적으로 받는 개인이나 법인 또는 단체
> 다. 공직자가 소속된 공공기관과 계약을 체결하거나 체결하려는 것이 명백한 개인이나 법인 또는 단체
> 라. 공직자의 직무수행과 관련하여 이익 또는 불이익을 직접적으로 받는 다른 공직자. 다만, 공공기관이 이익 또는 불이익을 직접적으로 받는 경우에는 그 공공기관에 소속되어 해당 이익 또는 불이익과 관련된 업무를 담당하는 공직자를 말한다.

② (×) 임기를 개시한 날부터 30일 이내이다.
③ (×) 2천만원 이하의 과태료이다. 과태료는 1~3천만원까지 부과하며 3천만원은 **가**족채용 지시·유도·묵인 공직자 및 **수**의계약 체결 지시·유도·묵인 공직자에 부과한다. **【가수가 비싸다】** 1천만원은 **민**간활동 미제출자 및 **퇴**직자 사적접촉 미신고자이며, 나머지는 모두 2천만원 이하이다. **【민퇴】**
④ (×) 공직자로 채용·임용되기 전 2년 이내에 공직자 자신이 대리하거나 고문·자문한 경우이다. 이 법에서 "3년"이 언급되는 경우는 (1) 고위공직자의 민간부문 업무활동 내역 제출, (2) 퇴직자의 직무상 비밀·미공개 정보 이용 금지 등 2개의 경우뿐이며, 나머지는 모두 '2년'이다. **【민비 3년】**

정답 ①

## 03 「공직자의 이해충돌방지법」에 관한 설명으로 옳은 것을 모두 고른 것은? 〈22 법학〉

> ㉠ 동법 제2조 제2항에 따른 공직자로부터 직무상 비밀 또는 소속 공공기관의 미공개정보임을 알면서도 제공받거나 부정한 방법으로 취득하여 이를 이용함으로써 재물 또는 재산상의 이익을 취득한 자는 5년 이하의 징역 또는 5천만원 이하의 벌금에 처한다.
> ㉡ "고위공직자"에는 치안감 이상의 경찰공무원 및 특별시·광역시·특별자치시·도·특별자치도의 시·도 경찰청장이 해당된다.
> ㉢ 사건의 수사·재판·심판·결정·조정·중재·화해 또는 이에 준하는 직무를 수행하는 공직자는 직무관련자(직무관련자의 대리인을 포함한다)가 사적이해관계자임을 안 경우 안 날부터 14일 이내에 소속기관장에게 그 사실을 서면(전자문서를 포함한다) 또는 구두로 신고하고 회피를 신청하여야 한다.
> ㉣ "이해충돌"이란 공직자가 직무를 수행할 때에 자신의 사적 이해관계가 관련되어 공정하고 청렴한 직무수행이 저해되거나 저해될 우려가 있는 상황을 말한다.

① ㉠, ㉡, ㉢　　② ㉢, ㉣
③ ㉠, ㉡, ㉣　　④ ㉠, ㉢

해설 ㉠ (○) 직무상 비밀·미공개 정보를 이용한 경우는 과태료가 아닌 형사처벌 대상이다. 직무상 비밀·미공개 정보를 이용한 공직자는 7년 이하 징역(7천만원 이하 벌금), 공직자로부터 정보를 받아 이익을 취한 사람은 5년 이하 징역(5천만원 이하 벌금)이며 그 사람에게 정보를 준 공직자는 3년 이하 징역(3천만원 이하 벌금)이다. **【7−5−3】**
㉢ (×) 구두 신고는 포함되지 않는다.

정답 ③

**04** 「공직자의 이해충돌방지법」과 「부정청탁 및 금품 등 수수의 금지에 관한 법률」에 관한 설명 중 가장 적절한 것은? 〈22 채용2차〉

① 「공직자의 이해충돌방지법」상 부동산을 직접 또는 간접으로 취급하는 대통령령으로 정한 공공기관의 공직자가 소속 공공 기관의 업무와 관련된 부동산을 보유하고 있거나 매수하는 경우 소속기관장에게 그 사실을 구두 또는 서면으로 신고하여야 한다.

② 「부정청탁 및 금품 등 수수의 금지에 관한 법률」상 '공직자 등'이 부정청탁을 받았을 때에는 부정청탁을 한 자에게 부정청탁임을 알리고 이를 거절하는 의사를 명확히 표시하여야 하며, 이러한 조치를 하였음에도 불구하고 동일한 부정청탁을 다시 받은 경우에는 이를 소속기관장에게 구두 또는 서면(전자서면을 포함)으로 신고하여야 한다.

③ 「부정청탁 및 금품 등 수수의 금지에 관한 법률」에 따르면 ○○경찰서 소속 경찰관 甲이 모교에서 자신의 직무와 관련된 강의를 요청받아 1시간 동안 강의를 하고 50만원의 사례금을 받았다면 대통령령이 정하는 바에 따라 소속기관장에게 신고하고 그 초과금액을 소속기관장에게 지체 없이 반환하여야 한다.

④ 「부정청탁 및 금품 등 수수의 금지에 관한 법률」상 「국가공무원법」 또는 「지방공무원법」에 따른 공무원과 그 밖에 다른 법률에 따라 그 자격·임용·교육훈련·복무·보수·신분보장 등에 있어서 공무원으로 인정된 사람은 '공직자 등' 개념에 포함된다.

해설 > ① (×) "간접"은 해당하지 않는다. 이 법에서 "간접"이 들어가는 조문은 없다. 구두 신고는 해당하지 않는다.
② (×) 구두 신고는 해당하지 않는다.
③ (×) 초과 사례금은 제공자에게 반환하여야 한다.

정답 ④

**05** 「공직자의 이해충돌방지법」상 정의 규정에 대한 설명으로 가장 옳지 않은 것은? 〈보충〉

① "공공기관"에는 「사립학교법」에 따른 학교법인과 언론사가 포함된다.

② "고위공직자"에는 치안감 이상의 경찰공무원 및 시·도경찰청장이 포함된다.

③ "이해충돌"이란 공직자가 직무를 수행할 때에 자신의 사적 이해관계가 관련되어 공정하고 청렴한 직무수행이 저해되거나 저해될 우려가 있는 상황을 말한다.

④ "직무관련자"에는 공직자의 직무수행과 관련하여 이익 또는 불이익을 직접적으로 받는 다른 공직자가 포함된다.

해설 > ① (×) 사립학교와 언론사는 포함되지 않는다. 「청탁금지법」의 공공기관에는 사립학교와 언론사가 포함되며, 「부패방지권익위법」의 공공기관에는 사립학교는 포함되지만 언론사는 포함되지 않는다.
④ (○) 직무관련자는 직무수행과 관련하여 이익이나 불이익을 받는 자 또는 다른 공직자, 계약을 체결하는 자, 일정한 조치를 요구하는 자 등이다. **【직무관련자는 이공계요?】**

정답 ①

**06** 「공직자의 이해충돌방지법」에 의할 때 "사적이해관계자"에 해당하는 것은? 〈보충〉

① 공직자 자신 또는 그 친족(「민법」 제767조에 따른 친족을 말한다)
② 공직자로 채용·임용되기 전 2년 이내에 공직자 자신이 재직하였던 법인 또는 단체
③ 공직자 자신이나 그 가족이 2년 이내에 대리하거나 고문·자문 등을 제공하는 개인이나 법인 또는 단체
④ 최근 3년 이내에 퇴직한 공직자로서 퇴직일 전 3년 이내에 사적이해관계 신고 대상 직무를 수행하는 공직자와 대통령령으로 정하는 범위의 부서에서 같이 근무하였던 사람

해설> ① (×) 공직자 자신 또는 그 가족(「민법」 제779조에 따른 가족)
③ (×) 가족은 현재 대리·고문·자문하는 경우만 해당하고, '2년 이내'로 그 범위가 확장되지 아니한다.
**【가족에 2년 이내는 해당하지 않는다.】**
④ (×) 최근 2년 이내에 퇴직한 공직자로서 퇴직일 전 2년 이내에 같이 근무하였던 사람이다. 이 법에서 '3년'이 언급되는 경우는 (1) 고위공직자의 **민**간부문 업무활동 내역 제출, (2) 퇴직자의 직무상 **비**밀·미공개 정보 이용 금지 등 2개의 경우뿐이다. 나머지는 모두 '2년'이다. **【민비 3년】**

정답 ②

**07** 「공직자의 이해충돌방지법」에 대한 설명으로 가장 옳은 것은? 〈보충〉

① 공직자는 직무관련자(직무관련자의 대리인을 포함한다)가 사적이해관계자임을 안 날부터 10일 이내에 소속기관장에게 그 사실을 서면으로 신고하고 회피를 신청하여야 한다.
② 부동산을 직·간접적으로 취급하는 공공기관의 공직자는 소속 공공기관의 업무와 관련된 부동산을 보유하고 있거나 매수하는 경우 소속기관장에게 그 사실을 서면으로 신고하여야 한다.
③ 공직자가 사적 이익을 위해 미공개 정보를 이용하면 과태료를 부과한다.
④ 고위공직자는 그 직위에 임용되거나 임기를 개시하기 전 3년 이내에 민간 부문에서 업무활동을 한 경우, 그 활동 내역을 그 직위에 임용되거나 임기를 개시한 날부터 30일 이내에 소속기관장에게 제출하여야 한다.

해설> ① (×) 14일 이내이다. **【이해충돌 하네(14)】**
② (×) 직접적인 경우에 한한다. 「공직자의 이해충돌방지법」에서 간접적인 경우가 언급되는 규정은 없다.
③ (×) 비밀·미공개 정보를 이용하거나 이를 이용하여 재산상 이득을 취한 공직자는 형사처벌 대상이다.
④ (○) 동법에서 '3년'이 언급되는 경우는 (1) 고위공직자의 **민**간부문 업무활동 내역 제출, (2) 퇴직자의 직무상 **비**밀·미공개 정보 이용 금지 등 2개의 경우뿐이다. 나머지는 모두 '2년'이다. **【민비 3년】**

정답 ④

**08** 「공직자의 이해충돌방지법」에 대한 설명으로 옳지 않은 것은? 〈보충〉

① 직무관련자 또는 공직자의 직무수행과 관련하여 직접적인 이해관계가 있는 자는 일정한 경우 그 공직자의 소속기관장에게 기피를 신청할 수 있다.
② 고위공직자는 그 직위에 임용되거나 임기를 개시하기 전 3년 이내에 민간 부문에서 업무활동을 한 경우, 그 활동 내역을 그 직위에 임용되거나 임기를 개시한 날부터 30일 이내에 소속기관장에게 제출하여야 한다.
③ 공직자는 자신의 직무관련자와 토지 또는 건축물 등 부동산을 거래하는 행위를 할 수 없다.
④ 공무원으로 재직하였다가 퇴직한 사람을 퇴직 시에 재직한 직급으로 재임용하는 경우에는 채용업무를 담당하는 공직자의 가족을 채용할 수 있다.

해설 > ③ (×) 거래 자체를 금지하는 것은 아니다. 직무관련자와의 정상적인 거래라 할지라도 신고할 의무를 부과하는 것이다.

**☞ 이해충돌 방지를 위한 10개 기준**

| 신고·제출의무<br>【사부민 퇴거】 | 제한·금지행위<br>【외가수 비물】 |
|---|---|
| • **사**적 이해관계자 신고 및 회피·기피 신청<br>• 공공기관 직무 관련 **부**동산 보유·매수 신고<br>• 고위공직자 **민**간부문 업무활동 내역 제출<br>• **퇴**직자 사적 접촉 신고<br>• 직무관련자와의 **거**래 신고 | • 직무 관련 **외**부활동 제한<br>• **가**족 채용 제한<br>• **수**의계약 체결 제한<br>• 직무상 **비**밀 등 이용 금지<br>• 공공기관 **물**품 등의 사적 사용·수익금지 |

정답 ③

**09** 「공직자의 이해충돌방지법」상 모든 공직자에게 적용되는 신고 의무 또는 제한에 해당하는 것은? 〈보충〉

① 민간부문 업무활동 내역 제출 및 공개(제8조)
② 직무관련 외부 활동 제한(제10조)
③ 가족 채용 제한(제11조)
④ 수의계약 체결 제한(제12조)

해설 > ① (×) 제8조

> 제8조(고위공직자의 **민**간 부문 업무활동 내역 제출 및 공개) ① **고위공직자는** 그 직위에 임용되거나 임기를 개시하기 전 3년 이내에 민간 부문에서 업무활동을 한 경우, 그 활동 내역을 그 직위에 임용되거나 임기를 개시한 날부터 30일 이내에 소속기관장에게 제출하여야 한다.

② (○) 제10조

> 제10조(직무 관련 외부활동의 제한) **공직자는** 다음 각 호의 행위를 하여서는 아니 된다. ~

③ (×) 제11조

> 제11조(**가**족 채용 제한) ① 공공기관(공공기관으로부터 출연금·보조금 등을 받거나 법령에 따라 업무를 위탁받는 산하 공공기관과 「상법」 제342조의2에 따른 자회사를 포함한다)은 다음 각 호의 어느 하나에 해당하는 공직자의 가족을 채용할 수 없다.
> 1. **소속 고위공직자**
> 2. 채용업무를 담당하는 공직자 (이하생략)

④ (×) 제12조

> 제12조(**수**의계약 체결 제한) ① 공공기관(공공기관으로부터 출연금·보조금 등을 받거나 법령에 따라 업무를 위탁받는 산하 공공기관과 「상법」 제342조의2에 따른 자회사를 포함한다)은 다음 각 호의 어느 하나에 해당하는 자와 물품·용역·공사 등의 수의계약(이하 "수의계약"이라 한다)을 체결할 수 없다.
> 1. **소속 고위공직자**
> 2. 해당 계약업무를 법령상·사실상 담당하는 소속 공직자
> 5. 소관 상임위원회 국회**의**원
> 6. 감사·조사권 있는 지방의회**의**원 (이하생략)
> **【고위공직자는 민가수】, 【수의계약 제한은 의원까지 포함】**

정답 ②

## 제8절 경찰청 공무원 행동강령

### 01 「경찰청 공무원 행동강령」에 해당하지 않는 것은?

〈23 채용1차〉

① 공무원은 상급자가 자기 또는 타인의 부당한 이익을 위하여 공정한 직무수행을 현저하게 해치는 지시를 하였을 때에는 그 사유를 상급자에게 소명하고 지시에 따르지 아니하거나 행동강령책임관과 상담할 수 있다.
② 공무원은 수사 단속의 대상이 되는 업소 중 경찰청장이 지정하는 유형의 업소 관계자와 부적절한 사적 접촉을 하여서는 아니 되며, 공적 또는 사적으로 접촉한 경우 경찰청장이 정하는 방법에 따라 신고하여야 한다.
③ 공무원은 직무수행 중 알게 된 정보를 이용하여 유가증권, 부동산 등과 관련된 재산상 거래 또는 투자를 하거나 타인에게 그러한 정보를 제공하여 재산상 거래 또는 투자를 돕는 행위를 해서는 아니 된다.
④ 경찰공무원은 정당이나 정치단체에 가입하거나 정치활동에 관여하는 행위를 하여서는 아니 된다.

해설 ② (○) '경찰청장이 지정하는 유형의 업소' 및 '경찰청장이 정하는 방법'은 훈령 등으로 규정되어 있지는 않고 내부 지침으로만 정해져 있다.
④ (×) 「경찰공무원법」의 정치관여 금지로서, 「경찰청 공무원 행동강령」에 규정되어 있지는 않다.

정답 ④

### 02 「경찰청 공무원 행동강령」에 대한 설명으로 가장 적절한 것은?

〈23 경간〉

① 공무원은 어떠한 경우에도 자신의 직무권한을 행사하여 직무관련자로부터 사적 노무를 제공받거나 요구해서는 안 된다.
② 공무원은 정치인이나 정당 등으로부터 부당한 직무수행을 강요받거나 청탁을 받은 경우에는 별지 제9호 서식 또는 전자우편 등의 방법으로 소속기관장에게 보고하거나 행동강령책임관과 상담할 수 있다.
③ 경찰유관단체원이 경찰 업무와 관련하여 경찰관에게 금품을 제공한 경우 행동강령책임관은 해당 경찰유관단체 운영 부서장과 협의하여 소속기관장에게 경찰유관단체원의 해촉 등 필요한 조치를 건의하여야 하며, 보고를 받은 소속기관장은 적절한 조치를 취해야 한다.
④ 공무원은 사례금을 받는 외부강의(외부강의 등을 요청한 자가 국가나 지방자치단체를 포함함)를 할 때에는 외부강의의 요청명세 등을 외부강의 등 신고서에 따라 소속 기관의 장에게 그 외부강의 등을 마친 날부터 10일 이내에 신고하여야 한다.

해설 ① (×) 공무원은 자신의 직무권한을 행사하거나 지위·직책 등에서 유래되는 사실상 영향력을 행사하여 직무관련자 또는 직무관련공무원으로부터 사적 노무를 제공받거나 요구 또는 약속해서는 아니 된다. 다만, 다른 법령 또는 사회상규에 따라 허용되는 경우에는 그러하지 아니하다(제13조의2).
② (×) 공무원은 정치인이나 정당 등으로부터 부당한 직무수행을 강요받거나 청탁을 받은 경우에는 별지 제9호 서식 또는 전자우편 등의 방법으로 소속 기관의 장에게 보고하거나 행동강령책임관과 상담하여야 한다(제8조).
④ (×) 공무원은 사례금을 받는 외부강의등을 할 때에는 외부강의등의 요청 명세 등을 별지 제12호 서식의 외부강의등 신고서에 따라 소속 기관의 장에게 그 외부강의등을 마친 날부터 10일 이내에 신고하여야 한다. 다만, 외부강의등을 요청한 자가 국가나 지방자치단체인 경우에는 그러하지 아니하다(제15조②).

정답 ③

**03** **「경찰청 공무원 행동강령」에 대한 설명으로 가장 적절하지 않은 것은?** 〈23 경간 변형〉

① 공무원이 대가를 받고 수행하는 외부강의 등은 월 3회를 초과할 수 없다. 다만, 국가나 지방자치단체에서 요청하거나 겸직 허가를 받고 수행하는 외부강의 등은 그 횟수에 포함하지 아니한다.

② 공무원은 「범죄수사규칙」 제30조에 따른 경찰관서 내 수사 지휘에 대한 이의제기와 관련하여 행동강령 책임관에게 상담을 요청할 수 있다.

③ 공무원은 정치인이나 정당 등으로부터 부당한 직무수행을 강요받거나 청탁을 받은 경우에는 소속 기관의 장에게 보고하거나 행동강령책임관과 상담할 수 있다.

④ 공무원은 직무관련자에게 직위를 이용하여 행사 진행에 필요한 직·간접적 경비, 장소, 인력, 또는 물품 등의 협찬을 요구하여서는 아니 된다.

해설 ③ (×) 소속 기관의 장에게 보고하거나 행동강령책임관과 상담하여야 한다.

정답 ③

**04** **「경찰청 공무원 행동강령」에 관한 설명 중 가장 적절하지 않은 것은?** 〈22 채용1차 변형〉

① 공무원은 「범죄수사규칙」 제30조에 따른 경찰관서 내 수사 지휘에 대한 이의제기와 관련하여 행동강령책임관에게 상담을 요청할 수 있다.

② 공무원은 직무 관련 여부를 불문하고 동일인으로부터 1회에 100만원 또는 매 회계연도에 300만원 이하의 금품 등을 받거나 요구 또는 약속해서는 아니 된다.

③ 공무원은 동창회 등 친목단체에 직무관련자가 있어 부득이 골프를 하는 경우에는 소속관서 행동강령책임관에게 사전에 신고하여야 하며 사전에 신고하기 어려운 특별한 사유가 있는 경우에는 사후에 즉시 신고하여야 한다.

④ 공무원은 직무관련자나 직무관련공무원에게 경조사를 알려서는 아니 되나, 공무원 자신이 소속된 종교단체·친목단체 등의 회원에게 알리는 경우에는 경조사를 알릴 수 있다.

해설 ② (×) 동 금액 이하는 직무와 관련한 경우에 한정된다. 직무와 무관한 경우에는 동 금액 이하로 받을 수 있다. 동 금액을 초과하는 경우에는 직무 관련 여부를 불문한다.

정답 ②

## 05 「경찰청 공무원 행동강령」에 대한 설명 중 가장 적절하지 않은 것은? 〈20 승진〉

① 이 규칙은 경찰청 소속 공무원과 경찰청에 파견된 공무원에게 적용한다.

② 공무원은 상급자가 자기 또는 타인의 부당한 이익을 위하여 공정한 직무수행을 현저하게 해치는 지시를 하였을 때에는 그 사유를 상급자에게 소명하고 지시에 따르지 아니하거나, 행동 강령책임관과 상담할 수 있다.

③ 위 ②와 관련 소명 후 지시를 이행하지 아니하였는데도 같은 지시가 반복될 때에는 즉시 행동강령책임관과 상담하여야 한다.

④ 위 ②, ③과 관련 상담 요청을 받은 행동강령책임관은 지시 내용을 확인하는 과정에서 부당한 지시를 한 상급자가 스스로 그 지시를 취소하거나 변경하였을 때에는 소속 기관의 장에게 보고하여야 한다.

해설 > ① (○) 제3조(적용범위) 이 규칙은 경찰청 소속 공무원과 경찰청에 파견된 공무원에게 적용한다.
④ (×) 상급자가 부당한 지시를 스스로 취소·변경한 경우는 소속 기관장에게 보고하지 않을 수 있다.

**☞ 부당한 지시·요구 처리(제4조, 제8조)**

① 상급자의 공정한 직무를 해하는 지시는 그 사유를 상급자에 소명하고 따르지 아니하거나, 행동강령책임관과 **상담할 수 있다.**
② 부당한 지시가 **반복**될 때에는 행동강령책임관과 **상담하여야 한다.** ⇨ 행동강령책임관은 **지시를 취소·변경할 필요가 있다고 인정**되면 기관장에게 **보고하여야 한다.** 단, 그 상급자가 부당한 지시를 **스스로 취소·변경한 경우**는 소속 기관장에게 **보고하지 않을 수 있다.** ⇨ 소속 기관장은 **필요하다고 인정**되면 적절한 조치를 **하여야 한다.** 이 경우 지시를 반복한 상급자를 **징계조치 할 수 있다.**
③ 부당한 수사지휘에 대한 이의제기와 관련하여 행동강령책임관에게 상담 요청할 수 있다. ⇨ 행동강령책임관은 **필요하다고 인정**되면 기관장에게 보고하여야 한다.
④ **정치인, 정당** 등으로부터 부당한 강요·청탁을 받은 경우에는 기관장에게 보고하거나 행동강령책임관에게 상담하여야 한다(제8조).

정답 ④

## 06 「경찰청 공무원 행동강령」에 대한 내용으로 가장 적절하지 않은 것은? 〈18 채용1차〉

① 공무원은 직무를 수행함에 있어 지연·혈연·학연·종교 등을 이유로 특정인에게 특혜를 주어서는 아니 된다.

② 공무원은 상급자가 자기 또는 타인의 부당한 이익을 위하여 공정한 직무수행을 현저하게 해치는 지시를 하였을 때에는 그 사유를 그 상급자에게 소명하고 지시에 따르지 아니하거나 제23조에 따라 지정된 공무원 행동강령에 관한 업무를 담당하는 공무원(이하 "행동강령책임관"이라 한다)과 상담할 수 있다.

③ 공무원은 정치인이나 정당 등으로부터 부당한 직무수행을 강요받거나 청탁을 받은 경우에는 소속 기관의 장에게 보고하거나 행동강령책임관과 상담한 후 처리하여야 한다.

④ 공무원은 「범죄수사규칙」 제15조에 따른 경찰관서 내 수사 지휘에 대한 이의제기와 관련하여 행동강령책임관에게 상담을 요청하여야 한다.

해설 > ④ 수사지휘 이의제기는 모두 "~할 수 있다"로 규정되어 있다.

**☞ 수사 지휘·감독에 대한 이의제기 규정 【모두 ~ 할 수 있다】**

1. 국가경찰과 자치경찰의 조직 및 운영에 관한 법률(경찰법 제6조) : ~ 이견이 있을 때에는 이의를 제기**할 수 있다**(경직법×, 경찰공무원법×).
2. 범죄수사규칙(제30조) : ~ 수사지휘에 대한 **이의제기서를 작성**하여 이의를 제기**할 수 있다.**
3. 행동강령(제4조의2) : ~ 이의제기와 관련하여 행동강령책임관에게 상담 요청**할 수 있다.**

정답 ④

**07** **「경찰청 공무원 행동강령」에 대한 설명으로 가장 적절하지 않은 것은?** 〈17 경위〉

① 경찰관은 직무를 수행함에 있어 지연·혈연·학연·종교 등을 이유로 특정인에게 특혜를 주어서는 아니 된다.
② 경찰관은 정치인이나 정당 등으로부터 부당한 직무수행을 강요받거나 청탁을 받은 경우에는 소속기관의 장에게 보고하거나 행동강령책임관과 상담한 후 처리하여야 한다.
③ 경찰관은 자신의 임용·승진·전보 등 인사에 부당한 영향을 미치기 위하여 타인으로 하여금 인사업무 담당자에게 청탁을 하도록 해서는 아니 된다.
④ 경찰관은 자신이 소속된 종교단체·친목단체 등의 회원이 직무관련자나 직무관련공무원인 경우에는 경조사를 알릴 수 없다.

해설> ④ (×) 경조사 통지 가능 대상 및 방법(제17조)

1. 민법 767조의 **친족**(가장 넓은 범위, 배우자, 혈족, 인척)
2. **현재 또는 과거 부서 직원**
3. **신문, 방송** 또는 **내부통신망** 등을 통하여 알리는 경우
4. 공무원 자신이 소속된 **종교단체·친목단체**

정답 ④

**08** **공무원이 자신의 직무 범위를 벗어나 사적 이익을 위하여 소속기관의 명칭이나 직위를 공표·게시하여 「경찰청 공무원 행동강령」을 위반한 것으로 볼 수 있는 것은? (국민권익위원회의 해석에 의함)** 〈보충〉

① 공무원의 학교 동창 자녀의 결혼식에 소속기관의 명칭과 직위를 표시한 화환을 보내어 전시토록 한 행위
② 사적으로 알고 지내는 지인의 개업식에 소속기관의 명칭이나 직위를 기재한 축전을 보내는 행위
③ 공무원이 자신의 배우자가 운영하는 사업을 홍보하기 위하여 인터넷 블로그에 공무원의 소속기관 명칭과 직위를 표시하는 행위
④ 경조사 봉투에 소속기관의 명칭과 직위를 기재하는 행위

해설> ① (×) 사적 이익은 경제적 이익뿐만 아니라 금전으로 가액을 산정할 수 없는 경우도 포함되지만, 동창의 결혼식 등 경조사에 기관 명칭과 직위가 명기된 화환의 송부는 사적 이익을 도모하는 것을 보기 어렵다.
② (×) 축전을 보내는 것은 공표·게시에 해당하지 않는다.
④ (×) 경조사 봉투에 기재하는 것은 공표·게시에 해당하지 않는다.

정답 ③

**09** 「경찰청 공무원 행동강령」에 대한 설명으로 옳은 것은? 〈보충〉

① 공무원은 수사·단속의 대상이 되는 업소 중 경찰청장이 지정하는 유형의 업소 관계자와 부적절한 사적 접촉을 하여서는 아니 되며, 사적으로 접촉한 경우(공적으로 접촉한 경우를 제외한다) 경찰청장이 정하는 방법에 따라 신고하여야 한다.
② 공무원은 수사 중인 사건의 관계자(해당 사건의 처리와 법률적·경제적 이해관계가 있는 자로서 경찰청장이 지정하는 자를 말한다)와 부적절한 사적접촉을 해서는 아니 되며, 소속 경찰관서 내에서만 접촉하여야 한다. 다만, 현장 조사 등 공무상 필요한 경우 외부에서 접촉할 수 있으며, 이 경우에는 소속 기관의 장에게 보고하여야 한다.
③ 공무원은 상급자가 자기 또는 타인의 부당한 이익을 위하여 공정한 직무수행을 현저하게 해치는 지시를 하였을 때에는 소속 기관의 장에게 보고하거나 행동강령책임관과 상담하여야 한다.
④ 공무원은 직무관련공무원이 현재 근무하고 있는 기관의 소속 직원인 경우 외에 과거에 근무하였던 기관의 소속 직원인 경우에도 경조사를 알릴 수 있다.

해설 ① (×) **공적 또는 사적으로 접촉한 경우** 경찰청장이 정하는 방법에 따라 신고하여야 한다.

> 제5조의2(수사·단속 업무의 공정성 강화) ① 공무원은 수사·단속의 대상이 되는 업소 중 경찰청장이 지정하는 유형의 업소 관계자와 **부적절한 사적 접촉**을 하여서는 아니 되며, **공적 또는 사적으로 접촉한 경우** 경찰청장이 정하는 방법에 따라 신고하여야 한다.

② (×) 현장 조사 등 공무상 필요한 경우 외부에서 접촉할 수 있으며, 이 경우에는 **수사서류 등 공문서에 기록하여야 한다**.
③ (×) 공무원은 상급자가 자기 또는 타인의 부당한 이익을 위하여 공정한 직무수행을 현저하게 해치는 지시를 하였을 때에는 **그 사유를 상급자에게 소명하고 지시에 따르지 아니하거나 행동강령책임관과 상담할 수 있다**. 이에 따라 지시를 이행하지 아니하였는데도 같은 지시가 반복될 때에는 **즉시 행동강령책임관과 상담하여야 한다**(제4조).

정답 ④

# 제4장 범죄학 기초이론

## 제1절 범죄원인론

**01** 화이트칼라범죄(white-collar crimes)에 관한 설명으로 가장 적절하지 않은 것은? 〈23 채용1차〉

① 초기 화이트칼라범죄를 정의한 학자는 서덜랜드(Sutherland)이다.
② 화이트칼라범죄는 직업활동과 관련하여 높은 지위를 가지고 있는 사람에 의해 저질러지는 범죄이다.
③ 일반적으로 살인·강도·강간범죄는 화이트칼라범죄로 분류된다.
④ 화이트칼라범죄는 상류계층의 경제범죄에 대한 사회적 심각성을 연구하는 과정에서 등장한 개념이다.

해설 ① (○) 서덜랜드는 차별적 **접촉**이론과 **화이트칼라범죄**를 정의하였다. **【화이트칼라 잘못 접촉하면 거덜난다(서덜랜드)】**
③ (×) 화이트칼라범죄는 상류계층의 경제범죄로서 살인·강도·강간과 같은 강력범죄는 해당하지 않는다.

정답 ③

**02** 사회적 수준의 범죄원인론 중 '사회과정 원인'에 해당하지 않는 것은? 〈21 승진〉

① Sutherland의 차별적 접촉이론에 따르면, 범죄는 범죄적 전통을 가진 사회에서 많이 발생하며, 이러한 사회에서 개인은 범죄에 접촉·동조하면서 학습한다.
② Cohen은 하류계층의 청소년들이 목표달성의 어려움을 극복하기 위해 자신들만의 하위문화를 만들고, 범죄는 이러한 하위문화에 의해 저질러진다고 주장하였다.
③ Matza & Sykes에 따르면, 청소년은 비행 과정에서 '책임의 회피', '피해자의 부정', '피해 발생의 부인', '비난자에 대한 비난', '충성심에의 호소' 등 5가지 중화기술을 통해 규범, 가치관 등을 중화시킨다.
④ Hirschi에 따르면, 범죄는 사회적인 유대가 약화되어 통제되지 않기 때문에 발생하고, 사회적 결속은 애착, 참여, 전념, 신념의 4가지 요소에 영향을 받는다.

해설 > ② (×) Cohen의 하위문화이론은 사회구조 원인론에 해당한다. 사회구조 원인론은 사회 구조 속에서 소외된 사람들(주로 하류계층)이 범죄를 일으킨다는 것이고, 사회과정 원인론은 같은 조건에서도 범죄를 저지르지 않는 사람들이 있다는 점에 착안하여 개인이 범죄자가 되어 가는 과정을 설명하는 이론이다.
③ (○) Matza & Sykes(마짜 시켜) : **책임** 부정, **피해** 부정, **피해자** 부정, **비난**자 비난, **충**성심 호소 **【책피피비충】【중화요리는 마짜에 시켜】**

**☞ 사회적 수준의 범죄원인론**

| 이론 | | | 학자 | 아두스 |
|---|---|---|---|---|
| 사회구조 원인론 | 사회 해체 | | Burgess & Park, Shaw & Mckay | **구해아문** |
| | 아노미 (긴장이론) | | 뒤르껭(Durkeim), 머튼 | |
| | 문화 전파 | | Shaw & Mckay | |
| | 하위 문화 | | Cohen, Miller | |
| | 문화 갈등 | | 셀린(Sellin) | |
| 사회과정 원인론 | 학습 이론 | 차별적 **접촉** | 서덜랜드 (Sutherland) | **과학통낙** |
| | | 차별적 **동일**시 | Glaser | |
| | | 차별적 **강화** | Burgess & Akers | |
| | 통제 이론 | 사회 유대 | Hirschi | **통제–유동중견** |
| | | 동조 전념 | Briar & Piliavin | |
| | | 중화 기술 | Matza, Sykes | |
| | | 견제 이론 | Reckless | |
| | 낙인 이론 | | Lemert, Howard Becker, Tannenbaum | |

※ 지금의 해양수산부에 해당하는 '구해(求海)아문'에서 과학적인 통낙(통발 낚시)을 연구

정답 ②

## 03 범죄원인론에 대한 설명으로 가장 적절하게 연결되지 않은 것은? 〈21 채용2차〉

① 쇼와 멕케이(Shaw & Mckay)의 사회해체이론 – 빈민(slum) 지역에서 범죄발생률이 높은 것은 도시의 산업화·공업화 과정에서 지역사회의 제도나 규범 등이 극도로 해체되기 때문으로, 이 지역에서는 비행적 전통과 가치관이 사회통제를 약화시켜서 일탈이 야기되며 이러한 지역은 구성원이 바뀌더라도 비행발생률은 감소하지 않는다.
② 레클리스(Reckless)의 견제(봉쇄) 이론 – 고전주의 범죄학 이론에 기반을 둔 것으로, 인간은 범죄로부터 얻을 수 있는 이익보다 더 큰 고통을 받게 되면, 범죄를 저지르지 않을 것이라는 전제를 하고 있다. 범죄통제를 위해서는 처벌의 엄격성, 신속성, 확실성이 요구되며 이 중 처벌의 확실성이 가장 중요하다.
③ 버제스와 에이커스(Burgess & Akers)의 차별적 강화이론 – 범죄행위의 결과로서 보상이 취득되고 처벌이 회피될 때 그 행위는 강화되는 반면, 보상이 상실되고 처벌이 강화되면 그 행위는 약화된다.
④ 머튼(Merton)의 긴장(아노미) 이론 – 목표와 그 목표를 이루기 위한 수단과의 간극이 커지면서 아노미 조건이 유발되어 분노와 좌절이라는 긴장이 초래되고, 그 목적을 달성하기 위한 수단으로서 범죄를 선택한다.

해설 > ① (○) 쇼와 멕케이(Shaw & Mckay)의 사회해체이론 : **【소맥(Shaw & Mc) 먹고 해체】**
② (×) 레클리스(Reckless)의 견제(봉쇄) 이론은 나쁜 것을 견제하는 좋은 자아관념 결여로 범죄가 발생한다고 본다. 고전주의 범죄학 이론에 기반을 두고 범죄자는 비용과 이익을 계산한다는 이론은 상황적 범죄예방이론의 합리적 선택이론이다.
③ (○) 버제스와 에이커스(Burgess & Akers)의 차별적 강화이론 :
**【뽀갰어? 아까? 잘했어!】**
④ (○) 머튼(Merton)의 긴장(아노미) 이론 : **【항상 긴장하고 머리에 튼튼한 것(헬멧) 쓰고 다님】**

정답 ②

## 04 범죄원인론에 대한 설명으로 가장 적절하지 않은 것은? 〈18 경감〉

① 범인성 소질은 부모로부터 자식에 전해지는 선천적인 유전물질과 후천적 발전요소(체질과 성격의 이상, 연령, 지능 등) 등에 의하여 형성된다.
② 범죄를 부추기는 가치관으로의 사회화나 범죄에 대한 구조적·문화적 유인에 대한 자기통제의 상실을 범죄의 원인으로 보는 이론은 문화적 전파이론이다.
③ Shaw & Mckay의 '사회해체' 개념에 대비해 Hirschi는 이를 '사회적 분화'라는 개념으로 설명하며 개인의 학습을 '사회적 학습'이라고 규정하였다.
④ Miller는 범죄는 하위문화의 가치와 규범이 정상적으로 반영된 것이라고 하였다.

해설> ① (○) Luxemburger(룩잼버거)
② (○) 문화 **전파**: 범죄를 부추기는 문화적 유인에 자기 **통제 상실** **【전파는 통제 곤란】**
③ (×) 차별적 접촉: 서덜랜드(Sutherland)는 Shaw & Mckay의 '사회해체'에 대비한 '사회적 분화' 개념을 주장 **【잘못 접촉하면 거덜난다** (Sutherland)**】**

정답 ③

## 05 범죄원인이론에 대한 설명 중 가장 적절하지 않은 것은? 〈20 승진〉

① Miller는 범죄는 하위문화의 가치와 규범이 정상적으로 반영된 것이라고 하였다.
② Cohen은 하류계층의 청소년들이 목표와 수단의 괴리로 인해 중류계층에 대한 저항으로 비행을 저지르며, 목표달성의 어려움을 극복하기 위해 자신들만의 하위문화를 만들게 되는데 범죄는 이러한 하위문화에 의해 저질러진다고 한다.
③ '사회해체론'과 '아노미이론'은 범죄의 원인을 사회적 구조의 특성에서 찾는 사회적 수준의 범죄원인이론이다.
④ Durkheim은 좋은 자아관념이 주변의 범죄적 환경에도 불구하고 비행행위에 가담하지 않도록 하는 중요한 요소라고 한다.

해설> ①② (○) Miller의 하위문화 이론은 사회구조 원인에 해당한다. 코헨은 중상류층에 대한 하류계층의 반항의 결과로 범죄가 발생한다고 보지만(반항문화), 밀러는 중상류층에 대한 반항이 아닌 하류계층만의 고유한 문화에서 범죄가 발생한다고 본다(고유문화).
③ (○) **구조** 이론: 사회해체론, 아노미, ~문화 이론 **【구해아문】**
④ (×) 아노미 이론: 뒤르껭(Durkeim), 규범 붕괴 **【아놈이 뒤를 깨! (퍽치기)】**
견제 이론: Reckless, 좋은 자아관념 결여로 범죄

정답 ④

## 06 범죄원인론에 대한 설명 중 가장 옳지 않은 것은?

〈19 경간〉

① Glaser는 청소년의 비행행위는 처벌이 없거나 칭찬받게 되면 반복적으로 저질러진다고 하였다.
② Miller는 범죄는 하위문화의 가치와 규범이 정상적으로 반영된 것이라고 하였다.
③ Reckless는 좋은 자아관념은 주변의 범죄적 환경에도 불구하고 비행행위에 가담하지 않도록 하는 중요한 요소라고 한다.
④ Cohen은 하류계층의 청소년들이 목표와 수단의 괴리로 인해 중류계층에 대한 저항으로 비행을 저지르며, 목표달성의 어려움을 극복하기 위해 자신들만의 하위문화를 만들게 되며 범죄는 이러한 하위문화에 의해 저질러진다고 한다.

해설> ① (×) 차별적 강화: Burgess & Akers, 비행행위에 칭찬하면 강화된다. **【아까 뽀갰어? 잘했어!】**
차별적 동일시: Glaser **【글 레이저】** 영화 주인공 모방, 동일시(영화로 학습)

정답 ①

## 07 범죄원인론에 대한 설명으로 가장 적절하지 않은 것은?

〈19 승진〉

① 고전주의 범죄학에 따르면 범죄는 인간의 자유의지에 의한 것이 아니고, 외적요소에 의해 강요되는 것이다.
② 마짜(Matza)와 싸이크스(Sykes)는 청소년은 비행의 과정에서 합법적·전통적 관습, 규범, 가치관 등을 중화시킨다고 주장하였다.
③ 허쉬(Hirschi)는 범죄의 원인은 사회적인 유대가 약화되어 통제되지 않기 때문이라고 주장하였다.
④ 글레이저(Glaser)는 청소년들이 영화의 주인공을 모방하고 자신과 동일시하면서 범죄를 학습한다고 주장하였다.

해설> ① (×) 고전주의는 인간은 자유의지를 가진 합리적인 인간으로 보며(의사비결정론), 실증주의는 외적요소(생물적, 심리적, 사회적 성질 등)를 강조한다.

정답 ①

# 제2절 범죄통제론

## 01 상황적 범죄예방과 관련된 이론에 대한 설명으로 가장 적절하지 않은 것은?

〈22 경간〉

① 일상활동이론을 주장한 코헨(Cohen)과 펠슨(Felson)은 절도범죄를 설명하면서 VIVA 모델을 제시했는데, 알파벳 I는 Inertia의 약자로서 '이동의 용이성'을 의미한다.
② 범죄패턴 이론은 브랜팅험(Brantingham)이 제시한 이론으로서 지리적 프로파일링의 이론적 배경이 되었다.
③ 상황적 범죄예방이론은 범죄 전이효과가 있다는 비판이 있다.
④ 상황적 범죄예방이론은 개인의 범죄성에 초점을 맞춘 이론으로서 범죄성향이 높은 개인들에게 범죄예방 역량을 집중할 것을 주장한다.

해설> ① (○) VIVA 모델: Visibility(가시성), Inertia(이동 용이성), Value(가치), Access(접근성)
④ (×) 상황적 범죄예방이론은 누구든지 범죄기회가 주어진다면 범죄를 저지를 수 있다고 본다. 따라서 범죄행위에 대한 위험과 어려움을 높여 범죄 기회를 제거하고 범죄행위로 얻어지는 이익을 감소시킴으로써 범죄를 예방하려는 이론이다.

정답 ④

## 02 현대적 범죄예방이론에 대한 설명 중 가장 적절하지 않은 것은? 〈21 법학〉

① 브랜팅햄(Brantingham)의 범죄패턴 이론 – 범죄에는 일정한 장소적 패턴이 있으므로 지리적 프로파일링을 통해 범죄발생을 예측하여 범죄를 예방할 수 있다.
② 뉴먼(Newman)의 방어공간 이론 – 주거에 대한 영역성의 강화를 통해 주민들이 살고 있는 지역이나 장소를 자신들의 영역이라 생각하고 감시를 게을리하지 않으면 어떤 지역이든 범죄로부터 안전할 수 있다.
③ 코헨과 펠슨(Cohen & Felson)의 일상활동 이론 – 지역사회의 차등적 범죄율과 그 변화를 지역사회의 구조적 특성에서 찾지 않고 범죄자의 속성에서 찾으며 같은 범죄 기회가 주어져도 누구나 범죄를 저지르지는 않는다.
④ 클락과 코니쉬(Clarke & Cornish)의 합리적 선택 이론 – 인간은 자유의지를 전제로 행동을 결정하므로 체포의 위험성과 처벌의 확실성을 높이면 효과적으로 범죄를 예방할 수 있다.

해설 ③ (×) 일상활동 이론은 범죄 기회가 있으면 누구나 범죄 가능성이 있다고 보았다.

정답 ③

## 03 범죄원인에 대한 이론을 설명한 것이다. 옳은 것은 모두 몇 개인가? 〈21 경간〉

가. 아노미 이론은 Cohen에 의해 주장되었으며 '범죄는 정상적인 것이며 불가피한 사회적 행위'라는 입장에서 사회 규범의 붕괴로 인해 범죄가 발생한다고 보고 있다.
나. J. F. Sheley가 주장한 범죄유발의 4요소는 범죄의 동기, 사회적 제재로부터의 자유, 범죄피해자, 범행의 기술이다.
다. 사회학습이론 중 Burgess & Akers의 차별적 강화이론에 의하며 청소년들이 영화의 주인공을 모방하고 자신과 동일시하면서 범죄를 학습한다고 한다.
라. Hirschi는 범죄의 원인은 사회적인 유대가 약화되어 통제되지 않기 때문이라고 보고, 비행을 통제할 수 있는 사회적 통제의 결속을 애착, 전념, 기회, 참여라고 하였다.
마. 합리적 선택이론에서는 인간의 자유의지를 인정하는 결정론적 인간관에 입각하여 범죄자는 비용과 이익을 계산하고 자신에게 유리한 경우에 범죄를 행한다고 본다.
바. 일상생활 이론은 범죄자의 입장에서 범행을 결정하는데 고려되는 4가지 요소로 가치, 이동의 용이성, 가시성, 접근성을 들고 있다.
사. 범죄패턴 이론은 지역사회 구성원들이 범죄문제를 해결하기 위해 적극적으로 참여하는 것이 중요한 범죄예방이 열쇠라고 한다.

① 0개 ② 1개 ③ 2개 ④ 3개

해설 가. (×) 아노미 이론 : 뒤르껭(Durkeim) **【아놈이 뒤를 깨!(펀치기)】** 규범의 붕괴
하위문화 이론 : Cohen **【코걸이(괴리)】** 목표와 수단의 괴리
나. (×) Sheley(**쉬리**) : ① 사회적 제재로부터의 자유, ② 범행 동기, ③ 범행 기회, ④ 범행 기술 **【자동기기로 쉬~리】**
다. (×) 차별적 강화 이론 : Burgess & Akers
**【뽀갰어? 아까? 잘했어!】** 비행행위에 칭찬
차별적 동일시 이론 : Glaser 【글 레이저】 영화 주인공 모방, 동일시 (영화로 학습)

라. (×) 사회유대 : Hirschi **【허쉬초콜릿으로 유대강화】**
사회결속 요소 : 애착, 참여, 전념, 신념
**【초콜릿 주면 애들은 참으로 전신으로 좋아한다】**
마. (×) 합리적 선택 이론 : 클락, 코니쉬 【가성비 좋은 클릭, 코나】 자유의지를 전제(비결정론)
바. (○) 일상활동 이론 : 코헨과 펠슨의 VIVA 모델 : 접근성(Access), 가시성(Visibility), 이동 용이성(Inertia), 가치(Value) **【접시이가?】**
사. (×) 범죄패턴 이론 : 브랜팅햄, 범죄의 장소적 패턴 연구
집합 효율성 이론 : **로버트** 샘슨, **주민들의 적극참여** 강조
**【로보트 집합, 주민들 집합】**

정답 ②

## 04 범죄예방 관련 이론에 대한 설명으로 가장 적절하지 않은 것은? 〈21 채용1차〉

① 합리적 선택이론은 거시적 범죄예방모델에 입각한 특별예방효과에 중점을 둔다.
② 깨진 유리창 이론에 이론적 근거를 두고 있는 무관용 경찰활동은 처벌의 확실성을 높여 범죄를 억제하는 전략이다.
③ 범죄패턴이론은 지리적 프로파일링을 통한 범행지역 예측 활성화에 기여할 수 있다.
④ 집합효율성은 지역사회 구성원 간의 연대감, 그리고 문제 상황 발생 시 구성원의 적극적인 개입의지를 결합한 개념이다.

해설 ① (×) 합리적 선택이론은 인간의 자유의지를 전제(비결정론)로 범죄자는 비용과 이익을 계산한다는 이론으로 누구든지 범죄를 저지를 수 있다고 보는 신고전주의 이론이다. 미시적 범죄예방모델에 입각한 일반예방효과에 중점을 둔다.

정답 ①

## 05 다음은 관할지역 내 범죄문제 해결을 위해 경찰서별로 실시하고 있는 활동들이다. 각 활동들의 근거가 되는 범죄원인론을 가장 적절하게 연결한 것은? 〈19 채용2차〉

> ㉠ A경찰서는 관내에서 음주소란과 폭행 등으로 적발된 청소년들을 형사입건하는 대신 지역사회 축제에서 실시되는 행사에 보안요원으로 봉사할 수 있는 기회를 제공하였다.
> ㉡ B경찰서는 지역사회에 만연해 있는 경미한 주취소란에 대해서도 예외 없이 엄격한 법집행을 실시하였다.
> ㉢ C경찰서는 관내 자전거 절도사건이 증가하자 관내 자전거 소유자들을 대상으로 자전거에 일련번호를 각인해 주는 서비스를 제공하였다.
> ㉣ D경찰서는 관내 청소년 비행 문제가 증가하자 청소년들을 대상으로 폭력 영상물의 폐해에 관한 교육을 실시하고, 해당 유형의 영상물에 대한 접촉을 삼가도록 계도하였다.

① ㉠－낙인이론 ㉡－깨진 유리창 이론
㉢－상황적 범죄예방 이론 ㉣－차별적 동일시 이론
② ㉠－낙인이론 ㉡－깨진 유리창 이론
㉢－상황적 범죄예방 이론 ㉣－차별적 접촉 이론
③ ㉠－상황적 범죄예방 이론 ㉡－깨진 유리창 이론
㉢－낙인이론 ㉣－차별적 접촉 이론
④ ㉠－상황적 범죄예방 이론 ㉡－낙인이론
㉢－깨진 유리창 이론 ㉣－차별적 동일시 이론

해설 ㉠ 낙인이론 : 청소년을 입건하여 범죄자로 공식적 낙인을 찍는 것보다 선도
㉡ 깨진 유리창 이론 : 경미한 무질서에 무관용 정책, 집합효율성 강화
㉢ 상황적 범죄예방 이론 : 범죄행위에 대한 위험과 어려움을 높여 범죄 기회를 제거하고 범죄행위의 이익을 감소시킴으로써 범죄를 예방하려는 이론이다. 자전거에 일련번호를 각인하여 도난당하더라도 발견 시 도난품 확인이 가능하고 범인이 되팔기 어렵게 하기 때문에 범죄 기회를 감소시키는 것으로 볼 수 있다.
㉣ 차별적 동일시 : 영화 주인공 모방, 동일시(영화로 학습)

정답 ①

**06** **다음 경찰활동의 예시의 근거가 되는 범죄원인론으로 가장 관련성이 높은 것은?** 〈22 채용1차〉

> A경찰서는 관내에서 폭행으로 적발된 청소년을 형사입건하는 대신, 학교전담경찰관이 외부 전문가와 함께 3일 동안 다양한 활동으로 구성된 선도프로그램을 제공함으로써 해당 청소년에게 스스로 잘못을 뉘우치고 장차 지역사회로 다시 통합될 수 있는 기회를 제공하였다.

① 낙인이론 ② 일반긴장이론
③ 깨진 유리창 이론 ④ 일상활동이론

해설> ① (○) 낙인이론은 공식적인 낙인이 그 행위자를 사회와 기회로부터 소외시켜 지속적인 범죄행위를 야기하게 된다는 것으로 1차적 일탈보다는 2차적 일탈에 초점을 맞추고 있다. 청소년을 형사입건하여 범죄자로 낙인찍는 것보다 선도를 통하여 2차적 일탈을 예방하고자 하는 것은 낙인이론에 근거한 활동이다.
② (×) 애그뉴(Agnew)의 일반긴장이론은 하층계급뿐만 아니라 상류층도 좌절, 우울, 두려움 등 다양한 원인으로 긴장을 느끼고 이러한 감정상태가 반사회적 행동을 유발한다고 본다.

정답 ①

**07** **다음은 경찰이 수행하는 범죄예방활동 사례(〈보기 1〉)와 톤리와 패링턴(Tonry&Farrington)의 구분에 따른 범죄예방 전략 유형(〈보기 2〉)이다. 〈보기 1〉과 〈보기 2〉의 내용이 가장 적절하게 연결된 것은?** 〈23 채용2차〉

〈보기 1〉

(가) 경찰서의 여성청소년 담당부서에서 운영하고 있는 학교전담경찰관(SPO)은 학교에 배치되어 학교폭력 예방교육 등 학교폭력 관련 예방과 가해학생 선도 등 사후관리 역할을 담당하고, 학대예방경찰관(APO)은 미취학 혹은 장기결석 아동에 대해 점검하고 학대피해 우려가 높은 아동에 대해 지속적으로 모니터링을 실시함으로써 아동학대의 위험성을 감소시키고 아동의 안전 등을 확인하는 역할을 담당하고 있다.
(나) 여성의 1인 가구 밀집지역에 대한 경찰순찰을 확대함으로써 공식적 감시기능을 강화하거나 혹은 아파트 입구 현관문에 반사경을 부착함으로써 출입자의 익명성을 감소시켜 범행에 수반되는 발각 위험을 증대하기 위한 조치를 취하고 있다.
(다) 위법행위에 대한 단속을 강화하는 무관용 경찰활동을 지향함으로써 처벌의 확실성을 높여 범죄를 억제하고자 노력하고 있다.

〈보기 2〉

㉠ 상황적 범죄예방 ㉡ 지역사회 기반 범죄예방
㉢ 발달적 범죄예방 ㉣ 법집행을 통한 범죄억제

| | (가) | (나) | (다) |
|---|---|---|---|
| ① | ㉡ | ㉣ | ㉠ |
| ② | ㉢ | ㉡ | ㉣ |
| ③ | ㉡ | ㉢ | ㉠ |
| ④ | ㉢ | ㉠ | ㉣ |

해설 > 톤리와 패링턴은 〈보기2〉와 같은 4가지 유형의 범죄예방안을 제시하였다(1995). "상황적 범죄예방"은 클락과 코니쉬 등이 주장한 상황적 범죄예방이론과 유사하게 범죄의 기회와 이익을 감소시키는 방법이다. "지역사회 기반 범죄예방"은 이웃간의 결속력을 바탕으로 범죄를 예방하는 방법이며, "발달적 범죄예방"은 인간의 생애 과정 중 초기(어린 시절)에 개입하여 범죄로 진행될 위험 요인을 차단하는 방법이며, "법집행을 통한 범죄억제"는 경찰, 검찰, 법원, 교도소 등 법집행기관을 통하여 범죄를 억제하는 방법이다.

정답 ④

## 08 범죄학적 이론에 대한 설명 중 가장 적절하지 않은 것은? 〈20 법학〉

① 환경설계를 통한 범죄예방(CPTED)의 기본원리들 중 거리의 눈을 활용한 자연적 감시와 접근통제의 기능을 확대하는 원리는 활용성의 증대이며, 그 예로 공원 조성 시 벤치 혹은 체육기구의 위치에 대한 설계를 들 수 있다.

② 일상활동이론은 잠재적 범죄자, 적절한 범행대상, 감시(보호)의 부재라는 요소들이 충족될 때 누구라도 범죄를 저지를 수 있다고 가정한다.

③ 깨진 유리창 이론은 경미한 무질서에 대한 무관용 정책의 확산을 통해 시민들 사이의 집합적 효율성을 감소시키는 것에 중점을 둔다.

④ 합리적 선택이론은 기본적으로 비결정론적 인간관을 따른다고 할 수 있고, 이 이론의 관점에서는 체포의 위험성과 처벌의 확실성을 높이는 것이 효과적인 범죄예방 전략으로 여겨질 수 있다.

해설 > ③ (×) 깨진 유리창 이론과 집합효율성 이론은 지역주민들의 적극적인 참여를 강조하는 공통점이 있다. 집합 효율성을 증대시킨다.

정답 ③

## 09 현대적 범죄예방이론에 대한 설명 중 가장 적절하지 않은 것은? 〈18 법학〉

① 범죄패턴 이론 – 범죄에는 일정한 장소적 패턴이 있으므로 일정 장소의 집중 순찰을 통해 범죄를 예방할 수 있다.

② 합리적 선택이론 – 인간의 자유의지를 인정하지 않는 결정론적인 인간관에 입각하여 범죄자는 자신에게 유리한 경우에 범죄를 행한다고 본다.

③ 집합효율성 이론 – 집합효율성 이론은 공식적 사회통제, 즉 경찰 등 법집행기관의 중요성을 간과하고 있다는 비판을 받는다.

④ 깨진 유리창 이론 – 직접적인 피해자가 없는 사소한 무질서행위에 대한 경찰의 강경한 대응(Zero Tolerance)을 강조한다.

해설 > ② (×) 합리적 선택 이론은 인간의 자유의지를 전제(범죄의사 비결정론)로 하는 고전주의와 유사한 신고전주의에 해당한다. 정답 ②

## 10 범죄통제이론에 대한 설명으로 가장 적절하지 않은 것은? 〈19 승진〉

① '억제이론'은 강력하고 확실한 처벌을 통하여 범죄를 억제할 수 있다고 보며, 범죄의 동기나 원인, 사회적 환경에는 관심이 없다.

② '일상활동이론'은 지역사회 구성원들이 범죄문제를 해결하기 위해 적극적으로 참여하는 것이 중요한 범죄예방의 열쇠라고 한다.

③ '합리적 선택이론'은 인간이 자유 의지를 가지고 있다고 가정하고 합리적인 인간관을 전제로 하므로 비결정론적 인간관에 바탕을 두고 있다.

④ '치료 및 갱생이론'은 비용이 많이 들고 범죄자를 대상으로 하므로 일반 예방효과에 한계가 있다는 비판이 존재한다.

해설 > ② (×) 지역사회 구성원들의 적극 참여를 주장한 이론은 집합효율성 이론과 깨진 유리창 이론이다. 일상활동이론과 같은 상황적 범죄예방 이론은 환경적 측면에서 범죄의 기회를 감소시키려는 것에 중점을 둔다. 정답 ②

**11 범죄이론과 범죄통제이론에 대한 설명으로 적절하지 않은 것을 모두 고른 것은?** 〈18 경위〉

> ㉠ 고전학파 범죄이론은 범죄에 대한 국가의 강력하고 확실한 처벌을 통해 범죄를 억제할 수 있다고 본다.
> ㉡ 생물학·심리학적 이론은 범죄자의 치료와 갱생을 통한 범죄통제를 주요내용으로 하며, 범죄자를 대상으로 하므로 일반예방효과에 한계가 있다는 비판이 존재한다.
> ㉢ 사회학적 이론은 범죄기회의 제거와 범죄행위의 이익을 감소시키는 것을 내용으로 한다.
> ㉣ 상황적 범죄예방이론은 사회발전을 통해 범죄의 근본적인 원인을 제거하고자 하나, 폭력과 같은 충동적인 범죄에는 적용하는 데 한계가 있다.

① ㉠, ㉡ ② ㉠, ㉢ ③ ㉡, ㉢ ④ ㉢, ㉣

해설> ㉢ (×) 사회학적 이론 : 사회발전으로 범죄의 근본적 원인을 제거해야 한다.
㉣ (×) 상황적 범죄예방이론 : 범죄 기회를 제거하고 범죄행위의 이익을 감소시켜서 범죄를 예방하려는 이론

정답 ④

**12 다음은 '범죄 통제이론'을 설명한 것이다. 가장 적절하지 않은 것은?** 〈18 채용3차〉

① '일상활동이론'의 범죄유발의 4요소는 '범행의 동기', '사회적 제재로부터의 자유', '범행의 기술', '범행의 기회'이다.
② 로버트 샘슨과 동료들은 지역주민 간의 상호신뢰 또는 연대감과 범죄에 대한 적극적인 개입을 강조하는 '집합효율성이론'을 주장하였다.
③ '치료 및 갱생이론'은 결정론적 인간관에 입각하여 특별예방효과에 중점을 둔다.
④ '억제이론'은 폭력과 같은 충동적 범죄에 적용하는데 한계가 있다는 비판이 있다.

해설> ① (×) 일상활동 이론(코헨과 펠슨)의 범죄유발 요소는 대상, 감시(보호자) 부재, 동기가 부여된 잠재적 범죄자이다. **【대감자】**
Sheley(쉬리)가 주장한 4가지 범죄요소는 사회적 제재로부터의 자유, 범행 동기, 범행 기회, 범행 기술이다. **【자동기기로 쉬~리】**

정답 ①

**13 범죄통제이론에 대한 설명으로 가장 적절하지 않은 것은?** 〈17 채용2차〉

① '억제이론'은 인간의 자유 의지를 인정하지 않는 결정론적 인간관에 바탕을 두고 특별예방효과에 중점을 둔다.
② '치료 및 갱생이론'은 생물학적·심리학적 범죄 이론에 바탕을 두고 있다.
③ '합리적 선택이론'은 인간이 자유 의지를 가지고 있다고 가정하고 합리적인 인간관을 전제로 하므로 비결정론적 인간관에 바탕을 두고 있다.
④ '일상활동이론'의 범죄 발생 3요소는 '동기가 부여된 잠재적 범죄자(motivated offender)', '적절한 대상(suitable target)', '보호자의 부재(absence of capable guardianship)'이다.

해설> ① (×) 고전학파 : 자유의사에 의한 행동(의사비결정론), 억제이론, 일반예방 중점

정답 ①

**14 다음의 학자들이 주장한 범죄예방이론에 대한 설명 중 가장 옳지 않은 것은?** 〈17 경간〉

① 클락&코니쉬의 합리적 선택 이론 – 체포의 위험성과 처벌의 확실성을 높여 효과적으로 범죄를 예방할 수 있다.
② 브랜팅햄의 범죄패턴 이론 – 범죄에는 일정한 시간적 패턴이 있으므로, 일정 시간대의 집중 순찰을 통해 효율적으로 범죄를 예방할 수 있다.
③ 로버트샘슨의 집합효율성 이론 – 지역사회 구성원들이 범죄문제를 해결하기 위해 적극적으로 참여하면 효과적으로 범죄를 예방할 수 있다.
④ 윌슨&켈링의 깨진 유리창 이론 – 경미한 무질서에 대한 무관용 원칙과 지역주민 간의 상호협력이 범죄를 예방하는 데 중요한 역할을 한다.

해설> ② (×) 범죄패턴 이론 : 범죄에는 일정한 장소적 패턴이 있으므로 일정 장소의 집중 순찰을 통해 범죄를 예방할 수 있다는 이론으로 지리적 프로파일링의 토대가 되었다.

정답 ②

**15** **환경설계를 통한 범죄예방(CPTED)에 관한 설명이다. 이에 관한 ㉠부터 ㉣까지의 설명 중 옳고 그름의 표시(○, ×)가 모두 바르게 된 것은?** 〈22 채용2차〉

> ㉠ 건축물이나 시설물의 설계 시 가시권의 최대 확보, 외부침입에 대한 감시기능을 확대하여 범죄행위의 발견 가능성은 증가시키고 범죄기회는 감소시킬 수 있다는 원리를 자연적 감시라고 하며, 이에 대한 종류로는 조명, 조경, 가시권 확대를 위한 건물의 배치 등이 있다.
> ㉡ 지역사회의 설계 시 주민들이 모여서 상호의견을 교환하고 유대감을 증대할 수 있는 공공장소를 설치하고 이용하도록 함으로써 '거리의 눈'을 활용한 자연적 감시와 접근통제의 기능을 확대하는 원리를 활동의 활성화(활용성의 증대)라고 하며, 이에 대한 종류로는 놀이터 공원의 설치, 벤치 정자의 위치 및 활용성에 대한 설계, 통행로의 설계 등이 있다.
> ㉢ 사적 공간에 대한 경계를 표시하여 주민들의 책임의식과 소유의식을 증대함으로써 사적 공간에 대한 관리권과 권리를 강화시키고, 외부인들에게는 침입에 대한 불법사실을 인식시켜 범죄기회를 차단하는 원리를 자연적 접근통제라고 하며, 이에 대한 종류로는 방범창, 출입구의 최소화 등이 있다.
> ㉣ 처음 설계된 대로 혹은 개선한 의도대로 기능을 지속적으로 유지하도록 관리함으로써 범죄예방을 위한 환경설계의 장기적이고 지속적인 효과를 유지하는 원리를 유지관리라고 하며, 이에 대한 종류로는 청결유지, 파손의 즉시보수, 조명의 관리 등이 있다.

① ㉠(○) ㉡(×) ㉢(×) ㉣(○)
② ㉠(○) ㉡(○) ㉢(×) ㉣(○)
③ ㉠(×) ㉡(×) ㉢(○) ㉣(○)
④ ㉠(○) ㉡(○) ㉢(○) ㉣(×)

해설 ㉡ (×) 통행로의 설계는 자연적 접근통제이다.
㉢ (×) 자연적 접근통제가 아닌 영역성 강화에 대한 설명이다. 방범창이나 출입구의 최소화는 접근통제의 예시이다. 울타리로 단순히 "경계 표시"하는 것은 영역성 강화에 해당하고, 출입과 관련되는 것은 접근통제에 해당한다.

정답 ①

**16** **환경설계를 통한 범죄예방(CPTED)에 대한 설명으로 가장 적절하지 않은 것은?** 〈22 경간〉

① 뉴먼(O. Newman)과 제프리(C. R. Jeffery)가 주장하였다.
② 방어공간(Defensible Space)과 관련하여 영역성, 감시, 이미지, 안전지대의 4가지 관점을 제시하였다.
③ 기본원리 중 자연적 접근통제란 건축물이나 시설을 설계함에 있어서 가시권을 최대한 확보하고, 외부침입에 대한 감시 기능을 확대하여 범죄기회를 감소시키는 원리이다.
④ 우리나라에서는 서울시 마포구 염리동에서 적용한 사례가 있고, 자치단체 조례로 「서울특별시 마포구 범죄예방을 위한 도시환경디자인 조례」가 2018년 제정되어 시행되고 있다.

해설 ③ (×) "자연적 감시"에 대한 설명이다. "자연적 접근통제"는 일정한 지역에 접근하는 사람들을 정해진 공간으로 유도하거나 외부인의 출입을 통제하도록 설계하여 접근에 대한 심리적 부담을 증대시켜 범죄를 예방한다.

정답 ③

**17** **뉴먼(1972)은 방어공간의 구성요소를 구분하였다. 이와 관련된 〈보기 1〉의 설명과 〈보기 2〉의 구성요소가 가장 적절하게 연결된 것은?** 〈22 채용1차〉

〈보기 1〉
(가) 지역의 외관이 다른 지역과 고립되어 있지 않고, 보호되고 있으며, 주민의 적극적 행동의지를 보여줌
(나) 지역에 대한 소유의식은 일상적이지 않은 일이 있을 때 주민으로 하여금 행동을 취하도록 자극함
(다) 특별한 장치의 도움 없이 실내와 실외의 활동을 관찰할 수 있는 능력임

〈보기 2〉
㉠ 영역성 ㉡ 자연적 감시
㉢ 이미지 ㉣ 환경

| | (가) | (나) | (다) |
|---|---|---|---|
| ① | ㉢ | ㉣ | ㉠ |
| ② | ㉢ | ㉠ | ㉡ |
| ③ | ㉣ | ㉠ | ㉢ |
| ④ | ㉣ | ㉢ | ㉡ |

해설 >

☞ **뉴먼의 방어공간(Defensible Space)에 대한 4가지(5가지) 관점**

| 자연적 감시 | 자연적 가시권의 확대 |
|---|---|
| 이미지와 환경(milieu) | ① 이미지: '깨진 유리창 이론'처럼 주변 시설을 정리하거나 유지 보수하여 주민들에 의하여 보호되고 있으며 쉬운 범행대상으로 느껴지지 않는 이미지 형성<br>② 환경: 통행로, 마당, 놀이터, 주변거리 등을 방범환경으로 조성해야 한다. |
| 영역성 | 사적공간에 대한 경계표시 및 주민의 소유의식 확대로 주민들이 자신의 영역에 대한 감시를 강화한다. |
| 안전지대 | 주거환경은 주변이 우범지역인지 안전지역인지에 의하여 영향을 받는다. |

**【자이(아파트) 환영안】**

정답 ②

**18** **환경설계를 통한 범죄예방(CPTED) 원리와 그에 대한 적용을 연결한 것 중에 옳지 않은 것은?** 〈20 경간〉

① 자연적 감시 – 조경·가시권의 확대를 위한 건물 배치
② 자연적 접근통제 – 출입구의 최소화, 벤치·정자의 위치 및 활용성에 대한 설계
③ 영역성의 강화 – 사적·공적 공간의 구분, 울타리의 설치
④ 활동의 활성화 – 놀이터·공원의 설치, 체육시설의 접근성과 이용의 증대

해설 > ② (×) '벤치·정자의 위치 및 활용성에 대한 설계'는 활동성 강화이다.

정답 ②

**19** **환경설계를 통한 범죄예방(CPTED)에 관한 설명으로 가장 적절하지 않은 것은?** 〈23 채용1차〉

① CPTED는 근본적이고 효과적인 범죄예방을 위한 방안으로 물리적 환경설계 또는 재설계를 통해 범죄 기회를 차단하는 것이 핵심이다.
② '자연적 감시(natural surveillance)'는 건축물이나 시설물의 설계시 가시권을 확보하여 외부침입에 대한 감시기능을 확대함으로써 범죄행위 발견 가능성을 증가시켜 범죄의 기회를 감소시킬 수 있다는 원리이다.
③ '영역성 강화(territorial reinforcement)'는 사적공간에 대한 경계 표시로 주민들의 책임의식과 소유의식을 증대함으로써 사적공간에 대한 관리권과 권리를 강화시키는 원리이다.
④ '유지·관리(maintenance and management)'는 차단기, 방범창, 잠금장치의 파손 수리하지 않고 유지하는 원리이다.

해설 > ④ (×) 유지·관리는 수리하고 보수하는 것이다.

정답 ④

**20** **환경설계를 통한 범죄예방(CPTED)의 기본원리에 대한 설명으로 가장 옳은 것은?** 〈21 경간〉

① 자연적 감시는 건축물이나 시설물의 설계 시 가시권을 최대한 확보하고 외부침입에 대한 감시기능을 확대함으로써 범죄 발각 위험을 증가시켜 기회를 감소시킬 수 있다는 원리이다. 종류로는 조명·조경·가시권 확대, 방범창 등이 있다.

② 영역성 강화는 사적 공간에 대한 경계를 표시함으로써 주민들의 책임의식과 소유의식을 증대함으로써 사적 공간에 대한 관리권과 권리를 강화시키고 외부인들에게는 침입에 대한 불법사실을 인식시켜 범죄의 기회를 차단하는 원리이다. 종류로는 울타리·펜스의 설치, 청결유지 등이 있다.

③ 자연적 접근통제는 일정한 지역에 접근하는 사람들을 정해진 공간으로 유도하거나 외부인의 출입을 통제하도록 설계함으로써 접근에 대한 심리적 부담을 증대시켜 범죄를 예방한다는 원리이다. 종류로는 차단기, 통행로의 설계 등이 있다.

④ 유지관리는 처음 설계된 대로 혹은 개선한 의도대로 기능을 지속적으로 유지하도록 관리함으로써 범죄예방을 위한 환경 설계의 장기적이고 지속적 효과를 유지하는 원리이다. 종류로는 파손의 즉시 수리, 잠금장치, 조명·조경의 관리 등이 있다.

해설> ① (×) 방범창은 자연적 접근통제이다.
② (×) 청결관리는 유지관리이다.
④ (×) 잠금장치는 자연적 접근통제

정답 ③

**21** **환경설계를 통한 범죄예방의 기본원리에 대한 설명 중 가장 적절한 것은?** 〈20 승진〉

① 자연적 감시의 종류에는 조명·조경·가시권 확대를 위한 건물의 배치가 있다.

② 영역성의 강화는 일정한 지역에 접근하는 사람들을 정해진 공간으로 유도하거나 외부인의 출입을 통제하도록 설계함으로써 접근에 대한 심리적 부담을 증대시켜 범죄를 예방하는 원리이다.

③ 자연적 접근통제는 지역사회의 설계 시 주민들이 모여서 상호 의견을 교환하고 유대감을 증대할 수 있는 공공장소를 설치하고 이용하도록 함으로써 '거리의 눈'을 활용한 자연적 감시와 접근 통제의 기능을 확대하는 원리이다.

④ 활동의 활성화의 종류에는 벤치정자의 위치 및 활용성에 대한 설계, 출입구의 최소화가 있다.

해설> ② (×) 자연적 접근통제에 대한 설명이다.
③ (×) 활동성 강화에 대한 설명이다.
④ (×) 출입구의 최소화는 자연적 접근통제

정답 ①

**22** **다음은 환경설계를 통한 범죄예방(CPTED)에 대한 설명이다. 〈보기 1〉과 〈보기 2〉의 내용이 가장 적절하게 연결된 것은?** 〈20 채용1차〉

〈보기 1〉

(가) 사적공간에 대한 경계를 표시하여 주민들의 책임의식과 소유의식을 증대함으로써 사적공간에 대한 관리권과 권리를 강화시키고, 외부인들에게는 침입에 대한 불법사실을 인식시켜 범죄기회를 차단하는 원리

(나) 건축물이나 시설물 설계 시 가시권을 최대한 확보, 외부침입에 대한 감시기능을 확대함으로써 범죄행위의 발견 가능성을 증가시키고 범죄기회를 감소시킬 수 있다는 원리

(다) 일정한 지역에 접근하는 사람들을 정해진 공간으로 유도하거나 외부인의 출입을 통제하도록 설계함으로써 접근에 대한 심리적 부담을 증대시켜 범죄를 예방하는 원리

(라) 지역사회 설계 시 주민들이 모여서 상호의견을 교환하고 유대감을 증대할 수 있는 공공장소를 설치하고 이용하도록 함으로써 '거리의 눈'을 활용한 자연적 감시와 접근통제의 기능을 확대하는 원리

〈보기 2〉

㉠ 조명, 조경, 가시권 확대를 위한 건물의 배치
㉡ 체육시설의 접근성과 이용의 증대, 벤치·정자의 위치 및 활용성에 대한 설계
㉢ 울타리·펜스의 설치, 사적·공적 공간의 구분
㉣ 잠금장치, 통행로의 설계, 출입구의 최소화

| | (가) | (나) | (다) | (라) |
|---|---|---|---|---|
| ① | ㉢ | ㉡ | ㉣ | ㉠ |
| ② | ㉣ | ㉠ | ㉢ | ㉡ |
| ③ | ㉢ | ㉠ | ㉣ | ㉡ |
| ④ | ㉣ | ㉡ | ㉢ | ㉠ |

해설 (가) 영역성 강화 (나) 자연적 감시
(다) 자연적 접근통제 (라) 활동성 강화

정답 ③

**23** **CPTED(환경설계를 통한 범죄예방)의 원리와 그 내용 및 종류에 대한 설명으로 가장 적절하지 않은 것은?** 〈19 채용1차〉

① '자연적 감시'란 건축물이나 시설물의 설계 시 가시권을 최대한 확보하고, 외부침입에 대한 감시기능을 확대함으로써 범죄행위의 발견 가능성을 증가시키며, 범죄기회를 감소시킬 수 있다는 원리로서, 종류로는 조명·조경·가시권 확대를 위한 건물의 배치 등이 있다.

② '영역성의 강화'란 사적공간에 대한 경계를 표시하여 주민들의 책임의식과 소유의식을 증대시킴으로써 사적공간에 대한 관리권과 권리를 강화시키고, 외부인들에게는 침입에 대한 불법사실을 인식시켜 범죄기회를 차단한다는 원리이며, 종류로는 출입구의 최소화, 통행로의 설계, 사적·공적 공간의 구분이 있다.

③ '활동의 활성화'란 지역사회의 설계 시 주민들이 모여서 상호의견을 교환하고 유대감을 증대할 수 있는 공공장소를 설치하고 이용하도록 함으로써 자연적 감시와 접근통제의 기능을 확대한다는 원리이며, 종류로는 체육시설의 접근성과 이용의 증대, 벤치·정자의 위치 및 활용성에 대한 설계가 있다.

④ '유지관리'란 처음 설계된 대로 혹은 개선한 의도대로 기능을 지속적으로 유지하도록 관리함으로써 범죄예방을 위한 환경설계의 장기적이고 지속적인 효과를 유지한다는 원리이며, 종류로는 파손의 즉시보수, 청결유지, 조명·조경의 관리가 있다.

해설 ② (×) 출입구의 최소화, 통행로의 설계는 자연적 접근통제이다.

정답 ②

# 제5장 지역사회 경찰활동

## 01 경찰순찰에 대한 설명으로 가장 적절한 것은?

〈21 채용1차〉

① 뉴왁(Newark)시 도보순찰실험은 도보순찰을 강화하여도 해당 순찰구역의 범죄율을 낮추지는 못하였으나, 도보순찰을 할 때 시민이 경찰서비스에 더 높은 만족감을 드러냈음을 확인하였다.

② 「지역경찰의 조직 및 운영에 관한 규칙」상 순찰팀장은 일근근무를 원칙으로 하며, 휴게시간, 휴무횟수 등 구체적인 사항은 「국가공무원 복무규정」 및 「경찰기관 상시근무 공무원의 근무시간 등에 관한 규칙」이 규정한 범위 안에서 지역경찰관서장이 정한다.

③ 「지역경찰의 조직 및 운영에 관한 규칙」상 순찰근무를 지정받은 지역경찰은 지정된 근무구역에서 경찰사범의 단속 및 검거, 경찰방문 및 방범진단, 시설 및 장비의 작동여부 확인, 각종 현황, 통계, 자료 부책 관리와 같은 업무를 수행한다.

④ 워커(Samuel Walker)는 순찰의 3가지 기능으로 범죄의 억제, 대민 서비스 제공, 교통지도단속을 언급하였다.

해설 ① (○) 미국의 순찰실험

| 구분 | 순찰 수단 | 범죄율 영향 | 시민 안전감 영향 |
|---|---|---|---|
| 캔자스 예방순찰실험 | 자동차 | 없음. | 없음. |
| 뉴왁 도보순찰실험 | 도보 | 없음. | 더 안전하다고 느낌. |
| 플린트 도보순찰실험 | 도보 | 없음. | 더 안전하다고 느낌. |

② (×) 순찰팀장은 순찰팀과 함께 교대근무, 관리팀과 지역경찰관서장은 일근근무 원칙이다. 휴게시간이나 휴무 횟수는 다른 지역경찰관서의 형평성 등을 이유로 시·도경찰청장이 정한다.

> 제21조(근무형태 및 시간) ① **지역경찰관서장은 일근근무를 원칙으로 한다.** 다만, 경찰서장은 필요하다고 인정되는 경우에는 지역경찰관서장의 근무시간을 조정하거나, 시간 외·휴일 근무 등을 명할 수 있다.
> ② **관리팀은 일근근무를 원칙으로 한다.** 다만, 지역경찰관서장은 필요하다고 인정되는 경우에는 근무시간을 조정하거나, 시간 외·휴일 근무 등을 명할 수 있다.
> ③ **순찰팀장 및 순찰팀원은 상시·교대근무를 원칙으로 하며, 근무교대 시간 및 휴게시간, 휴무 횟수 등** 구체적인 사항은 「국가공무원 복무규정」 및 「경찰기관 상시근무 공무원의 근무시간 등에 관한 규칙」이 규정한 범위 안에서 **시·도경찰청장이 정한다.**

③ (×) 시설 및 장비의 작동여부 확인은 상황근무(시설, 장비 관리는 지역경찰관서장과 행정 담당인 관리팀의 업무), 각종 현황, 통계, 자료 부책 관리는 행정근무이다.

④ (×) 순찰의 목적과 기능

| Charles D. Hale의 순찰의 5가지 목적 【범법질 교대로 할래(Hale)?】 | Samuel Walker의 순찰의 3가지 기능 【범죄안대!】 |
|---|---|
| ① **범**죄예방, 범인검거<br>② **법**집행<br>③ **질**서유지<br>④ **교**통지도단속<br>⑤ **대**민서비스 제공 | ① **범죄**의 **억제**<br>② 공공 **안**전감의 증진<br>③ **대**민 서비스 제공 |

정답 ①

## 02 생활안전 경찰활동의 이론적·경험적 근거에 대한 설명으로 가장 적절하지 않은 것은?

〈20 법학〉

① 지역사회 경찰활동(COP)은 경찰－주민 간 파트너십의 강화, 지역사회 문제에 대한 근본적 해결, 경찰 조직 내 권한의 이양 등을 강조한다.

② 문제지향적 경찰활동(POP)의 대표적인 문제해결과정으로 '조사 → 분석 → 대응 → 평가' 모형이 알려져 있다.

③ 뉴왁시 도보순찰실험과 플린트 도보순찰 프로그램 모두에서 도보순찰이 주민의 심리적 안전감은 물론 실제 범죄율 감소에도 긍정적인 영향을 미치는 것으로 밝혀졌다.

④ 사무엘 워커는 순찰의 기능 중 하나로 주민의 심리적 안전감을 제고할 수 있다는 측면을 언급한 바 있으나, 캔자스시의 차량 예방순찰 실험에서는 해당 주장이 지지받지 못하였다.

해설 ② (○) SARA 모형: **조사**(**S**canning) → **분석**(**A**nalysis) → **대응**(**R**esponse) → **평가**(**A**ssessment) **【싸라(SARA) 조석응가】**
③ (×) 도보순찰을 증가하여도 범죄발생은 감소되지 않았다. 다만, 시민들은 경찰의 순찰활동을 지각하고 더 안전하다고 느꼈다. 정답 ③

**03 다음은 전통적 경찰활동과 지역사회 경찰활동에 관한 비교설명이다(Sparrow, 1988). 질문과 답변의 연결이 가장 적절하지 않은 것은?** 〈22 채용1차〉

① 경찰은 누구인가? - 전통적 경찰활동의 관점에서는 법집행을 주로 책임지는 정부기관이라고 답변할 것이며, 지역사회 경찰 활동의 관점에서는 경찰이 시민이고 시민이 경찰이라고 답변할 것이다.

② 언론 접촉 부서의 역할은 무엇인가? - 전통적 경찰활동의 관점에서는 현장경찰관들에 대한 비판적 여론을 차단하는 것이라고 답변할 것이며, 지역사회 경찰활동의 관점에서는 지역사회와의 원활한 소통창구라고 답변할 것이다.

③ 경찰의 효과성은 무엇이 결정하는가? - 전통적 경찰활동의 관점에서는 경찰의 대응시간이라고 답변할 것이며, 지역사회 경찰활동의 관점에서는 시민의 협조라고 답변할 것이다.

④ 가장 중요한 정보란 무엇인가? - 전통적 경찰활동의 관점에서는 범죄자 정보(개인 또는 집단의 활동사항 관련 정보)라고 답변할 것이며, 지역사회 경찰활동의 관점에서는 범죄사건 정보(특정 범죄사건 또는 일련의 범죄사건 관련 정보)라고 답변할 것이다.

해설 ④ (×) M. K. Sparrow가 1988년 발표한 보고서에 관한 질문이다. 전통적 경찰은 범죄정보에 관심이 있고, 지역사회 경찰활동은 범죄자 정보에 관심이 있다.

정답 ④

**04 지역사회 경찰활동(Community Policing)에 대한 설명으로 가장 적절하지 않은 것은?** 〈23 경간〉

① 지역중심적 경찰활동(Community Oriented Policing) - 경찰과 지역사회가 협력하여 길거리 범죄, 물리적 무질서 등을 확인하고 해결함으로써 주민들의 삶의 질을 개선하고자 노력한다.

② 문제지향적 경찰활동(Problem Oriented Policing) - 경찰과 지역사회가 전통적인 경찰업무로 해결할 수 없거나 그것의 해결을 위하여 특별히 관심을 필요로 하는 사안들에 있어서 그 상황에 맞는 대안을 개발하기 위해 노력하는 활동에 주력한다.

③ 이웃지향적 경찰활동(Neighborhood Oriented Policing) - 경찰과 주민의 의사소통을 활성화하고 주민들에 의한 순찰을 실시하는 등 지역사회에 기초를 둔 범죄예방 활동 등을 위해 노력한다.

④ 관용중심적 경찰활동(Tolerance Oriented Policing) - 소규모지역 공동체 모임의 활성화를 통해 상호감시를 증대하고 단속중심의 경찰활동을 전개함으로써 범죄에 대응하는 전략을 추진한다.

해설 ④ (×) 전략지향적 경찰활동에 대한 설명이다. 전략지향적 경찰활동은 전통적인 방식을 활용하여 범죄요소나 무질서의 원인을 제거하고 효과적으로 범죄를 진압·통제하려는 활동이다. 전략지향적 경찰활동의 목적은 효과적인 범죄통제이며 지역사회 참여가 경찰임무의 중요한 측면으로 인식한다.

정답 ④

**05** **경찰학의 기초이론에 관한 설명으로 가장 적절하지 않은 것은?** 〈23 채용1차, 23 법학〉

① 지역사회 경찰활동은 지역사회에서 발생하는 범죄와 무질서보다 체포율과 적발 건수가 얼마나 감소하였는지가 업무평가의 기준이 된다.
② 지역사회 경찰활동에서 경찰의 역할은 폭넓은 지역문제를 해결하는 것이다.
③ 정보 주도적 경찰활동은 범죄자의 활동, 조직범죄집단, 중범죄자 등에 관한 관리, 예방 등에 초점을 두고, 증가하는 범죄를 감소시키기 위해 범죄정보를 통합한 법집행 위주의 경찰활동을 말한다.
④ 문제 지향적 경찰활동의 목표는 특정한 문제들을 해결하기 위해서 경찰과 지역사회가 함께 노력하고 적절한 대응방안을 개발함으로써, 문제해결에 대한 특별한 관심을 이끌어 내는 것이다.

해설> ① (×) 체포율과 적발 건수가 업무평가의 기준이 되는 것은 전통적 경찰활동이고, 지역사회 경찰활동은 범죄와 무질서의 감소로 평가한다.

정답 ①

**06** **지역사회 경찰활동(Community Policing)의 프로그램에 관련 설명으로 가장 적절하지 않은 것은?** 〈22 법학〉

① 문제지향적 경찰활동은 경찰활동이 단순한 법집행자의 역할에서 지역사회 범죄문제의 근원적 원인을 확인하고 해결하는 역할 전환될 것을 추구하며 지역사회 문제해결을 위해 조사(Scanning) − 분석(Analysis) − 대응(Response) − 평가(Assessment)로 진행되는 문제해결단계를 제시한다.
② 사건지향적 경찰활동은 범죄를 감소시키기 위해서 범죄의 정보와 분석기법을 통합한 법집행 위주의 경찰활동을 말하며 범죄의 분석 등을 통해 정보에 입각한 범죄다발지역에 대한 강력한 순찰 등이 있다.
③ 전략 경찰활동은 전통적 경찰활동 및 절차들을 이용하여 범죄 요소나 무질서의 원인을 제거하고 효과적으로 범죄를 진압・통제하려는 경찰활동을 말하며 지역사회참여가 경찰임무의 중요한 측면이라 인식한다.
④ 이웃지향적 경찰활동은 경찰과 주민 사이의 의사소통라인을 개설하는 모든 프로그램을 말하고 거주자들에게 지역에 관한 정보를 제공하며, 주민들은 민간순찰을 실시한다.

해설> ② (×) 사건지향적 경찰활동은 범죄진압을 강조하는 전통적인 경찰활동이다.

정답 ②

**07** **경찰활동 전략별 주요 내용에 대한 설명으로 가장 적절하지 않은 것은?** 〈21 경간, 22 승진〉

① 지역중심 경찰활동(community-oriented policing)은 경찰이 지역 사회 구성원과 함께 지역이 당면한 문제를 확인하고 우선순위를 정하여 해결하고자 노력하는 것을 의미한다.
② 지역중심 경찰활동과 문제지향적 경찰활동은 병행되어 실시될 때 효과성이 제고된다.
③ 무관용 경찰활동은 지역사회 문제해결을 위해 SARA 모형이 강조되는데 이 모형은 조사 – 분석 – 대응 – 평가로 진행된다.
④ 문제지향적 경찰활동은 지역문제들에 대한 효과적인 대응 전략들을 고려하면서 필요시에는 경찰과 지역사회의 협력 전략에 보다 높은 가치를 부여한다.

해설 ③ (×) 무관용 경찰활동과는 관련 없다. 문제지향적 경찰활동으로 강조되는 것이 SARA 모형이다.

정답 ③

**08** **지역사회 경찰활동(Community Oriented Policing)에 대한 설명으로 가장 적절하지 않은 것은?** 〈22 경간〉

① 전략지향 경찰활동(Strategic Oriented Policing), 문제지향 경찰활동(Problem Oriented Policing), 이웃지향 경찰활동(Neighborhood Oriented Policing) 등으로 구성되어 있다.
② 경찰의 역할에서 범죄투사(Crime fighter)의 역할보다 문제해결자(Problem solver)로서의 역할에 중점을 둔다.
③ 범죄의 진압・수사 같은 사후대응적 경찰활동(Reactive Policing)보다는 범죄예방과 같은 사전예방적 경찰활동(Proactive Policing)을 강조한다.
④ 윌슨(W. Wilson)과 사이몬(H. A. Simon)이 연구한 경찰활동 개념이다.

해설 ④ (×) 지역중심 경찰활동을 주장한 트로야노비치 & 버케로, 문제지향적 경찰활동을 주장한 골드스타인, 에크와 스펠만, 이웃지향적 경찰활동을 주장한 윌리엄스 등이 있다.

정답 ④

**09** **'지역사회경찰활동'(Community Policing)에 관한 설명으로 가장 적절하지 않은 것은?** 〈23 채용2차〉

① 범죄가 자주 발생하는 지점에 경찰력을 집중적으로 배치하여 범죄예방효과를 극대화하는 데 중점을 둔다.
② 경찰활동의 목적과 우선순위를 결정할 때 시민의 참여가 중요하다.
③ 사후적 대응보다 사전적 예방 중심의 경찰활동 전개에 주력한다.
④ 경찰은 지역사회 내 지방자치단체, 학교 등 공적 주체들은 물론 시민단체 등 사적 주체들과도 파트너십을 형성할 필요가 있다.

해설 ① (×) 범죄다발지역에 경찰력을 집중배치하여 범죄를 예방하는 방식은 새로운 경찰활동전략으로서 핫스팟(Hot Spots) 경찰활동에 해당한다. 1995년 미국 미니애폴리스에서 실시하여 범죄감소에 효과가 있는 것이 확인되었다. 이러한 핫스팟 경찰활동은 특정 지역에서만 이루어지는 것으로 지역사회와 경찰 간의 유대감이나 협력관계를 약화시킬 수 있다는 비판이 있다. 한편, 지역사회경찰활동 프로그램 중 전략지향적 경찰활동은 전통적인 관행과 절차를 이용하여 치안수요가 많은 시간대나 장소에 경찰력을 더 배치하는 방식으로 운영되기도 한다. 다만, 전략지향적 경찰활동은 지역사회 참여를 인정하고 있다는 점에서 핫스팟 경찰활동과 차이가 있다. 따라서 이 문항은 논란의 소지는 있으나 나머지 보기 지문에 비하여 가장 거리가 멀다고 할 수 있다.

정답 ①

**10 에크와 스펠만(Eck & Spelman)은 경찰관서에서 문제지향 경찰활동을 지역문제의 해결에 보다 쉽게 적용할 수 있도록 4단계의 문제해결과정(이른바 SARA 모델)을 제시하였다. 개별 단계에 관한 설명으로 가장 적절하지 않은 것은?** 〈23 채용2차〉

① 조사단계(scanning)는 일반적으로 지역사회에서 일회적으로 발생하지만 대중의 이목을 집중시키는 심각한 중대범죄 사건을 우선적으로 조사대상화하는 데에서 출발한다.

② 분석단계(analysis)에서는 각종 통계자료 등 수집된 자료를 활용하여 심층적인 분석을 실시하며, 당면 문제의 성격을 정확하게 파악하기 위해 문제분석 삼각모형(problem analysis triangle)을 유용한 분석도구로 활용할 수 있다.

③ 대응단계(response)에서는 경찰이 보유한 자원과 역량만으로는 한계가 있으므로 지역사회 내의 여러 다른 기관들과의 협력을 통한 대응방안을 추구하며, 상황적 범죄예방에서 제시하는 25가지 범죄예방기술을 적용해 볼 수도 있다.

④ 평가단계(assessment)는 과정평가와 효과평가의 두 단계로 구성되며, 이전 문제해결과정에의 환류를 통해 각 단계가 지속적인 순환 과정으로 작동할 수 있도록 한다는 점에서 중요한 의미를 가진다.

해설 ① (×) 지역에서 지속·반복적으로 발생하고 있는 문제를 조사한다. 지역주민들과 대화를 통하거나 자주 신고가 접수되는 사건들을 중심으로 지역문제를 파악한다.
② (○) 분석단계에서 적용되는 "문제분석 삼각모형"은 상황적 범죄예방론의 하나인 일상활동이론에서 주장된 범죄 발생 3대 조건을 바탕으로 범행대상, 장소, 범죄자로 나누어 분석한다.
③ (○) 대응단계에서 합리적 선택이론을 주장한 클락의 25가지 범죄예방기술을 적용할 것을 제안한다. 25가지 기술은 5가지 유형(노력의 증가, 위험의 증가, 보상의 감소, 자극의 감소, 변명의 제거)별로 각각 5가지 구체적인 범죄예방기술을 말한다.
④ (○) 평가단계에서 과정평가는 애초의 계획에 따라 예방조치나 프로그램이 제대로 실시되었는지를 평가하고, 효과평가는 그 효과가 긍정적인지, 부정적인지, 아무런 효과가 나타나지 않았는지를 평가한다.

정답 ①

**11 지역사회 경찰활동(Community Policing)에 대한 설명으로 가장 적절하지 않은 것은?** 〈20 채용1차〉

① 업무평가의 주요한 척도는 사후진압을 강조한 범인 검거율이 아닌 사전예방을 강조한 범죄나 무질서의 감소율이다.

② 지역사회 경찰활동의 프로그램으로 이웃지향적 경찰활동, 전략지향적 경찰활동, 문제지향적 경찰활동 등이 있다.

③ 타 기관과는 권한과 책임 문제로 인한 갈등구조가 아닌 지역 사회 문제해결의 공동목적 수행을 위한 협력구조를 이룬다.

④ 지역사회 문제해결을 위한 경찰업무 영역의 확대로 일선 경찰관에 대한 감독자의 지휘·통제가 강조된다.

해설 ④ (×) 지역사회 경찰활동은 감독자의 지휘·통제보다 지역사회 요구에 부응하는 분권화된 경찰관 개개인의 능력이 강조되며 일선경찰의 재량권이 강화된다.

정답 ④

**12 문제지향 경찰활동에 대한 설명으로 가장 적절하지 않은 것은?** 〈20 채용2차〉

① 일선경찰관에게 문제해결 권한과 필요한 시간을 부여하고 범죄 분석자료를 제공한다.

② 조사－분석－대응－평가로 이루어진 문제해결과정을 제시한다.

③ 「형법」의 적용은 여러 대응 수단 중 하나에 불과하다.

④ 거주자들에게 지역에 관한 정보를 제공하며, 주민들은 민간순찰을 실시한다.

해설 ④ (×) 주민들인 민간순찰을 하는 것은 이웃지향적 경찰활동이다.

정답 ④

## 13 무관용 경찰활동(Zero-Tolerance Policing)에 관한 설명으로 가장 적절하지 않은 것은? 〈22 법학〉

① 깨진 유리창 이론(Broken Window Theory)에 근거를 두고 있다

② 범죄 해결에 집중하는 전통적 경찰활동의 전략을 계승하였다.

③ 무관용 개입으로 낙인효과를 유발할 수 있다는 비판이 있다.

④ 일선 경찰관들의 재량권 수준이 낮다.

해설 > ② (×) 무관용 경찰활동은 사소한 법질서 위반 등 경범죄 단속에 집중함으로써 더 큰 무질서와 범죄를 예방하려는 전략으로서, 피해자가 없는 무질서 행위를 용인하고 범죄 해결에만 집중하는 전통적 경찰활동의 전략과는 다르다고 할 수 있다.

정답 ②

## 14 무관용 경찰활동(Zero Tolerance Policing)에 관한 설명으로 가장 적절하지 않은 것은? 〈23 채용1차〉

① 사소한 무질서에 관대하게 대응했던 전통적 경찰활동의 전략을 계승하였다.

② 무관용 경찰활동은 1990년대 뉴욕에서 본격적으로 시행되었다.

③ 윌슨(Wilson)과 켈링(Kelling)의 '깨어진 창 이론'에 기초하였다.

④ 경미한 비행자에 대한 무관용 개입은 낙인효과를 유발할 수 있다는 비판이 있다.

해설 > ① (×) 무관용 경찰활동은 새로운 경찰활동전략으로서, 사소한 무질서에 관대하고 피해자 있는 범죄의 해결에만 집중했던 전통적 경찰활동의 전략과는 다르게 피해자가 없거나 사소한 무질서에도 무관용으로 대응한다.

정답 ①

**박용증 아두스 경찰학**
진도별 기출문제집

# PART 02 한국경찰사와 비교경찰



두문자로 쏙쏙 암기하는
**아**름다운 **두**문자 **스**토리 **경찰학!**

PART

# 02 한국경찰사와 비교경찰

## 제1장 한국경찰사

### 제1절 갑오개혁 이전 경찰

**01 갑오개혁 이전 조선시대 경찰제도에 대한 설명으로 옳지 않은 것은 모두 몇 개인가?** 〈21 경간〉

가. 의금부는 고려의 순군만호부를 개칭한 것으로 왕명을 받들고 국사범이나 왕족관련 범죄, 사형죄 등 중요한 특별범죄를 담당하였다.
나. 포도청은 우리나라 최초의 전문적·독립된 경찰기관으로 도적의 횡포를 막기 위해 만들어졌다.
다. 사헌부는 풍속경찰을 주관하고 민정을 살피어 정사(政事)에 반영하는 등 행정경찰 업무도 담당하였다.
라. 초기의 암행어사는 정보경찰 활동을 주로 수행했으며, 이후에는 지방관리에 대한 감찰이나 민생을 암암리에 조사하여 국왕에게 보고하는 등 주로 감독·감찰기관으로서의 업무도 동시에 수행하였다.
마. 형조(刑曹)는 법률, 형사처벌, 소송 등의 업무를 관장하였다.
바. 관비인 '다모'는 여성범죄나 양반가의 수색 등을 담당하였다.

① 0개 ② 1개
③ 2개 ④ 3개

해설 >

| | |
|---|---|
| 고려 | 금오위 : 수도 개경 순찰, 포도금란, 비위예방<br>순마소(초기) ⇨ 순군만호부(후기) : **방도금란, 정치경찰, 왕권보호**<br>위아 : 현위를 장으로 하는 치안 전담 지방기관<br>**【Korea 금순위 – 금5위】**<br>어사대 : **감찰, 풍속업무 【사감풍】** |
| 조선 | 포도청 : 성종 2년 포도장제에서 기원(포도청이란 명칭은 중종 때 등장). **최초의 전문적·독립된 경찰기관,** 한양·경기(전국×) 일부 관할, 여자관비 다모는 여성범죄·양반가 수색<br>의금부 : **왕족** 관련 범죄, **왕족**에 대한 범죄(반역) (순마소 → 순군만호부 → 의금부) (순군부 ×)<br>**【마만의(말 만마리의 의지)로 왕권보호】**<br>사헌부(어사대 → 사헌부) : **감찰, 풍속** 담당 행정경찰 **【사감풍】**<br>한성부 : 수도 행정 및 치안, 경수소(파출소 기능), 순라군<br>직수아문 : 소관 관청이 **직권으로 수사**하여 체포하는 기관을 의미<br>형조 : 법률, 형사처벌, 소송 등 관장, 장**예**원은 노**예**의 장적과 노비송사 담당, 전**옥**서는 감**옥**, 죄수 담당<br>암행어사 : 국왕 직속 어사를 지방으로 보내 **정보** 경찰(초기), 지방관리 **감찰** |

정답 ①

**02 한국경찰제도의 역사에 관한 다음 설명 중 옳지 않은 것은 모두 몇 개인가?** 〈18 경간〉

가. 통일신라시대 이방부는 범죄의 수사와 집행을 담당하였다.
나. 고려의 순마소는 방도금란의 임무와 왕권보호 업무를 담당하였다.
다. 조선의 암행어사제도는 정보와 감찰의 성격을 지니고 있었다.
라. 조선의 장예원은 형조의 속아문으로 노예의 장적과 노비송사를 담당하였다.
마. 동예에서는 각 읍락의 경계를 침범하는 경우 노예나 우마로써 배상하는 책화제도가 있었다.
바. 조선의 사헌부는 왕명을 받들고 왕족범죄, 모반·반역죄, 국사범 등 중요 특별범죄를 관장하였다.
사. 조선의 전옥서는 형조의 속아문으로 감옥과 죄수에 관한 사무를 담당하였다.

① 0개 ② 1개 ③ 2개 ④ 3개

해설 가. (○) 통일신라 이방부(소송, 감옥) → 고려 형부 → 조선 형조
마. (○) 동예 : **책화 【동화책】**
바. (×) 의금부에 대한 설명이다. **사헌부는 고려의 어사대를 개칭한 것으로 감찰과 풍속업무를 담당하였다. 【사감풍】**

정답 ②

## 03 한국경찰의 역사에 대한 다음 설명 중 옳은 것은 모두 몇 개인가? 〈17 경간〉

㉠ 고구려와 동예에는 절도범에게 12배의 배상책임을 묻는 일책십이법이 있었다.
㉡ 통일신라시대에 이르러 비로소 공무원에 해당하는 관인들의 범죄가 새롭게 처벌대상이 되었다.
㉢ 고려시대 순군만호부는 왕권보호를 위해 정치경찰적 활동을 수행하기도 하였다.
㉣ 조선시대 안찰사의 사법상 권한은 지방통치에서 발생하는 행정, 형사, 민사에 이르는 광범위하고도 포괄적인 것이었다.
㉤ 1894년에 제정된 경무청관제직장은 일본의 행정경찰규칙(1875)과 위경죄즉결례(1885)를 혼합하여 만든 한국경찰 최초의 경찰작용법이라 할 수 있다.
㉥ 1919년 3·1운동으로 인해 헌병경찰제도에서 보통경찰제도로 전환되면서 경찰의 직무범위는 축소되고 그 권한도 많이 약화되었다.

① 1개 ② 2개 ③ 3개 ④ 4개

해설 ㉠ (×) 1책12법 : 절도범에게 12배의 배상을 물리는 것으로 **고구려와 부여 【고부간에 시비(12)】**
㉡ (×) 백제 : 관인수재죄(공무원범죄) 등에 대한 처벌이 있었다.
㉢ (○) 정치경찰, 왕권보호 : 순마소(고려초기) → 순군만호부(고려후기) → **의금부(조선) 【마만의】**
㉣ (×) 나라별 지방장관(지방경찰) **【욕방군 총 도안관】**

| 고구려 | 백제 | 신라 | 통일신라 | 발해 | 고려 | 조선 |
|---|---|---|---|---|---|---|
| 욕살(5부) | 방령(5방) | 군주(5주) | 총관 | 도독 | 안찰사 | 관찰사 |

㉤ (×) 행정경찰장정에 대한 설명이다. 경무청관제직장은 한국경찰 최초의 조직법이다.
㉥ (×) 헌병경찰에서 보통경찰로 전환되었으나 경찰의 직무와 권한에는 큰 변화가 없었다.

정답 ①

## 04 한국경찰의 역사에 대한 다음 설명 중 옳은 것은 모두 몇 개인가? 〈16 경간〉

㉠ 동예에서는 각 읍락이 서로 경계를 침범하면 노예나 우마로써 배상하는 책화제도(責禍制度)가 있었다.
㉡ 고구려에서는 천군(天君)이 관할하는 소도(蘇塗)라는 별읍이 있어 죄인이 도망하여도 잡지 못하였다.
㉢ 한국 경찰 최초의 조직법은 행정경찰장정이고, 한국 경찰 최초의 작용법은 경무청관제직장이다.
㉣ 미군정하에서 경제경찰·고등경찰·정보경찰이 폐지되는 등 비경찰화 작업이 진행되었다.
㉤ 미군정하에서 1947년 5인의 위원으로 구성된 중앙경찰 위원회가 설치되었다.
㉥ 1968년 무장공비 침투사건(1·21사태) 당시 종로경찰서 자하문검문소에서 무장공비를 온몸으로 막아내고 순국함으로써, 청와대를 사수하고 대한민국을 위기에서 건져 올린 호국경찰의 표상은 최규식 경무관과 정종수 경사이다.

① 0개 ② 1개 ③ 2개 ④ 3개

해설 ㉡ (×) 삼한 : 소도(치외법권 지역) **【삼한에서는 소도 못 잡는다】**
㉢ (×) 최초의 조직법 : 경무청관제직장, 최초의 작용법 : 행정경찰장정 **【조직–직장, 장정 쓰는 법】**
㉣ (×) 미군정 시기 폐지 : **비경찰화로 위생경찰 이관, 경제·고등경찰 폐지 【비위생 경고 폐지】**
신설 : 여자경찰, 정보경찰(사찰과 신설) **【미국은 여자·정보를 중시】**
㉤ (×) 6인의 중앙경찰위원회 **【미군정기에 실패한 짝수 위원회】**

정답 ③

## 제2절 갑오개혁, 일제강점기, 미군정기

### 01 1894년 갑오개혁 당시 추진되었던 경찰제의 내용으로 적절한 것을 모두 고른 것은? 〈22 경간〉

가. 좌우포도청을 통합하여 경무청을 신설하고 전국의 경찰 사무를 관장토록 하였다.
나. 경무청은 최초에 법무아문 소속으로 설치하였으나, 곧 내무아문 소속으로 변경되었다.
다. 「경무청관제직장」은 일본의 「행정경찰규칙」을 모방한 것이다.
라. 한성부의 5부 내에 경찰지서를 설치하고 서장을 경무사로 보하였다.
마. 경무청은 영업·소방·전염병 등 광범위한 직무를 담당하였다.

① 가, 나　② 나, 다
③ 나, 마　④ 라, 마

해설> 가. (×) 좌우포도청을 통합하여 탄생한 경무청은 한성부만 관할하였다.
다. (×) '행정경찰장정'은 일본의 '행정경찰규칙'과 '위경죄즉결례'를 혼합한 것이다.
라. (×) 경무**청**에는 경무**사**를 두고, 한성부 내의 5부 **지**서에는 경무**관**을 두었다. **【청사 지관】**
마. (○) 행정경찰**장정**(작용법)에 의하여 경찰은 **소방**, **위생**, **영업**, **감**옥업무 등 광범위한 업무를 담당하였다. **【장정이 소위영감 담당】**

정답 ③

### 02 갑오개혁 이후부터 일제강점기까지 시행된 법령 등에 대한 아래 가.부터 라.까지 설명 중 옳고 그름의 표시(○, ×)가 바르게 된 것은? 〈23 경간〉

가. 「행정경찰장정」은 최초의 경찰작용법으로서 행정경찰의 업무와 목적, 과잉단속 엄금, 순검 채용과 징계 등의 내용으로 구성되어 있다.
나. 「순검직무세칙」에는 순검이 근무 중 다치거나 순직했을 때 치료비와 장례비의 지급규정을 명시하고 있다.
다. 「범죄즉결례」는 일상생활과 관련된 97개의 행위를 처벌하는 조항으로 이루어져 있다.
라. 「치안유지법」은 반정부·반체제운동을 막기 위해 1925년에 제정되었다.

① 가(×)　나(○)　다(○)　라(×)
② 가(×)　나(○)　다(×)　라(×)
③ 가(○)　나(×)　다(○)　라(○)
④ 가(○)　나(×)　다(×)　라(○)

해설> 나. (×) 「순검·간수 사상휼금규칙(1896.4.19. 칙령 제19호)」에 의해 근무 중 다치거나 순직했을 경우 치료비와 장례비를 지급하였다. 「순검직무세칙(1896.2.5. 내부령 제4호)」은 구체적인 순검의 직무내용을 정하였다.
다. (×) 1912.3.25. 「경찰범 처벌규칙」을 제정하여 일상생활과 관련된 87개 항목에 대하여 구류 또는 과태료를 부과하게 되었다. 「경찰범 처벌규칙」은 1954년 「경범죄처벌법」이 제정되면서 폐지되었다. 「범죄즉결례」는 1910.8.29. 제정되었으며 경찰서장이나 헌병대장 등이 경미한 범죄를 벌금·태형·구류 등으로 처벌할 수 있는 근거가 되었다.

정답 ④

**03 갑오개혁 이후 경찰제도에 대한 설명 중 옳은 것을 모두 고른 것은?** 〈18 법학〉

> ㉠ 한국경찰 최초의 작용법인 「행정경찰장정」에는 소방, 위생, 결사, 집회, 시장, 영업, 회사 등 광범위한 사무가 포함되었다.
> ㉡ 광무개혁 당시인 1902년에는 독립된 중앙관청으로서 경부가 설치되었고, 궁내경찰서와 한성부 내 5개 경찰서, 3개 분서를 두고 이를 지휘하는 경무 감독소를 두었다.
> ㉢ 경부경찰 체제의 관장 범위는 한성 및 각 개항시장의 경찰사무 및 감옥사무로 제한되었고, 지방에는 총순을 두어 관찰사를 보좌하도록 하였다.
> ㉣ 1910년 「조선주차헌병조령」에 의해 헌병이 일반치안을 담당할 법적 근거가 마련되었으며, 헌병은 치안수요가 많은 도시나 개항장에 주로 배치되었다.

① ㉠, ㉡ ② ㉠, ㉢
③ ㉡, ㉢ ④ ㉢, ㉣

해설> ㉡ (×) **경부**(1900) : 경무개혁으로 내부에서 경부로 독립, 장관급으로 승격 **【경부(목)가 빵빵(00)】**
경무청(1902) : 조직은 격하되었지만 관할은 **전국**으로 확장
**【공리(02)는 전국 배우】**
㉣ (×) 헌병 경찰은 주로 의병활동지역, 군사경찰상 필요한 지역에 배치되었다.

정답 ②

**04 갑오개혁 및 광무개혁 당시 경찰제도에 관한 설명 중 옳지 않은 것은 모두 몇 개인가?** 〈20 경간〉

> 가. 일본의 「행정경찰규칙」(1875년)과 「위경죄즉결례」(1885년)를 혼합하여 만든 「행정경찰장정」에서 영업·시장·회사 및 소방·위생, 결사·집회, 신문잡지·도서 등 광범위한 영역의 사무가 포함되었다.
> 나. 광무개혁 당시인 1900년에는 중앙관청으로서 경부(警部)가 한성 및 개항시장의 경찰업무와 감옥사무를 통할하였고, 이를 지휘하는 경부 감독소를 두었다.
> 다. 1895년 「내부관제」의 제정을 통해 내부대신의 경찰에 대한 지휘감독권을 정비하였고, 1896년 「지방경찰규칙」을 제정하여 지방경찰의 작용법적 근거를 마련하였다.
> 라. 「경무청관제직장」에 의해 당시의 좌우포도청을 합하여 경무청을 신설하고(장으로 경무관을 둠), 한성부 내 일체의 경찰사무를 관장하게 하였다.
> 마. 1900년 경부(警部) 신설 이후 잦은 대신 교체 등으로 문제가 많아 경무청이 경부의 업무를 관리하게 되었다.

① 1개 ② 2개
③ 3개 ④ 4개

해설> 나. (×) 경부감독소가 아닌 경무감독소
다. (○) 「내부관제(1895)」 **【내부 구워(95)】**,
「지방경찰규칙(1896)」 **【구육(96) 지방 정비】**
라. (×) 경무청관제직장에 의하여, 경무청에는 경무사를 두고, 한성부 내 5부 지서장으로 경무관으로 두었다. 당시 계급체계는 「경무사 – 경무관 – 총순 – 순검」이었다.

정답 ②

## 05 갑오개혁 이후 한일합방 이전의 경찰변천사에 대한 아래 ㉠부터 ㉣까지의 설명이 시대순으로 바르게 나열된 것은? 〈17 경위〉

> ㉠ '내부관제'의 제정을 통해 내부대신의 경찰에 대한 지휘감독권 정비
> ㉡ '지방경찰규칙'이 제정되어 지방경찰의 작용법적 근거 마련
> ㉢ 통감부에 의한 통감정치가 시작
> ㉣ 광무개혁 당시 독립된 중앙관청으로서 경부 설치

① ㉠ - ㉡ - ㉢ - ㉣
② ㉠ - ㉡ - ㉣ - ㉢
③ ㉣ - ㉠ - ㉡ - ㉢
④ ㉣ - ㉡ - ㉠ - ㉢

해설 ㉠ 내부관제 제정: 1895년 **【내부 구워(95)】**
㉡ 지방경찰규칙 제정: 1896년 **【구육(96) 지방 정비】**
㉢ 통감부에 의한 통감정치 시작: 1906년
㉣ 경부 설치: 1900년 **【경부(목)가 빵빵(00)】**

정답 ②

## 06 갑오개혁부터 일제강점기 이전의 경찰에 대한 설명으로 가장 적절하지 않은 것은? 〈19 승진 변형〉

① 일본각의의 결정에 따라, '각아문관제'에서 처음으로 경찰이라는 용어를 사용하였다.
② '경무청관제직장'에 의해 당시의 좌우포도청을 합하여 경무청을 신설하고(장으로 경무사를 둠) 내무아문에 예속되어 한성부 내 일체의 경찰사무를 관장하였다.
③ 경무청의 설치로 각부, 각아문, 각군문의 체포 · 구금에 관한 권한이 폐지되었다.
④ 을사조약에 의거 통감부에 의한 통감정치가 시작되면서 경무청이 전국을 관할하는 기관으로 확대되어 사실상 한국경찰을 장악하였다.

해설 ③ (○) 경무청이 설치되면서 그동안 각 기관에서 죄인을 직접 수감하여 수사하던 직수아문 제도가 폐지되어 체포 · 구금에 관한 권한은 경무청으로 일원화되었다.
④ (×) 1902년 경무청이 전국을 관할하였다가 1905년 한성부로 관할이 축소되었다. 1906년 통감부를 설치하고 그 아래에 경무부를 두어 사실상 한국 경찰을 장악하였다. 1907년 경무청은 경시청으로 명칭이 변경되었다.

정답 ④

## 07 한국 경찰사에 대한 설명 중 가장 적절하지 않은 것은? 〈19 법학〉

① 일제강점기 경찰은 총독에게 주어진 제령권과 경무총장 · 경무부장 등의 명령권 등을 통해 전제주의적 경찰권을 행사하였다.
② 미군정하에서 경찰제도 · 인력 등 식민 경찰체제 청산은 전체적으로 미흡했으나, 정치범처벌법, 치안유지법, 예비검속법, 보안법은 폐지되었다.
③ 1953년 경찰관 직무집행에 대한 근거법령으로 제정된 「경찰관 직무집행법」은 국민의 생명, 신체, 재산의 보호라는 대륙법적 사고가 반영되었다.
④ 1919년 상하이에서 수립된 대한민국 임시정부의 초대 경무국장은 백범 김구이다.

해설 ① (○) 총독: 제령권, 경무총장 · 경무부장: 명령권
② (○) 1945년 **정치**범처벌법, **치**안유지법, **예**비검속법 폐지, 1948년 **보**안법 폐지 **【정치예보】**
③ (×) 1953년에 제정된 경찰관직무집행법은 공공의 안녕과 질서유지(대륙법계 개념)와 국민의 생명 · 신체 · 재산(영미법계 개념) 보호 임무가 함께 규정되었다.

정답 ③

**08** **일제 강점기 경찰제도에 관한 다음 설명 중 옳지 않은 것은 모두 몇 개인가?** 〈19 경간〉

> 가. 1910년 일본은 통감부에 경무 총감부를, 각 도에 경무부를 설치하여 경찰사무를 관장, 서울과 황궁의 경찰사무는 경무 총감부의 직할로 하였다.
> 나. 1910년 「조선주차헌병조령」에 의해 헌병이 일반치안을 담당할 법적 근거를 마련하여 일반경찰은 도시나 개항장 등에, 헌병은 주로 군사경찰상 필요한 지역 또는 의병활동 지역 등에 배치되었다.
> 다. 3·1운동을 계기로 헌병경찰제도에서 보통경찰제도로 전환, 총독부 직속 경무총감부는 폐지되고 경무국이 경찰사무와 위생사무를 감독하였다.
> 라. 3·1운동을 기화로 치안유지법을 제정, 단속체계를 갖추었다.
> 마. 일제 강점기의 경찰은 일본 식민지배의 중추기관이었고, 총독에게 주어진 명령권·제령권 등을 통하여 각종 전제주의적·제국주의적 경찰권의 행사가 가능하였다.

① 없음　② 1개
③ 2개　④ 3개

해설 > 라. (×) 3·1운동을 계기로 제정된 법률은 정치범처벌법이다.

**☞ 일제강점기 주요법률의 제정과 폐지**

> 1907년: 보안법, 집회단속법, 출판법, 신문지법 제정
> **【공치는(golf) 보집(보육원) 출신】**
> 1919년: 정치범처벌법 제정 **【아이구(19) 정치예】**
> 1925년: 치안유지법 제정
> 1941년: 예비검속법 제정
> 1945년: 정치범처벌법, 치안유지법, 예비검속법 폐지
> 1948년: 보안법 폐지**(가장 먼저 제정, 가장 나중 폐지)**
> **【정치 예보】**

마. (×) 총독 – 제령권, 경무총장·경무부장: 명령권

정답 ③

**09** **다음은 한국 근·현대 경찰의 역사에 대한 설명이다. 아래 ㉠부터 ㉣까지의 내용 중 옳고 그름의 표시(○, ×)가 바르게 된 것은?** 〈18 채용2차〉

> ㉠ '경무청관제직장'에 의해 당시의 좌·우포도청을 합하여 경무부를 신설하고, 경무부의 장으로 경무사를 두었다.
> ㉡ 미군정 시기에는 경찰이 담당하였던 위생사무가 위생국으로 이관되는 등 비경찰화 작업이 진행되었다.
> ㉢ 구한말 일본이 한국의 경찰권을 강탈해 가는 과정은 '경찰사무에 관한 취극서' – '재한국 외국인민에 대한 경찰에 관한 한일협정' – '한국 사법 및 감옥사무 위탁에 관한 각서' – '한국 경찰사무 위탁에 관한 각서'의 순서로 진행되었다.
> ㉣ 1953년 「경찰관직무집행법」이 제정되었으며, 국민의 생명·신체·재산의 보호라는 영·미법적 사고가 반영되었다.

① ㉠(○) ㉡(○) ㉢(○) ㉣(○)
② ㉠(×) ㉡(○) ㉢(○) ㉣(○)
③ ㉠(×) ㉡(○) ㉢(×) ㉣(○)
④ ㉠(○) ㉡(×) ㉢(○) ㉣(×)

해설 > ㉠ (×) 경무**청**관제직장: 경무**청** – 경무**사**, 한성부 내 5부 **지서장** – 경무관 **【청사–지관】**
㉡ (○) 미군정 시기 폐지: 비경찰화로 **위생**경찰 이관, **경제·고등**경찰 폐지 **【비위생 경고 폐지】**
㉢ (○) '경찰사무에 관한 **취**극서' – '재한국 외국인민에 대한 경찰에 관한 **한**일협정' – '한국 **사**법 및 감옥사무 위탁에 관한 각서' – '한국 **경**찰사무 위탁에 관한 각서' **【취한 사경** (경찰권 박탈)**】**

정답 ②

## 10 한국 근 · 현대 경찰사에 대한 설명으로 가장 적절한 것은? 〈18 채용3차〉

① 일제 강점기에는 총독 · 경무총장에게 주어진 제령권과 경무부장에게 주어진 명령권 등을 통해 각종 전제주의적 · 제국주의적 경찰권 행사가 가능하였다는 특징이 있다.

② 「경무청관제직장」에 의해 당시의 좌우포도청을 합하여 경무청을 신설(장으로 경무관을 둠)하였다.

③ 3 · 1운동 이후 「치안유지법」을 제정하고 일본에서 제정된 「정치범처벌법」을 국내에 적용하는 등 탄압의 지배체제를 더욱 강화하였다.

④ 1894년 「각아문관제」에서 처음으로 경찰이란 용어를 사용하였다.

해설 ① (×) 총독 : 제령권, 경무총장 · 경무부장 : 명령권
② (×) 경무**청**관제직장 : 경무**청** – 경무**사**, 한성부내 5부 **지**서장 – 경무**관** **【청사–지관】**
③ (×) 3 · 1운동을 계기로 정치범처벌법 제정 **【아이구(19) 정치예】**

정답 ④

## 11 갑오개혁 이후 한국 경찰의 역사와 제도에 대한 설명으로 가장 적절한 것은? 〈19 승진〉

① 1894년에 제정된 행정경찰장정은 일본의 행정경찰규칙(1875년)과 위경죄즉결례(1885년)를 혼합하여 만든 한국경찰 최초의 경찰작용법으로 영업 · 시장 · 회사 및 소방 · 위생, 결사 · 집회, 신문잡지 · 도서 등 광범위한 영역의 사무가 포함되었다.

② 1919년 3 · 1운동을 계기로 보통경찰제도로 전환되면서 경찰의 업무영역에 많은 변화가 발생하였으며, 이를 기화로 정치범처벌법을 제정하여 단속체계를 갖추었다.

③ 미군정시대에는 경찰의 이념에 민주적인 요소가 도입되면서 최초로 6인으로 구성된 '중앙경찰위원회'가 설치되었으며 경제경찰, 정보경찰 등의 사무가 폐지되는 등 비경찰화가 이루어졌다.

④ 최규식 경무관은 1968년 무장공비침투사건 당시 공비들의 근거지가 될 수 있는 사찰들을 불태우라는 상부의 명령에도 불구하고 화엄사, 천은사, 선운사 등 우리 문화재를 수호한 문화경찰의 표본이다.

해설 ② (×) 보통경찰제도로 전환되었지만 임무에는 변화가 없었다.
③ (×) 미군정 시기 폐지 : **비**경찰화로 **위생**경찰 이관, **경**제 · **고**등경찰 폐지 **【비위생 경고 폐지】**
신설 : 여자경찰, 정보경찰(사찰과 신설) **【미국은 '여자 · 정보'를 중시】**
④ (×) **최규식** : 종로경찰서장으로서 1968년 김신조 무장공비 청와대 기습사건(1.21) 당시 자하문검문소에서 전투 중 사망 **【구식 종로】**
차일**혁** : 공비의 근거지가 될 수 있는 사찰들을 불태우라는 상부 명령을 어기면서 **지리산** 화엄사 등 문화재를 수호하여 문화경찰의 표상 **【혁혁대며 지리산 등반】**

정답 ①

## 12 대한민국 임시정부의 경찰에 대한 설명으로 가장 적절하지 않은 것은? 〈22 경간 변형〉

① 「대한민국임시정부장정(1919.4.25. 제정)」에 의하여 김구는 1919.8.12. 초대 경무국장이 되었다.
② 상해 교민단 산하에 의경대를 설치하여 교민단의 치안을 보전하고 밀정을 색출하는 역할을 수행하였다.
③ 상해임시정부는 연통제를 실시하여 도(道)에 경무사를 두었다.
④ 중경임시정부에는 내무부 아래에 경무국을 두었고, 별도로 경위대를 설치하였다.

해설> ④ (×) 중경임시정부 시기에는 내무부 아래에 경무과와 경위대를 두었다.

정답 ④

## 13 한국 경찰의 역사(일제 강점기~미군정 시기)에 대한 설명 중 가장 적절하지 않은 것은? 〈21 법학〉

① 3.1운동을 계기로 헌병경찰제도에서 보통경찰제도로 전환하였지만 헌병이 담당하던 임무를 보통경찰이 그대로 담당하는 등 경찰의 직무와 권한에는 큰 변화가 없었다.
② 상해임시정부 시기 경찰기구로 내무부 아래 경무국, 연통제 및 경위대를 설치 · 운영하였고, 정식예산이 편성되어 소정의 월급을 지급하였다.
③ 충칭(중경)임시정부 시기 경무과는 일반경찰사무, 인구조사, 징병 및 징발, 국내 정보수집 등의 업무를 수행하였다.
④ 미군정 시기 「법무국 검사에 관한 훈령 제3호」로 '수사는 경찰, 기소는 검사' 체제가 도입되어 경찰의 독자적 수사권이 인정되었다.

해설> ② (×) 임시정부 조직
* 상해 시기: 경무**국**, 의경**대**, 연통제(경무사, 경무과)
**【연통 사과】**
* 중경 시기: 경무**과**, 경위**대** **【국대-과대】**

정답 ②

## 14 경찰의 역사와 제도에 대한 설명으로 가장 적절하지 않은 것은? 〈20 승진〉

① 대한민국 임시정부 초대 경무국장은 백범 김구이며, 대한민국 경찰 역시 임시정부의 경찰활동 또는 경찰 정신을 계승하고 있다고 보아야 할 것이다.
② 미군정 시기에는 경찰작용에 관한 기본법인 「경찰관직무집행법」이 제정되는 등 조직 · 작용법적 정비가 이루어졌다.
③ 1946년 이후 중앙행정기관이었던 경무부(警務部)가 1948년 「정부조직법」상에서 내무부 산하의 국(局)으로 격하되었다.
④ 1969년 「국가공무원법」의 특별법인 「경찰공무원법」이 제정되었다.

해설> ② (×) 경직법은 정부 수립 이후인 1953년에 제정되었다.
**【해경 경직 오삼(53)】**

정답 ②

**15** **한국의 경찰사에 대한 설명 중 가장 적절하지 않은 것은?** 〈20 법학〉

① 상해임시정부 시기 경무국을 설치하여 초대 경무국장으로 백범 김구 선생이 임명되어 활동하였다.
② 광복 이후 미군정 시기에는 경찰검을 경찰봉으로 대체하였고, 1945년 「정치범처벌법」, 「치안유지법」 및 「예비검속법」을 폐지하였다.
③ 1948년 대한민국 정부 수립 시 중앙경찰조직으로 치안국, 지방 경찰조직으로 시・도경찰국을 두었으며 각각 독립관청의 권한을 부여하였다.
④ 1953년 경찰작용의 기본법인 「경찰관직무집행법」을 제정하였고, 1969년 「경찰공무원법」을 제정하여 경정 및 경장계급을 신설하고 경감 이상의 계급정년제를 도입하였다.

해설 > ② (○) 1945년 : 「정치범처벌법」, 「치안유지법」, 「예비검속법」 폐지
1948년 : 「보안법」 폐지 **【'정치 예보' 순으로 폐지】**
③ (×) 경찰법(1991) 제정 이전 치안국장은 내무부장관의 보조기관이었고, 지방 치안국장도 시・도지사의 보조기관으로 관청의 지위를 갖지 못하였으나, 경찰서장은 관청의 지위를 가졌다.
④ (○) 1969년 경찰공무원법 제정으로 경감 이상의 경찰공무원에 대한 계급정년제도가 도입되었고, 1998년 동법 개정으로 경정 이상에 대한 계급정년으로 개정되었다.

정답 ③

**16** **한국경찰의 역사에 대한 설명으로 가장 옳지 않은 것은?** 〈21 경간〉

① 1894년 6월 일본각의에서 한국경찰의 창설을 결정하여 내정 개혁의 방안으로서 조선에 경찰 창설을 요구하였다. 이에 김홍집 내각은 「각아문관제」에서 경찰을 법무아문 소속으로 설치할 것을 결정하였다. 그러나 곧 경찰을 내무아문 소속으로 변경하였다.
② 구한말(舊韓末) 일본이 한국경찰권을 강탈해 가는 과정은 경찰사무에 관한 취극서, 재한국 외국인에 대한 경찰에 관한 한일협정, 한국 사법 및 감옥사무 위탁에 관한 각서, 한국 경찰사무 위탁에 관한 각서의 순으로 진행되었다.
③ 미군정시대에는 경찰의 이념에 민주적인 요소가 도입되면서 최초로 1947년 9인으로 구성된 중앙경찰위원회가 설치되었으며 경제경찰, 고등경찰 등의 사무가 강화되었다.
④ 일제강점기 헌병경찰은 첩보의 수집, 의병의 토벌 등에 그치지 않고 민사소송의 조정, 집달리 업무, 국경세관 업무, 일본어의 보급, 부업의 장려 등 광범위한 영향력을 미치고 있었으며 특히, 지방에서는 한국민의 생사여탈권을 쥐고 있었다.

해설 > ③ (×) 1947년에 6인으로 구성된 중앙경찰위원회가 설치되었다. 또한, 경제경찰과 고등경찰이 폐지되었다.

정답 ③

**17** **한국경찰의 역사에 관한 설명으로 옳지 않은 것은 모두 몇 개인가?** 〈22 법학〉

> ㉠ 여성경찰제도는 1946년에 도입되었고 여성경찰은 여성과 15세 미만 아동 대상 사건 등 풍속 소년·여성 보호 업무를 담당하였다.
> ㉡ 상해시기 초대 경무국장인 백범 김구 선생이 지휘한 임시정부 경찰은 우리 역사상 최초 민주공화제 경찰로 정식예산은 편성되지 않았지만, 규정에 의해 소정의 월급이 지급되었다.
> ㉢ 미군정의 경찰의 경우 1947년 7인으로 구성된 중앙경찰위원회가 법령 제157호로 설치되었다.
> ㉣ 임시정부경찰은 임시정부를 수호하고 일제 밀정을 방지하는 임무를 통해서, 임시정부의 항일투쟁을 수행하는데 핵심적 역할을 수행하였다.

① 1개　② 2개
③ 3개　④ 4개

해설 ㉠ (×) 14세 미만 아동을 대상으로 하였다.
㉡ (×) 정식예산이 편성되었다.
㉢ (×) 중앙경찰위원회는 6인으로 구성되었다. **【짝수 위원회】**

정답 ③

**18** **일제강점기와 미군정 시기의 한국경찰에 대한 설명으로 가장 적절하지 않은 것은?** 〈23 경간〉

① 미군정하에서는 조직법적, 작용법적 정비가 이루어지고 경찰제도의 개혁이 이루어져 경찰의 활동영역이 확대되었다.
② 광복 이후 신규경찰 채용과정에서 일제 강점기 경찰경력자들이 다수 임용되었으나, 독립운동가 출신들도 상당히 많이 채용되었다.
③ 의경대는 상해임시정부시기 운영된 경찰기구로서 교민사회의 안녕과 질서유지, 호구조사 등을 담당하였다.
④ 3·1운동을 계기로 헌병경찰제도에서 보통경찰제도로 전환되었다.

해설 ① (×) 미군정기에는 비경찰화가 이루어져서 경찰의 활동영역이 축소되었다. 위생사무를 위생국으로 이관하고 경제·고등경찰이 폐지되었다. 다만, 여자경찰과 정보경찰(당시 명칭은 사찰과)이 신설되었지만 활동영역의 확대로 볼 수는 없다.

정답 ①

PART 02

## 제3절 대한민국 정부 수립 이후 경찰

**01** **한국 경찰사에 대한 설명으로 적절한 것은 모두 몇 개인가?** 〈23 경간〉

> 가. 광복 이후 미군정은 일제가 운용하던 비민주적 형사제도를 상당 부분 개선하고, 영미식 형사제도를 도입하기도 하였는데, 1945년 미군정 법무국 검사에 대한 훈령 제3호가 발령되어 수사는 경찰, 기소는 검사 체제가 도입되며 경찰의 독자적 수사권이 인정되었다.
> 나. 경찰작용에 관한 기본법으로서 「경찰관 직무집행법」은 정부 수립 이후 1948년 제정되었다.
> 다. 경찰법이 제정될 때까지 경찰체제의 근거가 되는 법률은 「정부조직법」이었다.
> 라. 한국경찰 최초의 작용법은 행정경찰장정이고, 한국경찰 최초의 조직법은 경무청관제직장이다.
> 마. 1969년 「경찰공무원법」이 처음으로 제정되어 그동안 「국가공무원법」에 의거하던 경찰공무원을 특별법으로 규율하게 되었다.

① 1개　② 2개
③ 3개　④ 4개

해설 나. (×) 「경찰관 직무집행법」은 1953년 제정되었다.

정답 ④

## 02 다음 설명 중 가장 적절한 것은? 〈22 채용1차〉

① 1919년 3·1운동을 계기로 헌병경찰제도에서 보통경찰제도로의 전환은 이루어졌으나, 일본에서 제정된 「정치범처벌법」을 우리나라에 적용하는 등 일제의 탄압적 지배체제가 강화되었다.

② 미군정기에 고등경찰제도가 폐지되었으며, 경찰에 정보업무를 담당하는 정보과와 경제사범단속을 위한 경제경찰이 신설되었다.

③ 1953년 경찰작용의 기본법인 「경찰관직무집행법」이 제정되어 경감 이상의 계급정년제가 도입되었고, 1969년 「경찰공무원법」이 제정되어 경정 및 경장 계급이 신설되었다.

④ 대한민국 정부 수립 이후 1974년 내무부 치안국이 치안본부로 개편되었고, 2006년 제주특별자치도 '자치경찰단'이 창설되었다.

해설 ① (×) 3·1운동을 기화로 1919년 정치범처벌법을 제정하였고, 1925년 일본에서 제정된 치안**유지**법을 우리나라에 적용하였다.
**【일본법을 가져온 유치한 법】**
② (×) 미군정기에 **비**경찰화가 진행되어 **위생**업무를 위생국으로 이관하고, **경제**·**고등경찰**을 폐지하였다. **【비위생 경고 폐지】**
③ (×) 1969년 경찰공무원법 제정 시 치안국장에게 치안총감 계급을 부여, 경정과 경장 계급 신설, 경감(경정×) 이상에 계급정년 도입
**【'ㅈ'으로 끝나는 계급 신설】**
④ (○) 1974년도에 영부인 **즉사(74)** 후 치안국을 치안본부로 개편하고, 2006년도에 제주 자치경찰단을 창설하였다.
**【시민과 공유(06)하는 자치경찰】**

정답 ④

## 03 한국 근·현대 경찰사에 관한 다음 설명 중 옳지 않은 것으로 묶인 것은? 〈18 경간, 21 채용1차〉

가. 1894년 일본각의의 결정에 따라 '각아문관제'에서 처음으로 경찰이란 용어를 사용하였다.
나. 경무청의 장(경무사)은 경찰사무를 비롯해 감옥사무를 총괄하였으며, 범죄인을 체포·수사하여 법사에 이송하는 업무를 담당하였다.
다. 1906년 통감부가 설치되면서 헌병은 일본의 「헌병조례」에 의해 군사경찰 업무와 사법경찰업무만을 수행하였다.
라. 미군정기에 고등경찰제도가 폐지되었으며, 정보업무를 담당할 정보과와 경제사범단속을 위한 경제경찰이 신설되었다.
마. 미군정기에 6인으로 구성된 중앙경찰위원회가 설치되었으며, 중요한 경무정책의 수립·경찰관리의 소환·심문·임면·이동 등에 관한 사항을 심의하였다.
바. 경찰법이 제정될 때까지 경찰체제의 근거가 되는 법률은 「경찰관 직무집행법」이었다.
사. 소방업무가 경찰업무에서 배제된 것은 소방업무가 민방위본부로 이관되면서부터이다.

① 가, 나, 다　　② 다, 라, 마
③ 마, 바, 사　　④ 다, 라, 바

해설 나. (○) 형조의 전옥서에서 담당하던 감옥사무를 경무청에 이관하면서 경무청의 업무범위가 광범위하게 되었다. 경무청은 **소방**, **위생**, **영업**, **감옥** 담당 **【소위영감】**
다. (×) 헌병은 **군사경찰**, **행정경찰**, **사법경찰** 업무를 담당하였다.
**【군행사】**
라. (×) 미군정 시기 폐지: **비경찰화**로 **위생**경찰 이관, **경제**·**고등경찰** 폐지 **【비위생 경고 폐지】**
신설: **여자경찰**, **정보과**(사찰과) **【미국은 '여자·정보'를 중시】**
바. (×) 「경찰관 직무집행법」은 작용법이다. 경찰법(1991) 제정 전까지 경찰제제의 근거가 된 법률은 정부조직법이다.
사. (○) 소방은 1975년 민방위본부로 이관되었다.
**【치료(75)하는 소방 이관】**

정답 ④

## 04 한국경찰의 역사적 사실을 과거에서부터 현재 순으로 바르게 나열한 것은? 〈23 채용2차〉

㉠ 경찰청 사이버테러대응센터 신설
㉡ 경찰서비스헌장 제정
㉢ 국가수사본부 신설
㉣ 「경찰법」 제정
㉤ 제주특별자치도 자치경찰단 설치

① ㉣ – ㉡ – ㉠ – ㉤ – ㉢
② ㉡ – ㉣ – ㉤ – ㉠ – ㉢
③ ㉡ – ㉣ – ㉠ – ㉢ – ㉤
④ ㉣ – ㉠ – ㉡ – ㉤ – ㉢

해설 ㉠ 사이버테러대응센터 신설: 2000년
㉡ 경찰서비스헌장 제정: 1998년
㉢ 국가수사본부 신설: 2021년(「국가경찰과 자치경찰의 조직 및 운영에 관한 법률」 시행)
㉣ 「경찰법」 제정: 1991년
㉤ 제주특별자치도 자치경찰단설치: 2006년

정답 ①

## 05 한국 경찰의 역사와 제도에 대한 아래 사건들을 시대순으로 바르게 나열한 것은? 〈22 경간, 17 경감〉

가. 국립과학수사연구소 설치
나. 「경찰공무원법」 제정
다. 「경찰관 직무집행법」 제정
라. 내무부 치안국을 치안본부로 개편

① 가 – 다 – 나 – 라
② 다 – 가 – 라 – 나
③ 다 – 가 – 나 – 라
④ 가 – 다 – 라 – 나

해설 가. 1955년 **【오오(55) 놀라운 과학수사!】**
나. 1969년 **【69 경찰공무원】**
다. 1953년에 해경 설치, 경직법 제정 **【해경 · 경직 오삼(53)】**
라. 1974년에 문세광에 의하여 영부인 **즉사(74)**하면서 치안본부로 격상

정답 ③

## 06 우리나라 경찰의 역사적 사실을 오래된 것부터 바르게 나열한 것은? 〈21 채용2차〉

㉠ 경찰윤리헌장 제정
㉡ 내무부 민방위본부 소방국으로 소방업무 이관
㉢ 경찰공무원법 제정
㉣ 경찰서비스헌장 제정
㉤ 치안본부에서 경찰청으로 승격

① ㉢ – ㉠ – ㉣ – ㉡ – ㉤
② ㉠ – ㉡ – ㉢ – ㉣ – ㉤
③ ㉠ – ㉢ – ㉡ – ㉤ – ㉣
③ ㉡ – ㉤ – ㉠ – ㉢ – ㉣

해설 ㉠ 경찰윤리헌장 제정: 1966년
㉡ 소방국 이관: 1975년 **【치료(75)하는 소방 이관】**
㉢ 경찰공무원법 제정: 1969년 **【69 경찰공무원】**
㉣ 경찰서비스 헌장 제정: 1998년
㉤ 경찰청 승격: 1991년

정답 ③

**07** **정부 수립 이후 1991년 이전의 경찰의 특징으로 옳지 않은 것은 모두 몇 개인가?** 〈20 경간〉

가. 종래 식민지배에 이용되거나 또는 군정통치로 주권이 없는 상태하에서 활동하던 경찰이 비로소 주권국가 대한민국의 존립과 안녕, 대한민국 국민의 생명과 신체 및 재산의 보호라는 경찰 본연의 임무를 수행하였다.
나. 독립국가로서 한국 역사상 최초로 자주적인 입장에서 경찰을 운용하였다.
다. 경찰작용에 관한 기본법으로서 「경찰관 직무집행법」이 제정되었다.
라. 경찰의 부정선거 개입 등으로 정치적 중립이 경찰에 대한 국민의 요청이었던 바, 그 연장선상에서 경찰의 기구독립이 조직의 숙원이었다.
마. 해양경찰업무, 전투경찰업무가 경찰의 업무범위에 추가되었다.
바. 1969년 1월 7일 「경찰법」이 처음으로 제정되어 그동안 「국가공무원법」에서 의거하던 경찰공무원을 특별법으로 규율하게 되었다.

① 1개 ② 2개
③ 3개 ④ 4개

해설 > 마. (○) 1953년에 해양경찰이 신설되고, 김신조 사건(1968) 계기로 전투경찰대설치법이 제정(1970)되었다.
바. (×) 경찰공무원법 제정(1969) **【69 경찰공무원】**, 「경찰법」 제정(1991) **【경찰 구한(91) 경찰법】**

정답 ①

**08** **우리나라 경찰의 역사와 제도에 대한 설명이다. 시기가 올바르게 묶인 것은?** 〈19 경간〉

가. 1947년 경찰병원 설치
나. 1953년 경찰관 직무집행법 제정
다. 1956년 국립과학수사연구소 설치
라. 1966년 경찰관 해외주재관 제도 신설
마. 1970년 경찰공무원법 제정
바. 1974년 내무부 치안국을 치안본부로 개편
사. 1996년 해양경찰청을 해양수산부로 이관
아. 2005년 제주도 자치경찰출범

① 가, 나, 사, 아 ② 가, 라, 마, 아
③ 나, 라, 바, 아 ④ 나, 라, 바, 사

해설 > 가. (×) 경찰병원 설치(1949) **【사고(49)나면 병원】**
다. (×) 국립과학수사연구소 설치(1955)
**【오오(55) 놀라운 과학수사!】**
마. (×) 경찰공무원법 제정(1969) **【69 경찰공무원】**
아. (×) 제주 자치경찰 출범(2006)
**【시민과 공유(06)하는 자치경찰】**

정답 ④

**08** **우리나라 경찰의 역사와 제도에 대한 설명이다. 시대순으로 나열한 것은?** 〈18 경위, 18 채용1차〉

㉠ 「경찰법」 제정
㉡ 「경찰관 직무집행법」 제정
㉢ 최초로 여성 경찰관 채용
㉣ 제주 자치경찰 출범
㉤ 내무부 치안국을 치안본부로 개편

① ㉡ – ㉢ – ㉤ – ㉣ – ㉠
② ㉡ – ㉢ – ㉤ – ㉠ – ㉣
③ ㉢ – ㉡ – ㉠ – ㉤ – ㉣
④ ㉢ – ㉡ – ㉤ – ㉠ – ㉣

해설 > 여경 채용(1946) – 경직법(1953) – 치안본부(1974) – 경찰법(1991) – 제주 자치경찰(2006)

정답 ④

## 제4절 경찰의 표상

**01 우리나라 경찰의 역사에 관한 설명 중 가장 적절하지 않은 것은?** 〈22 채용2차〉

① 고려시대 중앙에는 형부, 병부, 어사대, 금오위 등이 경찰업무를 수행하였고, 이 중 어사대는 관리의 비리를 규탄하고 풍속교정을 담당하는 등 풍속경찰의 임무를 수행하였다.

② 이준규 서장은 보도연맹원들에 대한 총살명령이 내려오자 480명의 예비검속자 앞에서 "내가 죽더라도 방면하겠으니 국가를 위해 충성해 달라"라는 연설 후 전원 방면하였다.

③ 정부 수립 이후 1991년 이전 경찰의 특징을 살펴보면, 전투경찰 업무가 경찰의 업무 범위에 추가되었고 소방업무가 경찰의 업무 범위에서 배제되는 등 경찰활동의 영역에 변화가 있었다.

④ 구 「경찰법」이 「국가경찰과 자치경찰의 조직 및 운영에 관한 법률」로 개정됨에 따라 자치경찰사무를 관장하게 하기 위하여 특별시장·광역시장·특별자치시장·도지사·특별자치도지사 소속으로 시·도자치경찰위원회를 두었다.

해설 ② (×) 안종삼 구례경찰서장에 대한 설명이다.

정답 ②

**02 다음은 한국경찰사에 대한 설명이다 아래 ( ) 안에 들어갈 내용으로 가장 적절하게 짝지어진 것은?** 〈22 승진〉

> 안병하 치안감은 광주 5.18 민주화운동 당시 전라남도 경찰국장으로서 전라남도 경찰들에게 '분산되는 자는 너무 추적하지 말 것' 등을 지시하고, '연행과정에서 학생의 피해가 없도록 유의하라'고 지시하여 ( ㉠ )에 입각한 경찰권 행사 및 시위대의 ( ㉡ )를 강조하였다.

① ㉠ 호국정신 ㉡ 인권보호
② ㉠ 비례의 원칙 ㉡ 질서유지
③ ㉠ 호국정신 ㉡ 질서유지
④ ㉠ 비례의 원칙 ㉡ 인권보호

정답 ④

**03 정부 수립 이후 경찰과 관련된 설명으로 가장 적절하지 않은 것은?** 〈20 승진, 20 채용1차〉

① 1953년 경찰작용에 관한 기본법으로 제정된 「경찰관직무집행법」에는 국민의 생명, 신체, 재산의 보호라는 영미법적 사고가 반영되었다.

② 1968년 '무장공비 침투사건(1·21 사태)' 당시 종로경찰서 자하문 검문소에서 무장공비를 온몸으로 막아내고 순국한 최규식 경무관과 정종수 경사는 호국경찰, 인본경찰, 문화경찰의 표상이다.

③ 1980년 '5·18 민주화 운동' 당시 안병하 전남경찰국장과 이준규 목포서장은 신군부의 무장 강경진압 방침을 거부하였다.

④ 1987년 '6월 민주항쟁' 이후 경찰 내부에서는 정치적 중립을 지키지 못한 과오를 반성하고 경찰 중립화를 요구하는 성명 발표 등 자성의 목소리가 나왔다.

해설 ② (×) 최규식: **【구식 종로】**, 정**종**수: **종**로경찰서 소속 **【종—종】**
차일혁: 호국경찰, 인본경찰(빨치산 이현상을 사살하였으나 적장의 예를 갖춰 장례 치름), 문화경찰(지리산 화엄사 소각 명령 거부) **【혁혁거리며 지리산 등반】**
③ (○) 안병하 **【병하 – 화염병】**, 이준규 **【목포 주꾸미(준규)】**

정답 ②

**04** **자랑스러운 경찰의 표상에 대한 설명으로 그 인물과 내용이 옳지 않은 것은?** 〈21 경간〉

① 차일혁 경무관 – 빨치산 토벌의 주역이며 구례 화엄사 등 문화재를 수호한 인물로 '보관문화훈장'을 수여받은 호국경찰의 영웅이자 인본경찰·인권경찰·문화경찰의 표상이다.
② 안병하 치안감 – 5.18 광주 민주화운동 당시 과격한 진압을 지시했던 군과 달리, '분산되는 자는 너무 추격하지 말 것, 부상자 발생치 않도록 할 것, 기타 학생은 연행할 것' 등을 지시하고, '연행과정에서 학생의 피해가 없도록 유의'하라고 지시하였다.
③ 최규식 경무관, 정종수 경사 – 1968년 무장공비 침투사건 (1.21 사태) 당시 종로경찰서 자하문 검문소에서 무장공비를 온몸으로 막아내고 순국함으로써 청와대를 사수하고 대한민국을 위기에서 건져 올린 호국경찰의 표상이다.
④ 안맥결 총경 – 1980. 5. 18. 당시 목포경찰서장으로 재임하면서 안병하 국장의 방침에 따라 경찰총기 대부분을 군부대 등으로 사전에 이동시켰으며 자체 방호를 위해 가지고 있던 소량의 총기마저 격발할 수 없도록 방아쇠 뭉치를 모두 제거해 원천적으로 시민들과의 유혈충돌을 피하도록 조치하여 광주와 달리 목포에서는 사상자가 거의 나오지 않았다.

해설 > ④ 안맥결: 안창호 선생의 조카 딸로서 독립운동가 출신 **여성** 경찰관 **【결(Girl)】**
이준규: 5.18 당시 **목포**경찰서장으로서 안병하 국장의 지시에 따라 경찰 총기의 방아쇠 뭉치를 사전에 제거하는 등 유혈충돌 예방 **【목포 주꾸미(준규)】**

정답 ④

**05** **자랑스러운 경찰의 표상에 대한 서술이다. ㉠부터 ㉣까지의 내용에 해당하는 인물을 바르게 나열한 것은?** 〈18 경감〉

> ㉠ 1919년 상하이에서 수립한 대한민국 임시정부의 초대 경무국장
> ㉡ 1968년 무장공비 침투사건(1·21사태) 당시 종로경찰서 자하문 검문소에서 무장공비를 온몸으로 막아내고 순국함으로써 청와대를 사수하고 대한민국을 위기에서 건져 올린 호국경찰의 표상
> ㉢ 구례 화엄사 등 다수의 사찰을 소실로부터 구해내는 등 문화경찰의 발자취를 남긴 문화경찰의 표상
> ㉣ 5·18 광주 민주화운동 당시 전남도경국장으로서 비례의 원칙에 입각한 경찰권 행사와 시위대에 대한 인권보호를 강조

① ㉠ 김원봉 ㉡ 최규식 ㉢ 차일혁 ㉣ 안병하
② ㉠ 김 구 ㉡ 최규식 ㉢ 안병하 ㉣ 차일혁
③ ㉠ 김원봉 ㉡ 정종수 ㉢ 안병하 ㉣ 차일혁
④ ㉠ 김 구 ㉡ 정종수 ㉢ 차일혁 ㉣ 안병하

정답 ④

**06** **다음은 자랑스러운 경찰의 표상에 대한 서술이다. 해당 인물을 바르게 나열한 것은?** 〈20 · 23 채용〉

> ㉠ 성산포경찰서장 재직 시 계엄군의 예비검속자 총살 명령에 '부당함으로 불이행'한다고 거부하고 주민들을 방면함.
> ㉡ 5 · 18 광주 민주화운동 당시 무장 강경진압 방침이 내려오자 '분산되는 자는 너무 추적하지 말 것, 부상자가 발생하지 않도록 할 것' 등을 지시하여 비례의 원칙에 입각한 경찰권 행사 및 인권보호를 강조함.
> ㉢ 임시정부 경무국 경호원 및 의경대원으로 활동하였고 1926년 12월 식민수탈의 심장인 식산은행과 동양척식회사에 폭탄을 투척함.
> ㉣ 구례경찰서장 재임 당시, 재판을 받지 않고 수감된 보도연맹원 480명을 방면하였으며, '내가 만일 반역으로 몰려 죽는다면 나의 혼이 여러분 각자의 가슴에 들어가 지킬 것이니 새 사람이 되어주십시오'라고 당부함.

| | ㉠ | ㉡ | ㉢ | ㉣ |
|---|---|---|---|---|
| ① | 문형순 | 안병하 | 차일혁 | 안종삼 |
| ② | 이준규 | 최규식 | 안맥결 | 나석주 |
| ③ | 문형순 | 안병하 | 나석주 | 안종삼 |
| ④ | 이준규 | 최규식 | 정종수 | 나석주 |

해설 > ㉠ 문형순 : **【허니문 제주에서 형(刑)을 순화시킴】**
㉢ 나석주 : 1926년 식산은행과 동양척식회사에 폭탄 투척
**【섞은주 ⇨ 폭탄주】**

정답 ③

**07** **한국경찰사에 길이 빛날 경찰의 표상들에 대한 서술이다. 옳은 것을 모두 고른 것은?** 〈18 경위〉

> ㉠ 1968년 무장공비 침투사건(1 · 21사태) 당시 최규식 총경(경무관특진)과 형사 7명이 무장공비를 차단하고 격투 끝에 청와대를 사수하였다.
> ㉡ 정종수는 남부군 사령관 이현상을 사살하는 등 빨치산 토벌의 주역이었다.
> ㉢ 차일혁은 공비들의 근거지가 될 수 있는 사찰을 불태우라는 상부의 명령에 대해 현명하게 대처하여 구례 화엄사 등 여러 사찰과 문화재를 보호하였다.
> ㉣ 안병하는 1987년 6월항쟁 당시 과격한 진압을 지시한 군과 달리 '분산되는 자는 너무 추격하지 말 것, 부상자 발생치 않도록 할 것, 연행과정에서 학생의 피해가 없도록 유의하라'고 지시하여 인권경찰의 면모를 보였다.

① ㉠, ㉡　　② ㉠, ㉢
③ ㉡, ㉣　　④ ㉢, ㉣

해설 > ㉡ (×) **정종수**는 **종**로경찰서 자하문 검문소에서 김신조 무장공비와 전투 중 사망하였고, 지리산 일대 남부군 사령관 이현상을 사살한 사람은 차일혁이다.
㉣ (×) 87년 6월항쟁이 아닌 80년 5.18 광주민주화항쟁이다.

정답 ②

**08** **다음은 한국경찰사에 있어서 자랑스러운 경찰의 표상에 관한 설명이다. ㉠~㉣에 해당하는 인물을 가장 바르게 나열한 것은?** 〈19 채용2차〉

> ㉠ 1919년 대한민국 임시정부의 초대 경무국장이다.
> ㉡ 5·18 광주 민주화운동 당시 전남도경국장으로서, 과격한 진압을 지시했던 군과 달리 '분산되는 자는 너무 추격하지 말 것, 부상자 발생치 않도록 할 것' 등과 '연행과정에서 학생의 피해가 없도록 유의하라'고 지시하였다. 신군부의 명령을 어겼다는 이유로 직위해제를 당했다.
> ㉢ 공비들의 근거지가 될 수 있는 사찰을 불태우라는 상부의 명령에 대해 현명하게 대처하여 화엄사(구례), 선운사(고창), 백양사(장성) 등 여러 사찰과 문화재를 보호하였다.
> ㉣ 1968년 1.21 무장공비침투사건 당시 군 방어선이 뚫린 상황에서 격투 끝에 청와대를 사수하였으며, 순국으로 대한민국을 지켜내고 조국의 발전을 가능하게 한 영웅적인 사례로 평가받고 있다.

① ㉠ 김 구 ㉡ 안병하 ㉢ 차일혁 ㉣ 정종수
② ㉠ 김원봉 ㉡ 안병하 ㉢ 최규식 ㉣ 정종수
③ ㉠ 김 구 ㉡ 차일혁 ㉢ 안병하 ㉣ 최규식
④ ㉠ 김 구 ㉡ 최규식 ㉢ 안병하 ㉣ 차일혁

정답 ①

**09** **한국경찰사에 길이 빛날 경찰의 표상에 대한 설명으로 가장 적절한 것은?** 〈21 승진, 23 법학〉

① 안맥결 총경은 1950년 8월 30일 성산포경찰서장 재직시 계엄군의 예비검속자 총살 명령에 '부당함으로 불이행'한다고 거부하였다.
② 이준규 총경은 1936년 임시정부 군자금 조달 혐의로 5개월간 구금되었고, 1957년 국립경찰전문학교 교수로 발령받아 후배 경찰교육에 힘쓰다 1961년 5·16군사정변이 일어나자 군사정권에 협력할 수 없다며 사표를 제출하였다.
③ 문형순 경감은 1980년 5·18 광주 민주화운동 당시 비례의 원칙에 입각한 경찰권 행사 및 시위대의 인권보호를 강조하였다.
④ 백범 김구 선생은 1919년 상하이에 수립된 대한민국 임시정부의 초대 경무국장으로 취임 후 임시정부 경찰을 지휘하며 임시정부의 성공적 정착에 이바지하였다.

해설 ① (×) 문형순 경감에 대한 설명이다.
② (×) 안맥결 총경에 대한 설명이다.
③ (×) 안병하 치안감에 대한 설명이다.

정답 ④

**10** **우리나라 경찰의 표상이 되는 인물과 활동에 대한 설명이다. 아래 가.부터 라.까지의 설명 중 옳고 그름의 표시(O, X)가 바르게 된 것은?** 〈23 경간〉

> 가. 차일혁 경무관 – 일제 강점기에 항일투쟁을 하였고 6·25전쟁 기간 제18전투경찰대장으로 부임하여 빨치산토벌작전에서 탁월한 전공을 세웠으며, 1954년 충주경찰서장으로서 충주직업청소년학교를 설립하여 전쟁고아들에게 학교공부와 직업교육의 기회를 주었다.
> 나. 안종삼 총경 – 1950년 7월 24일 구례경찰서 서장으로서 경찰서에 구금 중이던 480명의 국민보도연맹원들을 사살하라는 상부의 명령을 받았으나, 이를 거부하고 전원 석방함으로써 국가범죄의 비극적 살육을 막아냈다.
> 다. 박재표 경위 – 1956년 8월 13일 제2대 지방의원 선거 당시 정읍 소성 지서에서 순경으로 근무하던 중 투표함을 바꿔치기하는 부정선거를 목격하고 이를 기자회견을 통해 세상에 알리는 양심적 행동을 하였다.
> 라. 이준규 총경 – 1980년 5·18 민주화운동 당시 목포경찰서장으로서 시민과의 유혈충돌을 방지하기 위해 보유 중인 총기들을 목포 인근에 위치한 섬으로 이동시켰고 신군부의 강경한 시위진압에 거부하는 등 시민을 보호하였다.

① 가(○) 나(○) 다(○) 라(○)
② 가(○) 나(○) 다(○) 라(×)
③ 가(×) 나(○) 다(○) 라(×)
④ 가(×) 나(×) 다(○) 라(×)

정답 ①

## 제2장 비교경찰

**01** **런던수도경찰청을 창시(1829년)한 로버트 필 경(Sr. Robert Peel)이 경찰조직을 운영하기 위하여 제시한 기본적인 원칙(경찰개혁안 포함)에 대한 설명으로 가장 적절하지 않은 것은?** 〈23 경간〉

① 경찰은 정부의 통제하에 있어야 한다.
② 범죄발생 사항은 반드시 전파되어야 한다.
③ 단정한 외모가 시민의 존중을 산다.
④ 경찰의 효율성은 항상 범죄나 무질서를 진압하는 가시적인 모습으로 판단하는 것이다.

해설 ④ (×) 경찰의 능률성은 범죄의 부재(absence of crime)로 증명된다고 제시하였다.

정답 ④

**02** **1829년 런던수도경찰청을 창설한 로버트 필 경(Sir. Robert Peel)이 경찰조직을 운영하기 위하여 제시한 기본적인 원칙에 해당하지 않는 것은?** 〈22 경간〉

① 경찰은 안정되고 능률적이며, 군대식으로 조직되어야 한다.
② 경찰의 기본적인 임무는 범죄와 무질서의 예방이다.
③ 모방범죄 예방을 위해 범죄정보는 유출되어서는 안 된다.
④ 적합한 경찰관들의 선발과 교육은 필수적인 것이다.

해설 ③ (×) '범죄발생 사항은 반드시 전파되어야 한다'고 주장하였다.

정답 ③

## 03 1829년 런던수도경찰청을 창설한 로버트 필 경(Sir Robert Peel)이 경찰조직을 운영하기 위하여 제시한 기본적인 원칙 중 가장 적절하지 않은 것은?

〈20 채용1차〉

① 경찰의 기본적인 임무는 범죄에 대한 신속한 대응이다.
② 경찰의 성공은 시민의 인정에 의존한다.
③ 적절한 경찰관들을 확보하기 위한 교육훈련은 필수적인 것이다.
④ 경찰은 군대식으로 조직되어야 한다.

해설 > ① (×) 경찰의 기본적인 임무를 범죄에 대한 신속한 대응보다는 범죄의 예방으로 제시하였다.

정답 ①

## 04 영미법계 국가의 경찰개념 형성 및 발달과정 중 미국경찰의 20세기 초 경찰개혁시대에 관한 설명으로 가장 적절하지 않은 것은?

〈22 법학〉

① 미국경찰은 지나친 분권화와 정치적 영향으로 정치와 경찰의 분리를 추진하였다.
② 개혁을 이끈 대표적 인물로 볼머(August Volliner), 윌슨(O. W. Wilson) 등이 있다.
③ 경찰의 전문직화를 추진·확립하였다.
④ 시민과의 협력을 위해 도보순찰을 강조하였다.

해설 > ④ (×) 뉴왁의 도보순찰실험(1978~1979), 플린트 도보순찰실험(1979) 등을 계기로 20세기 후반에 도보순찰이 강조되면서 시민과의 협력을 강조하는 지역사회 경찰활동이 발전되었다. 이후 지역사회 경찰활동의 결과 범죄가 비판이 제기되면서 켈링과 윌슨이 깨진 유리창 이론(1982년)을 바탕으로 무관용 경찰활동이 등장하여 1990년대 뉴욕경찰에 적용한 결과 효과성이 입증되었다.

정답 ④

## 05 20세기 초 미국경찰에 대한 설명으로 적절하지 않은 것은 모두 몇 개인가?

〈23 경간〉

가. 위커샴 위원회(Wickersham Commission)보고서에서는 경찰전문성 향상을 위해 경찰관 채용기준 강화, 임금 및 복지개선, 교육훈련 증대의 필요성이 제기되었다.
나. 오거스트 볼머(August Vollmer)는 경찰관 선발을 지원하기 위해서 지능·정신병·신경학 검사를 도입했다.
다. 윌슨(O. W. Wilson)은 1인 순찰제의 효과성에 관한 체계적인 연구를 수행했다..
라. 루즈벨트(F. D. Roosevelt) 대통령의 지시로 1903년 최초의 연방수사 기구가 재무부에 창설되었다.

① 1개
② 2개
③ 3개
④ 4개

해설 > 라. (×) 1908년 루즈벨트 대통령 지시로 법무부에 수사국을 창설하고 1935년 연방 수사국으로 개칭하였다.

정답 ①

## 06 각 국의 수사기관에 관한 설명으로 가장 적절하지 않은 것은?

〈23 채용1차〉

① 영국의 국립범죄청(NCA)은 2013년 중대조직범죄청(SOCA)과 아동범죄대응센터(CEOPC)를 통합하여 출범하였다.
② 미국의 연방수사국(FBI)은 2001년 9.11 테러 이후 테러예방과 수사에 많은 역량을 집중시키고 있다.
③ 독일의 연방범죄수사청(BKA)은 연방헌법기관 요인들에 대한 신변경호도 담당한다.
④ 한국의 국가수사본부는 고위공직자범죄등에 관한 수사를 독립적으로 수행하기 위하여 법무부장관 소속으로 설치되었다.

해설 > ④ (×) 국가수사본부는 경찰청장의 보조기관이다.

정답 ④

**07** **외국의 경찰에 대한 설명으로 가장 적절하지 않은 것은?** 〈23 경간〉

① 미국은 경찰업무의 집행에 있어 범죄대응의 효율성보다는 인권보장에 중점을 두어 적법절차(Due Process of Law)를 강조하는데, 이는 연방대법원의 판결을 통해 확립되어 있다.
② 프랑스 군경찰은 군인의 신분으로 국방임무를 수행하면서, 행정경찰과 사법경찰의 기능을 수행한다.
③ 일본경찰은 일반적으로 수사의 개시·진행권 및 종결권을 가지고 있으며, 검찰과 상호대등한 협력관계를 이룬다.
④ 독일경찰은 연방차원에서는 각 주(州)가 경찰권을 가지고 있는 자치경찰이지만, 주(州)의 관점에서 본다면 주(州) 내무부장관을 정점으로 하는 주(州)단위의 국가경찰체제이다.

해설 ③ (×) 일본은 수사종결권은 가지고 있지 않다. 우리나라와 비교할 때 일본은 체포영장 청구권은 있지만 수사종결권은 없고, 우리나라는 체포영장 청구권은 없지만 수사종결권은 있다.

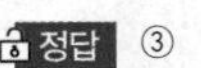 ③

**08** **다른 나라의 경찰제도에 대한 설명으로 적절하지 않은 것은 모두 몇 개인가?** 〈22 경간 변형〉

가. 일본의 관구경찰국은 동경 경시청과 북해도 경찰본부 관할구역을 제외하고 전국에 6개가 설치되어 있다.
나. 프랑스의 군인경찰(La Gendamerie Nationale)은 국립경찰이 배치되지 않는 소규모 인구의 소도시와 농촌지역에서 경찰업무를 수행한다.
다. 독일의 연방헌법보호청은 경찰기관의 하나로서 법집행업무를 수행하는데, 헌법위반과 관련된 사안에 대해서만 구속·압수·수색 등 강제 수사를 할 수 있다.
라. 미국의 군 보안관(County Sheriff)은 범죄수사 및 순찰 등 모든 경찰권을 행사하며, 대부분의 주(State)에서 군 보안관 선출은 지역주민의 선거로 이루어진다.
마. 영국의 지방경찰은 기존의 3원 체제(지방경찰청장, 지방경찰위원회, 내무부장관)에서 4원 체제(지역치안위원장, 지역치안평의회, 지방경찰청장, 내무부장관)로 변경하면서 자치경찰의 성격을 강화하였다.

① 없음 ② 1개
③ 2개 ④ 3개

해설 가. (○) 관구경찰국은 경찰청의 지방기관으로서 국가경찰에 속하며 전국에 6개소가 있다.
나. (○) 프랑스의 군인경찰(헌병경찰)은 인구 2만 미만의 코뮌(가장 작은 행정단위)에 설치되어 행정경찰과 사법경찰의 임무를 수행한다.
다. (×) 독일의 연방헌법보호청은 정보 수집기관이지만 수사권은 없다.
마. (○) 영국의 지방경찰은 3원 체제에서 4원 체제로 변경되면서 경찰위원회 제도가 폐지되고 대신 지역치안위원장과 지역치안평의회 방식으로 바뀌었다.

정답 ②

**박용증 아두스 경찰학**
진도별 기출문제집

두문자로 쏙쏙 암기하는
**아**름다운 **두**문자 **스**토리 **경찰학!**

PART

03

# 경찰행정학

PART

# 03 경찰행정학

## 제1장 경찰관리

### 제1절 경찰정책과정

**01 정책결정 모델에 대한 설명으로 가장 적절하지 않은 것은?** 〈21 경간〉

① 만족 모델(Satisfying model)은 정책결정자가 최선의 합리성을 추구하기보다는, 시간적 · 공간적 · 재정적 측면에서 여러 요인을 고려하여 만족할 만한 수준에서 결정한다.
② 쓰레기통 모델(Garbage can model)은 설정된 목표를 달성하기 위해 정보분석과 환류과정을 통해 자신의 행동을 스스로 조정해 나간다고 가정하는 모델이다.
③ 혼합탐사 모델(Mixed scanning model)은 점증 모델(Incremental model)의 단점을 합리 모델(Rational model)과의 통합을 통해서 보완하기 위해 주장된 것이다. 정책결정을 근본적 결정과 세부적 결정으로 나누고, 합리적 결정과 점증적 결정을 적절하게 혼합하여 의사결정을 한다.
④ 최적 모델(Optimal model)은 합리 모델의 비현실성과 점증 모델의 보수성을 극복하기 위하여 이상주의와 현실주의의 통합을 시도한 것이다. 이 모델은 기존의 정책을 바탕으로 이루어지는 점증주의 성향을 비판하면서, 새로운 결정을 내릴 때마다 정책방향도 다시 검토할 것을 주장한다.

해설 ② (×) 쓰레기통 모형은 「문제, 해결책, 선택 기회, 참여자」의 네 요소가 쓰레기통 속에서와 같이 독자적으로 흘러 다니다가 어떤 계기로 서로 만나게 될 때 의사결정이 이루어진다고 보는 것이다. 조직 내의 상황이 다소 복잡하고 무질서한 상태**[조직화된 무질서]**에서 의사결정을 다룬다. "날치기 통과" 같은 경우가 사례가 될 수 있다.

정답 ②

**02 정책결정이 일정한 규칙에 따라 이루어지는 것이 아니라 문제, 해결책, 선택기회, 참여자의 네 요소가 뒤죽박죽으로 움직이다가 어떤 계기로 만나게 될 때 이루어진다고 보는 정책결정모델은 무엇인가?** 〈22 경간〉

① 카오스 모델 ② 쓰레기통 모델
③ 아노미 모델 ④ 혼합탐사 모델

해설 ② (○) 쓰레기통 모델은 불확실성과 심한 혼란상태로 정상적인 권위구조와 결정규칙이 작동하지 않는 경우에 이루어지는 정책결정이다. 의사결정에 필요한 4가지 요소(문제, 해결책(답), 참가자, 선택기회)가 독자적으로 표류하다가 어느 시점에 우연히 모두 만날 때 결정이 이루어진다. **【문답참선】**

정답 ②

**03 정책결정 모델과 그에 대한 설명으로 가장 적절한 것은?** 〈23 경간〉

① 엘리트 모델에 의하면 정책결정자는 고도의 합리성을 기반으로 최선의 대안을 결정한다.
② 사이버네틱스 모델은 설정된 목표를 달성하기 위해 정보분석과 환류과정을 통해 자신의 행동을 스스로 조정해 나간다고 가정한다.
③ 혼합탐사 모델은 합리모델의 비현실성과 점증모델의 보수성을 극복하기 위한 모델로 기존의 정책을 바탕으로 이루어지는 점증주의 성향을 비판하면서, 새로운 정책을 내릴 때마다 정책방향도 다시 검토할 것을 주장한다.
④ 관료정치 모델에 의하면 정책결정시 정치적 합리성을 기반으로 기존 정책의 문제점을 부분적으로 수정하거나 약간의 향상을 가져오는 결정을 한다.

해설 > ① (×) 합리모델에 대한 설명이다.
② (○) '자동온도조절장치'처럼 정보분석과 환류과정을 통해 자신의 행동을 스스로 조정해 나간다고 가정한다.
③ (×) 최적모델에 대한 설명이다.
④ (×) 점증모델에 대한 설명이다.

정답 ②

## 제2절 경찰조직관리

**01 막스 베버(M. Weber)의 '이상적 관료제'의 구조적 특성에 대한 설명 중 가장 적절하지 않은 것은?** 〈20 승진〉

① 관료의 권한과 직무 범위는 법규와 관례에 의해 규정된다.
② 직무의 수행은 서류에 의해 이루어진다.
③ 직무조직은 계층제적 구조로 구성된다.
④ 구성원 간 또는 직무 수행상 감정의 배제가 필요하다.

해설 > ① (×) 관료의 권한과 직무 범위는 법규에 의해서 규정되고 관례는 아니다.

**이상적 관료제 모형의 특성(M. Weber)**

| | |
|---|---|
| 계층제 조직 | 직무조직은 계층제적 구조로 구성(**베버가 가장 강조한 특징**) |
| 법규 중시 | 권한과 직무의 범위는 **법규**에 의해 규정(**관례** ×) |
| 문서주의 | 직무수행은 서류에 의해 이루어지며 기록은 **장기보존** 된다. |
| 몰인정성 | 구성원간 또는 직무 수행상 **감정의 배제**(비정의성) |
| 분업과 전문화 | 효율적 업무처리를 위해 필요 |

정답 ①

**02 경찰조직 편성원리에 관한 설명 중 옳지 않은 것을 모두 고른 것은?** 〈23 승진〉

㉠ 통솔범위의 원리는 관리자의 능률적인 감독을 위해서는 통솔하는 대상의 범위를 적정하게 제한하여야 한다는 것으로 관리의 효율성을 좌우하는 중요한 원리이다.
㉡ 조직의 집단적 노력을 질서있게 배열하는 과정으로 개별적인 활동을 전체적인 관점에서 통일하여 조직의 목표달성도를 높이려는 조직편성의 원리를 명령 통일의 원리라고 한다.
㉢ 계층제의 원리는 관리자의 공백 등을 대비하여 대리, 위임, 유고관리자 사전지정 등이 필요하다.
㉣ 조정과 통합의 원리는 조직편성 원리의 장단점을 조화롭게 승화시키는 원리로, 무니(Mooney)는 조정의 원리를 '제1의 원리'라고 하였다.

① ㉠㉡ ② ㉠㉢
③ ㉡㉢ ④ ㉢㉣

해설 > ㉡ (×) 조정의 원리에 대한 설명이다.
㉢ (×) 명령통일의 원리에 대한 설명이다.

정답 ③

## 03 경찰조직편성의 원리에 대한 설명으로 가장 적절하지 않은 것은? 〈22 경간, 23 채용2차〉

① 통솔범위의 원리에서 조직의 역사, 교통통신의 발달, 관리자의 리더십(Leadership), 부하의 능력 등은 통솔범위의 중요 요소이다.
② 통솔범위의 원리는 직무를 책임과 난이도에 따라 상하로 나누어 배치하고 상하계층 간에 명령복종관계를 적용하는 조직편성원리로 상위로 갈수록 권한과 책임이 무거운 임무를 수행한다는 원리이다.
③ 무니(J. Mooney)는 조정·통합의 원리를 조직의 제1원리이며 가장 최종적인 원리라고 하였다.
④ 명령통일의 원리는 조직구성원 누구나 한 사람의 상관에게 보고하며 한 사람의 상관으로부터 명령을 받아야 한다는 원리이다.

해설 ② (×) 계층제의 원리에 대한 설명이다. 통솔범위의 원리는 1인의 상관이 직접 통솔 가능한 부하의 수를 정하는 원리이다.

정답 ②

## 04 경찰조직의 편성원리에 대한 설명으로 가장 적절하지 않은 것은? 〈22 채용, 23 경간〉

① 계층제의 원리 – 권한 및 책임 한계가 명확하며 경찰행정의 능률성과 조직의 안정성을 확보할 수 있다.
② 분업의 원리 – 업무의 전문화를 통해 업무습득에 걸리는 시간을 단축할 수 있지만 분업의 정도가 높아질수록 조직할거주의가 초래될 수 있다.
③ 명령통일의 원리 – 업무수행의 혼선을 방지하여 신속한 의사결정을 하도록 한다.
④ 통솔범위의 원리 – 업무의 종류가 단순할수록 통솔범위는 좁아지며 계층의 수가 많을수록 통솔범위는 넓어진다.

해설 ④ (×) 업무의 종류가 단순할수록 통솔범위은 넓어지며, 계층의 수가 많을수록 통솔범위는 좁아진다.

정답 ④

## 05 다음에 설명하는 내용을 볼 때, 경찰조직에 필요한 조직편성의 원리로 가장 적절한 것은? 〈21 경간〉

> 경찰은 대부분의 경우 예기치 못한 사태가 돌발적으로 발생하며, 시급히 해결하지 않으면 피해를 회복하기 곤란한 경우가 많아 신속한 집행을 필요로 하는데, 이때 지시가 분산되고 여러 사람으로부터 지시를 받는다면, 범인을 놓친다든지 사고처리가 늦어 인명이나 재산의 피해에 신속한 대응이 불가능하다.

① 계층제의 원리(Hierarchy)
② 통솔범위의 원리(Span of Control)
③ 명령통일의 원리(Unity of Command)
④ 조정과 통합의 원리(Coordination)

해설 ③ (○) '지시는 한 사람만이 할 수 있고, 보고도 한 사람에게만 하여야 한다'는 명령통일의 원칙이다.

정답 ③

## 06 경찰조직편성의 원리에 대한 설명으로 가장 적절하지 않은 것은? 〈21 법학〉

① 계층제의 원리는 지휘감독을 통해 조직의 질서와 통일을 확보하지만, 무리한 적용으로 구성원간의 인간관계 저해, 기관장의 독단화 등으로 조직의 경직성을 초래할 수 있다.
② 통솔범위의 원리에서 통솔범위는 조직의 역사, 교통통신의 발달, 관리자의 리더십, 부하의 능력과 정비례 관계이다.
③ 전문화와 분업화의 정도가 높아질수록 조정과 통합의 필요성이 높아지므로 양자는 정비례 관계이다.
④ 명령통일의 원칙은 한 사람의 상관이 직접 통솔할 수 있는 부하의 합리적인 수를 말한다.

해설 ④ (×) 한 사람의 상관이 직접 통솔가능한 부하의 수에 관한 것은 통솔범위의 원리이고, 명령통일의 원칙은 한 사람의 상관으로부터 명령을 받고, 그 사람에게만 보고한다는 원칙이다.

정답 ④

**07** **경찰조직편성의 원리에 대한 설명으로 가장 적절하지 않은 것은?** 〈20 채용1차, 23 법학〉

① 계층제의 원리의 무리한 적용은 행정능률과 횡적 조정을 저해한다.

② 통솔범위의 원리에서 통솔범위는 계층 수, 업무의 복잡성, 조직 규모의 크기와 반비례 관계이다.

③ 관리자의 공백 등에 의한 업무의 공백에 대비하기 위하여 조직은 권한의 위임·대리 또는 유고 관리자의 사전지정 등을 활용하여 명령통일의 한계를 완화할 수 있다.

④ 분업화의 정도가 높아질수록 조정과 통합이 어려워져서 할거주의가 초래될 수 있다.

해설 ① (×) 계층제는 구성원의 임무를 **책임과 난이도에 따라** 직무를 **상하로 등급화**하여 종적으로 조정한다. 계층제인 경찰이나 군대의 조직은 명령과 지시를 일사분란하게 수행하여 행정의 **능률성**, 책임성, 명확성을 보장한다. 계층제의 무리한 적용은 행정의 능률성과 종적 조정을 저해할 수 있다.

정답 ①

**08** **경찰조직편성의 원리에 대한 설명 중 가장 적절하지 않은 것은 모두 몇 개인가?** 〈20·22 법학〉

㉠ 계층제의 원리는 구성원의 임무를 책임과 난이도에 따라 상하로 나누어 배치하여 조직의 일체감, 통일성을 유지하므로 조직의 환경변화에 신축적으로 대응하기 용이하다.

㉡ 통솔범위의 원리에 의하면 통솔범위는 부하직원의 능력이 높을수록, 신설부서일수록, 근접한 부서일수록, 단순 업무일수록, 계층의 수가 적을수록 넓어진다.

㉢ 분업의 원리는 구성원의 부품화, 반복 업무에 따른 흥미상실, 비밀증가 등 지나친 전문화로 인하여 문제가 발생할 경우, 조정의 원리 등의 적용을 통하여 해결할 수 있다.

㉣ 조정의 원리는 조직의 목적달성을 위해 구성원의 행동이 통일을 기하도록 집단적 노력을 질서 있게 배열하는 과정이다.

㉤ 조정과 통합의 원리에서 갈등의 원인이 지나치게 세분화된 업무 처리에 있다면 관리자는 조직의 전문화 강화에 더욱 힘써야 한다.

① 1개 ② 2개
③ 3개 ④ 4개

해설 ㉠ (×) 계층제의 단점은 **조직의 경직화**로 환경변화에 비신축적이고, 신지식·기술 도입이 곤란하다.
㉡ (×) 조직이 신설부서일 경우 구성원들의 교육·훈련 부족으로 통솔범위가 축소된다. 나머지 사유는 통솔범위가가 확대될 수 있는 사유이다.
㉢ (○) 전문화와 분업화의 정도가 높아질수록 조정과 통합의 필요성이 커진다. 양자는 정비례 관계이다.
㉣ (○) 조직의 통일성을 유지하는 것은 계층제의 원리이고 구성원의 행동 통일은 조정의 원리이다.
㉤ (×) 갈등의 원인이 세분화된 업무처리에 있다면, 전문화가 아닌 통합이 필요하다.

정답 ③

**09 한정된 인력이나 예산을 가지고 갈등이 생기는 경우에 업무추진의 우선순위를 지정하는 등의 방법으로 갈등을 해결하는 조직편성원리로 가장 적절한 것은?** 〈21 승진〉

① 조정과 통합의 원리
② 명령통일의 원리
③ 계층제의 원리
④ 통솔범위의 원리

정답 ①

**10 경찰조직편성 원리에 대한 설명으로 가장 적절하지 않은 것은?** 〈20 승진〉

① 통솔범위의 원리란 조직목적 수행을 위한 구성원의 임무를 책임과 난이도에 따라 상위로 갈수록 권한과 책임이 무거운 임무를 수행하도록 편성하는 것을 말한다.
② 명령통일의 원리란 조직 구성원 간에 지시나 보고를 주고받는 과정에서 지시는 한 사람만이 할 수 있고, 보고도 한 사람에게만 하여야 한다는 원칙을 말한다.
③ 명령통일의 원리에 따르면 관리자의 공백 등을 대비하여 대리, 위임, 유고관리자 사전지정 등이 필요하다.
④ 계층제의 원리는 권한과 책임의 배분을 통하여 신중한 업무처리가 가능하다는 장점이 있다.

해설 ① (×) 계층제의 원리에 대한 설명이다.

정답 ①

**11 경찰조직편성의 원리에 관한 다음 설명 중 옳은 것은 모두 몇 개인가?** 〈18 경간, 23 법학〉

> 가. 계층제는 경찰조직의 일체감과 통일성을 확보하지만 조직의 경직화를 초래한다.
> 나. 명령통일의 원리는 조직의 목적달성을 위해 구성원의 행동이 통일을 기하도록 집단적 노력을 질서 있게 배열하는 과정이다.
> 다. Mooney는 조정의 원리를 제1의 원리라고 하였다.
> 라. 구조조정의 문제와 깊은 관련성이 있는 것은 통솔범위의 원리이다.
> 마. 분업은 전문화라는 장점이 있지만 전체적인 통찰력을 약화시키는 단점이 있다.

① 2개 ② 3개 ③ 4개 ④ 5개

해설 나. (×) 명령통일의 원리란 한 사람만이 지시하고, 그 사람에게만 보고해야 한다는 원칙이고, 구성원의 행동을 통일하는 노력은 조정의 원리이다.
다. (○) **【무늬 조화】** 무늬(Mooney)는 조화를 이루어야 이쁘다.
라. (○) 구조 조정은 조직구조 개선의 범위보다 작은 규모로 변화시키는 것으로서, 구조를 조정하는 것은 통솔범위의 원리이고, 조직 구조를 바꾸는 것은 조정의 원리이다.

정답 ③

**12** **경찰조직편성의 원리에 관한 설명으로 가장 적절하지 않은 것은?** 〈19 채용2차〉

① 통솔범위는 신설 부서보다는 오래된 부서, 지리적으로 근접한 부서보다는 분산된 부서, 복잡한 업무보다는 단순한 업무의 경우에 넓어진다.
② 계층제는 조직의 경직화를 가져와 환경변화에 대한 조직의 신축적 대응을 어렵게 한다.
③ 조정의 원리는 구성원이나 단위기관의 활동을 전체적인 관점에서 통일하여 조직의 목표달성도를 높이려는 원리를 말한다.
④ 분업의 원리란 업무를 성질과 종류별로 구분하여 한 사람에게 한 가지의 동일한 업무만을 전담토록 하는 원리를 말한다.

해설> ① (×) 지리적으로 근접한 부서가 동선이 짧으므로 통솔범위가 넓어진다.

정답 ①

**13** **경찰조직편성의 원리에 대한 설명 중 가장 적절한 것은?** 〈19 법학〉

① 계층제는 권한의 책임과 배분을 통하여 업무의 신중을 기할 수 있으므로 새로운 지식·기술의 도입이 용이하다.
② 수사경찰이 내부관리자와 검사로부터 이중의 지시를 받는 현재의 제도는 통솔범위의 원리라는 관점에서 바라볼 때 문제점으로 지적될 수 있다.
③ 직무를 책임·난이도에 따라 등급화하고 상위로 갈수록 권한과 책임이 무거운 임무를 수행하도록 편성하여 상하 간 명령복종관계를 적용하는 조직원리는 명령통일의 원리이다.
④ 갈등의 문제해결이 어려운 경우에는 관리자가 갈등을 초래할 수 있는 결정을 보류 또는 회피하는 방법을 사용할 수도 있다.

해설> ① (×) 계층제는 계층을 밟아 검토하므로 업무의 신중을 기할 수 있으나, 계층에 따른 조직의 경직화로 새로운 지식·기술의 도입이 어렵고 환경변화에 신축적이지 못한 단점이 있다.
② (×) 수사경찰에 대한 이중 지휘 문제는 명령통일의 원리와 관련된다.
③ (×) 계층제의 원리이다.

정답 ④

**14** **조직편성의 원리에 대한 설명으로 가장 적절하지 않은 것은?** 〈19 승진〉

① 계층제의 원리－직무를 책임과 난이도에 따라 등급화하고 계층 간에 명령복종관계를 적용하는 원리로, 지휘계통을 확립하고 조직의 업무수행에 통일을 기할 수 있다.
② 통솔범위의 원리－1인의 상관 또는 감독자가 효과적으로 직접 통솔할 수 있는 부하의 수를 정하는 원리로, 통솔범위는 신설 부서보다는 오래된 부서, 지리적으로 분산된 부서보다는 근접 부서, 복잡한 업무보다는 단순한 업무의 경우에 넓어진다.
③ 명령통일의 원리－조직의 집단적 노력을 질서 있게 배열하는 과정으로서 개별적인 활동을 전체적인 관점에서 통일하여 조직의 목표달성도를 높이려는 원리로, 관리자의 공백 등을 대비하여 대리, 위임, 유고관리자 사전지정 등이 필요하다.
④ 조정의 원리－조직편성의 각각의 원리는 장단점을 가지고 있는 바, 이러한 장단점을 조화롭게 승화시키는 원리로, 문제해결이 어려운 경우 관리자가 갈등을 초래할 수 있는 결정을 보류 또는 회피하는 방식을 사용할 수 있다.

해설> ③ (×) 구성원의 개별적인 행동을 전체적인 관점에서 통일하는 것은 조정과 통합의 원리이다.

정답 ③

**15** **조직 내부 갈등의 해결방법에 대한 설명으로 가장 적절하지 않은 것은?** 〈19 승진, 17 경간〉

① 부서 간의 갈등이 일어나고 있을 때는 더 높은 상위목표를 제시, 상호 간 이해와 양보를 유도하는 것이 바람직하다.
② 문제해결이 어려운 경우에는 갈등을 완화하거나 관리자가 갈등을 초래할 수 있는 결정을 보류 또는 회피하는 방식을 사용할 수 있다.
③ 갈등의 장기적 대응을 위해서 조직의 구조, 보상체계, 인사 등의 제도개선과 조직원의 행태를 합리적으로 개선하는 방안이 있다.
④ 갈등의 원인이 세분화된 업무처리에 있다면 업무추진의 우선순위를 정해주는 것이 바람직하고 한정된 인력이나 예산으로 갈등이 생기는 경우 전체적인 업무처리 과정의 조정과 통합이 바람직하다.

해설 ④ (×) 세분화된 업무처리는 업무처리의 조정과 통합이 필요하고, 한정된 인력과 예산이면 우선순위를 지정해 주어야 한다.

**☞ 조정과 통합의 원리에서 갈등 문제해결 방법**

① 세분화된 업무처리로 갈등: 처리과정 통합·연결하는 장치나 대화채널 필요
② 부서 간의 갈등: 더 높은 상위목표 제시, 상호 간 이해와 양보 유도
③ 한정된 인력과 예산 갈등: 업무추진 우선순위 지정

정답 ④

**16** **경찰조직편성의 원리에 대한 설명 중 적절한 것을 모두 고른 것은?** 〈18 채용3차, 17 경위〉

㉠ 계층제의 원리 – 책임과 난이도에 따라 상위로 갈수록 권한과 책임이 무거운 임무를 수행하도록 편성한다.
㉡ 통솔범위의 원리 – 신설조직보다 기성조직에서, 단순반복 업무보다 전문적 사무를 담당하는 조직에서 상관이 많은 부하직원을 통솔할 수 있다.
㉢ 명령통일의 원리 – 상위직에 부여된 권한과 책임을 하위자에게 분담시키는 권한의 위임제도를 적절히 활용하여 명령통일의 한계를 완화할 수 있다.
㉣ 조정과 통합의 원리 – 조직의 구조, 보상체계, 인사 등의 제도개선과 조직원의 행태를 합리적으로 개선하는 것은 갈등의 단기적인 대응방안이다.

① ㉠, ㉡　　② ㉠, ㉢
③ ㉠, ㉣　　④ ㉡, ㉢

해설 ㉡ (×) 전문적 사무보다 단순 반복적 업무에서 보다 많은 부하직원을 통솔할 수 있다.
㉣ (×) 조직구조 개선, 보상체계 개선, 인사제도 개선, 조직원 행태 개선 등은 장기적인 대응방안이다.

정답 ②

## 제3절 동기부여이론

**01 동기부여이론 중 내용이론에 해당하는 것으로 가장 적절하지 않은 것은?** 〈23 채용2차〉

① 매슬로우(Maslow)의 욕구단계이론
② 맥그리거(McGregor)의 X이론 · Y이론
③ 포터와 롤러(Porter & Lawler)의 업적만족이론
④ 허즈버그(Herzberg)의 욕구충족요인 이원론(동기위생이론)

해설 ③ (×) 과정이론에 해당한다.

**동기부여이론**

| | |
|---|---|
| 내용이론 | ① 인간의 **욕구**가 동기부여를 일으킨다.<br>② **매**슬로우의 욕구이론, **샤**인의 복잡인모형, **허**즈버그의 동기위생요인이론, **맥**그리거의 X, Y이론, **알**더퍼의 ERG이론, **아**지리스의 성숙 · 미성숙이론<br>**【내용적으로 매사에 허와 맥을 알아】** |
| 과정이론 | ① 인간의 욕구 외에 **다양한 요인**들이 작용한다.<br>② **아**담스의 **공**정성(형평성)이론, 브룸의 **기**대이론, 포터&롤러의 「**업**적 – 만족이론」 **【공기업 (입사) 과정】** |

정답 ③

**02 경찰조직관리를 위한 동기부여이론을 내용이론과 과정이론으로 나눌 때 내용이론을 주창한 사람이 아닌 자는?** 〈22 법학, 22 경간〉

① 맥클랜드(McClelland)
② 허즈버그(Herzberg)
③ 아담스(Adams)
④ 매슬로우(Maslow)

해설 ① (○) 맥클리랜드의 성취동기이론 : 모든 사람이 비슷한 욕구와 계층을 가지고 있다는 매슬로우의 욕구계층이론을 비판하면서, 개인마다 욕구의 계층에 차이가 있다고 주장한다. 욕구를 성취욕구, 친교욕구, 권력욕구로 분류하고, 성취욕구가 높을수록 생산성이 높아진다며 성취욕구의 중요성을 강조하였다.
③ (×) 아담스의 공정성이론은 과정이론이다.

정답 ③

**03 다음 학자와 그가 주장하는 이론에 대한 설명으로 적절한 것은 모두 몇 개인가?** 〈23 경간〉

> 가. 맥클리랜드(McClelland) – 개인마다 욕구의 계층은 차이가 있다고 보았으며 인간의 욕구를 성취 욕구, 자아실현 욕구, 권력 욕구로 구분하였다.
> 나. 허즈버그(Herzberg) – 주어진 일에 대한 성취감, 주변의 인정, 승진 가능성 등은 동기(만족)요인으로, 열악한 근무환경, 낮은 보수 등은 위생요인으로 구분하였으며 두 요인은 상호 독립되어 있다고 보았다.
> 다. 맥그리거(McGregor) – 인간의 욕구는 5단계의 계층으로 이루어지며 하위 욕구부터 상위 욕구로 발달한다고 보았다.
> 라. 앨더퍼(Alderfer) – 인간의 욕구를 계층화하여 생존(Existence) 욕구, 존경(Respect) 욕구, 성장(Growth) 욕구의 3단계로 구분하였다.

① 1개
② 2개
③ 3개
④ 4개

해설 가. (×) 맥클리랜드(McClelland)는 모든 사람이 비슷한 욕구와 계층을 가지고 있다는 매슬로우의 욕구계층이론을 비판하면서, 개인마다 욕구의 계층에 차이가 있다고 주장하였다. 맥클리랜드는 성취욕구, 친교욕구, 권력욕구로 구분하고 성취욕구가 높을수록 생산성이 높아진다고 보았다.
다. (×) 매슬로우(Maslow)의 이론이다.
라. (×) 알더퍼의 ERG이론의 R은 관계(Relatedness)이다.

정답 ①

## 04 동기부여이론에 관한 설명과 학자가 가장 적절하게 연결된 것은? 〈22 채용2차〉

> ㉠ 인간은 자신의 욕구를 충족시키기 위해서 노력하며 하위 단계의 욕구가 충족되어야 다음 단계로 발전되는 순차적 특성을 갖는다.
> ㉡ Y이론적 인간형은 부지런하고, 책임과 자율성 및 창의성을 발휘하기를 좋아하고, 스스로 통제와 발전이 가능하기 때문에 민주적이고 인간적인 동기유발 전략이 필요한 유형이다.
> ㉢ 인간의 개인적 성격과 성격의 성숙과정을 '미성숙에서 성숙으로'라고 보고, 관리자는 조직 구성원을 최대의 성숙상태로 실현시켜야 한다고 하였다.
> ㉣ 위생요인을 제거해주는 것은 불만을 줄여주는 소극적 효과일 뿐이기 때문에, 근무태도 변화에 단기적 영향을 주어 사기는 높여줄 수 있으나 생산성을 높여주지는 못한다. 만족요인이 충족되면 자기실현욕구를 자극하여, 적극적 만족을 유발하고 동기유발에 장기적 영향을 준다.

① ㉠ 매슬로우(Maslow) ㉡ 맥그리거(McGregor)
㉢ 아지리스(Argyris) ㉣ 허즈버그(Herzberg)
② ㉠ 매슬로우(Maslow) ㉡ 아지리스(Argyris)
㉢ 맥그리거(McGregor) ㉣ 허즈버그(Herzberg)
③ ㉠ 매슬로우(Maslow) ㉡ 맥그리거(McGregor)
㉢ 허즈버그(Herzberg) ㉣ 아지리스(Argyris)
④ ㉠ 맥그리거(McGregor) ㉡ 아지리스(Argyris)
㉢ 허즈버그(Herzberg) ㉣ 매슬로우(Maslow)

해설 > ㉠ (○) 매슬로우의 욕구계층이론, 맥그리거의 XY 이론, 아지리스의 성숙 – 미성숙 이론, 허즈버그의 욕구충족이원론

정답 ①

## 05 A경찰서장은 동기부여이론 및 사기이론을 활용하여 소속 경찰관들의 사기를 높이기 위한 방안을 모색하였다. 이론의 적용으로 가장 적절하지 않은 것은? 〈20 채용2차〉

① Maslow의 욕구계층이론에 따라 존경의 욕구를 충족시켜주기 위하여 권한위임을 확대하였다.
② Herzberg의 동기위생요인 이론에 따르면 사기진작을 위해서는 동기요인이 강화되어야 하므로 적성에 맞는 직무에 배정하고 책임감과 성취감을 느낄 수 있도록 독려하였다.
③ McGregor의 X이론에 따르면 인간은 근본적으로 업무에 대한 의욕을 가지고 있기 때문에 이러한 의욕을 강화시키기 위해 금전적 보상과 포상제도를 강화하였다.
④ McGregor의 Y이론을 적용하여 상급자의 일방적 지시와 명령을 줄이고 의사결정 과정에 일선경찰관들의 참여를 확대시키도록 지시하였다.

해설 > ③ (×) X 이론은 인간을 타율적 존재로 인식하며 외재적 요인(금전적 보상, 포상, 제재)에 반응한다고 보며, Y 이론은 인간을 자율적 존재로 인식하여 책임감과 성취감을 느끼도록 한다.

정답 ③

## 06 매슬로우(Maslow)의 욕구 이론에 대한 설명으로 가장 적절하지 않은 것은? 〈17 채용, 23 법학〉

① 매슬로우는 욕구를 생리적 욕구(Physiological Needs), 안전의 욕구(Safety Needs), 사회적 욕구(Social Needs), 존경의 욕구(Esteem Needs), 자기실현 욕구(Self-actualization Needs)로 구분하였다.
② 안전의 욕구는 현재 및 장래의 신분이나 생활에 대한 불안 해소에 관한 것으로 신분보장, 연금제도 등을 통해 충족시켜 줄 수 있다.
③ 존경의 욕구는 동료·상사·조직 전체에 대한 친근감·귀속감 충족에 관한 것으로 인간관계의 개선, 고충처리 상담 등을 통해 충족시켜 줄 수 있다.
④ 생리적 욕구는 의·식·주 및 건강 등에 관한 것으로 적정보수제도, 휴양제도 등을 통해 충족시켜 줄 수 있다.

해설 > ③ (×) **사회적 욕구** 충족 방안으로 **고충처리**, **인사**, **인간관계** 개선 등이 있다. **【사고인간】**

정답 ③

**07** **매슬로우(Maslow)의 욕구계층이론에 대한 설명으로 가장 적절한 것은?** 〈19 승진〉

① 경찰관이 포상휴가를 가는 것보다 유능한 경찰관이라는 인정을 받고 싶어서 열심히 범인을 검거하였다면 자아실현의 욕구를 충족하고 싶은 것이다.
② 매슬로우는 5단계 기본욕구가 우선순위의 계층을 이루고 있어 한 단계의 욕구가 충족되어야 비로소 다음 단계의 욕구가 발로된다고 보았다.
③ 소속 직원들 간 인간관계의 개선, 공무원 단체의 활용, 고충처리 상담, 적정한 휴양제도는 사회적 욕구를 충족시켜 주기 위한 방안에 해당한다.
④ 경찰관에 대한 공정하고 합리적인 승진제도를 마련하고 권한의 위임과 참여를 확대하는 것은 자아실현의 욕구를 충족시켜 주기 위한 방안에 해당한다.

해설 ① (×) 유능한 경찰관으로 인정받고 싶은 욕구는 존경의 욕구이다. 마슬로우의 이론은 낮은 단계의 욕구가 충족되어야 다음 단계의 욕구로 이동한다고 보았기 때문에 포상 휴가를 가고 싶은 생리적 욕구가 충족되지 않았음에도 상위 욕구인 존경의 욕구 충족을 위하여 열심히 일하는 경우를 설명할 수 없다는 비판이 있다.
③ (×) 인간관계 개선과 고충처리 상담은 사회적 욕구 충족 방안이고, 공무원 단체의 활용은 자기실현 욕구 충족 방안이며, 적정한 휴양제도는 생리적 욕구 충족을 위한 제도이다.
④ (×) 승진제도는 자기실현 욕구 충족의 방안이지만, 권한의 위임과 참여 확대는 존경의 욕구 충족 방안이다.

정답 ②

## 제4절 경찰인사관리

**01** **직업공무원제도에 대한 설명이다. 아래 가.부터 라.까지 설명 중 옳고 그름의 표시(○, ×)가 바르게 된 것은?** 〈23 경간〉

가. 직업공무원제도는 신분보장, 정치적 중립, 자격이나 능력중시, 개방형 인력충원 방식의 선호라는 점에서 실적주의와 공통점을 가진다.
나. 직업공무원제도의 성공적 정착을 위해서는 공직에 대한 사회의 높은 평가가 필요하며 퇴직 후의 불안해소와 생계보장을 위해 적절한 연금제도가 확립되어야 한다.
다. 직업공무원제도는 장기적인 발전가능성을 선발기준으로 삼고 있으며 직위분류제가 계급제보다 직업공무원제도의 정착에 더 유리하다.
라. 직업공무원제도는 행정의 안정성과 독립성 확보에 용이하며 외부환경 변화에 신속하게 대응한다는 장점이 있다.

① 가(○) 나(○) 다(○) 라(×)
② 가(×) 나(○) 다(×) 라(×)
③ 가(○) 나(○) 다(×) 라(○)
④ 가(×) 나(○) 다(○) 라(×)

해설 가. (×) 직업공무원제도는 계급제를 기반으로 하는 폐쇄형 충원방식을 선호한다.
다. (×) 장기적인 발전가능성을 중시하는 계급제가 직업공무원제도의 정착에 더 유리하다.
라. (×) 직업공무원제도는 계급제와 폐쇄형 충원방식을 기반으로 하기 때문에 환경변화에 신속하기 대응하기 어렵다.

정답 ②

PART 03

## 02 다음은 경찰직업공무원제도에 대한 설명이다. 옳은 것은 모두 몇 개인가? 〈20 채용1차〉

> ㉠ 실적주의는 직업공무원제로 발전되어 가는 기반이 되지만, 실적주의가 바로 직업공무원 제도를 의미하는 것은 아니다.
> ㉡ 행정의 안정성, 계속성, 독립성, 중립성 확보가 용이하다.
> ㉢ 행정통제 및 행정책임 확보가 용이하다.
> ㉣ 젊은 인재의 채용을 위한 연령 제한으로 공직 임용의 기회 균등을 저해한다.

① 1개 ② 2개 ③ 3개 ④ 4개

해설> ㉠ (○) 미국의 경우 1883년 펜들턴법 제정으로 실적주의가 확립되고 50여년 후에 직업공무원제도가 정립되었다. 실적주의는 직업공무원제로 발전되어 가는 기반이 되고 직업공무원제도를 위한 기초가 되지만, **실적주의가 바로 직업공무원 제도를 의미하는 것은 아니다.**
㉢ (×) 직업공무원제도는 강력한 신분보장으로 공무원에 대한 민주적 통제 약화, 공무원의 무책임성이 발생하여 **행정통제 · 행정책임 확보 곤란하다는 단점이 있다.**
㉣ (○) 실적주의는 연령제한을 두지 않지만, 직업공무원제도는 반드시 젊고 유능한 인재에게 공직을 개방한다는 측면에서 공직 임용의 기회 균등을 저해한다는 측면이 있다.

정답 ③

## 03 계급제와 직위분류제에 관한 설명으로 가장 적절하지 않은 것은? 〈23 채용1차〉

① 직위분류제는 사람 중심 분류로서 계급제보다 인사배치의 신축성 측면에서 유리하다.
② 우리나라의 공직분류는 계급제 위주에 직위분류제적 요소를 가미한 혼합 형태라고 할 수 있다.
③ 직위분류제는 미국에서 실시된 후 다른 나라로 전파되었다.
④ 직위분류제는 계급제에 비해서 보수결정의 합리적인 기준을 제시하는 것이 장점이다.

해설> ① (×) 직위분류제는 직무 중심의 제도이고 계급제는 인간 중심의 제도이다. 직위분류제는 인사배치(내부인사)에 있어서 비신축적(다른 부서로 이동이 곤란)이지만 계급제는 신축적이다.

정답 ①

## 04 계급제와 직위분류제에 대한 설명 중 가장 적절하지 않은 것은? 〈20 법학〉

① 직위분류제는 직무의 특성에 중점을 두고 직무의 종류와 책임, 난이도를 기준으로 공직을 분류한다.
② 계급제는 일반적 교양과 능력을 가진 사람을 채용하여 장기간에 걸쳐 능력이 키워지므로 특정 분야의 경찰전문가 양성에 적합한 방식이다.
③ 직위분류제는 계급제에 비해 인사배치의 신축성과 융통성이 부족하다.
④ 계급제는 직위분류제에 비해 신분보장이 강하며 폐쇄형 충원 방식을 택한다.

해설> ② (×) 계급제는 일반행정가를 양성하고, 직위분류제는 전문가를 양성하기에 적합하다.

정답 ②

## 05 계급제와 직위분류제에 대한 설명으로 가장 적절하지 않은 것은? 〈19 채용1차〉

① 직위분류제의 경우 직무중심 분류로서 계급제보다 인사배치에 신축성을 기할 수 있다.
② 계급제의 경우 널리 일반적 교양, 능력을 갖춘 사람을 채용하여 장기간에 걸쳐 능력을 향상시키므로 공무원이 종합적, 신축적인 능력을 갖출 수 있다.
③ 직위분류제의 경우 동일한 직무를 장기간 담당하게 되어 행정의 전문화에 기여한다.
④ 우리나라의 공직분류는 계급제 위주에 직위분류제적 요소를 가미한 혼합 형태라고 할 수 있다.

해설> ① (×) 인사배치는 조직 내부의 인사를 말하는 것으로, 직위분류제는 각 직무별 엄격한 기준과 조건을 충족해야 하기 때문에 계급제에 비하여 신축성을 기하기 어렵다.

정답 ①

**06** 계급제와 직위분류제를 비교한 것으로 가장 적절한 것은? 〈19 승진〉

① 계급제는 공직을 분류함에 있어서 행정기관을 구성하는 개개의 직위에 내포되어 있는 직무의 종류와 책임도 및 곤란도에 따라 여러 직종과 등급 및 직급을 분류하는 제도이다.
② 계급제는 보통 계급의 수가 적고 계급 간의 차별이 심하며, 동일한 직무를 장기간 담당하게 되어 직위분류제에 비해 행정의 전문화에 기여한다.
③ 직위분류제는 직무중심의 분류방법으로 시험·채용·전직의 합리적 기준을 제공하여 계급제에 비해 인사배치의 신축성을 기할 수 있다.
④ 직위분류제는 권한과 책임의 한계를 명확히 하는 장점이 있지만, 유능한 일반행정가의 확보 곤란, 신분보장의 미흡 등의 단점이 있다.

해설> ① (×) 직위분류제에 대한 설명이다.
② (×) 계급제는 직위분류제에 비하여 계급의 수가 더 적고 계급 간의 차별이 심하다. 직위분류제는 각 직무별로 계급제보다 더 세분화되어 있다. 동일한 직무를 장기간 담당하게 되어 행정의 전문화에 기여하는 것은 직위분류제이다.
③ (×) 직위분류제는 인사요인이 있을 때 내부에서 다른 부서로 이동이 곤란하고(내부인사 비신축성), 외부에서 인력을 충원하는 개방형을 취한다. 계급제는 내부 인사요인이 있을 때 다른 부서로 이동이 용이하고(내부인사 신축적), 내부에서 인력을 충원하는 폐쇄형이다.

정답 ④

**07** 공직분류방식에 대한 설명으로 가장 적절한 것은? 〈19 승진〉

① 계급제는 인간중심의 분류방법으로 널리 일반적 교양·능력을 가진 사람을 채용하여 신분보장과 함께 장기간에 걸쳐 능력이 키워지므로 공무원이 보다 종합적·신축적인 능력을 가질 수 있다.
② 직위분류제는 동일한 직무를 장기간 담당하게 되어 행정의 전문화에 유용하나, 권한과 책임의 한계가 불명확하다는 단점이 있다.
③ 계급제는 충원방식에서 폐쇄형을 채택하여 인사배치가 비융통적이나 직위분류제는 개방형을 채택하고 있어 인사배치의 신축성이 있다.
④ 직위분류제는 계급제에 비해서 보수결정의 합리적인 기준을 제시할 수 있으며, 직무분석을 통한 이해력이 넓어져 기관 간의 횡적 협조가 용이한 편이다.

해설> ② (×) 직위분류제는 권한과 책임이 보다 명확하다.
③ (×) 계급제는 폐쇄형으로 내부 인사배치가 신축적이며, 직위분류제는 개방형으로 인사배치가 제한되는 비신축성을 갖고 있다.
④ (×) 직위분류제는 전문화, 분업화에 유리한 반면 횡적 협조가 곤란하다.

정답 ①

**08** 공직의 분류 방식에 대한 설명 중 가장 적절하지 않은 것은? 〈18 법학, 16 채용2차〉

① 직위분류제는 채용·전직·보수 등 인사행정의 합리적 기준을 제공하나 권한과 책임의 한계가 불명확하다는 한계가 존재한다.
② 계급제는 사람중심의 분류방식으로 직위분류제에 비해서 부처 간의 협조와 조정이 용이하다.
③ 직위분류제는 1909년 미국의 시카고 시에서 처음 실시된 방식으로 동일한 직무를 장기간 담당하게 되어 행정의 전문화에 유용하다.
④ 우리나라의 공직분류 방식은 계급제를 위주로 하여 직위분류제적 요소를 가미한 혼합형태라고 할 수 있다.

해설> ① (×) 직위분류제는 권한과 책임의 한계를 명확히 한다.

정답 ①

## 제5절 경찰예산관리

### 01 예산제도에 관한 설명으로 가장 적절하지 않은 것은? 〈23 채용2차, 23 법학〉

① 영기준예산제도는 전년도 예산을 기준으로 하여 점증적으로 예산액을 결정하는 데서 생기는 폐단을 시정하려고 개발한 것이다.

② 품목별 예산제도는 일반 국민들이 정부사업에 대한 이해를 용이하게 하지만 인건비 등 경직성 경비적용에 어려움이 있다.

③ 계획예산의 핵심은 프로그램 예산형식을 따르는 것으로서, 기획(planning), 사업구조화(programming), 예산(budgeting)을 연계시킨 시스템적 예산제도이다.

④ 준예산은 새로운 회계연도가 개시될 때까지 국회에서 예산안이 의결되지 못한 경우 예산안이 의결될 때까지 전년도 예산에 준하여 지출하는 예산이다.

해설 > ② (×) 성과주의 예산제도에 대한 설명이다. 품목별 예산제도는 품목에 집중하여 의사결정을 위한 자료제시가 부족하다.

정답 ②

### 02 예산제도에 대한 설명으로 가장 적절한 것은? 〈19 승진, 17 경간〉

① 품목별 예산제도는 지출의 대상·성질을 기준으로 세출예산의 금액을 분류하는 통제지향적 제도로 회계책임의 명확화를 통해 계획과 지출의 불일치를 극복할 수 있다는 장점이 있다.

② 성과주의 예산제도는 정부가 구입하는 물품보다 정부가 수행하는 업무에 중점을 두는 관리지향적 예산제도로 기능의 중복을 피하기가 곤란하고 인건비 등 경직성 경비에 적용이 어렵다.

③ 영기준 예산제도는 예산편성 시 전년도 예산을 기준으로 점증적으로 예산을 책정하는 폐단을 탈피하기 위한 예산제도이다.

④ 일몰법은 특정의 행정기관이나 사업이 일정 기간 지나면 의무적·자동적으로 폐지되게 하는 예산제도로 행정부가 예산편성을 통해 정하며 중요사업에 대해 적용된다.

해설 > ① (×) 품목별 예산제도는 회계책임은 명확하지만 품목별로 세운 지출 계획에 맞추어 실제 지출이 이루어지기는 어렵다.
② (×) 성과주의 예산제도는 관리지향적 예산제도로서 품목별 예산의 기능의 중복 문제점을 극복할 수 있다는 장점은 있지만, 인건비 등 경직성 경비에 적용이 어렵다는 단점이 있다.
④ (×) 일몰법은 법률로서 규정하므로 행정부가 아닌 입법부에서 결정한다.

정답 ③

## 03 예산제도에 대한 설명 중 가장 옳은 것은? 〈18 법학〉

① 품목별 예산제도는 지출의 대상, 성질을 기준으로 세출예산의 금액을 분류함으로써 단위원가의 계산이 중요하고 정부가 수행하는 업무에 중점을 두는 관리 지향적 예산제도이다.
② 계획예산제도는 장기적인 기획과 단기적인 예산을 프로그램 작성을 통하여 유기적으로 결합하여 회계책임이 명확해지고, 인사행정에 유용한 정보와 자료를 제공할 수 있다는 장점이 있다.
③ 일몰법은 특정의 행정기관이나 사업이 일정 기간 경과하면 의무적·자동적으로 폐지되게 하는 법률을 말하며 입법부에서 제정한다.
④ 추가경정예산은 회계연도 개시 전까지 예산의 불성립 시에 전년도 예산에 준하여 지출하는 예산제도이다.

해설> ① (×) 성과주의 예산제도에 대한 설명이다.
② (×) 회계책임이 명확하고 인사행정에 유용한 정보와 자료를 제공할 수 있다는 장점이 있는 제도는 품목별 예산제도이다.
④ (×) 준예산에 대한 설명이다.

 ③

## 04 「국가재정법」상 예산안의 편성 절차를 순서대로 나열한 것으로 가장 적절한 것은? 〈23 승진〉

> ㉠ 기획재정부장관은 국무회의의 심의를 거쳐 대통령의 승인을 얻은 다음 연도의 예산안편성지침을 각 중앙관서의 장에게 통보하여야 한다.
> ㉡ 기획재정부장관은 예산요구서에 따라 예산안을 편성하여 국무회의의 심의를 거친 후 대통령의 승인을 얻어야 한다.
> ㉢ 각 중앙관서의 장은 예산편성지침에 따라 그 소관에 속하는 다음 연도의 세입세출예산·계속비·명시이월비 및 국고채무부담행위 요구서를 작성하여 기획재정부장관에게 제출하여야 한다.
> ㉣ 기획재정부장관은 각 중앙관서의 장에게 통보한 예산안편성지침을 국회 예산결산특별위원회에 보고하여야 한다.

① ㉠ → ㉡ → ㉢ → ㉣　　② ㉠ → ㉣ → ㉢ → ㉡
③ ㉣ → ㉠ → ㉢ → ㉡　　④ ㉣ → ㉢ → ㉠ → ㉡

해설> ② (○) 각 중앙관서의 장에게 통보한 예산안편성지침을 국회 예산결산특별위원회에 보고한다. 전체 절차는 중기**사**업계획서 → 예산안편성**지**침 → 국회 예산안편성**지**침 보고 → 세입세출예산·계속비·명시이월비·국고채무부담행위 **요**구서("예산**요**구서") 【사지요】

정답 ②

PART 03

## 05 「국가재정법」에 대한 설명으로 적절한 것은 모두 몇 개인가? 〈23 경간, 23 법학〉

가. 기획재정부장관은 국무회의의 심의를 거쳐 대통령의 승인을 얻은 다음 연도의 예산편성지침을 매년 1월 31일까지 각 중앙관서의 장에게 통보하여야 한다.
나. 각 중앙관서의 장은 예산의 목적범위 안에서 재원의 효율적 활용을 위하여 대통령령으로 정하는 바에 따라 국무회의의 심의를 거친 후 대통령의 승인을 얻어 각 세항 또는 목의 금액을 전용할 수 있다.
다. 각 중앙관서의 장은 「국가회계법」에서 정하는 바에 따라 회계연도마다 작성한 결산보고서를 다음 연도 2월 말일까지 기획재정부장관에게 제출하여야 한다.
라. 기획재정부장관은 「국가회계법」에서 정하는 바에 따라 회계연도마다 작성하여 대통령의 승인을 받은 국가결산보고서를 다음 연도 5월 20일까지 감사원에 제출하여야 한다.

① 1개 ② 2개
③ 3개 ④ 4개

해설> 가. (×) 예산편성지침은 3월 31일까지 각 중앙관서의 장에게 통보하여야 한다.
나. (×) 각 중앙관서의 장은 기획재정부장관의 승인을 얻어 각 세항 또는 목의 금액을 전용할 수 있다.
라. (×) 기획재정부장관은 다음 연도 4월 10일까지 감사원에 제출하여야 한다.

### ☞ 예산의 결산 흐름도

| 경찰청장 ⇩ 기재부장관 ⇩ 감사원 ⇩ 기재부장관 ⇩ 국회 | | |
|---|---|---|
| 경찰청장 ⇩ | 중앙관서결산보고서 제출 | 2월 말까지 |
| 기재부장관 ⇩ | 국가결산보고서 제출 (대통령 승인) | 4월 10일까지 |
| 감사원 ⇩ | 국가결산보고서 검사 | 5월 20일까지 |
| 기재부장관 ⇩ | 국가결산보고서 제출 (대통령 승인) | 5월 31일까지 (말까지) |
| 국회 | | |
| 【경기감기국】 | 【이(2) 놈(4) 다오(5,5), 1,2,3】 | |

정답 ①

## 06 「국가재정법」상 경찰예산에 대한 설명으로 가장 적절하지 않은 것은? 〈22 경간〉

① 경찰청장은 매년 1월 31일까지 당해 회계연도부터 5회계연도 이상의 기간 동안의 신규사업 및 기획재정부장관이 정하는 주요 계속사업에 대한 중기사업계획서를 기획재정부장관에게 제출하여야 한다.
② 경찰청장은 예산이 확정된 후 사업운영계획 및 이에 따른 세입세출예산·계속비와 국고채무 부담행위를 포함한 예산배정요구서를 기획재정부장관에게 제출하여야 한다.
③ 경찰청장은 세출예산이 정한 목적 외에 경비를 사용할 수 없다.
④ 경찰청장은 「국가재정법」 제29조의 규정에 따른 예산안편성지침에 따라 그 소관에 속하는 다음 연도의 세입세출예산·계속비·명시이월비 및 국고채무부담행위 요구서를 작성하여 매년 6월 30일까지 우선 행정안전부장관에게 제출하여야 한다.

해설> ④ (×) 5월 31일까지 제출하여야 한다.

### ☞ 예산편성 흐름도

| | | |
|---|---|---|
| 경찰청장 ⇩ | 중기사업계획서 제출 | 1월 말까지 |
| 기재부장관 ⇩ | 예산안 편성지침 하달 (대통령 승인) | 3월 말까지 |
| 경찰청장 ⇩ | 예산 요구서 제출 | 5월 말까지 |
| 기재부장관 ⇩ | 정부안 확정 (대통령 승인) | 회계연도 개시 120일 전까지 |
| 국회 | | |
| 【경기경기국】 | 【사지요, 해(1)산(3)물(5) 12시 전에】 | |

정답 ④

## 07 「국가재정법」상 예산편성 및 집행에 관한 설명 중 가장 적절하지 않은 것은? 〈22 채용1차〉

① 각 중앙관서의 장은 제29조의 규정에 따른 예산안편성지침에 따라 그 소관에 속하는 당해 연도의 세입세출예산·계속비·명시이월비 및 국고채무부담행위 요구서를 작성하여 매년 3월 31일까지 기획재정부장관에게 제출하여야 한다.
② 각 중앙관서의 장은 매년 1월 31일까지 해당 회계연도부터 5회계연도 이상의 기간 동안의 신규사업 및 기획재정부장관이 정하는 주요 계속사업에 대한 중기사업계획서를 기획재정부장관에게 제출하여야 한다.
③ 기획재정부장관은 각 중앙관서의 장에게 예산을 배정한 때에는 감사원에 통지하여야 한다.
④ 정부는 제32조의 규정에 따라 대통령의 승인을 얻은 예산안을 회계연도 개시 120일 전까지 국회에 제출하여야 한다.

해설 ① (×) 예산요구서는 5월 31일까지 기획재정부장관에게 제출하여야 한다. 중기**사**업계획서 제출(1월 31일까지), 예산안 편성**지**침(3월 31일까지), 예산**요**구서 제출(5월 31일까지) **【사지요】** 또한, "당해" 연도가 아닌 "다음" 연도이다.

정답 ①

## 08 「국가재정법」상 예산안의 편성과 집행에 관한 설명으로 가장 적절하지 않은 것은? 〈20 승진, 23 채용1차〉

① 각 중앙관서의 장은 예산편성지침에 따라 그 소관에 속하는 다음 연도의 세입세출예산 계속비·명시이월비 및 국고채무부담행위 요구서를 작성하여 매년 5월 31일까지 기획재정부장관에게 제출하여야 한다.
② 기획재정부장관은 예산요구서에 따라 예산안을 편성하여 국회 심의를 거친 후 대통령의 승인을 얻어야 한다.
③ 각 중앙관서의 장은 예산이 확정된 후 사업운영계획 및 이에 따른 세입세출예산·계속비와 국고채무부담행위를 포함한 예산배정요구서를 기획재정부장관에게 제출하여야 한다.
④ 기획재정부장관은 각 중앙관서의 장에게 예산을 배정한 때에는 감사원에 통지하여야 한다.

해설 ② (×) 국무회의 심의를 거친 후 대통령의 승인을 얻어야 한다.

정답 ②

## 09 경찰예산에 관한 설명으로 가장 적절하지 않은 것은? 〈19 채용2차〉

① 정부 예산안이 국회를 통과하여 확정된 후에 새롭게 발생한 사유로 인하여 이미 성립한 예산에 변경을 가할 필요가 있을 때 편성하는 예산은 추가경정예산이다.
② 예산의 집행은 예산의 배정으로부터 시작되므로 예산이 확정되더라도 해당 예산이 배정되지 않은 상태에서는 지출원인행위를 할 수 없다.
③ 품목별 예산제도는 세출예산의 대상·성질에 따라 편성한 예산으로 집행에 대한 회계책임을 명백히 하고 경비사용의 적정화에 유리한 장점이 있다.
④ 기획재정부장관은 예산안을 편성하여 국무회의 심의를 거쳐 대통령의 승인을 얻어야 하며, 정부는 이 예산안을 회계연도 개시 90일 전까지 국회에 제출하여야 한다.

해설 ① (○) 국회에서 예산이 성립된 **후**에 사정 변경으로 수정하는 예산은 **추**가경정예산이고, 국회 제출 후 예산이 성립 **전**에 사정 변경으로 수정하는 예산은 **수**정예산이다. **【후추전수】**
④ (×) 120일 전까지 제출해야 한다.

정답 ④

**10** **「국가재정법」상 예산안의 편성에 대한 내용으로 가장 적절하지 않은 것은?** 〈18 채용1차〉

① 각 중앙관서의 장은 매년 1월 31일까지 당해 회계연도부터 3회계연도 이상의 기간 동안의 신규사업 및 기획재정부장관이 정하는 주요 계속사업에 대한 중기사업계획서를 기획재정부장관에게 제출하여야 한다.

② 기획재정부장관은 국무회의의 심의를 거쳐 대통령의 승인을 얻은 다음 연도의 예산안편성지침을 매년 3월 31일까지 각 중앙관서의 장에게 통보하여야 한다.

③ 각 중앙관서의 장은 제29조의 규정에 따른 예산안편성지침에 따라 그 소관에 속하는 다음 연도의 세입세출예산・계속비・명시이월비・국고채무부담행위요구서를 작성하여 매년 5월 31일까지 기획재정부장관에게 제출하여야 한다.

④ 정부는 제32조의 규정에 따라 대통령의 승인을 얻은 예산안을 회계연도 개시 120일 전까지 국회에 제출하여야 한다.

해설 ① (×) **5**회계연도 이상의 기간 동안의 신규**사업**
**【사업(4up)은 5를 의미】**

정답 ①

**11** **예산안이 국회에 제출되면 예산안 심의를 위한 국회가 개회되고 예산안 종합심사를 위하여 예산결산특별위원회가 활동한다. 다음 중 예산결산특별위원회 종합심사 순서를 나열한 것으로 가장 적절한 것은?** 〈18 경감〉

① 종합정책질의 → 계수조정소위원회의 계수조정 → 부별 심사 → 예산결산특별위원회 전체회의에서 소위원회의 조정안 승인

② 종합정책질의 → 부별 심사 → 계수조정소위원회의 계수조정 → 예산결산특별위원회 전체회의에서 소위원회의 조정안 승인

③ 종합정책질의 → 부별 심사 → 예산결산특별위원회 전체회의에서 소위원회의 조정안 승인 → 계수조정소위원회의 계수조정

④ 부별 심사 → 종합정책질의 → 계수조정소위원회의 계수조정 → 예산결산특별위원회 전체회의에서 소위원회의 조정안 승인

해설

**국회의 심의・의결**

> ① 예산결산특별위원회의 종합심사: **종**합정책질의 → **부**처별 심의 → **계**수조정(예결위 소위원회) → **승**인(예결위 전체회의) → 본회의 의결
> ② 국회 심의・의결은 회계연도개시 **30일 전**까지
> **【나이 30전, 종부계승】**

정답 ②

**12** 「국가재정법」상 경찰예산의 관한 설명으로 가장 적절하지 않은 것은? 〈17 경감〉

① 경찰청장은 매년 1월 31일까지 당해 회계연도부터 5회계연도 이상의 기간 동안의 신규사업 및 행정안전부장관이 정하는 주요 계속사업에 대한 중기사업계획서를 기획재정부장관에게 제출하여야 한다.

② 기획재정부장관은 국무회의의 심의를 거쳐 대통령의 승인을 얻은 다음 연도의 예산안편성지침을 매년 3월 31일까지 각 중앙관서의 장에게 통보하여야 한다.

③ 각 중앙관서의 장은 예산안편성지침에 따라 그 소관에 속하는 다음 연도의 세입세출예산・계속비・명시이월비 및 국고채무부담행위 요구서(이하"예산요구서"라 한다)를 작성하여 매년 5월 31일까지 기획재정부장관에게 제출하여야 한다.

④ 기획재정부장관은 예산요구서에 따라 예산안을 편성하여 국무회의의 심의를 거친 후 대통령의 승인을 얻어야 한다.

해설> ① (×) 행정안전부장관이 아니고 기획재정부장관이다.

정답 ①

**13** 국가재정법상 예산의 집행에 대한 설명 중 가장 적절한 것은? 〈20 승진〉

① 각 중앙관서의 장은 예산이 확정되기 전에 사업운영계획 및 이에 따른 세입세출예산, 계속비와 국고채무부담행위를 포함한 예산배정요구서를 기획재정부장관에게 제출하여야 한다.

② 기획재정부장관은 예산배정요구서에 따라 분기별 예산배정계획을 작성하여 국무회의의 심의를 거친 후 대통령의 승인을 얻어야 한다.

③ 예산이 확정되면 해당 예산이 배정되지 않은 상태라도 지출원인 행위를 할 수 있다.

④ 경찰청장은 예산이 정한 각 기관 간 또는 각 장・관・항 간에 상호 이용(移用)할 수 있는 것이 원칙이다.

해설> ① (×) 예산이 확정된 후에 예산배정요구서를 제출한다.

③ (×) 예산이 확정되어도 배정되지 않으면 계약 등 지출원인행위를 할 수 없다.

④ (×) 각 중앙관서의 장은 세출예산이 정한 **목적 외에 경비를 사용할 수 없다**(제45조). 각 중앙관서의 장은 예산의 목적 범위 안에서 재원의 효율적 활용을 위하여 대통령령으로 정하는 바에 따라 기획재정부장관의 승인을 얻어 **각 세항 또는 목의 금액을 전용할 수 있다**(제46조①). 각 중앙관서의 장은 예산이 정한 각 기관 간 또는 **각 장・관・항 간에 상호 이용(移用)할 수 없다.** 다만, 미리 예산으로써 국회의 의결을 얻은 때에는 기획재정부장관의 승인을 얻어 이용하거나 기획재정부장관이 위임하는 범위 안에서 자체적으로 이용할 수 있다(제47조①).

정답 ②

PART 03

## 14 경찰예산 과정에 대한 내용으로 옳지 않은 것은?

〈20 경간〉

① 경찰청장은 예산안편성지침에 따라 그 소관에 속하는 다음 연도의 예산요구서를 기획재정부장관에게 제출하고 기획재정부장관은 예산요구서에 따라 예산안을 편성하여 국무회의 심의를 거쳐 대통령의 승인을 얻은 후 회계연도 개시 120일 전까지 국회에 제출하여야 한다.
② 국회에 제출된 경찰예산안은 행정안전위원회에서 종합심사를 통해 구체적이고 실질적인 금액 조정이 이루어지며 종합심사가 끝난 예산안은 본회의에 상정되어 회계연도 개시 30일 전까지 본회의 의결을 거침으로써 확정된다.
③ 경찰청장은 예산이 확정된 후 예산배정요구서를 기획재정부장관에게 제출하고 기획재정부장관은 예산배정요구서에 따라 분기별 예산배정계획을 작성하여 국무회의 심의와 대통령 승인을 얻은 후 분기별 예산배정계획에 따라 경찰청장에게 예산을 배정한다.
④ 경찰청장은 결산보고서를 기획재정부장관에게 제출하여야 하며 정부는 감사원 검사를 거친 국가결산보고서를 다음 연도 5월 31일까지 국회에 제출하여야 한다.

해설 ② (×) 행정안전위원회가 아니고 예결위(예산결산특별위원회)에서 종합심사를 한다.

**☞ 예산의 결산 흐름도**

| | | |
|---|---|---|
| 경찰청장 | | |
| ⇩ | 중앙관서결산보고서 제출 | 2월 말까지 |
| 기재부장관 | 국가결산보고서 제출 (대통령 승인) | 4월 10일까지 |
| ⇩ | | |
| 감사원 | 국가결산보고서 검사 | 5월 20일까지 |
| ⇩ | | |
| 기재부장관 | 국가결산보고서 제출 (대통령 승인) | 5월 31일까지 (말까지) |
| ⇩ | | |
| 국회 | | |
| 【경기감기국】 | 【이(2) 놈(4) 다오(5,5), 1,2,3】 | |

정답 ②

## 15 다음은 경찰예산의 과정을 순서 없이 나열한 것이다. 과정의 순서를 가장 바르게 나열한 것은?

〈20 채용2차〉

> ㉠ 경찰청장은 다음 연도의 세입세출예산 · 계속비 · 명시이월비 및 국고 채무부담행위 요구서를 작성하여 기획재정부장관에게 제출한다.
> ㉡ 기획재정부장관은 대통령의 승인을 받은 국가결산보고서를 감사원에 제출하여야 한다.
> ㉢ 정부는 국가결산보고서를 국회에 제출하여야 한다.
> ㉣ 경찰청장은 예산배정요구서를 기획재정부장관에게 제출하여야 한다.
> ㉤ 기획재정부장관은 국무회의 심의를 거쳐 대통령의 승인을 얻은 다음 연도의 예산편성지침을 경찰청장에게 통보한다.
> ㉥ 정부는 대통령의 승인을 얻은 예산안을 국회에 제출하고 국회는 심의와 의결을 거쳐 예산안을 확정한다.

① ㉤－㉠－㉣－㉥－㉢－㉡
② ㉠－㉤－㉥－㉣－㉢－㉡
③ ㉤－㉠－㉥－㉣－㉡－㉢
④ ㉣－㉤－㉠－㉥－㉡－㉢

해설 예산의 과정 : 편성(정부) → 심의(국회) → 집행(정부) → 결산(국회)

**☞ 예산의 과정**

1. 예산안의 편성 : **사**업계획서 제출 → 예산안 편성**지**침 → 예산요구서 제출 → 정부안 국회제출
2. 예산의 집행 : 예산배정요구서 제출 → **배**정 → **감**사원 통보 → **사**용
3. 예산의 결산 : 중앙관서결산보고서 제출 → 국가결산보고서 제출 → 결산 검사 → 국회 제출

정답 ③

## 16 경찰예산에 대한 설명으로 가장 적절한 것은?

〈19 승진〉

① 정부 예산안이 국회를 통과하여 확정된 후에 새롭게 발생한 사유로 인하여 이미 성립한 예산에 변경을 가할 필요가 있을 때 편성하는 예산은 수정예산이다.
② 준예산은 회계연도 개시 전까지 예산의 불성립 시 전년도 예산에 준하여 지출하는 제도로 예산 확정 전에는 경찰공무원의 보수와 경찰관서의 유지·운영 등 기본경비에는 사용할 수 없다.
③ 관서운영경비는 관서운영경비출납공무원이 아니면 지급할 수 없으며 관서운영경비출납공무원은 관서운영경비를 금융회사등에 예치하여 관리하여야 한다.
④ 예산의 집행은 예산의 배정으로부터 시작되며 예산이 확정되면 해당 예산이 배정되지 않은 상태에서도 지출원인행위를 할 수 있다.

해설 ① (×) 국회에서 예산이 성립된 **후**에 사정 변경으로 수정하는 예산은 **추가경정예산**이고, 국회 제출 후 예산이 성립 **전**에 사정 변경으로 수정하는 예산은 **수정예산**이다. **【후추전수】**
② (×) 준예산은 전년도 예산에 준하여 지출하는 제도로서, 당해연도 예산이 국회에서 의결될 때까지 (1) 시설 유지 운영(공무원 보수 등 기본경비) (2) 법률상 지출의무 이행 (3) 이미 예산으로 승인된 사업의 계속(새로운 사업 X)에 사용할 수 있다.
④ (×) 예산이 배정되지 않으면 지출원인행위(계약 등)를 할 수 없다.

정답 ③

# 제6절 물품 · 장비 관리

## 01 「물품관리법」상 물품관리에 대한 내용으로 가장 적절한 것은?

〈18 채용1차〉

① 기획재정부장관은 각 중앙관서의 장이 수행하는 물품관리에 관한 업무를 총괄·조정한다.
② 각 중앙관서의 장은 물품관리관의 사무의 일부를 분장하는 분임물품관리관을 대통령령으로 정하는 바에 따라 두어야 한다.
③ 분임물품관리관이란 물품출납공무원의 사무의 일부를 분장하는 공무원을 말한다.
④ 물품관리관으로부터 대통령령으로 정하는 바에 따라 물품의 사용에 관한 사무를 위임받은 공무원을 물품운용관이라 한다.

해설 ① (×) 기재부장관은 정책총괄, 조달청장은 물품관리 총괄
② (×) 분임관은 반드시 설치하지 않아도 되는 임의적 공무원이다(둘 수 있다).
③ (×) 분임물품관리관은 물품관리관의 사무의 일부를 분장하는 공무원이다.
④ (○) 물품 사용은 물품운용관, 물품의 출납과 보관(출납명령 제외)은 물품출납공무원에 위임한다.

**☞ 물품관리법**

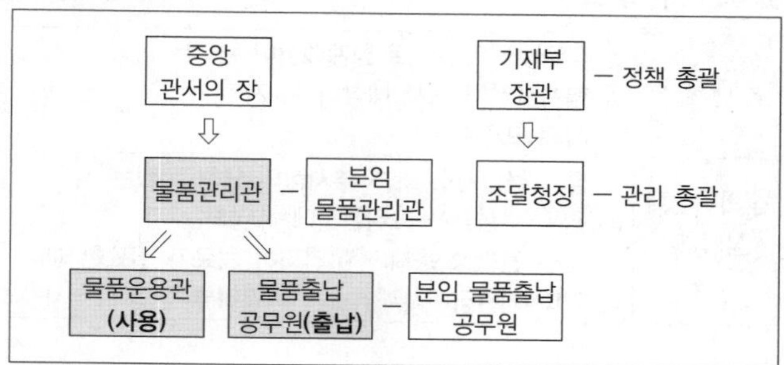


정답 ④

## 02 「경찰장비관리규칙」상 무기류 관리에 대한 설명으로 가장 적절하지 않은 것은? 〈23 경간〉

① 경찰기관의 장은 무기를 휴대한 자 중에서 직무상의 비위 등으로 인하여 징계대상이 된 자, 형사사건의 조사의 대상이 된 자, 경찰공무원 직무적성검사 결과 고위험군에 해당되는 자가 발생한 때에는 즉시 대여한 무기・탄약을 회수하여야 한다.

② 간이무기고는 근무자가 24시간 상주하는 지구대, 파출소, 상황실 및 112타격대 등 경찰기관의 장이 필요하다고 인정하는 상당한 이유가 있는 장소에 설치할 수 있다.

③ 탄약고 내에는 전기시설을 하여서는 아니되며, 조명은 건전지 등으로 하고 방화시설을 완비하여야 한다. 단, 방폭설비를 갖춘 경우 전기시설을 설치할 수 있다.

④ 지구대 등의 간이무기고의 경우는 소속 경찰관에 한하여 무기를 지급하되 감독자 입회(감독자가 없을 경우 반드시 타 선임경찰관 입회)하에 무기탄약 입출고부에 기재한 뒤 입출고하여야 한다. 다만, 긴급상황 발생시 경찰서장의 사전허가를 받은 경우의 대여는 예외로 한다.

해설 ① (×) 직무적성검사 결과 고위험군에 해당되는 자는 즉시 회수 대상자에 해당하지 아니한다.

**☞ 무기・탄약 회수**

| | |
|---|---|
| 즉시 회수 | 1. 직무상 비위 등으로 **징계대상**이 된 자<br>2. **형사사건**의 조사 대상이 된 자<br>3. **사의** 표명자 |
| 심의위원회 심의 후 회수 | 1. **정서 불안자**로 소속 부서장의 요청이 있는 자<br>2. 직무 **적성검사 고위험군**에 해당되는 자<br>3. **정신 건강상 문제**가 우려되어 치료가 필요한 자<br>4. 기타 기관장이 무기 소지 적격여부 심의 요청자 |

정답 ①

## 03 「경찰장비관리규칙」상 무기고 및 탄약고 설치에 관한 설명 중 가장 적절하지 않은 것은? 〈22 채용1차〉

① 무기・탄약고 비상벨은 상황실과 숙직실 등 초동조치 가능 장소와 연결하고, 외곽에는 철조망 장치와 조명등 및 순찰함을 설치하여야 한다.

② 탄약고 내에는 전기시설을 하는 것이 원칙이나 조명은 건전지 등으로 하고 방화시설을 완비하여야 한다.

③ 무기고와 탄약고의 환기통 등에는 손이 들어가지 않도록 쇠창살 시설을 하고, 출입문은 2중으로 하여 각 1개소 이상씩 자물쇠를 설치하여야 한다.

④ 탄약고는 무기고와 분리되어야 하며 가능한 본 청사와 격리된 독립 건물로 하여야 한다.

해설 ② (×) 탄약고는 화재예방 등을 위하여 전기시설 설치를 금지하며(방폭설비 갖춘 경우는 가능), 조명은 건전지 등으로 하고 방화시설을 완비하여야 한다.

정답 ②

## 04 「경찰장비관리규칙」상 무기관리에 대한 설명으로 가장 적절하지 않은 것은? 〈17 경감〉

① 무기는 인명 또는 신체에 위해를 가할 수 있도록 제작된 권총・소총・도검 등을 말한다.

② 무기・탄약고 비상벨은 상황실과 숙직실 등 초동조치 가능 장소와 연결하고, 외곽에는 철조망 장치와 조명등 및 순찰함을 설치할 수 있다.

③ 탄약고는 무기고와 분리되어야 하며, 가능한 본 청사와 격리된 독립 건물로 하여야 한다.

④ 간이무기고는 근무자가 24시간 상주하는 지구대, 파출소, 상황실 및 112타격대 등 경찰기관의 장이 필요하다고 인정하는 상당한 이유가 있는 장소에 설치할 수 있다.

해설 ② (×) 외곽에는 철조망, 조명등, 순찰함을 반드시 설치해야 한다.

정답 ②

**05** **「경찰장비관리규칙」상 무기탄약의 회수 및 보관에 대한 설명 중 가장 적절한 것은?** 〈20 승진, 17 경감〉

① 경찰기관의 장은 무기를 휴대한 자 중에서 사의를 표명한 자에게 대여한 무기탄약을 즉시 회수하여야 한다.
② 경찰기관의 장은 무기를 휴대한 자 중에서 경찰공무원 직무적성 검사 결과 고위험군에 해당되는 자에게 대여한 무기탄약을 즉시 회수하여야 한다.
③ 경찰기관의 장은 무기를 휴대한자 중에서 형사사건의 조사의 대상이 된 자에게 대여한 무기탄약을 무기 소지 적격 심의 위원회의 심의를 거쳐 회수할 수 있다.
④ 경찰기관의 장은 무기를 휴대한 자 중에서 정신건강상 문제가 우려되어 치료가 필요한 자에게 대여한 무기탄약을 즉시 회수하여야 한다.

해설 ②④ (×) 직무적성검사 고위험군, 정신건강상 문제 우려자는 심의위원회 심의 후 회수할 수 있다.
③ (×) 형사사건 조사 대상이 된 경우 즉시 회수 대상이다.

**☞ 무기 · 탄약 회수 및 보관**

| | | |
|---|---|---|
| 즉시 회수 | 1. 직무상 비위 등으로 **징계대상**이 된 자<br>2. **형사사건**의 조사 대상이 된 자<br>3. **사의** 표명자 | **【징형사 불고문】** |
| 심의위원회 심의 후 회수 | 1. **정서 불안자**로 소속 부서장의 요청이 있는 자<br>2. 직무 **적성검사 고위험군**에 해당되는 자<br>3. **정신 건강상 문제**가 우려되어 치료가 필요한 자<br>4. 기타 기관장이 무기 소지 적격여부 심의 요청자 | |
| 무기고 보관 | 1. **술자리 또는 연회장소**에 출입할 경우<br>2. **상사의 사무실**을 출입할 경우<br>3. 기타 정황을 판단하여 필요하다고 인정되는 경우 | |

정답 ①

**06** **「경찰장비관리규칙」상 무기 및 탄약관리에 관한 설명으로 가장 적절하지 않은 것은?** 〈17 채용2차, 23 채용2차〉

① 간이무기고란 경찰인력 및 경찰기관별 무기책정기준에 따라 배정된 개인화기와 공용화기를 집중 보관·관리하기 위하여 각 경찰기관에 설치된 시설을 말한다.
② 무기·탄약을 대여받은 자는 그 무기를 휴대하고 근무하는 경우를 제외하고는 무기고에 보관하여야 하며, 근무 종료시에는 감독자 입회 아래 무기·탄약 입출고부에 기재한 뒤 즉시 입고하여야 한다.
③ 경찰기관의 장은 무기를 휴대한 자가 형사사건의 조사의 대상이 된 때에는 즉시 대여한 무기·탄약을 회수하여야 한다.
④ 경찰기관의 장은 무기를 휴대한 자가 상사의 사무실을 출입할 경우 대여한 무기·탄약을 무기고에 보관하도록 하여야 한다.

해설 ① (×) 집중무기고에 대한 설명이다.

정답 ①

PART 03

## 07 「경찰장비관리규칙」에 대한 설명으로 가장 적절하지 않은 것은?

〈17 경기북부 여경〉

① 경찰관이 권총을 휴대·사용하는 경우 총구는 공중 또는 지면(안전지역)을 향한다.
② 경찰관이 권총을 휴대·사용하는 경우 1탄은 공포탄, 2탄 이하는 실탄을 장전한다. 다만, 대간첩작전, 살인·강도 등 중요범인이나 무기·흉기 등을 사용하는 범인의 체포 및 위해의 방호를 위하여 불가피한 경우에 1탄부터 실탄을 장전할 수 있다.
③ 경찰기관의 장은 무기를 휴대한 자 중에서 형사사건의 조사의 대상이 된 자에게 대여한 무기·탄약을 회수 또는 보관할 수 있다.
④ 경찰기관의 장은 무기를 휴대한 자 중에서 직무상의 비위 등으로 인하여 징계대상이 된 자, 사의를 표명한 자가 발생한 때에는 즉시 대여한 무기·탄약을 회수하여야 한다.

해설 ③ (×) 형사사건의 조사 대상이 된 자는 즉시 무기를 회수해야 한다.

**권총 사용 시 안전수칙(규칙 제123조)**

① 총구는 **공중 또는 지면(안전지역)**을 향한다. (전방×)
② 실탄 장전시 반드시 **안전장치(방아쇠울에 설치 사용)**를 장착
③ **1탄은 공포탄, 2탄 이하는 실탄 장전.** 다만, **대간첩작전, 살인 강도 등 중요범인이나 무기·흉기** 등을 사용하는 범인의 체포 및 위해 방호를 위해 불가피한 경우 **1탄부터 실탄을 장전 가능**
④ **조준시는 대퇴부(허리×) 이하**

정답 ③

## 08 「경찰장비관리규칙」상 차량관리에 대한 설명으로 적절하지 않은 것을 모두 고른 것은?

〈18 경감, 17 경위, 16 경감〉

㉠ 차량은 용도별로 전용·지휘용·행정용·순찰용·특수구난용 차량으로 구분한다.
㉡ 부속기관 및 시·도경찰청의 장은 다음 연도에 소속기관의 차량정수를 증감시킬 필요가 있을 때에는 매년 11월 말까지 다음 연도 차량정수 소요계획을 경찰청장에게 제출하여야 한다.
㉢ 차량교체를 위한 불용 대상차량은 주행거리와 차량의 노후상태를 최우선적으로 고려하여 선정하여야 하고, 주행거리가 동일한 경우에는 차량사용기간, 사용부서 등을 추가로 검토한다.
㉣ 차량운행 시 책임자는 1차 선임탑승자, 2차 운전자(사용자), 3차 경찰기관의 장으로 한다.

① ㉠, ㉣
② ㉠, ㉡, ㉢
③ ㉡, ㉢, ㉣
④ ㉠, ㉡, ㉢, ㉣

해설 ㉠ (×) 행정용은 해당하지 않는다.

① 차종은 승용·승합·화물·특수용으로 구분
② 차형은 차종별로 대형·중형·소형·경형·다목적형으로 구분
③ 용도별로 **전용, 지휘용, 업무용, 순찰용, 특수용**(수사 ×), (행정 ×) **【전지업(체) 순(대국)특】**

㉡ (×) 매년 3월 말까지 다음 년도 **소요계획**을 경찰청장에게 제출하고, 매년 11월 말까지 다음 년도 **교체대상**을 경찰청장에게 제출한다.
㉢ (×) 차량교체는 사용기간(연식)을 최우선 고려한다.
㉣ (×) 운행 시 책임은 1차 운전자, 2차 선임탑승자(사용자), 3차 기관장

정답 ④

**09** 「경찰장비관리규칙」에 관한 다음 설명 중 옳은 것은 모두 몇 개인가? 〈18 경간 변형〉

> 가. 전자충격기는 물품관리관의 책임하에 집중 관리함을 원칙으로 하나, 운용부서에 대여하여 그 부서장의 책임하에 관리·운용하게 할 수 있다.
> 나. 차량의 차종은 승용·승합·화물·특수용으로 구분하고, 차형은 차종별로 대형·중형·소형·경형·다목적형으로 구분한다.
> 다. 각 경찰기관의 업무용 차량은 운전요원의 부족 등 불가피한 사유가 없는 한 집중관리를 원칙으로 한다.
> 라. 부속기관 및 시·도경찰청의 장은 다음 년도에 소속기관의 차량정수를 증감시킬 필요가 있을 때에는 매년 3월 말까지 다음 년도 차량정수 소요계획을 경찰청장에게 제출하여야 한다.
> 마. 경찰공무원 직무적성검사 결과 고위험군에 해당되는 자는 무기 소지 적격 심의위원회의 심의를 거쳐 대여한 무기·탄약을 회수할 수 있다.

① 2개 ② 3개
③ 4개 ④ 5개

해설 >

**경찰장비의 관리**

> ① 수갑: 개인이 관리 운용
> ② 포승, 호송용 포승: 운용부서장의 책임하에 관리
> ③ **전자충격기**, 경찰봉, 호신용경봉: 물품관리관의 책임하에 집중관리 원칙이나, 운영부서장의 책임하에 관리 운용하게 할 수 있다.
> ④ 방패, 전자방패: 각급 경찰기관의 보관시설에 집중관리 원칙이나 신속한 출동을 위해 출동버스에 보관할 수 있다.

정답 ④

**10** 다음은 「경찰장비관리규칙」에 대한 설명이다. ㉠부터 ㉣까지의 설명 중 옳고 그름의 표시(○, ×)가 바르게 된 것은? 〈17 경기북부 여경〉

> ㉠ 부속기관 및 시·도경찰청은 소속기관 차량 중 다음 년도 교체대상 차량을 매년 3월 말까지 경찰청장에게 보고해야 한다.
> ㉡ 차량교체를 위한 불용 대상차량 선정에는 차량주행거리를 최우선적으로 고려하여 선정한다.
> ㉢ 업무용차량은 운전요원의 부족 등 불가피한 사유가 없는 한 집중관리를 원칙으로 한다.
> ㉣ 의경 신임운전요원은 2주 이상 운전교육을 실시한 후에 운행하도록 하여야 한다.

① ㉠(×) ㉡(×) ㉢(○) ㉣(×)
② ㉠(×) ㉡(○) ㉢(×) ㉣(○)
③ ㉠(○) ㉡(×) ㉢(○) ㉣(○)
④ ㉠(○) ㉡(○) ㉢(×) ㉣(×)

해설 > ㉠ (×) 매년 3월 말까지 다음 년도 차량정수 소요계획을 경찰청장에게 제출하고, 다음 년도 교체대상 차량을 매년 11월 말까지 경찰청장에게 보고하여야 한다.
㉡ (×) 차량사용기간을 최우선적으로 고려하여 선정한다.
㉣ (×) 의경은 4주 이상 운전교육 실시 후 운행하도록 한다.

정답 ①

## 제7절 보안관리

### 01 「보안업무규정」 및 동 시행규칙에 대한 설명으로 가장 적절하지 않은 것은? 〈22 경간〉

① 누설되는 경우 국가안전보장에 해를 끼칠 우려가 있는 비밀은 이를 Ⅲ급 비밀로 하며, Ⅱ급 비밀은 누설되는 경우 국가안전보장에 막대한 지장을 초래할 우려가 있는 비밀을 말한다.
② 비밀취급 인가권자는 업무상 조정·감독을 받는 기업체나 단체에 소속된 사람에 대하여 소관 비밀을 계속적으로 취급하게 하여야 할 필요가 있을 때에는 미리 경찰청장과의 협의를 거쳐 해당하는 사람에게 Ⅱ급 이하의 비밀취급을 인가할 수 있다.
③ 제한구역이란 비인가자가 비밀, 주요시설 및 Ⅲ급 비밀 소통용 암호자재에 접근하는 것을 방지하기 위하여 안내를 받아 출입하는 구역을 말한다.
④ 비밀열람기록전의 자료는 비밀과 함께 철하여 보관·활용하고, 비밀의 보호기간이 만료되면 비밀에서 분리한 후 각각 편철하여 5년간 보관해야 한다.

해설> ② (×) 국가정보원장과 협의하여야 한다. 정답 ②

### 02 「보안업무규정」상 비밀에 관한 설명 중 가장 적절하지 않은 것은? 〈16 경감, 22 채용1차〉

① Ⅱ급 비밀은 누설될 경우 국가안전보장에 막대한 지장을 끼칠 우려가 있는 비밀을 말한다.
② 비밀은 적절히 보호할 수 있는 최고등급으로 분류하되, 과도하거나 과소하게 분류해서는 아니 된다.
③ 비밀은 보관하고 있는 시설 밖으로 반출해서는 아니된다. 다만, 공무상 반출이 필요할 때에는 소속 기관의 장의 승인을 받아야 한다.
④ 비밀을 휴대하고 출장 중인 사람은 비밀을 안전하게 보호하기 위하여 국내 경찰기관 또는 재외공관에 보관을 위탁할 수 있으며, 위탁받은 기관은 그 비밀을 보관하여야 한다.

해설> ② (×) 비밀은 적절히 보호할 수 있는 최저등급으로 분류한다.

정답 ②

### 03 비밀에 대한 설명으로 가장 적절하지 않은 것은? 〈22 승진, 16 경간〉

① 「보안업무규정 시행 세부규칙」상 모든 경찰공무원(전투경찰순경을 포함한다)은 임용과 동시에 Ⅲ급 비밀취급권을 가진다.
② 「보안업무규정 시행 세부규칙」상 정보부서에 근무하는 경찰공무원은 그 보직발령과 동시에 Ⅱ급 비밀취급권을 인가받은 것으로 한다.
③ 「보안업무규정」과 「보안업무규정 시행규칙」상 보호지역 중 제한구역은 비인가자가 비밀주요시설 및 Ⅲ급 비밀 소통용 암호 자재에 접근하는 것을 방지하기 위하여 안내를 받아 출입하여야 하는 구역을 말한다.
④ 「보안업무규정」상 비밀은 그 중요성과 가치의 정도에 따라 구분하며 누설될 경우 국가안전보장에 해를 끼칠 우려가 있는 비밀은 Ⅱ급 비밀에 해당한다.

해설> ④ (×) Ⅲ급 비밀에 해당한다. **【왜(외) 막해!】**

| | |
|---|---|
| Ⅰ급 비밀 | 누설 시 **외**교관계 단절, 전쟁 유발 |
| Ⅱ급 비밀 | 누설 시 국가안전보장에 **막**대한 지장 초래 |
| Ⅲ급 비밀 | 누설 시 국가안전보장에 **해**를 끼칠 우려 |

정답 ④

## 04 「보안업무규정(대통령령)」에 대한 설명으로 가장 적절하지 않은 것은? 〈19 승진 변형〉

① 비밀이란 「국가정보원법」(이하 "법"이라 한다) 제4조 제1항 제2호에 따른 국가 기밀로서 이 영에 따라 비밀로 분류된 것을 말한다.

② 누설될 경우 국가안전보장에 막대한 지장을 끼칠 우려가 있는 비밀을 Ⅱ급 비밀로 하며, 누설될 경우 국가안전보장에 해를 끼칠 우려가 있는 비밀을 Ⅲ급 비밀로 한다.

③ 비밀은 다른 비밀과 관련하여 분류해서는 아니 되고, 외국 정부나 국제기구로부터 접수한 비밀은 그 생산기관이 필요로 하는 정도로 보호할 수 있도록 분류하여야 한다.

④ 중앙행정기관의 장은 그가 생산한 비밀을 국가정보원장의 심의를 거쳐 공개할 수 있다.

해설 ④ (×) 보안심사위원회의 심의를 거쳐서 공개할 수 있으며, Ⅰ급 비밀은 국가정보원장과 미리 협의해야 한다.

> 제25조(비밀의 공개) ① **중앙행정기관등의 장은** 다음 각 호의 어느 하나에 해당하는 사유가 있을 때에는 **그가 생산한 비밀을 제3조의3에 따른 보안심사위원회의 심의를 거쳐 공개**할 수 있다. 다만, **Ⅰ급비밀의 공개에 관하여는 국가정보원장과 미리 협의**해야 한다.
> 1. 국가안전보장을 위하여 **국민에게 긴급히 알려야** 할 필요가 있다고 판단될 때
> 2. 공개함으로써 국가안전보장 또는 **국가이익에 현저한 도움**이 된다고 판단될 때
>
> ② **공무원** 또는 공무원이었던 사람은 **법률에서 정하는 경우를 제외하고는 소속 기관의 장이나 소속되었던 기관의 장의 승인 없이 비밀을 공개해서는 아니 된다.**

정답 ④

## 05 「보안업무규정 시행규칙」상 비밀의 관리방법으로 옳은 것은 모두 몇 개인가? 〈20 경간〉

> 가. 비밀보관책임자는 보관비밀을 대출하는 때에는 비밀대출부에 관련사항을 기록・유지한다.
> 나. 비밀관리기록부와 암호자재 관리기록부에는 모든 비밀과 암호자재에 대한 보안책임 및 보안관리 사항이 정확히 기록・보존되어야 한다.
> 다. 비밀열람기록전은 그 비밀의 생산기관이 첨부하며, 비밀을 파기하는 때에는 비밀에서 분리하여 따로 철하여 보관하여야 한다.
> 라. 각급기관의 장은 비밀의 작성・분류・접수・발송 및 취급 등에 필요한 모든 관리사항을 기록하기 위하여 비밀관리기록부를 작성하여 갖추어 두어야 한다. 다만, Ⅰ급 비밀관리기록부는 따로 작성하여 갖추어 두어야 하며, 암호자재는 암호자재 관리기록부로 관리한다.
> 마. 타자, 필경 또는 발간업무에 종사하는 사람은 비밀열람기록전에 갈음하는 작업일지에 작업에 관한 사항을 기록・유지하여야 한다.
> 바. 서약서철, 비밀접수증철, 비밀관리기록부는 비밀의 보호기간이 만료된 후 5년간 보존하여야 한다.

① 2개 ② 3개
③ 4개 ④ 5개

해설 가. (○) 보안업무규정 시행규칙(대통령훈령) 제45조①
나. (○) 보안업무규정 제22조②
다. (○) 보안업무규정 시행규칙(대통령훈령) 제45조③
라. (○) 보안업무규정 제22조①
마. (×) 비밀의 발간업무에 종사하는 사람은 작업일지를 작성해야 하나, 타자, 필경업무에 종사하는 사람은 해당하지 않는다(시행규칙 제45조⑤).
바. (×) 비밀접수증철, 비밀관리기록부는 5년간 보관하지만, 서약서는 서약서를 작성한 비밀취급인가자의 인사기록카드와 함께 철하여 인가해제 시까지 보관하되, 인사기록카드와 함께 철할 수 없는 경우에는 별도로 편철하여 보관해야 한다(시행규칙 제70조③).

정답 ③

## 06 「보안업무규정」상 비밀에 대한 다음 설명 중 옳은 것은 모두 몇 개인가? 〈19 경간〉

> 가. 비밀은 그 중요성과 가치의 정도에 따라 Ⅰ급, Ⅱ급, Ⅲ급 비밀로 구분된다.
> 나. 누설될 경우 국가안전보장에 해를 끼칠 우려가 있는 경우 Ⅱ급 비밀로 분류한다.
> 다. 외국 정부나 국제기구로부터 접수한 비밀은 그 접수기관이 필요로 하는 정도로 보호할 수 있도록 분류하여야 한다.
> 라. 비밀은 적절히 보호할 수 있는 최고등급으로 분류하되, 과도하거나 과소하게 분류해서는 아니 된다.
> 마. 국가정보원장은 비밀 소통용 암호자재를 제작하여 필요한 기관에 공급한다. 다만 국가정보원장이 필요하다고 인정하는 암호자재의 경우 그 암호자재를 사용하는 기관은 국가정보원장이 인가하는 암호체계의 범위에서 암호자재를 제작할 수 있다.
> 바. 암호자재를 사용하는 기관의 장은 사용기간이 끝난 암호자재를 지체 없이 국가정보원장에게 반납해야 한다.

① 1개 ② 2개
③ 3개 ④ 4개

해설〉 나. (×) Ⅰ급 비밀「누설 시 **외**교관계 단절, 전쟁 유발」, Ⅱ급 비밀은「누설 시 국가안전보장에 **막**대한 지장 초래」, Ⅲ급 비밀은「누설 시 국가안전보장에 **해**를 끼칠 우려」**【왜막해】**
다. (×) 외국으로부터 접수한 비밀은 생산기관(접수기관×)이 필요로 하는 정도로 분류
라. (×) 최고등급이 아닌 최저등급으로 분류
바. (×) 암호자재는 국가정보원장(경찰청장×)이 제작·공급하며, 암호자재 사용 기관은 국가정보원장이 인가하는 범위에서 암호자재를 제작할 수 있다. 사용기간이 끝난 암호자재는 **제작기관의 장(국정원장×)에게 반납**하여야 한다(제7조).
※ 음어자재는 무전 용어로서, 음어자재는 비밀관리기록부에 등재하지 아니하며, 음어자재기록부에만 기록 정리한다(보안업무규정 시행 세부규칙 제57조).

정답 ②

## 07 「보안업무규정 시행규칙」에 관한 다음 설명 중 가장 옳지 않은 것은? 〈18 경간〉

① 비밀취급 인가권자는 소속 직원의 인사기록카드에 기록된 비밀취급의 인가 및 인가해제 사유와 임용 시의 신원조사회보서에 따라 새로 신원조사를 하지 아니하고 비밀취급을 인가할 수 있다. 다만, Ⅰ급 비밀 취급을 인가할 때에는 새로 신원조사를 하여야 한다.
② 비밀취급 인가권자는 업무상 조정·감독을 받는 기업체나 단체에 소속된 사람에 대하여 소관 비밀을 계속적으로 취급하게 하여야 할 필요가 있을 때에는 미리 국가정보원장과의 협의를 거쳐 해당하는 사람에게 Ⅱ급 이하의 비밀취급을 인가할 수 있다.
③ Ⅱ급 비밀 및 Ⅲ급 비밀은 금고 또는 이중 철제캐비닛 등 잠금장치가 있는 안전한 용기에 보관하여야 하며, 보관책임자가 Ⅱ급 비밀 취급 인가를 받은 때에는 Ⅱ급 비밀과 Ⅲ급 비밀을 같은 용기에 혼합하여 보관할 수 있다.
④ 보관용기에 넣을 수 없는 비밀은 제한지역에 보관하는 등 그 내용이 노출되지 아니하도록 특별한 보호대책을 마련하여야 한다.

해설〉 ① (○) 제12조②
② (○) 제13조①
④ (×) 보관용기에 넣을 수 없는 것은 제한**구역** 또는 통제**구역**에 보관한다. 【용기에 넣을 수 없는 것은 창고에 **꾸역꾸역** 보관】

정답 ④

**08** **대통령훈령인 「보안업무규정 시행규칙」에 대한 다음 설명 중 옳지 않은 것은 모두 몇 개인가?**

〈17 경간〉

> ㉠ Ⅰ급 비밀은 반드시 금고에 보관하여야 하며, 보관책임자가 Ⅰ급 비밀취급인가를 받은 때에는 Ⅰ급 비밀을 Ⅱ, Ⅲ급 비밀과 혼합 보관할 수 있다.
> ㉡ 비밀의 보관용기 외부에는 비밀의 보관을 알리거나 나타내는 어떠한 표시도 하여서는 아니된다.
> ㉢ 비밀열람기록전은 그 비밀을 파기 시에 같이 파기하는 것이 아니라 분리하여 따로 철하여 보관하여야 한다.
> ㉣ 비밀열람기록전의 보존기간은 5년이며, 그 이전에 폐기할 때에는 경찰청장의 승인을 받아야 한다.

① 0개 ② 1개
③ 2개 ④ 3개

해설> ㉠ (×) Ⅰ급 비밀은 반드시 금고에 보관하여야 하며, 다른 비밀과 혼합하여 보관하여서는 아니 된다. Ⅱ급 비밀 및 Ⅲ급 비밀은 금고 또는 이중 철제캐비닛 등 잠금장치가 있는 안전한 용기에 보관하여야 하며, 보관책임자가 Ⅱ급 비밀 취급 인가를 받은 때에는 Ⅱ급 비밀과 Ⅲ급 비밀을 같은 용기에 혼합하여 보관할 수 있다(제33조).
㉣ (×) 비밀의 보호기간이 만료되면 비밀열람기록전을 비밀에서 분리한 후 5년간 보관해야 한다. 경찰청장의 승인을 받아 그 이전에 폐기할 수 있다는 규정은 없다.

정답 ③

**09** **「보안업무규정」상 비밀보호에 관한 설명으로 가장 적절하지 않은 것은?**

〈23 채용2차〉

① 각급기관의 장은 비밀의 작성·분류·접수·발송 및 취급등에 필요한 모든 관리사항을 기록하기 위하여 비밀관리기록부를 작성하여 갖추어 두어야 한다. 다만, Ⅱ급 이상 비밀관리기록부는 따로 작성하여 갖추어 두어야 한다.
② 각급기관의 장은 비밀문서의 접수·발송·복제·열람 및 반출 등의 통제에 필요한 규정을 따로 작성·운영할 수 있다.
③ 각급기관의 장은 연 2회 비밀 소유 현황을 조사하여 국가정보원장에게 통보하여야 한다.
④ 중앙행정기관등의 장은 국가안전보장을 위하여 국민에게 긴급히 알려야 할 필요가 있다고 판단될 때에는 그가 생산한 비밀을 「보안업무규정」 제3조의3에 따른 보안심사위원회의 심의를 거쳐 공개할 수 있다. 다만, Ⅰ급비밀의 공개에 관하여는 국가정보원장과 미리 협의해야 한다.

해설> ① (×) Ⅰ급 비밀관리기록부를 따로 작성하며, Ⅱ·Ⅲ비밀관리기록부는 동일 관리기록부로 관리할 수 있다.

**비밀의 보호 요건 【1급열공은 국정원장과 협의】**

| 구분 | 등급 | 내용 |
|---|---|---|
| 비밀 복제 (제23조) | Ⅰ급 | **생산자의 허가** |
| | Ⅱ·Ⅲ급 | 생산자가 특정한 제한을 하지 아니한 것으로서 해당 등급의 비밀취급 인가를 받은 사람이 공용(共用)으로 사용하는 경우 |
| 비인가자 열람 (제24조) | Ⅰ급 | **국가정보원장과 미리 협의**(보안조치 협의) |
| | Ⅱ·Ⅲ급 | 소속 기관의 장이 국가정보원장이 정하는 바에 따라 자체 보안대책을 마련 |
| 공개 (제25조) | Ⅰ급 | **국가정보원장과 미리 협의** |
| | Ⅱ·Ⅲ급 | ① 중앙행정기관등의 장은 그가 생산한 비밀을 보안심사위원회의 심의를 거쳐 공개 가능<br>② 공무원은 소속 기관장 승인받아 공개 가능(공무원이었던 사람은 소속되었던 기관의 장의 승인) |
| 반출 (제27조) | Ⅰ급 | **소속 기관의 장의 승인** |
| | Ⅱ·Ⅲ급 | |

정답 ①

## 10 「보안업무규정」에 대한 설명으로 가장 적절한 것은?

〈18 채용3차〉

① 각급기관의 장은 비밀의 작성·분류·접수·발송 및 취급 등에 필요한 모든 관리사항을 기록하기 위하여 비밀관리기록부를 작성하여 갖추어 두어야 한다. 다만, Ⅱ급 이상 비밀관리기록부는 따로 작성하여 갖추어 두어야 하며, 암호자재는 암호자재 관리기록부로 관리한다.

② 그 생산자가 특정한 제한을 하지 아니한 것으로서 해당 등급의 비밀취급 인가를 받은 사람이 공용(共用)으로 사용하는 경우 Ⅰ급 비밀의 일부 또는 전부에 대해서 모사·타자·인쇄·조각·녹음·촬영·인화·확대 등 그 원형을 재현하는 행위를 할 수 있다.

③ 비밀취급 인가를 받지 아니한 사람에게 비밀을 열람하거나 취급하게 할 때에는 국가정보원장이 정하는 바에 따라 소속 기관의 장(비밀이 군사와 관련된 사항인 경우에는 국방부장관)이 미리 열람자의 인적사항과 열람하려는 비밀의 내용 등을 확인하고 열람 시 비밀 보호에 필요한 자체 보안대책을 마련하는 등의 보안조치를 하여야 한다. 다만, Ⅰ급 비밀의 보안조치에 관하여는 국가정보원장과 미리 협의하여야 한다.

④ 각급기관의 장은 보안 업무의 효율적인 수행을 위하여 필요하다고 인정되는 경우에는 국가정보원장의 승인 하에 해당 비밀의 보존기간 내에서 그 사본을 제작하여 보관할 수 있다.

해설 ① (×) Ⅰ급 비밀관리기록부는 따로 작성하여 갖추어 두어야 하며, 암호자재는 암호자재 관리기록부로 관리한다.
② (×) **Ⅰ급 비밀은 생산자의 허가**를 받아야 하고, Ⅱ·Ⅲ급 비밀은 생산자가 특정한 제한을 하지 아니한 것으로서 해당 등급의 비밀취급 인가를 받은 사람이 공용(共用)으로 사용하는 경우는 원형을 재현할 수 있다.
③ (○) Ⅱ·Ⅲ급 비밀은 소속 기관장이 자체적인 보안대책을 마련하고 열람시킬 수 있으나, **Ⅰ급 비밀은 미리 국정원장과 협의**하여야 한다.
④ (×) 사본을 제작할 때 국정원장의 승인을 받을 필요는 없다.

정답 ③

## 11 「보안업무규정」상 비밀보호에 대한 설명으로 가장 적절하지 않은 것은?

〈19 승진〉

① Ⅰ급 비밀은 그 생산자의 허가를 받은 경우에도 모사·타자·인쇄·조각·녹음·촬영·인화·확대 등 그 원형을 재현하는 행위를 할 수 없다.

② 비밀은 해당 등급의 비밀취급 인가를 받은 사람 중 그 비밀과 업무상 직접 관계가 있는 사람만 열람할 수 있다.

③ 공무원 또는 공무원이었던 사람은 법률에서 정하는 경우를 제외하고는 소속 기관의 장이나 소속되었던 기관의 장의 승인 없이 비밀을 공개해서는 아니 된다.

④ 비밀은 보관하고 있는 시설 밖으로 반출해서는 아니 된다. 다만, 공무상 반출이 필요할 때에는 소속 기관의 장의 승인을 받아야 한다.

해설 ① (×) 생산자의 허가를 받는 경우 가능하다.

정답 ①

## 12 「보안업무규정」상 비밀보호에 관한 설명으로 가장 적절하지 않은 것은?

〈23 채용1차〉

① 비밀은 그 중요성과 가치의 정도에 따라 구분되는데, 누설될 경우 대한민국과 외교관계가 단절되고 전쟁을 일으키며 국가의 방위계획·정보활동 및 국가방위에 반드시 필요한 과학과 기술의 개발을 위태롭게 하는 등의 우려가 있는 비밀은 'Ⅰ급비밀'에 속한다.

② 비밀은 해당 등급의 비밀취급 인가를 받은 사람만 취급할 수 있으며, 암호자재는 해당 등급의 비밀 소통용 암호자재취급 인가를 받은 사람만 취급할 수 있다.

③ 검찰총장, 국가정보원장, 경찰청장은 Ⅰ급비밀 취급 인가권자와 Ⅰ급 및 Ⅱ급비밀 소통용 암호자재 취급 인가권자에 해당한다.

④ 비밀은 적절히 보호할 수 있는 최저등급으로 분류하되, 과도하거나 과소하게 분류해서는 아니 된다.

해설 ③ (×) 경찰청장은 Ⅱ·Ⅲ급 비밀 및 Ⅲ급 비밀 소통용 암호자재 취급 인가권자이다.

**비밀취급 인가권자**

| | |
|---|---|
| Ⅰ급 비밀 및 【112】 Ⅰ·Ⅱ급 비밀 소통용 암호자재 | ① 대통령, 국무총리, 각 **부·처의 장** 등<br>② 경찰청장(×), 검찰총장(○) |
| Ⅱ·Ⅲ급 비밀 및 Ⅲ급 비밀 소통용 암호자재 | ① 중앙행정기관등인 **청의 장**, 지방자치단체의 장<br>② **경찰청장, 시·도청장 등 기관장(~국장×)** |

정답 ③

## 13 보안관리에 대한 설명으로 가장 적절한 것은?

〈17·20 승진, 21 법학〉

① 검찰총장, 경찰청장, 고위공직자범죄수사처장 등은 Ⅰ급 비밀 취급 인가권자와 Ⅰ급 및 Ⅱ급 비밀 소통용 암호자재 취급 인가권자이다.
② 각급기관의 장과 관리기관 등의 장은 국가안전보장에 관련되는 인원·문서·자재·시설의 보호를 위하여 필요한 장소에 일정한 범위의 보호지역(제한지역, 제한구역, 통제구역)을 설정할 수 있다.
③ 모든 비밀(Ⅰ급, Ⅱ급, Ⅲ급)은 반드시 금고에 보관하여야 하며, 비밀의 보관용기 외부에는 비밀의 보관을 알리거나 나타내는 어떠한 표시도 해서는 아니 된다.
④ 비인가자가 비밀, 주요시설 및 Ⅲ급 비밀 소통용 암호자재에 접근하는 것을 방지하기 위하여 안내를 받아 출입하여야 하는 구역은 제한지역이다.

해설 ① (×) 1급 비밀 및 1·2급 비밀 소통용 암호자재 취급 인가권자 **【112】**: 대통령, 국무총리, 각 부·처의 장, 검찰총장 등이며, 경찰청장은 2·3급 비밀 및 3급 비밀 소통용 암호자재 취급 인가권자이다.
③ (×) Ⅰ급 비밀은 반드시 금고에 보관하여야 하며, Ⅱ급 비밀 및 Ⅲ급 비밀은 금고 또는 이중 철제캐비닛 등 잠금장치가 있는 안전한 용기에 보관하여야 한다(보안업무규정 시행규칙 제33조).
④ (×) 보안업무규정 시행규칙 제54조

| | | |
|---|---|---|
| **제한지역** | 비인가자 출입에 **감시**가 필요한 지역 | **지구통 감안금** |
| 제한**구**역 | 비인가자 출입에 **안내**가 필요한 구역 | |
| **통**제구역 | 비인가자 출입**금지**(통제지역 ×) | |

정답 ②

## 14 「보안업무규정 시행 세부규칙」에서 제한구역에 해당하는 것은 모두 몇 개인가?

〈21 채용2차〉

㉠ 전자교환기(통합장비)실
㉡ 정보통신관제센터
㉢ 정보보안기록실
㉣ 경찰청 및 시·도경찰청 항공대
㉤ 종합상황실

① 2개 ② 3개 ③ 4개 ④ 5개

해설

**제한구역 및 통제구역 설정(제60조)**

| | | |
|---|---|---|
| 제한구역 | 전자교환기(통합장비)실, 정보통신실, **발간실**, 송신 및 중계소, 정보통신관제센터, 경찰청 및 시·도경찰청 항공대, 작전·경호·정보·보안업무 담당 부서 전역, 과학수사센터 | – |
| 통제구역 | • 정보**상**황실, 종합**상**황실(치안**상**황실), 정보보안기**록**실<br>• **비**밀발간실, **암**호취급소, **암**호장비관리실<br>• **무기**창·무기고·탄약고, 종합조회**처리**실 | **상록 비암(뱀) 무기(로) 처리** |

정답 ②

## 15 「보안업무규정 시행 세부규칙(경찰청 훈령)」에 따른 제한구역을 모두 고른 것은?

〈20 승진〉

㉠ 정보통신실
㉡ 과학수사센터
㉢ 암호취급소
㉣ 발간실
㉤ 치안상황실
㉥ 작전 경호 정보 보안업무 담당부서 전역

① ㉠, ㉡, ㉢, ㉣ ② ㉠, ㉢, ㉤, ㉥
③ ㉠, ㉡, ㉣, ㉥ ④ ㉡, ㉢, ㉤, ㉥

해설 ㉢㉤ (×) 암호취급소와 치안상황실은 통제구역에 해당한다.

정답 ③

## 제8절 문서관리

**01 문서관리에 대한 다음 설명 중 가장 옳지 않은 것은?** 〈16 경간〉

① 기안문에는 발의자와 보고자의 직위나 직급 앞 또는 위에 발의자는 ★표시를, 보고자는 ⊙표시를 한다.
② 문서는 수신자에게 도달(전자문서의 경우는 수신자가 관리하거나 지정한 전자적 시스템 등에 입력되는 것을 말한다)됨으로써 효력을 발생한다.
③ 문서에는 음성정보나 영상정보 등이 수록되거나 연계된 바코드 등을 표기할 수 있다.
④ 관인은 행정기관의 명의로 발신하거나 교부하는 문서에 사용하는 직인(職印)과 행정기관의 장이나 보조기관의 명의로 발신하거나 교부하는 문서에 사용하는 청인(廳印)으로 구분한다.

해설 ① (○) 기안문에서 발의자는 ★표시를, 보고자는 ◉표시를 한다. **【발-별(ㅂ-ㅂ), 보고자(보려는 자-눈표시)】**
② (○) 문서의 효력은 도달주의이다. **【효도】** 전자문서는 수신자가 지정한 시스템에 입력될 때이다.
④ (×) 행정기관 명의는 청인, 행정기관의 장이나 보조기관 명의는 직인으로 구분한다.

**☞ 관인의 종류(행정업무의 운영과 혁신에 관한 규정)**

> 제33조(관인의 종류 및 비치) ① 관인은 행정기관의 명의로 발신하거나 교부하는 문서에 사용하는 청인(廳印)과 행정기관의 장이나 보조기관의 명의로 발신하거나 교부하는 문서에 사용하는 직인(職印)으로 구분한다.
> ② 각급 행정기관은 다음 각 호의 구분에 따라 관인을 가진다.
> 1. 합의제기관은 청인을 가진다. 다만, 행정기관의 소관 사무에 관한 자문에 응하기 위하여 설립된 합의제기관은 필요한 경우에만 청인을 가진다.
> 2. 제1호 외의 기관은 그 기관장의 직인을 가진다.
> 3. 「정부조직법」 제6조제2항에 따라 보조기관이 위임받은 사무를 행정기관으로서 처리하는 경우에는 그 사무 처리를 위하여 직인을 가진다.
> 4. 합의제기관의 장이 법령에 따라 합의제기관의 장으로서 사무를 처리하는 경우에는 그 사무 처리를 위하여 직인을 가질 수 있다.
>
> ③ 각급 행정기관은 전자문서에 사용하기 위하여 전자이미지관인을 가진다.

정답 ④

**02 「행정업무의 운영과 혁신에 관한 규정」상 공문서에 관한 설명 중 가장 적절하지 않은 것은?** 〈22 채용1차〉

① '지시문서'란 훈령·지시·예규·일일명령 등 행정기관이 그 하급기관이나 소속 공무원에 대하여 일정한 사항을 지시하는 문서를 말한다.
② '공고문서'란 고시·공고 등 행정기관이 일정한 사항을 일반에게 알리는 문서를 말한다.
③ '일반문서'란 민원인이 행정기관에 허가, 인가, 그 밖의 처분 등 특정한 행위를 요구하는 문서와 그에 대한 처리문서를 말한다.
④ '법규문서'란 헌법·법률·대통령령·총리령·부령·조례·규칙 등에 관한 문서를 말한다.

해설 ③ (×) 민원문서에 대한 설명이다. '일반문서'란 다른 문서에 속하지 아니하는 모든 문서를 말한다. 공문서의 종류는 **민**원문서, **비**치문서, **공**고문서, **법**규문서, **일**반문서, **지**시문서가 있다. 종류만 알고 있으면 어려움 없이 구별할 수 있다. **【민비 공법 일지】**

정답 ③

## 제9절 경찰홍보와 언론관계

**01 지역사회 내의 각종 기관 및 주민들과 유기적인 연락 및 협조체계를 구축하여 지역사회 각계 각층의 문제·요구·책임을 발견하고 지역사회의 문제해결과 적극적인 지역사회 프로그램을 위해 경찰과 지역사회가 공동으로 노력하는 것을 무엇이라고 하는가?** 〈16 경감, 21 경간〉

① Public Relations(PR : 공공관계)
② Police-Press Relations(PPR : 경찰과 언론관계)
③ Police-Media Relations(PMR : 경찰과 대중매체관계)
④ Police-Community Relations(PCR : 경찰과 지역사회관계)

☞ **경찰홍보 유형**

<table>
<tr><td colspan="2">협의의 홍보<br>(Public Relations)</td><td>조직의 좋은 점을 일방적으로 알리는 활동, 선전</td></tr>
<tr><td colspan="2">언론 관계<br>(Press Relations)</td><td>기자들의 질의에 대응하는 소극적인 활동<br>【기자의 압박(Press)에 소극적으로 대응하는 활동】</td></tr>
<tr><td rowspan="3">종합활동</td><td>지역공동체 관계<br>(Community Relations)</td><td>지역사회 문제해결을 위해 공동 노력하는 종합적인 활동</td></tr>
<tr><td>대중매체 관계<br>(Media Relations)</td><td>① 대중매체의 요구에 부응하는 종합적이고 적극적인 활동<br>② 전직 언론인 등 전문가를 채용하여 활용</td></tr>
<tr><td>기업 이미지 식 경찰 홍보</td><td>① 사설 경비업체와 경쟁, 경찰만이 치안 유지의 독점적 기구가 아니라는 인식에서 출발<br>② 영·미를 중심으로 발달한 적극적인 홍보 활동<br>③ '포돌이' 같은 상징물로 이미지를 개선하는 종합적인 활동</td></tr>
</table>

정답 ④

## 02 보도 관련 용어에 대한 다음 설명 중 가장 옳지 않은 것은? 〈16 경간〉

① issue : 기사 내용을 요약해서 1~2줄 정도로 간략하게 쓴 글
② deadline : 취재된 기사를 편집부에 넘겨야 하는 기사 마감시간
③ embargo : 어느 시한까지 보도하지 않을 것을 전제로 자료 제공이 이루어지는 관행
④ off the record : 보도하지 않을 것을 조건으로 하는 자료나 정보제공

해설 ① (×) issue : 갈등의 요인이 되는 사회적 관심을 의미
※ 보도 관련 주요 용어

- credit : 외신 기사머리에 발신·통신사명을 밝히는 것
- gossip : 스트레이트로 처리하기 힘든 흥밋거리, 뒷이야기, 스케치 등을 처리한 기사
- lead : 1~2줄로 요약해서 쓴 글
- Headline(주제목) − Sub Headline(부제목) − 본문(Lead − 본문 − 인용문)

정답 ①

## 03 다음 ( ) 안에 들어갈 인물을 바르게 나열한 것은? 〈18 경감〉

> 경찰과 대중매체의 관계를 '단란하고 행복스럽지 않더라도, 오래 지속되는 결혼생활'에 비유한 사람은 ( ㉠ )이고, '경찰과 대중매체는 서로를 필요로 하기 때문에 둘 사이에는 공생관계가 발달한다.'고 주장한 사람은 ( ㉡ )이다.

① ㉠ Ericson ㉡ Crandon
② ㉠ Crandon ㉡ Sir Robert Mark
③ ㉠ Sir Robert Mark ㉡ Ericson
④ ㉠ Sir Robert Mark ㉡ Crandon

해설

☞ **경찰과 대중매체의 관계**

| | |
|---|---|
| R. Mark | "행복하지 않아도 오래 지속되는 **결혼생활**"<br>**【겨우 마크(방어)하는 결혼생활】** |
| G. Crandon | 상호 필요성으로 **공생관계** **【그런 돈으로 공생】** |
| R. Ericson | 서로 **얽혀서**(연합) 범죄를 규정하는 사회적 **엘리트** 집단을 구성 **【에로틱하게 얽힌 엘리트 집단】** |

정답 ④

**04** 「언론중재 및 피해구제 등에 관한 법률」에 대한 설명으로 가장 적절한 것은? 〈22 경간〉

① 피해자가 정정보도청구권을 행사할 정당한 이익이 없더라도 피해자 권리 보호를 위해 해당 언론사는 정정보도의 청구를 거부할 수 없다.
② 정정보도 청구를 받은 언론사 등의 대표자는 7일 이내에 그 수용여부에 대한 통지를 청구인에게 발송하여야 한다.
③ 경찰관이 사실적 주장에 관한 언론보도가 진실하지 아니함으로 피해를 입은 경우 해당 언론보도가 있음을 안 날부터 3개월 이내에 해당 언론사 대표에게 서면으로 그 언론보도 내용에 관한 정정보도를 청구할 수 있다.
④ 청구된 정정보도의 내용이 국가·지방자치단체 또는 공공단체의 공개회의와 법원의 공개재판절차의 사실보도에 관한 것인 경우에는 언론사 등은 정정보도 청구를 거부할 수 없다.

해설 ① (×) '피해자가 정정보도청구권을 행사할 정당한 이익이 없는 경우'에는 청구를 거부할 수 있다.
② (×) 언론사 등의 대표자는 **3일 이내에 그 수용 여부**에 대한 통지를 청구인에게 발송하여야 하고, 그 청구를 수용할 때에는 지체 없이 피해자 또는 그 대리인과 정정보도의 내용·크기 등에 관하여 협의한 후, 그 **청구를 받은 날부터 7일 내에 정정보도문을 방송**하거나 게재하여야 한다.
③ (○) 언론보도 등이 있음을 **안** 날부터 3개월 이내, **발생**한 지(언론보도 등이 있은 후) 6개월 이내에 청구할 수 있다.
**【인삼(안3) 발육이 정정】**
④ (×) '청구된 정정보도의 내용이 국가·지방자치단체 또는 공공단체의 공개회의와 법원의 공개재판절차의 사실보도에 관한 것인 경우'에는 청구를 거부할 수 있다.

**☞ 정정보도 청구 거부사유【허위무공 광고(는 정정거부)】**

① 내용이 명백히 사실과 다른 경우(**허**위)
② 내용이 명백히 위법한 경우(**위**법)
③ 피해자가 정정보도청구권을 행사할 정당한 이익이 없는 경우(**무**익)
④ 국가·자치단체·공공단체의 **공**개회의와 법원의 **공**개재판절차에 관한 것
⑤ 상업적 광고만을 목적(**광고**)으로 하는 경우

정답 ③

**05** 「언론중재 및 피해구제 등에 관한 법률」에 관한 설명 중 가장 적절하지 않은 것은? 〈22 채용1차〉

① '정정보도'란 언론의 보도 내용의 전부 또는 일부가 진실하지 아니한 경우 이를 진실에 부합되게 고쳐서 보도하는 것을 말한다.
② 「언론중재 및 피해구제 등에 관한 법률」 제16조 제1항, 제2항에 따르면, 사실적 주장에 관한 언론보도 등으로 인하여 피해를 입은 자는 그 보도 내용에 관한 반론보도를 언론사 등에 청구할 수 있고, 이러한 청구에는 언론사 등의 고의·과실이나 위법성을 필요로 하지 아니하며, 보도 내용의 진실 여부와 상관없이 그 청구를 할 수 있다.
③ 「언론중재 및 피해구제 등에 관한 법률」 제19조 제3항에 따르면, 제2항의 출석요구를 받은 신청인이 2회에 걸쳐 출석하지 아니한 경우에는 조정신청 취하한 것으로 보며, 피신청 언론사 등이 2회에 걸쳐 출석하지 아니한 경우에는 조정신청 취지에 따라 정정보도 등을 이행하기로 합의한 것으로 본다.
④ 언론중재위원회는 40명 이상 90명 이내의 중재위원으로 구성하며, 위원장 1명과 2명 이내의 부위원장 및 2명 이내의 감사를 두는데, 위원장·부위원장·감사 및 중재위원의 임기는 각각 3년으로 하며, 연임할 수 없다.

해설 ④ (×) 1차에 한하여 연임할 수 있다.

**☞ 위원회 임기**

| | | |
|---|---|---|
| 3년, 연임 × | **국**경위, **시**경위, | **언국시 소중**(하게) **삶(3) 년** |
| 3년, 1차 연임 | **언**론위, **소**청위(상임 3년, 비상임 2년), **중**앙행정심판위(상임3년, 비상임 2년) | |
| 2년, 연임 ○ | 나머지 대부분<br>※ 인권위: 위원장 연임 ×, 위원 2회 연임 | – |

정답 ④

## 06 「언론중재 및 피해구제 등에 관한 법률」에서 침해구제에 대한 설명으로 가장 적절하지 않은 것은?

〈21 채용2차〉

① 사실적 주장에 관한 언론보도 등이 진실하지 아니함으로 인하여 피해를 입은 자는 해당 언론보도 등이 있음을 안 날부터 3개월 이내에 언론사, 인터넷뉴스서비스사업자 및 인터넷멀티미디어 방송사업자에게 그 언론보도 등의 내용에 관한 정정보도를 청구할 수 있다. 다만, 해당 언론보도 등이 있은 후 6개월이 지났을 때에는 그러하지 아니하다.
② 「언론중재 및 피해구제 등에 관한 법률」에 따른 정정보도청구 등과 관련하여 분쟁이 있는 경우 피해자 또는 언론사 등은 중재위원회에 조정을 신청할 수 있다.
③ 당사자 양쪽은 정정보도청구 등 또는 손해배상의 분쟁에 관하여 중재부의 종국적 결정에 따르기로 합의하고 중재를 신청할 수 있다. 중재결정은 확정판결과 동일한 효력이 있다.
④ 사실적 주장에 관한 언론보도 등으로 인하여 피해를 입은 자는 그 보도 내용에 관한 반론보도를 언론사 등에 청구할 수 있다. 반론보도청구는 언론사 등의 고의·과실이나 위법성을 필요로 한다.

해설> ④ (×) 반론보도청구 또는 정정보도청구는 언론사 등의 고의·과실이나 위법성을 필요로 하지 아니한다.

정답 ④

## 07 경찰관이 언론사를 상대로 정정보도를 청구하려고 한다. 법률과 판례에 따를 때 옳지 않은 것은?

〈20 경간〉

① 사실적 주장에 관한 언론보도가 진실하지 아니함으로 피해를 입은 경우 해당 언론보도가 있음을 안 날부터 3개월 이내에 해당 언론사 대표에게 서면으로 그 언론보도 내용에 관한 정정보도를 청구할 수 있다.
② 사실적 주장이란 의견표명에 대치되는 개념으로서 사실적 주장과 의견표명이 혼재할 경우 양자를 구별할 때에는 해당 언론보도의 객관적인 내용과 아울러 해당 언론보도가 게재한 문맥의 보다 넓은 의미나 배경이 되는 사회적 흐름 및 시청자에게 주는 전체적인 인상도 함께 고려하여야 한다.
③ 복잡한 사실관계를 알기 쉽게 단순하게 만드는 과정에서 일부 특정한 사실관계를 압축, 강조하거나 대중의 흥미를 끌기 위해 실제 사실관계에 장식을 가하는 과정에서 다소의 수사적 과장이 있더라도 전체적인 맥락에서 보아 보도내용의 중요 부분이 진실에 합치한다면 그 보도의 진실성은 인정된다.
④ 정정보도를 청구하는 경우에 그 언론사의 고의·과실이나 위법성을 필요로 하는 것은 아니며 그 언론사는 언론보도가 진실하다는 것에 대한 증명책임을 부담한다.

해설> ④ (×) 정정보도를 청구하는 피해자는 그 언론보도 등이 진실하지 아니하다는 데 대한 증명책임을 부담한다(대판 2009다52649).

정답 ④

## 08 「언론중재 및 피해구제 등에 관한 법률」에 대한 설명 중 옳지 않은 것을 모두 고른 것은? 〈20 경간〉

> 가. 정정보도 청구를 받은 언론사 등의 대표자는 3일 이내에 그 수용 여부에 대한 통지를 청구인에게 발송하여야 한다.
> 나. 피해자가 정정보도청구권을 행사할 정당한 이익이 없는 경우 언론사는 정정보도 청구를 거부할 수 있다.
> 다. 청구된 정정보도의 내용이 명백히 사실과 다른 경우 언론사는 정정보도 청구를 거부할 수 있다.
> 라. 청구된 정정보도의 내용이 명백히 위법한 내용인 경우 언론사는 정정보도 청구를 거부할 수 있다.
> 마. 정정보도의 청구가 공익적인 광고만을 목적으로 하는 경우 언론사는 정정보도 청구를 거부할 수 있다.
> 바. 청구된 정정보도의 내용이 국가·지방자치단체 또는 공공단체의 공개회의와 법원의 비공개재판 절차의 사실보도에 관한 것인 경우 언론사는 정정보도 청구를 거부할 수 있다.

① 가, 나, 마　　② 다, 마, 바
③ 라, 바　　④ 마, 바

해설> 가. (○) 언론사 등의 대표자는 **수용** 여부 통지를 **3일** 이내에 발송
**【수삼(水蔘) 정정(strong)】**
마. (×) 공익적 광고가 아닌 상업적 광고인 경우 거부 가능
바. (×) 법원의 공개재판 절차에 관한 것

**☞ 정정보도 청구 거부사유【허위무공 광고(는 정정거부)】**

> ① 내용이 명백히 사실과 다른 경우(**허**위)
> ② 내용이 명백히 위법한 경우(**위**법)
> ③ 피해자가 정정보도청구권을 행사할 정당한 이익이 없는 경우(**무**익)
> ④ 국가·자치단체·공공단체의 **공**개회의와 법원의 **공**개재판절차에 관한 것
> ⑤ 상업적 광고만을 목적(**광고**)으로 하는 경우

정답 ④

## 09 「언론중재 및 피해구제 등에 관한 법률」상 언론중재위원회에 대한 설명 중 가장 옳지 않은 것은? 〈19 경간〉

① 언론 등의 보도 또는 매개로 인한 분쟁의 조정·중재 및 침해사항을 심의하기 위하여 언론중재위원회(이하 "중재위원회"라 한다)를 둔다.
② 중재위원회는 40명 이상 90명 이내의 중재위원으로 구성하며, 중재위원은 문화체육관광부장관이 위촉한다.
③ 중재위원회에 위원장 1명과 2명 이내의 부위원장 및 2명 이내의 감사를 두며, 각각 중재위원 중에서 호선한다.
④ 위원장·부위원장·감사 및 중재위원의 임기는 각각 2년으로 하며, 한 차례만 연임할 수 있다.

해설> ② (○) **40~90인** (중재 시 5인 이내 중재부 구성)
**【언론 사구(고) 중재】**
③ (○) 위원장 **1명**, 부위원장 **2명**, 감사 **2명**, 각각 중재위원 중에서 호선
**【122】**
④ (×) 위원장·부위원장·감사·중재위원 모두 임기 3년(1차 연임만 가능)

정답 ④

**10** 「언론중재 및 피해구제 등에 관한 법률」에 관한 설명 중 가장 적절하지 않은 것은? 〈18 채용, 23 승진〉

① 언론중재위원회에 위원장 1명과 2명 이내의 부위원장 및 3명의 감사를 두며, 각각 언론중재위원 중에서 호선(互選)한다.

② 사실적 주장에 관한 언론보도등이 진실하지 아니함으로 인하여 피해를 입은 자는 해당 언론보도등이 있음을 안 날부터 3개월 이내에 언론사, 인터넷뉴스서비스사업자 및 인터넷 멀티미디어방송사업자에게 그 언론보도등의 내용에 관한 정정보도를 청구할 수 있다. 다만, 해당 언론보도등이 있은 후 6개월이 지났을 때에는 그러하지 아니하다.

③ 언론중재위원회는 40명 이상 90명 이내의 중재위원으로 구성하며, 중재위원은 문화체육관광부장관이 위촉한다.

④ 피해자가 정정보도청구권을 행사할 정당한 이익이 없는 경우에는 언론사들은 정정보도 청구를 거부할 수 있다.

해설 ① (×) 중재위원회에 위원장 **1명**과 **2명** 이내의 부위원장 및 **2명** 이내의 감사를 두며, 각각 중재위원 중에서 호선(互選)한다(제7조④). **【122】**

정답 ①

**11** 「언론중재 및 피해구제 등에 관한 법률」상 정정보도 청구에 대한 설명으로 가장 적절하지 않은 것은? 〈20 승진〉

① 사실적 주장에 관한 언론보도 등이 진실하지 아니함으로 인하여 피해를 입은 자는 해당 언론보도 등이 있음을 안 날부터 3개월 이내에 언론사 등에게 그 언론보도 등의 내용에 관한 정정보도를 청구할 수 있다. 다만, 해당 언론보도 등이 있은 후 6개월이 지났을 때에는 그러하지 아니하다.

② 정정보도 청구는 언론사 등의 대표자에게 서면으로 하여야 하며, 청구서에는 피해자의 성명·주소·전화번호 등의 연락처를 적고, 정정의 대상인 언론보도 등의 내용 및 정정을 청구하는 이유와 청구하는 정정보도문을 명시하여야 한다.

③ 청구된 정정보도의 내용이 법원의 공개재판 절차의 사실보도에 관한 것인 경우 언론사 등은 정정보도 청구를 거부할 수 없다.

④ 이 법에 따른 정정보도청구 등과 관련하여 분쟁이 있는 경우 피해자 또는 언론사 등은 중재위원회에 조정을 신청할 수 있다.

해설 ① (○) **사실적 주장(의견표명×)에 관한 언론보도** 등이 진실하지 아니함으로 인하여 피해를 입은 자는 해당 보도를 **안** 날부터 **3**개월, **발생**한지 **6**개월 이내에 청구 **【인삼발육 정정(strong)】**
② (○) 정정보도 청구는 언론사 등의 대표자에게 **서면(구술** ×)으로 하여야 한다.
③ (×) 국가·자치단체·공공단체의 **공**개회의와 법원의 **공**개재판절차에 관한 것은 거부할 수 있다. **【허위무공 광고**(는 정정거부)**】**

정답 ③

**12** **다음은 「언론중재 및 피해구제 등에 관한 법률」에 대한 내용이다. 괄호 안에 들어갈 숫자의 총합은?**

〈17 경간〉

- 사실적 주장에 관한 언론보도가 진실하지 아니함으로 인하여 피해를 입은 자는 당해 언론보도가 있음을 안 날로부터 ( ㉠ )개월 이내, 당해 언론보도가 있은 후 ( ㉡ )개월 이내에 정정보도를 청구할 수 있다.
- 정정보도 청구를 받은 언론사 등의 대표자는 ( ㉢ ) 일 이내에 그 수용 여부에 대한 통지를 청구인에게 발송하여야 한다.
- 언론사 등이 정정보도 청구를 수용할 때에는 지체 없이 피해자 또는 그 대리인과 정정보도의 내용·크기 등에 관하여 협의한 후, 그 청구를 받은 날부터 ( ㉣ )일 이내에 정정보도문을 방송하거나 게재하여야 한다.

① 18　② 19
③ 24　④ 25

해설〉 ㉠㉡ 보도를 **안** 날부터 **3**개월, **발생한지 6**개월 이내에 청구
**【인삼발육 정정(strong)】**
㉢ 언론사 등의 대표자는 **수용** 여부 통지를 **3**일 이내에 발송
**【수삼(水蔘) 정정(strong)】**
㉣ 청구 수용하면 정정**보**도문을 청구받은 날부터 **7**일 내 게재
**【보찌 정정(strong)】**

정답 ②

# 제2장 경찰통제

## 제1절 경찰통제 일반

**01** **다음 경찰통제의 유형 중 내부적 통제에 해당하는 것은 모두 몇 개인가?** 〈23 채용1차〉

| | |
|---|---|
| ㉠ 청문감사인권관제도 | ㉡ 국민권익위원회 |
| ㉢ 국가경찰위원회 | ㉣ 소청심사위원회 |
| ㉤ 경찰청장의 훈령권 | ㉥ 국회의 입법권 |

① 2개　② 3개
③ 4개　④ 5개

해설〉 ㉠㉤ (○) 내부통제는 경찰 내부의 통제를 의미한다.

정답 ①

**02** **경찰통제의 유형 중 가장 적절하게 연결된 것은?**

〈23 승진〉

① 민주적 통제 - 국가경찰위원회, 국민감사청구, 국가배상제도
② 사전통제 - 입법예고제, 국회의 예산심의권, 사법부의 사법심사
③ 외부통제 - 소청심사위원회, 행정소송, 훈령권
④ 사후통제 - 행정심판, 국정 감사·조사권, 국회의 예산결산권

해설〉 ① (×) 국가배상제도는 사법통제에 해당한다.
② (×) 사법부의 사법심사는 사후통제에 해당한다.
③ (×) 훈령권은 내부통제에 해당한다.

정답 ④

**03** **경찰작용 및 경찰공무원을 통제하는 행정기관의 역할과 기능에 관한 설명 중 옳은 것을 모두 고른 것은?**

〈22 채용2차〉

> ㉠ 행정심판위원회는 경찰관청의 위법한 처분 및 대통령의 부작위에 대해서 심리하여 침해된 국민의 권리를 구제하고 경찰행정의 적정한 운영을 도모한다.
> ㉡ 시·도자치경찰위원회는 자치경찰사무 담당 경찰공무원에 대한 징계를 요구할 수 있다.
> ㉢ 국민권익위원회는 누구든지 경찰공무원 등의 부패행위를 알게 된 때에는 무기명으로 신고할 수 있도록 하고 있다.
> ㉣ 인사혁신처에 소청심사위원회를 설치하여, 경찰공무원이 징계 처분, 그 밖에 그 의사에 반하는 불리한 처분이나 부작위를 구제받을 수 있도록 하고 있다.
> ㉤ 국가인권위원회는 경찰기관 및 경찰공무원 등에 의한 인권 침해행위 또는 차별행위에 대해 조사하고 구제할 수 있다.
> ㉥ 감사원은 국회 법원 및 헌법재판소를 포함한 모든 국가기관 및 그에 소속한 공무원의 사무를 감찰하여 비위를 적발하고 시정한다.

① ㉠, ㉢, ㉤　　② ㉡, ㉣, ㉤
③ ㉡, ㉢, ㉣　　④ ㉢, ㉣, ㉥

해설> ㉠ (×) 대통령의 처분 또는 부작위에 대하여는 다른 법률에서 행정심판을 청구할 수 있도록 정한 경우 외에는 행정심판을 청구할 수 없다(제3조②).
㉢ (×) 기명의 문서로 증거와 함께 제출하여야 한다. 다만, 변호사를 선임하여 국민권익위원회에 신고하는 경우에는 변호사 이름으로 비실명 대리신고할 수 있다.
㉥ (×) 감사원은 「정부조직법」 및 그 밖의 법률에 따라 설치된 행정기관의 사무와 그에 소속한 공무원의 직무 등을 감찰하며, 국회, 법원, 헌재 소속 공무원은 제외한다(제24조).

정답 ②

**04** **경찰통제에 관한 설명 중 가장 적절하지 않은 것은?**

〈22 채용1차〉

① 국회는 입법권과 예산심의권을 통해 경찰을 사전 통제할 수 있다.
② 「부패방지 및 국민권익위원회의 설치와 운영에 관한 법률」 및 동법 시행령에 따르면, 18세 이상의 국민은 경찰 등 공공기관의 사무처리가 법령위반 또는 부패행위로 인하여 공익을 현저히 행하는 경우, 100명 이상의 국민의 연서로 감사원에 감사를 청구할 수 있다.
③ 상급자의 하급자에 대한 직무명령권은 내부적 통제의 일환이다.
④ 경찰의 위법한 처분에 대한 행정소송제도는 사법통제로서 외부적 통제 장치이다.

해설> ② (×) 300명 이상의 연서로 감사를 청구할 수 있다.

정답 ②

**05** **경찰통제에 대한 설명으로 가장 적절하지 않은 것은?**

〈21·22 법학〉

① 경찰청장 및 국가경찰위원회 위원의 임명권, 총경 이상 경찰공무원의 임명권 등 대통령에 의한 경찰통제는 행정통제로 외부통제이다.
② 「행정소송법」과 「국가배상법」 등 위법한 행정처분에 따른 통제는 사법통제이며 외부통제이다.
③ 영미법계에서는 경찰조직의 민주성을 확보하기 위한 통제 방법으로 경찰책임자 선거, 자치경찰제 시행 등 민주적 통제가 발달하였다.
④ 「행정절차법」상 의견제출, 청문제도, 국회의 입법권, 예산심의권 및 상급기관의 하급기관에 대한 감독권은 사전통제이다.

해설> ④ (×) 상급기관의 하급기관에 대한 감독권은 사후통제이다.

정답 ④

## 06 경찰통제에 대한 설명으로 가장 적절하지 않은 것은?

〈20 채용2차〉

① 경찰위원회제도와 국민감사청구제도는 경찰행정에 대하여 국민들의 참여를 보장하는 민주적 통제장치이다.
② 경찰의 위법행위에 대한 국가배상판결이나 행정심판에 의한 통제는 사법통제이며, 국가인권위원회와 국민권익위원회에 의한 통제는 행정통제이다.
③ 상급기관이 갖는 훈령권·직무명령권은 하급기관의 위법이나 재량권 행사의 오류를 시정할 수 있는 내부적 통제장치이다.
④ 국회가 갖는 입법권과 예산심의권은 사전통제에 해당하나 예산 결산권과 국정감사·조사권은 사후통제에 해당한다.

해설> ② (×) 행정심판은 행정통제이다. 국가인권위(광의의 행정통제)와 국민권익위는 행정통제이다.

정답 ②

## 07 경찰통제의 유형에 대한 설명 중 옳은 것은? 〈20 경간〉

① 행정절차법, 국회에 의한 예산결산권은 사전통제에 해당한다.
② 경찰청의 감사관, 시·도경찰청의 청문감사인권담당관, 경찰서의 청문감사인권관은 외부통제에 해당한다.
③ 국가인권위원회의 통제는 협의의 행정통제로서 외부통제에 해당한다.
④ 행정안전부장관의 경찰청장과 국가경찰위원회 위원의 임명제청권은 행정통제로서 외부통제에 해당한다.

해설> ① (×) 국회에 의한 예산결산권은 사후통제에 해당한다.
② (×) 내부통제에 해당한다.
③ (×) 국가인권위원회는 독립기관이므로 '광의의 행정기관'으로 볼 수 있다.

정답 ④

## 08 경찰통제에 대한 설명 중 가장 적절하지 않은 것은?

〈20 승진, 22 법학〉

① 19세 이상의 국민은 경찰을 비롯한 공공기관의 사무처리가 법령 위반 또는 부패행위로 인하여 공익을 현저히 해하는 경우 200인 이상의 연서로 감사원에 감사를 청구할 수 있다.
② 경찰위원회 제도는 경찰의 주요정책 등에 관하여 심의·의결하는 권한을 가지고 있으므로 민주적 통제에 해당하고, 행정안전부 소속으로 외부적 통제에도 해당한다.
③ 청문감사관 제도는 경찰 내부적 통제이다.
④ 행정절차법은 입법예고, 행정예고 등 행정에 대한 사전통제를 규정하고 있다.

해설> ① (×) **18세** 이상, **300인** 이상 연서로 감사원에 감사 청구할 수 있다.

정답 ①

## 09 경찰 통제에 관한 설명으로 가장 적절한 것은?

〈19 채용 1차, 23 법학〉

① 대통령에 의한 통제, 감사원에 의한 통제, 국민권익위원회에 의한 통제, 중앙행정심판위원회에 의한 통제, 소청심사위원회에 의한 통제, 경찰청장에 대한 탄핵소추의결권에 의한 통제는 외부통제로서 사법통제에 해당한다.
② 경찰서의 감찰·감사업무, 민원인의 고충 상담, 인권보호 상황을 확인·점검하는 감사관제(청문감사인권관)는 내부통제에 해당한다.
③ 국가경찰위원회는 심의·의결하는 권한을 가지고 있으므로 민주적 통제에 해당하고 내부통제에 해당된다.
④ 사법부에 의한 사법심사(행정소송) 및 국회에 의한 예산결산권, 국정감사권 조사권은 사전통제에 해당된다.

해설 ① (×) 대통령에 의한 통제, 감사원에 의한 통제, 국민권익위원회에 의한 통제, 중앙행정심판위원회에 의한 통제, 소청심사위원회에 의한 통제는 행정통제이고, 경찰청장에 대한 탄핵소추의결권에 의한 통제는 입법통제이다.
③ (×) 국가경찰위원회의 심의·의결에 의한 통제는 민주적 통제이면서 외부통제이다. 국가경찰위원회는 행정안전부 소속이다.
④ (×) 사법부에 의한 사법심사(행정소송) 및 국회에 의한 예산결산권, 국정감사권 조사권은 사후통제이다.

정답 ②

**10 다음 중 사전통제와 내부통제에 관한 것으로 올바르게 짝지어진 것은?** 〈17 경간〉

〈사전통제와 사후통제〉
가. 행정절차법에 의한 청문
나. 국회의 입법권
다. 국회의 국정감사·조사권
라. 사법부에 의한 사법심사
마. 국회의 예산심의권

〈내부통제와 외부통제〉
㉠ 경찰위원회의 심의·의결
㉡ 감사원에 의한 직무감찰
㉢ 청문감사관 제도
㉣ 경찰청장의 훈령권
㉤ 중앙행정심판위원회의 심리·재결

① 사전통제: 가, 나 내부통제: ㉠, ㉢
② 사전통제: 나, 다 내부통제: ㉢, ㉣
③ 사전통제: 라, 마 내부통제: ㉡, ㉤
④ 사전통제: 나, 마 내부통제: ㉢, ㉣

해설 사전통제: 가, 나, 마
사후통제: 다, 라
내부통제: ㉢, ㉣
외부통제: ㉠, ㉡, ㉤

정답 ④

## 제2절 공공기관의 정보공개에 관한 법률

**01 「공공기관의 정보공개에 관한 법률」에 관한 설명으로 가장 적절하지 않은 것은?** 〈23 채용1차〉

① 청구인은 이의신청 절차를 거치지 아니하고 행정심판을 청구할 수 없다.
② "정보"란 공공기관이 직무상 작성 또는 취득하여 관리하고 있는 문서(전자문서를 포함한다) 및 전자매체를 비롯한 모든 형태의 매체 등에 기록된 사항을 말한다.
③ 공공기관은 부득이한 사유로 법 제11조 제1항에 따른 기간 이내에 공개 여부를 결정할 수 없을 때에는 그 기간이 끝나는 날의 다음 날부터 기산(起算)하여 10일의 범위에서 공개 여부 결정기간을 연장할 수 있다. 이 경우 공공기관은 연장된 사실과 연장 사유를 청구인에게 지체 없이 문서로 통지하여야 한다.
④ 공공기관은 청구인이 사본 또는 복제물의 교부를 원하는 경우에는 이를 교부하여야 한다.

해설 ① (×) 이의신청 절차를 거치지 아니하고 행정심판을 청구할 수 있다.

**「공공기관의 정보공개에 관한 법률」**

제19조(행정심판) ① 청구인이 정보공개와 관련한 공공기관의 결정에 대하여 불복이 있거나 **정보공개 청구 후 20일이 경과하도록 정보공개 결정이 없는 때에는** 「행정심판법」에서 정하는 바에 따라 **행정심판을 청구할 수 있다.** 이 경우 국가기관 및 지방자치단체 외의 공공기관의 결정에 대한 감독행정기관은 관계 중앙행정기관의 장 또는 지방자치단체의 장으로 한다.
② 청구인은 제18조에 따른 **이의신청 절차를 거치지 아니하고 행정심판을 청구할 수 있다.**

정답 ①

PART 03

## 02 「공공기관의 정보공개에 관한 법률」상 정보공개의 절차상 내용으로 가장 적절하지 않은 것은?

〈23 승진〉

① 공공기관은 비공개대상 정보에 해당하는 정보가 기간의 경과 등으로 인하여 비공개의 필요성이 없어진 경우에는 그 정보를 공개 대상으로 하여야 한다.
② 정보의 공개를 청구하는 자는 해당 정보를 보유하거나 관리하고 있는 공공기관에 정보공개청구서를 제출하거나 말로써 정보의 공개를 청구할 수 있다.
③ 공공기관은 부득이한 사유로 정보공개의 청구를 받은 날부터 10일 이내에 공개 여부를 결정할 수 없을 때에는 그 기간이 끝나는 날부터 기산(起算)하여 10일의 범위에서 공개 여부 결정기간을 연장할 수 있다. 이 경우 공공기관은 연장된 사실과 연장사유를 청구인에게 지체 없이 문서로 통지하여야 한다.
④ 청구인이 공개청구한 정보가 비공개대상 정보에 해당하는 부분과 공개 가능한 부분이 혼합되어 있는 경우 공개청구의 취지에 어긋나지 아니하는 범위에서 두 부분을 분리할 수 있는 경우에는 비공개 대상 정보에 해당하는 부분을 제외하고 공개하여야 한다.

해설 ③ (×) 끝나는 날의 다음날부터 기산한다.【10+10】

정답 ③

## 03 「공공기관의 정보공개에 관한 법률」상 정보공개의 절차에 관한 설명 중 가장 적절한 것은? 〈22 채용1차〉

① 정보의 공개를 청구하는 자는 해당 정보를 보유하거나 관리하고 있는 공공기관에 정보공개 청구서를 제출하여 정보의 공개를 청구할 수 있으나, 말로써 정보의 공개를 청구할 수 없다.
② 공공기관은 부득이한 사유로 「공공기관의 정보공개에 관한 법률」 제11조 제1항에 따른 기간 이내에 공개 여부를 결정할 수 없을 때에는 그 기간이 끝난 날부터 기산하여 10일의 범위에서 공개 여부 결정기간을 연장할 수 있다. 이 경우 공공기관은 연장된 사실과 연장 사유를 청구인에게 지체 없이 구두로 통지하여야 한다.
③ 공공기관은 전자적 형태로 보유·관리하는 정보에 대하여 청구인이 전자적 형태로 공개하여 줄 것을 요청하는 경우에는 그 정보의 성질상 현저히 곤란한 경우를 제외하고는 청구인의 요청에 따라야 한다.
④ 정보의 공개 및 우송 등에 드는 비용은 실비의 범위에서 공공기관이 부담한다.

해설 ① (×) 공개청구는 문서 또는 말로써 할 수 있다.
② (×) 공공기관은 부득이한 사유로 제1항에 따른 기간 이내에 공개 여부를 결정할 수 없을 때에는 그 기간이 **끝나는 날의 다음 날부터** 기산(起算)하여 10일의 범위에서 공개 여부 결정기간을 연장할 수 있다. 이 경우 공공기관은 연장된 사실과 연장 사유를 청구인에게 지체 없이 **문서**로 통지하여야 한다(제11조②).
④ (×) 정보의 공개 및 우송 등에 드는 비용은 실비(實費)의 범위에서 청구인이 부담한다(제17조①).

정답 ③

**04** **「공공기관의 정보공개에 관한 법률」과 관련된 설명으로 가장 적절하지 않은 것은?** 〈21 승진〉

① 민원인이 경찰관서에서 현재 수사 중인 '폭력단체 현황'에 대한 정보공개를 요청한 경우, 국민의 알 권리를 충족시킨다는 차원에서 해당 정보를 공개하여야 한다.
② 공공기관은 비공개 대상 정보가 기간의 경과 등으로 인하여 비공개의 필요성이 없어진 경우에는 그 정보를 공개 대상으로 하여야 한다.
③ 공공기관은 부득이한 사유로 정보공개의 청구를 받은 날부터 10일 이내에 공개 여부를 결정할 수 없을 때에는 그 기간이 끝나는 날의 다음 날부터 기산(起算)하여 10일의 범위에서 공개 여부 결정기간을 연장할 수 있다.
④ 공공기관은 공개 청구된 공개 대상 정보의 전부 또는 일부가 제3자와 관련이 있다고 인정할 때에는 그 사실을 제3자에게 지체 없이 통지하여야 하며, 통지받은 제3자는 그 통지를 받은 날부터 3일 이내에 해당 공공기관에 자신과 관련된 정보를 공개하지 아니할 것을 요청할 수 있다.

해설〉 ① (×) 현재 수사 중인 '폭력단체 현황'에 대한 정보, '경찰의 보안관찰 통계자료'는 비공개정보 대상으로서 반드시 공개해야 하는 것이 아니고 공개하지 아니할 수 있다.

정답 ①

**05** **「공공기관의 정보공개에 관한 법률」에 대한 설명으로 가장 적절한 것은?** 〈19 승진〉

① 모든 국민은 정보의 공개를 청구할 권리를 가지며, 공공기관이 보유·관리하는 정보는 국민의 알권리 보장 등을 위하여 이 법에서 정하는 바에 따라 적극적으로 공개할 수 있다.
② 공공기관은 공개 청구된 공개 대상 정보의 전부 또는 일부가 제3자와 관련이 있다고 인정할 때에는 그 사실을 제3자에게 지체 없이 통지하여야 하며, 그의 의견을 들어야 한다.
③ 정보의 공개를 청구하는 자는 해당 정보를 보유하거나 관리하고 있는 공공기관에 대하여 서면으로 정보공개를 청구하여야 한다.
④ 공개될 경우 국민의 생명·신체 및 재산의 보호에 현저한 지장을 초래할 우려가 있다고 인정되는 정보는 공개하지 아니할 수 있다.

해설〉 ① (×) 공공기관 정보는 국민 알권리를 위하여 적극적으로 **공개하여야 한다(할 수 있다** ×**)**. 모든 국민(이해관계 없는 국민도 가능)과 **대통령령으로 정하는 외국인도 청구할 수 있다.**
② (×) 제3자의 의견을 들을 수 있다.
③ (×) 정보공개 청구는 문서 또는 말로 할 수 있다.

정답 ④

PART 03

## 06 「공공기관의 정보공개에 관한 법률」에 대한 설명으로 가장 적절한 것은? 〈17·20 승진〉

① 정보의 공개를 청구하는 자는 해당 정보를 보유하거나 관리하고 있는 공공기관에 대하여 서면으로만 정보공개를 청구할 수 있다.

② 정보의 공개 및 우송 등에 드는 비용은 실비의 범위에서 정보공개 청구를 받은 행정청이 부담한다.

③ 청구인이 정보공개와 관련한 공공기관의 결정에 대하여 불복하는 경우 이의신청 절차를 거치지 않아도 행정심판을 청구할 수 있다.

④ 공공기관은 정보공개 청구를 받으면 그 청구를 받은 날부터 7일 이내에 공개 여부를 결정하여야 한다.

해설 ① (×) 정보공개 청구서를 제출하거나 말로써 정보의 공개를 청구할 수 있다. 말로 청구한 경우 담당공무원 등은 정보공개 청구조서를 작성한다.

| 국민권익위 신고 | 정보공개 청구 | 정정보도 청구 |
|---|---|---|
| **문서** | 말, (전자)문서 | **문서** |

② (×) 청구인은 정보 공개 및 우송에 드는 실비를 부담한다.
④ (×) 청구를 받은 날부터 **10일** 이내에 공개 여부를 결정하여야 한다. 부득이한 경우 **10일**의 범위에서 연장할 수 있다. **【10 + 10】【정보공개 열(10)람 청구】**

정답 ③

## 07 「공공기관의 정보공개에 관한 법률」에 대한 설명 중 가장 적절하지 않은 것은? 〈19 법학〉

① 정보의 공개를 청구하는 자는 정보공개 청구서를 제출하거나 말로써 정보의 공개를 청구할 수 있다.

② 공공기관은 공개 청구된 공개 대상 정보의 전부 또는 일부가 제3자와 관련이 있다고 인정할 때에는 그 사실을 제3자에게 지체 없이 통지해야 하며, 그 사실을 통지받은 제3자는 7일 이내에 공공기관에 대하여 자신과 관련된 정보를 공개하지 아니할 것을 요청할 수 있다.

③ 청구인은 정보공개와 관련한 공공기관의 결정에 대하여 불복이 있거나 정보공개 청구 후 20일이 경과하도록 정보공개 결정이 없는 때에는 행정심판을 청구하거나 행정소송을 제기할 수 있다.

④ 공공기관은 이의신청을 받은 날부터 7일 이내에 이의신청에 대해 결정해야 하며, 부득이한 사유로 정하여진 기간 이내에 결정할 수 없을 때에는 그 기간이 끝나는 날의 다음 날부터 기산하여 7일의 범위에서 연장할 수 있다.

해설 ② (×) 통지를 받은 **제3자**는 통지를 받은 날부터 **3일** 이내에 자신과 관련된 정보를 **공개하지 아니할 것을 요청**할 수 있고, 제3자의 비공개 요청에도 불구하고 공공기관이 공개 결정한 경우, 제3자는 통지를 받은 날부터 **7일** 이내에 해당 공공기관에 문서로 **이의신청**을 하거나 행정심판 또는 행정소송을 제기할 수 있다. 이 경우 공공기관의 공개 결정일과 공개 실시일 사이에 최소한 **30일의 간격**을 두어야 한다.
**【비공개 337 (박수 부대는) 30일 간격으로 동원】**

정답 ②

**08** **다음은 「공공기관의 정보공개에 관한 법률」상 이의신청에 대한 설명이다. ㉠부터 ㉤까지에 들어갈 숫자를 모두 합한 값은?** 〈18 채용2차, 18 경채, 18 경감〉

> • 청구인이 정보공개와 관련한 공공기관의 비공개 결정 또는 부분 공개 결정에 대하여 불복이 있거나 정보공개 청구 후 ( ㉠ )일이 경과하도록 정보공개 결정이 없는 때에는 공공기관으로부터 정보공개 여부의 결정 통지를 받은 날 또는 정보공개 청구 후 ( ㉡ )일이 경과한 날부터 ( ㉢ )일 이내에 해당 공공기관에 문서로 이의신청을 할 수 있다.
> • 공공기관은 이의신청을 받은 날부터 ( ㉣ )일 이내에 그 이의신청에 대하여 결정하고 그 결과를 청구인에게 지체 없이 문서로 통지하여야 한다. 다만, 부득이한 사유로 정하여진 기간 이내에 결정할 수 없을 때에는 그 기간이 끝나는 날의 다음 날부터 기산하여 ( ㉤ )일의 범위에서 연장할 수 있으며, 연장 사유를 청구인에게 통지하여야 한다.

① 84　② 90
③ 94　④ 100

해설 ㉠ 20, ㉡ 20, ㉢ 30, ㉣ 7, ㉤ 7

**☞ 정보공개 및 제3자의 비공개 신청 흐름도**

> 정보공개 신청 → 10+10일(연장, 총20일) → 30일 내 이의신청 → 7+7일 결정
> ↘ 행정심판 / 행정소송 ↙

> 제3자의 비공개신청: 3일내 신청 → 공개결정 → 7일 내 이의신청
> ↘ 행정심판 / 행정소송

정답 ①

**09** **「공공기관의 정보공개에 관한 법률」에 대한 다음 설명 중 옳은 것은 모두 몇 개인가?** 〈17 경간〉

> ㉠ 공공기관이 보유·관리하는 정보는 국민의 알권리 보장 등을 위하여 이 법에서 정하는 바에 따라 적극적으로 공개하여야 한다.
> ㉡ 공공기관은 정보공개의 청구를 받으면 그 청구를 받은 날부터 7일 이내에 공개 여부를 결정하여야 한다.
> ㉢ 공공기관은 공개 청구된 공개 대상 정보의 전부 또는 일부가 제3자와 관련이 있다고 인정할 때에는 그 사실을 제3자에게 지체 없이 통지하여야 하며, 필요한 경우에는 그의 의견을 들을 수 있다.
> ㉣ 청구인은 공공기관으로부터 정보공개 여부의 결정 통지를 받은 날 또는 정보공개 청구 후 20일이 경과한 날부터 30일 이내에 당해 공공기관에 문서로 이의신청을 할 수 있다.
> ㉤ 공공기관은 이의신청을 받은 날부터 10일 이내에 그 이의신청에 대하여 결정하고 그 결과를 청구인에게 지체 없이 문서로 통지하여야 한다.
> ㉥ 자기와 관련된 정보공개청구사실을 통지받은 제3자는 통지받은 날부터 3일 이내에 해당 공공기관에 대하여 자신과 관련된 정보를 공개하지 아니할 것을 요청할 수 있다.

① 1개　② 2개
③ 3개　④ 4개

해설 ㉡ (×) **【10 + 10】【정보공개 열(10)람 청구】**
㉤ (×) 이의신청 결정: 7 + 7

정답 ④

## 10 「공공기관의 정보공개에 관한 법률」에 대한 설명으로 가장 적절하지 않은 것은? 〈17 채용1차〉

① 공공기관이 보유·관리하는 정보는 국민의 알권리 보장 등을 위하여 이 법에서 정하는 바에 따라 적극적으로 공개하여야 한다.
② 청구인이 정보공개와 관련한 공공기관의 결정에 대하여 불복이 있거나 정보공개 청구 후 20일이 경과하도록 정보공개 결정이 없는 때에는 「행정심판법」에서 정하는 바에 따라 행정심판을 청구할 수 있다.
③ 공공기관은 청구인의 정보공개청구가 있을 때에는 원칙적으로 청구를 받은 날부터 10일 이내에 공개 여부를 결정하여야 한다.
④ 공공기관은 이의신청을 받은 날부터 7일 이내에 그 이의신청에 대하여 결정하고 그 결과를 청구인에게 지체 없이 문서로 통지하여야 한다. 다만, 부득이한 사유로 정하여진 기간 이내에 결정할 수 없을 때에는 그 기간이 끝나는 날부터 기산하여 7일의 범위에서 연장할 수 있으며, 연장 사유를 청구인에게 통지하여야 한다.

해설 > ④ (×) "끝나는 날부터"가 아니고 "끝나는 날의 다음 날부터"이다.

정답 ④

## 11 「공공기관의 정보공개에 관한 법률」에 대한 설명 중 가장 옳지 않은 것은? 〈19 경간〉

① 청구인은 공공기관으로부터 정보공개 여부의 결정 통지를 받은 날 또는 정보공개 청구 후 20일이 경과한 날부터 30일 이내에 당해 공공기관에 문서로 이의신청을 할 수 있다.
② 공공기관은 이의신청을 받은 날부터 7일 이내에 그 이의신청에 대하여 결정하고 그 결과를 청구인에게 지체 없이 문서로 통지하여야 한다. 다만, 부득이한 사유로 정하여진 기간 이내에 결정할 수 없을 때에는 그 기간이 끝나는 날의 다음 날부터 기산하여 7일의 범위에서 연장할 수 있으며, 연장 사유를 청구인에게 통지하여야 한다.
③ 공공기관은 공개 청구된 공개대상정보의 전부 또는 일부가 제3자와 관련이 있다고 인정되는 때에는 그 사실을 제3자에게 지체 없이 통지하여야 하며, 필요한 경우에는 그의 의견을 청취할 수 있다. 공개 청구된 사실을 통지받은 제3자는 통지받은 날부터 3일 이내에 당해 공공기관에 대하여 자신과 관련된 정보를 공개하지 아니할 것을 요청할 수 있다.
④ 정보공개위원회는 위원장과 부위원장 각 1명을 포함한 7명의 위원으로 구성한다.

해설 > ④ (×) 성별을 고려하여 위원장과 부위원장 각 1명을 포함한 **11명**의 위원으로 구성한다. 위원장을 포함한 **7명**은 공무원이 아닌 사람으로 위촉하여야 한다. **【일일이(11) 정공법으로 친다(7)】**

정답 ④

## 제3절 개인정보 보호법

### 01 「개인정보 보호법」에 관한 설명으로 가장 적절하지 않은 것은? 〈23 채용2차〉

① 살아 있는 개인에 관한 정보로서 성명, 주민등록번호 및 영상 등을 통하여 개인을 알아볼 수 있는 정보는 "개인정보"에 해당한다.
② "개인정보처리자"란 업무를 목적으로 개인정보 파일을 운용하기 위하여 스스로 또는 다른 사람을 통하여 개인정보를 처리하는 공공기관, 법인, 단체 및 개인 등을 말한다.
③ 정보주체는 자신의 개인정보 처리와 관련하여 개인정보의 처리 정지, 정정·삭제 및 파기를 요구할 권리를 가진다.
④ "익명처리"란 개인정보의 전부를 삭제하거나 일부를 대체하는 등의 방법으로 추가 정보가 없이는 특정 개인을 알아볼 수 없도록 처리하는 것을 말한다.

해설 ④ (×) "가명처리"에 대한 설명이다. 정답 ④

### 02 「개인정보 보호법」상 정의 및 개념에 관한 설명 중 가장 적절하지 않은 것은? 〈22 채용2차〉

① 살아 있는 개인에 관한 정보로서 해당 정보만으로는 특정 개인을 알아볼 수 없더라도 다른 정보와 쉽게 결합하여 알아볼 수 있는 정보를 "개인정보"라 한다.
② 개인정보의 일부를 삭제하거나 일부 또는 전부를 대체하는 등의 방법으로 추가 정보가 없이는 특정 개인을 알아볼 수 없도록 처리하는 것을 "가명처리"라 한다.
③ 정보처리 기술을 활용하여 기존의 다양한 정보를 가공해서 만들어 낸 새로운 정보에 관한 독점적 권리를 가지는 사람을 "정보주체"라 한다.
④ 일정한 공간에 지속적으로 설치되어 사람 또는 사물의 영상 등을 촬영하거나 이를 유·무선망을 통하여 전송하는 장치로서 네트워크 카메라와 같은 장치를 "영상정보처리기기"라 한다.

해설 ③ (×) "정보주체"란 처리되는 정보에 의하여 알아볼 수 있는 사람으로서 그 정보의 주체가 되는 사람을 말한다. 정답 ③

### 03 「개인정보 보호법」에 관한 다음 설명 중 가장 옳지 않은 것은? 〈18 경간〉

① 개인정보처리자는 보유기간의 경과, 개인정보의 처리 목적 달성 등 그 개인정보가 불필요하게 되었을 때에는 지체 없이 그 개인정보를 파기하여야 한다. 다만, 다른 법령에 따라 보존하여야 하는 경우에는 그러하지 아니하다.
② 개인정보처리자는 정보주체의 동의를 받은 경우에도 정보주체의 개인정보를 제3자에게 제공(공유를 포함한다)하여서는 아니 된다.
③ 개인정보처리자는 법률에 특별한 규정이 있거나 법령상 의무를 준수하기 위하여 불가피한 경우에는 개인정보를 수집할 수 있으며 그 수집 목적의 범위에서 이용할 수 있다.
④ 개인정보를 처리하거나 처리하였던 자는 업무상 알게 된 개인정보를 누설하거나 권한 없이 다른 사람이 이용하도록 제공하는 행위를 하여서는 아니 된다.

해설 ② (×) 정보주체의 동의를 받은 경우 제3자에게 개인정보를 제공할 수 있다.

> 제17조(개인정보의 제공) ① 개인정보처리자는 다음 각 호의 어느 하나에 해당되는 경우에는 정보주체의 **개인정보를 제3자에게 제공**(공유를 포함한다. 이하 같다)할 수 있다.
> 1. **정보주체의 동의를 받은 경우**
> 2. 제15조제1항제2호(**법률의 규정**)·제3호(**공공기관의 업무수행**)·제5호(주소불명 등으로 사전 동의를 받을 수 없는 경우로서 명백히 정보주체 또는 제3자의 **급박한 생명, 신체, 재산의 이익**을 위하여 필요하다고 인정되는 경우) 및 제39조의3제2항제2호(**정보통신서비스의 제공에 따른 요금정산**)·제3호(다른 법률의 규정)에 따라 개인정보를 수집한 목적 범위에서 개인정보를 제공하는 경우

정답 ②

## 제4절 경찰 감찰 규칙

### 01 「경찰 감찰 규칙」에 관한 설명으로 가장 적절하지 않은 것은? 〈23 채용2차〉

① "감찰"이란 복무기강 확립과 경찰행정의 적정성을 확보하기 위해 경찰기관 또는 소속공무원의 제반업무와 활동 등을 조사·점검·확인하고 그 결과를 처리하는 감찰관의 직무활동을 말한다.
② 감찰부서장은 소속 감찰관에 대하여 감찰관 보직 후 3년마다 적격심사를 실시하여 인사에 반영하여야 한다.
③ 경찰기관의 장은 의무위반행위가 자주 발생하거나 그 발생 가능성이 높다고 인정되는 시기, 업무분야 및 경찰관서 등에 대하여는 일정기간 동안 전반적인 조직관리 및 업무추진 실태 등을 집중 점검할 수 있다.
④ 감찰관은 감찰관 본인이 의무위반행위로 인해 감찰대상이 된 때에는 당해 감찰직무(감찰조사 및 감찰업무에 대한 지휘를 포함한다)에서 제척된다.

해설 > ② (×) 경찰기관의 장은 소속 감찰관에 대하여 감찰관 보직 후 2년마다 적격심사를 실시하여 인사에 반영하여야 한다(제8조).

정답 ②

### 02 「경찰 감찰 규칙」상 감찰활동에 대한 설명으로 가장 적절하지 않은 것은? 〈21 경간〉

① 경찰기관의 장은 의무위반행위가 자주 발생하거나 그 발생 가능성이 높다고 인정되는 시기, 업무분야 및 경찰관서 등에 대하여는 일정 기간 동안 전반적인 조직관리 및 업무추진 실태 등을 집중 점검할 수 있다.
② 감찰관은 소속공무원의 의무위반행위에 관한 단서(현장인지, 진정·탄원 등을 포함한다)를 수집·접수한 경우 소속 경찰기관의 장에게 보고하여야 한다.
③ 감찰관은 직무상 조사를 위한 출석, 질문에 대한 답변 및 진술서 제출, 증거품 등 자료 제출, 현지조사의 협조를 요구할 수 있다.
④ 경찰기관의 장은 상급 경찰기관의 장의 지시에 따라 소속 감찰관으로 하여금 일정 기간 동안 다른 경찰기관 소속 직원의 복무실태, 업무추진 실태 등을 점검하게 할 수 있다.

해설 > ② (×) 소속 경찰기관의 장이 아닌 소속 경찰기관의 감찰부서장에게 보고하여야 한다.

정답 ②

### 03 「경찰 감찰 규칙」에 대한 설명으로 가장 적절하지 않은 것은? 〈21 승진〉

① 감찰관은 소속 경찰기관의 관할구역 안에서 활동하여야 하나, 상급 경찰기관의 장의 지시가 있는 경우에는 관할구역 밖에서도 활동할 수 있다.
② 감찰관은 소속공무원의 의무위반행위에 관한 단서(현장인지, 진정·탄원 등을 포함한다)를 수집·접수한 경우 소속 경찰기관의 감찰부서장에게 보고하여야 한다.
③ 경찰기관의 장은 감찰관이 제5조에 따른 결격사유에 해당되는 것으로 밝혀졌을 경우와 제7조 제1항 각 호의 어느 하나에 해당하는 경우를 제외하고는 3년 이내에 본인의 의사에 반하여 전보하여서는 아니 된다. 다만, 승진 등 인사관리상 필요한 경우에는 그러하지 아니하다.
④ 경찰기관의 장은 1년 이상 성실히 근무한 감찰관에 대해서는 희망부서를 고려하여 전보한다.

해설 > ② (○) 의무위반 **단서 수집 시 감찰부서장에 보고**하고, 감찰활동 결과 의무위반행위, 불합리한 제도·관행, 선행·수범 직원 등을 **발견한 경우 소속 기관장에게 보고**한다.
③ (×) **2년 내** 본인 의사 반한 전보 금지, **1년 이상** 근무자의 희망 시 희망부서 고려하여 전보

정답 ③

## 04 「경찰 감찰 규칙」상 감찰활동에 대한 설명 중 가장 적절하지 않은 것은? 〈20 승진〉

① 감찰관은 직무상 조사를 위한 출석, 질문에 대한 답변 및 진술서 제출, 증거품 등 자료 제출, 현지조사의 협조를 요구할 수 있다.
② ①과 같은 요구를 받은 소속공무원은 정당한 사유가 없는 한 그 요구에 응하여야 한다.
③ 감찰관은 다른 경찰기관 또는 검찰, 감사원 등 다른 행정기관으로부터 통보받은 소속공무원의 의무위반행위에 대해서는 통보받은 날로부터 1개월 이내에 신속히 처리하여야 한다.
④ 감찰관은 심야(오후 10시부터 오전 6시까지를 말한다)에 조사를 하여서는 아니 된다.

해설 > ④ (×) 심야시간은 자정부터 오전 6시까지이다.

**심야시간 규정**

- 경찰 감찰 규칙 : 00 : 00 ~ 06 : 00
- 형사소송법 : 21 : 00 ~ 06 : 00
- 확성기 등 소음기준 : 00 : 00 ~ 07 : 00

정답 ④

## 05 「경찰 감찰 규칙」에 대한 설명 중 가장 옳은 것은? 〈16·19 경간 변형〉

① 감찰관은 감찰조사를 위해서 조사대상자의 출석을 요구할 때에는 조사기일 5일 전까지 출석요구서 또는 구두로 조사일시, 의무위반행위사실 요지 등을 통지하여야 한다. 다만, 사안이 급박한 경우 또는 조사대상자의 요청이 있는 경우에는 즉시 조사에 착수할 수 있다.
② 감찰관은 소속 경찰공무원 등의 의무위반사실에 대한 민원을 접수하였을 때에는 접수일로부터 1개월 내에 신속히 처리하여야 한다.
③ 감찰관은 다른 경찰기관 또는 검찰, 감사원 등 다른 행정기관으로부터 통보받은 소속직원의 의무위반행위에 대해서는 통보받은 날로부터 2개월 이내에 신속히 처리하여야 한다.
④ 경찰기관장은 1년 이상 성실히 근무한 감찰관에 대해서는 희망부서를 고려하여 전보한다.

해설 > ① (×) 조사기일 **3일 전까지(2일×) 출석요구**서 또는 구두로 통지해야 한다.
※ 징계위원회 출석통지 : 5일 전 도달(경찰공무원 징계령)
② (×) 소속공무원의 의무위반사실 : 민원을 접수한 경우 접수일로부터 2개월 내 처리
③ (×) 다른 경찰기관 또는 검찰, 감사원 등으로부터 통보받은 의무위반행위 : 1개월 이내 처리
④ (○) '희망부서를 고려하여 전보할 수 있다'가 아닌 '전보한다'임에 유의

> 제7조(감찰관의 신분보장) ① 경찰기관의 장은 감찰관이 제5조에 따른 결격사유에 해당되는 것으로 밝혀졌을 경우와 다음 각 호의 어느 하나에 해당하는 경우를 제외하고는 **2년 이내에 본인의 의사에 반하여 전보하여서는 아니 된다.** 다만, 승진 등 인사관리상 필요한 경우에는 그러하지 아니하다.
> 1.~4. (생략)
> ② 경찰기관의 장은 **1년 이상 성실히 근무한 감찰관에 대해서는 희망부서를 고려하여 전보한다.**

정답 ④

## 06 「경찰 감찰 규칙」에 의한 감찰활동에 대한 설명으로 가장 적절하지 않은 것은?

〈19 승진 변형〉

① 감찰관은 상급 경찰기관장의 지시에 따라 일정 기간 동안 소속 경찰기관이 아닌 다른 경찰기관의 소속 직원의 복무실태, 업무추진 실태 등을 점검할 수 있다.

② 감찰관은 감찰조사를 위해서 조사대상자의 출석을 요구할 때에는 조사기일 3일 전까지 출석요구서 또는 구두로 조사일시, 의무위반행위사실 요지 등을 통지하여야 한다. 다만, 사안이 급박한 경우 또는 조사대상자의 요청이 있는 경우에는 즉시 조사에 착수할 수 있다.

③ 감찰관이 감찰활동에 착수할 때에는 감찰기간과 대상, 중점감찰사항 등을 포함한 감찰계획을 소속 경찰기관의 감찰부서장에게 보고하여 승인을 받아야 한다.

④ 감찰관은 검찰·경찰, 그 밖의 수사기관으로부터 수사개시 통보를 받은 경우, 해당 기관으로부터 수사결과의 통보를 받을 때까지 감찰조사, 징계의결요구 등의 절차를 진행해서는 아니 된다.

해설 ④ (×) 감찰관은 **징계의결요구권자의 결재를 받아** 해당 기관으로부터 수사결과의 통보를 받을 때까지 감찰조사, 징계의결요구 등의 **절차를 진행하지 아니 할 수 있다**(제36조②).

※ **감사원**으로부터 특정 사건에 대한 조사개시 통보를 받은 경우 **징계 또는 문책 절차를 진행하지 못한다**(감사원법 제32조의2).

정답 ④

## 07 「경찰 감찰 규칙」에 대한 설명으로 가장 적절한 것은?

〈18 경감 변형〉

① 감찰관은 소속공무원의 의무위반사실에 대한 민원을 접수한 경우 접수일로부터 2개월 내에 신속히 처리하여야 한다. 다만, 부득이한 사유로 민원을 기한 내에 처리할 수 없을 때에는 소속 경찰기관의 감찰부서장에게 보고하여 그 처리 기간을 연장할 수 있다.

② 감찰관은 증거품 등 자료 제출, 현지조사의 협조 등을 요구할 수 있으며, 경찰공무원 등은 정당한 사유가 없더라도 감찰관의 요구에 응하지 않을 수 있다.

③ 감찰관은 감찰조사를 위해서 조사대상자의 출석을 요구할 때에는 조사기일 5일 전까지 출석요구서 또는 구두로 조사일시, 의무위반행위사실 요지 등을 통지하여야 한다. 다만, 사안이 급박한 경우 또는 조사대상자의 요청이 있는 경우에는 즉시 조사에 착수할 수 있다.

④ 감찰관의 의무위반행위 중 직무와 관련된 금품 및 향응 수수, 공금횡령·유용, 성폭력범죄에 한하여 「경찰공무원 징계령 세부시행규칙」의 징계양정에 정한 기준보다 가중하여 징계조치한다.

해설 ② (×) 정당한 사유가 없는 한 그 요구에 응하여야 한다(제17조). 경찰기관의 장은 조사대상자가 정당한 이유 없이 출석 거부, 현지조사 불응, 협박 등의 방법으로 감찰조사를 방해하는 경우에는 징계요구 등의 조치를 할 수 있다(제41조).

③ (×) 3일 전까지이다. 징계위원회는 5일 전 통지이다.

**【징계 받으러 오삼(5,3)】**

④ (×) 금품·향응 수수 등에 한하지 않는다. 감찰관의 의무위반행위에 대해서는 「경찰공무원 징계령 세부시행규칙」의 징계양정에 정한 기준보다 가중하여 징계조치한다(제40조②).

정답 ①

## 08 「경찰 감찰 규칙」에 대한 설명으로 가장 적절한 것은?

〈17 채용1차 변형〉

① 감찰관은 심야(오후 10시부터 오전 6시까지를 말한다)에 조사를 하여서는 아니 된다. 다만, 조사대상자 또는 그 변호인의 심야조사 요청이 있는 경우에는 예외적으로 심야조사를 할 수 있다.

② 감찰관은 소속 경찰기관의 관할구역 안에서 활동하여야 한다. 다만, 상급 경찰기관의 장의 지시가 있는 경우에는 관할구역 밖에서도 활동할 수 있다.

③ 감찰관은 검찰·경찰, 그 밖의 수사기관으로부터 수사개시 통보를 받은 경우에는 징계의결 요구권자의 결재를 받아 해당기관으로부터 수사결과의 통보를 받을 때까지 감찰조사, 징계의결요구 등의 절차를 진행해야 한다.

④ 감찰관은 감찰조사를 실시하기 전에 조사대상자에게 의무위반행위 사실의 요지를 알릴 수 없지만 다른 감찰관의 참여를 요구할 수 있음은 고지하여야 한다.

해설 > ① (×) 심야시간은 자정부터 오전 6시까지이다.
③ (×) 징계의결요구권자의 결재를 받아 해당 기관으로부터 수사결과의 통보를 받을 때까지 감찰조사, 징계의결요구 등의 절차를 진행하지 아니 할 수 있다.
④ (×) 감찰관은 조사 전에 의무위반행위의 요지를 알려야 한다.

☞ **조사 전 고지의무 사항 【진참동요 고지】**

- **진**술거부권
- **참**여(다른 감찰관·변호인), **동**석(동료·가족) 신청권 【동-동】
  ※ 조사대상자가 참여나 동석을 신청할 경우 반드시 참여나 동석을 하도록 해야 한다.
- 의무위반 **요**지

정답 ②

## 제5절 경찰청 감사 규칙

### 01 「경찰청 감사 규칙」상 감사결과의 처리기준에 관한 설명 중 옳은 것은 모두 몇 개인가? 〈22 채용1차〉

㉠ 변상명령: 감사결과 경미한 지적사항으로서 현지에서 즉시 시정·개선조치가 필요한 경우
㉡ 경고·주의 요구: 감사결과 위법 또는 부당하다고 인정되는 사실이 있으나 그 정도가 징계 또는 문책사유에 이르지 아니할 정도로 경미하거나, 감사대상기관 또는 부서에 대한 제재가 필요한 경우
㉢ 시정요구: 감사결과 법령상·제도상 또는 행정상 모순이 있거나 그 밖에 개선할 사항이 있다고 인정되는 경우
㉣ 개선요구: 감사결과 문제점이 인정되는 사실이 있어 그 대안을 제시하고 감사대상기관의 장 등으로 하여금 개선방안을 마련하도록 할 필요가 있는 경우

① 0개　② 1개　③ 2개　④ 3개

해설 > ㉠ (×) "현지조치"에 대한 설명이다.
㉢ (×) "개선요구"에 대한 설명이다.
㉣ (×) "권고"에 대한 설명이다.

☞ **감사관은 감사결과를 다음 각 호의 기준에 따라 처리하여야 한다(제10조).**

**【원시 모개 대권(원시시대에는 모계가 주도권)】【경미경고】【자율통보】【현지-현지】**

| | |
|---|---|
| 징계·문책요구 | 징계·문책사유 해당 또는 자체감사 **거부**, 자료제출을 **게을리**한 경우 |
| **시**정요구 | 위법·부당하여 추징·회수·환급·추급·**원**상복구 등이 필요한 경우(변상명령×) |
| 개선요구 | 법령·제도·행정상 **모**순이나 **개선사항** 있을 때 |
| **권**고 | 문제점이 인정되는 사실에 **대**안 제시, **개선사항** 마련 |
| **경**고·주의 | 위법·부당하지만 **경미**하거나, 감사대상기관이나 부서에 제재가 필요한 경우 |
| **통보** | 위법·부당하지만 위 5개 사항을 요구하기에 부적절하여 **자율**적으로 처리 |
| 변상명령 | 「**회계관계직원** 등의 책임에 관한 법률」에 의해 **변상** 책임이 있는 경우 |
| 고발 | 범죄혐의가 있다고 인정되는 경우 |
| **현지**조치 | **경미**한 지적사항으로서 **현지**에서 즉시 시정·개선조치가 필요한 경우 |

정답 ②

**02** 「경찰청 감사 규칙」상 감사결과의 조치기준에 대한 설명으로 옳은 것을 모두 고른 것은? 〈20 승진〉

> ㉠ 시정요구 – 감사결과 법령상 제도상 또는 행정상 모순이 있거나 그 밖에 개선할 사항이 있다고 인정되는 경우
> ㉡ 권고 – 감사결과 문제점이 인정되는 사실이 있어 그 대안을 제시하고 피감사기관의 장 등으로 하여금 개선방안을 마련하도록 할 필요가 있는 경우
> ㉢ 징계 또는 문책 요구 – 국가공무원법과 그 밖의 법령에 규정된 징계 또는 문책 사유에 해당하거나 정당한 사유 없이 자체감사를 거부하거나 자료의 제출을 게을리한 경우
> ㉣ 변상명령 – 감사결과 위법 또는 부당하다고 인정되는 사실이 있어 추징·회수·환급·추급 또는 원상복구 등이 필요하다고 인정되는 경우

① ㉠, ㉡ ② ㉡, ㉢ ③ ㉠, ㉢ ④ ㉢, ㉣

해설 ㉠ (×) "**모순**"이 있는 경우에는 "**개선요구**"이다.
㉣ (×) "**원**상복구"가 있는 경우에는 "**시**정요구"이다.
**【원시 모개 대권】** 정답 ②

**03** 「경찰청 감사 규칙」상 감사결과의 조치기준과 그 내용을 연결한 것으로 가장 적절한 것은? 〈18 경감〉

① 개선요구 – 감사결과 문제점이 인정되는 사실이 있어 그 대안을 제시하고 피감사기관의 장 등으로 하여금 개선방안을 마련하도록 할 필요가 있는 경우
② 권고 – 감사결과 법령상·제도상 또는 행정상 모순이 있거나 그 밖에 개선할 사항이 있다고 인정되는 경우
③ 변상명령 – 감사결과 위법 또는 부당하다고 인정되는 사실이 있어 추징·회수·환급·추급 또는 원상복구 등이 필요하다고 인정되는 경우
④ 통보 – 감사결과 비위 사실이나 위법 또는 부당하다고 인정되는 사실이 있으나 징계 또는 문책 요구, 시정요구, 경고·주의, 개선 요구, 권고를 하기에 부적합하여 피감사기관 또는 부서에서 자율적으로 처리할 필요가 있다고 인정되는 경우

해설 ① (×) 권고
② (×) 개선 요구
③ (×) 시정 요구 정답 ④

## 제3장 적극행정

**01** 「적극행정 운영규정」 및 「경찰청 적극행정 면책제도 운영규정」에 관한 설명으로 가장 적절하지 않은 것은? 〈23 채용2차〉

① 「적극행정 운영규정」상 공무원이 적극행정을 추진한 결과에 대해 그의 행위에 고의 또는 중대한 과실이 없는 경우에는 징계 관련 법령에 따라 징계의결 또는 징계부가금 부과의결을 하지 않는다.
② 「경찰청 적극행정 면책제도 운영규정」에 의한 면책은 경찰청 및 그 소속기관의 공무원 또는 산하단체의 임·직원 등에게 적용된다.
③ 「경찰청 적극행정 면책제도 운영규정」 제5조 제1항 제3호의 요건을 적용하는 경우 자체감사를 받는 사람이 '대상 업무를 처리하면서 중대한 절차상의 하자가 없었을 것'과 '자체감사를 받는 사람과 대상 업무 사이에 사적인 이해관계가 없을 것'이라는 요건을 모두 갖추어 업무를 처리한 것으로 인정되는 경우에는 그 행위에 고의나 중대한 과실이 없는 경우에 해당하는 것으로 추정한다.
④ 「적극행정 운영규정」 제18조의3은 "누구든지 공무원의 소극적 행정을 국가인권위원회가 운영하는 소극행정 신고센터에 신고할 수 있다."고 규정하고 있다.

해설 ④ (×) 소극행정은 소속 중앙행정기관의 장이나 소극행정 신고센터에 신고할 수 있으며, 소극행정 신고센터는 국가인권위원회가 운영한다.

정답 ④

## 02 경찰의 적극행정에 관한 내용 중 가장 적절하지 않은 것은? 〈23 승진〉

① 「경찰청 적극행정면책제도 운영규정」상 자체감사를 받는 사람은 적극행정 면책요건에 해당된다 하더라도 자의적인 법 해석 및 집행으로 법령의 본질적인 사항을 위반한 경우 면책대상에서 제외된다.

② 「공공감사에 관한 법률」상 자체감사를 받는 사람이 불합리한 규제의 개선 등 공공의 이익을 위하여 업무를 적극적으로 처리한 결과에 대하여 그의 행위에 고의나 중대한 과실이 없는 경우에는 징계 요구 또는 문책 요구 등 책임을 묻지 아니한다.

③ 「공무원 징계령 시행규칙」상 징계위원회는 징계 혐의자와 비위 관련 직무 사이에 사적인 이해관계가 없었고 대상 업무를 처리하면서 중대한 절차상 하자가 없었을 경우 해당 비위가 고의 또는 중과실에 의하지 않은 것으로 추정한다.

④ 「적극행정 운영규정」상 "적극행정"이란 공무원이 불합리한 규제를 개선하는 등 공공의 이익을 위해 창의성과 신속성을 바탕으로 적극적으로 업무를 처리하는 행위를 말한다.

해설 > ④ (×) 대통령령의 적극행정은 "창의성과 전문성"을 바탕으로 한다. 「경찰청 적극행정면책제도 운영규정」에서 적극행정은 "성실하고 능동적"으로 업무를 처리하는 것을 말한다. **【경찰은 "성능"이 좋다】**

정답 ④

## 03 「경찰청 적극행정 면책제도 운영규정」에 대한 설명으로 가장 적절하지 않은 것은? 〈23 경간〉

① 적극행정이란 경찰청 및 그 소속기관의 공무원 또는 산하단체의 임·직원이 국가 또는 공공의 이익을 증진하기 위해 성실하고 능동적으로 업무를 처리하는 행위를 말한다.

② 면책이란 적극행정 과정에서 발생한 부분적인 절차상 하자 또는 비효율, 손실 등과 관련하여 그 업무를 처리한 경찰청 소속 공무원 등에 대하여 「경찰청 감사규칙」 제10조 제1호부터 제3호까지 및 제6호와 「경찰공무원 징계령」에 따른 징계 및 징계부가금의 어느 하나에 해당하는 책임을 묻지 않거나 감면하는 것을 말한다.

③ 법령·행정규칙 등의 해석에 대한 이견 등으로 인하여 능동적인 업무처리가 곤란한 경우와 행정심판, 수사 중인 사안 등은 사전컨설팅 감사의 대상이다.

④ 사전컨설팅 감사란 불합리한 제도 등으로 인해 적극적인 업무수행이 어려운 경우, 해당 업무의 수행에 앞서 업무처리 방향등에 대하여 미리 감사의 의견을 듣고 이를 업무처리에 반영하여 적극행정을 추진하는 것을 말한다.

해설 > ③ (×) 행정심판, 수사 중인 사안은 사전컨설팅 감사 대상에서 제외한다.

> 제15조(사전컨설팅 감사의 대상) ① 사전컨설팅 대상 기관등의 장은 다음 각 호의 어느 하나에 해당하는 업무를 수행하기 전에 감사관에게 사전컨설팅 감사를 신청할 수 있다.
> 1. 인가·허가·승인 등 규제관련 업무
> 2. 법령·행정규칙 등의 해석에 대한 이견 등으로 인하여 능동적인 업무처리가 곤란한 경우
> 3. 그 밖에 적극행정 추진을 위해 감사관이 필요하다고 인정하는 경우
>
> ② **행정심판, 소송, 수사** 또는 타 기관에서 **감사 중**인 사항, 타 법령에서 정하고 있는 **재심의 절차를 거친 사항** 등은 **사전컨설팅 감사 대상에서 제외한다.**

정답 ③

## 04 「적극행정 운영규정(대통령령)」에 의한 적극행정에 대한 설명으로 옳지 않은 것은? 〈보충〉

① "적극행정"이란 공무원이 불합리한 규제를 개선하는 등 공공의 이익을 위해 창의성과 전문성을 바탕으로 적극적으로 업무를 처리하는 행위를 말한다.

② "소극행정"이란 공무원이 부작위 또는 직무태만 등 소극적 업무행태로 국민의 권익을 침해하거나 국가 재정상 손실을 발생하게 하는 행위를 말한다.

③ 사전컨설팅 제도는 소속 공무원이 인가·허가·등록·신고 등과 관련한 규제나 불명확한 법령등으로 인해 업무를 적극적으로 추진하기 곤란한 경우에는 소속기관의 장에게 해당 업무의 처리 방향 등에 관한 의견의 제시를 요청하는 것이다.

④ 공무원이 사전컨설팅 의견대로 업무를 처리한 경우에는 제1항에 따른 면책 요건을 충족한 것으로 추정한다. 다만, 공무원과 대상 업무 사이에 사적인 이해관계가 있거나 감사원이나 감사기구의 장이 사전컨설팅을 하는 데 필요한 정보를 충분히 제공하지 않은 경우에는 그렇지 않다.

해설> ③ (×) "소속 기관의 장"이 아닌 "감사기구의 장"에게 사전컨설팅을 한다(제7조① 제4호).

정답 ③

## 05 「적극행정 운영규정(대통령령)」에 대한 설명으로 옳은 것은? 〈보충〉

① 누구든지 소관 중앙행정기관의 장에게 해당 업무를 적극적으로 처리해 줄 것을 신청할 수 있다.

② 누구든지 공무원의 소극행정을 소속 중앙행정기관의 장이나 국민권익위원회가 운영하는 소극행정 신고센터에 신고할 수 있다.

③ 중앙행정기관의 장은 매년 위원회의 심의를 거쳐 다음 각 호의 어느 하나에 해당하는 공무원을 적극행정 우수공무원으로 선발해야 한다.

④ 공무원이 적극행정을 추진한 결과에 대해 그의 행위에 고의가 없는 경우에만 「감사원법」 제34조의3 및 「공공감사에 관한 법률」 제23조의2에 따라 징계 요구 또는 문책 요구 등 책임을 묻지 않는다.

해설> ① (×) 누구나 적극행정을 신청할 수 있는 것은 아니고, 법령이 없거나 법령이 명확하지 않다는 사유로 통지를 받은 사람은 소관 중앙행정기관의 장에게 해당 업무를 적극적으로 처리해 줄 것을 신청(이하 "적극행정국민신청"이라 한다)할 수 있다(제18조의2①).
③ (×) 반기별로 선발해야 한다.
④ (×) 고의 또는 중대한 과실이 없는 경우이다.

정답 ②

박용증 아두스 경찰학
진도별 기출문제집

# PART 04 경찰행정법



두문자로 쏙쏙 암기하는
**아**름다운 **두**문자 **스**토리 **경찰학!**

PART

# 04 경찰행정법

## 제1장 경찰조직법

### 제1절 법치행정과 경찰법의 법원

**01 법률과 법규명령의 공포 및 효력발생시기에 관한 설명으로 가장 적절하지 않은 것은?** 〈23 승진〉

① 국회에서 의결된 법률안은 정부에 이송되어 15일 이내에 대통령이 공포한다.
② 법률은 특별한 규정이 없는 한 공포한 날로부터 20일을 경과함으로써 효력을 발생한다.
③ 대통령령, 총리령 및 부령은 특별한 규정이 없으면 공포한 날부터 20일이 경과함으로써 효력을 발생한다.
④ 국민의 권리 제한 또는 의무 부과와 직접 관련되는 법률, 대통령령, 총리령 및 부령은 긴급히 시행하여야 할 특별한 사유가 있는 경우를 제외하고는 공포일로부터 적어도 20일이 경과한 날부터 시행되도록 하여야 한다.

해설 ① (○) 헌법 제53조①
② (○) 헌법 제53조⑦
③ (○) 20일이 경과함으로써 효력을 발생한다(「법령 등 공포에 관한 법률」 제13조)
④ (×) 20일이 아닌 30일이 경과한 날부터 시행되도록 하여야 한다(「법령 등 공포에 관한 법률」 제13조의2). **【이효리 삼시세끼】**

정답 ④

**02 경찰행정법의 법원(法源)에 관한 설명으로 가장 적절하지 않은 것은? (다툼이 있는 경우 판례에 의함)** 〈23 채용1차〉

① 경찰행정법의 법원(法源)은 일반적으로 성문법원과 불문법원으로 나눌 수 있으며 헌법, 법률, 조례와 규칙은 성문법원에 해당한다.
② 대통령령, 총리령 및 부령은 특별한 규정이 없으면 공포한 날부터 20일이 경과함으로써 효력을 발생한다.
③ 지방자치단체의 장은 법령의 범위에서 그 사무에 관하여 조리를 제정할 수 있다.
④ 사회의 거듭된 관행으로 생성한 사회생활규범이 사회의 법적 확신과 인식에 의하여 법적 규범으로 승인·강행되기에 이른 것을 관습법이라 한다.

해설 ③ (×) 자치단체장은 규칙을 제정할 수 있다. 조리는 법의 일반원칙을 의미한다.

정답 ③

**03 경찰행정법의 법원(法源)에 대한 설명으로 가장 적절하지 않은 것은?** 〈23 경간〉

① 헌법에 의하여 체결·공포된 조약과 일반적으로 승인된 국제법규도 경찰행정법의 법원으로 볼 수 있다.
② 헌법재판소의 위헌결정은 국가경찰 및 자치경찰을 기속하므로 법원성이 인정된다.
③ 경찰행정법의 일반원칙인 평등의 원칙, 비례의 원칙, 권한남용 금지의 원칙, 신뢰보호의 원칙은 「행정기본법」에는 규정되어 있지 않다.
④ 신의성실의 원칙은 「민법」 뿐만 아니라 경찰행정법을 포함한 모든 법의 일반원칙이며 법원으로 인정된다.

해설 ③ (×) 행정기본법에 명시된 법 원칙 : **【신부비평에 성남】**

| 제12조(**신**뢰보호의 원칙)<br>제13조(**부**당결부금지의 원칙)<br>제10조(**비**례의 원칙)<br>제19조(**평**등의 원칙)<br>제11조(**성**실의무 및 권한 **남**용의 원칙) |
|---|

정답 ③

**04 개인의 자유를 침해하거나 의무를 부과하는 행정은 반드시 법률의 근거가 있어야 한다는 원칙을 전제할 때, 법률의 근거 없이도 가능한 것을 모두 고른 것은? (다툼이 있는 경우 판례에 의함)** 〈22 채용2차〉

| ㉠ 경찰관의 학교 앞 등교지도<br>㉡ 주민을 상대로 한 교통정책홍보<br>㉢ 기초생활수급자에 대한 생계비지원<br>㉣ 공무원에 대해 특정종교를 금지하는 훈령<br>㉤ 자살을 시도하는 사람에 대한 경찰관서 보호<br>㉥ 붕괴위험시설에 대한 예방적 출입금지 |
|---|

① ㉠, ㉡, ㉢ ② ㉠, ㉡, ㉤
③ ㉠, ㉢, ㉤ ④ ㉡, ㉢, ㉣, ㉥

해설 법률유보원칙의 학설 중 국민의 자유와 재산권을 침해하거나 의무를 부과하는 불이익적 행정작용에만 법률의 수권이 필요하다는 **침해유보설**에 대한 설명이다. 침해적 성질이 아닌 수익적 행정작용에 대해서는 법률의 근거가 없어도 행정작용이 행해질 수 있다. ㉠, ㉡, **㉢은 자유를 침해하거나 의무를 부과하는 행정작용이 아니다.**
이 외에 현대국가에서 급부행정이 확대되면서 급부작용에도 법적 근거가 필요하다는 **급부유보설**, 모든 행정은 의회의 통제대상이 되어야 하므로 행정의 모든 영역에 법률의 근거가 필요하다는 **전부유보설**, 중요사항에 대하여는 반드시 법률에 근거하여야 한다는 **중요사항유보설**이 있다. 중요사항유보설이 통설, 판례의 입장이고 행정기본법 제8조는 중요사항유보설을 반영한 내용으로 볼 수 있다.

| 제8조(법치행정의 원칙) 행정작용은 법률에 위반되어서는 아니되며, **국민의 권리를 제한하거나 의무를 부과하는 경우와 그 밖에 국민생활에 중요한 영향을 미치는 경우**에는 법률에 근거하여야 한다. |
|---|

정답 ①

**05 행정의 법률적합성 원칙(법치행정의 원칙)에 관한 설명 중 가장 적절한 것은? (다툼이 있는 경우 판례에 의함)** 〈22 채용2차 변형〉

① 법치행정의 원칙에 관한 전통적 견해는 '법률의 지배', '법률의 우위', '법률의 유보'를 내용으로 한다.
② '법률의 우위'에서의 법률에는 형식적 의미의 법률뿐만 아니라 그 밖에 성문법과 불문법이 포함된다.
③ 법규명령에는 위임명령과 집행명령이 있으며, 모두 국민의 권리 의무에 관한 새로운 사항을 규정할 수 있다.
④ 법령의 구체적 위임 없이 최루액의 혼합 살수 방법 등을 규정한 경찰청장의 살수차운용지침(2014. 4. 3.)은 법률유보의 원칙에 위배되는 측면이 있으나, 그 지침에 따라 살수한 경찰관의 행위는 집회를 해산하기 위한 불가피한 조치라는 점에서 반드시 위헌・위법이라 할 수 없다.

해설 ① (×) '법률의 지배'가 아닌 '법률의 법규창조력'이다.
③ (×) 위임명령은 구체적인 위임의 범위 내에서 국민의 권리・의무에 관한 새로운 사항을 규정할 수 있으나, 집행명령은 국민의 권리・의무에 관한 새로운 사항을 규정할 수 없다.
④ (×) 혼합살수방법은 법령에 열거되지 않은 새로운 위해성 경찰장비에 해당하고 '**살수차 운용지침**'(**2014. 4. 3.**)에 혼합살수의 근거 규정을 둘 수 있도록 위임하고 있는 법령이 없으므로, **이 사건 지침은 법률유보원칙에 위배되고 이 사건 지침만을 근거로 한 이 사건 혼합살수행위 역시 법률유보원칙에 위배된다**(헌재 결정 2015헌마476).

정답 ②

**06** **경찰법의 법원(法源)에 관한 설명이다. 아래 가.부터 라.까지 설명 중 옳고 그름의 표시(○, ×)가 바르게 된 것은?** 〈22 경간〉

> 가. 헌법은 국가의 기본적인 통치구조를 정한 기본법으로서 행정의 조직이나 작용의 기본원칙을 정한 부분은 그 한도 내에서 경찰법의 법원이 된다.
> 나. 경찰권 발동은 법률에 근거해야 하므로, 법률은 경찰법상의 법률관계에 있어서 중요한 법원이다.
> 다. 불문법원으로서 일반적으로 정의에 합치되는 보편적 원리로서 인정되고 있는 모든 원칙을 조리라 하고, 경찰관청의 행위가 형식상 적법하면 조리에 위반하더라도 위법이 될 수 없다.
> 라. 경찰법의 법원은 일반적으로 성문법원과 불문법원으로 나눌 수 있으며 헌법, 법률, 조약과 국제법규, 규칙은 성문법원이다.

① 가(○) 나(×) 다(×) 라(○)
② 가(○) 나(○) 다(×) 라(×)
③ 가(○) 나(○) 다(×) 라(○)
④ 가(×) 나(○) 다(×) 라(○)

해설 > 다. (×) 조리에 위반되면 위법할 수 있다.

정답 ③

**07** **경찰법의 법원에 대한 설명 중 옳지 않은 것을 모두 고른 것은?** 〈20 승진〉

> ㉠ 경찰법의 법원은 일반적으로 성문법과 불문법원으로 나눌 수 있으며, 헌법, 법률, 조약과 국제법규, 조리와 규칙은 성문 법원이다.
> ㉡ 국회의 의결을 거치지 않고 행정기관에 의하여 제정된 성문 법규를 법규명령이라고 한다.
> ㉢ 국무총리는 직권으로 총리령을 발할 수 있으나, 행정각부의 장은 직권으로 부령을 발할 수 없다.
> ㉣ 지방의회가 법령의 범위 안에서 제정하는 자치법규를 규칙이라고 한다.

① ㉠, ㉡ ② ㉠, ㉢ ③ ㉠, ㉡, ㉣ ④ ㉠, ㉢, ㉣

해설 > ㉠ (×) 불문법 : 관습법, 판례, 조리
㉢ (×) 행정각부 장관은 부령을 발할 수 있다.
㉣ (×) 조례는 지방의회가 정하고, 규칙은 자치단체장이 정한다.

정답 ④

**08** **경찰법의 법원(法源)에 대한 설명이다. 옳은 것은 모두 몇 개인가?** 〈20 경간〉

> 가. 경찰법의 법원은 일반적으로 성문법원과 불문법원으로 나눌 수 있으며 헌법, 법률 조약과 국제법규, 조리와 규칙은 성문법원이다.
> 나. 국회에서 의결을 거치지 않고 행정기관에 의하여 제정된 법규를 법규명령이라고 한다.
> 다. 조례와 규칙은 지방의회가 정한다.
> 라. 헌법은 국가의 기본적인 통치구조를 정한 기본법으로 행정의 조직이나 작용의 기본원칙을 정한 부분은 그 한도 내에서 경찰법의 법원이 된다.
> 마. 위임명령은 법규명령이고 집행명령은 행정규칙이다.
> 바. 헌법재판소의 위헌결정은 법원이나 기타 국가기관 및 지방자치단체를 기속(羈束)하므로 법원성이 인정된다.
> 사. 조리는 평등의 원칙, 비례의 원칙, 금반언의 원칙, 신의성실의 원칙, 신뢰보호의 원칙 등으로 구성되어 있으며 오늘날 법의 일반원칙은 성문화되어 가는 추세에 있다.

① 1개 ② 2개 ③ 3개 ④ 4개

해설 > 가. (×) 조례는 자치단체 의회가 정하는 자치법규이고, 조리는 불문법원으로서 일반사회의 보편적 원리로서 행정법의 일반원칙이다.
다. (×) 조례는 자치단체 의회가 정하고, 규칙은 자치단체장이 정한다.
마. (×) 법규명령에는 위임명령과 집행명령이 있다.
바. (○) 헌법재판소의 위헌결정은 법원성이 인정된다. 다만, 대법원 판례의 법원성에 대하여 다수설은 법원성을 인정하나, 판례는 부정한다. '상급법원 재판에서의 판단은 해당 사건에 관하여 하급심을 기속한다.'는 법원조직법 제8조는 당해 사건에만 미치므로 일반적인 대외 규범을 갖는 법규성은 부정된다고 본다.

정답 ④

## 09 경찰법의 법원(法源)에 관한 설명으로 가장 적절하지 않은 것은? 〈19 채용2차〉

① 행정입법이란 행정부가 제정하는 법을 의미하며, 행정조직 내부의 사무처리기준에 관한 법규명령과 국민을 구속하는 효력이 있는 행정규칙으로 구분된다.
② 법규명령은 특별한 규정이 없는 한 공포일로부터 20일 경과 후 효력이 발생하나, 행정규칙은 공포를 요하지 않는다.
③ 최후의 보충적 법원으로서 조리는 일반적·보편적 정의를 의미하는 바, 경찰관청의 행위가 형식상 적법하더라도 조리에 위반할 경우 위법이 될 수 있다.
④ 판례에 의할 때 운전면허 취소사유에 해당하는 음주운전을 적발한 경찰관의 소속 경찰서장이 사무착오로 위반자에게 운전면허정지처분을 한 상태에서 위반자의 주소지 관할 시·도경찰청장이 위반자에게 운전면허 취소처분을 한 경우 이는 법의 일반원칙인 조리에 반하여 허용될 수 없다.

해설 ① (×) 행정입법은 실정법상의 개념이 아니라 학문상의 개념이다. 광의의 행정입법은 법규명령과 행정규칙을 포함한다. 다만, 법률에 대응한 개념으로 행정입법을 사용할 때에는 법규명령을 의미한다. 법규명령은 행정조직 내부와 대외적으로 국민을 구속하지만, 행정규칙은 대외적 효력은 없고 대내적 효력만 있다.
④ (○) 운전면허 취소 사유에 해당함에도 착오로 운전면허 정지 처분을 한 이후 운전면허 취소 처분은 신뢰보호의 원칙에 위배되어 허용될 수 없다(대판 99두10520).

정답 ①

## 10 「경찰법」의 법원에 대한 설명으로 가장 적절하지 않은 것은? 〈17 경감〉

① 법규명령의 특징은 국민과 행정청을 동시에 구속하는 양면적 구속력을 가짐으로써 재판규범이 된다.
② 대통령령, 총리령 및 부령은 특별한 규정이 없으면 공포한 날부터 14일이 경과함으로써 효력을 발생한다.
③ 국민의 권리 제한 또는 의무 부과와 직접 관련되는 법률, 대통령령, 총리령 및 부령은 긴급히 시행하여야 할 특별한 사유가 있는 경우를 제외하고는 공포일로부터 적어도 30일이 경과한 날부터 시행되도록 하여야 한다.
④ 법규명령의 한계로 행정권에 대한 입법권의 일반적·포괄적 위임은 인정될 수 없고, 국회 전속적 법률사항의 위임은 원칙적으로 금지되며, 법률에 의하여 위임된 사항을 전부 하위명령에 재위임하는 것은 금지된다.

해설 ② (×) 법령은 특별한 규정이 없는 한 공포 후 20일 경과 시 효력이 발생한다. 다만, 국민의 권리제한 또는 의무부과와 직접 관련되는 법령(법률, 부령 등)은 공포 후 30일이 경과한 날부터 시행되도록 하여야 한다(법령 등 공포에 관한 법률). **【이효리 삼시세끼】**

정답 ②

PART 04

## 11 법규명령과 행정규칙에 대한 설명으로 가장 옳은 것은? (판례에 의함) 〈20 경간〉

① 법령 규정이 특정 행정기관에 그 법령 내용의 구체적 사항을 정할 수 있는 권한을 부여하면서 그 권한 행사의 절차나 방법을 특정하고 있지 않아 수임행정기관이 행정규칙의 형식으로 그 내용을 구체적으로 정하고 있다면 그 행정규칙은 대외적 구속력이 있는 법규명령으로서의 효력을 가진다.

② 행정입법이란 행정부가 제정하는 법을 의미하며, 행정조직 내부의 사무처리기준에 관한 법규명령과 국민을 구속하는 효력이 있는 행정규칙으로 구분된다.

③ 법규명령의 제정에는 헌법 · 법률 또는 상위명령의 근거가 필요하지 않아 독자적인 행정입법 작용이 허용된다.

④ 법규명령은 특별한 규정이 없는 한 공포일로부터 30일이 경과해야 효력이 발생하나 행정규칙은 공포를 요하지 않는다.

해설> ① (○) 법령의 규정이 특정 행정기관에게 법령 내용의 구체적 사항을 정할 수 있는 권한을 부여하면서 권한행사의 절차나 방법을 특정하지 아니한 경우에는 수임 행정기관은 행정규칙이나 규정 형식으로 법령 내용이 될 사항을 구체적으로 정할 수 있다. 이 경우 행정규칙 등은 당해 법령의 위임한계를 벗어나지 않는 한 대외적 구속력이 있는 법규명령으로서 효력을 가지게 된다(대판 2010다72076).
② (×) 행정규칙은 국민을 구속하지 않는 대내적 효력만 있다.
③ (×) 법규명령 중 위임명령은 법률에서 구체적으로 위임된 사항에 대하여 법률 보충하는 것으로서 위임범위 내에서 권리의무에 관한 새로운 법규사항 규정 가능하며, 집행명령은 법률의 구체적 위임이 없어도 가능하지만 국민의 권리의무에 관한 새로운 법규사항을 규정할 수 없다.
④ (×) 법령은 특별한 규정이 없는 한 공포 후 **20일** 경과 시 효력이 발생한다.

정답 ①

## 12 법규명령과 행정규칙에 대한 설명 중 가장 적절하지 않은 것은? 〈21 승진〉

① 행정규칙에 따른 종래의 행정관행이 위법한 경우에는 행정청은 자기구속을 당하지 않는다.

② 법규명령이란 국회의 의결을 거치지 않고 행정기관에 의하여 제정된 성문법규를 말하며, 그 종류에는 위임명령과 집행명령이 있다.

③ 국민의 권리 제한 또는 의무 부과와 직접 관련되는 법률, 대통령령, 총리령 및 부령은 긴급히 시행하여야 할 특별한 사유가 있는 경우를 제외하고는 공포일로부터 적어도 30일이 경과한 날부터 시행되도록 하여야 한다.

④ 위임명령은 상위법령의 집행 시 필요한 절차나 형식을 정하는 데 그쳐야 하며 새로운 법규사항을 정하여서는 안 된다.

해설> ④ (×) 집행명령에 대한 설명이다. 위임명령은 상위법령의 구체적 위임에 의하여 새로운 법규사항을 규정할 수 있다.

정답 ④

## 13 법규명령과 행정규칙에 관한 설명 중 가장 옳지 않은 것은? 〈19 경간〉

① 법규명령은 공포를 요하나 행정규칙은 공포를 요하지 않는다.

② 법규명령의 형식(부령)을 취하고 있지만, 그 내용이 행정규칙의 실질을 가지는 경우 판례는 당해 규범을 행정규칙으로 보고 있다.

③ 재량준칙의 제정은 행정청에게 재량권이 인정되는 경우에만 가능하며 행정청이 기속권만을 갖는 경우에는 인정되지 않는다.

④ 위임명령은 법규명령이고 집행명령은 행정규칙이다.

해설 ② (○) 법규명령 형식의 행정규칙은 형식은 법규명령이지만 내용은 행정규칙인 경우로서, 대통령령(시행령)은 법규명령으로 보지만, 부령(시행규칙)은 행정규칙으로 본다. 이와 반대로 형식은 행정규칙이지만 상위법령의 구체적인 위임에 따라 제정되어 상위법령을 보충하고 있으면, 상위법령과 결합하여 법규성을 갖는다(법령보충규칙).
④ (×) 법규명령에는 위임명령과 집행명령이 있다. 집행명령은 대통령령, 총리령, 부령이 될 수 있으며, 행정규칙은 집행명령에 해당하지 아니한다.

정답 ④

## 14 훈령에 대한 설명으로 가장 적절하지 않은 것은?

〈20 승진, 23 법학〉

① 훈령의 형식적 요건으로는 훈령권이 있는 상급관청이 발한 것일 것, 하급관청의 권한 내의 사항에 관한 것일 것, 하급관청의 직무상 독립성이 보장된 사항일 것을 들 수 있다.
② 훈령의 실질적 요건으로는 내용이 실현 가능하고 명확할 것, 내용이 적법하고 타당할 것, 내용이 공익에 반하지 않을 것을 들 수 있다.
③ 훈령은 원칙적으로 일반적·추상적 사항에 대해서 발해야 하지만, 개별적 구체적 사항에 대해서도 발해질 수 있다.
④ 하급관청 구성원에 변동이 있더라도 훈령의 효력에는 영향이 없다.

해설 ① (×) 하급관청의 직무상 독립성이 보장된 사항이 아니어야 한다.

정답 ①

## 15 훈령과 직무명령에 관한 설명 중 옳지 않은 것을 모두 고른 것은?

〈19 채용2차〉

㉠ 직무명령은 직무와 관련 없는 사생활에는 그 효력이 미치지 않는다.
㉡ 훈령은 일반적·추상적 사항에 대하여만 발할 수 있으며, 개별적·구체적 사항에 대해서는 발할 수 없다.
㉢ 훈령을 발하기 위해서는 법령의 구체적 근거를 요하나, 직무명령은 법령의 구체적 근거가 없이도 발할 수 있다.
㉣ 훈령의 종류에는 '협의의 훈령', '지시', '예규', '일일명령' 등이 있으며, 이 중 예규는 반복적 경찰사무의 기준을 제시하기 위하여 발하는 명령을 의미한다.
㉤ 훈령은 직무명령을 겸할 수 있으나, 직무명령은 훈령의 성질을 가질 수 없다.

① ㉠, ㉢　② ㉡, ㉢
③ ㉢, ㉤　④ ㉣, ㉤

해설 ㉡ (×) 훈령은 일반적·추상적 사항과 개별적·구체적 사항에 대하여 정할 수 있다.
㉢ (×) 훈령과 직무명령 모두 법령의 구체적 근거가 없어도 발할 수 있다.

정답 ②

## 16 훈령과 직무명령에 대한 설명으로 가장 옳지 않은 것은?

〈20 경간〉

① 훈령은 원칙적으로 일반적·추상적 사항에 대해서 발해지지만, 개별적·구체적 사항에 대해서도 발해질 수 있다.
② 훈령과 직무명령 모두 법령의 구체적 근거가 없어도 발할 수 있다.
③ 훈령은 법규의 성질을 갖지 않기에 하급 경찰관청의 법적 행위가 훈령에 위반하여 행해진 경우에도 위법이 아니며 행위 자체의 효력에도 영향이 없다.
④ 훈령의 실질적 요건으로는 훈령이 법규에 저촉되지 않을 것, 공익에 반하지 않을 것, 실현 가능성이 있을 것, 훈령권이 있는 상급관청이 발할 것 등이 있다.

해설 > ④ (×) '훈령권이 있는 상급관청이 발할 것'은 훈령의 형식적 요건이다. 훈령의 **실질적** 요건은 내용이 **실**현 가능하고 **명**확할 것, **적**법하고 **타**당할 것, **공**익에 반하지 않을 것 등이다. **【실질적으로 실명적타공】**

정답 ④

## 17 훈령과 직무명령에 대한 설명으로 가장 적절하지 않은 것은?

〈19 승진〉

① 훈령이란 상급관청이 하급관청의 권한 행사를 지휘하기 위하여 발하는 명령으로 구성원의 변동이 있는 경우에는 당연히 효력을 상실하게 된다.
② 직무명령이란 상관이 부하공무원에게 발하는 명령으로, 특별한 작용법적 근거 없이 발할 수 있다.
③ 훈령의 형식적 요건으로 훈령권이 있는 상급관청이 발한 것일 것, 하급관청의 권한 내의 사항에 관한 것일 것, 직무상 독립한 범위에 속하는 사항이 아닐 것을 들 수 있다.
④ 훈령은 원칙적으로 일반적·추상적 사항에 대해서 발해야 하지만, 개별적·구체적 사항에 대해서도 발해질 수 있다.

해설 > ① (×) 훈령은 구성원의 변동이 있는 경우에도 효력에 변함이 없으나, 직무명령은 구성원 변경이 효력을 상실한다.

정답 ①

## 18 훈령과 직무명령에 대한 설명으로 옳지 않은 것은?

〈20 경간, 17 경위〉

① 상호 모순되는 둘 이상의 상급관청의 훈령이 경합할 경우 주관상급관청이 불명확한 때에는 직근상급행정관청의 훈령에 따른다.
② 훈령이란 상급관청이 하급관청의 권한행사를 지휘하기 위하여 발하는 명령으로 구성원의 변동이 있는 경우에도 효력에는 영향이 없다.
③ 훈령은 직무명령의 성격을 가지나 직무명령은 훈령의 성격을 갖지 못한다.
④ 훈령은 원칙적으로 일반적 추상적 사항에 대해서 발해야 하지만, 개별적 구체적 사항에 대해서도 발해질 수 있다.

해설 > ① (×) 불명확하면 주관쟁의 방법으로 해결한다.

**☞ 훈령 경합 시 우선순위**

① 주관상급관청 ↔ 비주관상급관청: 주관상급관청에 따른다.
② 주관상급관청이 상하관계이면 직근상급관청을 따른다.
③ 주관상급관청이 **불명확한 때에는 주관쟁의**로 해결한다.

정답 ①

## 19 훈령과 직무명령에 관한 설명으로 가장 적절하지 않은 것은? (통설·판례에 의함)

〈22 법학, 18 경위〉

① 직무명령은 상관이 직무에 관하여 부하 공무원에게 발하는 명령으로 명령을 받은 당해 공무원만을 구속함에 따라 특별한 법적근거 없이 발할 수 있다.
② 직무명령은 훈령의 성격을 가지지 못한다.
③ 직무명령과 훈령 모두 법규가 아니므로 대내외적 구속력이 없어 직무명령과 훈령을 위반한 경우 대내적으로도 징계책임을 지지 않는다.
④ 직무명령은 부하 공무원 개인을 구속함으로 수명 공무원의 변동이 있는 경우에는 당연히 효력을 상실하게 된다.

해설 > ③ (×) 대외적 구속력은 없지만 대내적 구속력은 있다. 위반할 경우 징계책임을 진다.

정답 ③

**20** **다음 훈령과 직무명령에 대한 설명 중 옳고 그름의 표시(○, ×)가 바르게 된 것은?** 〈16 채용2차, 18 법학〉

> ㉠ 훈령은 원칙적으로 일반적·추상적 사항에 대해서 발하지만, 개별적·구체적 사항에 대해서도 발해질 수 있다.
> ㉡ 직무명령은 직무에 관하여 상관이 그 소속 하급 공무원에게 발하는 명령으로 직무와 직접 관련 없는 사생활에는 효력이 미치지 않는다.
> ㉢ 훈령의 실질적 요건으로 내용이 실현 가능하고 명확할 것, 내용이 적법하고 타당할 것, 공익에 반하지 않을 것이 있다.
> ㉣ 훈령과 직무명령을 발하기 위해서는 국민의 권리와 의무에 영향을 미치지 않는 경우에도 법률상의 근거가 필요하다.

① ㉠(○) ㉡(×) ㉢(○) ㉣(○)
② ㉠(×) ㉡(○) ㉢(○) ㉣(×)
③ ㉠(○) ㉡(○) ㉢(○) ㉣(×)
④ ㉠(○) ㉡(○) ㉢(○) ㉣(○)

해설 ㉣ (×) 훈령과 직무명령은 법률상 근거는 필요 없다. '법률우위원칙'은 적용되나, 법률유보원칙은 적용되지 않는다.

 ③

**21** **훈령과 직무명령에 관한 다음 설명으로 옳은 것은 모두 몇 개인가?** 〈18 경간〉

> 가. 훈령의 내용은 하급관청의 직무상 독립된 범위에 속하는 사항이어야 한다.
> 나. 직무명령은 상관이 직무에 관하여 부하에게 발하는 명령이다.
> 다. 직무명령은 직무와 관련 없는 사생활에는 효력이 미치지 않는다.
> 라. 훈령은 원칙적으로 일반적·추상적 사항에 대하여 발해져야 하지만, 개별적·구체적 사항에 대해서도 발해질 수 있다.
> 마. 직무명령의 형식적 요건으로는 권한이 있는 상관이 발할 것, 부하공무원의 직무범위 내의 사항일 것, 부하공무원의 직무상 독립이 보장된 것이 아닐 것, 법정의 형식이나 절차가 있으면 이를 갖출 것이다.

① 1개　② 2개
③ 3개　④ 4개

해설 가. (×) 하급관청의 직무상 독립된 범위에 속하지 아니하여야 한다.
마. (○) 직무명령과 훈령의 형식적·실질적 요건은 동일하다.

정답 ④

## 제2절 국가경찰과 자치경찰의 조직 및 운영에 관한 법률

**01 「국가경찰과 자치경찰의 조직 및 운영에 관한 법률」 상 국가수사본부장 및 시·도자치경찰위원회에 대한 설명으로 적절하지 않은 것은 모두 몇 개인가?**

〈23 경간〉

가. 대학이나 공인된 연구기관에서 법률학·경찰학 분야에서 조교수 이상의 직이나 이에 상당하는 직에 10년 이상 있었던 사람은 국가수사본부장의 자격이 있다.
나. 국가수사본부장이 직무를 진행하면서 헌법이나 법률을 위배하였을 때에는 국회는 탄핵 소추를 의결할 수 있다.
다. 국가수사본부장의 임기는 2년으로 하며 중임할 수 없고, 임기가 끝나면 당연히 퇴직한다.
라. 시·도자치경찰위원회는 위원장 1명을 포함한 7명의 위원으로 구성하되, 위원장은 상임으로 하고, 나머지 위원은 비상임으로 한다.
마. 시·도자치경찰위원회 위원은 시·도의회가 추천하는 2명, 국가경찰위원회가 추천하는 2명, 해당 시·도 교육감이 추천하는 1명, 시·도자치경찰위원회 위원 추천위원회가 추천하는 1명, 시·도지사가 지명하는 1명을 시·도지사가 임명한다.
바. 대학이나 공인된 연구기관에서 법률학 행정학 또는 경찰학 분야의 조교수 이상의 직이나 이에 상당하는 직에 5년 이상 있었던 사람은 시·도자치경찰위원회 위원의 자격이 있다.

① 1개 ② 2개
③ 3개 ④ 4개

해설> 라. (×) 위원장과 1명의 위원은 상임으로 하고, 5명의 위원은 비상임으로 한다.
마. (×) 국가경찰위원회는 1명을 추천하고, 위원추천위원회는 2명을 추천한다.
바. (○) 조교수 요건 : **고**충처리위원회, **시**·도자치경찰위원회, 국가수사**본**부장【**고시본조**】

정답 ②

**02 「국가경찰과 자치경찰의 조직 및 운영에 관한 법률」 상 국가수사본부장에 관한 설명으로 가장 적절하지 않은 것은?**

〈23 채용2차, 23 법학〉

① 국가수사본부장은 치안정감으로 보한다.
② 국가수사본부장을 경찰청 외부를 대상으로 모집하여 임용하는 경우 정당의 당원이거나 당적을 이탈한 날부터 3년이 지나지 아니한 사람은 국가수사본부장이 될 수 없다.
③ 국가수사본부장이 직무를 집행하면서 헌법이나 법률을 위배하였을 때에는 국회는 대통령에게 해임을 건의할 수 있다.
④ 국가수사본부장의 임기는 2년으로 하며, 중임할 수 없다.

해설> ③ (×) 국회는 탄핵 소추를 의결할 수 있다.

정답 ③

**03 「국가경찰과 자치경찰의 조직 및 운영에 관한 법률」 제10조에 따른 국가경찰위원회의 심의·의결 사항에 관한 내용으로 가장 적절하지 않은 것은?**

〈23 채용1차〉

① 국가경찰사무에 관한 인사, 예산, 장비, 통신 등에 관한 주요 정책 및 경찰 업무 발전에 관한 사항
② 국가경찰사무에 관한 인권보호와 관련되는 경찰의 운영·개선에 관한 사항
③ 지방행정과 치안행정의 업무조정에 관한 사항
④ 제주특별자치도의 자치경찰에 대한 경찰의 지원·협조 및 협약 체결의 조정 등에 관한 주요 정책사항

해설> ③ (×) 시·도자치경찰위원회의 소관 사무이다.

정답 ③

**04** 「국가경찰과 자치경찰의 조직 및 운영에 관한 법률」상 시·도자치경찰위원회의 소관사무에 관한 설명으로 가장 적절하지 않은 것은? 〈23 승진〉

① 자치경찰사무 담당 공무원의 고충심사 및 사기진작
② 국가경찰사무·자치경찰사무의 협력·조정과 관련하여 시·도경찰청장과 협의
③ 국가경찰위원회에 대한 심의·조정 요청
④ 그 밖에 시·도지사, 시·도경찰청장이 중요하다고 인정하여 시·도자치경찰위원회의 회의에 부친 사항에 대한 심의·의결

해설 > ② (×) 경찰청장과 협의한다.

**☞ 시·도자치경찰위원회와 경찰청장간 협의(통보)사항**

1. **시·도경찰청장의 임용**과 관련한 경찰청장과의 **협의**(제24조①6.)
2. **경찰서장의 자치경찰사무 수행평가**를 경찰청장에게 통보(제24조①6.)
3. **국가경찰사무·자치경찰사무의 협력·조정** 관련 경찰청장과 **협의**(제24조①15.)
4. 자치경찰사무와 관련하여 경찰청장에게 **경찰력 지원·조정 요청**(제32조⑦)
5. **자치경찰 예산 수립시** 시·도자치경찰위원회는 경찰청장의 의견을 들어야 한다(제35조①)
6. 자치경찰사무에 대한 **지휘·감독이 실시간으로** 이루어질 수 있도록 미리 경찰청장과 **협의**하여 시·도경찰청장에게 위임되는 자치경찰사무의 범위를 정함(자치경찰사무와 시·도자치경찰위원회의 조직 및 운영에 관한 규정 제19조)

※ 시·도자치경찰위원회는 자치사무에 대하여 시·도경찰청장을 지휘·감독하는 주체로서 '협의'의 대상은 대부분 경찰청장이며 시·도경찰청장이 아니라고 볼 수 있다.

 정답 ②

**05** 「국가경찰과 자치경찰의 조직 및 운영에 관한 법률」상 자치 경찰사무에 관한 내용 중 가장 적절하지 않은 것은? 〈22 채용2차〉

① 생활안전을 위한 순찰 및 시설의 운영, 주민참여 방범활동의 지원 및 지도, 주민의 일상생활과 관련된 사회질서의 유지 및 그 위반행위의 지도 단속 등 지역 내 주민의 생활안전 활동에 관한 사무는 자치경찰의 사무에 포함된다.
② 교통법규 위반에 대한 지도 단속, 교통안전시설 및 무인 교통 단속용 장비의 심의 설치 관리 등 지역 내 교통활동에 관한 사무는 자치경찰사무에 포함된다.
③ 학교폭력 등 소년범죄, 가정폭력, 아동학대 범죄, 형법 제245조에 따른 공연음란 및 성폭력범죄의 처벌 등에 관한 특례법 제11조에 따른 공중밀집 장소에서의 추행행위에 관한 범죄는 자치경찰사무에 포함된다.
④ 지역 내 주민의 생활안전 활동에 관한 사무, 지역 내 교통활동에 관한 사무, 지역 내 다중운집 행사 관련 혼잡 교통 및 안전 관리의 자치경찰사무에 관한 구체적인 사항 및 범위 등은 대통령령으로 정하는 기준에 따라 시·도조례로 정한다.

해설 > ③ (×) 제11조의 공중밀집 장소 추행은 포함되지 않고, 제12조의 성적목적을 위한 다중이용장소 침입행위에 관한 범죄가 포함된다.

**☞ 자치경찰사무 중 수사사무 【경아가 학교 실다공~】**

① **경**범죄 및 기초질서 관련 범죄
② **아**동학대, **가**정폭력 범죄
③ **학**교폭력 등 소년범죄(19세 미만 소년이 19세 이상인 사람과 공범인 경우는 제외)
④ **교**통사고 및 교통 관련 범죄(**고**속도로에서 발생한 사건, **뺑**소니 사건은 **제외**)
⑤ 가출인 및 「실종아동 등의 보호 및 지원에 관한 법률」에 따른 **실종아동 등 수색**(가출인·실종아동 등 조속한 발견을 위한 수색) 및 **범죄**(개인위치정보 목적 외 사용, 관계공무원 출입·조사 방해 등)
④ 「형법」 제245조에 따른 **공**연음란 및 「성폭력범죄의 처벌 등에 관한 특례법」 제12조에 따른 성적 목적을 위한 **다**중이용장소 침입행위에 관한 범죄

정답 ③

**06** 「국가경찰과 자치경찰의 조직과 운영에 관한 법률」상 국가경찰위원회에 대한 설명으로 적절한 것은 모두 몇 개인가? 〈22 경간〉

가. 국가 경찰위원회는 위원장 1명을 포함한 7명의 위원으로 구성하되, 위원장은 당연직 상임이며, 5명의 위원은 비상임으로 하고, 1명의 위원은 상임으로 한다.
나. 위원의 임기는 3년으로 하며, 연임할 수 있다. 이 경우 보궐위원의 임기는 전임자 임기의 남은 기간으로 한다.
다. 국가경찰위원회의 사무는 자체에서 수행한다.
라. 국가경찰위원회의 회의는 재적위원 과반수의 출석과 출석위원 과반수의 찬성으로 의결한다.

① 0개 ② 1개
③ 2개 ④ 3개

해설 가. (×) 위원장은 호선하며 상임위원이 아니다. 위원장 포함하여 6명의 위원이 비상임이다.
나. (×) 위원의 임기는 3년이며 연임할 수 없다.
다. (×) 국가경찰위원회는 자체적인 사무기구가 없으므로 사무를 경찰청에서 수행한다. 정답 ②

**07** 「국가경찰과 자치경찰의 조직 및 운영에 관한 법률」상 자치경찰사무에 대한 설명으로 가장 적절하지 않은 것은? 〈22 경간〉

① 국가는 지방자치단체가 이관받은 사무를 원활히 수행할 수 있도록 인력, 장비 등에 소요되는 비용에 대하여 재정적 지원을 하여야 한다.
② 자치경찰사무의 수행에 필요한 예산은 관할 시·도경찰청장의 의견을 들어 시·도자치경찰위원회의 심의·의결을 거쳐 시·도지사가 수립한다.
③ 시·도지사는 자치경찰사무 담당 공무원에게 조례에서 정하는 예산의 범위에서 재정적 지원 등을 할 수 있다.
④ 시·도의회는 관련 예산의 효율적인 관리를 위하여 의결로써 자치경찰사무에 대해 시·도자치경찰위원장의 출석 및 자료 제출을 요구할 수 있다.

해설 ② (×) 시·도경찰청장이 아닌 경찰청장의 의견을 들어야 한다.

제34조(자치경찰사무에 대한 재정적 지원) **국가는** 지방자치단체가 이관받은 사무를 원활히 수행할 수 있도록 인력, 장비 등에 소요되는 비용에 대하여 **재정적 지원을 하여야 한다.**

제35조(예산) ① 자치경찰사무의 수행에 필요한 **예산은 시·도자치경찰위원회의 심의·의결을 거쳐 시·도지사가 수립한다.** 이 경우 시·도자치경찰위원회는 **경찰청장의 의견을 들어야 한다.**
② **시·도지사는** 자치경찰사무 담당 공무원에게 조례에서 정하는 예산의 범위에서 **재정적 지원 등을 할 수 있다.**
③ **시·도의회는** 관련 예산의 효율적인 관리를 위하여 의결로써 자치경찰사무에 대해 **시·도자치경찰위원장의 출석 및 자료 제출을 요구할 수 있다.**

정답 ②

**08** 「국가경찰과 자치경찰의 조직 및 운영에 관한 법률」과 「국가경찰위원회 규정」에 따른 국가경찰위원회에 대한 설명으로 적절하지 않은 것은 모두 몇 개인가? 〈21 법학〉

㉠ 위원장 1명을 포함한 7명의 위원으로 구성하되, 위원장과 1명의 위원은 상임으로 하고 5명의 위원은 비상임으로 한다.
㉡ 위원 중 2명은 법관의 자격이 있어야 하며, 특정 성(性)이 10분의 6을 초과하지 아니하도록 노력하여야 한다.
㉢ 위원이 중대한 심신상의 장애로 직무를 수행할 수 없게 되어 면직하는 경우에는 당연퇴직한다.
㉣ 정기회의는 특별한 사유가 있는 경우를 제외하고는 매월 2회 위원장이 소집한다.
㉤ 국가경찰위원회의 사무는 경찰청에서 수행하며, 경찰청장은 심의·의결된 내용이 적정하지 아니하다고 판단할 때에는 재의를 요구할 수 있다.

① 1개 ② 2개 ③ 3개 ④ 4개

해설 ㉠ (×) 시·도자치경찰위원회에 대한 설명이다. 국가경찰위원회는 위원장과 5명의 위원이 비상임이다.
㉢ (×) 위원이 중대한 심신상의 장애로 직무를 수행할 수 없게 되어 면직하는 경우에는 위원회의 의결이 있어야 하며, 의결요구는 위원장 또는 행정안전부장관이 한다(국가경찰위원회 규정 제4조). 참고로 이 경우 경찰청장은 의결을 요구할 수는 없다.
㉤ (×) 행정안전부장관이 재의를 요구할 수 있으며, 경찰청장은 할 수 없다. 정답 ③

**09** 「국가경찰과 자치경찰의 조직 및 운영에 관한 법률」과 「국가경찰위원회 규정」상 국가경찰위원회에 대한 설명으로 가장 적절한 것은? 〈21 승진, 17 경간〉

① 행정안전부장관은 위원 임명을 동의할 때, 경찰의 정치적 중립이 보장되도록 하여야 한다.
② 위원장은 필요한 경우 임시회의를 소집할 수 있으며, 위원 3인 이상과 행정안전부장관 또는 경찰청장은 위원장에게 임시회의의 소집을 요구할 수 있다.
③ 경찰, 검찰, 법관, 군인의 직에서 퇴직한 날부터 3년이 지나지 아니한 사람은 위원으로 선임될 수 없다.
④ 「국가경찰위원회 규정」에 규정된 사항 외에 위원회의 운영을 위하여 필요한 사항은 위원회의 의결을 거쳐 행정안전부장관이 정한다.

해설 ① (×) 위원은 행정안전부장관이 제청하여 총리를 거쳐 대통령이 임명한다.
② (○) 위원장이 임시회의를 소집하며, 다른 기관은 위원장에게 소집을 요구할 뿐 직접 소집할 수는 없다.

| 국경위 | 시경위 |
| --- | --- |
| ① 정기회 : **월 2회**<br>② 임시회 : 위원장 필요시, 행안부장관 · **위원 3인 이상** · 경찰**청**장은 위원장에 소집요구 **【국경 관세청 정리(2)】** | ① 정기회 : **월 1회** 이상<br>② 임시회 : 위원장 · 시도지사 필요시, **위원 2인 이상** 소집요구 **(시 · 도청장 요구 ×)** |

③ (×) 위원의 결격사유는 **경찰**/**검사**/**국**정원/**군**인/**당**적/**선**거직 퇴직 후 **3년** 미경과자이다. 법관에 대한 결격사유는 없다. **【경검국군당선 3년】**
④ (×) 위원회의 운영을 위하여 필요한 사항은 위원회의 의결을 거쳐 위원장이 정한다.

정답 ②

**10** 「국가경찰과 자치경찰의 조직 및 운영에 관한 법률」상 국가경찰위원회에 대한 다음 설명 중 옳지 않은 것은 모두 몇 개인가? 〈19 경간〉

가. 국가경찰위원회는 경찰의 민주주의와 정치적 중립을 보장하기 위하여 경찰청에 설치한 독립적 심의 · 의결기구이다.
나. 위원 중 2명은 법관의 자격이 있는 사람이어야 한다.
다. 위원은 중대한 신체상 또는 정신상의 장애로 직무를 수행할 수 없게 된 경우를 제외하고는 그 의사에 반하여 면직되지 아니한다.
라. 경찰, 검찰, 국가정보원 직원 또는 군인의 직에서 퇴직한 날부터 2년이 지나지 아니한 사람은 위원이 될 수 없다.
마. 국가경찰 임무와 관련하여 다른 국가기관으로부터 업무협조 요청에 관한 사항이 국가경찰위원회의 심의 · 의결 대상이 된다.

① 1개 ② 2개
③ 3개 ④ 4개

해설 가. (×) 소속은 행정안전부에 두고(제5조), 사무는 경찰청에서 수행한다(제10조).
라. (×) **경찰**/**검사**/**국**정원/**군**인/**당**적/**선**거직 등에서 퇴직 후 **3년** 미경과자 **【경검국군당선, 3년】**
마. (×) "국가경찰 **임무 외**에 다른 국가기관으로부터의 업무협조 요청에 관한 사항"이다. 국가경찰 임무 사항이면 국가경찰위원회의 심의 · 의결을 받을 필요 없이 경찰청장이 결정할 수 있다.

정답 ③

**11** **「국가경찰과 자치경찰의 조직 및 운영에 관한 법률」상 국가경찰위원회에 대한 설명으로 가장 적절한 것은?** 〈17 채용2차〉

① 국가경찰위원회는 경찰의 민주주의와 정치적 중립성을 보장하기 위하여 경찰청에 설치한 독립적 심의·의결 기구이다.
② 국가경찰위원회는 위원장 1명을 포함한 7명의 위원으로 구성되며 위원장 및 1명의 위원은 상임으로 하고, 5명의 위원은 비상임으로 한다.
③ 국가경찰의 부패 방지와 청렴도 향상에 관한 주요 정책사항은 국가경찰위원회의 심의·의결을 거쳐야한다.
④ 국가경찰위원회의 회의는 재적위원 과반수의 출석과 재적위원 과반수의 찬성으로 의결한다.

해설 ① (×) 소속은 행정안전부(제5조), 사무는 경찰청에서 수행(제10조)
② (×) 국가경찰위원회에 상임위원은 1명
③ (○) 국가경찰위원회의 심의·의결 사항

**【주인 부업 자재 시비 관청】**

| |
|---|
| ① 국가경찰사무에 관한 **주**요정책(인사/예산/통신/장비 등) 심의<br>② 국가경찰사무에 관한 **인**권보호 개선<br>③ 국가경찰사무 담당 공무원의 **부**패방지, 청렴도 향상<br>④ **국가경찰사무 외에** 다른 국가기관으로부터의 **업**무협조 (국가경찰사무와 관련된 ×)<br>⑤ 제주특별자치도의 **자**치경찰 지원<br>⑥ 시·도자치경찰위원회 위원 추천, 자치경찰사무에 대한 주요법령·정책 등에 관한 사항, 시·도자치경찰위원회 의결에 대한 **재**의 요구에 관한 사항<br>⑦ 제2조(생·신·재 보호, 공·안·질 유지)에 따른 **시**책 수립에 관한 사항<br>⑧ **비**상사태 등 전국적 치안유지를 위한 경찰청장의 지휘·명령에 관한 사항<br>⑨ 그 밖에 행정안전부장**관** 및 경찰**청**장이 회의에 부친 사항 (위원장 ×) |

④ (×) 국가경찰위원회, 시·도자치경찰위원회 모두 재과출/출과찬

정답 ③

**12** **「국가경찰과 자치경찰의 조직 및 운영에 관한 법률」상 국가 경찰위원회와 시·도자치경찰위원회에 공통적으로 적용되는 규정 중 가장 적절한 것은?** 〈22 채용2차〉

① 위원장 및 1명의 위원은 상임위원으로 하고 나머지 5명의 위원은 비상임으로 한다.
② 경찰의 직에서 퇴직한 날로부터 3년이 지나지 아니한 사람은 위원이 될 수 없다.
③ 위원 2명이 회의를 요구하는 경우 임시회의를 개최할 수 있다.
④ 보궐위원은 전임자의 남은 임기가 1년 미만인 경우 한 차례에 한해서 연임할 수 있다.

해설 ① (×) 국가경찰위원회는 위원장 및 5명의 위원은 비상임(非常任)으로 하고, 1명의 위원은 상임(常任)으로 한다. 시·도자치경찰위원회는 위원장과 1명의 위원은 상임으로 하고, 5명의 위원은 비상임으로 한다.
③ (×) 국가경찰위원회는 위원 3명 이상, 시·도자치경찰위원회는 위원 2명 이상이 요구하는 경우 임시회의를 개최할 수 있다.
④ (×) 국가경찰위원회의 보궐위원은 전임자의 잔여임기만 할 수 있고, 시·도자치경찰위원회는 전임자의 잔여임기로 하되, 전임자의 남은 임기가 1년 미만인 경우 한 차례에 한해서 연임할 수 있다.

정답 ②

**13** **「국가경찰과 자치경찰의 조직 및 운영에 관한 법률」 상 시 · 도자치경찰위원회에 관한 설명으로 가장 적절한 것은?** 〈23 채용2차〉

① 동법 제18조 제1항 단서에 따라 2개의 시 · 도자치경찰위원회를 두는 경우 해당 시 · 도자치경찰위원회의 명칭, 관할구역, 사무분장, 그 밖에 필요한 사항은 행정안전부령으로 정한다.
② 시 · 도자치경찰위원회 비상임 위원은 특정 성(性)이 10분의 6을 초과하지 아니해야 한다.
③ 시 · 도자치경찰위원회위원장과 위원의 임기는 3년으로 하되, 위원만 한 차례 연임할 수 있다.
④ 시 · 도자치경찰위원회 회의는 정기적으로 개최하여야 한다. 다만 위원장이 필요하다고 인정하는 경우, 위원 2명 이상이 요구하는 경우 및 시 · 도지사가 필요하다고 인정하는 경우에는 임시회의를 개최할 수 있다.

해설 ① (×) 그 밖에 필요한 사항은 대통령령으로 정한다.
② (×) 10분의 6을 초과하지 아니하도록 노력하여야 한다.
③ (×) 위원의 임기는 3년으로 하며, 연임할 수 없다. 참고로 보궐위원의 임기는 전임자 임기의 남은 기간으로 하되, 전임자의 남은 임기가 1년 미만인 경우 그 보궐위원은 한 차례만 연임할 수 있다.

정답 ④

**14** **「국가경찰과 자치경찰의 조직 및 운영에 관한 법률」 상 시 · 도자치경찰위원회에 관한 내용의 설명으로 옳지 않은 것을 모두 고른 것은?** 〈22 법학〉

㉠ 위원장은 위원 중에서 시 · 도지사가 임명하고, 상임위원은 시 · 도자치경찰위원회의 의결을 거쳐 위원 중에서 위원장의 제청으로 시 · 도지사가 임명한다.
㉡ 위원장이 필요하다고 인정하는 경우, 위원 2명 이상이 요구하는 경우 및 시 · 도지사가 필요하다고 인정하는 경우에는 임시회의를 개최할 수 있다.
㉢ 위원 중 1명은 국가경찰위원회가 추천하고 시 · 도지사가 임명한다.
㉣ 위원 중 1명은 인권문제에 관하여 전문적인 지식과 경험이 있는 사람이어야 한다.
㉤ 위원회의 의결된 내용이 법령에 위반되거나 공익을 현저히 해친다고 판단되면 행정안전부장관은 국가경찰위원회와 경찰청장을 거쳐 시 · 도지사에게 재의를 요구하게 할 수 있다.

① ㉠, ㉤　　② ㉡, ㉢
③ ㉢, ㉣　　④ ㉣, ㉤

해설 ㉣ (×) 위원 중 1명은 인권문제에 관하여 전문적인 지식과 경험이 있는 사람이 임명될 수 있도록 **노력하여야 한다.**
㉤ (×) **위원회의 의결이 법령에 위반되거나 공익을 현저히 해친다**고 판단되면 행정안전부장관은 **미리 경찰청장의 의견을 들어** 국가경찰위원회를 거쳐 시 · 도지사에게 재의를 요구하게 할 수 있고, **경찰청장은 국가경찰위원회와 행정안전부장관을 거쳐** 시 · 도지사에게 재의를 요구하게 할 수 있다(제25조④). 행정안전부장관이 경찰청장의 상급자이므로 경찰청장을 거치는 것이 아니라 의견을 들을 뿐이다. 경찰청장은 행정안전부장관을 거친다.

정답 ④

PART 04

## 15 「국가경찰과 자치경찰의 조직 및 운영에 관한 법률」 상 시·도자치경찰위원회에 대한 설명으로 적절한 것만을 모두 고른 것은? 〈21 채용1차〉

> ㉠ 위원장 1명을 포함한 7명의 위원으로 구성하되, 위원장과 1명의 위원은 상임으로 하고 5명의 위원은 비상임으로 한다.
> ㉡ 위원 중 2명은 법관의 자격이 있는 사람이어야 한다.
> ㉢ 위원은 시·도의회가 추천하는 2명, 국가경찰위원회가 추천하는 1명, 해당 시·도 교육감이 추천하는 1명, 시·도자치경찰위원회 위원추천위원회가 추천하는 2명, 시·도지사가 지명하는 1명을 시·도지사가 임명한다.
> ㉣ 위원장은 비상임위원 중에서 호선하고, 상임위원은 시·도자치경찰위원회의 의결을 거쳐 위원 중에서 위원장의 제청으로 시·도지사가 임명한다. 이 경우 위원장과 상임위원은 지방자치단체의 공무원으로 한다.

① ㉠, ㉡ ② ㉠, ㉢ ③ ㉡, ㉢ ④ ㉢, ㉣

해설 ㉡ (×) 2명의 법관 자격 요구는 국가경찰위원회의 위원에 대한 설명이다.
㉣ (×) 위원장은 시·도지사가 임명한다.

정답 ②

## 16 「국가경찰과 자치경찰의 조직 및 운영에 관한 법률」 상 시·도자치경찰위원회의 설명에 관한 내용 중 가장 적절하지 않은 것은? 〈22 채용1차〉

① 공무원이 아닌 위원에 대해서는 「국가공무원법」 제55조 및 제57조를 준용한다.
② 위원 중 1명은 인권문제에 관하여 전문적인 지식과 경험이 있는 사람이 임명될 수 있도록 노력하여야 한다.
③ 위원은 정치적 중립을 지켜야 하며, 권한을 남용하여서는 아니 된다.
④ 시·도자치경찰위원회는 합의제 행정기관으로서 그 권한에 속하는 업무를 독립적으로 수행한다.

해설 ① (×) 공무원이 아닌 위원에 대해서는 「**지방**공무원법」 제52조(비밀엄수 의무) 및 제57조(정치운동의 금지)를 준용한다(제20조⑤).

정답 ①

## 17 「국가경찰과 자치경찰의 조직 및 운영에 관한 법률」 에 대한 내용으로 옳지 않은 것은? 〈18 채용2차 변형〉

① 이 법은 경찰의 민주적인 관리·운영과 효율적인 임무수행을 위하여 경찰의 기본조직 및 직무 범위와 그 밖에 필요한 사항을 규정함을 목적으로 한다.
② 경찰의 사무를 지역적으로 분담하여 수행하게 하기 위하여 특별시·광역시·특별자치시·도·특별자치도에 시·도경찰청을 두고, 시·도경찰청장 소속으로 경찰서를 둔다.
③ 경찰청장은 행정안전부장관의 동의를 받아 국무총리를 거쳐 대통령이 임명한다. 이 경우 국회의 인사청문을 거쳐야 한다.
④ 경찰청장의 임기는 2년으로 하고, 중임할 수 없다.

해설 ③ (×) 경찰청장은 국가경찰위원회의 동의를 얻어 행정안전부장관의 제청으로 국무총리 거쳐 대통령이 임명한다,
④ (○) 경찰청장 임기: 2년, 중임 불가
경찰위원회(국가·자치) 위원 임기: 3년, 연임 불가

정답 ③

## 18 「국가경찰과 자치경찰의 조직 및 운영에 관한 법률」 에 대한 설명으로 가장 적절하지 않은 것은? 〈22 승진〉

① 시·도경찰청장은 경찰청장이 시도자치경찰위원회와 협의하여 추천한 사람 중에서 행정안전부장관의 제청으로 국무총리를 거쳐 대통령이 임용한다.
② 시·도경찰청 차장은 시·도경찰청장을 보좌하여 소관 사무를 처리하고 시·도경찰청장이 부득이한 사유로 직무를 수행할 수 없을 때에는 그 직무를 대행한다.
③ 국가수사본부장은 「형사소송법」에 따른 경찰의 수사에 관하여 각 시·도경찰청장과 경찰서장 및 수사부서 소속 공무원을 지휘·감독한다.
④ 국가수사본부장이 직무를 집행하면서 헌법이나 법률을 위배하였더라도 국회는 탄핵 소추를 의결할 수 없다.

해설 ④ (×) 국가수사본부장과 경찰청장에 대하여 국회는 탄핵 소추 의결할 수 있다. 탄핵심판은 헌법재판소에서 결정한다.

정답 ④

**19** **「국가경찰과 자치경찰의 조직 및 운영에 관한 법률」에서 국가수사본부장에 대한 설명으로 가장 적절한 것은?** 〈21 채용2차〉

① 국가수사본부장은 치안감으로 보하며, 임기가 끝나면 당연히 퇴직한다.
② 국가수사본부장의 임기는 2년으로 하며, 중임할 수 있다.
③ 국가수사본부장은 국가경찰사무를 총괄하고 경찰청 업무를 관장하며 소속 공무원 및 각급 경찰기관의 장을 지휘·감독한다.
④ 국가수사본부장이 직무를 집행하면서 헌법이나 법률을 위배하였을 때에는 국회는 탄핵 소추를 의결할 수 있다.

해설 ① (×) 치안정감으로 보한다.
② (×) 임기는 2년이며 중임할 수 없다.
③ (×) 경찰청장은 국가경찰사무를 총괄하고 경찰청 업무를 관장하며 소속 공무원 및 각급 경찰기관의 장을 지휘·감독한다(제14조③). 국가수사본부장은 「형사소송법」에 따른 경찰의 수사에 관하여 각 시·도경찰청장과 경찰서장 및 수사부서 소속 공무원을 지휘·감독한다(제16조②).

정답 ④

**20** **「국가경찰과 자치경찰의 조직 및 운영에 관한 법률」에 관한 설명으로 가장 적절한 것은?** 〈19 채용2차 변형〉

① 1991년 「경찰법」 제정으로 내무부 치안국장이 경찰청장으로 변경되었고, 경찰청장은 행정관청으로 승격되었다.
② 「국가경찰과 자치경찰의 조직 및 운영에 관한 법률」 제8조에 따를 때 국가경찰위원회 위원은 「국가공무원법」상 비밀엄수 의무와 정치운동 금지의무를 진다.
③ 경찰서장 소속으로 지구대 또는 파출소를 두고, 그 설치기준은 치안수요·교통·지리 등 관할구역의 특성을 고려하여 대통령령으로 정한다.
④ 경찰청의 사무를 지역적으로 분담하여 수행하게 하기 위해 시·도지사 소속으로 시·도경찰청을 두고, 시·도경찰청장 소속으로 경찰서를 둔다.

해설 ① (×) 1974년 정부조직법 부칙 개정으로 치안국장이 **치안본부장**으로 변경되었다. 1991년 경찰법의 시행으로 내무부 치안본부장이 경찰청장으로 변경되었다.
② (○) 제8조 제6항 : 위원에 대하여는 「국가공무원법」 제60조(비밀엄수의 의무) 및 제65조(정치운동의 금지)를 준용한다.
③ (×) 지구대 또는 파출소의 설치기준은 치안수요·교통·지리 등 관할구역의 특성을 고려하여 **행정안전부령**으로 정한다.
④ (×) 시·도경찰청은 개정 전 경찰법에서 시·도지사 소속이었으나, 개정법에서 지역적으로 시·도에 둘 뿐 시·도지사 소속이 아니다. 시·도경찰청의 소속은 이 법에서 명시적으로 규정하고 있지 않다.

> 제13조(경찰사무의 지역적 분장기관) 경찰의 사무를 지역적으로 분담하여 수행하게 하기 위하여 특별시·광역시·특별자치시·도·특별자치도(이하 "시·도"라 한다)**에 시·도경찰청을 두고**, 시·도경찰청장 소속으로 경찰서를 둔다.

정답 ②

**21** **「경찰청과 그 소속기관 직제」의 내용으로 가장 적절하지 않은 것은?** 〈17 경감〉

① 경찰청장의 관장사무를 지원하기 위하여 경찰청장 소속하에 경찰대학·경찰인재개발원·중앙경찰학교 및 경찰수사연수원을 둔다.
② 시·도경찰청장은 경찰서장의 소관 사무를 분장하기 위하여 대통령령이 정하는 바에 따라 경찰청장의 승인을 얻어 지구대 또는 파출소를 둘 수 있다.
③ 시·도경찰청장은 임시로 필요한 때에는 출장소를 둘 수 있다.
④ 지구대·파출소 및 출장소의 명칭·위치 및 관할구역과 기타 필요한 사항은 시·도경찰청장이 정한다.

해설

**경찰청과 그 소속기관 직제(대통령령)**

> 제43조(지구대 등) ① 시·도경찰청장은 경찰서장의 소관사무를 분장하기 위하여 **행정안전부령**으로 정하는 바에 따라 **경찰청장의 승인을 받아 지구대 또는 파출소를 둘 수 있다.**
> ② 시·도경찰청장은 제1항에 따른 사무분장이 임시로 필요한 경우에는 출장소를 둘 수 있다.
> ③ 지구대·파출소 및 출장소의 명칭·위치 및 관할구역과 그 밖에 필요한 사항은 시·도경찰청장이 정한다.

정답 ②

PART 04

**22** **「국가경찰 및 자치경찰의 조직 및 운영에 관한 법률」상 비상사태 등 전국적 치안유지에 대한 설명으로 가장 적절하지 않은 것은?** 〈22 경간〉

① 경찰청장은 비상사태 등 전국적 치안유지를 위한 지휘·명령이 필요한 경우에는 시·도자치경찰위원회에 자치경찰사무를 담당하는 경찰공무원을 직접 지휘·명령하려는 사유 및 내용 등을 구체적으로 제시하여 통보하여야 한다.

② 경찰청장이 비상사태 등 전국적 치안유지를 위한 지휘·명령을 하는 경우에는 국가경찰위원회에 즉시 보고하여야 하지만, 국민안전에 중대한 영향을 미치는 사안에 대하여 다수의 시·도에 동일하게 적용되는 치안정책을 시행할 필요가 있다고 인정할 만한 충분한 사유가 있는 경우에는 미리 국가경찰위원회의 의결을 거쳐야 하며 긴급한 경우에는 우선 조치 후 지체 없이 국가경찰위원회의 의결을 거쳐야 한다.

③ 경찰청장은 비상사태 등 전국적 치안유지를 위한 지휘·명령할 수 있는 사유가 해소된 때에는 경찰공무원에 대한 지휘·명령을 즉시 중단하여야 한다.

④ 시·도자치경찰위원회는 자치경찰사무와 관련하여 해당 시·도의 경찰력으로는 국민의 생명·신체·재산의 보호 및 공공의 안녕과 질서유지가 어려워 경찰청장의 지원·조정이 필요하다고 인정할 만한 충분한 사유가 있는 경우 의결로 지원·조정의 범위·기간 등을 정하여 경찰청장에게 지원·조정을 요청할 수 있다.

해설 ② (×) **해당 시·도의 경찰력으로는 질서유지가 어려워 경찰청장의 지원·조정이 필요하다고 인정되는 경우의 지휘는** 미리 국가경찰위원회의 의결을 거쳐야 하며 긴급한 경우에는 우선 조치 후 국가경찰위원회의 의결을 거쳐야 한다.

**경찰청장의 자치경찰(제주 자치경찰 포함) 지휘·명령 사유(제32조①) 【비동지 지휘】**

| | | |
|---|---|---|
| 전시·사변·전재지변 등 비상사태에서 전국적 치안유지 | – | 경찰청장은 국경위·시경위에 보고(통보) ⇒ 국경위·시경위는 중단요청할 수 있다. |
| 시·도에 동일하게 적용되는 시책 시행 | – | |
| 해당 시·도의 경찰력으로 질서유지가 어려워 지원·조정이 필요한 경우 | • **국경위 사전 의결 원칙**, 긴급시 사후 의결<br>• 시경위는 경찰청장에게 지원·조정을 요청 가능 | |

정답 ②

**23** 「국가경찰과 자치경찰의 조직 및 운영에 관한 법률」상 경찰청장에 관한 설명 중 옳지 않은 것은 모두 몇 개인가? 〈22 법학〉

> ㉠ 경찰청장은 전시·사변, 천재지변, 그 밖에 이에 준하는 국가 비상사태, 대규모의 테러 또는 소요사태가 발생하였거나 발생할 우려가 있어 전국적인 치안유지를 위하여 긴급한 조치가 필요하다고 인정할 만한 충분한 사유가 있는 경우 자치경찰사무를 수행하는 경찰공무원(제주특별자치도의 자치경찰공무원을 포함한다)을 직접 지휘·명령할 수 있다.
> ㉡ 경찰청장은 ㉠에 따른 조치가 필요한 경우에는 시·도자치경찰위원회에 자치경찰사무를 담당하는 경찰공무원을 직접 지휘·명령하려는 사유 및 내용 등을 구체적으로 제시하여 통보하여야 한다.
> ㉢ 경찰청장은 국민의 생명·신체·재산 또는 공공의 안전 등에 중대한 위험을 초래하는 긴급하고 중요한 사건의 수사에 있어서 경찰의 자원을 대규모로 동원하는 등 통합적으로 현장 대응할 필요가 있다고 판단할 만한 상당한 이유가 있는 때에는 직접 개별 사건의 수사에 대하여 구체적으로 지휘·감독할 수 있다.
> ㉣ 경찰청장은 개별 사건의 수사에 대한 구체적 지휘·감독을 개시한 때에는 이를 국가수사본부장에게 통보하여야 한다.

① 1개 ② 2개
③ 3개 ④ 4개

해설> ㉢ (×) 경찰청장은 국가수사본부장을 통하여(직접 ×) 지휘할 수 있다.
㉣ (×) 국가수사본부장이 아닌 국가경찰위원회에 보고하여야 한다.

정답 ②

## 제3절 권한의 위임과 대리

**01** 경찰관청의 '권한의 대리'와 '권한의 위임'에 관한 설명 중 가장 적절하지 않은 것은? (다툼이 있는 경우 판례에 의함) 〈22 채용2차〉

① 권한을 위임받은 수임청은 자기의 이름 및 자기의 책임으로 권한을 행사한다.
② 수임청 및 피대리관청은 항고소송에서 피고가 된다.
③ 법정대리의 경우 피대리관청이 사고 등으로 인해 공석이므로 대리의 법적 효과는 대리관청에 귀속된다.
④ 「국가경찰과 자치경찰의 조직 및 운영에 관한 법률」상 "경찰청장이 부득이한 사유로 직무를 수행할 수 없을 때에는 경찰청 차장이 그 직무를 대행한다"는 대리방식을 '협의의 법정대리'라고 한다.

해설> ③ (×) 법적 효과(피고)는 피대리관청이다. 위임의 경우에는 수임관청(피위임관청)이 피고가 된다. **【피는 피를 부른다】**

정답 ③

**02** 권한의 위임과 대리에 관한 설명으로 가장 적절하지 않은 것은? 〈19 채용1차〉

① 임의대리는 복대리가 허용되지 않는 것이 원칙이다.
② 복대리의 성격은 임의대리에 해당한다.
③ 원칙적으로 대리관청이 대리행위에 대한 행정소송의 피고가 된다.
④ 수임관청이 권한의 위임에서 쟁송의 당사자가 된다.

해설> ① (○) 법정대리인은 복대리를 선임할 수 있으나, 임의대리인은 원칙적으로 복대리를 선임할 수 없다. 임의대리는 본인의 승낙 또는 부득이한 경우에 한하여 복대리인을 선임할 수 있다(민법 제120조). **【임복은 불가, 법복은 가능】**
② (○) 복대리인은 그 성질상 대리인의 복임행위를 통해 선임되며 법률의 규정으로 임명되는 사람이 아니므로 항상 임의대리에 해당한다.
③ (×) 피대리관청(본인)이 피고가 된다. **【피는 피를 부른다】**
④ (○) 수임관청(피위임관청)이 피고가 된다. **【피는 피를 부른다】**

정답 ③

## 03 행정관청의 권한의 위임과 대리에 대한 설명이다. 아래 ㉠부터 ㉣까지의 설명 중 옳고 그름의 표시(○, ×)가 바르게 된 것은? 〈19·20 승진〉

> ㉠ 권한의 위임이란 상급관청이 하급관청에 권한의 전부를 이전하여 수임기관의 권한으로 행하도록 하는 것으로 위임의 범위에는 제한이 없는 것이 원칙이다.
> ㉡ 권한의 위임은 수임관청에 권한이 이전되므로 수임관청에 효과가 귀속되나, 권한의 대리는 직무의 대행에 불과하므로 임의대리든 법정대리든 피대리관청에 효과가 귀속된다.
> ㉢ 원칙적으로 임의대리는 권한의 일부에 대해서만 가능하고 복대리가 불가능하나, 법정대리는 권한의 전부에 대해서 가능하고 복대리가 가능하다.
> ㉣ 임의대리의 경우 피대리관청은 대리기관의 행위에 대한 지휘·감독상의 책임을 지나, 법정대리의 경우 피대리관청은 원칙적으로 지휘·감독상의 책임을 지지 않는다.

① ㉠(○) ㉡(○) ㉢(×) ㉣(○)
② ㉠(×) ㉡(○) ㉢(○) ㉣(×)
③ ㉠(×) ㉡(○) ㉢(○) ㉣(○)
④ ㉠(×) ㉡(×) ㉢(○) ㉣(×)

해설 ㉠ (×) 위임은 권한의 일부를 이전한다. 전부를 이전한다면 위임기관은 할 일이 없게 된다. **【일임】**
㉡ (○) 효과는 대리는 **피**대리관청에 귀속되고, 위임은 수임관청(**피**위임관청)에 귀속된다. 효과가 귀속되는 관청이 행정소송의 **피고**가 된다.
**【피는 피를 부른다】**
㉢ (○) 임의대리는 권한의 일부만 대리할 수 있고, 법정대리는 법률의 근거에 의한 대리이므로 전부에 대하여 대리할 수 있다. **【일임】** 복대리는 대리인이 자신의 이름으로(대리인의 권한으로) 선임한 본인의 대리인으로서, 임의대리는 본인의 승낙이 있거나 부득이한 사유(본인의 소재불명 등) 있는 때가 아니면 복대리인을 선임하지 못한다(민법 제120조). 법정대리는 복대리인을 선임할 수 있다.
**【임복은 불가, 법복은 가능】**
㉣ (○) 임의대리는 신뢰관계를 바탕으로 대리인을 선임하므로 지휘·감독이 가능하지만, 법정대리는 법률규정에 의하여 대리권이 부여가 되는 것으로 본인은 지휘·감독할 수 없다. 경찰청장의 사망으로 차장이 대리하는 경우가 법정대리인데 사망한 청장이 차장을 지휘·감독할 수 없다.

정답 ③

## 04 행정청의 권한의 위임과 대리에 대한 설명 중 가장 적절한 것은? 〈18 법학〉

① 권한의 위임은 상급관청이 하급관청에 권한의 전부 또는 주요 부분을 이전하여 수임관청의 권한으로 행하도록 하는 것이다.
② 권한의 위임의 효과는 수임관청에 귀속되고 권한의 대리의 효과는 대리기관에 귀속된다.
③ 권한의 위임은 수임관청이 자기명의로 권한을 행사하지만, 권한의 대리는 피대리관청을 위한 것임을 표시하여 대리기관 명의로 권한을 행사한다.
④ 원칙적으로 임의대리는 권한의 전부에 대해서 가능하고 복대리가 불가능하나, 법정대리는 권한의 일부에 대해서만 가능하고 복대리가 가능하다.

해설 ① (×) 위**임**은 권한의 전부가 아닌 **일**부를 이전한다. **【일임】**
② (×) 위임의 효과는 수임관청에 귀속되고, 대리의 효과는 피대리기관에 귀속된다.
④ (×) 임의대리는 권한의 일부에 대하여 가능하고, 법정대리는 전부에 대하여 가능하다.

정답 ③

## 05 경찰관청의 권한의 위임·대리에 대한 설명으로 가장 적절한 것은? 〈19 승진〉

① 권한의 위임은 보조기관, 권한의 대리는 하급관청이 주로 상대방이 된다.
② 권한의 위임으로 인한 사무처리에 소요되는 인력·예산 등은 수임자 부담이 원칙이다.
③ 권한의 위임 시 수임기관의 사무처리가 위법·부당하다고 인정될 때에는 위임기관은 이를 취소 또는 정지할 수 있고, 수임기관에 대하여 사전승인을 받거나 협의할 것을 요구할 수 있다.
④ 임의대리는 원칙적으로 복대리가 허용되지 않으며 피대리관청은 대리자에 대한 지휘·감독이 가능하나, 법정대리는 복대리가 허용되며 피대리관청의 대리자에 대한 지휘·감독이 불가능하다.

해설> ① (×) 대리는 주로 보조기관, 위임은 주로 하급관청이 상대방이 된다.
② (×) 행정기관의 장은 행정권한을 위임 및 위탁할 때에는 위임 및 위탁하기 전에 수임기관의 수임능력 여부를 점검하고, **필요한 인력 및 예산을 이관하여야 한다**(행정기관의 위임 및 위탁규정 제3조).
③ (×) 위임 및 위탁기관은 수임 및 수탁기관의 수임 및 수탁사무 처리에 대하여 **지휘 · 감독**하고, 그 처리가 위법하거나 부당하다고 인정될 때에는 이를 **취소하거나 정지**시킬 수 있고(제6조), **사전승인을 받거나 협의를 할 것을 요구할 수 없다**(제7조).
④ (○) 권한의 일부를 대리하거나 위임하는 경우 감독이 가능하고, 권한의 전부를 대리하는 법정대리는 감독이 불가하다.
**【일임】, 【임복은 불가, 법복은 가능】**

정답 ④

## 06 다음은 「행정권한의 위임 및 위탁에 관한 규정」에 대한 설명이다. 적절한 것만을 고른 것은 모두 몇 개인가?

〈21 채용1차〉

㉠ 위임 및 위탁기관은, 수임 및 수탁기관의 수임 및 수탁사무 처리에 대하여 지휘 · 감독하고, 그 처리가 위법하거나 부당하다고 인정될 때에는 이를 취소하거나 정지시킬 수 있다.
㉡ 수임 및 수탁사무의 처리에 관하여 위임 및 위탁기관은 수임 및 수탁기관에 대하여 사전승인을 받거나 협의를 할 것을 요구할 수 없다.
㉢ 수임 및 수탁사무의 처리에 관한 책임은 수임 및 수탁기관에 있으며, 위임 및 위탁기관의 장은 그에 대한 감독책임을 진다.
㉣ 수임 및 수탁사무에 관한 권한을 행사할 때에는 수임 및 수탁기관의 명의로 하여야 한다.

① 1개 ② 2개
③ 3개 ④ 4개

정답 ④

## 07 「행정권한의 위임 및 위탁에 관한 규정」상 행정기관 간 위임 및 위탁에 대한 설명 중 옳지 않은 것은 모두 몇 개인가?

〈20 경간〉

가. "위임"이란 법률에 규정된 행정기관의 장의 권한 중 일부를 그 보조기관 또는 하급행정기관의 장이나 지방자치단체의 장에게 맡겨 그의 권한과 책임 아래 행사하도록 하는 것을 말한다.
나. 행정기관의 장은 행정권한을 위임 및 위탁할 때에는 위임 및 위탁하기 전에 수임기관의 수임능력 여부를 점검하고, 필요한 인력 및 예산을 이관할 수 있다.
다. 위임 및 위탁기관은 수임 및 수탁기관의 수임 및 수탁사무 처리에 대하여 지휘 · 감독하고, 그 처리가 위법하거나 부당하다고 인정될 때에는 이를 취소하거나 정지시켜야 한다.
라. 수임 및 수탁사무의 처리에 관하여 위임 및 위탁기관은 수임 및 수탁기관에 대하여 사전승인을 받거나 협의를 할 것을 요구할 수 없다.
마. 수임 및 수탁사무의 처리에 관한 책임은 수임 및 수탁기관에 있으며, 위임 및 위탁기관의 장은 그에 대한 감독책임을 진다.
바. 위임 및 위탁기관은 위임 및 위탁사무 처리의 적정성을 확보하기 위하여 필요한 경우에는 수임 및 수탁기관의 수임 및 수탁사무 처리 상황을 수시로 감사할 수 있다.

① 1개 ② 2개
③ 3개 ④ 4개

해설> 나. (×) 이관하여야 한다.
다. (×) 취소하거나 정지시킬 수 있다.

정답 ②

**08** 「행정권한의 위임 및 위탁에 관한 규정」에 관한 설명으로 가장 적절하지 않은 것은? (다툼이 있는 경우 판례에 의함) 〈23 채용2차〉

① “위임”이란 법률에 규정된 행정기관의 장의 권한 중 일부를 다른 행정기관의 장에게 맡겨 그의 권한과 책임 아래 행사하도록 하는 것을 말한다.

② 위임 및 위탁기관은 수임 및 수탁기관의 수임 및 수탁사무 처리에 대하여 지휘·감독하고, 그 처리가 위법하거나 부당하다고 인정될 때에는 이를 취소하거나 정지시킬 수 있다.

③ 행정기관의 장은 행정권한을 위임 및 위탁할 때에는 위임 및 위탁하기 전에 단순한 사무인 경우를 제외하고는 수임 및 수탁기관에 대하여 수임 및 수탁사무 처리에 필요한 교육을 하여야 하며, 수임 및 수탁사무의 처리지침을 통보하여야 한다.

④ 수임 및 수탁사무의 처리가 부당한지 여부의 판단은 위법성 판단과 달리 합목적적·정책적 고려도 포함되므로, 위임 및 위탁기관이 그 사무처리에 관하여 일반적인 지휘·감독을 하는 경우는 물론이고 나아가 수임 및 수탁사무의 처리가 부당하다는 이유로 그 사무처리를 취소하는 경우에도 광범위한 재량이 허용된다고 보아야 한다.

해설> ① (×) “다른 행정기관의 장”에게 맡기는 것은 “위탁”이다. “위임”은 그 권한의 일부를 보조기관 또는 하급행정기관의 장이나 지방자치단체의 장에게 맡기는 것이다.
④ (○) 대판 2016두55629

정답 ①

**09** 「행정권한의 위임 및 위탁에 관한 규정」에 대한 설명으로 가장 적절하지 않은 것은? 〈21 승진〉

① 위탁이란 법률에 규정된 행정기관의 장의 권한 중 일부를 다른 행정기관의 장에게 맡겨 그의 권한과 책임 아래 행사하도록 하는 것을 말한다.

② 수임 및 수탁사무의 처리에 관한 책임은 수임 및 수탁기관에 있으며, 수임 및 수탁사무에 관한 권한을 행사할 때에는 위임 및 위탁기관의 명의로 하여야 한다.

③ 위임 및 위탁기관은 수임 및 수탁기관의 수임 및 수탁사무 처리에 대하여 지휘·감독하고, 그 처리가 위법하거나 부당하다고 인정될 때에는 이를 취소하거나 정지시킬 수 있다.

④ 행정기관의 장은 행정권한을 위임 및 위탁할 때에는 위임 및 위탁하기 전에 수임기관의 수임능력 여부를 점검하고, 필요한 인력 및 예산을 이관하여야 한다.

해설> ② (×) 「행정권한의 위임 및 위탁에 관한 규정」

제8조(책임의 소재 및 명의 표시) ① 수임 및 수탁사무의 처리에 관한 **책임은 수임 및 수탁기관**에 있으며, **위임 및 위탁기관의 장은 그에 대한 감독책임**을 진다.
② 수임 및 수탁사무에 관한 권한을 행사할 때에는 **수임 및 수탁기관의 명의로** 하여야 한다.

정답 ②

## 10 「행정권한의 위임 및 위탁에 관한 규정」에 대한 내용으로 가장 적절하지 않은 것은? 〈18 채용1차〉

① 위임이란 법률에 규정된 행정기관의 장의 권한 중 일부를 그 보조기관 또는 하급행정기관의 장이나 지방자치단체의 장에게 맡겨 그의 권한과 책임 아래 행사하도록 하는 것을 말한다.

② 위임 및 위탁기관은 수임 및 수탁기관의 수임 및 수탁사무 처리에 대하여 지휘·감독하고, 그 처리가 위법하거나 부당하다고 인정될 때에는 이를 취소하거나 정지시킬 수 있다.

③ 수임 및 수탁사무의 처리에 관한 책임은 수임 및 수탁기관에 있으므로, 위임 및 위탁기관의 장은 그에 대한 감독책임을 지지 않는다.

④ 위임 및 위탁기관은 위임 및 위탁사무 처리의 적정성을 확보하기 위하여 필요한 경우에는 수임 및 수탁기관의 수임 및 수탁사무 처리 상황을 수시로 감사할 수 있다.

해설 ① (○) 위임은 권한의 일부를 그 **보조기관이나 하급기관이나 지방자치단체**에 맡기는 것이고, 위탁은 권한의 일부를 다른 행정기관에게 맡기는 것이다.
③ (×) 제8조

> 제8조(책임의 소재 및 명의 표시) ① 수임 및 수탁사무의 **처리에 관한 책임은 수임 및 수탁기관**에 있으며, 위임 및 위탁기관의 장은 그에 대한 감독책임을 진다.

정답 ③

# 제2장 경찰공무원과 법

## 제1절 경찰 경과(警科)

## 01 「수사경찰 인사운용규칙」이 적용되는 수사경찰의 근무부서로 옳지 않은 것은? 〈21 경간 변형〉

① 경찰청 사이버수사국장의 업무지휘를 받고 있는 경찰관서의 수사부서

② 경찰청 과학수사관리관의 업무지휘를 받고 있는 경찰관서의 수사부서

③ 경찰청 형사국장의 업무지휘를 받고 있는 경찰관서의 수사부서

④ 경찰청 생활안전교통국장의 업무지휘를 받고 있는 스토킹·성매매 예방 및 피해자 보호에 관한 업무부서

해설 ④ (×) 생활안전교통국장 소관 업무이다. 수사경찰 근무부서는 업무의 내용이 모두 "~ 수사부서" 또는 수사직무 관련 학과로 되어 있다.

**☞ 수사경찰 인사운용규칙**

> 제3조(수사경찰 근무부서 등) ① 이 규칙이 적용되는 수사경찰의 근무부서는 다음 각 호와 같다.
> 1. 경찰청 수사기획조정관의 업무지휘를 받고 있는 경찰관서의 수사부서
> 2. 경찰청 수사국장의 업무지휘를 받고 있는 경찰관서의 수사부서
> 3. 경찰청 형사국장의 업무지휘를 받고 있는 경찰관서의 수사부서
>    ※ 교통사고 지휘·감독, 외국인 수사에 관한 기획·수사지침은 형사국장 소관
> 4. 경찰청 사이버수사국장의 업무지휘를 받고 있는 경찰관서의 수사부서
> 5. 경찰청 과학수사관리관의 업무지휘를 받고 있는 경찰관서의 수사부서
> 6. 경찰청 안보수사국장의 업무지휘를 받고 있는 경찰관서의 수사부서
> 7. 경찰청 생활안전국장의 업무지휘를 받고 있는 경찰관서의 지하철범죄 및 생활질서사범 수사부서
> 8. 경찰교육기관의 수사직무 관련 학과
> 9. 국립과학수사연구원 등 직제상 정원에 경찰공무원이 포함되어 있는 정부기관내 수사관련 부서
> 10. 「국가공무원법」 제32조의4 및 「경찰공무원임용령」 제30조 규정에 따른 파견부서 중 수사직무관련 부서
> 11. 기타 경찰청장이 특별한 필요에 따라 지정하는 부서

정답 ④

**02** 「수사경찰 인사운영규칙」상 수사경과에 대한 설명으로 가장 적절하지 않은 것은? 〈20 승진 변형〉

① 직무와 관련한 청렴의무위반·인권침해 또는 부정청탁에 따른 직무수행으로 징계처분을 받은 경우 수사경과를 해제하여야 한다.
② 인권침해, 편파수사를 이유로 다수의 진정을 받는 등 공정한 수사업무 수행을 기대하기 곤란한 경우 수사경과를 해제하여야 한다.
③ 5년간 연속으로 「수사경찰 인사운영규칙」이 적용되는 수사부서 외의 부서에서 근무하는 경우 수사경과를 해제하여야 한다.
④ 2년간 연속으로 정당한 사유 없이 「수사경찰 인사운영규칙」이 적용되는 수사부서 외의 부서에서 근무하는 경우(파견 및 휴직기간 제외) 수사경과를 해제할 수 있다.

해설> ② (×) 임의적 해제 사유에 해당한다.

**☞ 수사경과의 필수해제 사유와 임의해제 사유**

| 필요적 해제 사유 | 임의적 해제 사유 |
|---|---|
| ① 직무관련 **청**렴의무위반·**부**정청탁·**인**권침해로 **징계** 받는 경우<br>② **5년간 연속 비수사부서 근무**<br>③ **갱**신이 되지 않은 경우<br>**【청부인 오갱】** | ① **청렴의무위반·부정청탁·인권침해 외의 비위로 징계**<br>② **인권침해, 편파수사로 다수의 진정**<br>③ 수사업무 능력·의욕이 현저하게 부족한 경우<br>- **2년간** 연속으로 정당한 사유 없이 비수사부서 근무(파견, 휴직기간 제외)<br>- 수사부서 근무자로 선발되었음에도 정당한 사유 없이 수사부서 전입 기피<br>- **인사내신서 미제출 또는 부실기재 제출**<br>※ 수사부서 통합보직공모시 수사경과자는 의무적으로 인사내신서를 제출해야 함(제6조). |

정답 ②

**03** 「수사경찰 인사운영규칙」상 수사경과에 대한 설명으로 가장 적절한 것은? 〈19 승진 변형〉

① 일반경과와 수사경과·보안경과 또는 특수경과로의 상호 전과를 인정한다.
② 2년간 연속으로 정당한 사유 없이 「수사경찰 인사운영규칙」이 적용되는 수사부서 외의 부서에서 근무하는 경우(파견 및 휴직기간 제외) 수사경과를 해제하여야 한다.
③ 인권침해, 편파수사를 이유로 다수의 진정을 받는 등 공정한 수사업무 수행을 기대하기 곤란한 경우 수사경과를 해제하여야 한다.
④ 수사경과자는 수사경과 유효기간 내에 경찰청장이 지정하는 수사 관련 직무교육을 이수(이 경우 사이버교육을 포함한다)하는 방법으로 언제든지 수사경과를 갱신할 수 있다. 다만, 휴직 등 경찰청장이 정하는 사유로 수사경과 갱신을 할 수 없는 경우에는 그 연기를 받을 수 있다.

해설> ① (×) **전과는 일반경과에서 수사경과·보안경과 또는 특수경과로의 전과만 인정한다.** 다만, 정원감축 등 경찰청장이 정하는 사유가 있는 경우 보안경과·수사경과 또는 정보통신경과에서 일반경과로의 전과를 인정할 수 있다(「경찰공무원 임용령 시행규칙」 제27조).
②③ (×) 임의적 해제사유이다.

정답 ④

## 제2절 경찰공무원의 임용 및 임용권의 위임

**01 「경찰공무원 임용령」상 임용시기에 대한 설명으로 가장 적절하지 않은 것은?** 〈21·22 경간 변형〉

① 경찰공무원은 임용장이나 임용통지서에 적힌 날짜에 임용된 것으로 보며, 임용일자를 원칙적으로 소급할 수 없다.
② 경찰공무원의 사망으로 인한 면직은 사망한 다음 날에 면직된 것으로 본다.
③ 경찰공무원이 재직 중 전사하거나 순직한 경우로서 특별승진 임용하는 경우에는 사망한 날을 임용일자로 본다.
④ 경찰공무원이 퇴직 후 전사하거나 순직한 경우로서 특별승진 임용하는 경우에는 퇴직일의 전날을 임용일자로 본다.

해설> ③ (×) 사망일의 전날이다.

> 제6조(임용시기의 특례) 제5조제1항에도 불구하고 다음 각 호의 어느 하나에 해당하는 경우에는 다음 각 호의 구분에 따른 일자에 임용된 것으로 본다.
> 1. 법 제19조제1항제2호에 따라 전사하거나 순직한 사람을 다음 각 목의 어느 하나에 해당하는 날을 임용일자로 하여 특별승진임용하는 경우
>    가. **재직 중 사망한 경우: 사망일의 전날**
>    나. **퇴직 후 사망한 경우: 퇴직일의 전날**
> 2. 〈삭제〉
> 3. 「국가공무원법」 제70조제1항제4호에 따라 직권으로 면직시키는 경우: **휴직기간의 만료일 또는 휴직사유의 소멸일**
> 4. 법 제10조제2항에 따른 경찰간부후보생, 「경찰대학 설치법」에 따른 경찰대학의 학생 또는 시보임용예정자가 제21조제1항에 따른 경찰공무원의 직무수행과 관련된 **실무수습 중 사망한 경우: 사망일의 전날**

정답 ③

**02 「경찰공무원법」상 경찰공무원의 임용권자가 바르게 연결된 것은 모두 몇 개인가?** 〈17 경간〉

> ㉠ 총경의 휴직 – 경찰청장
> ㉡ 총경의 강등 – 대통령
> ㉢ 총경의 복직 – 경찰청장
> ㉣ 경정의 면직 – 대통령
> ㉤ 경정으로의 승진 – 경찰청장
> ㉥ 총경의 정직 – 대통령

① 1개 ② 2개
③ 3개 ④ 4개

해설> ㉡㉥ (×) 총경의 전보, 휴직, 직위해제, 강등, 정직 및 복직은 경찰청장이 한다. **【강정전복휴직】**
㉤ (×) 경정으로의 신규채용, 승진임용 및 면직은 경찰청장의 제청으로 국무총리를 거쳐 대통령이 한다. **【경정의 신승면】**

정답 ③

## 03 「경찰공무원 임용령」상 임용권의 위임 등에 관한 설명 중 옳은 것을 모두 고른 것은? 〈22 법학〉

> ㉠ 경찰청장은 국가수사본부장에게 국가수사본부 안에서의 경정 이하에 대한 임용권을 위임한다.
> ㉡ 임용권을 위임받은 시·도자치경찰위원회는 시·도지사와 경찰청장의 의견을 들어 그 권한의 일부를 시·도경찰청장에게 다시 위임할 수 있다.
> ㉢ 시·도경찰청장 및 경찰서장은 지구대장 및 파출소장을 보직하는 경우에는 시·도자치경찰위원회의 추천을 받아야 한다.
> ㉣ 경찰청장은 수사부서에서 총경을 보직하는 경우에는 국가수사본부장의 추천을 받아야 한다.
> ㉤ 시·도자치경찰위원회는 임용권을 행사하는 경우에는 시·도경찰청장의 추천을 받아야 한다.

① ㉠, ㉡ ② ㉢, ㉣
③ ㉣, ㉤ ④ ㉡, ㉢, ㉤

해설> ㉠ (×) 임용권이 아닌 전보권을 위임한다.
㉡ (×) 경찰청장이 아닌 시·도경찰청장의 의견을 들어 위임할 수 있다.
㉢ (×) 시·도자치경찰위원회의 추천이 아닌 의견을 사전에 들어야 한다.

**☞ 추천과 의견청취 【총수행 지위】**

| | |
|---|---|
| 추천 | ① 총경 이상 임용 시 경찰청장 추천 ⇨ 행안부장관 제청<br>② 수사부서에서 총경을 보직 시 국수본부장 추천<br>③ 시경위 임용권 행사 시 시·도청장 추천 |
| 의견청취 | ① **지**·파 소장 보직 시 시경위의 사전 의견 청취<br>② 시경위는 시·도지사와 시·도청장의 의견을 들어 그 권한의 일부를 시·도청장에 위임 |

정답 ③

## 04 「경찰공무원 임용령」상 임용권의 위임에 대한 설명 중 가장 적절하지 않은 것은? 〈20 채용1차 변형〉

① 임용권을 위임받은 소속기관 등의 장은 경감 또는 경위를 신규 채용하거나 경사 또는 경장을 승진시키려면 미리 경찰청장의 승인을 받아야 한다.
② 시·도경찰청장은 소속 경감 이하 경찰공무원에 대한 해당 경찰서 안에서의 전보권을 경찰서장에게 다시 위임할 수 있다.
③ 경찰청장은 경찰대학·경찰인재개발원·중앙경찰학교·경찰수사연수원·경찰병원 및 시·도경찰청 (소속기관등)의 장에게 그 소속 경찰공무원 중 경정의 전보·파견·휴직·직위해제 및 복직에 관한 권한과 경감 이하의 임용권을 위임한다.
④ 임용권의 위임에도 불구하고 경찰청장은 경찰공무원의 정원 조정, 인사교류 또는 파견을 위하여 필요한 경우에는 임용권을 행사할 수 있다.

해설> ① (×) 경감 또는 경위를 신규 채용하거나 경위 또는 경사를 승진시킬 경우 미리 경찰청장의 사전승인을 받아야 한다(제4조⑩). 즉, 경감 또는 경위를 신규채용하거나 경감 또는 경위로 승진시킬 경우에는 경찰청장의 사전승인을 받아야 한다. **【경감·경위로 신승】**
② (○) 경감 이하(계장·팀장급)에 대한 경찰서 내 전보권을 위임할 수 있다. 임용령에서 위임은 대부분 「위임한다」로 규정되어 있으나, 시경위(시·도자치경찰위원회)가 시·도청장에게 위임하는 것과 시·도청장이 경찰서장에게 위임하는 것은 「위임할 수 있다」로 규정되어 있다.
③ (○) 제4조③

정답 ①

## 05 「경찰공무원법」 제7조에 따른 임용권자에 관한 설명으로 가장 적절하지 않은 것은?

〈17 승진, 23 채용1차〉

① 총경 이상 경찰공무원은 경찰청장 또는 해양경찰청장의 추천을 받아 행정안전부장관 또는 해양수산부장관의 제청으로 국무총리를 거쳐 대통령이 임용한다.
② 총경의 전보, 휴직, 직위해제, 강등, 정직 및 복직은 행정안전부장관 또는 해양수산부장관이 임용한다.
③ 경정 이하의 경찰공무원은 경찰청장 또는 해양경찰청장이 임용한다. 다만, 경정으로의 신규채용, 승진임용 및 면직은 경찰청장 또는 해양경찰청장의 제청으로 국무총리를 거쳐 대통령이 한다.
④ 경찰청장은 대통령령으로 정하는 바에 따라 경찰공무원 임용에 관한 권한의 일부를 특별시장・광역시장・도지사・특별자치시장 또는 특별자치도지사, 국가수사본부장, 소속기관의 장, 시・도경찰청장에게 위임할 수 있다.

해설 ② (×) 경찰청장이 임용한다.

정답 ②

## 06 대통령령인 「경찰공무원임용령」상 경찰의 인사에 관한 다음 설명 중 옳지 않은 것은 모두 몇 개인가?

〈19 경간 변형〉

가. 경찰공무원인사위원회(이하 “인사위원회”라 한다)는 위원장을 포함하여 3명 이상 7명 이하의 위원으로 구성한다.
나. 인사위원회의 위원장은 경찰청 및 해양경찰청 인사담당국장이 되고, 위원은 경찰청 및 해양경찰청 소속 총경 이상의 경찰공무원 중에서 위원장이 임명한다.
다. 회의는 재적위원 과반수의 출석과 출석위원 과반수의 찬성으로 의결한다.
라. 경찰청장은 경찰공무원의 임용에 관한 권한의 일부를 소속기관등의 장에게 위임한다.
마. 시・도경찰청장은 소속 경감 이하 경찰공무원에 대한 해당 경찰서 안에서의 전보권을 경찰서장에게 다시 위임할 수 있다.
바. 임용권의 위임을 받은 시・도경찰청장은 경감 또는 경위를 승진시키고자 할 때에는 미리 경찰청장의 승인을 받아야 한다.

① 1개 ② 2개
③ 3개 ④ 4개

해설 가. (×) 위원은 일반적인 경우로서 5~7인으로 구성된다.
나. (×) 위원은 소속 총경 이상 중에서 경찰청장이 임명한다(제9조②).
다. (×) 재적 과반수 찬성으로 의결한다(제11조②).
바. (×) 경감 또는 경위를 신규채용하거나 **경위 또는 경사를 승진(경감・위로 신규채용・승진)**시킬 때 경찰청장 사전승인이 필요하다.

정답 ④

**07** 「경찰공무원법」과「국가공무원법」상 공통된 임용결격사유가 아닌 것은? 〈21 채용2차〉

① 피성년후견인 또는 피한정후견인
② 파산선고를 받고 복권되지 아니한 사람
③ 공무원으로 재직기간 중 직무와 관련하여 「형법」 제355조(횡령, 배임) 및 제356조(업무상의 횡령과 배임)에 규정된 죄를 범한 자로서 300만원 이상의 벌금형을 선고 받고 그 형이 확정된 후 2년이 지나지 아니한 사람
④ 「성폭력범죄의 처벌 등에 관한 특례법」 제2조(성폭력범죄)에 규정된 죄를 범한 사람으로서 100만원 이상의 벌금형을 선고받고 그 형이 확정된 후 3년이 지나지 아니한 사람

해설> ① (×) 피한정후견인은 경찰공무원법상 결격사유에 해당하지만 국가공무원법상 결격사유에 해당하지 않는다.

정답 ①

**08** 「경찰공무원법」상 경찰공무원 임용결격 사유는 모두 몇 개인가? 〈21 경간〉

가. 「국적법」에 따른 복수국적자
나. 피한정후견인
다. 파산선고를 받고 복권된 사람
라. 「도로교통법」에 따른 음주운전 후 300만원 벌금형을 선고받고 그 형이 확정된 후 6개월이 지난 사람
마. 「성폭력범죄의 처벌 등에 관한 특례법」에 규정된 죄를 범한 후 100만원의 벌금형을 선고받고 그 형이 확정된 후 2년이 지난 사람
바. 징계로 해임처분을 받은 때부터 3년이 지난 사람

① 2개 ② 3개 ③ 4개 ④ 5개

해설> 다. (×) 복권된 사람은 해당하지 않는다.
라. (×) 공무원으로 재직 중 횡령죄 등이나 성범죄 관련되지 않는 일반 형사범죄에 대한 범죄경력은 자격정지 이상의 형을 선고받은 사람에 한한다.

정답 ③

**09** 다음은 「경찰공무원법」 제8조에서 규정하는 '경찰공무원 임용결격사유'이다. ㉠~㉤의 내용 중 옳고 그름의 표시(○, ×)가 모두 바르게 된 것은? 〈20 채용2차〉

㉠ 미성년자에 대한 다음 각 목의 어느 하나에 해당하는 죄를 저질러 형 또는 치료감호가 확정된 사람(집행유예를 선고 받은 후 그 집행유예기간이 경과한 사람을 포함한다)
가. 「성폭력범죄의 처벌 등에 관한 특례법」 제2조에 따른 성폭력범죄
나. 「아동·청소년의 성보호에 관한 법률」 제2조 제2호에 따른 아동·청소년대상 성범죄
㉡ 벌금의 형을 선고받은 사람
㉢ 대한민국 국적을 가지지 아니한 사람
㉣ 공무원으로 재직기간 중 직무와 관련하여 「형법」 제355조(횡령, 배임) 및 제356조(업무상의 횡령과 배임)에 규정된 죄를 범한 사람으로서 300만원 이상의 벌금형을 선고받고 그 형이 확정된 후 2년이 지난 사람
㉤ 징계에 의하여 파면 또는 해임처분을 받은 사람

① ㉠(○) ㉡(○) ㉢(○) ㉣(×) ㉤(○)
② ㉠(○) ㉡(×) ㉢(○) ㉣(○) ㉤(×)
③ ㉠(×) ㉡(○) ㉢(×) ㉣(○) ㉤(×)
④ ㉠(○) ㉡(×) ㉢(○) ㉣(×) ㉤(○)

해설> ㉡ (×) 자격정지 이상의 형(刑)을 선고받은 사람
㉣ (×) 2년이 지나지 않은 사람

정답 ④

**10 경찰공무원 임용에 대한 설명으로 적절하지 않은 것은 모두 몇 개인가?** 〈22 경간〉

가. 채용후보자 명부의 유효기간은 2년으로 하되, 경찰청장은 필요에 따라 1년의 범위에서 그 기간을 연장할 수 있다.
나. 임용권자 또는 임용제청권자는 채용후보자 명부에 등재된 채용후보자가 학업을 계속하는 경우 채용후보자 명부의 유효기간의 범위에서 기간을 정하여 임용 또는 임용제청을 유예할 수 있다. 다만, 유예기간 중이라도 그 사유가 소멸한 경우에는 임용 또는 임용제청을 할 수 있다.
다. 신규채용시험에 합격한 사람이 채용후보자 명부에 등재된 이후 그 유효기간 내에 「병역법」에 따른 병역복무를 위하여 군에 입대한 경우(대학생 군사훈련 과정 이수자를 포함한다)의 의무복무 기간은 채용후보자 명부의 유효기간에 넣어 계산하지 아니한다.
라. 채용후보자가 임용 또는 임용제청에 응하지 아니한 경우에는 채용후보자로서의 자격을 상실한다.

① 없음　② 1개
③ 2개　④ 3개

해설 1. 경찰공무원법

제12조(채용후보자 명부 등)
③ 제1항에 따른 채용후보자 명부의 유효기간은 **2년**의 범위에서 대통령령으로 정한다. 다만, 경찰청장 또는 해양경찰청장은 필요에 따라 **1년**의 범위에서 그 기간을 **연장**할 수 있다.
④ 신규채용시험에 합격한 사람이 채용후보자 명부에 등재된 이후 그 유효기간 내에 「병역법」에 따른 병역 **복무를 위하여 군에 입대**한 경우(대학생 군사훈련 과정 이수자를 포함한다)의 의무복무 기간은 제3항에 따른 기간에 넣어 **계산하지 아니한다.**

2. 경찰공무원임용령

제18조의2(임용 또는 임용제청의 유예) ① 임용권자 또는 임용제청권자는 채용후보자 명부에 등재된 채용후보자가 다음 각 호의 어느 하나에 해당하는 경우에는 채용후보자 명부의 **유효기간의 범위에서 기간을 정하여** 임용 또는 임용제청을 **유예**할 수 있다. 다만, 유예기간 중이라도 그 사유가 소멸한 경우에는 임용 또는 임용제청을 할 수 있다.
1. 「병역법」에 따른 **병역복무**를 위하여 징집 또는 소집되는 경우 (**군**복무)
2. **학업**을 계속하는 경우
3. **6개월 이상의** 장기요양이 필요한 **질병**이 있는 경우
4. **임신**하거나 출산한 경우 **【학군6질임】**
5. 그 밖에 임용 또는 임용제청의 유예가 부득이하다고 인정되는 경우

② 제1항에 따른 임용 또는 임용제청의 유예를 원하는 사람은 해당 사유를 증명할 수 있는 자료를 첨부하여 임용권자 또는 임용제청권자가 정하는 기간 내에 신청해야 한다. 이 경우 원하는 유예기간을 분명하게 적어야 한다.

정답 ①

PART 04

**11** **「경찰공무원 임용령」에 관한 설명으로 옳은 것을 모두 고른 것은?** 〈23 승진〉

> ㉠ 경찰공무원은 임용장이나 임용통지서에 적힌 날짜에 임용된 것으로 보며, 임용일자를 소급해서는 아니 된다. 사망으로 인한 면직은 사망한 날에 면직된 것으로 본다.
> ㉡ 「경찰공무원법」 제10조 제3항 제1호에 따라 재임용된 경찰공무원의 계급정년 연한은 재임용 전에 해당 계급의 경찰공무원으로 근무한 연수를 합하여 계산한다.
> ㉢ 종전의 재직기관에서 감봉 이상의 징계처분을 받은 사람은 경력경쟁채용 등의 대상이 될 수 없다.
> ㉣ 임용권자 또는 임용제청권자는 채용후보자 명부에 등재된 채용후보자가 학업을 계속하는 경우 채용후보자 명부의 유효기간의 범위에서 기간을 정하여 임용 또는 임용제청을 유예할 수 있다. 다만, 유예기간 중이라도 그 사유가 소멸한 경우에는 임용 또는 임용제청을 할 수 있다.

① ㉠㉡　　② ㉡㉢
③ ㉡㉢㉣　　④ ㉠㉢㉣

해설> ㉠ (×) 사망한 다음날에 면직된 것으로 본다. 사망한 날은 일부 시간은 살아 있고 일부 시간은 사망하였기에, 사망한 날이 임용의 기준이 될 수는 없고 사망한 날의 다음날 또는 그 전날을 기준으로 임용을 한다.

**관련규정**

> 제5조(임용시기) ② 사망으로 인한 면직은 **사망한 다음 날에 면직**된 것으로 본다.
> 제8조(계급정년 연한의 계산) 법 제10조제3항제1호(직제개편으로 인한 직권면직으로 퇴직, 장기요양 또는 공상으로 인한 직권휴직 기간 만료로 퇴직)에 따라 재임용된 경찰공무원의 **계급정년 연한은 재임용 전에 해당 계급의 경찰공무원으로 근무한 연수를 합하여 계산**한다.
> 제16조(경력경쟁채용등의 요건) ① 다음 각 호의 어느 하나에 해당하는 사람은 경력경쟁채용등의 대상이 될 수 없다.
> 1. 종전의 재직기관에서 **감봉 이상**의 징계처분을 받은 사람
> 2. 법 제30조제1항제2호(**계급정년**)에 따라 정년퇴직한 사람

정답 ③

**12** **「경찰공무원법」상 경찰공무원의 임용에 대한 설명으로 가장 적절한 것은?** 〈19 채용1차〉

① 총경 이상의 경찰공무원은 경찰청장의 제청으로 국무총리를 거쳐 대통령이 임용한다.
② 퇴직한 경찰공무원으로서 퇴직 시에 재직하였던 계급의 채용시험에 합격한 사람을 재임용하는 경우 시보임용을 거치지 않는다.
③ 경찰청장은 경찰공무원의 채용시험 또는 경찰간부후보생 공개경쟁선발시험에서 부정행위를 한 응시자에 대하여는 해당 시험을 정지 또는 무효로 하고, 그 처분이 있은 날부터 3년간 시험응시자격을 정지한다.
④ 경찰청장은 경찰공무원의 임용에 관한 권한의 일부를 소속기관 등의 장에게 위임할 수 없다.

해설> ① (×) 총경 이상은 경찰청장 추천, 행안부장관 제청으로 국무총리를 거쳐 대통령이 임용(제6조①)
③ (×) 채용시험 **부정행위는 5년간** 응시자격 정지
**【부정행위는 오랫동안 제재】**
④ (×) 경찰청장은 **대통령령으로 정하는 바에 따라** 경찰공무원의 임용에 관한 권한의 일부를 시·도지사, 국가수사본부장, 소속 기관의 장, 시·도경찰청장에게 **위임할 수 있다**(제7조③).

정답 ②

**13** **다음은 「경찰공무원법」 및 「경찰공무원 임용령」상 경찰공무원의 임용에 대하여 설명한 것이다. 옳은 것을 모두 고른 것은?** 〈18 채용2차, 17 경위〉

> ㉠ 휴직기간, 직위해제기간 및 징계에 의한 감봉처분 또는 견책처분을 받은 기간은 시보임용기간에 산입하지 아니한다.
> ㉡ 경정으로의 신규채용, 승진임용 및 면직은 경찰청장 또는 해양경찰청장의 제청으로 국무총리를 거쳐 대통령이 한다.
> ㉢ '징계에 의하여 파면 또는 해임처분을 받은 사람'은 경찰공무원으로 임용될 수 없다.
> ㉣ 경찰공무원은 임용장이나 임용통지서에 적힌 날짜에 임용된 것으로 보며, 사망으로 인한 면직은 사망한 날에 면직된 것으로 본다.
> ㉤ 총경의 전보, 휴직, 직위해제, 강등, 정직 및 복직은 경찰청장 또는 해양경찰청장이 한다.

① ㉠, ㉡, ㉣　　② ㉠, ㉢, ㉣
③ ㉡, ㉢, ㉤　　④ ㉡, ㉢, ㉣, ㉤

해설> ㉠ (×) 견책처분은 다른 징계처분과 달리 일정한 기간의 설정이 없어서 산입할 수 없다.
㉡ (○) 경정으로의 '신·승·면'은 경찰청장의 제청으로 총리 거쳐 대통령이 한다. **【경정 신승면】**
㉣ (×) 임용은 임용일자에 임용, 사망은 다음날에 면직된 것으로 본다.

정답 ③

**14** **「경찰청공무원 임용령」에서 규정한 채용후보자의 자격상실 사유로 가장 적절하지 않은 것은?** 〈18 경위〉

① 채용후보자가 질병 등 교육훈련을 계속할 수 없는 불가피한 사정으로 퇴학처분을 받은 경우
② 채용후보자가 임용 또는 임용제청에 응하지 아니한 경우
③ 채용후보자로서 받아야 할 교육훈련에 응하지 아니한 경우
④ 채용후보자로서 받은 교육훈련성적이 수료점수에 미달되는 경우

해설>

**☞ 채용후보자 자격상실 사유(제19조)**

> ① 임용 또는 임용제청에 불응한 때
> ② 교육훈련에 불응한 때
> ③ 교육훈련성적이 수료점수에 미달되는 경우
> ④ 교육훈련을 받는 중에 퇴학처분을 받은 경우(단, **질병 등 불가피한 사정**으로 퇴학한 경우는 **제외**)

정답 ①

**15** **「경찰공무원법」상 시보임용에 대한 설명 중 가장 적절하지 않은 것은?** 〈17 채용1차〉

① 퇴직한 경찰공무원으로서 퇴직 시에 재직하였던 계급의 채용시험에 합격한 사람을 재임용하는 경우에는 시보임용을 거치지 아니한다.
② 경정 이하의 경찰공무원을 신규채용할 때에는 1년간 시보로 임용하고, 그 기간이 만료된 다음 날에 정규 경찰공무원으로 임용한다.
③ 경찰대학을 졸업한 사람 또는 경찰간부후보생으로서 정하여진 교육을 마친 사람을 경위로 임용하는 경우에는 시보임용을 거치지 아니한다.
④ 자치경찰공무원을 그 계급에 상응하는 경찰공무원으로 임용하는 경우에는 시보임용을 거쳐야 한다.

해설> ④ (×) 시보임용을 거치지 아니한다.

> 제13조(시보임용) ① **경정 이하**의 경찰공무원을 신규 채용할 때에는 **1년간 시보**(試補)로 임용하고, 그 기간이 만료된 다음 날에 정규 경찰공무원으로 임용한다.
> ④ 다음 각 호의 어느 하나에 해당하는 경우에는 시보임용을 거치지 아니한다.
> 1. **경찰대학**을 졸업한 사람 또는 **경찰간부후보생**으로서 정하여진 교육을 마친 사람을 경위로 임용하는 경우
> 2. 경찰공무원으로서 대통령령으로 정하는 상위계급으로의 **승진**에 필요한 자격 요건을 갖추고 임용예정 계급에 상응하는 공개경쟁 채용시험에 합격한 사람을 해당 계급의 경찰공무원으로 임용하는 경우
> 3. **퇴직한 경찰공무원**으로서 퇴직 시에 재직하였던 계급의 채용시험에 합격한 사람을 재임용하는 경우
> 4. **자치경찰공무원**을 그 계급에 상응하는 경찰공무원으로 임용하는 경우

정답 ④

PART 04

**16** 「경찰공무원법」상 시보임용에 대한 설명으로 옳은 것은? 〈16 채용2차〉

① 경정 이하 경찰공무원을 신규채용할 때에는 시보임용하고, 그 기간이 만료된 날 정규 경찰공무원으로 임용한다.

② 직위해제기간 및 징계에 의한 정직처분이나 감봉처분을 받은 기간은 시보임용기간에 산입하지 않지만, 휴직기간은 시보임용 기간에 산입한다.

③ 퇴직한 경찰공무원으로서 퇴직 시 재직하였던 계급의 채용시험에 합격한 사람을 재임용하는 경우 시보임용을 거치지 아니한다.

④ 시보임용기간 중에 있는 경찰공무원이 근무성적 또는 교육훈련 성적이 불량할 때는 면직시키거나 면직을 제청하여야 한다.

해설 ① (×) 그 기간이 만료된 다음 날에 정규 경찰공무원으로 임용한다.
④ (×) 시보임용기간 중에 있는 경찰공무원이 근무성적 또는 교육훈련 성적이 불량할 때에는 면직시키거나 면직을 **제청할 수 있다**(경공법 제13조③). 교육성적이 60% 미만 또는 제2평정요소에 대한 근무성적 평정점이 50% 미만으로 정규 경찰공무원으로 임용하는 것이 부적당하다고 인정되는 경우에는 **정규임용심사위원회의 심사를 거쳐** 해당 시보임용경찰공무원을 면직시키거나 면직을 **제청할 수 있다**(경찰공무원 임용령 제20조). **【교육-60%, 근무성적-50%】**

정답 ③

## 제3절 경찰공무원관계 변경 · 소멸

**01** 경찰공무원 근무관계의 성립 · 변동 · 소멸에 대한 설명으로 적절한 것을 모두 고른 것은? 〈18 경감〉

> ㉠ 징계에 의하여 해임의 처분을 받았더라도 그 후 3년이 경과하였다면 경찰공무원에 임용될 수 있다.
> ㉡ 「국가공무원법」상 강임은 하위 직급에의 임용으로서 경찰공무원에게도 적용된다.
> ㉢ 감사업무를 담당하는 경찰공무원은 부적격자로 인정되는 경우가 아닌 한 해당 직위에 임용된 날부터 3년 이내에는 다른 직위에 전보할 수 없다.
> ㉣ 경찰공무원으로서 자격정지 이상의 형의 선고유예를 받고 그 선고유예 기간 중에 있는 자는 당연퇴직된다.

① 없음 ② ㉡
③ ㉢ ④ ㉠, ㉣

해설 ㉠ (×) 징계로 해임 또는 파면 받은 사람은 결격사유에 해당한다.
㉡ (×) 강등은 징계의 일종이며, 강임은 직제 개편, 예산 감소 또는 본인 희망 등의 사유로 현재보다 등급을 낮추는 것을 말한다. 일반공무원의 경우 직급을 낮추더라도 원하는 업무를 하기 위하여 강임을 할 수 있으나, 경찰공무원은 강임 제도가 없다.
㉢ (×) 감사·감찰관은 2년, 전문직위는 3년 내 전보가 제한된다.
㉣ (×) 임용결격 사유에 해당하면 당연퇴직하게 되나, **자**격정지 이상의 **선**고유예를 받은 경우는 재직 중 뇌물(**금**품수수), **성**, **횡령** 등의 비위로 인한 경우만 해당하고, 파산선고를 받은 경우는 면책신청을 하지 아니하였거나, 면책불허가 결정, 면책취소가 확정된 경우만 해당한다.
**【금성횡령 자선하면 당연퇴직】**

정답 ①

## 02 「경찰공무원 승진임용 규정」상 승진에 관한 설명 중 가장 적절하지 않은 것은? 〈22 채용1차〉

① 경찰공무원의 승진임용은 심사승진임용·시험승진임용 및 특별승진임용으로 구분한다.
② 「경찰공무원 승진임용 규정」 제6조 제1항 제2호에 따르면 소극행정으로 감봉에 해당하는 징계처분을 받은 경찰공무원은 징계처분의 집행이 끝난 날부터 18개월이 지나지 아니하면 심사승진임용될 수 없다.
③ 임용권자나 임용제청권자는 시험승진후보자 명부에 기록된 사람이 승진임용되기 전에 감봉 이상의 징계처분을 받은 경우에는 시험승진후보자 명부에서 그 사람을 제외하여야 한다.
④ 총경 이하의 경찰공무원에 대해서는 매년 근무성적을 평정하여야 휴직·직위해제 등의 사유로 해당 연도의 평정기관에서 6개월 이상 근무하지 아니한 경찰공무원에 대해서는 근무성적을 평정하지 아니한다.

해설 ③ (×) 중징계(파면, 해임, 강등, 정직) 이상의 징계처분을 받을 경우 승진후보자 명부에서 삭제되어 승진할 수 없게 된다.
④ (○) 휴직·직위해제의 사유는 6개월 이상 근무하여야 하고, 신규채용·승진의 경우는 2개월 이상 근무한 경우에 평정한다.

정답 ③

## 03 경찰의 근무성적평정에 관한 설명 중 가장 적절하지 않은 것은? 〈22 채용2차〉

① 공무원에 대한 근무성적평정은 현대에 이르러 조직발전의 기초로 작용하는 공무원의 능력개발과 행정제도 개선의 수단으로도 활용될 수 있다.
② 전통적 근무성적평정제도는 생산성과 능률성에 중점을 두어 공무원의 직무수행능력을 측정하고 이를 인사행정의 표준화와 직무수행의 통제를 위한 수단으로 활용하였다.
③ 근무성적평정과정에서 평정자에 의한 집중화·엄격화 등의 오류를 방지하기 위해 경찰서 수사과에서 고소고발 등에 대한 조사업무를 직접 처리하는 경위 계급의 경찰공무원의 제2평정요소에 따른 근무성적 평정은 수 20%, 우 40%, 양 30%, 가 10%로 분배해야 한다.
④ 총경에 대한 근무성적평정은 매년 하되, 근무실적, 직무수행능력 및 직무수행태도로만 평정한다.

해설 ③ (×) 제2평정요소에 따른 근무성적 평정은 경찰서 수사과에서 고소·고발 등에 대한 조사업무를 직접 처리하는 경위 계급의 경찰공무원을 평정할 때에는 제3항의 비율을 적용하지 아니할 수 있다(「경찰공무원 승진임용 규정」 제7조④).
④ (○) 총경은 제2평정요소로만 평정한다.

| | |
|---|---|
| 제1 평정요소 | 가. 경찰업무 발전에 대한 기여도<br>나. **포상 실적**<br>다. 그 밖에 행정안전부령으로 정하는 평정 요소(근무태도, 교육훈련) |
| 제2 평정요소 | 가. **근무실적**<br>나. 직무수행능력<br>다. 직무수행태도 |

정답 ③

## 04 경찰공무원의 근무성적평정에 대한 내용 중 옳지 않은 것은 모두 몇 개인가? 〈21 경간〉

> 가. 총경 이하의 경찰공무원에 대해서는 매년 근무성적을 평정하여야 하며, 근무성적 평정의 결과는 승진 등 인사관리에 반영하여야 한다.
> 나. 근무성적 평정 시 제2평정(주관) 요소들에 대한 평정은 수(20%), 우(40%), 양(30%), 가(10%)의 분포비율에 맞도록 하여야 한다.
> 다. 근무성적평정 결과는 공개한다. 다만, 경찰청장은 근무성적 평정이 완료되기 전이라도 필요하면 평정 대상 경찰공무원에게 해당 근무성적 평정 예측결과를 통보할 수 있다.
> 라. 정기평정 이후에 신규채용되거나 승진임용된 경찰공무원에 대해서는 3개월이 지난 후부터 근무성적을 평정하여야 한다.
> 마. 근무성적 평정은 연 1회 실시하며, 근무성적 평정자는 3명으로 한다.

① 2개 ② 3개 ③ 4개 ④ 5개

해설 다. (×) 근무성적평정 결과는 공개하지 아니한다. 다만, 경찰청장은 근무성적 평정이 완료되면 평정 대상 경찰공무원에게 해당 근무성적 평정 결과를 통보할 수 있다(「경찰공무원 승진임용규정」 제7조⑤).
라. (×) 3개월이 아닌 2개월이다(「경찰공무원 승진임용규정」 제8조⑤).
마. (○) 근무성적 평정은 연 1회 실시한다(시행규칙 제4조). 근무성적 평정자는 3명으로 한다(시행규칙 제6조).

### ☞ 경찰공무원 승진임용규정

> 제7조(근무성적 평정) ① 총경 이하의 경찰공무원에 대해서는 매년 근무성적을 평정하여야 하며, 근무성적 평정의 결과는 승진 등 인사관리에 반영하여야 한다.
> ③ 제2평정요소에 따른 근무성적 평정은 평정대상자의 계급별로 평정 결과가 다음 각 호의 분포비율에 맞도록 하여야 한다. 다만, 평정 결과 제4호에 해당하는 사람이 없는 경우에는 제4호의 비율을 제3호의 비율에 가산하여 적용한다.
> 1. 수 : 20퍼센트
> 2. 우 : 40퍼센트
> 3. 양 : 30퍼센트
> 4. 가 : 10퍼센트
> ④ 제11조제2항 단서에 해당하는 경찰공무원과 경찰서 수사과에서 고소·고발 등에 대한 조사업무를 직접 처리하는 경위 계급의 경찰공무원을 평정할 때에는 제3항의 비율을 적용하지 아니할 수 있다.
> ⑤ 근무성적 평정 결과는 공개하지 아니한다. 다만, 경찰청장은 근무성적 평정이 완료되면 평정 대상 경찰공무원에게 해당 근무성적 평정 결과를 통보할 수 있다.

정답 ①

## 05 「경찰공무원법」 및 「경찰공무원 임용령」에 대한 설명으로 가장 적절하지 않은 것은? 〈20 법학〉

① 경정 이하의 경찰공무원은 경찰청장 또는 해양경찰청장이 임용한다. 다만, 경정으로의 신규채용, 승진임용 및 면직은 경찰청장 또는 해양경찰청장의 제청으로 국무총리를 거쳐 대통령이 한다.
② 자격정지 이상의 형을 선고받거나 혹은 동일한 형의 선고유예를 선고받고 그 유예기간 중에 있는 사람은 경찰공무원으로 임용될 수 없다.
③ 일반경과, 수사경과, 보안경과, 항공경과, 정보통신경과 중 총경 계급의 경찰공무원에게 부여할 수 있는 경과의 수는 2개이다.
④ 경장 계급에서 5년 이상 근속자는 경사로 근속승진임용 할 수 있다.

해설 ① (○) 경정으로의 '신·승·면'은 경찰청장의 제청으로 대통령이 한다. 경찰청장이 제청하는 경우는 **경정으로의 '신·승·면'과 대통령에게 징계처분을 제청**(경무관 이상의 강등·정직과 경정 이상의 파면·해임) 하는 것 2개뿐이다.
③ (×) 총경에 대하여 보안·수사경과는 부여하지 않는다.

> 경찰공무원 임용령 제3조
> – 총경 : 일반·특수경과(항공경과, 정보통신경과)
> – 경정 이하 : **일**반·**수**사·**보**안·**특수**경과(**항**공경과, **정**보통신경과) **【일수보특 항정살】**

정답 ③

**06** **경찰의 대우공무원제도에 대한 다음 설명 중 틀린 것을 모두 고른 것은?** 〈16 경간 변형〉

> ㉠ 대우공무원에게는 「공무원수당 등에 관한 규정」에서 정하는 바에 따라 수당을 지급할 수 있다.
> ㉡ 대우공무원은 총경 이하의 경찰공무원으로서 해당 계급에서 5년 이상 근무한 사람을 대상으로 선발한다.
> ㉢ 징계 또는 직위해제 처분을 받은 경우 대우공무원 수당을 감액하여 지급하나, 휴직한 경우에는 지급하지 아니한다.
> ㉣ 대우공무원이 상위계급으로 승진임용되거나 강등되는 경우 그 해당일에 대우공무원의 자격은 별도 조치 없이 당연히 상실된다.
> ㉤ 임용권자나 임용제청권자는 매 분기 말 5일 전까지 대우공무원 발령일을 기준으로 하여 대우공무원 선발요건을 충족하는 대상자를 결정하여야 하고, 그 다음 분기 첫 달 1일에 일괄하여 대우공무원으로 발령하여야 한다.

① ㉠, ㉡, ㉢　　② ㉡, ㉢, ㉤
③ ㉢, ㉣, ㉤　　④ ㉡, ㉣, ㉤

해설> ㉡ (×) 총경·경정은 7년 이상, 경감 이하는 5년 이상(「경찰공무원 승진임용 규정 시행규칙」 제35조)
㉢ (×) 정직·감봉·직위해제 및 휴직으로 봉급이 감액 지급되는 사람에게는 별표 4의 구분에 따라 대우공무원수당을 감액하여 지급한다(「공무원수당 등에 관한 규정」 제6조의2).
㉤ (×) 임용권자나 임용제청권자는 매월 말 5일 전까지 대우공무원 발령일을 기준으로 대우공무원 선발요건을 충족하는 대상자를 결정하여야 하고, 그 다음 달 1일에 일괄하여 대우공무원으로 발령하여야 한다(「경찰공무원 승진임용 규정 시행규칙」 제35조).

정답 ②

**07** **경찰공무원의 임용에 대한 설명으로 가장 적절하지 않은 것은?** 〈22 승진〉

① 「경찰공무원 임용령」상 시·도경찰청장 및 경찰서장은 지구대장 및 파출소장을 보직하는 경우에는 시·도 자치경찰위원회의 의견을 사전에 들어야 한다.
② 「국가공무원법」상 임용권자는 공무원이 중앙인사관장 기관의 장이 지정하는 연구기관이나 교육기관 등에서 연수하게 된 때에는 공무원의 의사에도 불구하고 휴직을 명하여야 한다.
③ 「경찰공무원 임용령상」 임용권자 또는 임용제청권자는 경찰공무원을 신규 채용할 때에 경과를 부여해야 한다.
④ 「경찰공무원법」상 총경 이상 경찰공무원은 경찰청장 또는 해양경찰청장의 추천을 받아 행정안전부장관 또는 해양수산부장관의 제청으로 국무총리를 거쳐 대통령이 임용한다. 다만, 총경의 전보, 휴직, 직위해제, 강등, 정직 및 복직은 경찰청장 또는 해양경찰청장이 한다.

해설> ② (×) '연수 휴직'은 의원휴직 사유이다. 휴직을 명할 수 있다. 다만, 의원휴직 사유 중에서도 임신·출산·육아(만 8세 이하, 초2 이하)에 대하여는 본인이 원할 경우 특별한 사정이 없는 한 휴직을 명하도록 되어 있다.

정답 ②

## 08 국가공무원법상 휴직에 대한 설명으로 가장 적절하지 않은 것은? 〈20 승진〉

① 공무원이 천재지변이나 전시사변, 그 밖의 사유로 생사 또는 소재가 불명확하게 된 때의 휴직기간은 3개월 이내로 한다.

② 공무원이 국외 유학을 하게 된 때 휴직을 원하면 임용권자는 휴직을 명할 수 있으며, 휴직 기간은 3년 이내로 하되, 부득이한 경우에는 2년의 범위에서 연장할 수 있다.

③ 휴직 기간 중 그 사유가 없어지면 지체 없이 임용권자 또는 임용제청권자에게 신고하여야 하며, 임용권자는 30일 이내에 복직을 명하여야 한다.

④ 대통령령등으로 정하는 기간 동안 재직한 공무원이 직무 관련 연구과제 수행 또는 자기개발을 위하여 학습・연구 등을 하게 된 때 휴직 기간은 1년 이내로 한다.

해설 > ③ (×) 휴직기간 중 그 사유가 없어지면 **30일** 이내에 임용권자 또는 임용제청권자(기관장×)에게 신고하고, 임용권자는 **지체 없이 복직을 명**하여야 한다.

정답 ③

## 09 「국가공무원법」상 휴직사유와 휴직기간을 연결한 것 중 옳지 않은 것은 모두 몇 개인가? 〈19 경간〉

가. 천재지변이나 전시・사변, 그 밖의 사유로 생사 또는 소재가 불명확하게 된 때 – 1개월 이내

나. 국제기구, 외국 기관, 국내외의 대학・연구기관, 다른 국가기관 또는 대통령령으로 정하는 민간기업, 그 밖의 기관에 임시로 채용될 때 – 채용기간(단, 민간기업이나 그 밖의 기관에 채용되면 2년 이내로 한다)

다. 국외 유학을 하게 된 때 – 2년 이내(부득이한 경우에는 2년의 범위에서 연장가능)

라. 중앙인사관장기관의 장이 지정하는 연구기관이나 교육기관 등에서 연수하게 된 때 – 2년 이내

마. 외국에서 근무・유학 또는 연수하게 되는 배우자를 동반하게 된 때 – 3년 이내(부득이한 경우에는 3년의 범위에서 연장 가능)

바. 대통령령등으로 정하는 기간 동안 재직한 공무원이 직무 관련 연구과제 수행 또는 자기개발을 위하여 학습・연구 등을 하게 된 때 – 1년 이내

① 1개　　② 2개
③ 3개　　④ 4개

해설 > 가. (×) 생사 또는 **소재불명**은 3개월 이내 **【소재불상(3)】**
나. (×) 국제기구, 대학・연구기관 등은 채용기간 동안, 민간기업 채용은 3년
다. (×) 국외 유학 : 3년 + 2년(연장)
마. (×) 국외 동반 : 3년 + 2년(연장)

정답 ④

**10** 「국가공무원법」상 직위해제에 관한 설명으로 가장 적절하지 않은 것은? 〈23 채용1차〉

① 임용권자는 직무수행 능력이 부족하거나 근무성적이 극히 나쁜 자에게 직위를 부여하지 아니할 수 있다.
② 형사사건으로 기소된 자(약식명령이 청구된 자는 제외한다)에게는 직위를 부여하지 아니할 수 있다.
③ 제73조의3 제1항에 따라 직위를 부여하지 아니한 경우에 그 사유가 소멸되면 임용권자는 7일 이내에 직위를 부여할 수 있다.
④ 임용권자는 제1항 제2호에 따라 직위해제된 자에게 3개월의 범위에서 대기를 명한다.

해설 ③ (×) 직위해제는 보직의 해제로서 복직이 보장되지 않지만, 직위해제 사유가 소멸되면 지체없이 직위를 부여하여야 한다.

정답 ③

**11** 「국가공무원법」상 직위해제에 대한 설명으로 가장 적절한 것은? 〈21 채용1차〉

① 임용권자는 형사사건으로 기소된 자(약식명령이 청구된 자를 포함한다)에게 직위를 부여하지 아니할 수 있다.
② 임용권자는 신체・정신상의 장애로 장기 요양이 필요한 자에게 직위를 부여하지 아니할 수 있다.
③ 임용권자는 직무수행 능력이 부족하거나 근무성적이 극히 나빠 직위해제된 자에게 3개월의 범위에서 대기를 명한다.
④ 「국가공무원법」 제73조의3 제1항에 따라 직위를 부여하지 아니한 경우에 그 직위해제 사유가 소멸되면 임용권자는 직위를 부여할 수 있다.

해설 ① (×) 약식명령이 청구된 자를 제외한다.
② (×) 본인의 신체・정신상의 장애는 직권휴직 사유로서, 본인의 의사에 불구하고 휴직을 명해야 한다.
④ (×) 그 사유가 소멸되면 임용권자는 지체 없이 직위를 부여하여야 한다(제73조의3 제2항).

정답 ③

**12** 직위해제에 대한 설명으로 가장 적절하지 않은 것은? 〈21 승진〉

① 직위해제는 휴직과 달리 제재적 성격을 가지는 보직의 해제이다.
② 직무수행능력이 부족하여 직위해제를 한 경우 대기명령 기간 중 근무성적의 향상을 기대하기 어렵다고 인정될 때에는 징계위원회의 동의를 얻어 임용권자가 직권면직시킬 수 있다.
③ 직위해제 기간은 원칙적으로 승진소요 최저근무연수에 포함되지 않으나, 파면・해임・강등 또는 정직에 해당하는 징계의결 요구로 직위해제된 사람에 대하여 관할 징계위원회가 징계하지 아니하기로 의결한 경우 등은 승진소요 최저근무연수에 포함된다.
④ 「국가공무원법」 제73조의3 제1항 제5호(고위공무원단에 속하는 일반직공무원으로서 제70조의2 제1항 제2호부터 제5호까지의 사유로 적격심사를 요구받은 자)에 따라 직위해제된 사람이 직위해제일부터 3개월이 지나도 직위를 부여받지 못한 경우에는 그 3개월이 지난 후의 기간 중에는 봉급의 50퍼센트를 지급한다.

해설 ④ (×) 3개월 동안은 봉급의 70%를 지급하고, 그 이후에는 봉급의 40%를 지급한다.

**공무원보수규정 제29조**

| 사유 | 3개월 내 | 3개월 후 |
|---|---|---|
| 금품・성・중징계・기소 | 50% | 30% |
| 고공단 적격심사 요구<br>**【적(7)격심사(4)】** | 70% | 40% |
| 능력부족・성적불량<br>**【팔푼이】** | 80% | 직권면직<br>(징계위 동의) |

정답 ④

**13** 「국가공무원법」상 직위해제에 대한 설명 중 가장 적절하지 않은 것은? 〈20 승진〉

① 임용권자는 직무수행 능력이 부족하거나 근무성적이 극히 나쁜 사유로 직위해제된 자에게 3개월 범위에서 대기를 명한다.

② 파면・해임・강등・정직 또는 감봉에 해당하는 징계 의결이 요구 중인 자는 직위해제 대상이다.

③ 직위해제 사유가 소멸한 때에는 임용권자는 지체 없이 직위를 부여하여야 한다.

④ 직위해제는 휴직과 달리 제재적 성격을 가지는 보직의 해제이며 복직이 보장되지 않는다.

해설 > ② (×) 중징계 의결 요구 중인 자이므로 감봉은 제외된다.

**☞ 직위해제 사유(「국가공무원법」 제73조의3)**
**【금성(LG) 고중기 능력부족시 해체(해제)】**

① **금**품・**성**범죄 등으로 조사 중으로 비위가 중대하여 정상적인 업무가 어려운 자
② **고**공단 일반직공무원으로서 적격심사를 요구받은 자
③ **중**징계 요구 중
④ **기**소된 자(약식명령 제외)
⑤ **능력**/성적 부족자

정답 ②

**14** 「국가공무원법」상 직권휴직과 직위해제 사유를 설명한 것이다. 아래 ㉠부터 ㉥까지의 설명 중 직권휴직 사유를 모두 고른 것은? 〈17 경감〉

㉠ 직무수행 능력이 부족하거나 근무성적이 극히 나쁜 자
㉡ 파면・해임・강등 또는 정직에 해당하는 징계 의결이 요구 중인 자
㉢ 신체・정신상의 장애로 장기 요양이 필요할 때
㉣ 「병역법」에 따른 병역 복무를 마치기 위하여 징집 또는 소집된 때
㉤ 형사사건으로 기소된 자(약식명령이 청구된 자 제외)
㉥ 천재지변이나 전시・사변, 그 밖의 사유로 생사 또는 소재가 불명확하게 된 때

① ㉠, ㉡, ㉤
② ㉠, ㉢, ㉣
③ ㉢, ㉣, ㉥
④ ㉢, ㉤, ㉥

해설 >

☞ **직권휴직**: **생**사, 소재불명(3개월 내), **노**동조합 전임, **병**(장애)으로 장기요양 1년, 공무상 질병・부상은 3년, **사**병(군복무), **법**률 의무 수행 **【생노병사법은 하느님 직권으로】**

☞ **직위해제**: **금**품・**성** 비위 조사 중, **고**공단 일반직에 적격심사 요구, **중**징계 요구 중, **기**소된 자, **능력**부족, 성적불량 시 3개월 내 **【금성(LG) 고중기 능력부족 시 해체(해제)】**

정답 ③

**15** **「경찰공무원법」에 대한 설명으로 가장 적절한 것은?** 〈23 경간〉

① 경정 이하의 경찰공무원을 신규 채용할 때에는 1년간 시보로 임용하고, 그 기간이 만료된 날에 정규 경찰공무원으로 임용한다.
② 경찰공무원의 복제에 관한 사항은 대통령령으로 정한다.
③ 임용권자는 경찰공무원이 해당 경과에서 직무를 수행하는 데 필요한 자격증의 효력이 상실되거나 면허가 취소되어 담당 직무를 수행할 수 없게 되었을 때에는 직권으로 면직시킬 수 있으며, 이 경우에는 징계위원회의 동의를 받아야 한다.
④ 징계처분, 휴직처분, 면직처분, 그 밖에 의사에 반하여 불리한 처분에 대한 행정소송은 경찰청장을 피고로 하는 것이 원칙이며, 예외도 있다.

해설 ① (×) 기간이 만료된 다음 날에 정규 경찰공무원으로 임용한다.
② (×) 행정안전부령(「경찰복제에 관한 규칙」)으로 정한다.
③ (×) 동의를 받을 필요 없다. 징계위원회의 동의가 필요없는 직권면직 사유는 직제개편 등 정원조정, 휴직 후 복귀거부, 자격증·면허 취소 **【정복자는 동의불요】**
④ (○) 징계처분, 휴직처분, 면직처분, 그 밖에 의사에 반하는 불리한 처분에 대한 행정소송은 경찰청장 또는 해양경찰청장을 피고로 한다. 다만, 제7조제3항 및 제4항에 따라 임용권을 위임한 경우에는 그 위임을 받은 자를 피고로 한다(제34조).

정답 ④

**16** **「경찰공무원법」상 경찰공무원의 직권면직사유 중 직권면직처분을 위해 징계위원회의 동의가 필요한 사유로 옳은 것은 모두 몇 개인가?** 〈22 채용1차〉

| |
|---|
| ㉠ 해당 경과에서 직무를 수행하는 데 필요한 자격증의 효력이 상실되거나 면허가 취소되어 담당 직무를 수행할 수 없게 되었을 때<br>㉡ 직무를 수행하는 데에 위험을 일으킬 우려가 있을 정도의 성격적 또는 도덕적 결함이 있는 사람으로서 대통령령으로 정하는 사유에 해당된다고 인정될 때<br>㉢ 경찰공무원으로는 부적합할 정도로 직무 수행능력이나 성실성이 현저하게 결여된 사람으로서 대통령령으로 정하는 사유에 해당된다고 인정될 때<br>㉣ 휴직 기간이 끝나거나 휴직 사유나 소멸된 후에도 직무에 복귀하지 아니하거나 직무를 감당할 수 없을 때 |

① 1개 ② 2개
③ 3개 ④ 4개

해설 ㉠ (×) 자격증의 효력 상실은 객관적 사유로서 동의가 필요 없다.
㉣ (×) 복직하지 아니한 사유는 동의가 필요 없다.

☞ **징계위원회의 동의가 필요 없는 직권면직 사유**: 직제개편 등 정원조정, 휴직 후 복귀거부, 자격증·면허 취소
**【정복자는 동의불요】**

정답 ②

PART 04

**17** **다음은 경찰공무원 근무관계의 발생 변동소멸에 대한 설명이다. 아래 ㉠부터 ㉣까지의 설명 중 옳고 그름의 표시(○, ×)가 바르게 된 것은?**

〈16 경간, 19 · 22 승진〉

㉠ 「경찰공무원법」상 자치경찰공무원을 그 계급에 상응하는 경찰공무원으로 임용할 때에는 시보임용을 거친다.
㉡ 「경찰공무원 승진임용규정」상 임용권자나 임용제청권자는 심사승진후보자 명부에 기록된 사람이 승진임용되기 전에 정직 이상의 징계처분을 받은 경우에는 심사승진후보자 명부에서 그 사람을 제외하여야 한다.
㉢ 「국가공무원법」상 임용권자는 금품비위, 성범죄 등 대통령령으로 정하는 비위행위로 인하여 감사원 및 검찰 · 경찰 등 수사기관에서 조사나 수사 중인 자로서 비위의 정도가 중대하고 이로 인하여 정상적인 업무수행을 기대하기 현저히 어려운 자는 직위 해제할 수 있다.
㉣ 「경찰공무원법」상 임용권자는 경찰공무원이 경찰공무원으로는 부적합할 정도로 직무 수행능력이나 성실성이 현저하게 결여된 사람으로서 대통령령으로 정하는 사유에 해당된다고 인정되는 사람을 직권으로 면직시킬 수 있다.

① ㉠(×) ㉡(○) ㉢(×) ㉣(○)
② ㉠(○) ㉡(×) ㉢(○) ㉣(○)
③ ㉠(×) ㉡(○) ㉢(○) ㉣(○)
④ ㉠(×) ㉡(○) ㉢(○) ㉣(×)

해설 ㉠ (×) 시보임용을 거치지 아니한다.
㉣ (○) 경찰공무원법 제28조(직권면직) 제1항에서 직무 수행능력 부족자에 대하여 직권면직시킬 수 있다고 규정하고 제2항에서 이 경우 징계위원회의 동의를 받아야 한다고 규정하고 있다. 따라서 지문과 같이 '징계위원회의 동의'에 대한 내용이 포함되어 있지 않더라도 맞는 지문으로 보아야 한다.

정답 ③

**18** **다음은 「경찰공무원법」에 대한 설명이다. ㉠~㉤의 내용 중 옳고 그름의 표시(○, ×)가 모두 바르게 된 것은?**

〈20 채용1차〉

㉠ 경찰청장 또는 해양경찰청장은 경찰공무원의 채용시험 또는 경찰간부후보생 공개경쟁선발시험에서 부정행위를 한 응시자에 대하여는 해당 시험을 정지 또는 무효로 하고, 그 처분이 있은 날부터 5년간 시험응시자격을 정지한다.
㉡ 총경 이상 경찰공무원은 경찰청장 또는 해양경찰청장의 추천을 받아 행정안전부장관 또는 해양수산부장관의 제청으로 국무총리를 거쳐 대통령이 임용한다. 다만, 총경의 전보, 휴직, 직위해제, 강등, 정직 및 복직은 경찰청장 또는 해양경찰청장이 한다.
㉢ 경찰청장 또는 해양경찰청장은 전시 · 사변이나 그 밖에 이에 준하는 비상사태에서는 2년의 범위에서 계급정년을 연장할 수 있다. 이 경우 치안감의 경찰공무원에 대하여는 행정안전부장관 또는 해양수산부장관과 국무총리를 거쳐 대통령의 승인을 받아야 하고, 경무관 · 총경 · 경정의 경찰공무원에 대하여는 국무총리를 거쳐 대통령의 승인을 받아야 한다.
㉣ 경장을 경사로 근속 승진 임용하려는 경우에는 해당 계급에서 6년 이상 근속자이어야 한다.
㉤ 경찰공무원은 그 정년이 된 날이 1월에서 6월 사이에 있으면 6월 30일에 당연퇴직하고, 7월에서 12월 사이에 있으면 12월 31일에 당연퇴직한다.

① ㉠(○) ㉡(○) ㉢(○) ㉣(×) ㉤(○)
② ㉠(○) ㉡(×) ㉢(○) ㉣(○) ㉤(×)
③ ㉠(×) ㉡(○) ㉢(×) ㉣(○) ㉤(×)
④ ㉠(○) ㉡(○) ㉢(×) ㉣(×) ㉤(○)

해설 ㉢ (×) 비상사태에서 계급정년을 연장할 경우 경무관 이상은 경찰청장이 장관과 총리를 거쳐 대통령 승인을 받아야 하고, 총경과 경정은 경찰청장이 총리를 거쳐 대통령 승인을 받아야 한다.
㉣ (×) 경장 → 경사 : 5년

☞ **경찰공무원법 제30조**

> ③ **수사, 정보, 외사, 보안, 자치경찰사무 등 특수 부문**에 근무하는 경찰공무원으로서 대통령령으로 정하는 바에 따라 지정을 받은 사람은 **총경 및 경정**의 경우에는 **4년**의 범위에서 대통령령으로 정하는 바에 따라 제1항제2호에 따른 계급정년을 연장할 수 있다.
> ④ 경찰청장 또는 해양경찰청장은 전시 · 사변이나 그 밖에 이에 준하는 **비상사태**에서는 **2년**의 범위에서 제1항제2호에 따른 계급정년을 연장할 수 있다. 이 경우 **경무관 이상**의 경찰공무원에 대해서는 **행정안전부장관** 또는 해양수산부장관과 국무총리를 거쳐 대통령의 승인을 받아야 하고, **총경 · 경정**의 경찰공무원에 대해서는 국무총리를 거쳐 대통령의 승인을 받아야 한다.
> ⑤ 경찰공무원은 그 정년이 된 날이 1월에서 6월 사이에 있으면 6월 30일에 당연퇴직하고, 7월에서 12월 사이에 있으면 12월 31일에 당연퇴직한다.

정답 ④

**19** **「경찰공무원법」상 규정이다. ( ) 안에 들어갈 숫자를 모두 더한 값은?** 〈17 채용1차〉

> 경찰공무원의 정년은 다음과 같다.
> 1. 연령정년 : 60세
> 2. 계급정년 : 치안감 ( )년, 경무관 ( )년, 총경 ( )년, 경정 ( )년

① 35 ② 34
③ 33 ④ 32

해설 > 치안감 4년, 경무관 6년, 총경 11년, 경정 14년
**【사육(4,6)은 일일이(11) 식사(14) 주는 것】**

정답 ①

## 제4절 경찰공무원의 권리와 의무

**01** **경찰공무원의 권리에 관한 설명으로 가장 적절하지 않은 것은?** 〈16 경감〉

① 경찰공무원은 자기가 담당하는 직무를 집행할 권리가 있으며, 이를 방해하면 「형법」상 공무집행방해죄를 구성한다.
② 경찰공무원은 위법 · 부당하게 권리가 침해된 경우에 소청 기타 행정쟁송을 제기할 수 있다.
③ 경찰공무원이 질병 · 부상 · 장해 · 사망 또는 재해를 입었을 때에는 본인 또는 그 유족에게 법률이 정하는 바에 따라 적절한 급여를 지급한다.
④ 경찰공무원의 특수한 권리로서 무기의 휴대는 「경찰관 직무집행법」, 무기의 사용은 「경찰공무원법」에 규정되어 있다.

해설 > ④ (×) 무기 휴대는 「경찰공무원법」, 무기 사용은 「경찰관 직무집행법」에 규정되어 있다.

정답 ④

**02** **「경찰공무원법」상 경찰공무원의 의무에 해당하는 것은 모두 몇 개인가?** 〈22 경간〉

> 가. 정치관여금지 의무
> 나. 영리업무종사금지 의무
> 다. 품위유지 의무
> 라. 법령준수의 의무
> 마. 지휘권남용등의 금지 의무
> 바. 집단행위 금지 의무
> 사. 비밀엄수 의무
> 아. 거짓 보고 등의 금지 의무

① 3개 ② 4개 ③ 5개 ④ 6개

해설 > 「경찰공무원법」상 의무 : 가. 마. 아
「국가공무원법」상 의무 : 나. 다. 라. 바. 사

정답 ①

## 03 경찰공무원 의무와 근거법령이다. 옳지 않은 것은?

〈21 경간〉

| | | |
|---|---|---|
| ① | 경찰공무원법 | • 거짓보고 및 직무유기금지 의무<br>• 지휘권남용금지 의무<br>• 제복착용 의무 |
| ② | 국가공무원법 | • 법령준수 의무<br>• 친절공정 의무<br>• 종교중립 의무 |
| ③ | 경찰공무원 복무규정 | • 근무시간 중 음주금지 의무<br>• 품위유지 의무(직무 내외 불문)<br>• 민사분쟁에 부당개입금지 의무 |
| ④ | 공직자윤리법 | • 재산의 등록과 공개 의무<br>• 선물신고 의무<br>• 취업금지 의무(퇴직공직자 취업 제한) |

해설> ③ (×) 품위유지 의무는 국가공무원법에 규정된 신분상 의무이다.

정답 ③

## 04 「경찰공무원법」상 경찰공무원의 의무는 모두 몇 개인가?

〈20 경간〉

가. 영리업무종사금지 의무
나. 거짓 보고 등의 금지 의무
다. 품위유지 의무
라. 법령준수의 의무
마. 제복착용 의무
바. 집단행위금지 의무
사. 비밀엄수 의무
아. 지정장소 외에서의 직무수행금지 의무

① 2개 ② 3개 ③ 4개 ④ 5개

해설> 「경찰공무원법」: **제복**착용, **거**짓보고금지, **지**휘권남용 금지, **직**무유기금지 **【제복입고 거지직 금지】**

정답 ① (나, 마)

## 05 「국가공무원법」상 공무원의 의무에 관한 설명으로 가장 적절하지 않은 것은?

〈23 승진〉

① 공무원은 재직 중은 물론 퇴직 후에도 직무상 알게 된 비밀을 엄수하여야 한다.
② 공무원은 직무와 관련하여 간접적인 사례·증여 또는 향응을 주거나 받을 수 있다.
③ 공무원이 외국 정부로부터 영예나 증여를 받을 경우에는 대통령의 허가를 받아야 한다.
④ 공무원은 종교에 따른 차별 없이 직무를 수행하여야 한다.

해설> ② (×) 직무와 관련하여 직접이든 간접이든 불문하고 받을 수 없다.

> 제61조(청렴의 의무) ① 공무원은 **직무와 관련하여 직접적이든 간접적이든** 사례·증여 또는 향응을 주거나 받을 수 없다.
> ② 공무원은 **직무상의 관계가 있든 없든 그 소속 상관에게** 증여하거나 소속 공무원으로부터 증여를 받아서는 아니 된다.

정답 ②

## 06 「국가공무원법」과 「경찰공무원법」상 경찰공무원의 의무에 대한 설명 중 가장 적절한 것은?

〈20 승진〉

① '성실 의무'는 공무원의 기본적 의무로서 모든 의무의 원천이 되므로 법률에 명시적 규정이 없다.
② '비밀엄수의 의무', '청렴의 의무', '친절공정의 의무'는 신분상의 의무에 해당한다.
③ '거짓 보고 등의 금지', '지휘권 남용 등의 금지', '제복착용'은 경찰공무원법에 규정되어 있다.
④ 국가공무원법상 수사기관이 현행범으로 체포한 공무원을 구속하려면 그 소속기관의 장에게 미리 통보하여야 한다.

해설> ① (×) 「국가공무원법」 제56조(성실 의무) 모든 공무원은 법령을 준수하며 성실히 직무를 수행하여야 한다.
② (×) 친절공정의 의무는 직무상 의무이다.
④ (×) 「국가공무원법」 제58조(직장 이탈 금지) ② 수사기관이 공무원을 구속하려면 그 소속 기관의 장에게 미리 통보하여야 한다. 다만, 현행범은 그러하지 아니하다.

정답 ③

## 07 경찰공무원의 권리와 의무에 대한 설명 중 가장 적절한 것은? 〈19 법학〉

① 외국 정부로부터 영예 또는 증여를 받을 경우에는 대통령의 허가를 받아야 한다.
② 무기휴대권의 법적 근거는 「경찰공무원법」에 규정되어 있고, 무기사용권의 법적근거는 「경찰공무원 복무규정」에 규정되어 있다.
③ 경찰공무원의 신분상의 의무로는 비밀엄수의 의무, 청렴의 의무, 품위유지의 의무, 거짓보고 등의 금지의무 등이 있다.
④ 「경찰공무원법」에서는 성실의무를 명시하고 있는데, 이는 공무원의 기본적 의무로 다른 의무의 원천이라고 할 수 있다.

해설 > ② (×) 무기휴대 – 경찰공무원법, 무기사용 – 경직법
③ (×) 거짓보고 등의 금지의무는 「경찰공무원법」상의 직무상 의무이다.
④ (×) 성실의무는 국가공무원법(제56조)에 규정되어 있다.

정답 ①

## 08 다음 보기 중 「국가공무원법」상 직무상의 의무에 해당하는 것은 모두 몇 개인가? 〈19 경간〉

가. 종교중립의 의무
나. 복종의 의무
다. 비밀엄수의 의무
라. 친절·공정의 의무
마. 정치운동의 금지
바. 법령준수의 의무

① 3개　② 4개
③ 5개　④ 6개

해설 > 국가공무원법상 직무상 의무 : 【종친복직법】 **종**교중립, **친**절공정, **복**종, **직**무전념, **법**령준수
국가공무원법상 신분상 의무 : 【청집 비정품 영】 **청**렴, **집**단행동금지, **비**밀엄수, **정**치운동금지, **품**위유지, **영**예제한

정답 ② (가. 나. 라. 바.)

## 09 경찰공무원의 「국가공무원법」상 의무에 대한 설명으로 가장 적절한 것은? 〈18 법학, 19 승진〉

① 공무원의 직무상 의무로서 직무전념의 의무, 친절·공정의 의무, 법령준수의 의무, 종교중립의 의무, 비밀엄수의 의무, 복종의 의무를 규정하고 있다.
② 복종의 의무와 관련하여 국가경찰공무원은 구체적 사건수사와 관련하여 상관의 지휘·감독의 적법성 또는 정당성에 대하여 이견이 있을 때에는 이의를 제기할 수 있다.
③ 공무원은 공무 외에 영리를 목적으로 하는 업무에 종사하지 못하며 소속 기관장의 허가 없이 다른 직무를 겸할 수 없다.
④ 공무원은 종교에 따른 차별 없이 직무를 수행하여야 하며, 소속 상관이 종교중립의 의무에 위배되는 직무상 명령을 한 경우에는 이에 따르지 아니하여야 한다.

해설 > ① (×) 비밀엄수의 의무는 신분상 의무이다.
② (×) '수사 이의제기'에 관한 규정은 「국가경찰과 자치경찰의 조직 및 운영에 관한 법률」 제6조에 규정되어 있다.
④ (×) 종교중립의 의무에 위배되는 직무상 명령은 따르지 아니할 수 있다(제59조의2).

정답 ③

## 10 경찰공무원의 의무 중 그 근거 법령이 나머지 셋과 다른 하나는? 〈19 채용2차〉

① 법령을 준수하며 성실히 직무를 수행하여야 한다.
② 직무를 수행할 때 소속 상관의 직무상 명령에 복종하여야 한다.
③ 직무에 관하여 거짓으로 보고나 통보를 하여서는 아니 된다.
④ 소속 상관의 허가 또는 정당한 사유가 없으면 직장을 이탈하지 못한다.

해설 > ③ (×) 거짓보고금지 의무는 「경찰공무원법」상 의무이고 나머지는 「국가공무원법」상 의무이다.

정답 ③

PART 04

## 11 「국가공무원법」상 경찰공무원의 의무에 대한 설명으로 가장 적절한 것은? 〈18 채용3차〉

① 공무원이 외국정부로부터 증여를 받을 경우에는 소속 기관장의 허가를 받아야 한다.
② 공무원은 취임할 때에 소속 기관장 앞에서 대통령령등으로 정하는 바에 따라 선서하여야 한다. 다만, 불가피한 사유가 있으면 취임 후에 선서하게 할 수 있다.
③ 공무원은 소속 기관장의 허가 또는 정당한 사유가 없으면 직장을 이탈하지 못한다.
④ 공무원은 직무와 관련하여 직접적인 경우(간접적인 경우 제외) 사례·증여 또는 향응을 주거나 받을 수 없다.

해설 ① (×) 대통령의 허가를 받아야 한다(제62조).
③ (×) 직장이탈은 상관 허가 또는 정당한 사유 있어야 하고, 겸직은 기관장 허가 사항이다.
④ (×) 간접적인 경우도 포함된다.

> 제61조(청렴의 의무) ① 공무원은 직무와 관련하여 **직접적이든 간접적이든** 사례·증여 또는 향응을 주거나 받을 수 없다.
> ② 공무원은 **직무상의 관계가 있든 없든** 그 소속 상관에게 증여하거나 소속 공무원으로부터 증여를 받아서는 아니 된다.

정답 ②

## 12 경찰공무원의 권리와 의무에 대한 설명으로 가장 적절하지 않은 것은? 〈22 승진〉

① 「경찰공무원법」상 모든 계급의 경찰공무원은 형의 선고, 징계처분 또는 「국가공무원법」 및 「경찰공무원법」에 정하는 사유에 따르지 아니하고는 본인의 의사에 반하여 휴직·강임 또는 면직을 당하지 아니한다.
② 「경찰공무원 복무규정」상 경찰공무원은 직위 또는 직권을 이용하여 부당하게 타인의 민사분쟁에 개입하여서는 아니 된다.
③ 「경찰공무원법」상 경찰공무원을 지휘하는 사람은 전시·사변, 그 밖에 이에 준하는 비상사태이거나 작전수행 중인 경우 또는 많은 인명손상이나 국가재산 손실의 우려가 있는 위급한 사태가 발생한 경우 정당한 사유 없이 그 직무수행을 거부 또는 유기하거나 경찰공무원을 지정된 근무지에서 진출·퇴각 또는 이탈하게 하여서는 아니 된다.
④ 「공직자윤리법」은 총경(자치총경 포함)이상의 경찰공무원을 재산등록의무자로 규정하고 있고 「공직자윤리법 시행령」은 경찰공무원 중 경정, 경감, 경위, 경사와 자치경찰공무원 중 자치경정, 자치경감, 자치경위, 자치경사를 재산등록의무자로 규정하고 있다.

해설 ① (×) 「경찰공무원법」 제36조에서 **치안총감과 치안정감에 대하여는** 국가공무원법 제68조를 적용하지 아니한다고 규정하고 있으며, 「국가공무원법」 제68조(의사에 반한 신분 조치)에서 "공무원은 형의 선고, 징계처분 또는 이 법에서 정하는 사유에 따르지 아니하고는 본인의 의사에 반하여 휴직·강임 또는 면직을 당하지 아니한다."고 규정하고 있다.

정답 ①

## 13 경찰공무원의 권리와 의무를 규정하는 법령에 대한 설명으로 가장 적절하지 않은 것은? 〈21 승진〉

① 「공직자윤리법」상 공무원 또는 공직유관단체의 임직원은 외국으로부터 선물(대가 없이 제공되는 물품 및 그 밖에 이에 준하는 것을 말하되, 현금은 제외한다. 이하 같다)을 받거나 그 직무와 관련하여 외국인(외국단체 포함)에게 선물을 받으면 지체 없이 소속 기관·단체의 장에게 신고하고 그 선물을 인도하여야 한다.

② ①에 따라 「공직자윤리법 시행령」상 신고하여야 할 선물은 그 선물 수령 당시 증정한 국가 또는 외국인이 속한 국가의 시가로 미국화폐 100달러 이상이거나 국내 시가로 10만원 이상인 선물로 한다.

③ 「공직자윤리법」상 취업심사대상자는 퇴직일부터 3년간 취업심사대상기관에 취업할 수 없다. 다만, 관할 공직자윤리위원회로부터 취업심사대상자가 퇴직 전 5년 동안 소속하였던 부서 또는 기관의 업무와 취업심사대상기관 간에 밀접한 관련성이 없다는 확인을 받으면 취업할 수 있다.

④ 「공무원 재해보상법」에 따른 급여를 받을 권리는 그 급여의 사유가 발생한 날부터 요양급여·재활급여·간병급여·부조급여는 5년간, 그 밖의 급여는 3년간 행사하지 아니하면 시효로 인하여 소멸한다.

해설 ①② (○) 외국으로부터 받은 선물이 미화 100달러, 국내 시가로 10만원 이상일 때 「공직자윤리법」에서는 소속 기관장에 신고하도록 규정되어 있고, 「경찰청 공무국외출장 업무처리규칙(경찰청 훈령)」에서는 감사부서에 신고하도록 규정(제13조) 되어 있다.
**【법은 기관장, 훈령은 감사부서】**
④ (×) 소멸시효: **요양급여, 부조급여, 재활급여, 간병급여는 3년**, 그 외는 5년 **【요부재간은 짧다】**

정답 ④

## 14 「공직자윤리법」 및 「동법 시행령」의 내용으로 가장 적절한 것은? 〈18 경위〉

① 「공직자윤리법」에서는 경정 이상의 경찰공무원을 재산등록의무자로 규정하고 있고, 「동법 시행령」에서는 경사 이상을 재산등록의무자로 규정하고 있다.

② 등록재산의 공개 대상자는 경무관 이상의 경찰공무원 및 특별시·광역시·특별자치시·도·특별자치도의 시·도경찰청장이다.

③ 공무원(지방의회의원을 포함한다) 또는 공직유관단체의 임직원은 외국으로부터 선물을 받거나 그 직무와 관련하여 외국인(외국단체를 포함한다)에게 선물을 받으면 지체 없이 소속 기관·단체의 장에게 신고하고 그 선물을 인도하여야 한다. 이들의 가족이 외국으로부터 선물을 받거나 그 공무원이나 공직유관단체 임직원의 직무와 관련하여 외국인에게 선물을 받은 경우에도 또한 같다.

④ 위 '③'에 따라 신고하여야 할 선물은 그 선물 수령 당시 증정한 국가 또는 외국인이 속한 국가의 시가로 미국화폐 1,000달러 이상이거나 국내 시가로 100만원 이상인 선물로 한다.

해설 ① (×) 법에서는 총경 이상, 시행령에서는 경사 이상으로 규정되어 있다.
② (×) 재산공개 대상은 치안감 이상 또는 시·도청장의 본인, 배우자, 본인의 직계존·비속 재산이며, 공직자윤리위원회는 신고기간 만료 후 1개월 내 관보·공보 게재하여 공개한다.
④ (×) 미화 100달러 이상 또는 국내 시가 10만원 이상이다.

정답 ③

**15** **다음은 甲총경과 친족의 재산 현황이다. 「공직자윤리법」을 기준으로 甲총경이 등록해야 하는 재산의 총액으로 가장 적절한 것은? (단, 제시한 자료 이외의 친족 및 재산은 없음)** 〈23 경간〉

가. 甲총경이 소유한 미국에 있는 5천만원 상당의 아파트
나. 甲총경의 성년 아들이 소유한 합계액 500만원의 예금
다. 甲총경의 배우자가 소유한 합계액 2천만원의 채권
라. 甲총경의 부친이 소유한 합계액 500만원의 현금
마. 甲총경의 외조모가 소유한 합계액 3천만원의 주식
바. 甲총경의 혼인한 딸이 소유한 합계액 5천만원의 현금

① 7천만원
② 7천 500만원
③ 8천만원
④ 8천 500만원

해설 > 가. (○) 외국의 재산을 포함하여 등록하여야 한다.
나. (×) 직계비속의 1천만원 미만의 예금은 등록 대상이 아니다.
다. (○) 배우자의 재산 중 1천만원 이상은 등록 대상이다.
라. (×) 직계존속의 1천만원 미만의 현금은 등록 대상이 아니다.
마. (×) 외조부모는 등록 대상자가 아니다.
바. (×) 혼인한 직계비속인 여성은 등록 대상자가 아니다.

☞ **공직자 윤리법**

제4조(등록대상재산) ① 등록의무자가 등록할 재산은 다음 각 호의 어느 하나에 해당하는 사람의 재산(소유 명의와 관계없이 사실상 소유하는 재산, 비영리법인에 출연한 재산과 **외국에 있는 재산을 포함한다.** 이하 같다)으로 한다.
1. 본인
2. 배우자(사실상의 혼인관계에 있는 사람을 포함한다. 이하 같다)
3. **본인의 직계존속 · 직계비속.** 다만, **혼인한 직계비속인 여성과 외증조부모, 외조부모, 외손자녀 및 외증손자녀는 제외한다.**

② 등록의무자가 등록할 재산은 다음 각 호와 같다.
1. 부동산에 관한 소유권 · 지상권 및 전세권
2. 광업권 · 어업권 · 양식업권, 그 밖에 부동산에 관한 규정이 준용되는 권리
3. 다음 각 목의 동산 · 증권 · 채권 · 채무 및 지식재산권
   가. **소유자별 합계액 1천만원 이상의 현금**(수표를 포함한다)
   나. **소유자별 합계액 1천만원 이상의 예금**
   다. 소유자별 합계액 1천만원 이상의 주식 · 국채 · 공채 · 회사채 등 증권
   라. 소유자별 합계액 1천만원 이상의 채권
   마. 소유자별 합계액 1천만원 이상의 채무
   바. **소**유자별 합계액 **5**00만원 이상의 **금** 및 백금(금제품 및 백금제품을 포함한다) **【소천, 소오(5)금】**
   사. 품목당 500만원 이상의 보석류
   아. 품목당 500만원 이상의 골동품 및 예술품
   자. 권당 500만원 이상의 회원권
   차. 소유자별 연간 1천만원 이상의 소득이 있는 지식재산권
   카. 자동차 · 건설기계 · 선박 및 항공기
4. 합명회사 · 합자회사 및 유한회사의 출자지분
5. 주식매수선택권
6. 「특정 금융거래정보의 보고 및 이용 등에 관한 법률」 제2조 제3호에 따른 가상자산(이하 "가상자산"이라 한다)

정답 ①

**16** **경찰공무원의 권리와 의무에 대한 설명으로 가장 적절하지 않은 것은?** 〈17 채용2차〉

① 「국가공무원법」상 공무원은 소속 상관의 허가 또는 정당한 사유가 없으면 직장을 이탈하지 못한다.
② 복종의 의무와 관련하여, 「경찰공무원법」은 국가경찰공무원이 구체적 사건수사와 관련된 상관의 적법성 또는 정당성에 대하여 이견이 있을 때에는 이의를 제기할 수 있다고 규정하고 있다.
③ 「국가공무원법」상 공무원은 공무 외에 영리를 목적으로 하는 업무에 종사하지 못하며 소속 기관장의 허가 없이 다른 직무를 겸할 수 없다.
④ 「공직자윤리법」상 등록의무자(취업심사대상자)는 퇴직일부터 3년간 퇴직 전 5년 동안 소속하였던 부서 또는 기관의 업무와 밀접한 관련성이 있는 취업제한기관에 취업할 수 없다. 다만, 관할 공직자윤리위원회의 승인을 받은 때에는 그러하지 아니하다.

해설> ①③ (○) 직장이탈은 상관 허가사항, 겸직은 기관장 허가사항
② (×) 「국가경찰과 자치경찰의 조직 및 운영에 관한 법률」 제6조에 규정되어 있다.

정답 ②

**17** **「경찰공무원 복무규정」상 경찰공무원의 의무에 대한 설명으로 가장 적절하지 않은 것은?** 〈21 채용1차〉

① 경찰공무원은 상사의 허가를 받거나 그 명령에 의한 경우를 제외하고는 직무와 관계없는 장소에서 직무수행을 하여서는 아니 된다.
② 경찰공무원은 신규채용 · 승진 · 전보 · 파견 · 연가 · 교육훈련기관에의 입교, 기타 신분관계 또는 근무관계 또는 근무관계의 변동이 있는 때에는 소속상관에게 신고를 하여야 한다.
③ 경찰공무원은 직위 또는 직권을 이용하여 부당하게 타인의 민사분쟁에 개입하여서는 아니 된다.
④ 경찰공무원은 휴무일 또는 근무시간 외에 2시간 이내에 직무에 복귀하기 어려운 지역으로 여행을 하고자 할 때에는 소속 상관의 허가를 받아야 한다.

해설> ④ (×) 제13조(여행의 제한) 경찰공무원은 휴무일 또는 근무시간외에 **2시간 이내에 직무에 복귀하기 어려운 지역으로** 여행을 하고자 할 때에는 소속 **경찰기관의 장에게 신고**를 하여야 한다. 다만, **치안상 특별한 사정이 있어** 경찰청장, 해양경찰청장 또는 경찰기관의 장이 지정하는 기간 중에는 소속 **경찰기관의 장의 허가를 받아야 한다.**

정답 ④

PART 04

**18** **「경찰공무원 복무규정」상 기본강령과 그에 대한 내용으로 가장 적절하게 연결된 것은?** 〈18 채용2차〉

① 경찰사명: 경찰공무원은 주어진 사명을 다하기 위하여 긍지를 가지고 한마음 한뜻으로 굳게 뭉쳐 임무수행에 모든 역량을 기울여야 한다.

② 경찰정신: 경찰공무원은 국가와 민족을 위하여 충성과 봉사를 다하며, 국민의 생명·신체 및 재산을 보호하고, 공공의 안녕과 질서를 유지함을 그 사명으로 한다.

③ 규율: 경찰공무원은 성실하고 청렴한 생활태도로써 국민의 모범이 되어야 한다.

④ 책임: 경찰공무원은 창의와 노력으로써 소임을 완수하여야 하며, 직무수행의 결과에 대하여 책임을 진다.

해설 >

☞ **경찰공무원 복무규정(대통령령)상 기본강령 【사정 규단 책성】**

① 경찰**사명**: 경찰공무원은 국가와 민족을 위하여 충성과 봉사를 다하며, 국민의 생명·신체 및 재산을 보호하고, 공공의 안녕과 질서를 유지함을 그 **사명**으로 한다.
② 경찰**정신**: 경찰공무원은 국민의 수임자로서 일상의 직무수행에 있어서 국민의 자유와 권리를 존중하는 호국·봉사·정의의 **정신**을 그 바탕으로 삼는다.
③ **규율**: 경찰공무원은 법령을 준수하고 직무상의 명령에 복종하며, 상사에 대한 존경과 부하에 대한 존중으로써 **규율**을 지켜야 한다.
④ **단**결: 경찰공무원은 주어진 **사명을 다하기 위하여** 긍지를 가지고 한마음 한뜻으로 굳게 **뭉쳐** 임무수행에 모든 역량을 기울여야 한다.
⑤ **책**임: 경찰공무원은 창의와 노력으로써 소임을 완수하여야 하며, 직무수행의 결과에 대하여 **책임**을 진다.
⑥ **성**실·청렴: 경찰공무원은 성실하고 청렴한 생활태도로써 국민의 모범이 되어야 한다.

정답 ④

**19** **다음은 「경찰공무원 복무규정」의 내용이다. 아래 ㉠부터 ㉣까지의 설명으로 옳고 그름의 표시(○, ×)가 바르게 된 것은?** 〈17 경위〉

㉠ 경찰공무원의 기본강령으로 제1호에 경찰사명, 제2호에 경찰정신, 제3호에 규율, 제4호에 책임, 제5호에 단결, 제6호에 성실·청렴을 규정하고 있다.
㉡ 경찰공무원은 직위 또는 직권을 이용하여 부당하게 타인의 민사분쟁에 개입하여서는 아니 된다.
㉢ 경찰기관의 장은 근무성적이 탁월하거나 다른 경찰공무원의 모범이 될 공적이 있는 경찰공무원에 대하여 1회 10일 이내의 포상휴가를 허가할 수 있다. 이 경우의 포상휴가기간은 연가일수에 산입하지 아니한다.
㉣ 경찰기관의 장은 특별한 사정이 없는 한, 연일근무자 및 공휴일 근무자에 대하여는 그 다음 날 1일의 휴무, 당직 또는 철야근무자에 대하여는 다음날 오후 2시를 기준으로 하여 오전 또는 오후의 휴무를 허가할 수 있다.

① ㉠(○) ㉡(○) ㉢(○) ㉣(○)
② ㉠(○) ㉡(×) ㉢(○) ㉣(×)
③ ㉠(×) ㉡(○) ㉢(○) ㉣(×)
④ ㉠(×) ㉡(○) ㉢(×) ㉣(○)

해설 > ㉠ (×) 제4호 단결, 제5호 책임 **【사정 규단 책성】**
㉣ (×) 휴무를 허가하여야 한다.

정답 ③

## 제5절 경찰공무원의 책임

**01 경찰공무원의 징계에 대한 설명으로 가장 적절하지 않은 것은?** 〈19 채용1차〉

① 파면 징계처분을 받은 자(재직기간 5년 미만)의 퇴직급여는 1/4을 감액한 후 지급한다.

② 성폭력, 성희롱 및 성매매에 따른 강등 징계처분을 받은 자는 그 처분의 집행이 끝난 날부터 24개월이 지나지 않은 경우 승진임용될 수 없다.

③ 정직 징계처분을 받은 자는 1개월 이상 3개월 이하의 기간 동안 직무에 종사하지 못하며, 정직기간 중 보수는 1/3을 감한다.

④ 임용(제청)권자는 승진후보자 명부에 기록된 사람이 승진임용되기 전에 정직 이상 징계처분을 받은 경우에는 승진후보자 명부에서 그 후보자를 제외하여야 한다.

해설 ①② 다음 문제의 「징계 종합표」 참조

③ (×) 보수를 1/3을 감하는 것은 감봉이며, 정직은 직무에 종사하지 못하므로 그 기간 동안 보수가 없다.

④ (○) 경찰공무원 승진임용 규정 제24조

**☞ 징계의 종류 【파도치는 해변의 (제주) 강정마을에 감귤(견)이 유명하다】**

<table>
<tr><td rowspan="4">중징계</td><td>파면</td><td>경찰관 신분박탈, 이후 경찰관 재임용 불가</td></tr>
<tr><td>해임</td><td>경찰관 신분박탈, 이후 경찰관 재임용 불가</td></tr>
<tr><td>강등</td><td>1계급 강등하고 3개월 직무 정지, 그 기간 보수 없음.</td></tr>
<tr><td>정직</td><td>1월~3월 직무정지, 그 기간 보수 없음.</td></tr>
<tr><td rowspan="2">경징계</td><td>감봉</td><td>1월~3월 보수의 1/3 감액</td></tr>
<tr><td>견책</td><td>징계절차로 경고하는 것, 보수 전액 지급</td></tr>
</table>

정답 ③

**02 「국가공무원법」, 「공무원연금법」 및 동법 시행령상 경찰 공무원의 징계의 종류와 효과에 대한 설명 중 가장 적절하지 않은 것은?** 〈20 승진〉

① 공무원의 징계는 파면 · 해임 · 강등 · 정직 · 감봉 · 견책으로 구분한다.

② 강등은 1계급 아래로 직급을 내리고 공무원신분은 보유하나 3개월간 직무에 종사하지 못하며 그 기간 중 보수는 전액을 감한다.

③ 징계에 의하여 파면된 경우, 재직기간이 5년 이상인 사람의 퇴직급여는 2분의 1을 감액하고, 재직기간이 5년 미만인 사람의 퇴직급여는 3분의 1을 감액한다.

④ 금품 및 향응 수수로 징계 해임된 자의 경우 재직기간이 5년 이상인 사람의 퇴직급여는 4분의 3을 지급하고, 재직기간이 5년 미만인 사람의 퇴직급여는 8분의 7을 지급한다.

해설 ③ (×) 3분의 1이 아닌 4분의 1을 감액한다.

**☞ 징계 종합표**

<table>
<tr><th colspan="2">징계 종류</th><th colspan="2">기간</th><th>퇴직급여 (월급)</th><th>퇴직수당 (퇴직금)</th></tr>
<tr><td rowspan="7">중징계</td><td rowspan="2">파면 (금고)</td><td colspan="2">5년 이상 근무</td><td>1/2 감액</td><td>1/2</td></tr>
<tr><td colspan="2">5년 미만 근무</td><td>1/4 감액</td><td>1/2</td></tr>
<tr><td rowspan="3">해임</td><td colspan="2">원칙</td><td>감액 없음.</td><td>감액 없음.</td></tr>
<tr><td rowspan="2">금품 향응</td><td>5년 이상</td><td>1/4 감액</td><td>1/4 감액</td></tr>
<tr><td>5년 미만</td><td>1/8 감액</td><td>1/4 감액</td></tr>
<tr><td>강등</td><td colspan="2">3개월</td><td>전액 감액</td><td>–</td></tr>
<tr><td>정직</td><td colspan="2">1~3개월</td><td>전액 감액</td><td>–</td></tr>
<tr><td rowspan="2">경징계</td><td>감봉</td><td colspan="2">1~3개월</td><td>1/3감액</td><td>–</td></tr>
<tr><td>견책</td><td colspan="4">–</td></tr>
</table>

※ (금고): 퇴직 후 재직 중의 사유로 금고 이상 확정된 경우

정답 ③

## 03 경찰공무원 관련 법령에 따를 때, 다음 설명 중 가장 적절한 것은? 〈22 채용2차〉

① ○○경찰서 소속 지구대장 경감 甲과 동일한 지구대 소속 순경 乙이 관련된 징계 등 사건(甲의 감독상 과실 책임만으로 관련된 경우, 관련자에 대한 징계 등 사건을 분리하여 심의 의결하는 것이 타당하다고 인정되는 경우는 제외)은 ○○경찰서에 설치된 징계 위원회에서 심의 의결한다.

② 경찰공무원 임용 당시 임용결격사유가 있었더라도 국가의 과실에 의해 임용결격자임을 밝혀내지 못했다면, 그 임용행위는 당연무효로 볼 수 없다.

③ 국가경찰사무를 담당하는 ○○경찰서 소속 경사 丙에 대한 정직처분은 소속기관장인 ○○경찰서장이 행하지만, 그 처분에 대한 행정소송의 피고는 경찰청장이다.

④ 징계의결이 요구된 경정 丁에게 국무총리 표창을 받은 공적이 있는 경우에 징계위원회는 징계를 감경할 수 있지만, 그 표창이 丁에게 수여된 표창이 아니라 丁이 속한 ○○경찰서에 수여된 단체표창이라면 감경할 수 없다.

해설 > ① (×) 상위계급과 하위계급자의 관련 사건은 상위계급자 관할 징계위원회에서 관할하므로, 경감에 대한 관할이 있는 시·도경찰청에 징계위원회를 설치한다. 경찰서는 경위 이하에 대하여 징계 관할이 있다.

② (×) 당연무효로 보아야 한다(대판 86누459).

③ (×) 정직처분은 중징계로서, 임용권자에게 임용 제청하여야 한다. 따라서 경감 이하에 대한 임용권자인 시·도경찰청장이 정직처분을 하며 행정소송의 피고는 시·도경찰청장이 된다.

④ (○) 경정 이상은 국무총리 이상의 표창, 경감 이하는 경찰청장 또는 차관급 이상 표창을 받은 공적이어야 한다. 기관에 수여된 단체표창은 징계양정의 임의적 감경사유에 해당하지 않는다(대판 2012두13245).

**☞ 경찰공무원 징계령 세부시행규칙(경찰청예규)**

제8조(징계의 감경) ① 징계위원회는 징계의결이 요구된 자가 다음 각 호의 어느 하나에 해당하는 공적이 있는 경우 별표 9에 따라 **징계를 감경할 수 있다. 【총포모 감경(경감)】**

1. 「상훈법」에 따라 훈장 또는 표장을 받은 공적
2. 「정부표창규정」에 따라 국무총리 이상의 표창을 받은 공적 다만, **경감 이하의 경찰공무원등은 경찰청장 또는 중앙행정기관 차관급 이상 표창을 받은 공적**
3. 「모범공무원규정」에 따라 모범공무원으로 선발된 공적

② 경찰공무원등이 징계처분 또는 징계위원회의 권고에 의한 경고를 받은 사실이 있는 경우에는 **그 징계처분 또는 경고처분 전의 공적은 제1항에 따른 감경대상 공적에서 제외한다.**

③ (요약) **금**품수수 · **성**범죄 · **소**극행정 · **음**주운전 등의 경우는 감경할 수 없다. **【금성소음 등】**

정답 ④

## 04 경찰공무원 관련 법령에 따를 때, 승진에 관한 설명 중 가장 적절하지 않은 것은? (다툼이 있는 경우 판례에 의함) 〈22 채용2차〉

① ○○지구대에 근무하는 순경 甲이 승진후보자명부에 등재된 후 경장으로 승진임용되기 전에 정직 3개월의 징계처분을 받아 임용권자가 순경 甲을 승진후보자명부에서 삭제함으로써 순경 甲이 승진임용의 대상에서 제외되었다면, 임용권자의 승진 후보자명부에서의 삭제 행위 그 자체는 행정처분에 해당한다.

② 만 7세인 초등학교 1학년 외동딸을 양육하기 위하여 1년간 휴직한 경사 乙의 위 휴직기간 1년은 승진소요 최저근무연수에 포함된다.

③ 통상적인 근무시간보다 짧은 시간을 근무하는 시간선택제전환 경찰공무원으로 경위 계급에서 1년간 근무한 경위 丙의 위 근무기간 1년은 승진소요 최저근무연수에 포함된다.

④ 위법 부당한 처분과 직접적 관계없이 50만 원의 향응을 받아 감봉 1개월의 징계처분을 받은 경감 丁이 그 징계처분을 받은 후 해당 계급에서 경찰청장 표창을 받은 경우(그 외 일체의 포상을 받은 사실 없음)에는 징계처분의 집행이 끝난 날부터 18개월이 지나면 승진임용될 수 있다.

해설 ① (×) 시험승진후보자명부에 등재되어 있던 자가 그 명부에서 삭제됨으로써 승진임용의 대상에서 제외되었다 하더라도, 그와 같은 시험승진후보자명부에서의 삭제행위는 결국 그 명부에 등재된 자에 대한 승진 여부를 결정하기 위한 행정청 내부의 준비과정에 불과하고, 그 자체가 어떠한 권리나 의무를 설정하거나 법률상 이익에 직접적인 변동을 초래하는 별도의 행정처분이 된다고 할 수 없다(대판 97누7325).
② (○) 육아휴직(만 8세 이하 또는 초등학교 2학년 이하의 자녀 양육)의 경우 자녀 1명에 대하여 1년까지는 승진소요 최저근무연수에 포함된다. 다만, 1년을 초과하는 경우는 동 규정 제5조 제2항에 따른다.
③ (○) 해당계급에서 시간선택제전환경찰공무원으로 근무한 1년 이하의 기간은 그 기간 전부가 포함되고, 1년을 넘는 기간은 근무시간에 비례한 기간이 포함된다(제5조⑥).
④ (○) 감봉처분의 승진임용 제한기간은 12개월이며, 금품·향응수수로 징계를 받은 경우에는 6개월이 추가되어 총 18개월간 승진임용이 제한된다. 징계처분을 받은 후 대통령 또는 국무총리 표창을 받은 경우에 승진임용 제한기간을 2분의 1로 단축할 수 있다.

**☞ 경찰공무원 승진임용 규정(대통령령)**

제6조(승진임용의 제한) ③ 경찰공무원이 **징계처분을 받은 후 해당 계급에서** 다음 각 호의 포상을 받은 경우에는 제1항제2호(징계별 승진제한 기간) 및 제3호에 따른 승진임용 제한기간의 2분의 1을 단축할 수 있다.
1. 훈장
2. 포장
3. 모범공무원 포상
4. **대통령표창 또는 국무총리표창**
5. 제안이 채택·시행되어 받은 포상

정답 ①

## 05 경찰공무원 관련 법령에 따를 때, 경찰공무원의 신분변동에 관한 설명 중 가장 적절한 것은?

〈22 채용2차 변형〉

① 중징계 의결이 요구 중인 경찰공무원 甲에 대해 직위해제처분을할 경우, 임용권자는 3개월의 범위 내에서 대기를 명하고 능력 회복이나 근무성적의 향상을 위한 교육훈련 또는 특별한 연구 과제의 부여 등 필요한 조치를 하여야 한다.
② 위원장 포함 6명이 출석하여 구성된 징계위원회에서 정직 3월 1명, 정직 1월 1명, 감봉 3월 1명, 감봉 2월 1명, 감봉 1월 1명, 견책 1명으로 의견이 나뉜 경우, 감봉 2월로 의결해야 한다.
③ 자치경찰사무를 담당하는 ○○경찰서 소속 경위 乙의 경감으로의 승진임용을 시·도지사가 하므로, 경위 乙에 대한 휴직이나 복직도 시·도지사가 한다.
④ 순경 채용후보자 명부에 등재된 채용후보자 丙이 학업을 계속하고자 이를 증명할 수 있는 자료를 첨부하여 임용권자가 정하는 기간 내에 원하는 유예기간을 적어 신청할 경우, 임용권자는 채용후보자 명부의 유효기간 범위에서 기간을 정하여 임용을 유예해야 한다.

해설 ① (×) 직무수행 능력이 부족하거나 근무성적이 극히 나쁜 사유로 직위해제된 자에게 3개월의 범위에서 대기를 명한다(국가공무원법 제73조의3).
② (○) 출석위원 과반수가 될 때까지 징계 등 심의 대상자에게 가장 불리한 의견을 제시한 위원의 수를 그 다음으로 불리한 의견을 제시한 위원의 수에 차례로 더하여 그 의견을 합의된 의견으로 보며, 과반수는 반수를 초과한 것을 의미하므로 총 6명 중 4명이 되는 때가 과반수가 된다.
③ (×) 시·도지사는 경감 또는 경위로의 승진임용에 관한 권한을 제외한 임용권을 모두 시·도자치경찰위원회에 위임한다(경찰공무원임용령 제4조④).
④ (×) 임용을 유예할 수 있다.

정답 ②

## 06 「경찰공무원법」에 대한 설명으로 가장 적절하지 않은 것은? 〈22 경간〉

① 경위 이하의 경찰공무원으로서 모든 경찰공무원의 귀감이 되는 공을 세우고 전사하거나 순직한 사람에 대하여는 2계급 특별승진시킬 수 있다.

② 경찰청장은 전시·사변이나 그 밖에 이에 준하는 비상사태에서는 2년의 범위에서 동법에 따른 계급정년을 연장할 수 있고, 이 경우 총경 이상의 경찰공무원에 대하여는 행정안전부장관과 국무총리를 거쳐 대통령의 승인을 받아야 한다.

③ 경찰청 소속 경무관 이상의 강등 및 정직과 경정 이상의 파면 및 해임은 경찰청장의 제청으로 행정안전부장관과 국무총리를 거쳐 대통령이 한다.

④ 경무관 이상의 경찰공무원에 대한 징계의결은 「국가공무원법」에 따라 국무총리 소속으로 설치된 징계위원회에서 한다.

해설> ② (×) 경무관 이상의 경찰공무원에 대해서는 행정안전부장관 또는 해양수산부장관과 국무총리를 거쳐 대통령의 승인을 받아야 하고, 총경·경정의 경찰공무원에 대해서는 국무총리를 거쳐 대통령의 승인을 받아야 한다(제30조④). **경무관 이상은 행정안전부장관을 거치고, 총경·경정은 행정안전부장관을 거치지 않는다.** 참고로 경정의 신규채용, 승진, 면직의 경우도 경찰청장이 제청하여 행정안전부장관을 거치지 않고 총리를 거쳐 대통령령이 임용한다.

정답 ②

## 07 경찰공무원의 징계처분에 대한 설명으로 옳지 않은 것은? 〈보충〉

① 경찰서 소속 경위 A에 대한 감봉처분은 경찰서장이 한다.

② 경찰서 소속 경감 B에 대한 파면처분은 경찰청장이 한다.

③ 경찰서 소속 경정 C에 대한 해임처분은 경찰청장의 제청으로 행정안전부장관과 국무총리를 거쳐 대통령이 한다.

④ 경찰서장 경무관 D에 대한 감봉처분은 경찰청장이 한다.

해설> ② (×) 경감 이하에 대하여는 징계위원회가 설치된 기관의 장이 처분한다. 중징계는 임용권자가 처분권자이므로 경감에 대한 임용권자인 시·도경찰청장이 처분한다.

**☞ 징계처분권자**

<table>
<tr><td colspan="2" rowspan="2">징계 / 관할</td><td>국무총리 중앙징계위</td><td colspan="2">경찰청 중앙징계위</td><td>보통징계위</td></tr>
<tr><td>경무관 이상</td><td>총경</td><td>경정</td><td>경감 이하</td></tr>
<tr><td rowspan="4">중징계</td><td>파면</td><td colspan="3" rowspan="2">대통령<br>⇧ (장관·총리)<br>청장 제청</td><td rowspan="6">관할 징계위원회가 설치된 기관의 장<br>(중징계는 임용권자에게 제청)</td></tr>
<tr><td>해임</td></tr>
<tr><td>강등</td><td rowspan="2">대통령 ⇧ (장관·총리) 청장 제청</td><td colspan="2" rowspan="2">경찰청장</td></tr>
<tr><td>정직</td></tr>
<tr><td rowspan="2">경징계</td><td>감봉</td><td colspan="3" rowspan="2">경찰청장</td></tr>
<tr><td>견책</td></tr>
</table>

정답 ②

## 08 경찰공무원의 징계책임에 대한 설명으로 가장 적절한 것은? 〈21 채용2차〉

① 「경찰공무원 징계령」상 중징계에는 파면, 해임 및 강등이 있으며, 경징계에는 정직, 감봉 및 견책이 있다.

② 「경찰공무원 징계령」상 징계 등 심의 대상자는 증인의 심문을 신청할 수 있다. 이 경우 징계위원회의 위원장이 그 채택 여부를 결정한다.

③ 「국가공무원법」상 정직은 1개월 이상 3개월 이하의 기간으로 하고, 정직 처분을 받은 자는 그 기간 중 공무원의 신분은 보유하나 직무에 종사하지 못하며 보수는 3분의 2를 감한다.

④ 「경찰공무원법」상 경무관 이상의 경찰공무원에 대한 징계의결은 「국가공무원법」에 따라 국무총리 소속으로 설치된 징계위원회에서 한다.

해설> ① (×) 정직은 중징계에 해당한다.
② (×) 징계위원회는 **의결로써** 그 채택 여부를 결정하여야 한다(제13조).
③ (×) 정직 기간 중의 보수는 전액 감액한다.

정답 ④

## 09 「경찰공무원법」상 징계에 관한 다음 설명 중 가장 적절하지 않은 것은? 〈16 채용1차 변형〉

① 경무관 이상의 경찰공무원에 대한 징계의결은 「국가공무원법」에 따라 국무총리 소속으로 설치된 징계위원회에서 한다.

② 총경 이하의 경찰공무원에 대한 징계의결을 하기 위하여 대통령령으로 정하는 경찰기관 및 해양경찰관서에 경찰공무원 징계위원회를 둔다.

③ 경찰청 소속 경무관 이상의 강등 및 정직과 경정 이상의 파면 및 해임은 행정안전부장관의 제청으로 국무총리를 거쳐 대통령이 한다.

④ 해양경찰청 소속 경무관 이상의 강등 및 정직과 경정 이상의 파면 및 해임은 해양경찰청장의 제청으로 국무총리를 거쳐 대통령이 한다.

해설 ③ (×) 경찰청장이 징계의결 요구권자이므로 장관이 아닌 경찰청장이 임용권자인 대통령에게 제청한다.

**☞ 경찰청장이 제청하는 경우**

| ① 징계에 있어서 임용권자인 대통령에 임용 제청<br>② 경정에 대한 **신**규채용 · 승진 · **면**직할 때 대통령에 제청 |
|---|

정답 ③

## 10 「경찰공무원 징계령」에 관한 설명으로 가장 적절하지 않은 것은? 〈23 승진〉

① 징계위원회는 위원과 징계 등 심의 대상자, 징계 등 의결을 요구하거나 요구를 신청한 자, 증인, 관계인 등 회의에 출석하는 사람이 동영상과 음성이 동시에 송수신되는 장치가 갖추어진 서로 다른 장소에 출석하여 진행하는 원격영상회의 방식으로 심의 · 의결할 수 있다.

② 징계위원회는 위원장 1명을 포함하여 11명 이상 51명 이하의 공무원위원과 민간위원으로 구성한다.

③ 징계등 의결 요구를 받은 징계위원회는 그 요구서를 받은 날로부터 30일 이내에 징계등에 관한 의견을 하여야 한다. 다만, 부득이한 사유가 있을 때에는 해당 징계심의 대상자의 동의를 받아 30일 이내의 범위에서 그 기한을 연기할 수 있다.

④ 징계위원회가 설치된 경찰기관의 장은 위원 수의 2분의 1 이상을 자격이 있는 민간위원으로 위촉한다. 이 경우 특정 성별의 위원이 민간위원 수의 10분의 6을 초과하지 않도록 해야 한다.

해설 ① (○) 제14조의2
③ (×) 대상자의 동의가 아닌 징계등 의결을 요구한 경찰기관의 장의 승인을 받아서 연기할 수 있다.
④ (○) 성별과 관련하여 인력풀 구성(11명~51명)에 있어서는 성별 초과 금지로 되어 있지만, 회의시에는 단순히 성별을 고려하면 되고, 성범죄 관련 징계시에는 피해자와 같은 성별의 위원이 위원장을 제외한 위원 수의 1/3이상 포함되어야 한다.

**☞ 성별 관련 규정**

| 인권위 | 특정 성별이 전체 위원 수의 6/10 초과 금지 |
|---|---|
| 징계위 구성 | 11~51명 중 민간위원이 1/2이상 되어야 하고 그 중 특정 성별은 6/10 초과 금지 |
| 성 관련 징계위 | 피해자와 같은 성별 : 위원장 제외한 수의 1/3 이상 |

정답 ③

## 11 「경찰공무원 징계령」상 징계위원회의 회의에 대한 설명으로 가장 적절하지 않은 것은?

〈23 경간, 23 법학〉

① 징계위원회의 회의는 위원장과 징계위원회가 설치된 경찰기관의 장이 회의마다 지정하는 4명 이상 6명 이하의 위원으로 성별을 고려하여 구성하되, 민간위원의 수는 위원장을 포함한 위원 수의 2분의1 이상이어야 한다.

② 징계사유가 「성폭력범죄의 처벌 등에 관한 특례법」에 따른 성폭력범죄, 양성평등기본법」에 따른 성희롱에 해당하는 징계 사건이 속한 징계위원회의 회의를 구성하는 경우에는 피해자와 같은 성별의 위원이 위원장을 포함한 위원 수의 3분의 1이상 포함되어야 한다.

③ 위원장이 부득이한 사유로 직무를 수행할 수 없거나 위원장이 필요하다고 인정하는 경우에는 출석한 위원 중 최상위 계급 또는 이에 상응하는 직급에 있거나 최상위 계급 또는 이에 상용하는 직급에 먼저 승진임용된 공무원이 위원장이 된다.

④ 징계위원회의 위원장은 위원회의 사무를 총괄하며 위원회를 대표하고, 표결권을 가진다.

해설 ② (×) **성** 관련 징계위원회 구성시 피해자와 같은 성별이 위원장을 제외한 위원 수의 3분의 1이상 포함되어야 한다. 이 외에 위원장을 제외한 위원 수로 계산하는 경우는 경찰 **고충**심사위원회의 민간위원 수를 계산할 때이다. **【성충(벌레)은 빼라】**

**☞ 공무원고충처리규정(대통령령)**

> 제3조의2(경찰공무원 고충심사위원회) ② 「경찰공무원법」 제31조 제1항에 따른 경찰공무원 고충심사위원회는 위원장 1명을 포함하여 7명 이상 15명 이내의 공무원위원과 민간위원으로 구성한다. 이 경우 **민간위원의 수는 위원장을 제외한 위원 수의 2분의 1 이상**이어야 한다.

정답 ②

## 12 「경찰공무원 징계령」상 경찰공무원 징계에 대한 설명으로 가장 적절한 것은?

〈21 채용1차〉

① 징계위원회는 징계 등 사건을 의결할 때에는 징계 등 심의 대상자의 비위행위 당시 계급 및 직위, 비위행위가 공직 내외에 미치는 영향, 평소 행실, 공적(功績), 뉘우치는 정도나 그 밖의 정상과 징계 등 의결을 요구한 자의 의견을 고려할 수 있다.

② 징계 등 의결 요구를 받은 징계위원회는 그 요구서를 받은 날부터 60일 이내에 징계 등에 관한 의결을 하여야 한다. 다만, 부득이한 사유가 있을 때에는 해당 징계 등 의결을 요구한 경찰기관의 장의 승인을 받아 30일 이내의 범위에서 그 기간을 연장할 수 있다.

③ 징계 등 심의 대상자의 소재가 분명하지 아니할 때에는 출석통지를 관보에 게재하고, 그 제재일부터 7일이 지나면 출석통지가 송달된 것으로 보며, 징계 등 의결을 할 때에는 관보 게재의 사유와 그 사실을 기록에 분명히 적어야 한다.

④ 징계위원회의 의결은 위원장을 포함한 위원 과반수의 출석과 출석위원 과반수의 찬성으로 의결하되, 의견이 나뉘어 출석위원 과반수의 찬성을 얻지 못한 경우에는 출석위원 과반수가 될 때까지 징계 등 심의 대상자에게 가장 불리한 의견을 제시한 위원의 수를 그 다음으로 불리한 의견을 제시한 위원의 수에 차례로 더하여 그 의견을 합의된 의견으로 본다.

해설 ① (×) 징계위원회는 의결 요구자의 의견을 고려하여야 한다.
② (×) 징계위원회는 **30일 이내에** 의결을 하되, 해당 **징계 등 의결을 요구한 경찰기관의 장의 승인을 받아 30일 이내**의 범위에서 그 기간을 **연장**할 수 있다(제11조①).
③ (×) 징계 출석요구는 관보 게재일부터 **10**일 후 송달 간주 **【징괘씸】**

정답 ④

## 13 경찰청장에 대한 설명으로 가장 적절한 것은?

〈20 채용2차 변형〉

① 징계위원회의 의결을 거친 경무관 이상의 강등 및 정직과 경정 이상의 파면 및 해임을 한다.

② 임기는 2년이 보장되나, 직무 수행 중 헌법이나 법률을 위배하였을 때에는 국회는 탄핵할 수 있다.

③ 소속 공무원뿐만 아니라 제주특별자치도의 자치경찰공무원도 언제나 직접 지휘·명령할 수 있다.

④ 경찰청장은 대통령령으로 정하는 바에 따라 경찰공무원의 임용에 관한 권한의 일부를 시·도지사, 국가수사본부장, 소속 기관의 장, 시·도경찰청장에게 위임할 수 있다.

해설> ① (×) 경무관 이상의 강등 및 정직과 경정 이상의 파면 및 해임은 경찰청장의 제청으로 행정안전부장관과 국무총리를 거쳐 대통령이 하고, 경찰청장은 총경과 경정에 대한 강등과 정직을 집행한다. **【총·경·강·정】**

② (×) 경찰청장이 직무를 집행하면서 헌법이나 법률을 위배하였을 때에는 **국회는 탄핵 소추를 의결**할 수 있다. **탄핵 결정은 헌법재판소**에서 한다.

③ (×) 경찰청장은 비상사태에서 제주 자치경찰을 직접 지휘·명령할 수 있다(경찰법 제32조).

**☞ 경찰청장의 자치경찰(제주 자치경찰 포함) 지휘·명령 사유(제32조①) 【비동지 지휘】**

| | | |
|---|---|---|
| 전시·사변·전재지변 등 비상사태에서 전국적 치안유지 | – | 경찰청장은 국경위·시경위에 보고(통보) ⇒ 국경위·시경위는 중단요청할 수 있다. |
| 시·도에 동일하게 적용되는 시책 시행 | – | |
| 해당 시·도의 경찰력으로 질서유지가 어려워 지원·조정이 필요한 경우 | • **국경위 사전 의결 원칙**, 긴급시 사후 의결<br>• 시경위는 경찰청장에게 지원·조정을 요청 가능 | |

정답 ④

## 14 「경찰공무원 징계령」 및 「경찰공무원 임용령」에 대한 설명 중 가장 적절하지 않은 것은?

〈21 법학〉

① 징계 등 심의 대상자의 소재가 분명하지 아니할 때에는 출석 통지를 관보에 게재하고, 그 게재일부터 14일이 지나면 출석 통지가 송달된 것으로 보아야 한다.

② 징계 등 의결을 요구한 자는 경징계의 징계 등 의결을 통지받았을 때 통지받은 날부터 15일 이내에 징계 등을 집행하여야 한다.

③ 총경 이하 경찰공무원에게 부여하는 경과는 일반경과, 수사경과, 보안경과, 특수경과이지만, 경정 이하 경찰공무원에게만 부여할 수 있는 경과는 수사경과와 보안경과이다.

④ 경찰공무원은 임용장이나 임용통지서에 적힌 날짜에 임용된 것으로 보며, 임용일자를 소급해서는 아니 된다. 또한 사망으로 인한 면직은 사망한 다음 날에 면직된 것으로 본다.

해설> ① (×) 관보 게재일부터 10일 지나면 송달된 것으로 본다. **【징관씸(10)】**

③ (○) 경정 이하 경찰공무원에게만 부여할 수 있는 경과는 수사경과와 보안경과이며, 총경에게는 수사·보안경과를 부여하지 않는다.

④ (○) 날짜 기산점은 대부분 사건이 발생한 그 날부터 기산하며, 아래의 경우는 "다음날"로 규정되어 있다.

1. 사망으로 인한 면직은 **사망 다음날에** 면직된 것으로 본다.
2. 시보기간(1년) **만료 다음날에** 정규 임용한다.
3. 연일·휴일 근무자에 대하여 경찰기관장은 특별한 사정이 없는 한 그 **다음날** 1일의 휴무를 허가하여야 한다.
4. 대통령 선거기간(23일) : 후보자 등록 **마감일의 다음날 ~ 선거일**
5. 국회의원과 지자체 의원 및 장 선거기간(14일) : 후보자 등록 **마감일 후** 6일 ~ 선거일

정답 ①

## 15 경찰공무원 징계령에 대한 설명으로 가장 적절하지 않은 것은? 〈20 승진 변형〉

① 징계 등 의결 요구를 받은 징계위원회는 그 요구서를 받은 날부터 30일 이내에 징계 등에 관한 의결을 하여야 한다. 다만, 부득이한 사유가 있을 때에는 당해 징계 심의대상자의 동의를 얻어 30일 이내의 범위에서 그 기간을 연장할 수 있다.

② 징계위원회가 징계 등 심의 대상자의 출석을 요구할 때에는 출석 통지서로 하되, 징계위원회 개최일 5일 전까지 그 징계 등 심의 대상자에게 도달되도록 하여야 한다.

③ 징계 등 심의대상자의 소재가 분명하지 아니할 때에는 출석통지를 관보에 게재하고 그 게재일부터 10일이 지나면 출석통지가 송달된 것으로 본다.

④ 징계 등 의결을 요구한 자는 경징계의 징계 등 의결을 통지받았을 때에는 통지받은 날부터 15일 이내에 징계 등을 집행하여야 한다.

해설 ① (×) 30일 이내에 의결을 하되, 부득이한 사유가 있을 때에는 해당 징계 등 의결을 요구한 경찰기관의 장의 승인을 받아 30일 이내의 범위에서 그 기간을 연장할 수 있다(제11조①).
② (○) 징계위원회 출석통지는 5일 전까지, 감찰조사 출석통지는 3일 전까지 통지 **【징계 받으러 오삼(5,3)】**
③ (○) **징계**는 관보 게재일부터 **10**일 후 송달 간주 **【징괘씸】**

### ☞ 징계절차 개요

| 구분 | 요구 | 의결 | 집행 |
|---|---|---|---|
| 징계 | ① 대상자가 소속 경찰관이면 지체 없이 징계 요구<br>② 대상자가 타 기관 경찰관이면 통지 ⇨ 통지 받고 **30일** 내 징계 요구 | ① **30일 + 30일** (연장)<br>② 기관장(징계요구자)의 승인 받아 연장 | 경·중징계 모두 15일 내 집행<br>• 경징계: 징계 요구권자가 집행<br>• 중징계: 징계 요구권자가 임용권자에 제청하여 임용권자가 집행<br>(총·경·강·정은 경찰청장 집행) |
| 소청 | **30일** 내 청구 | 60일 + 30일 | |

정답 ①

## 16 경찰공무원 징계령 세부시행규칙상 감독자의 정상참작 사유로 가장 적절하지 않은 것은? 〈20 승진〉

① 부임기간이 1개월 미만으로 부하직원에 대한 실질적인 감독이 곤란하다고 인정된 때

② 업무매뉴얼에 규정된 직무상의 절차를 충실히 이행한 때

③ 부하직원의 의무위반행위를 사전에 발견하여 적법 타당하게 조치한 때

④ 기타 부하직원에 대하여 평소 철저한 교양감독 등 감독자로서의 임무를 성실히 수행하였다고 인정된 때

해설 ② (×) '업무 매뉴얼의 절차를 충실히 이행한 때'는 감독자가 아닌 행위자에 대한 정상참작 사유에 해당한다.

### ☞ 징계 감면 참작사유(경찰공무원 징계령 세부시행 규칙－예규)

| 구분 | 사유 |
|---|---|
| 행위자 | ① 과실행위, 다른 법령으로 처벌사유 없고 비난가능성 없는 때<br>② 공공의 이익을 위해 성실·능동적 업무 중 부분적 잘못 발생<br>③ 업무 **매뉴얼**의 절차를 충실히 이행한 때<br>④ 의무위반 방지를 위해 최선을 다했으나 부득이한 사유로 결과 발생<br>⑤ 의무위반 행위를 자진신고하거나 원상회복에 크게 기여한 때<br>⑥ **간첩 또는 중요 범인 검거**한 공로 있을 때<br>⑦ 직무와 관련 없는 사고로 공무원의 품위를 손상하지 아니한 때 |
| 감독자 | ① 부하직원의 의무위반 행위를 **사전**에 발견, 타당하게 조치한 때<br>② 부하직원의 의무위반 행위가 감독자의 비번, 휴가, 교육기간에 발생하거나 소관업무와 직접 관련 없는 경우<br>③ 부임기간이 **1개월** 미만<br>④ 교정이 불가능한 부하직원의 인사상 조치를 상신한 이후 발생한 때<br>⑤ 기타 부하직원에 대하여 **평소 감독자로서**의 임무를 성실 수행한 때 |

정답 ②

**17 경찰공무원의 징계와 관련된 규정에 대한 설명으로 가장 적절하지 않은 것은?** 〈19 승진〉

① 경찰기관의 장은 소속 경찰공무원 중 징계사유가 있다고 인정할 때와 징계 등 의결 요구의 신청을 받은 때에는 지체 없이 관할 징계위원회를 구성하여 징계 등 의결을 요구하여야 한다.
② 강등 징계 시 3개월간 직무에 종사하지 못하며 금품 또는 향응 수수로 강등의 징계처분을 받은 경우 그 처분의 집행이 끝난 날로부터 21개월이 지나지 않으면 승진임용을 할 수 없다.
③ 감독자의 부임 기간이 1개월 미만으로 부하직원에 대한 실질적 감독이 곤란하다고 인정된 때에는 정상을 참작할 수 있다.
④ 행위자가 간첩 또는 사회이목을 집중시킨 중요사건의 범인을 검거한 공로가 있을 때나 업무 매뉴얼에 규정된 직무상의 절차를 충실히 이행한 때에는 정상을 참작할 수 있다.

해설 ① (○) 징계사유가 있다고 인정을 하거나 하급관청으로부터 징계 등 의결 요구를 받은 때에는 반드시 징계 등 의결을 요구하여야 하며(할 수 있다 ×), 이때에는 지체 없이 하여야 한다.
② (×) 강등은 18개월 승진 및 승급이 제한되며, 금품 또는 향응 수수 사유인 경우는 6개월이 추가되므로 총 24개월이 된다.

정답 ②

**18 「경찰공무원 징계령」상 징계와 관련된 규정에 대한 설명으로 가장 적절하지 않은 것은?** 〈22 경간〉

① 징계위원회는 위원장 1명을 포함하여 11명 이상 51명 이하의 공무원위원과 민간위원으로 구성한다.
② 징계위원회의 회의는 위원장과 징계위원회가 설치된 경찰기관의 장이 회의마다 지정하는 4명 이상 6명 이하의 위원으로 성별을 고려하여 구성하되, 민간위원의 수는 위원장을 포함한 위원 수의 2분의 1 이상이어야 한다.
③ 징계위원회가 징계 등 심의 대상자의 출석을 요구할 때에는 출석 통지서로 하되, 징계위원회 개최일 5일 전까지 그 징계 등 심의 대상자에게 도달되도록 해야 한다.
④ 징계 등 의결을 요구한 자는 중징계의 징계 등 의결을 통지받았을 때에는 통지받은 날부터 15일 이내에 징계 등 처분 대상자의 임용권자에게 의결서 정본을 보내어 해당 징계 등 처분을 제청하여야 한다. 다만, 경무관 이상의 강등 및 정직, 경정 이상의 파면 및 해임 처분의 제청, 총경 및 경정의 강등 및 정직의 집행은 경찰청장 또는 해양경찰청장이 한다.

해설 ④ (×) 징계 등 의결요구권자는 중징계 의결을 통지받았을 때에는 지체 없이 제청하여야 하고, 제청을 받은 임용권자는 15일 내에 집행(의결서 사본 및 처분 사유설명서를 집행 대상자에게 통지)하여야 한다.

정답 ④

PART 04

## 19 「경찰공무원 징계령」에 대한 내용으로 가장 적절하지 않은 것은? 〈18 채용2차〉

① 징계위원회의 위원장은 위원회의 사무를 총괄하고 위원회를 대표하며, 표결권을 가진다.

② 징계위원회는 출석 통지를 하였음에도 불구하고 징계 등 심의 대상자가 정당한 사유 없이 출석하지 아니하였을 때에는 그 사실을 기록에 분명히 적고 서면심사로 징계 등 의결을 할 수 있다. 다만, 징계 등 심의 대상자의 소재가 분명하지 아니할 때에는 출석 통지를 관보에 게재하고, 그 게재일부터 10일이 지나면 출석 통지가 송달된 것으로 보며, 징계 등 의결을 할 때에는 관보 게재의 사유와 그 사실을 기록에 분명히 적어야 한다.

③ 징계 등 의결을 요구한 자는 경징계의 징계 등 의결을 통지받았을 때에는 통지받은 날부터 15일 이내에 징계 등을 집행하여야 한다.

④ 징계 등 의결 요구를 받은 징계위원회는 그 요구서를 받은 날부터 30일 이내에 징계 등에 관한 의결을 하여야 한다. 다만, 부득이한 사유가 있을 때에는 해당 징계 등 심의 대상자에게 그 사유를 고지하고 30일 이내의 범위에서 그 기간을 연장할 수 있다.

해설> ③ (○) 경징계, 중징계 모두 15일 이내에 집행하여야 한다. 경징계의 경우는 징계 의결 요구권자가 집행하며, 중징계는 임용권자에게 의결서 정본을 보내어 징계등 처분을 제청하여야 한다.
④ (×) 대상자가 아닌 징계 등 의결을 요구한 경찰기관의 장의 승인을 받아 연장할 수 있다.

정답 ④

## 20 경찰공무원의 징계에 관한 설명으로 가장 적절하지 않은 것은? (다툼이 있는 경우 판례에 의함)

〈23 채용2차 변형, 23 법학〉

① 공무원인 피징계자에게 징계사유가 있어서 징계처분을 하는 경우 어떠한 처분을 할 것인가는 징계권자의 재량에 맡겨진 것이고, 다만 징계권자가 재량권의 행사로서 한 징계처분이 사회통념상 현저하게 타당성을 잃어 징계권자에게 맡겨진 재량권을 남용한 것이라고 인정되는 경우에 한하여 그 처분을 위법하다고 할 수 있다.

② 동료 경찰관에 대한 성희롱을 이유로 징계에 의하여 해임처분을 받은 경찰관은 해임처분을 받은 때부터 3년이 지나면 경찰공무원으로 임용될 수 있다.

③ 징계등 의결을 요구한 자 또는 징계등 의결의 요구를 신청한 자는 징계위원회에 출석하여 의견을 진술하거나 서면으로 의견을 진술할 수 있다. 다만, 중징계나 중징계 관련 징계부가금 요구 사건의 경우에는 특별한 사유가 없는 한 징계위원회에 출석하여 의견을 진술해야 한다.

④ 징계위원회는 징계등 의결을 하였을 때에는 지체 없이 징계 등 의결을 요구한 자에게 의결서 정본(正本)을 보내어 통지하여야 한다.

해설> ① (○) 대판 2002두6620
② (×) 경찰공무원법에 의하여 징계에 의하여 파면 또는 해임처분을 받은 사람은 경찰공무원으로 임용될 수 없다. 다만 국가공무원법에 의하여 해임처분을 받은 때부터 3년이 지나면 국가공무원으로 임용될 수는 있다.
③ (○) 경찰공무원 징계령 제13조④

정답 ②

## 제6절 경찰공무원의 권익보장

### 01 경찰공무원 고충심사에 대한 설명으로 가장 적절하지 않은 것은? 〈22 경간〉

① 계급이 경사인 경찰 공무원이 종교를 이유로 불합리한 차별을 겪어 고충을 당한 사안일 경우, 보통고충심사위원회에서 고충을 심사하는 것이 부적당하다고 인정될 경우에는 중앙고충심사위원회에서 심사할 수 있다.
② 경찰공무원 고충심사위원회를 두는 「경찰공무원법」 제31조 제1항에서 "대통령령이 정하는 경찰기관"이라 함은 경찰대학·경찰인재개발원·중앙경찰학교·경찰수사연수원·경찰서·경찰기동대·경비함정 기타 경정 이상의 경찰공무원을 장으로 하는 기관 중 행정안전부장관 또는 해양수산부장관이 지정하는 경찰기관을 말한다.
③ 경찰공무원 고충심사위원회는 위원장 1명을 포함하여 7명 이상 15명 이하의 공무원위원과 민간위원으로 구성한다. 이 경우 민간위원의 수는 위원장을 제외한 위원 수의 2분의 1 이상이어야 한다.
④ 경찰공무원 고충심사위원회의 위원장은 설치기관 소속 공무원 중에서 인사 또는 감사 업무를 담당하는 과장 또는 이에 상당하는 직위를 가진 사람이 된다.

해설 ① (○) 「국가공무원법」 제76조의2 제5항 단서에 따라 6급 이하의 공무원의 고충으로서 보통고충심사위원회에서 심사하는 것이 부적당하여 중앙고충심사위원회에서 심사할 수 있는 사안은 다음 각 호의 어느 하나에 해당하는 사안을 말한다(공무원고충처리규정 제3조의6⑤).

> 1. 성폭력범죄 또는 성희롱 사실에 관한 고충
> 2. 「공무원 행동강령」 제13조의3(갑질행위)에 따른 부당한 행위로 인한 고충
> 3. 그 밖에 성별·종교·연령 등을 이유로 하는 불합리한 차별로 인한 고충 **【성 차갑】**

② (×) "경정"이상이 아닌 "경감"이상이다(공무원고충처리규정 제3조의2). "기타 ~ 이상의 경찰공무원을 장으로 하는 기관"으로 규정되는 경우 거의 대부분이 경감 이상으로 되어 있다. 경감이 경찰의 최하위 부서장에 해당되기 때문이다.

정답 ②

### 02 고충처리에 대한 설명으로 가장 적절하지 않은 것은? 〈22 승진〉

① 「국가공무원법」에 따라 공무원은 인사·조직·처우 등 각종 직무조건과 그 밖에 신상 문제와 관련한 고충에 대하여 상담을 신청하거나 심사를 청구할 수 있다.
② 「경찰공무원법」에 따라 '경찰공무원 고충심사위원회'의 심사를 거친 재심청구와 경정 이상 경찰공무원의 인사상담 및 고충심사는 「국가공무원법」에 따라 설치된 중앙고충심사위원회에서 한다.
③ 「공무원고충처리규정」에 따라 고충심사위원회가 청구서를 접수한 때에는 30일 이내에 고충심사에 대한 결정을 하여야 한다. 다만, 부득이하다고 인정되는 경우에는 고충심사위원회의 의결로 30일을 연장할 수 있다.
④ 「국가공무원법」에 따라 중앙인사관장기관의 장, 임용권자 또는 임용제청자는 기관 내 성폭력 범죄 또는 성희롱 발생 사실의 신고를 받은 경우에는 지체 없이 사실 확인을 위한 조사를 하고 그에 따라 필요한 조치를 할 수 있다.

해설 고충처리는 **고충상담, 고충심사, 성폭력범죄·성희롱 신고 처리로 구분**하며, 상담 신청한 경우는 소속 공무원을 지정하여 상담하게 하여야 하고, 심사 청구한 경우는 관할 고충심사위원회에 부쳐 심사하도록 하여야 한다. **성폭력·성희롱 신고한 경우에는 반드시 사실 확인하고 필요한 조치를 하여야 한다**(국공법 제76조의2).

정답 ④

PART 04

## 03 「성희롱 · 성폭력 근절을 위한 공무원 인사관리규정」에 대한 설명으로 가장 적절하지 않은 것은?

〈21 승진〉

① 행정부 소속 국가공무원은 누구나 공직 내 성희롱 또는 성폭력 발생 사실을 알게 된 경우 그 사실을 임용권자 또는 임용제청권자(이하 "임용권자등")에게 신고할 수 있다.
② 임용권자등은 ①에 따른 신고를 받거나 공직 내 성희롱 또는 성폭력 발생 사실을 알게 된 경우 그 사실 확인을 위해 조사할 수 있으며, 수사의 필요성이 인정되면 수사기관에 통보하여야 한다.
③ 임용권자등은 ②에 따른 조사 기간 동안 피해자 등이 요청한 경우로서 피해자 등을 보호하기 위하여 필요하다고 인정하는 경우 그 피해자 등이나 성희롱 또는 성폭력과 관련하여 가해 행위를 했다고 신고된 사람에 대하여 근무 장소의 변경, 휴가 사용 권고 등 적절한 조치를 하여야 한다.
④ 임용권자등은 ②에 따른 조사 결과 공직 내 성희롱 또는 성폭력 발생 사실이 확인되면 피해자의 의사에 반(反)하지 않는 한, 피해자에게 「공무원임용령」 제41조에 따른 교육훈련 등 파견근무 조치를 할 수 있다.

해설> ① (○) 누구나 ~ 할 수 있다(해야 한다 ×).
② (×) 사실조사를 하여야 하며, 수사기관에 통보하여야 한다.

> 제3조(성희롱 · 성폭력 발생 사실의 신고) 행정부 소속 **국가공무원**(이하 "공무원"이라 한다)**은 누구나** 공직 내 성희롱 또는 성폭력 발생 사실을 알게 된 경우 그 사실을 임용권자 또는 임용제청권자(이하 "임용권자등"이라 한다)에게 **신고할 수 있다.**
>
> 제4조(사실 확인을 위한 조사) ① **임용권자등은** 제3조에 따른 신고를 받거나 공직 내 성희롱 또는 성폭력 발생 사실을 알게 된 경우에는 지체 없이 그 사실 확인을 위한 **조사를 하여야 하며,** 수사의 필요성이 있다고 인정하는 경우 **수사기관에 통보하여야 한다.**
> ② 임용권자등은 제1항에 따른 조사 과정에서 성희롱 또는 성폭력과 관련하여 피해를 입은 사람 또는 피해를 입었다고 주장하는 사람(이하 "피해자등"이라 한다)이 성적 불쾌감 등을 느끼지 아니하도록 하고, 사건 내용이나 신상 정보의 누설 등으로 인한 피해가 발생하지 아니하도록 하여야 한다.
> ③ 임용권자등은 제1항에 따른 조사 기간 동안 피해자등이 요청한 경우로서 피해자등을 보호하기 위하여 필요하다고 인정하는 경우 그 **피해자등**이나 성희롱 또는 성폭력과 관련하여 **가해 행위**를 했다고 신고된 사람에 대하여 **근무 장소의 변경, 휴가 사용 권고 등 적절한 조치를 하여야 한다.**
>
> 제5조(피해자 또는 신고자의 보호) ① 임용권자등은 제4조제1항에 따른 조사 결과 공직 내 성희롱 또는 성폭력 발생 사실이 확인되면 **피해자에게** 다음 각 호의 어느 하나에 해당하는 **조치를 할 수 있다.** 다만, 임용권자등은 **피해자의 의사에 반(反)하여 조치를 하여서는 아니 된다.**
> 1. 「공무원임용령」 제41조에 따른 **교육훈련 등 파견근무**
> 2. 「공무원임용령」 제45조에도 불구하고 **다른 직위에의 전보**
> 3. **근무 장소의 변경, 휴가 사용 권고** 및 그 밖에 임용권자등이 필요하다고 인정하는 적절한 조치

정답 ②

## 04 「국가공무원법」 및 관련 법령에 따를 때, 소청심사와 관련하여 아래 사례에 관한 설명 중 가장 적절하지 않은 것은?

〈22 채용2차〉

> ○○경찰서 소속 지구대에서 근무하는 순경 甲이 법령준수 의무 위반 등 각종 비위행위로 인하여 관련 절차를 거쳐 징계권자로부터 해임의 징계처분을 받았다. 이에 순경 甲은 소청심사를 제기하고자 한다.

① 소청심사위원회는 소청심사 결과 甲의 비위행위의 정도에 비해 해임의 징계처분이 경미하다는 판단에 이르더라도 파면의 징계처분으로 변경하는 결정을 할 수 없다.
② 소청심사위원회에서 해임처분 취소명령결정을 내릴 경우, 그 해임의 징계처분은 소청심사위원회의 결정에 따른 징계나 그 밖의 처분이 있기 전에 당연히 효력을 상실한다.
③ 소청심사위원회에서 해임처분을 취소 또는 변경하고자 할 경우에는 재적 위원 3분의 2 이상의 출석과 출석 위원 3분의 2 이상의 합의가 있어야 한다.
④ 甲이 징계처분사유 설명서를 받은 날부터 30일 이내(甲에게 책임이 없는 사유로 소청심사를 청구할 수 없는 기간은 없다고 전제한다) 소청심사를 제기하지 않은 경우에는 행정소송을 제기할 수 없다.

해설> ② (×) 소청심사위원회의 취소 · 변경 명령은 그에 따른 행정청의 징계나 처분이 있을 때까지는 종전에 행한 징계(징계부가금) 처분에 영향이 없다.

정답 ②

## 05 다음 중 「국가공무원법」상 징계처분과 그 불복에 대한 설명 중 옳은 것을 모두 고른 것은? 〈19 법학〉

> ㉠ 정직은 1개월 이상 3개월 이하의 기간으로 하고, 정직처분을 받은 자는 그 기간 중 공무원의 신분은 보유하나 직무에 종사하지 못하며 보수는 1/3을 감한다.
> ㉡ 소청심사위원회의 취소명령 또는 변경명령 결정은 그에 따른 징계나 그 밖의 처분이 있을 때까지는 종전에 행한 징계처분에 영향을 미치지 아니한다.
> ㉢ 소청심사위원회가 소청 사건을 심사할 때에 대통령령으로 정하는 바에 따라 소청인 또는 대리인에게 진술 기회를 주어야 하고, 진술 기회를 주지 아니한 결정은 취소할 수 있다.
> ㉣ 소청심사위원회는 심사 중 다른 비위사실이 발견되더라도 원처분보다 중한 징계를 부과하는 결정은 할 수 없다.

① ㉠, ㉡　　② ㉡, ㉢
③ ㉠, ㉢　　④ ㉡, ㉣

해설 > ㉠ (×) 보수 1/3을 감하는 것은 감봉이며, 정직은 1~3개월간 직무에 종사하지 못하므로 그 기간 동안 보수를 전액 감액한다.
㉢ (×) 진술 기회를 주지 아니한 결정은 무효로 한다(제13조).
㉣ (○) 다른 비위사실이 발견되더라도 원징계처분보다 무거운 징계 또는 원징계부가금 부과처분보다 무거운 징계부가금을 부과하는 결정을 하지 못한다.

정답 ④

## 06 경찰공무원의 권익보장제도에 대한 설명으로 적절한 것을 모두 고른 것은? 〈18 경감〉

> ㉠ 경찰공무원에 대하여 징계처분을 할 때에는 그 처분권자 또는 처분제청권자는 처분사유를 적은 설명서를 교부하여야 한다.
> ㉡ 징계처분으로 처분사유 설명서를 받은 경찰공무원이 그 징계처분에 불복할 때에는 그 설명서를 받은 날부터 30일 이내에 소청심사위원회에 이에 대한 심사를 청구할 수 있다.
> ㉢ 경찰공무원의 권리구제 범위 확대를 위해 징계처분 등 불리한 처분을 받았을 때 소청심사 청구와 행정소송 제기 중 하나를 선택하는 것이 가능하다.
> ㉣ 소청심사위원회는 심사 중 다른 비위사실이 발견되는 등 특단의 사정이 없는 한 원징계처분보다 중한 징계를 부과하는 결정을 할 수 없다.

① ㉠, ㉡　　② ㉠, ㉢
③ ㉡, ㉣　　④ ㉢, ㉣

해설 > ㉡ (○) 처분사유 **설명서를 받은 날부터(징계처분이 있은 날부터 ×)** 또는 불리한 처분이 있은 것을 안 날부터 각각 30일 이내에 소청심사위원회에 심사를 청구할 수 있다(제76조①).
㉢ (×) 행정심판 전치주의에 의하여 소청심사를 거치지 않으면 행정소송을 제기할 수 없다.
㉣ (×) 특단의 사정이 있다고 하더라도 원징계처분보다 중한 징계를 부과할 수 없다.

> 제14조 ⑦ 소청심사위원회가 징계처분 또는 징계부가금 부과처분을 받은 자의 청구에 따라 소청을 심사할 경우에는 **원징계처분보다 무거운 징계 또는 원징계부가금 부과처분보다 무거운 징계부가금을 부과하는 결정을 하지 못한다.**

정답 ①

## 07 소청심사에 대한 설명으로 가장 적절하지 않은 것은?

〈19 승진〉

① 소청심사란 징계처분 기타 그의 의사에 반하는 불이익 처분을 받은 자가 관할 소청심사위원회에 심사를 청구하는 행정심판의 일종이다.

② 경찰공무원이 징계처분 등 불리한 처분을 받았을 때 행정소송은 소청심사위원회의 심사·결정을 거치지 아니하면 제기할 수 없다.

③ 소청심사위원회는 소청을 접수하면 지체 없이 심사하여야 하며, 심사할 때 필요하면 검증·감정, 그 밖의 사실조사를 하거나 증인을 소환하여 질문하거나 관계 서류를 제출하도록 명할 수 있다.

④ 3급 이상 공무원 또는 고위공무원단에 속하는 공무원으로 3년 이상 근무한 자는 비상임위원이 될 수 있다.

해설 ③ (○) 심사는 지체 없이, 의결은 60일 내에 하여야 한다.
④ (×) 상임위원 자격조건이다. 비상임위원 자격은 법관·검사 또는 변호사의 직에 5년 이상 근무한 자, 대학에서 행정학·정치학 또는 법률학을 담당한 부교수 이상의 직에 5년 이상 근무한 자이다.

정답 ④

## 08 인사혁신처에 설치된 소청심사위원회에 대한 설명으로 가장 적절하지 않은 것은?

〈19 승진〉

① 소청심사위원회의 위원은 금고 이상의 형벌이나 장기의 심신 쇠약으로 직무를 수행할 수 없게 된 경우 외에는 본인의 의사에 반하여 면직되지 아니한다.

② 위원장 1명을 포함한 5명 이상 7명 이하의 상임위원과 상임위원 수의 2분의 1 이상인 비상임위원으로 구성되며, 위원은 인사혁신처장의 제청으로 국무총리를 거쳐 대통령이 임명한다.

③ 3급 이상 공무원 또는 고위공무원단에 속하는 공무원으로 3년 이상 근무한 자는 비상임위원은 될 수 있으나, 상임위원은 될 수 없다.

④ 소청심사위원회의 취소명령 또는 변경명령 결정은 그에 따른 징계나 그 밖의 처분이 있을 때까지는 종전에 행한 징계처분에 영향을 미치지 아니한다.

해설 ③ (×) 상임위원만 가능하다.

정답 ③

## 09 「국가공무원법」의 소청심사위원회 및 소청심사위원회 위원에 대한 내용이다. 아래 ㉠부터 ㉣까지의 내용 중 옳고 그름의 표시(○, ×)가 바르게 된 것은?

〈18 채용1차〉

> ㉠ 대학에서 행정학·정치학 또는 법률학을 담당한 부교수 이상의 직에 3년 이상 근무한 자는 위원이 될 수 있다.
> ㉡ 국회사무처, 법원행정처, 헌법재판소사무처 및 중앙선거관리위원회사무처에 설치된 소청심사위원회는 위원장 1명을 포함한 위원 5명 이상 7명 이하의 상임위원으로 구성한다.
> ㉢ 소청사건의 결정은 재적위원의 2분의 1 이상의 출석과 출석위원 과반수의 합의에 의하여 결정한다.
> ㉣ 소청심사위원회의 위원은 벌금 이상의 형벌이나 장기의 심신 쇠약으로 직무를 수행할 수 없게 된 경우 외에는 본인의 의사에 반하여 면직되지 아니한다.

① ㉠(×) ㉡(×) ㉢(○) ㉣(○)
② ㉠(×) ㉡(○) ㉢(×) ㉣(○)
③ ㉠(○) ㉡(×) ㉢(×) ㉣(×)
④ ㉠(×) ㉡(×) ㉢(×) ㉣(×)

해설 ㉠ (×) 5년 이상 근무 경력자이다. 교수 경력은 대부분 위원회에서 '부교수 이상 5년 경력'을 요구하고 있다.
㉡ (×) 인사혁신처가 아닌 다른 부처(국회, 법원, 헌재, 선관위 등)에 설치된 소청심사위원회는 상임위원은 없고 비상임위원만 있다. 공무원의 인원수가 행정부에 비하여 월등히 적기 때문에 비상임위원으로만 구성된다.
㉢ (×) 재적위원 **재적 2/3 출**석, 출석 과반수으로 의결하며, **정**규임용심사위원회도 같은 방법으로 의결한다.
**【재삼이(재적2/3) 출석, 소정 만나】**
㉣ (×) 벌금이 아닌 '금고 이상'이다.

정답 ④

## 10 인사혁신처 소속의 소청심사위원회에 대한 설명으로 가장 옳지 않은 것은? 〈16 경간〉

① 소청사건의 결정은 재적위원의 3분의 2 이상 출석과 출석위원 과반수의 합의에 의하여 결정한다.
② 소청심사위원회의 위원은 금고 이상의 형벌이나 장기의 심신 쇠약으로 직무를 수행할 수 없게 된 경우 외에는 본인의 의사에 반하여 면직되지 아니한다.
③ 소청심사위원회는 위원장 1명을 포함한 5인 이상 7인 이내 상임위원과 상임위원 수의 2분의 1 이상인 비상임위원으로 구성되며, 위원은 인사혁신처장이 임명한다.
④ 대학에서 정치학을 담당한 부교수 이상의 직에 5년 이상 근무한 자는 위원이 될 수 있다.

해설 ③ (×) 위원은 인사혁신처장이 제청하여 총리를 거쳐 대통령이 임명한다.
④ (○) 위원의 자격 : 대학에서 행정학 · **정치학** 또는 법률학을 담당한 부교수 이상의 직에 5년 이상 근무한 자

**☞ 교수 자격요건 정리**

| 대상 | 전공 | 경력 |
|---|---|---|
| 시 · 도자치 경찰위원회 | 법률학, 행정학, 경찰학 | 조교수 이상 5년 |
| 국가수사본부장 | 법률학, 경찰학 | 조교수 이상 10년 |
| 경찰청 중앙징계위원회 | 경찰 관련 학문 | 정교수 이상으로 재직 중 |
| 소청심사위원회 | 법률학, 행정학, 정치학 | 부교수 이상 5년 |

정답 ③

## 11 「국가공무원 복무규정」상 공가의 사유로 가장 적절하지 않은 것은? 〈23 승진〉

① 원격지(遠隔地)로 전보(轉補) 발령을 받고 부임할 때
② 천재지변, 교통 차단 또는 그 밖의 사유로 출근이 불가능할 때
③ 신체 · 정신상의 장애로 장기 요양이 필요할 때
④ 「혈액관리법」에 따라 헌혈에 참가할 때

해설 ③ (×) 장기 요양이 필요할 때는 직권휴직 사유에 해당한다.

제19조(공가) 행정기관의 장은 소속 공무원이 다음 각 호의 어느 하나에 해당하는 경우에는 이에 직접 필요한 기간 또는 시간을 공가로 승인해야 한다.
(이하 요약 정리)
1. 「병역법」이나 그 밖의 다른 법령에 따른 병역판정검사 · 소집 · 검열점호 등에 응하거나 동원 또는 훈련에 참가할 때
2. 공무와 관련하여 국회, 법원, 검찰, 경찰 또는 그 밖의 국가기관에 소환되었을 때
3. 법률에 따라 투표에 참가할 때
4. **승진시험 · 전직시험에 응시할 때**
5. **원격지(遠隔地)로 전보(轉補) 발령을 받고 부임할 때**
6. 결핵검진등을 받을 때
7. 「혈액관리법」에 따라 **헌혈에 참가할 때**
8. 외국어능력에 관한 시험에 응시할 때
9. 올림픽, 전국체전 등 국가적인 행사에 참가할 때
10. **천재지변, 교통 차단 또는 그 밖의 사유로 출근이 불가능할 때**
11. 「공무원의 노동조합 설립 및 운영 등에 관한 법률」 제9조에 따른 교섭위원으로 선임(選任)되어 단체교섭 및 단체협약 체결에 참석하거나 대의원회(**공무원 노동조합의 대의원회를 말하며, 연 1회로 한정**한다)에 참석할 때
12. **공무국외출장등을 위하여 검역감염병의 예방접종을 할 때**
13. 「감염병의 예방 및 관리에 관한 법률」에 따른 **필수예방접종 또는 임시예방접종**을 받거나 **감염 여부 검사를 받을 때**

정답 ③

PART 04

# 제3장 행정기본법 및 행정조사기본법

## 제1절 행정기본법

### 01 다음의 내용 중 공통된 행정의 법 원칙은 무엇인가?

〈22 채용1차〉

- 「행정기본법」 제12조 제1항은 "행정청은 공익 또는 제3자의 이익을 현저히 해칠 우려가 있는 경우를 제외하고는 행정에 대한 국민의 정당하고 합리적인 신뢰를 보호하여야 한다."
- 「행정절차법」 제4조 제2항 "행정청은 법령등의 해석 또는 행정청의 관행이 일반적으로 국민들에게 받아들여졌을 때에는 공익 또는 제3자의 정당한 이익을 현저히 해칠 우려가 있는 경우를 제외하고는 새로운 해석 또는 관행에 따라 소급하여 불리하게 처리하여서는 아니 된다."

① 비례의 원칙　　② 평등의 원칙
③ 신뢰보호의 법칙　　④ 부당결부금지의 원칙

해설 ③ (○) 행정기본법 제12조는 신뢰보호의 원칙에 대하여 규정하고 있다.

정답 ③

### 02 행정법의 일반원칙에 관한 설명 중 가장 적절하지 않은 것은? (다툼이 있는 경우 판례에 의함)

〈22 채용2차〉

① 폐기물처리업에 대하여 사전에 관할 관청으로부터 적정통보를 받고 막대한 비용을 들여 허가요건을 갖춘 다음 허가신청을 하였음에도 관할 관청으로부터 '다수 청소업자의 난립으로 안정적이고 효율적인 청소업무의 수행에 지장이 있다'는 이유로 불허가처분을 받은 경우, 그 처분은 신뢰보호원칙 위반으로 인한 위법한 처분에 해당된다.
② 지방자치단체장이 사업자에게 주택사업계획승인을 하면서 그 주택사업과는 아무런 관련이 없는 토지를 기부채납하도록 하는 부관을 주택사업계획승인에 붙인 경우, 그 부관은 부당 결부금지 원칙에 위반되어 위법하다.
③ 같은 정도의 비위를 저지른 자들 사이에 있어서도 그 직무의 특성, 비위의 성격 및 정도를 고려하여 징계종류의 선택과 양정을 차별적으로 취급하는 것은 합리적 차별로서 평등원칙에 반하지 아니한다.
④ 적법 및 위법을 불문하고 재량준칙에 따른 행정관행이 성립한 경우라면, 행정의 자기구속 원칙이 적용될 수 있다.

해설 ④ (×) 자기구속의 원칙은 근거되는 행정관행이 위법한 경우에는 구속되지 않고 적법한 경우에만 적용된다(대판 2008두13132).

정답 ④

## 03 경찰비례의 원칙에 관한 설명으로 가장 적절하지 않은 것은? (다툼이 있는 경우 판례에 의함)

〈23 채용1차〉

① 경찰비례의 원칙은 일반적 수권조항에 근거하여 경찰권을 발동하는 경우는 물론, 개별적 수권조항에 근거하여 경찰권을 발동하는 경우에도 적용된다.
② 적합성의 원칙은 경찰관의 어떤 조치가 경찰목적 달성을 위해 필요한 경우라고 하여도 그 조치에 따른 불이익이 그 조치로 인해 발생하는 이익보다 큰 경우에는 경찰권을 발동해서는 안 된다는 원칙이다.
③ 필요성의 원칙(최소침해의 원칙)은 목적을 달성할 수 있는 수단이 여러 가지가 있는 경우에 적합한 여러 가지 수단 중에서 가장 적게 침해를 가져오는 수단을 선택해야 한다는 원칙이다.
④ 경찰비례의 원칙은 「행정기본법」 제10조, 「경찰관직무집행법」 제1조 제2항 등에서 근거를 찾아볼 수 있다.

해설 > ② (×) 적합성의 원칙은 목적에 대한 수단의 적합성을 의미한다. 공익과 침해되는 사익을 비교 형량하는 것은 상당성의 원칙에 해당한다.

정답 ②

## 04 경찰권의 발동과 한계에 대한 설명으로 가장 적절하지 않은 것은? (다툼이 있는 경우 판례에 의함)

〈23 경간 변형〉

① 「경찰관 직무집행법」 제1조 제2항은 경찰비례의 원칙을 명시적으로 선언하고 있는 것이며, 이는 공공의 안녕과 질서유지라는 공익목적과 이를 실현하기 위하여 개인의 권리나 재산을 침해하는 수단 사이에는 합리적인 비례관계가 있어야 한다는 의미를 갖는다.
② 「경찰관 직무집행법」상 경찰장비 규정은 경찰관의 직무수행 중 경찰장비의 사용 여부, 용도, 방법 및 범위에 관하여 재량의 한계를 정한 것이라 할 수 있고, 특히 위해성 경찰장비는 그 사용의 위험성과 기본권 보호 필요성에 비추어 볼 때 본래의 사용방법에 따라 지정된 용도로 사용되어야 하며 다른 용도나 방법으로 사용하기 위해서는 반드시 법령에 근거가 있어야 한다.
③ 형법상 공무집행방해죄는 공무원의 직무집행이 적법한 경우에 한하여 성립하며, 이때 적법한 공무집행은 그 행위가 공무원의 추상적 권한에 속할 뿐 아니라 구체적 직무집행에 관한 법률상 요건과 방식을 갖춘 경우를 가리키므로, 경찰관이 적법절차를 준수하지 않은 채 실력으로 현행범인을 연행하려 하였다면 적법한 공무집행이라고 할 수 없다
④ 위법이나 비난의 정도가 미약한 사안을 포함한 모든 경우에 부정 취득하지 않은 운전면허까지 필요적으로 취소하고 이로 인해 2년 동안 해당 운전면허 역시 받을 수 없게 하는 것은, 공익의 중대성을 감안하더라도 지나치게 기본권을 제한하는 것이 아니므로 비례의 원칙에 위배되지 않는다.

해설 > ③ (○) 대판 2013도2168
④ (×) 위법이나 비난의 정도가 미약한 사안을 포함한 모든 경우에 부정 취득하지 않은 운전면허까지 필요적으로 취소하고 이로 인해 2년 동안 해당 운전면허 역시 받을 수 없게 하는 것은, 공익의 중대성을 감안하더라도 지나치게 기본권을 제한하는 것이므로, 법익의 균형성 원칙에도 위배된다(2019헌가9). 즉, 부정 취득한 운전면허를 필요적으로 취소하도록 한 것은 과잉금지원칙에 위반되지 아니하나, 부정 취득하지 않은 운전면허까지 필요적으로 취소하도록 한 것은 과잉금지원칙에 위반된다고 보았다.

정답 ④

**05** **경찰비례의 원칙에 대한 설명으로 가장 적절하지 않은 것은?** 〈22 승진〉

① 행정영역에서 적용되는 원칙으로서, 일반적 수권조항에 근거하여 경찰권을 발동하는 경우는 물론, 개별적 수권조항에 근거하여 경찰권을 발동하는 경우에도 적용된다.
② 경찰행정관청의 특정행위가 공적 목적 달성을 위해 적합하고, 국민에게 가장 피해가 적으며 달성되는 공익이 침해되는 사익보다 더 커야 적법한 행정작용이 될 수 있다.
③ 상당성의 원칙(협의의 비례원칙)은 경찰기관의 어떤 조치가 경찰목적 달성을 위해 필요한 경우라고 하여도 그 조치에 따른 불이익이 그 조치로 인해 발생하는 이익보다 큰 경우에는 경찰권을 발동해서는 안 된다는 원칙이다.
④ 경찰비례의 원칙은 법률에 명문의 규정은 존재하지 않지만 이를 위반한 경찰작용은 위법한 것으로 평가되어 행정소송의 대상이 되며, 국가배상청구의 대상이 될 수 있다.

해설 ④ (×) 경찰관직무집행법 제1조 및 행정기본법 등에 명문으로 규정되어 있다.

정답 ④

**06** **경찰비례의 원칙에 대한 설명으로 가장 적절하지 않은 것은?** 〈20 채용2차〉

① 독일에서 경찰법상의 판례를 중심으로 발달하여 왔고 오늘날에는 행정법의 모든 영역에서 적용되는 원칙으로 이해되고 있다.
② 최소침해의 원칙은 협의의 비례원칙이라고도 불린다.
③ 「경찰관 직무집행법」 제1조 제2항이 명문으로 규정하고 있을 뿐만 아니라 헌법 제37조 제2항으로부터도 도출된다.
④ 적합성, 필요성, 상당성의 원칙으로 이루어져 있다.

해설 ② (×) 필요성의 원칙은 최소침해의 원칙, 상당성의 원칙은 협의의 비례원칙이라고 한다.

정답 ②

**07** **경찰비례의 원칙에 대한 설명 중 가장 적절하지 않은 것은?** 〈20 승진〉

① 경찰작용에 있어 목적 실현을 위한 수단과 당해 목적 사이에 합리적인 비례관계가 있어야 한다는 것으로 경찰관 직무집행법에 명시적으로 규정되어 있다.
② 경찰비례의 원칙의 내용으로서 '적합성의 원칙', '필요성의 원칙', '상당성의 원칙'이 있으며 적어도 하나는 충족해야 위법하지 않다.
③ 비례의 원칙을 위반한 국가작용은 행정소송의 대상이 되며, 국가배상책임이 성립할 수 있다.
④ '경찰은 대포로 참새를 쏘아서는 안 된다'는 법언은 상당성의 원칙을 잘 표현한 것이다.

해설 ② (×) **【적필상】**은 모두 동시에 충족되어야 한다.
④ (○) 상당성의 원칙은 침해되는 사익보다 공익이 커야 한다는 것으로 '협의의 비례 원칙'이라고 한다.
**【상땅성: 상황에 맞게 '땅' 쏘아야 한다.】**

정답 ②

## 08 부당결부금지의 원칙에 관한 설명으로 가장 적절한 것은? (다툼이 있는 경우 판례에 의함) 〈23 채용2차〉

① 행정청은 행정작용을 할 때 상대방에게 해당 행정작용과 실질적인 관련이 없는 의무를 부과해서는 아니 된다는 원칙이다.
② 현행법상 명시적인 규정은 없지만 법치국가의 원리와 자의금지의 원칙으로부터 도출되는 행정법의 일반원칙이다.
③ 지방자치단체장이 사업자에게 주택사업계획승인을 하면서 그 주택사업과는 아무런 관련이 없는 토지를 기부채납 하도록 하는 부관을 붙인 경우에는, 기부채납한 토지 가액이 그 주택사업계획의 100분의 1 상당의 금액에 불과하고 사업자가 이의를 제기하지 아니하다가 지방자치단체장이 업무착오로 기부채납한 토지에 대하여 보상협조요청서를 보내자 그때서야 비로소 부관의 하자를 들고 나왔다고 하더라도 그 부관은 당연무효이다.
④ 甲이 혈중알코올농도 0.140%의 주취상태로 배기량 125cc 이륜자동차를 운전하였다는 이유로 甲의 자동차 운전면허제1종 대형, 제1종 보통, 제1종 특수(대형견인 · 구난), 제2종 소형]를 취소한 것은 甲이 음주상태에서 운전을 하지 않으면 안 되는 부득이한 사정이 없었더라도 재량권을 일탈 · 남용한 것이다.

해설> ② (×) 행정기본법에 명시적으로 규정되어 있다.
③ (×) 위법하지만, 토지 가액은 그 100분의 1상당의 금액에 불과한 데다가(중대하지 않음), 사업자가 그동안 그 부관에 대하여 아무런 이의를 제기하지 아니하다가 지방자치단체장이 업무착오로 기부채납한 토지에 대하여 보상협조요청서를 보내자 그때서야 비로소 부관의 하자를 들고 나온 사정(명백하지 않음)에 비추어 볼 때 부관의 하자가 중대하고 명백하여 당연무효라고는 볼 수 없다(대판 96다49650).
④ (×) 재량권을 일탈 · 남용한 것이 아니다(대판 2017두67476).

> 제93조(운전면허의 취소 · 정지) ① 시 · 도경찰청장은 운전면허(연습운전면허는 제외한다. 이하 이 조에서 같다)를 받은 사람이 다음 각 호의 어느 하나에 해당하면 행정안전부령으로 정하는 기준에 따라 운전면허(운전자가 받은 모든 범위의 운전면허를 포함한다. 이하 이 조에서 같다)를 취소하거나 1년 이내의 범위에서 운전면허의 효력을 정지시킬 수 있다.
> 1. 제44조제1항을 위반하여 술에 취한 상태에서 자동차등을 운전한 경우

정답 ①

## 09 「행정기본법」상 신뢰보호의 원칙에 해당하는 것은? 〈23 승진〉

① 행정청은 권한 행사의 기회가 있음에도 불구하고 장기간 권한을 행사하지 아니하여 국민이 그 권한이 행사되지 아니할 것으로 믿을 만한 정당한 사유가 있는 경우에는 그 권한을 행사해서는 아니 된다. 다만, 공익 또는 제3자의 이익을 현저히 해칠 우려가 있는 경우는 예외로 한다.
② 행정청은 합리적 이유 없이 국민을 차별해서는 아니 된다.
③ 행정청의 행정작용은 행정목적을 달성하는 데 유효하고 적절해야 하며, 필요한 최소한도에 그칠 것이고, 행정작용으로 인한 국민의 이익 침해가 그 행정작용이 의도하는 공익보다 크지 아니 해야 한다.
④ 행정청은 행정작용을 할 때 상대방에게 해당 행정작용과 실질적인 관련이 없는 의무를 부과해서는 아니 된다.

해설> ② (×) 제9조(평등의 원칙)
③ (×) 제10조(비례의 원칙)
④ (×) 제13조(부당결부금지의 원칙)

정답 ①

## 10 「행정기본법」상 기간의 계산에 대한 설명으로 가장 옳지 않은 것은? 〈보충〉

① 행정에 관한 기간의 계산에 관하여는 「행정기본법」 또는 다른 법령등에 특별한 규정이 있는 경우를 제외하고는 「민법」을 준용한다.
② 법령등 또는 처분에서 국민의 권익을 제한하거나 의무를 부과하는 경우 권익이 제한되거나 의무가 지속되는 기간을 일, 주, 월 또는 연으로 정한 경우에는 기간의 첫날을 산입하는 것이 원칙이다.
③ 법령등(훈령 · 예규 · 고시 · 지침 등 포함)을 공포한 날부터 시행하는 경우에는 공포한 날을 시행일로 한다.
④ 법령등을 공포한 날부터 일정 기간이 경과한 날부터 시행하는 경우 법령등을 공포한 날을 첫날에 산입한다.

해설> ④ (×) 경과 규정이 있는 경우 법령등을 공포한 날을 첫날에 산입하지 아니한다(제7조).

정답 ④

## 11 「행정기본법」에 관한 설명으로 가장 적절한 것은?

〈23 채용2차〉

① 행정에 관한 나이는 다른 법령등에 특별한 규정이 있는 경우에도 출생일을 산입하지 않고 만(滿) 나이로 계산하고, 연수(年數)로 표시하되, 1세에 이르지 아니한 경우에는 월수(月數)로 표시할 수 있다.

② 행정작용은 그 행정작용이 의도하는 공익이 행정작용으로 인한 국민의 이익 침해보다 크지 않아야 한다.

③ 행정청은 법률로 정하는 바에 따라 완전히 자동화된 시스템(인공지능 기술을 적용한 시스템을 포함)으로 처분을 할 수 있으나, 처분에 재량이 있는 경우는 그러하지 아니하다.

④ 공익 또는 제3자의 이익을 현저히 해칠 우려가 있는 경우에도 행정청은 권한 행사의 기회가 있음에도 불구하고 장기간 권한을 행사하지 아니하여 국민이 그 권한이 행사되지 아니할 것으로 믿을 만한 정당한 사유가 있는 경우에는 그 권한을 행사해서는 아니 된다.

해설 > ① (×) 행정에 관한 나이는 다른 법령등에 특별한 규정이 있는 경우를 제외하고는 출생일을 산입하여 만(滿) 나이로 계산하고, 연수(年數)로 표시한다. 다만, 1세에 이르지 아니한 경우에는 월수(月數)로 표시할 수 있다(제7조의2).

② (×) 행정작용으로 인한 국민의 이익 침해가 그 행정작용이 의도하는 공익보다 크지 아니하여야 한다(제10조).

④ (×) 행정청은 권한 행사의 기회가 있음에도 불구하고 장기간 권한을 행사하지 아니하여 국민이 그 권한이 행사되지 아니할 것으로 믿을 만한 정당한 사유가 있는 경우에는 그 권한을 행사해서는 아니 된다. 다만, 공익 또는 제3자의 이익을 현저히 해칠 우려가 있는 경우는 예외로 한다(제12조②).

정답 ③

## 12 행정상 법률관계에 관한 설명으로 가장 적절하지 않은 것은? (다툼이 있는 경우 판례에 의함)

〈23 채용2차〉

① 국유재산의 관리청이 그 무단점유자에 대하여 하는 변상금 부과처분은 순전히 사경제 주체로서 행하는 사법상의 법률행위이다.

② 국가나 지방자치단체에 근무하는 청원경찰은 「국가공무원법」이나 「지방공무원법」상의 공무원은 아니지만 그 근무관계를 사법상의 고용계약관계로 보기는 어렵다.

③ 원천징수의무자가 비록 과세관청과 같은 행정청이라 하더라도 그의 원천징수 행위는 법령에서 규정된 징수 및 납부의무를 이행하기 위한 것에 불과한 것이지, 공권력의 행사로서의 행정처분을 한 경우에 해당되지 아니한다.

④ 국립 교육대학 학생에 대한 퇴학처분은 행정처분이다.

해설 > ① (×) 국유재산법상 국유재산의 무단점유자에 대한 변상금 부과는 공권력을 가진 우월적 지위에서 행하는 것으로서 행정소송의 대상이 되는 행정처분이다(대판 87누1046).

② (○) 국가나 지방자치단체에 근무하는 청원경찰은 그 근무관계를 사법상의 고용계약관계로 보기는 어려우므로 그에 대한 징계처분의 시정을 구하는 소는 행정소송의 대상이지 민사소송의 대상이 아니다(대판 92다47564).

③ (○) 원천징수행위는 법령에서 규정된 징수 및 납부의무를 이행하기 위한 것에 불과한 것이지, 공권력의 행사로서의 행정처분을 한 경우에 해당되지 아니한다(대판 89누4789).

④ (○) 국립 교육대학 학생에 대한 퇴학처분은, 학교의 내부질서유지를 위해 학칙 위반자인 재학생에 대한 구체적 법집행으로서 국가공권력의 하나인 징계권을 발동하여 학생으로서의 신분을 일방적으로 박탈하는 국가의 교육행정에 관한 의사를 외부에 표시한 것이므로, 행정처분임이 명백하다(대판 91누2144).

정답 ①

**13** **행정청이 행하는 구체적 사실에 관한 법 집행으로서 공권력의 행사 또는 그 거부와 그 밖에 이에 준하는 행정작용에 해당하는 것은 모두 몇 개인가? (다툼이 있는 경우 판례에 의함)** 〈22 채용2차〉

| ㉠ 도로점용허가<br>㉡ 주민등록번호 변경신청 거부<br>㉢ 교통경찰관의 수신호<br>㉣ 교통신호등에 의한 신호<br>㉤ 경찰청장의 횡단보도 설치 기본계획 수립 |
|---|

① 1개 ② 2개
③ 3개 ④ 4개

해설 ㉠ (○) "처분"이란 행정청이 행하는 구체적 사실에 관한 법 집행으로서 공권력의 행사 또는 그 거부와 그 밖에 이에 준하는 행정작용을 말한다(행정기본법 제2조). 도로점용허가는 법률행위적 행정행위(형성적 행정행위)로서 강학상 특허에 해당하는 처분이다.
㉡ (○) 신청에 의한 거부행위도 처분에 해당한다.
㉢ (○) 경찰공무원의 지시는 기능상 의미의 행정청에 해당하는 경찰관에 의한 권력적 사실행위로서, 강학상 하명에 해당하는 처분이다.
㉣ (○) 교통신호등에 의한 신호는 강학상 하명에 해당하는 일반처분이다. 처분은 구체적 사실에 관한 법집행이면 개별적으로 또는 일반적으로 할 수 있다. 도로상의 교통표지(우선통행, 주차금지, 대기선)는 명령·금지하는 처분에 해당한다. 다만, 교차로, 커브길, 경사로, 방향표시 등은 명령이나 금지가 아니므로 처분에 해당하지 아니한다.
㉤ (×) 상급행정기관의 지시는 일반적으로 행정조직 내부에서만 효력을 가질 뿐 대외적으로 국민이나 법원을 구속하는 효력이 없다. 국민의 권리·의무와 직접 관계가 없는 행위는 행정처분으로 볼 수 없다. 지방경찰청장이 횡단보도를 설치하여 보행자의 통행방법 등을 규제하는 것은 행정처분에 해당한다(대판 98두8964).

정답 ④

**14** **「행정기본법」상 "처분"에 대한 설명으로 가장 옳은 것은?** 〈보충〉

① 처분은 권한이 있는 기관이 취소 또는 철회하거나 기간의 경과 등으로 소멸되기 전까지는 적법한 것으로 통용된다.
② 무효인 처분은 소급하여 그 효력이 발생하지 아니한다.
③ 당사자의 신청에 따른 처분은 법령등에 특별한 규정이 있거나 처분 당시의 법령등을 적용하기 곤란한 특별한 사정이 있는 경우를 제외하고는 처분 당시의 법령등에 따른다.
④ 법령등을 위반한 행위의 성립과 이에 대한 제재처분은 법령등에 특별한 규정이 있는 경우를 제외하고는 변경된 법령등을 적용하는 것이 원칙이다.

해설 ① (×) 제15조(처분의 효력) 처분은 권한이 있는 기관이 취소 또는 철회하거나 기간의 경과 등으로 소멸되기 전까지는 **유효한 것으로 통용된다.** 다만, 무효인 처분은 처음부터 그 효력이 발생하지 아니한다.
② (×) 무효인 처분은 처음부터 그 효력이 발생하지 아니한다.
④ (×) 위반행위에 대한 제재처분은 위반한 행위 당시의 법령등에 따른다. 다만, 법령등을 위반한 행위 후 법령등의 변경에 의하여 그 행위가 법령등을 위반한 행위에 해당하지 아니하거나 제재처분 기준이 가벼워진 경우로서 해당 법령등에 특별한 규정이 없는 경우에는 변경된 법령등을 적용한다(제14조③).

정답 ③

**15** 「행정기본법」상 취소와 철회에 대한 설명으로 가장 옳지 않은 것은? 〈보충〉

① 행정청은 위법 또는 부당한 처분의 전부나 일부를 소급하여 취소할 수 있다. 다만, 당사자의 신뢰를 보호할 가치가 있는 등 정당한 사유가 있는 경우에는 장래를 향하여 취소할 수 있다.
② 당사자가 처분의 위법성을 알고 있었던 경우에는 취소로 인하여 당사자가 입게 될 불이익과 취소로 달성되는 공익을 비교·형량하지 아니할 수 있다.
③ 법령등의 변경이나 사정변경으로 처분을 더 이상 존속시킬 필요가 없게 된 경우에는 철회할 수 있다.
④ 법률에서 정한 철회 사유에 해당하지 아니한 경우 중대한 공익을 위한 필요만으로 철회할 수는 없다.

해설 ④ (×) 철회할 수 있는 경우는 세 가지가 있다.

> 제19조(적법한 처분의 철회) ① 행정청은 적법한 처분이 다음 각 호의 어느 하나에 해당하는 경우에는 그 처분의 전부 또는 일부를 장래를 향하여 철회할 수 있다.
> 1. **법**률에서 정한 철회 사유에 해당하게 된 경우
> 2. 법령등의 변경이나 **사**정변경으로 처분을 더 이상 존속시킬 필요가 없게 된 경우
> 3. 중대한 **공**익을 위하여 필요한 경우
>
> **【법공사 철에(철회)】**

정답 ④

**16** 행정행위의 부관은 ( )인 경우를 제외하고는 독립하여 행정소송의 대상이 될 수 없다. 빈칸에 들어갈 말로 가장 적절한 것은? (다툼이 있는 경우 관례에 의함) 〈23 채용2차〉

① 부담 ② 조건
③ 기한 ④ 기간

해설 ① (○) 부담은 다른 부관과 달리 주된 처분과 분리가 가능하며 독립하여 별도로 소송제기가 가능하다.

정답 ①

**17** 경찰허가의 효과를 제한 또는 보충하기 위하여 주된 의사 표시에 부가된 종된 의사표시를 부관이라고 한다. 부관에 대한 설명으로 옳지 않은 것은? 〈21 경간〉

① 법정부관의 경우 처분의 효과제한이 직접 법규에 의해서 부여 되는 부관으로서 이는 행정행위의 부관과는 구별되는 개념으로 원칙적으로 부관의 개념에 속하지 않는다.
② 부담은 그 자체가 하나의 행정행위이다. 즉, 하명으로서의 성격을 지니기 때문에 분리가 가능하지만, 그 자체가 독립적으로 행정쟁송 및 경찰강제의 대상이 될 수 없다.
③ 부담과 정지조건의 구별이 불분명한 경우에는 최소침해의 원칙에 따라 부담으로 보아야 한다.
④ 수정부담은 새로운 의무를 부가하는 것이 아니라 상대방이 신청한 것과는 다르게 행정행위의 내용을 정하는 부관을 말하며 상대방의 동의가 있어야 효력이 발생한다.

해설 ① (○) '법정부관'은 법령이 직접 행정행위의 조건, 기한 등을 정하는 것으로서 행정청이 행정행위의 조건이나 기한 등을 정하는 것과 구별되며, 법정부관은 원칙적으로 부관의 개념에 속하지 않는다.
② (×) 부담은 다른 부관과 달리 주된 행정행위와 **분리가 가능**하며 **독립하여 별도로 소송제기가 가능**하다. **【부담은 떨쳐내자】**
③ (○) 정지조건부 행정행위는 조건의 성취로 행정행위의 효력이 발생하지만, 부담은 처음부터 효력이 발생한다. 구별이 불분명한 경우에는 침해가 적은 부담으로 보아야 한다.
④ (○) 수정부담은 주된 처분의 효과를 제한하는 것이 아니라 변경된 내용의 처분을 하는 것이므로, 부관이 아닌 수정된 처분 또는 수정허가로 보는 것이 다수설이다.

정답 ②

## 18 「행정기본법」상 부관에 관한 설명으로 가장 적절하지 않은 것은? 〈23 채용1차〉

① 행정청은 처분에 재량이 있는 경우에는 부관을 붙일 수 있다.
② 행정청은 처분에 재량이 없는 경우에는 법률에 근거가 있는 경우에 부관을 붙일 수 있다.
③ 행정청은 부관을 붙일 수 있는 처분이 당사자의 동의가 있는 경우에는 그 처분을 한 후에도 부관을 새로 붙이거나 종전의 부관을 변경할 수 있다.
④ 부관은 해당 처분의 목적에 위배되지 아니하고, 실질적 관련이 없을 것을 요건으로 한다.

해설> ④ (×) 해당 처분과 실질적인 관련이 있어야 한다.

**☞ 행정기본법**

제17조(부관) ① 행정청은 처분에 재량이 있는 경우에는 부관(조건, 기한, 부담, 철회권의 유보 등을 말한다. 이하 이 조에서 같다)을 붙일 수 있다.
② 행정청은 처분에 재량이 없는 경우에는 법률에 근거가 있는 경우에 부관을 붙일 수 있다.
③ 행정청은 부관을 붙일 수 있는 처분이 다음 각 호의 어느 하나에 해당하는 경우에는 그 처분을 한 후에도 부관을 새로 붙이거나 종전의 부관을 변경할 수 있다.**【법동사】**
1. **법**률에 근거가 있는 경우
2. 당사자의 **동**의가 있는 경우
3. **사**정이 변경되어 부관을 새로 붙이거나 종전의 부관을 변경하지 아니하면 해당 처분의 목적을 달성할 수 없다고 인정되는 경우

④ 부관은 다음 각 호의 요건에 적합하여야 한다. **【목연필】**
1. 해당 처분의 **목**적에 위배되지 아니할 것
2. 해당 처분과 실질적인 관**련**이 있을 것
3. 해당 처분의 목적을 달성하기 위하여 **필**요한 최소한의 범위일 것

정답 ④

## 19 「행정기본법」에 대한 설명으로 옳지 않은 것은? (다툼이 있는 경우 판례에 의함) 〈보충〉

① "처분"이란 행정청이 구체적 사실에 관하여 행하는 법 집행으로서 공권력의 행사 또는 그 거부와 그 밖에 이에 준하는 행정작용을 말한다.
② "제재처분"이란 법령등에 따른 의무를 위반하거나 이행하지 아니하였음을 이유로 당사자에게 의무를 부과하거나 권익을 제한하는 처분(행정상 강제를 포함한다)을 말한다.
③ 운전면허 취소 사유에 해당함에도 착오로 운전면허 정지 처분을 한 상태에서 위반자에게 운전면허 취소 처분을 한 것은 신뢰보호의 원칙을 위반한 것이다.
④ 부관은 해당 처분의 목적에 위배되지 아니할 것, 해당 처분과 실질적인 관련이 있을 것, 해당 처분의 목적을 달성하기 위하여 필요한 최소한의 범위일 것 등의 요건을 모두 갖추어야 한다.

해설> ② (×) 행정상 강제를 제외한다. 의무이행확보수단으로 행정상 강제와 행정벌이 있으며, 행정상 강제에는 강제집행(대집행, 강제징수, 직접강제, 이행강제금 부과)과 즉시강제가 있고, 행정벌에는 행정형벌과 행정질서벌이 있다. 따라서 제재처분은 과징금 부과 등 의무를 부과하거나 운전면허 취소 등 권익을 제한하는 처분을 말한다.
③ (○) 대판 99두10520
④ (○) 제17조④

정답 ②

**20** **경찰재량에 관한 설명 중 가장 적절하지 않은 것은? (다툼이 있는 경우 판례에 의함)** 〈22 채용2차〉

① 「도로교통법」상 교통단속임무를 수행하는 경찰공무원을 폭행한 사람의 운전면허를 취소하는 것은 행정청이 재량여지가 없으므로 재량권의 일탈 남용과는 관련이 없다.
② 재량을 선택재량과 결정재량으로 나눌 경우, 경찰공무원의 비위에 대해 징계처분을 하는 결정과 그 공무원의 건강 등 제반사정을 고려하여 징계처분을 하지 않는 결정 사이에서 선택권을 갖는 것을 결정재량이라 한다.
③ 재량의 일탈 남용뿐만 아니라 단순히 재량권 행사에서 합리성을 결하는 등 재량을 그르친 경우에도 행정심판의 대상이 된다.
④ 재량권의 일탈이란 재량권의 내적 한계(재량권이 부여된 내재적 목적)를 벗어난 것을 말하며, 재량권의 남용이란 재량권의 외적 한계(법적 객관적 한계)를 벗어난 것을 의미한다.

해설 ① (○) 도로교통법 제93조에 의하여 **2회 음주운전, 측정불응, 단속 공무원 폭행** 등의 경우에는 반드시 운전면허를 취소하여야 한다.

> 제93조(운전면허의 취소 · 정지) ① 시 · 도경찰청장은 운전면허(연습운전면허는 제외한다. 이하 이 조에서 같다)를 받은 사람이 다음 각 호의 어느 하나에 해당하면 행정안전부령으로 정하는 기준에 따라 운전면허(운전자가 받은 모든 범위의 운전면허를 포함한다. 이하 이 조에서 같다)를 **취소하거나 1년 이내의 범위에서 운전면허의 효력을 정지시킬 수 있다.** 다만, ~ **제14호, ~ 에 해당하는 경우에는 운전면허를 취소하여야 하고 ~**
> 14. 이 법에 따른 교통단속 임무를 수행하는 경찰공무원등 및 시 · 군공무원을 폭행한 경우

③ (○) 일탈 · 남용은 위법한 것으로 행정소송의 대상이 되고, 단순히 재량을 그르친 경우(잘못한 경우)는 부당한 행위가 되어 행정소송의 대상이 되지는 않지만 행정심판의 대상은 된다.
④ (×) 일탈은 재량권의 외적 한계를 벗어난 것이고, 남용은 재량권의 내적 한계를 벗어난 것이다. 재량행위에 잘못이 있는 경우에는 부당한 행위가 되어 법원의 통제를 받지 않지만, 재량권의 남용이나 일탈은 사법심사의 대상이 된다.

정답 ④

## 제2절 행정조사기본법

**01** **행정조사에 관한 설명 중 가장 적절한 것은? (다툼이 있는 경우 판례에 의함)** 〈22 채용2차〉

① 「행정조사기본법」상 조사대상자의 자발적 협조를 얻어 조사를 실시하는 경우에는 법령의 근거를 요하지 아니하며 조직법상의 권한 범위 밖에서도 가능하다.
② 조사대상자의 자발적 협조로 조사가 이루어지는 경우일지라도 행정의 적법성 및 공공성 등을 높이기 위해서 조사목적 등을 반드시 서면으로 통보하여야 한다.
③ 경찰작용은 행정작용의 일환이므로 경찰의 수사에도 「행정조사기본법」이 적용되는 것이 원칙이다.
④ 행정조사는 행정기관이 향후 행정작용에 필요한 자료 및 정보를 얻기 위한 준비적 보조적 작용이다.

해설 ① (×) 자발적 협조를 얻어 조사를 실시하는 경우에는 법령의 근거를 요하지 아니한다. 다만, 조직법상 임무 범위를 벗어나서 할 수는 없다.
② (×) 자발적 협조를 얻는 경우에는 구두로 통지할 수 있다.

> 제17조(조사의 사전통지) ① 행정조사를 실시하고자 하는 행정기관의 장은 제9조에 따른 출석요구서, 제10조에 따른 보고요구서 · 자료제출요구서 및 제11조에 따른 현장출입조사서(이하 “출석요구서등”이라 한다)를 **조사개시 7일 전까지 조사대상자에게 서면으로 통지하여야 한다.** 다만, 다음 각 호의 어느 하나에 해당하는 경우에는 **행정조사의 개시와 동시에 출석요구서등을 조사대상자에게 제시**하거나 행정조사의 목적 등을 조사대상자에게 **구두로 통지할 수 있다.**
> 1. 행정조사를 실시하기 전에 관련 사항을 **미리 통지하는 때에는 증거인멸** 등으로 행정조사의 목적을 달성할 수 없다고 판단되는 경우
> 2. 「통계법」 제3조제2호에 따른 **지정 통계의 작성**을 위하여 조사하는 경우 3. 제5조 단서에 따라 조사대상자의 **자발적인 협조**를 얻어 실시하는 행정조사의 경우 **【통증자에 구두통지】**

③ (×) 행정조사기본법은 ‘조세 · 형사 · 행형 및 보안처분에 관한 사항’에는 적용하지 아니한다(제3조 제5호).

정답 ④

**02** **행정조사에 대한 설명으로 옳은 것은? (다툼이 있는 경우 판례에 의함)** 〈보충〉

① 조세·형사·행형 및 보안처분에 관한 사항에 대하여는 「행정조사기본법」을 적용한다.
② 「행정조사기본법」상 행정기관은 조사대상자의 자발적인 협조가 있는 경우에 한하여 행정조사를 실시할 수 있다.
③ 행정조사절차에는 수사절차에서의 진술거부권 고지의무에 관한 형사소송법 규정이 준용되지 않는다.
④ 「도로교통법」상 경찰공무원(자치경찰공무원은 제외한다)은 교통사고가 발생한 경우에는 대통령령으로 정하는 바에 따라 필요한 조사를 할 수 있다.

해설> ① (×) 「행정조사기본법」을 적용하지 아니한다(제3조②).
② (×) 행정기관은 법령등에서 행정조사를 규정하고 있는 경우에 한하여 행정조사를 실시할 수 있다. 다만, 조사대상자의 자발적인 협조를 얻어 실시하는 행정조사의 경우에는 그러하지 아니하다.
③ (○) 대판 2020두31323
④ (×) 필요한 조사를 하여야 한다(제54조). 행정조사는 일반적으로 재량규정이지만, 교통사고 발생시 조사는 강행규정이다.

정답 ③

# 제4장 경찰작용법

## 제1절 경찰권 발동의 근거와 한계

**01** **「경찰관직무집행법」 제2조 제7호의 개괄적 수권조항 인정여부에 있어 찬성 측의 논거로 가장 적절하지 않은 것은?** 〈16 채용2차〉

① 경찰권의 성질상 경찰권의 발동사태를 상정해서 경찰권 발동의 요건·한계를 입법기관이 일일이 규정한다는 것은 불가능하다.
② 개괄적 수권조항은 개별조항이 없는 경우에만 보충적으로 적용하면 된다.
③ 개괄적 수권조항으로 인한 경찰권 남용의 가능성은 조리상의 한계 등으로 충분히 통제가 가능하다.
④ 「경찰관직무집행법」 제2조 제7호는 단지 경찰의 직무범위만을 정한 것으로서 본질적으로는 조직법적 성질의 규정이다.

해설> ④ (×) 경직법 제2조 제7호를 조직법적 성질로 보는 것은 부정설의 입장이다.

**개괄적 수권조항의 인정 여부**

| | |
|---|---|
| 긍정설 | ① 경찰권 발동의 요건과 한계를 모두 규정하는 것은 불가능<br>② 경직법 제2조⑦ "**공**공의 **안**녕과 **질**서유지"는 실정법상 일반적 수권조항의 근거<br>③ 개별적 수권조항이 없는 경우에 **보충적으로 적용**<br>④ 일반조항의 남용은 **조리상 한계로 통제 가능**<br>⑤ 일반조항의 해석은 **학설·판례로 특정 가능**<br>⑥ 독일에서는 학설과 판례로 확립 |
| 부정설 | ① 경직법 제2조⑦은 **본질적으로 조직법적 규정**이다.<br>② 일반조항 인정 시 법률유보의 형해화 발생<br>③ 경찰작용은 대표적인 권력적·침해적 작용이므로 개별법의 근거가 필요<br>④ 독일법과 달리 명시적 규정이 없다. |

정답 ④

## 02 경찰권 발동의 조리상 한계에 대한 설명으로 가장 적절하지 않은 것은? 〈22 경간〉

① 경찰공공의 원칙이란 경찰권은 공공의 안녕·질서유지에 관계없는 사적 관계에 대해서 발동되어서는 안 된다는 원칙을 의미한다.
② 경찰비례의 원칙 중 필요성의 원칙은 협의의 비례원칙이라고도 불리며 경찰기관의 조치는 그 목적을 달성하는데 적합하여야 한다는 원칙이다.
③ 경찰책임의 원칙이란 경찰권은 원칙적으로 경찰위반상태를 야기한 자, 즉 공공의 안녕·질서의 위험에 대하여 행위책임 또는 상태책임을 질 자에게만 발동될 수 있다는 원칙이다.
④ 경찰평등의 원칙이란 경찰권은 그 대상이 되는 모든 사람에게 차별 없이 평등하게 행사되어야 한다는 것을 의미한다.

해설> ② (×) 상당성의 원칙을 협의의 비례원칙이라고도 한다. 경찰기관의 조치가 그 목적을 달성하는데 적합하여야 한다는 원칙은 적합성이다.

정답 ②

## 03 경찰권 발동의 조리상 한계에 대한 설명으로 가장 적절하지 않은 것은? 〈19 채용1차〉

① 경찰비례의 원칙이란 경찰작용에 있어 목적 실현을 위한 수단과 당해 목적 사이에 합리적인 비례관계가 있어야 한다는 원칙이다.
② 경찰비례의 원칙의 내용 중 상당성의 원칙은 경찰권 발동에 따른 이익보다 사인의 피해가 더 큰 경우 경찰권을 발동해서는 안 된다는 원칙으로서 최소침해원칙이라고도 한다.
③ 경찰책임의 원칙이란 경찰권은 경찰위반상태에 책임이 있는 자에게만 발동되어야 한다는 원칙이다.
④ 경찰책임 원칙의 예외로서 긴급한 필요가 있는 경우 경찰책임 있는 자가 아닌 제3자에 대한 경찰권 발동이 허용되는 경우가 있다.

해설> ② (×) '최소침해의 원칙'은 필요 최소한의 침해 수단을 선택해야 한다는 필요성의 원칙을 의미한다.

정답 ②

## 04 다음 상황에 대한 설명으로 가장 적절하지 않은 것은? 〈22 경간〉

> A는 자신이 운영하는 옷가게에서 여자 모델 B에게 수영복만을 입게 하여 쇼윈도우에 서 있도록 하였다. 지나가던 사람들이 이를 구경하기 위해 쇼윈도우 앞에 몰려들어 도로교통상의 심각한 장해가 발생하였다.

① 조건설에 의하면 군중, A, B 모두 경찰책임자가 된다.
② 의도적 간접원인제공자이론(목적적 원인제공자책임설)을 인정한다면 A에게 경찰권을 발동하여 A로 하여금 B를 쇼윈도우에서 나가도록 하라고 할 수 있다.
③ 직접원인설에 의할 때 경찰책임자는 B이다.
④ 교통장해가 그다지 중대하지 않다면 A를 경찰책임자로 보아서는 안 될 것이다.

해설> ③ (×) 직접원인설에 의할 때 경찰위반상태를 직접적으로 야기한 군중들이 경찰책임자에 해당하며 간접적인 원인제공자인 B는 경찰책임자에 해당하지 아니한다.
④ (○) 위험은 가까운 장래에 공공의 안녕이나 질서에 손해 가능성이 있는 경우이고, 손해는 보호법익의 객관적 감소로 현저한 침해가 있는 경우이다. 단순한 성가심이나 불편함은 경찰개입의 대상이 아니다.

### 행위책임 귀속에 대한 원인론

| 구분 | 내용 |
|---|---|
| 조건설 | ① 그것이 없다면 경찰상 위험이 발생하지 않았을 것이라고 인정되는 모든 조건을 경찰책임의 원인으로 보는 견해로 등가설이라고도 한다.<br>② 조건설은 책임의 귀속이 무한히 확대되기 때문에 적합하지 않다. |
| 직접원인설(다수설) | ① 경찰위반상태를 직접 야기한 행위자만이 경찰책임을 지고 간접적인 원인제공자는 경찰책임을 지지 않는다는 견해이다.<br>② 일련의 인과관계의 고리 중에서 마지막의 그리고 결정적인 원인을 제공한 사람이 원칙적으로 행위책임자가 된다. |
| 간접원인제공자이론 | 직접원인설에서 파생된 이론으로서, 직접적으로 위해의 원인을 야기시키지는 않았으나 직접원인자의 행위를 의도적으로 야기시킨 간접원인제공자도 행위책임자로 보아 경찰권발동의 대상으로 한다. |

정답 ③

## 05 경찰책임에 대한 설명으로 가장 적절하지 않은 것은? 〈22 경간〉

① 형사미성년자도 행위책임의 주체가 될 수 있다.
② 행위자의 고의나 과실에 무관하게 행위책임을 진다.
③ 행위자의 작위나 부작위에 상관없이 위험을 야기시키면 행위책임을 진다.
④ 경찰책임자에 대한 경찰의 경찰권발동으로 경찰책임자에게 재산적 손해가 발생한 경우, 그 경찰책임자에게 손실보상청구권이 인정된다.

해설 > ③ (○) 법적의무가 있는 부작위의 경찰의무위반이 있는 경우에도 책임은 인정된다.
④ (×) 경찰책임이 있는 자에 대한 즉시강제로 손실이 발생하여도 손실보상청구를 할 수 없는 것이 원칙이다. 정신질환자의 강제입원으로 발생한 상대방의 손실에 대한 보상은 인정되지 않는다. 다만, 그 손실이 **'특별한 희생'에 해당하는 경우에는 손실보상청구권이 인정된다.** 특별한 희생이란 사회적 제약을 벗어나는 희생으로서 그 존부는 침해의 중대성, 침해의 불평등 여부, 상대방의 수인가능 여부, 경찰상 위험서의 존부 등을 종합하여 판단하여야 한다. 「경찰관직무집행법」 제11조의2(손실보상)는 손실발생의 원인에 대하여 책임이 없는 자 또는 손실발생의 원인에 대하여 책임이 있는 자가 자신의 책임에 상응하는 정도를 초과하는 손실을 입은 경우에 정당한 보상을 하도록 규정하고 있다.

정답 ④

## 06 경찰책임의 원칙에 대한 설명 중 옳지 않은 것은? 〈20 경간〉

① 경찰책임의 주체는 모든 자연인이 될 수 있다. 또한 권리능력 유무에 관계없이 모든 사법인(私法人)도 경찰책임자가 될 수 있다.
② 경찰이 경찰긴급권에 의하여 예외적으로 경찰책임이 없는 자에게 경찰권을 발동함으로써 제3자에게 손실을 입히는 경우에는 그 손실을 보상하여야 한다.
③ 다수인의 행위 또는 다수인이 지배하는 물건의 상태로 인하여 하나의 질서위반상태가 발생한 경우, 일부 또는 전체에 대하여 경찰권 발동이 가능하다.
④ 타인을 보호 감독할 지위에 있는 자가 피지배자의 행위로 발생한 경찰위반에 대하여 경찰책임을 지는 경우, 자기의 지배범위 내에서 발생한 데에 대한 대위책임이다.

해설 > ① (○) 경찰책임은 사회공공의 안녕과 질서에 대한 객관적인 위험상황이 존재하면 인정되므로, 모든 자연인, 권리능력이 없는 사법인도 경찰책임자가 된다.
④ (×) 경찰책임의 경우 대위책임이 아니고 자기책임이다.

정답 ④

## 07 경찰상 긴급상태(경찰비책임자에 대한 경찰권발동)에 대한 설명으로 가장 적절하지 않은 것은? 〈22 경간〉

① 위험이 이미 현실화되었거나 위험의 현실화가 목전에 급박하여야 한다.
② 경찰상 긴급상태에 대한 일반적 근거는 「경찰관 직무집행법」에 규정되어 있다.
③ 경찰비책임자에 대한 경찰권발동을 위해서 보충성은 전제조건이므로 경찰책임자에 대한 경찰권발동 또는 경찰 자신의 고유한 수단으로는 위험방지가 불가능한지 여부를 먼저 심사하여야 한다.
④ 경찰권발동으로 인하여 손실을 입은 경찰비책임자에게는 정당한 보상이 행해져야 하며, 결과제거청구와 같은 구제수단이 마련되어야 한다.

해설 ② (×) 경찰상 긴급상태에 대한 일반 규정은 없다. 경찰상 긴급상태에 관한 일반적인 규정을 두는 입법적인 보완이 필요하다는 학계의 주장이 있다. 「경찰관 직무집행법」 제5조 제1항, 제3호에 근거하여 경찰긴급권을 발동할 수는 있지만 이 조항을 경찰상 긴급상태에 대한 일반규정으로 볼 수는 없다. 다만, 「경찰관 직무집행법」은 경찰상 즉시강제의 일반법이라고 할 수 있다.

| | |
|---|---|
| 경찰관 직무집행법 | 그 장소에 있는 사람, 사물의 관리자, 그 밖의 관계인에게 위해를 방지하기 위하여 필요하다고 인정되는 조치를 하게 하거나 직접 그 조치를 하는 것(제5조 제1항, 제3호) |
| 경범죄처벌법 | 공무원 원조불응죄 |
| 기타 | 소방기본법, 수상에서의 수색 · 구조 등에 관한 법률 등 |

③ (○) 경찰긴급권의 요건

1. 목전의 중대한 위험방지
2. 직접원인제공자가 위험제거를 할 수 없을 것
3. 경찰관이 스스로 또는 위임을 통해서 해결이 불가능할 것
4. 제3자의 중대한 법익(생명 · 건강 등) 침해가 없을 것
5. 법률의 근거가 있을 것 등이다. 다만, 제3자의 승낙은 필요하지 않다.

④ (○) 제3자는 위험발생에 관계가 없는 사람으로서 경찰책임이 없는 사람이다. 「경찰관직무집행법」은 "**손실발생의 원인에 대하여 책임이 없는 자**가 생명 · 신체 또는 재산상의 손실을 입은 경우(손실발생의 원인에 대하여 책임이 없는 자가 경찰관의 직무집행에 자발적으로 협조하거나 물건을 제공하여 생명 · 신체 또는 재산상의 손실을 입은 경우를 포함한다)에는 정당한 보상을 하여야 한다."고 규정하고 있다(제11조의2 제1항 제1호). 결과제거청구권은 지속되는 위법한 행정작용의 제거를 청구하는 권리로서 경찰상 긴급상태에 대해서도 인정된다.

정답 ②

## 08 경찰책임의 원칙에 대한 설명 중 가장 적절하지 않은 것은? 〈19 법학〉

① 「민법」상 행위능력이 없는 경우에도 경찰책임이 인정될 수 있다.
② 경찰위반의 상태는 개별 법규를 위반하지 않았더라도 인정될 수 있다.
③ 경찰권 발동이 경찰책임의 원칙에 위배되면 그것은 위법행위로서 무효 또는 취소사유가 된다.
④ 경찰긴급권에 의하여 예외적으로 경찰책임이 없는 자에게 경찰권을 발동하기 위해서는 자연법적 근거에 의해 발동해야 한다.

해설 ④ (×) 경찰긴급권은 예외적으로 목전의 급박한 위해를 제거하는 경우에 한하여 반드시 법령에 근거하여야 하며, 경찰긴급권에 대한 일반규정은 없고 소방기본법, 경범죄처벌법, 경찰관직무집행법 등 개별법에서 규정하고 있다.

정답 ④

**09 경찰책임의 원칙에 관한 설명으로 가장 적절하지 않은 것은?** 〈17 경간, 19 채용2차〉

① 경찰책임의 원칙이란 경찰위반상태에 책임 있는 자에게만 경찰권이 발동되어야 한다는 원칙을 의미한다.
② 경찰책임의 예외로서 경찰긴급권은 급박성, 보충성 등의 요건이 충족되는 경우 경찰책임자가 아닌 제3자에게 경찰권 발동이 인정되는 경우를 의미한다. 법적근거는 요하지 않으나 제3자의 승낙이 있는 경우에 한하여 경찰긴급권의 발동이 허용된다. 다만 이 경우에도 생명·건강 등 제3자의 중대한 법익에 대한 침해는 허용되지 않는다.
③ 경찰책임의 종류에는 행위책임, 상태책임, 복합적 책임이 있다. 먼저 행위책임은 사람의 행위로 인해 경찰위반상태가 발생한 경우를 의미하며, 상태책임은 물건 또는 동물의 소유자·점유자·관리자가 그 지배범위 안에 속하는 물건·동물로 인해 경찰위반상태가 발생한 경우를 의미한다. 마지막으로 복합적 책임은 다수인의 행위책임, 다수의 상태책임 또는 행위·상태 책임이 중복되는 경우를 의미한다.
④ 경찰책임은 사회 공공의 안녕과 질서에 대한 객관적 위험상황이 존재하면 인정되며, 자연인·법인, 고의·과실, 위법성 유무, 의사·행위·책임능력의 유무 등을 불문한다.

해설> ② (×) 경찰긴급권은 반드시 법령에 근거하여야 하며, 소방기본법, 경범죄처벌법, 경찰관직무집행법 등 개별법에서 규정하고 있다. 또한, 제3자의 승낙을 요하지 아니한다.

정답 ②

## 제2절 경찰상 행정행위

**01 경찰하명에 관한 설명으로 가장 적절하지 않은 것은? (다툼이 있는 경우 판례에 의함)** 〈23 채용1차〉

① 경찰하명은 경찰상의 목적을 위하여 국가의 일반통치권에 의거, 개인에게 특정한 작위·부작위·수인 또는 급부의 의무를 명하는 행정행위이다.
② 부작위하명은 적극적으로 어떤 행위를 하지 말 것을 명하는 것으로 '면제'라 부르기도 한다.
③ 경찰하명에 위반한 행위는 강제집행이나 처벌의 대상이 되지만, 원칙적으로 사법(私法)상의 법률적 효력까지 부인하는 것은 아니다.
④ 위법한 경찰하명으로 인하여 권리·이익이 침해된 자는 행정쟁송 또는 손해배상을 청구할 수 있다.

해설> ② (×) 부작위하명을 '금지'라고도 한다. 면제는 부작위를 제외한 작위·수인·급부 의무를 해제하는 것이다.

정답 ②

## 02 경찰하명에 대한 설명으로 가장 적절한 것은 모두 몇 개인가? 〈23 경간〉

> 가. 「경찰관 직무집행법」 제4조의 강제보호조치 대상자에 대한 응급을 요하는 구호조치에 따른 수인의무는 하명이 아니다.
> 나. 대간첩 지역이나 국가중요시설에 대한 접근제한명령이나 통행제한명령은 수인의무를 명하는 행위로서 하명의 성질이 아니다.
> 다. 「경찰관 직무집행법」 제5조 제1항 제3호의 관계인에게 필요한 조치를 하게 하는 것은 상대방이 필요한 조치를 하도록 명하는 행위이더라도 하명의 성질은 아니다.
> 라. 도로교통법 위반에 의한 과태료납부의무는 하명이 아니다.

① 없음 ② 1개
③ 2개 ④ 3개

해설> 가. (×) 하명에는 작위의무, 부작위의무, 수인의무, 급부의무가 있다. 적법한 강제보호조치는 수인의무를 발생시키는 하명에 해당한다.
나. (×) 「경찰관 직무집행법」 제5조 제2항의 접근제한명령이나 통행제한명령은 부작위의무를 발생시키는 하명에 해당한다.
다. (×) 위험발생방지 조치 명령(제5조 제1항 제3호)은 작위의무를 발생시키는 하명에 해당한다.
라. (×) 조세부과처분, 과태료부과처분, 수수료부과처분 등은 급부의무를 발생시키는 하명에 해당한다.

정답 ①

## 03 행정행위에 대한 설명으로 옳지 않은 것은? 〈21 경간〉

① 경찰하명이란 일반통치권에 기인하여 경찰목적을 달성하기 위해 국민에 대하여 작위·부작위·급부·수인 등 의무의 일체를 명하는 법률행위적 행정행위를 말하며 경찰관의 수신호나 교통신호등의 신호도 의무를 부과하는 행위로서 경찰하명에 해당한다.
② 부작위 하명의 유형으로는 절대적 금지와 상대적 금지가 있으며, 청소년에게 술이나 담배 판매금지는 절대적 금지이고, 유흥업소의 영업금지는 상대적 금지에 해당한다.
③ 법률행위적 행정행위는 명령적 행정행위(하명·허가·면제 등)와 형성적 행정행위(특허·인가·대리)로 구분할 수 있고, 준법률 행위적 행정행위는 확인, 공증, 통지, 수리 등으로 구분할 수 있다.
④ 경찰하명에 위반하여 이루어진 행위는 원칙적으로 그 법적 효력에는 아무런 영향을 받지 않는다. 그러나 영업정지 명령에 위반하여 영업을 계속하였을 경우는 당해 영업에 대한 거래 행위의 효력이 부인된다.

해설> ④ (×) 경찰하명에 위반한 행위는 원칙적으로 그 법적 효력에는 아무런 영향이 없다. 여기서 법적효력은 사법(私法)상 효력을 의미한다. 영업정지 명령에 위반하여 물건을 판매하여도 그 거래행위의 효력에는 영향이 없다는 의미이다.

### ☞ 행정행위의 분류

| 법률행위적 행정행위 | 명령적 행위 | 하명, 허가, 면제 | 【하허면】 |
|---|---|---|---|
| | 형성적 행위 | 특허, 대리, 인가 | 【특대인】 |
| 준법률행위적 행정행위 | 공증, 통지, 수리, 확인 | | 【공동(통) 수확】 |

### ☞ 명령적 행정행위의 내용

| 경찰하명 | 작위하명, 부작위하명, 수인하명, 급부하명 | 하허면에 작부수급 |
|---|---|---|
| 경찰허가 | 일반적·상대적 금지 해제(부작위 해제)<br>신청 + 직권(통행금지 해제 등) | |
| 경찰면제 | 작위·수인·급부 의무 해제 (부작위 ×) | |

정답 ④

## 04 경찰하명에 대한 설명으로 가장 적절하지 않은 것은? 〈21 법학〉

① 법규하명은 국민에 대한 의무 부과가 행정기관의 별도 행정처분을 기다리지 않고 이루어지는 하명이다.
② 경찰하명이 무효라면 이를 위반하여도 처벌할 수 없고, 저항하여도 공무집행방해죄가 성립하지 않는다.
③ 경찰하명에 위반하여 이루어진 사법상의 행위는 원칙적으로 그 사법적 효력에는 아무런 영향을 미치지 않는다.
④ 위법한 하명으로 인하여 권리나 이익이 침해된 자는 고소, 고발, 정당방위 및 손실보상 청구를 통하여 구제받는다.

해설 ④ (×) 적법한 행위에 대하여는 손실보상, 위법한 행위에 대하여는 손해배상이다.

정답 ④

## 05 경찰하명에 대한 설명으로 가장 적절하지 않은 것은? 〈19 채용1차〉

① 경찰하명이란 경찰목적을 달성하기 위해 상대방에게 일정한 작위·부작위·수인·급부의 의무를 명하는 행정행위이다.
② 경찰하명 위반 시에는 경찰상 강제집행의 대상이 되거나 경찰벌이 과해질 수 있으나, 하명을 위반한 행위의 법적 효력에는 원칙적으로 영향을 미치지 않는다.
③ 경찰하명의 상대방인 수명자는 수인의무를 지므로 경찰하명이 위법하더라도 손해배상을 청구할 수 없다.
④ 경찰하명이 있는 경우, 상대방은 행정주체에 대하여만 의무를 이행할 책임이 있고 그 이외의 제3자에 대하여 법상 의무를 부담하는 것은 아니다.

해설 ② (○)

☞ **경찰하명 위반의 효과**

> ㉠ 경찰의무 불이행 ⇨ 경찰상 강제집행
> ㉡ 경찰의무 위반 ⇨ 경찰벌
> ㉢ **경찰하명에 위반한 행위는 원칙적으로 그 법적(사법상) 효력에는 아무런 영향이 없다.**

③ (×) 위법한 경우 손해배상을 청구할 수 있다.

☞ **하명에 대한 구제**

> ㉠ 적법한 하명: 수명자는 수인의무를 부담하므로 **손실보상을 청구할 수 없는 것이 원칙**이나, 예외적으로 수명자 또는 책임 없는 제3자에게 '특별한 희생'을 가한 경우에는 손실보상청구가 인정될 수 있다.
> ㉡ 위법한 하명: 손해배상, 행정심판·소송 등으로 구제를 받을 수 있다.

정답 ③

## 06 경찰작용에 관한 설명으로 가장 적절하지 않은 것은? 〈23 승진〉

① 행정목적을 위하여 국가의 일반통치권에 의거 개인에게 특정한 작위·부작위·수인 또는 급부의 의무를 명하는 행정행위, 개인에게 특정 의무를 명하는 명령적 행정행위를 하명이라 한다.
② 법령에 의한 일반적·절대적 금지를 특정한 경우에 해제하여 적법하게 일정한 행위를 할 수 있게 하는 행정행위를 허가라 한다.
③ 부관은 조건·기한 부담·철회권의 유보 등과 같이 주된 처분에 부가되는 종된 규율로서, 주된 처분의 효과를 제한하거나 의무를 부과함으로써 국민의 권리·의무에 영향을 미치는 효과가 있다.
④ 행정지도는 일정한 행정목적을 달성하기 위해 상대방인 국민에게 임의적인 협력을 요청하는 비권력적 사실행위를 말한다.

해설 ② (×) 허가는 본래의 자연적 자유를 회복시키는 행정행위로서, 일반적·상대적 금지를 해제하는 것이다. 정답 ②

PART 04

## 07 강학상 경찰허가에 관한 설명 중 가장 적절한 것은? (다툼이 있는 경우 판례에 의함) 〈22 채용2차〉

① 특별한 규정이 없는 한, 허가를 받게 되면 다른 법령상의 제한들도 모두 해제되는 것이 원칙이다.
② 특별한 규정이 없는 한, 허가는 법령이 부과한 작위의무, 부작위 의무 및 급부의무를 모두 해제하는 것이다.
③ 강학상 허가와 강학상 특허는 당사자의 신청이 없어도 가능하다는 점에서 공통점이 있다.
④ 일반적으로 영업허가를 받지 아니한 상태에서 행한 사법상 법률행위는 유효하다.

해설 ① (×) 허가는 금지를 해제할 수 있는 상대적 금지에 대해서만 가능하다. 법률로 제한되는 절대적 금지(청소년에 대한 주류판매금지 등)는 행정청에 의하여 허가될 수 없다.
② (×) 부작위 의무의 해제이다. 작위·부작위·급부의무를 해제하는 것은 면제이다.
③ (×) 허가는 당사자의 신청이 없어도 가능하지만 특허는 반드시 신청이 있어야만 한다.

정답 ④

## 08 허가에 대한 설명으로 가장 적절한 것은? 〈19 승진〉

① 허가란 법령에 의하여 과하여진 작위·급부·수인의무를 특정한 경우에 해제하여 주는 행정행위이다.
② 허가는 행위의 '적법요건'이지만 '유효요건'은 아니므로, 무허가행위는 행정상 강제집행 또는 행정벌의 대상은 되지만, 행위 자체의 법적 효력은 영향을 받지 않는 것이 원칙이다.
③ 허가는 허가가 유보된 상대적 금지뿐만 아니라 절대적 금지의 경우에도 인정된다.
④ 허가는 상대방의 신청에 의하여 행하여지는 것으로 신청에 의하지 않고는 행하여질 수 없다.

해설 ① (×) 허가는 부작위를 해제하는 행정행위이다.
③ (×) 허가는 상대적 금지를 해제하며 절대적 금지를 해제할 수는 없다.
④ (×) 허가는 신청에 의하는 것이 보통이나, 예외적으로 '통행금지의 해제'와 같이 신청에 의하지 않고도 행하여질 수 있다.

정답 ②

## 09 허가에 대한 다음 설명 중 가장 적절한 것은? (다툼이 있는 경우 판례에 의함) 〈18 채용3차〉

① 허가는 허가가 유보된 상대적 금지에 인정되며, 절대적 금지의 경우에는 인정되지 않는다.
② 허가는 행위의 유효요건일 뿐, 적법요건은 아니다.
③ 판례에 의하면 허가여부의 결정기준은 특별한 사정이 없는 한 원칙적으로 신청 당시의 법령에 의한다.
④ 허가는 법령에 의하여 과하여진 작위·급부·수인의무를 특정한 경우에 해제하여 주는 경찰상의 행정행위이다.

해설 ① (○) '청소년에 대한 주류판매금지'와 같은 절대적 금지사항은 허가할 수 없다.
② (×) 허가는 적법요건이며 유효요건은 아니다. 위반하여 위법하더라도 무효가 되는 것은 아니다.
③ (×) 허가를 신청할 때와 허가처분을 할 때에 적용되는 법령이 다른 경우에, 처분 당시 시행 중인 법령을 기준으로 하는 것이 원칙이다.
④ (×) 경찰허가는 부작위 의무를 해제하고, 경찰면제는 작위, 급부, 수인의무를 해제한다.

정답 ①

## 10 다음 행정행위 중 강학상 특허에 해당하는 것은? (다툼이 있는 경우 판례에 의함) 〈22 채용1차〉

① 자동차운전면허
② 재단법인의 정관변경 허가
③ 한의사 면허
④ 국유재산 등의 관리청이 행정재산의 사용·수익에 대하여 하는 허가

해설 ① (×) 강학상 허가이다. 허가는 질서유지·위험예방 등을 위하여 법률로써 개인의 자유를 제한한 후 일정한 요건이 구비된 경우에 그 제한을 해제하여 본래의 자유를 회복시켜 주는 행정행위로서, 운전면허 또는 의사면허는 대인적 허가에 해당한다.
② (×) 인가이다. **인가는 제3자의 법률적 행위를 보충하여 그 법률상의 효과를 완성시키는 행정행위**로서, 행정청이 일정한 법률행위에 대하여 공익적 관점에서 동의함으로써 그 효력을 완성시켜 준다. 토지거래허가구역 내의 토지거래허가 등이 인가이다.
③ (×) 허가이다.
④ (○) 특허는 특정인에 대하여 새로운 권리나 능력 또는 포괄적 법률관계를 설정하는 행위이다. 강학상 특허는 실정법상으로 허가, 면허 등의 용어로 사용되기도 한다. 특정인에게 행정재산을 사용·수익하게 하는 것은 특허에 해당한다. 공유수면매립면허, 도로점용허가, 광업허가, 어업면허, 공무원임용, 귀화허가, 행정재산의 사용·수익 허가 등이 있다.

정답 ④

## 제3절 의무이행 확보수단

**01 경찰상 의무이행 확보수단을 전통적 수단과 새로운 수단으로 구분할 때, 전통적 수단에 해당하지 않는 것은?** 〈20 경간, 23 법학〉

① 대집행 ② 집행벌 ③ 과징금 ④ 강제징수

해설 >

**☞ 경찰상 의무이행 확보수단 【집행 대강직이!】**

| 전통적 수단 | 경찰강제 | 강제**집행** | **대**집행, **강**제징수, **직**접강제, **이**행강제금(집행벌) 부과 |
|---|---|---|---|
| | | 즉시강제 | 대인·대물·대가택적 즉시강제 |
| | 경찰벌 | 경찰형벌(형벌 부과), 경찰질서벌(과태료 부과) | |
| 새로운 수단 | 과징금, 가산금, 명단 공개, 수익적 행정행위의 취소·철회, 취업제한, 공급거부, 관허사업의 제한, 국외여행의 제한 등 | | |

정답 ③

**02 「행정기본법」상 행정상 강제에 관한 설명 중 가장 적절하지 않은 것은?** 〈22 법학〉

① 행정대집행은 의무자가 행정상 의무를 이행하지 아니하는 경우 행정청이 의무자의 신체나 재산에 실력을 행사하여 그 행정상 의무의 이행이 있었던 것과 같은 상태를 실현하는 것이다.
② 이행강제금의 부과는 의무자가 행정상 의무를 이행하지 아니하는 경우 행정청이 적절한 이행기간을 부여하고, 그 기한까지 행정상 의무를 이행하지 아니하면 금전급부의무를 부과하는 것이다.
③ 즉시강제는 현재의 급박한 행정상의 장해를 제거하기 위하여 행정청이 미리 행정상 의무 이행을 명할 시간적 여유가 없는 경우 또는 그 성질상 행정상 의무의 이행을 명하는 것만으로는 행정목적 달성이 곤란한 경우에 행정청이 곧바로 국민의 신체 또는 재산에 실력을 행사하여 행정목적을 달성하는 것이다.
④ 강제징수는 의무자가 행정상 의무 중 금전급부의무를 이행하지 아니하는 경우 행정청이 의무자의 재산에 실력을 행사하여 그 행정상 의무가 실현된 것과 같은 상태를 실현하는 것이다.

해설 > ① (×) 직접강제에 대한 설명이다. 행정대집행은 의무자가 행정상 의무(법령등에서 직접 부과하거나 행정청이 법령등에 따라 부과한 의무를 말한다.)로서 **타인이 대신하여 행할 수 있는 의무를 이행하지 아니하는 경우** 법률로 정하는 다른 수단으로는 그 이행을 확보하기 곤란하고 그 불이행을 방치하면 공익을 크게 해칠 것으로 인정될 때에 **행정청이** 의무자가 하여야 할 행위를 **스스로 하거나 제3자에게 하게 하고 그 비용을 의무자로부터 징수하는 것**이다(제30조). 대집행의 경우 "제3자"를 통해서 할 수 있다는 점에서 구별된다.

정답 ①

**03 행정상 의무이행확보수단에 관한 설명으로 가장 적절하지 않은 것은? (다툼이 있는 경우 판례에 의함)** 〈23 채용1차〉

① 과징금은 원칙적으로 행정법상의 의무를 위반한 자에 대하여 당해 위반행위로 얻게 된 경제적 이익을 박탈하기 위한 목적으로 부과하는 금전적인 제재이다.
② 「경찰관 직무집행법」 제6조 "경찰관은 범죄행위가 목전에 행하여지려고 하고 있다고 인정될 때에는 이를 예방하기 위하여 관계인에게 필요한 경고를 하고, 그 행위로 인하여 사람의 생명·신체에 위해를 끼치거나 재산에 중대한 손해를 끼칠 우려가 있는 긴급한 경우에는 그 행위를 제지할 수 있다" 규정은 행정상 즉시강제에 해당한다.
③ 「경찰관직무집행법」 제4조 제1항 제1호에서 규정하는 술에 취한 상태로 인하여 자기 또는 타인의 생명·신체와 재산에 위해를 미칠 우려가 있는 피구호자에 대한 보호조치는 행정상 강제집행에 해당한다.
④ 가산세는 개별 세법이 과세의 적정을 기하기 위하여 정한 의무의 이행을 확보할 목적으로 그 의무 위반에 대하여 세금의 형태로 가하는 행정상 제재이다.

해설 > ③ (×) 대인적 즉시강제에 해당한다. 행정상 강제집행은 의무의 존재와 그 불이행을 전제로 한다는 점에서 이를 전제로 하지 않는 즉시강제와 구별된다.

정답 ③

## 04 경찰의무의 이행확보수단에 대한 설명으로 가장 적절한 것은? 〈22 경간〉

① 형사처벌과 이행강제금을 병과하는 것은 헌법상의 이중처벌금지의 원칙에 위반된다.
② 경찰상의 강제집행의 실정법적 근거로는 「경찰관 직무집행법」이 유일하다.
③ 즉시강제는 경찰상의 이행을 확보하기 위한 가장 효과적인 수단이며, 공공의 안녕 또는 질서에 대한 급박한 위해가 존재하는 경우에는 국가는 그 위해를 제거하여 공공의 안녕과 질서를 유지할 자연법적 권리와 의무를 가지므로, 특별한 법률적 근거가 없다 하더라도 경찰상의 즉시강제가 가능하다.
④ 경찰상의 강제집행을 하기 위해서는 경찰의무를 부과하는 경찰하명의 근거가 되는 법률 이외에 경찰상의 강제집행을 위한 별도의 법적 근거가 있어야 한다.

해설 ① (×) 목적과 성질이 다르므로 이중처벌금지의 원칙에 위반되지 아니한다.
② (×) 강제집행의 개별법으로 행정대집행법, 국세징수법, 집회 및 시위에 관한 법률 등이 있다. 경찰관직무집행법은 경찰상 즉시강제의 일반법이다.
③ (×) 즉시강제는 의무자에 대한 침익적인 강제수단이므로 헌법 제37조 제2항에 의하여 당연히 법적 근거를 요한다.

정답 ④

## 05 경찰상 강제집행의 수단에 대한 설명이다. 다음 중 옳은 것은? 〈21 경간〉

① 대집행의 절차는 계고 → 통지 → 비용의 징수 → 실행 순이다.
② 집행벌은 경찰벌과 병과해서 행할 수 없다.
③ 강제징수 절차는 독촉 → 체납처분(압류－매각－청산) → 체납 처분의 중지 → 결손처분 순으로 진행한다.
④ 강제집행과 즉시강제는 선행의무 불이행을 전제하지 않는다.

해설 ① (×) 대집행 : 대집행의 **계고** → 대집행영장에 의한 **통지** → 대집행 **실행** → 비용**징수** **【계통실비】**
② (×) 집행벌은 의무이행을 위한 강제집행이고 경찰벌은 의무위반에 대한 제재이므로, 집행벌은 경찰벌과 병과할 수 있다.
④ (×) 강제집행은 의무의 존재와 그 불이행을 전제로 한다.

- 장래를 향한 수단 ⇨ 경찰강제
- 과거의 의무 위반 ⇨ 경찰벌
- 의무의 존재와 불이행 전제 ⇨ 강제집행
- 급박하여 의무불이행을 전제로 하지 않음 ⇨ 즉시강제

정답 ③

**06 경찰상 의무이행 확보수단에 대한 설명으로 가장 적절한 것은?** 〈21 승진〉

① 경찰상 강제집행은 경찰하명에 따른 경찰의무의 불이행이 있는 경우에 상대방의 신체 또는 재산이나 주거 등에 실력을 행사하여 경찰상 필요한 상태를 실현하는 작용으로 간접적 의무이행확보 수단이다.
② 강제징수란 국민이 국가 또는 공공단체에 대해 부담하고 있는 공법상의 금전급부의무를 이행하지 않는 경우에 행정청이 강제적으로 의무가 이행된 것과 동일한 상태를 실현하는 작용으로 새로운 의무이행확보 수단이다.
③ 집행벌은 의무이행을 위한 강제집행이라는 점에서 의무위반에 대한 제재인 경찰벌과 구별되며, 경찰벌과 병과해서 행할 수 있고, 의무이행될 때까지 반복적으로 부과하는 것도 가능하다.
④ 해산명령 불이행에 따른 해산조치, 불법영업소의 폐쇄조치, 감염병 환자의 즉각적인 강제격리는 모두 즉시강제에 해당한다.

해설> ① (×) 의무이행 확보수단 분류

| | |
|---|---|
| 직접적 이행확보수단 | ① 강제집행(이행강제금 부과 제외)<br>② 즉시강제 |
| 간접적 이행확보수단 | ① 경찰형벌, 경찰질서벌, 이행강제금 부과<br>② 새로운 의무이행 확보수단 |

② (×) 강제징수는 전통적 수단이다.
④ (×) 외국인 강제퇴거, 해산명령 후 강제해산, 불법영업소 폐쇄 등은 직접강제에 해당하고, 감염병 환자의 즉각적인 강제격리는 즉시강제이다.

정답 ③

**07 경찰상 강제집행 및 그 수단에 대한 설명으로 가장 적절하지 않은 것은?** 〈21 채용1차〉

① 경찰상 강제집행은 경찰하명에 의한 의무의 존재 및 그 불이행을 전제로 한다는 점에서 의무불이행을 전제로 하지 않는 경찰상 즉시강제와 구별된다.
② 경찰상 강제집행은 장래에 향하여 의무이행을 강제한다는 점에서 과거의 의무위반에 대한 제재인 경찰벌과 구별된다.
③ 강제징수란 의무자가 관련 법령상의 대체적 작위의무를 이행하지 않을 경우, 당해 경찰관청이 스스로 행하거나 또는 제3자로 하여금 의무자가 하여야 할 행위를 하게 함으로써 의무의 이행이 있는 것과 같은 상태를 실현시킨 후 그 비용을 의무자로부터 징수하는 것이다.
④ 대집행의 근거가 되는 일반법으로는 「행정대집행법」이 있다.

해설> ③ (×) 대집행에 대한 설명이다.

정답 ③

**08 경찰상 강제집행의 수단에 대한 설명으로 가장 적절하게 연결된 것은?** 〈18 경위, 20 승진〉

㉠ 대체적 작위의무의 불이행이 있는 경우 행정청이 의무자의 작위의무를 스스로 행하거나 제3자로 하여금 이를 행하게 하고 그 비용을 의무자로부터 징수하는 행위
㉡ 경찰상 의무를 이행하지 않는 경우에 그 이행을 강제하기 위해 과하는 금전벌
㉢ 국민이 국가 또는 공공단체에 대해 부담하고 있는 공법상의 금전급부의무를 이행하지 않는 경우에 행정청이 강제적으로 의무가 이행된 것과 동일한 상태를 실현하는 작용
㉣ 경찰상 의무불이행에 대해 최후의 수단으로서 직접 의무자의 신체나 재산에 실력을 가하여 의무의 이행이 있었던 것과 동일한 상태를 실현하는 작용

| | ㉠ | ㉡ | ㉢ | ㉣ |
|---|---|---|---|---|
| ① | 대집행 | 집행벌 | 강제징수 | 직접강제 |
| ② | 집행벌 | 강제징수 | 대집행 | 직접강제 |
| ③ | 대집행 | 강제징수 | 직접강제 | 집행벌 |
| ④ | 강제징수 | 집행벌 | 직접강제 | 대집행 |

정답 ①

PART 04

**09** **경찰의 기본적 임무 및 수단에 대한 설명으로 가장 적절하지 않은 것은?** 〈19 채용1차〉

① 경찰강제에는 경찰상 강제집행(대집행 · 강제징수 · 집행벌 · 즉시강제 등)과 경찰상 직접강제가 있는데, 경찰상 강제집행은 의무의 존재 및 그 불이행을 전제로 한다는 점에서 이를 전제로 하지 아니하고 급박한 경우에 행하여지는 경찰상 직접강제와 구별된다.
② 공공질서란 각 개인의 행동에 대한 불문규범의 총체로, 시대에 따라 변화하는 상대적 · 유동적 개념이다.
③ 경찰의 직무에는 범죄의 예방 · 진압, 범죄피해자 보호가 포함된다.
④ 「형사소송법」은 임의수사를 원칙으로 하고, 강제수사를 예외적으로 허용하고 있다.

해설 > ① (×) 강제집행에 즉시강제는 포함되지 않는다. 또한, 강제집행은 의무의 존재 및 그 불이행을 전제로 한다는 점에서 즉시강제와 구별된다.

정답 ①

**10** **행정상 즉시강제에 해당하는 것을 모두 고른 것은? (다툼이 있는 경우 판례에 의함)** 〈22 채용1차〉

> ㉠ 「경찰관직무집행법」 제6조 범죄의 예방을 위한 제지
> ㉡ 「경찰관직무집행법」 제4조 제1항 제1호에서 규정하는 술에 취한 상태로 인하여 자기 또는 타인의 생명 · 신체와 재산에 위해를 미칠 우려가 있는 피구호자에 대한 보호조치
> ㉢ 「행정대집행법」 제2조 대집행
> ㉣ 「국세징수법」 제24조 강제징수

① ㉠, ㉢ ② ㉡, ㉢ ③ ㉠, ㉡ ④ ㉡, ㉣

해설 > ㉢ (×) 강제집행에 해당한다. 행정상 강제에는 의무불이행을 전제로 하는 강제집행과 미리 의무를 명할 시간적 여유가 없거나 성질상 의무를 미리 명할 수 없어서 의무불이행을 전제로 하지 않는 즉시강제로 구분되며 강제**집행**에는 **대**집행, **강**제징수, **직**접강제, **이**행강제금 부과등이 있다. **【집행! 대강직이】**
㉣ (×) 강제집행에 해당한다.

정답 ③

**11** **경찰상 즉시강제에 대한 설명으로 가장 적절하지 않은 것은?** 〈20 채용1차〉

① 경찰상 즉시강제는 권력적 사실행위인 처분이기 때문에 행정쟁송이 가능하다.
② 즉시강제의 절차적 한계에 있어서 영장주의의 적용 여부에 대하여 영장필요설이 통설과 판례이다.
③ 경찰상 즉시강제 시 필요 이상으로 실력을 행사하여 경찰책임자 이외의 자에게 유형력을 행사하는 것은 위법이 된다.
④ 적법한 즉시강제에 대한 구제로 손실보상을 청구할 수 있으며, 일정한 요건하에서 「형법」상 위법성조각사유에 해당하는 긴급피난도 가능하다.

해설 > ① (○) 즉시강제는 권력적 사실행위로서 행정쟁송의 대상인 '처분 등'에는 해당한다. 다만, 단기간에 종료되므로 법률상 이익이 존재하지 않아 성질상 행정소송에 의한 구제는 적합하지 않다.
② (×) 즉시강제에 있어서 영장은 영장불요설(헌재), 영장필요설, 절충설(대법원)이 있으며, 즉시강제에도 영장주의를 인정하는 것이 원칙이지만 예외적으로 행정목적 달성을 위하여 불가피한 합리적인 이유가 있는 경우에 한하여 영장주의 배제 가능하다는 절충설이 통설이다.

정답 ②

## 12 다음 즉시강제에 대한 설명 중 가장 적절하지 않은 것은?

〈19 법학〉

① 즉시강제는 권력적 사실행위로서 행정쟁송의 대상인 '처분 등'에 해당하나 대부분의 즉시강제가 단시간에 종료되는 성질상 취소·변경을 구하는 행정쟁송에 의한 구제는 적합하지 않다.

② 위법한 즉시강제에 의해 수인한도를 넘는 특별한 희생을 받은 경우 손실보상 청구가 가능하며, 이러한 내용은 개정된 「경찰관 직무집행법」 제11조의2에서 명시적으로 규정하고 있다.

③ 즉시강제는 법치국가의 예외적인 권력작용이므로 그 발동에는 법적 근거가 필요하며 경찰상 즉시강제의 경우에는 「경찰관 직무집행법」이 일반법의 지위를 가진다.

④ 즉시강제는 직접 개인의 신체·재산에 실력을 행사하여 행정상 필요한 상태를 실현한다는 점에서 직접강제와 유사하나, 의무불이행을 전제로 하지 않는다는 점에서 차이가 있다.

해설 > ② (×) 위법한 즉시강제는 손해배상청구를 할 수 있고, 적법한 즉시강제의 경우에도 수인한도를 넘는 특별한 희생을 받은 경우 손실보상 청구가 가능하다.

> 경찰관직무집행법 제11조의2(손실보상) ① 국가는 경찰관의 **적법한 직무집행**으로 인하여 다음 각 호의 어느 하나에 해당하는 손실을 입은 자에 대하여 **정당한 보상을 하여야 한다.**
> 1. **손실발생의 원인에 대하여 책임이 없는 자가** 생명·신체 또는 재산상의 손실을 입은 경우(손실발생의 원인에 대하여 책임이 없는 자가 경찰관의 직무집행에 자발적으로 협조하거나 물건을 제공하여 생명·신체 또는 재산상의 손실을 입은 경우를 포함한다)
> 2. **손실발생의 원인에 대하여 책임이 있는 자가 자신의 책임에 상응하는 정도를 초과**하는 생명·신체 또는 재산상의 손실을 입은 경우

정답 ②

## 13 행정의 실효성 확보수단에 관한 설명 중 가장 적절한 것은? (다툼이 있는 경우 판례에 의함)

〈22 채용2차〉

① 통고처분은 형식적 의미의 행정이며 실질적 의미의 사법이다.

② 작위의무를 부과한 행정처분의 법적 근거가 있다면 행정대집행은 별도의 법적 근거를 요하지 아니하며, 즉시강제는 법률의 근거가 없더라도 일반긴급권에 기초하여 행사할 수 있다.

③ 행정대집행과 행정상 즉시강제는 제3자에 의해 집행될 수 없고 행정청이 직접 행사해야 한다.

④ 「관세법」상 통고처분 여부는 관세청장의 재량에 맡겨져 있지만, 「경범죄처벌법」 및 「도로교통법」상 통고처분은 재량의 여지가 없다.

해설 > ① (○) 통고처분은 **성질상으로는 행정처분**이라 하여도 그것이 전부 행정소송의 대상으로 취소변경을 소구할 수 있는 것은 아니며 형사절차에 관한 행위의 옳고 그른 것은 **형사소송법규에 의하여서만 다툴 수 있고 행정소송의 대상이 될 수 없다**(대판 1962.1.31. 4294행상40). 통고처분은 이행하지 아니하면 당연히 효력을 상실하기 때문에 행정소송(취소소송)의 대상이 아니다.
② (×) 행정대집행과 즉시강제는 법률의 근거를 요한다.
③ (×) **행정대집행은** 의무의 불이행이 있는 경우에 당해 행정청이 불이행된 의무를 **스스로 행하거나 제3자로 하여금 이행하게 하고**, 그 비용을 의무자로부터 징수하는 것이다. **즉시강제는** 성질상 또는 미리 의무를 명할 시간적 여유가 없는 경우에 행정청이 **직접 실력을 가하는 것이다.**
④ (×) 「관세법」상 통고처분을 할 것인지 여부는 재량에 맡겨져 있으며, 관세청장이 통고처분을 하지 아니한 채 고발하였다는 것만으로 그 고발 및 이에 기한 공소제기가 부적법하게 되는 것은 아니다(대판 2006도1993). 「경범죄처벌법」 및 「도로교통법」도 모두 "통고할 수 있다"로 규정되어 재량행위에 해당한다.

정답 ①

PART 04

## 제4절 질서위반행위규제법

### 01 행정상 의무이행 확보수단에 관한 설명으로 가장 적절하지 않은 것은? (다툼이 있는 경우 판례에 의함)

〈23 채용2차〉

① 질서위반행위에 대하여 과태료 부과의 근거 법률이 개정되어 행위 시의 법률에 의하면 과태료 부과대상이였지만 재판 시의 법률에 의하면 과태료 부과대상이 아니게 된 때에는 개정 법률의 부칙에서 종전 법률 시행 당시에 행해진 질서위반행위에 대해서는 행위 시의 법률을 적용하도록 특별한 규정을 두지 않은 이상 재판 시의 법률을 적용하여야 하므로 과태료를 부과할 수 없다.

② 경찰서장이 범칙행위에 대하여 통고처분을 한 이상 통고처분에서 정한 범칙금 납부기간까지는 원칙적으로 경찰서장은 즉결심판을 청구할 수 없다.

③ 피고인이 즉결심판에 대하여 제출한 정식재판청구서에 피고인의 자필로 보이는 이름이 기재되어 있고 그 옆에 서명이 되어 있어 위 서류가 작성자 본인인 피고인의 진정한 의사에 따라 작성되었다는 것을 명백하게 확인할 수 있더라도 피고인의 인장이나 지장이 찍혀 있지 않다면 정식재판청구는 부적법하다고 보아야 한다.

④ 「질서위반행위규제법」에 따르면 고의 또는 과실이 없는 질서위반행위는 과태료를 부과하지 아니한다.

해설 ② (○) 경찰서장이 범칙행위에 대하여 통고처분을 하였는데 통고처분에서 정한 범칙금 납부기간이 경과하지 아니한 경우 원칙적으로 즉결심판을 청구할 수 없고, 검사도 동일한 범칙행위에 대하여 공소를 제기할 수 없다(대판 2017도13409).

③ (×) 「즉결심판에 관한 절차법」상 특별한 규정이 없는 한 그 성질에 반하지 않는 것은 형사소송법의 규정을 준용한다(제19조). 「형사소송법」에 공무원 아닌 자가 작성하는 서류에는 연월일을 기재하고 기명날인 또는 서명하여야 한다. 인장이 없으면 지장으로 한다(제59조)고 규정하고 있으므로, 정식재판청구서에 피고인의 자필로 보이는 이름이 기재되어 있고 그 옆에 서명이 되어 있는 정식재판청구는 적법하다(대판 2017모3458).

정답 ③

### 02 「질서위반행위규제법」에 대한 설명이다. 옳지 않은 것은?

〈21 경간, 17 채용1차〉

① 심신장애로 인하여 행위의 옳고 그름을 판단할 능력이 없거나 그 판단에 따른 행위를 할 능력이 없는 자의 질서위반행위는 과태료를 부과하지 아니한다.

② 2인 이상이 질서위반행위에 가담한 때에는 각자가 질서위반 행위를 한 것으로 본다. 또한 신분에 의하여 성립하는 질서 위반행위에 신분이 없는 자가 가담한 때에는 신분이 없는 자에 대하여도 질서위반행위가 성립한다.

③ 하나의 행위가 2 이상의 질서위반행위에 해당하는 경우에는 각 질서위반행위에 대하여 정한 과태료 중 가장 중한 과태료를 부과한다.

④ 과태료는 행정청의 과태료 부과처분이나 법원의 과태료 재판이 확정된 후 3년간 징수하지 아니하거나 집행하지 아니하면 시효로 인하여 소멸된다.

해설 ③ (○) 제13조(수 개의 질서위반행위의 처리)

> ① 하나의 행위가 **2 이상**의 질서위반행위에 해당하는 경우에는 각 질서위반행위에 대하여 정한 **과태료 중 가장 중한 과태료를 부과**한다.
> ② 제1항의 경우를 제외하고 **2 이상의 질서위반행위가 경합**하는 경우에는 각 질서위반행위에 대하여 정한 과태료를 **각각 부과**한다. 다만, 다른 법령(지방자치단체의 조례를 포함한다. 이하 같다)에 특별한 규정이 있는 경우에는 그 법령으로 정하는 바에 따른다.

④ (×) 과태료 소멸시효 및 제척기간

**【과오(5) : 과태료 5년간 미부과, 미집행은 과오】**

> 제15조(과태료의 시효) ① 과태료는 행정청의 과태료 부과처분이나 법원의 과태료 재판이 확정된 후 **5년간 징수하지 아니하거나 집행하지 아니하면 시효로 인하여 소멸**한다.
>
> 제19조(과태료 부과의 제척기간) ① 행정청은 **질서위반행위가 종료된 날**(다수인이 질서위반행위에 가담한 경우에는 최종행위가 종료된 날을 말한다)**부터 5년이 경과**한 경우에는 해당 질서위반행위에 대하여 **과태료를 부과할 수 없다.**

정답 ④

## 03 「질서위반행위규제법」상 행정청의 과태료 부과 및 징수에 관한 설명으로 가장 적절하지 않은 것은?

〈23 채용1차〉

① 행정청은 법 제16조 제2항에 따라 당사자가 제출한 의견에 상당한 이유가 있는 경우에는 과태료를 부과하지 아니하거나 통지한 내용을 변경할 수 있다.

② 법 제20조 제1항에 따른 이의제기가 있는 경우에는 행정청의 과태료 부과처분은 그 효력을 상실하지 않는다.

③ 당사자가 법 제18조 제1항에 따라 감경된 과태료를 납부한 경우에는 해당 질서위반행위에 대한 과태료 부과 및 징수절차는 종료한다.

④ 행정청은 당사자가 납부기한까지 과태료를 납부하지 아니한 때에는 납부기한을 경과한 날부터 체납된 과태료에 대하여 100분의 3에 상당하는 가산금을 징수한다.

해설 ② (×) 이의제기가 있는 경우에는 행정청의 과태료 부과처분은 그 효력을 상실한다. 참고로, 이의제기가 있는 경우 과태료는 효력을 상실하기 때문에 과태료 부과처분은 행정소송의 대상이 되는 행정처분이 될 수 없다.

**☞ 질서위반행위규제법**

제16조(사전통지 및 의견 제출 등) ① 행정청이 질서위반행위에 대하여 과태료를 부과하고자 하는 때에는 미리 당사자(제11조 제2항에 따른 고용주등을 포함한다. 이하 같다)에게 대통령령으로 정하는 사항을 통지하고, 10일 이상의 기간을 정하여 의견을 제출할 기회를 주어야 한다. 이 경우 지정된 기일까지 의견 제출이 없는 경우에는 의견이 없는 것으로 본다.
③ 행정청은 제2항에 따라 당사자가 제출한 **의견에 상당한 이유가 있는 경우에는 과태료를 부과하지 아니하거나 통지한 내용을 변경할 수 있다.**

제18조(자진납부자에 대한 과태료 감경) ① 행정청은 당사자가 제16조에 따른 의견 제출 기한 이내에 과태료를 자진하여 납부하고자 하는 경우에는 대통령령으로 정하는 바에 따라 과태료를 감경할 수 있다.
② 당사자가 제1항에 따라 **감경된 과태료를 납부한 경우에는 해당 질서위반행위에 대한 과태료 부과 및 징수절차는 종료한다.**

제20조(이의제기) ① 행정청의 과태료 부과에 불복하는 당사자는 제17조제1항에 따른 과태료 부과 통지를 받은 날부터 **60일 이내에 해당 행정청에 서면으로 이의제기**를 할 수 있다.
② 제1항에 따른 **이의제기가 있는 경우에는 행정청의 과태료 부과처분은 그 효력을 상실한다.**

제24조(가산금 징수 및 체납처분 등) ① 행정청은 당사자가 납부기한까지 과태료를 납부하지 아니한 때에는 납부기한을 경과한 날부터 체납된 과태료에 대하여 **100분의 3에 상당하는 가산금을 징수**한다.

정답 ②

## 04 다음 「질서위반행위규제법」 및 「질서위반행위규제법 시행령」에 대한 내용에서 괄호 안에 들어갈 숫자를 모두 더한 값은?

〈21 승진〉

㉠ 과태료는 행정청의 과태료 부과처분이나 법원의 과태료 재판이 확정된 후 ( )년간 징수하지 아니하거나 집행하지 아니하면 시효로 인하여 소멸한다.
㉡ 동법 제19조 제1항에 따라 행정청은 질서위반행위가 종료된 날부터 ( )년이 경과한 경우에는 해당 질서위반행위에 대하여 과태료를 부과할 수 없다.
㉢ ( )세가 되지 아니한 자의 질서위반행위는 과태료를 부과하지 아니한다.
㉣ 행정청은 당사자가 동법 제24조의3 제1항에 따라 과태료를 납부하기가 곤란하다고 인정되면 ( )년의 범위에서 과태료의 분할납부나 납부기일의 연기를 결정할 수 있다.
㉤ 행정청은 ㉣에 따라 과태료의 분할납부나 납부기일의 연기(이하 "징수유예등"이라 한다)를 결정하는 경우 그 기간을 그 징수유예등을 결정한 날의 다음 날부터 ( )개월 이내로 하여야 한다.

① 26 ② 28 ③ 33 ④ 34

해설 ㉠㉡ 5년 **【과오(5) : 과태료 5년간 미부과, 미집행은 과오】**
㉢ 14세 ※ 경범 통고처분은 18세 미만자에 부과하지 못하며 교통 통고처분에 대한 나이 제한은 없다.
㉣ 법률에서는 1년 이내로 규정
㉤ 시행령에서는 9개월 이내로 징수유예하고 3개월 연장할 수 있도록 함. **【9+3】**

**질서위반행위규제법** 제24조의3(과태료의 징수유예 등) ① 행정청은 당사자가 다음 각 호의 어느 하나에 해당하여 과태료를 납부하기가 곤란하다고 인정되면 **1년의 범위에서 대통령령으로 정하는 바에 따라** 과태료의 분할납부나 납부기일의 연기(이하 "징수유예등"이라 한다)를 결정할 수 있다.

**동법 시행령** 제7조의2(과태료의 징수유예등) ① 행정청은 법 제24조의3제1항에 따라 과태료의 분할납부나 납부기일의 연기를 결정하는 경우 그 기간을 그 **징수유예등을 결정한 날의 다음 날부터 9개월 이내**로 하여야 한다. 다만, 그 기간이 만료될 때까지 법 제24조의3제1항에 따른 징수유예등의 사유가 해소되지 아니하는 경우에는 **1회에 한정하여 3개월의 범위에서 그 기간을 연장**할 수 있다.

정답 ④

## 05 「질서위반행위규제법」에 관한 설명 중 가장 적절하지 않은 것은? 〈22 채용1차〉

① 행정청의 과태료 처분이나 법원의 과태료 재판이 확정된 후 법률이 변경되어 그 행위가 질서위반행위에 해당하지 아니하게 된 때에는 변경된 법률에 특별한 규정이 없는 한 과태료의 징수 또는 집행을 면제한다.
② 고의 또는 과실이 없는 질서위반행위는 과태료를 부과하지 아니한다.
③ 자신의 행위가 위법하지 아니한 것으로 오인하고 행한 질서 위반행위는 그 오인에 정당한 이유가 있는 때에도 과태료를 부과한다.
④ 과태료는 행정청의 과태료 부과처분이나 법원의 과태료 재판이 확정된 후 5년간 징수하지 아니하거나 집행하지 아니하면 시효로 인하여 소멸한다.

해설 ③ (×) 자신의 행위가 위법하지 아니한 것으로 오인하고 행한 질서 위반행위는 그 오인에 정당한 이유가 있는 때에 한하여 과태료를 부과하지 아니한다(제8조).

정답 ③

## 06 「질서위반행위규제법」에 관한 내용으로 가장 적절하지 않은 것은? 〈22 법학〉

① 법률에 규정되지 않은 행위는 질서위반행위의 과태료 대상이 될 수 없다.
② 행정청의 과태료 처분이나 법원의 과태료 재판이 확정된 후 법률이 변경되어 그 행위가 질서위반행위에 해당하지 아니하게 된 때에는 변경된 법률에 특별한 규정이 없는 한 과태료의 징수 또는 집행을 면제한다.
③ 행정청은 당사자가 동법 제24조의3 제1항 각 호의 어느 하나에 해당하여 과태료(체납된 과태료와 가산금, 중가산금 및 체납처분비를 포함한다)를 납부하기가 곤란하다고 인정되면 1년의 범위에서 대통령령으로 정하는 바에 따라 과태료의 분할납부나 납부기일의 연기를 결정할 수 있다.
④ 심신(心神) 장애로 인하여 행위의 옳고 그름을 판단할 능력이 미약하거나 그 판단에 따른 행위를 할 능력이 미약한 자의 질서위반행위는 과태료를 부과하지 아니한다.

해설 ④ (×) 심신(心神)장애로 인하여 행위의 옳고 그름을 판단할 **능력이 없거나** 그 판단에 따른 행위를 할 **능력이 없는 자**의 질서위반행위는 **과태료를 부과하지 아니한다.** 심신장애로 인하여 **능력이 미약한 자**의 질서위반행위는 **과태료를 감경한다**(제10조).

정답 ④

## 07 「질서위반행위규제법」에 대한 설명으로 가장 적절하지 않은 것은? 〈19 승진〉

① 고의 또는 과실이 없는 질서위반행위는 과태료를 부과하지 아니한다.
② 과태료는 행정청의 과태료 부과처분이나 법원의 과태료 재판이 확정된 후 3년간 징수하지 아니하거나 집행하지 아니하면 시효로 인하여 소멸한다.
③ 행정청이 질서위반행위에 대하여 과태료를 부과하고자 하는 때에는 미리 당사자에게 대통령령으로 정하는 사항을 통지하고, 10일 이상의 기간을 정하여 의견을 제출할 기회를 주어야 한다. 이 경우 지정된 기일까지 의견 제출이 없는 경우에는 의견이 없는 것으로 본다.
④ 행정청의 과태료 부과에 불복하는 당사자는 과태료 부과 통지를 받은 날로부터 60일 이내에 해당 행정청에 서면으로 이의제기를 할 수 있다.

해설 ② (×) 5년간 미부과, 미집행시 소멸 **【과오(5)】**
③ (○) 10일 이상의 기간을 정하여 의견제출 기회를 주어야 한다(제16조). **【의견제출 환영(10)】**
④ (○) 과태료 부과 통지를 받은 날부터 **60일** 이내에 해당 행정청에 서면으로 **이의제기**할 수 있다(제20조). 이의제기하면 과태료 처분은 효력을 상실한다. 이의제기를 받은 행정청은 이의제기를 받은 날부터 14일 이내에 법원에 통보하여야 한다(제21조). **【이의제기 불공(60) : 숫자법으로 불공은 60, '제기(祭器)'에서 불공을 연상】**

정답 ②

**08** 「질서위반행위규제법」에 대한 내용으로 가장 적절한 것은? 〈18 채용2차, 18 경간〉

① 18세가 되지 아니한 자의 질서위반행위는 과태료를 부과하지 아니한다. 다만, 다른 법률에 특별한 규정이 있는 경우에는 그러하지 아니하다.
② 행정청이 질서위반행위에 대하여 과태료를 부과하고자 하는 때에는 미리 당사자에게 대통령령으로 정하는 사항을 통지하고, 7일 이상의 기간을 정하여 의견을 제출할 기회를 주어야 한다. 이 경우 지정된 기일까지 의견 제출이 없는 경우에는 의견이 없는 것으로 본다.
③ 과태료는 행정청의 과태료 부과처분이나 법원의 과태료 재판이 확정된 후 3년간 징수하지 아니하거나 집행하지 아니하면 시효로 인하여 소멸한다.
④ 고의 또는 과실이 없는 질서위반행위는 과태료를 부과하지 아니한다.

해설 ① (×) 14세 미만자 불가 ※ 경범 통고처분은 18세 미만자 불가
② (×) 10일 이상 의견제출 기회 부여 **【의견제출 환영(10)】**
③ (×) 5년간 미징수, 미집행, 미부과시 소멸 **【과오(5)】**

정답 ④

# 제5장 경찰관 직무직행법

## 제1절 경찰의 직무범위

**01** 경찰권 발동의 근거와 한계에 관한 설명으로 가장 적절하지 않은 것은? (다툼이 있는 경우 판례에 의함) 〈23 채용2차〉

① 일반 수권조항이란 경찰권의 발동 근거가 되는 개별적인 작용법적 근거가 없을 때 경찰권 발동의 일반적·보충적 근거가 될 수 있도록 개괄적으로 수권된 일반조항을 말한다.
② 「경찰관 직무집행법」 제5조는 형식상 경찰관에게 재량에 의한 직무수행 권한을 부여한 것처럼 되어 있으나, 경찰관에게 그러한 권한을 부여한 취지와 목적에 비추어 볼 때 구체적인 사정에 따라 경찰관이 그 권한을 행사하여 필요한 조치를 취하지 아니하는 것이 현저하게 불합리하다고 인정되는 경우에는 그러한 권한의 불행사는 직무상의 의무를 위반한 것이 되어 위법하게 된다.
③ 경찰청장과 해양경찰청장은 경찰관이 「경찰관 직무집행법」 제2조 각 호에 따른 직무의 수행으로 인하여 민·형사상 책임과 관련된 소송을 수행할 경우 변호인 선임 등 소송 수행에 필요한 지원을 할 수 있다.
④ 「경찰관 직무집행법」은 "경찰공무원은 직위 또는 직권을 이용하여 부당하게 타인의 사생활에 개입하여서는 아니된다."고 규정하고 있다.

해설 ② (○) 경찰관직무집행법 제5조(위험발생의 방지 등)는 형식상 경찰관에게 재량에 의한 직무수행권한을 부여한 것처럼 되어 있으나, 구체적인 사정에 따라 경찰관이 그 권한을 행사하여 필요한 조치를 취하지 아니하는 것이 현저하게 불합리하다고 인정되는 경우에는 그러한 권한의 불행사는 직무상의 의무를 위반한 것이 되어 위법하게 된다. 따라서 경찰관이 농민들의 시위를 진압하고 시위과정에 도로 상에 방치된 트랙터 1대에 대하여 위험발생방지조치를 취하지 아니한 채 그대로 방치하고 철수하여 버린 결과, 야간에 그 도로를 진행하던 운전자가 위 방치된 트랙터를 피하려다가 다른 트랙터에 부딪혀 상해를 입은 경우 국가배상책임이 인정된다(대판 98다16890).
④ (×) 경찰권 발동의 조리상 한계로 경찰공공의 원칙이 있으며, 이에는 사생활 불가침의 원칙, 사주소 불가침의 원칙, 민사관계 불간섭의 원칙이 포함된다. 하지만 「경찰관직무집행법」에 이러한 원칙이 명문으로 규정된 것은 아니다.

정답 ④

## 02 다음 중 「경찰관직무집행법」상 규정된 즉시강제에 해당하는 것은 모두 몇 개인가? 〈16 채용2차〉

| | |
|---|---|
| ㉠ 불심검문 | ㉡ 범죄의 예방 및 제지 |
| ㉢ 무기의 사용 | ㉣ 보호조치 |
| ㉤ 위험방지를 위한 출입 | |

① 2개 ② 3개 ③ 4개 ④ 5개

해설 불심검문을 임의적 수단으로 보는 경찰조사설 및 준사법경찰작용설과 즉시강제로 보는 학설의 대립이 있다. 이에 따라 복수정답으로 인정된 문제이다.

정답 ③, ④

## 03 경찰관 직무집행법상 불심검문에 대한 설명으로 가장 적절하지 않은 것은? (다툼이 있는 경우 판례에 의함) 〈23 경간, 23 법학〉

① 미리 입수된 용의자에 대한 인상착의와 일부 일치되지 않는 부분이 있다고 하더라도 그것만으로 경찰관이 불심검문 대상자로 삼은 조치가 위법하다고 볼 수 없다.

② 경찰관은 불심검문 대상자에게 질문을 하기 위하여 범행의 경중, 범행과의 관련성, 상황의 긴박성 혐의의 정도, 질문의 필요성 등에 비추어 목적 달성에 필요한 최소한의 범위 내에서 사회통념상 용인될 수 있는 상당한 방법으로 대상자를 정지시킬 수 있고 질문에 수반하여 흉기의 소지 여부도 조사할 수 있다.

③ 경찰관이 신분증을 제시하지 않고 불심검문을 하였으나, 검문하는 사람이 경찰관이고 검문하는 이유가 범죄행위에 관한 것임을 피고인이 알고 있었던 경우, 그 불심검문이 위법한 공무집행이라고 할 수 없다.

④ 경찰관이 불심검문 대상자 해당 여부를 판단할 때에는 불심검문 당시의 구체적 상황은 물론 사전에 얻은 정보나 전문적 지식 등에 기초하여 불심검문 대상자인지를 객관적·합리적인 기준에 따라 판단하여야 하며, 불심검문 대상자에게 「형사소송법」에 의한 체포나 구속에 이를 정도의 혐의가 있을 것을 요한다.

해설 ③ (○) 대판 2014도7976
④ (×) 경찰관이 불심검문 대상자 해당 여부를 판단할 때에는 불심검문 당시의 구체적 상황은 물론 사전에 얻은 정보나 전문적 지식 등에 기초하여 불심검문 대상자인지를 객관적·합리적인 기준에 따라 판단하여야 하나, 반드시 불심검문 대상자에게 형사소송법상 체포나 구속에 이를 정도의 혐의가 있을 것을 요한다고 할 수는 없다(대판 2011도13999).

정답 ④

## 04 「경찰관 직무집행법」상 불심검문에 대한 설명으로 적절한 것은 모두 몇 개인가? (다툼이 있는 경우 판례에 따름) 〈22 경간〉

가. 경찰관은 동행한 사람의 가족이나 친지 등에게 동행한 경찰관의 신분, 동행 장소, 동행 목적과 이유를 알리거나 다른 사람으로 하여금 즉시 연락할 수 있는 기회를 주어야 하며, 변호인의 도움을 받을 권리가 있음을 알려야 한다.
나. 검문하는 사람이 경찰관이고 검문하는 이유가 범죄행위에 관한 것임을 충분히 알고 있었다고 보이는 경우에 신분증을 제시하지 않았다 하더라도 그 불심검문을 위법한 공무집행이라고 할 수 없다.
다. 경찰관은 불심검문 시 그 장소에서 질문을 하는 것이 그 사람에게 불리하거나 교통에 방해가 된다고 인정될 때에는 질문을 하기 위하여 가까운 경찰청·경찰서·지구대·파출소 또는 출장소(해양경찰관서 미포함)로 동행할 것을 요구할 수 있다. 이 경우 동행을 요구받은 사람은 그 요구를 거절할 수 있다.
라. 경찰관은 질문을 하거나 동행을 요구할 경우 자신의 신분을 표시하는 증표를 제시하면서 소속과 성명을 밝히고 질문이나 동행의 목적과 이유를 설명할 수 있으며, 동행을 요구하는 경우에는 동행 장소를 밝힐 수 있다.

① 0개 ② 1개 ③ 2개 ④ 3개

해설 가. (×) 다른 사람이 아닌 본인으로 하여금 즉시 연락할 기회를 주어야 한다.
나. (○) 대판 2014도7976
다. (×) 경찰청은 포함되지 않고, 해양경찰관서는 포함된다.
라. (×) 목적과 이유를 **설명하여야 하며,** 동행 장소를 **밝혀야 한다.**

정답 ②

## 05 「경찰관 직무집행법」상 불심검문에 대한 설명으로 가장 적절한 것은? 〈19 채용1차, 20 경간〉

① 경찰관은 상대방의 신원확인이 불가능하거나 교통에 방해된다고 인정될 때에는 임의동행을 요구할 수 있다.
② 경찰관은 임의동행한 사람의 가족이나 친지 등에게 동행한 경찰관의 신분, 동행 장소, 동행 목적과 이유를 알리거나 본인으로 하여금 즉시 연락할 수 있는 기회를 주어야 하며, 변호인의 도움을 받을 권리가 있음을 알려야 한다.
③ 경찰관은 질문을 하거나 임의동행을 요구할 경우 자신의 신분을 표시하는 증표를 제시하면서 소속과 성명을 밝혀야 한다. 이때 증표는 경찰공무원증뿐만 아니라 흉장도 포함된다.
④ 경찰관이 불심검문 시 흉기조사뿐 아니라, 흉기 이외의 일반소지품 조사도 할 수 있다고 규정하고 있다.

해설 ① (×) 임의동행은 정지시킨 장소에서 질문을 하는 것이 그 사람에게 불리하거나 교통에 방해가 된다고 인정될 때 요구할 수 있다. **【대상자가 불교일 때】**
② (○) 임의동행한 후에 본인으로 하여금 즉시 연락할 수 있는 기회를 주어야 하며, 변호인의 도움을 받을 권리가 있음을 고지하여야 한다. **【동행 후 연·변에 있음을 고지】**
③ (×) 법률에서는 신분을 표시하는 증표, 시행령에서 경찰 공무원증(흉장×)이라고 규정하고 있으므로 정복을 입었더라도 **경찰 공무원증을 제시**하여야 한다. 다만, 주민등록법(제26조)에서는 경찰관이 주민의 신원이나 거주관계 확인 목적으로 주민등록증을 제시하도록 요구할 때, 정복근무 중인 경우에는 신분증 제시 의무를 면제하고 있다.
④ (×) 경찰관에게 흉기 조사권을 주는 이유는 불의의 공격으로부터 경찰관을 보호하기 위함이므로 대상은 흉기에 한정되며 일반 소지품(도난품 등)은 제외된다. 방법은 대상자 옷을 가볍게 두드리는 외표검사에 한정되므로, 대상자의 승낙 없이 호주머니를 뒤지거나 소지하고 있는 가방을 직접 열어보는 행위는 인정되지 않으며 상대로 하여금 꺼내도록 하거나 가방을 열도록 하여야 한다.

정답 ②

## 06 「경찰관 직무집행법」상 불심검문에 대한 다음 설명 중 옳지 않은 것은 모두 몇 개인가? 〈17 경간〉

㉠ 경찰관은 거동불심자를 정지시켜 질문을 할 때에 그 사람이 흉기를 가지고 있는지 여부를 조사할 수 있다.
㉡ 경찰관은 거동불심자를 정지시켜 질문을 할 때에 미리 진술거부권이 있음을 상대방에게 고지하여야 한다.
㉢ 경찰관은 불심검문 시 거동불심자를 정지시킨 장소에서 질문하는 것이 그 사람에게 불리하거나 교통에 방해가 된다고 인정될 때에는 질문을 하기 위하여 가까운 경찰관서로 동행할 것을 요구할 수 있다.
㉣ 거동불심자에 대한 동행요구 시 당해인은 그 요구를 거절할 수 있으나, 이러한 내용이 「경찰관 직무집행법」에 규정되어 있는 것은 아니다.
㉤ 경찰관은 동행한 사람의 가족이나 친지 등에게 동행한 경찰관의 신분, 동행 장소, 동행 목적과 이유를 알리거나 본인으로 하여금 즉시 연락할 수 있는 기회를 주어야 하지만, 변호인의 도움을 받을 권리가 있음을 알릴 필요는 없다.

① 0개　　② 1개
③ 2개　　④ 3개

해설 ㉡ (×) 임의동행하기 전에 동행을 거부할 수 있음을 고지할 의무는 경직법상에 규정되어 있지 않다. 이 법에서 고지의무는 임의동행 후 변호인 조력권이 있음을 고지할 의무가 유일하다.
㉣ (×) 동행을 요구받은 사람은 그 요구를 거절할 수 있다(제3조②).
㉤ (×) 동행 후에는 본인으로 하여금 즉시 연락할 수 있는 기회를 주어야 하며, 변호인의 도움을 받을 권리가 있음을 고지하여야 한다. **【동행 후 연·변에 있음을 고지】**

정답 ④

## 07 「경찰관 직무집행법」상 보호조치 등에 관한 설명으로 가장 적절한 것은? 〈23 채용1차〉

① 긴급구호를 요청받은 공공보건의료기관이나 공공구호기관은 정당한 이유 없이 긴급구호를 거절할 수 있다.
② 경찰관은 보호조치를 하는 경우에 구호대상자가 휴대하고 있는 무기·흉기 등 위험을 일으킬 수 있는 것으로 인정되는 물건을 공공보건의료기관이나 공공구호기관에 임시로 영치하여 놓을 수 있다.
③ 경찰관은 보호조치를 하였을 때에는 지체 없이 구호대상자의 가족, 친지 또는 그 밖의 연고자에게 그 사실을 알려야 하며, 연고자가 발견되지 아니할 때에는 구호대상자를 적당한 공공보건의료기관이나 공공구호기관에 즉시 인계하여야 한다.
④ 구호대상자를 경찰관서에서 보호하는 기간은 48시간을 초과할 수 없고, 물건을 공공보건의료기관이나 공공구호기관에 임시로 영치하는 기간은 10일을 초과할 수 없다.

해설 ① (×) 정당한 이유없이 긴급구호를 거절할 수 없다.
② (×) 물건을 경찰관서에 임시로 영치하여 놓을 수 있다.
④ (×) 보호조치는 24시간을 초과할 수 없고, 임시영치는 10일을 초과할 수 없다.

정답 ③

## 08 「경찰관 직무집행법」상 보호조치에 대한 설명으로 가장 적절하지 않은 것은? (다툼이 있는 경우 판례에 의함) 〈23 경간〉

① 「경찰관 직무집행법」에서 규정하는 술에 취한 상태로 인하여 자기 또는 타인의 생명·신체와 재산에 위해를 미칠 우려가 있는 피구호자에 대한 보호조치는 경찰행정상 즉시강제에 해당한다.
② 술에 취한 상태란 피구호자가 술에 만취하여 정상적인 판단능력이나 의사능력을 상실할 정도에 이른 것을 말하지 않는다.
③ 경찰공무원이 보호조치된 운전자에 대하여 음주측정을 요구하였다는 이유만으로 음주측정 요구가 당연히 위법하거나 보호조치가 당연히 종료된 것으로 볼 수는 없다.
④ 술에 취한 피구호자의 가족 등에게 인계할 수 있다면 특별한 사정이 없는 한 경찰관서에서 피구호자를 보호하는 것은 허용되지 않는다.

해설 ② (×) '술에 취한 상태'란 정상적인 판단능력이나 의사능력을 상실할 정도에 이른 것을 말한다(대판 2012도11162).

정답 ②

## 09 「경찰관 직무집행법」상 보호조치에 대한 설명으로 적절하지 않은 것만을 모두 고른 것은? 〈22 경간, 21 채용2차〉

가. 경찰관은 적당한 보호자가 없는 부상자에 대해 응급구호가 필요하다고 인정할 만한 사유가 있다면 본인이 구호를 거절하더라도 보호조치를 할 수 있다.
나. 경찰관은 보호조치를 하였을 때에는 지체 없이 구호대상자의 가족, 친지 또는 그 밖의 연고자에게 그 사실을 알려야 하며, 연고자가 발견되지 아니할 때에는 구호대상자를 적당한 공공보건의료기관이나 공공구호기관에 즉시 인계할 수 있다.
다. 경찰관이 구호대상자를 공공보건의료기관이나 공공구호기관에 인계하였을 때에는 해당 경찰관이 즉시 그 사실을 해당 공공보건의료기관 또는 공공구호기관의 장 및 그 감독행정청에 통보하여야 한다.
라. 경찰관은 구호대상자를 발견하였을 때 보건의료기관이나 공공구호기관에 긴급구호를 요청할 수 있고, 긴급구호를 요청받은 기관이 정당한 이유 없이 이를 거절하는 경우 「경찰관 직무집행법」에 따라 처벌하도록 규정되어 있다.

① 가, 나　　② 나, 다
③ 나, 다, 라　　④ 가, 나, 다, 라

해설 가. (×) **미아, 병자, 부상자** 등은 본인이 구호를 거절하는 경우는 제외한다. **【임의 미병부】**
나. (×) 연고자가 발견되지 아니할 때에는 **즉시 인계하여야 한다.**
다. (×) 경찰관은 구호대상자를 공공보건의료기관이나 공공구호기관에 인계하였을 때에는 즉시 그 사실을 소속 경찰서장에게 보고하여야 하고, **보고를 받은 소속 경찰서장이** 관계기관에 **통보하여야 한다.**
라. (×) 「응급의료에 관한 법률」상 응급의료를 거부 또는 기피한 응급의료종사자는 3년 이하의 징역 또는 3천만원 이하의 벌금에 처한다. 「경찰관 직무집행법」상 처벌규정은 경찰권의 직권남용죄(1년 이하의 징역이나 금고)가 유일하다.

정답 ④

**10** **「경찰관직무집행법」 제4조 보호조치에 대한 설명 중 옳지 않은 것은 모두 몇 개인가?** 〈20 경간〉

가. 경찰관이 구호대상자를 경찰관서에 보호조치 하는 경우 지체 없이 해당 구호대상자의 가족, 친지 또는 그 밖의 연고자에게 그 사실을 알려야 하며, 연고자가 발견되지 아니할 때에는 구호대상자를 적당한 공공보건의료기관이나 공공구호기관에 즉시 인계하여야 한다.
나. 경찰관이 구호대상자를 공공보건의료기관이나 공공구호기관에 인계하였을 때에는 해당 경찰관이 즉시 그 사실을 해당 공공보건의료기관 또는 공공구호기관의 장 및 그 감독행정청에 통보하여야 한다.
다. 경찰관이 구호대상자를 경찰관서에 보호조치 하는 경우에 구호대상자가 휴대하고 있는 무기・흉기 등 위험을 일으킬 수 있는 것으로 인정되는 물건을 경찰관서에 임시로 영치하여 놓을 수 있다.
라. 구호대상자를 경찰관서에서 보호하는 기간은 24시간을 초과할 수 없고, 물건을 경찰관서에 임시로 영치하는 기간은 10일을 초과할 수 없다.
마. 경찰관은 자살을 시도하는 것이 명백하고 응급구호가 필요하다고 믿을 만한 상당한 이유가 있는 구호대상자에 대하여 해당 구호대상자의 동의 여부와 관계없이 보호조치를 실시할 수 있다.

① 1개　　② 2개
③ 3개　　④ 4개

해설 〉 나. (×) 경찰관은 소속 경찰서장에게 보고하고, 소속 경찰서장이 구호대상자를 인계한 사실을 지체 없이 해당 공공보건의료기관 또는 공공구호기관의 장 및 그 감독행정청에 통보하여야 한다.
라. (○) 보호조치는 24시간, 임시영치는 10일이다. **【임시영치(10)】**
마. (○) **정**신착란자, **주**취자, **자**살시도자는 강제로 보호조치할 수 있고, **미**아, **병**자, **부**상자는 임의로 보호조치할 수 있다.
**【강제로 정주자 24시간 동안】【임의 미병부】**

**☞ 경직법상 기관장별 주요 업무**

| | |
|---|---|
| 경찰관서장<br>**【위대사】** | ① **위**험발생 방지 조치를 위한 관계기관 협조 요청(제5조④)<br>② **대**간첩 작전지역, 경찰관서・무기고 등 국가중요시설 접근・통행 제한(제5조②)<br>③ **사**실 조회(제8조) |
| 경찰서장<br>**【공공공】** | ① **공**공보건의료기관, **공**공구호기관 인계 시 해당기관 및 감독행정청 통보(제4조⑥)<br>② 범인검거 등 **공**로자 보상에 보상금 지급(제11조의3) |
| 경찰청장 | ① 국제협력(제8조의2)<br>② 위해성 경찰장비 신규도입 시 국회 소관 상임위에 안전성검사 결과 보고(제10조⑤)<br>③ 손실보상 및 범인검거 등 공로자 보상에 보상금 지급(제11조의2, 제11조의3) |

정답 ①

**11** **「경찰관 직무집행법」 제4조(보호조치 등)에 관한 설명으로 괄호 안의 내용을 가장 적절하게 연결한 것은?** 〈23 승진〉

| 경찰관이 보호조치 등을 하였을 때에는 ( ㉠ ) 구호대상자의 가족, 친지 또는 그 밖의 연고자에게 그 사실을 알려야 하며, 연고자가 발견되지 아니할 때에는 구호대상자를 적당한 공공보건의료기관이나 공공구호기관에 즉시 인계하여야 한다. 구호대상자를 경찰관서에서 보호하는 기간은 ( ㉡ )시간을 초과할 수 없고, 물건을 경찰관서에 임시로 영치하는 기간은 (㉢)일을 초과할 수 없다. |
|---|

① ㉠ 24시간 이내에 ㉡ 12 ㉢ 20
② ㉠ 지체 없이 ㉡ 24 ㉢ 10
③ ㉠ 24시간 이내에 ㉡ 24 ㉢ 10
④ ㉠ 지체 없이 ㉡ 12 ㉢ 20

정답 ②

**12** **「경찰관 직무집행법」 제4조 '보호조치 등'에 대한 설명으로 가장 적절한 것은?** 〈21 승진, 18 채용3차〉

① 경찰관은 자살기도자를 발견하여 경찰관서에 보호할 경우 지체 없이 구호대상자의 가족, 친지 또는 그 밖의 연고자에게 그 사실을 알려야 하며, 연고자가 발견되지 아니할 때에는 구호대상자의 의사와 상관없이 공공보건의료기관이나 공공구호기관에 인계할 수 있다.
② 경찰관은 보호조치 등을 하는 경우에 구호대상자가 휴대하고 있는 무기・흉기 등 위험을 일으킬 수 있는 것으로 인정되는 물건을 경찰관서에 임시로 영치(領置)하여 놓을 수 있고, 그 기간은 10일을 초과할 수 없다.
③ 긴급구호요청을 받은 응급의료종사자가 정당한 이유없이 긴급구호요청을 거절할 경우, 「경찰관 직무집행법」에 따라 3년 이하의 징역 또는 3천만원 이하의 벌금에 처한다.
④ 보호조치는 경찰관서에서 일시 보호하여 구호의 방법을 강구하는 것으로 경찰관의 재량행위에 해당하기 때문에 국가배상책임이 인정되는 경우는 없다.

해설> ① (×) 연고자가 발견되지 아니할 때에는 공공보건의료기관이나 공공구호기관에 **즉시 인계하여야 한다**(제4조④).
② (○) **【임시영치(10)】**
③ (×) 경직법에 규정된 유일한 처벌은 경찰관 직권남용죄(1년 이하의 징역이나 금고)만 규정되어 있다.
④ (×) 재량행위의 불행사가 현저하게 불합리하다고 인정되는 경우에는 법령에 위반하는 행위에 해당하여 국가는 국가배상책임을 부담한다(대판 95다45927).

정답 ②

**13** 「경찰관 직무집행법」 제5조(위험 발생의 방지 등)에 내용 중 가장 적절하지 않은 것은? 〈23 승진〉

① 경찰관은 위험 발생의 방지 등에 관한 조치 중 매우 긴급한 경우에 위해를 입을 우려가 있는 사람을 필요한 한도에서 억류하거나 피난시킬 수 있다.
② 경찰관은 위험 발생의 방지 등에 관한 조치를 하였을 때에는 지체 없이 그 사실을 소속 경찰관서의 장에게 보고하여야 한다.
③ 경찰관서의 장은 대간첩 작전의 수행이나 소요 사태의 진압을 위하여 필요하다고 인정되는 상당한 이유가 있을 때에는 대간첩작전지역이나 경찰관서 무기고 등 다중이용시설에 대한 접근 또는 통행을 제한하거나 금지할 수 있다.
④ 경찰관은 위험한 동물 등의 출현으로 인해 사람의 생명 또는 신체에 위해를 끼치거나 재산에 중대한 손해를 끼칠 우려가 있는 경우 위험 발생 방지 등의 조치를 할 수 있다.

해설 > ③ (×) '다중이용시설'이 아닌 '국가중요시설'이다.

정답 ③

**14** 다음은 「경찰관 직무집행법」 제5조 위험 발생의 방지조치를 설명한 것이다. 빈칸의 내용을 가장 적절하게 연결한 것은? 〈19 승진〉

> 경찰관은 사람의 생명 또는 신체에 위해를 끼치거나 재산에 중대한 손해를 끼칠 우려가 있는 천재, 사변, 인공구조물의 파손이나 붕괴, 교통사고, 위험물의 폭발, 위험한 동물 등의 출현, 극도의 혼잡, 그 밖의 위험한 사태가 있을 때에는 다음 각 호의 조치를 할 수 있다.
> 1. 그 장소에 모인 사람, 사물의 관리자, 그 밖의 관계인에게 필요한 ( ㉠ )을(를) 하는 것
> 2. 매우 긴급한 경우에는 위해를 입을 우려가 있는 사람을 필요한 한도에서 ( ㉡ )시키는 것
> 3. 그 장소에 있는 사람, 사물의 관리자, 그 밖의 관계인에게 위해를 방지하기 위하여 필요하다고 인정되는 조치를 하게 하거나 ( ㉢ )을(를) 하는 것

| | ㉠ | ㉡ | ㉢ |
|---|---|---|---|
| ① | 경고 | 제지 | 억류하거나 피난 |
| ② | 경고 | 억류하거나 피난 | 직접조치 |
| ③ | 직접조치 | 제지 | 억류하거나 피난 |
| ④ | 직접조치 | 억류하거나 피난 | 경고 |

해설 >

> 제5조(위험 발생의 방지 등) ① ~
> 1. 그 장소에 **모**인 사람, **사**물의 관리자, 그 밖의 관계인에게 필요한 **경고**를 하는 것 **【모사경고】**
> 2. 매우 긴급한 경우에는 위해를 입을 **우려**가 있는 사람을 필요한 한도에서 **억**류하거나 **피**난시키는 것 **【억피우려】**
> 3. 그 장소에 **있**는 사람, **사**물의 관리자, 그 밖의 관계인에게 위해를 **방지**하기 위하여 필요하다고 인정되는 조치를 하게 하거나 직접 그 조치를 하는 것 **【익사 방지】**

정답 ②

## 15 다음은 「경찰관 직무집행법」상 범죄의 예방과 제지에 관한 사례이다. 이와 관련한 설명 중 가장 적절한 것은? (다툼이 있는 경우 판례에 의함) 〈22 채용2차〉

> 甲은 평소 집에서 심한 고성과 욕설, 시끄러운 음악 소리 등으로 이웃 주민들로부터 수 회에 걸쳐 112신고가 있어 왔던 사람이다. 사건 당일에도 甲이 자정에 가까운 한밤중에 집 안에서 음악을 크게 켜놓고 심한 고성을 지른다는 112신고를 받고 경찰관이 출동하였다. 출동한 경찰관이 인터폰으로 甲에게 문을 열어달라고 하였으나, 甲은 심한 욕설을 할 뿐 출입문을 열어주지 않은 채, 소란행위를 멈추지 않았다. 이에 경찰관들이 甲을 만나기 위해 甲의 집으로 통하는 전기를 일시적으로 차단하여 甲이 집 밖으로 나오도록 유도하였다.

① 「경찰관 직무집행법」상 경찰관의 제지에 관한 부분은 눈앞의 급박한 경찰상 장해를 제거하여야 할 필요가 있고 의무를 명할 시간적 여유가 없거나 의무를 명하는 방법으로는 그 목적을 달성하기 어려운 상황에서 의무이행을 전제로 하지 않고 경찰이 직접 실력을 행사하여 경찰상 필요한 상태를 실현하는 비권력적 사실행위에 관한 근거조항이다.

② 甲의 행위는 「경범죄처벌법」상 '인근소란 등'에 해당하고 이로 인하여 인근 주민들이 잠을 이루지 못할 수 있으며 출동한 경찰관들을 만나지 않고 소란행위를 지속하고 있으므로, 甲의 행위를 제지하는 것은 경찰관의 직무상 권한이자 의무로 볼 수 있다.

③ 「경찰관 직무집행법」상 경찰관의 제지 조치의 위법 여부는 사후적으로 순수한 객관적 기준에서 판단해야 하고 제지 조치 당시의 구체적 상황을 기초로 판단하는 것은 아니다.

④ 경찰관의 조치는 사람의 생명·신체에 위해를 끼치거나 재산에 중대한 손해를 끼칠 우려가 있는 긴급한 경우로 보기는 어려워 즉시강제가 아니라 직접강제의 요건에 부합한다.

해설 > ① (×) 권력적 사실행위에 관한 근거조항이다.
③ (×) 제지 조치 당시의 구체적 상황을 기초로 판단하여야 하고 사후적으로 순수한 객관적 기준에서 판단할 것은 아니다.
④ (×) 즉시강제의 요건을 충족한 적법한 직무집행으로 볼 여지가 있다.

**☞ 관련 판례**

> 경찰관 직무집행법 제6조 중 경찰관의 제지에 관한 부분은 범죄 예방을 위한 경찰 행정상 즉시강제, 즉 눈앞의 급박한 경찰상 장해를 제거할 필요가 있고 의무를 명할 시간적 여유가 없거나 의무를 명하는 방법으로는 그 목적을 달성하기 어려운 상황에서 의무불이행을 전제로 하지 않고 경찰이 직접 실력을 행사하여 경찰상 필요한 상태를 실현하는 **권력적 사실행위에 관한 근거조항이다.** 다만 경찰관의 제지 조치가 적법한지는 **제지 조치 당시의 구체적 상황을 기초로 판단하여야 하고 사후적으로 순수한 객관적 기준에서 판단할 것은 아니다.**
>
> 피고인이 자정에 가까운 한밤중에 음악을 크게 켜놓거나 소리를 지른 것은 경범죄 처벌법 제3조 제1항 제21호에서 금지하는 인근소란행위에 해당하고, 그로 인하여 인근 주민들이 잠을 이루지 못하게 될 수 있으며, 갑과 을이 112신고를 받고 출동하여 눈앞에서 벌어지고 있는 범죄행위를 막고 주민들의 피해를 예방하기 위해 피고인을 만나려 하였으나 피고인은 문조차 열어주지 않고 소란행위를 멈추지 않았던 상황이라면 피고인의 행위를 제지하고 수사하는 것은 **경찰관의 직무상 권한이자 의무라고 볼 수 있으므로,** 위와 같은 상황에서 갑과 을이 피고인의 집으로 통하는 **전기를 일시적으로 차단한 것은** 피고인을 집 밖으로 나오도록 유도한 것으로서, 피고인의 범죄행위를 진압·예방하고 수사하기 위해 필요하고도 **적절한 조치로 보이고,** 경찰관 직무집행법 제1조의 목적에 맞게 제2조의 직무 범위 내에서 제6조에서 정한 **즉시강제의 요건을 충족한 적법한 직무집행으로 볼 여지가 있다**(대법원 2018. 12. 13. 선고 2016도19417).

정답 ②

## 16 경찰작용에 대한 판례의 설명으로 가장 적절하지 않은 것은? 〈23 경간〉

① 경찰관이 구체적 상황에 비추어 인적 및 물적 능력의 범위 내에서 적절한 조치라는 판단에 따라 범죄의 진압 및 수사에 관한 직무를 수행한 경우에는 그러한 직무수행이 객관적 정당성을 상실하여 현저하게 불합리한 것으로 인정되지 않는 한 이를 위법하다고 할 수는 없다.

② 본래 범의를 가지지 아니한 자에 대하여 수사기관이 사술이나 계략 등을 써서 범의를 유발케 하여 범죄인을 검거하는 함정수사는 위법함을 면할 수 없고, 범의를 가진 자에 대하여 단순히 범행의 기회를 제공하는 것에 불과한 경우라도 위법한 함정수사이다.

③ 「경찰관 직무집행법」 제6조 제1항의 '경찰관의 제지에 관한 부분'은 범죄의 예방을 위한 경찰행정상 즉시강제, 즉 눈앞의 급박한 경찰상 장해를 제거하여야 할 필요가 있고 의무를 명할 시간적 여유가 없거나 의무를 명하는 방법으로는 그 목적을 달성하기 어려운 상황에서 의무불이행을 전제로 하지 않고 경찰이 직접 실력을 행사하여 경찰상 필요한 상태를 실현하는 권력적 사실행위에 관한 근거조항이다.

④ 주거지에서 음악 소리를 크게 내거나 큰 소리로 떠들어 이웃을 시끄럽게 하는 행위는 「경범죄 처벌법」 제3조 제1항 제21호에서 경범죄로 정한 '인근소란 등'에 해당하고, 경찰관은 「경찰관직무집행법」에 따라 경범죄에 해당하는 행위를 예방·진압·수사하고, 필요한 경우 제지할 수 있다.

해설 ② (×) 함정수사라 함은 본래 범의를 가지지 아니한 자에 대하여 수사기관이 사술이나 계략 등을 써서 범죄를 유발케 하여 범죄인을 검거하는 수사방법을 말하는 것이므로, 범의를 가진 자에 대하여 범행의 기회를 주거나 범행을 용이하게 한 것에 불과한 경우에는 함정수사라고 할 수 없다(대판 2004도1066)

정답 ②

## 17 「경찰관 직무집행법」 제6조(범죄예방과 제지) 및 제7조(위험방지를 위한 출입)에 관한 내용 중 가장 적절하지 않은 것은? (다툼이 있는 경우 판례에 의함) 〈23 승진〉

① 경찰관의 제지 조치가 적법한지는 제지 조치 당시의 구체적 상황을 기초로 판단하여야 하고 사후적으로 순수한 객관적 기준에서 판단할 것은 아니다.

② 경찰관은 위험 방지를 위해 필요한 장소에 출입할 때에는 그 신분을 표시하는 증표를 제시하여야 하며, 함부로 관계인이 하는 정당한 업무를 방해해서는 아니 된다.

③ 경찰관의 경고나 제지는 범죄의 예방을 위하여 범죄행위에 관한 실행의 착수 전에 행하여질 수 있을 뿐만 아니라, 이후 범죄 행위가 계속되는 중에 그 진압을 위하여도 당연히 행하여질 수 있다고 보아야 한다.

④ 경찰관은 범죄행위가 목전(前)에 행하여지려고 하고 있다고 인정될 경우 이를 예방하기 위하여 관계인에게 필요한 제지를 하여야 한다.

해설 ③ (○) **경고나 제지는** 범죄 예방을 위하여 범죄행위의 실행의 착수 전에 행하여질 수 있을뿐만 아니라, 이후 **범죄행위가 계속되는 중에 그 진압을 위하여도 당연히 행하여질 수 있다**(대판 2013도643).
④ (×) 범죄행위가 목전(前)에 행하여지려는 경우 곧바로 제지하여야 하는 것은 아니고 경고를 하여야 하며, 그 행위로 사람의 생명·신체에 위해를 끼치거나 재산에 중대한 손해를 끼칠 우려가 있는 긴급한 경우에 한하여 그 행위를 제지할 수 있다. 또한, 반드시 '하여야' 하는 것은 아니고 '할 수 있다'

**제6조(범죄의 예방과 제지)** 경찰관은 범죄행위가 **목전**(目前)에 행하여지려고 하고 있다고 인정될 때에는 이를 예방하기 위하여 관계인에게 필요한 **경고**를 하고, 그 행위로 인하여 사람의 **생명·신체**에 위해를 끼치거나 **재산**에 **중대한 손해**를 끼칠 우려가 있는 **긴급**한 경우에는 그 행위를 **제지할 수 있다**.

정답 ④

## 18 「경찰관 직무집행법」에 관한 설명으로 가장 적절한 것은?(다툼이 있는 경우 판례에 의함) 〈23 채용2차〉

① 경찰 병력이 행정대집행 직후 "A자동차 희생자 추모와 해고자 복직을 위한 범국민대책위원회"(이하 'A차 대책위'라 함)가 또다시 같은 장소를 점거하고 물건을 다시 비치하는 것을 막기 위해 당해 사건 장소를 미리 둘러싼 뒤 'A차 대책위'가 같은 장소에서 기자회견 명목의 집회를 개최하려는 것을 불허하면서 소극적으로 제지한 것은 범죄행위 예방을 위한 경찰 행정상 즉시강제로서 적법한 공무집행에 해당한다.

② 「아동학대범죄의 처벌 등에 특례법」에 따른 아동학대범죄가 행하여지려고 하거나 행하여지고 있어 타인의 생명·신체에 대한 발생의 우려가 명백하고 긴급한 상황에서, 경찰관이 그 위해를 예방하거나 진압하기 위한 행위 또는 범인의 검거 과정에서 경찰관을 향한 직접적인 유형력 행사에 대응하는 행위를 하여 그로 인하여 타인에게 피해가 발생한 경우, 그 경찰관의 직무수행이 불가피한 것이고 필요한 최소한의 범위에서 이루어졌으며 해당 경찰관에게 고의 또는 중대한 과실이 없는 때에는 형을 감경하거나 면제한다.

③ 경찰관은 형사처벌의 대상이 되는 행위가 눈앞에서 막 이루어지려고 하는 것이 주관적으로 인정될 수 있는 상황이고 그 행위를 당장 제지하지 않으면 곧 인명·신체에 중대한 위해를 미치거나 재산에 손해를 끼칠 우려가 있는 상황이어서, 직접 제지하는 방법 외에는 위와 같은 결과를 막을 수 없는 급박한 상태일 때에만 「경찰관 직무집행법」 제6조에 의하여 적법하게 그 행위를 제지할 수 있다.

④ 「경찰관 직무집행법」은 제1조 제2항에서 "경찰관의 직권은 그 직무 수행에 필요한 최소한도에서 행사되어야 하며 남용되어서는 아니 된다."라고 선언하여 경찰비례의 원칙을 명시적으로 규정하고 있는데, 이는 경찰행정 영역에서의 헌법상 과소보호금지 원칙을 표현한 것이다.

해설 ① (○) 관할 구청의 행정대집행 완료 직후 대책위가 또다시 같은 장소를 점거하고 물건을 다시 비치하는 것을 막기 위해 농성 장소를 미리 둘러싼 뒤 대책위가 같은 장소에서 기자회견 명목의 집회를 개최하려는 것을 불허하면서 소극적으로 제지한 것은 「경찰관 직무집행법」 제6조 제1항의 범죄행위 예방을 위한 경찰 행정상 즉시강제로서 적법한 공무집행에 해당한다(대판 2018도2993).
② (×) 형을 감경하거나 면제할 수 있다.
③ (×) 범죄를 예방하기 위한 경찰관의 제지 조치가 적법한 직무집행으로 평가될 수 있기 위해서는 형사처벌의 대상이 되는 행위가 눈앞에서 막 이루어지려고 하는 것이 객관적으로 인정될 수 있는 상황이어야 한다(대판 2013도2168).
④ (×) 비례의 원칙은 과잉금지원칙에 해당한다. '과소보호금지 원칙'은 국가가 국민의 생명·신체의 안전을 위하여 적절하고 효율적인 최소한의 보호조치를 취하였는가에 대한 문제이다.

정답 ①

## 19 「경찰관 직무집행법」상 위험방지를 위한 출입에 대한 설명으로 적절하지 않은 것은? 〈19 승진〉

① 위험방지를 위한 출입의 성질은 대가택적 즉시강제이다.

② 경찰공무원은 여관에 불이 나서 객실에 쓰러져 있는 사람이 있는 경우에는 주인이 허락하지 않더라도 들어갈 수 있다.

③ 새벽 3시에 영업이 끝난 식당에서 주인만 머무르는 경우라도, 경찰공무원은 범죄의 예방을 위해 출입을 요구할 수 있고, 상대방은 이를 거절할 수 없다.

④ 경찰공무원은 위험방지를 위해 여관에 출입할 경우에는 그 신분을 표시하는 증표를 제시하여야 하며, 함부로 관계인이 하는 정당한 업무를 방해해서는 아니 된다.

해설 ③ (×) 예방출입은 공개된 장소·시간에 관리자의 동의를 얻어야 한다.

**☞ 위험방지를 위한 출입(제7조)**

| 구분 | 긴급출입<br>(①항) | 예방출입<br>(②항) | 대간첩 긴급검색<br>(③항) |
|---|---|---|---|
| 출입 장소 | 타인의 토지·건물·배·차 | 공개된 장소 | |
| 출입 시간 | 주야 불문 | 영업·공개된 시간 | 주야 불문 |
| 관리자 동의 | 불요 | 필요 | 불요 |

정답 ③

**20** 「경찰관 직무집행법」에 대한 설명 중 옳지 않은 것을 모두 고른 것은? 〈19 법학〉

> ㉠ 경찰관은 이미 행하여진 범죄나 행하여지려고 하는 범죄행위에 관한 사실을 안다고 인정되는 사람을 정지시켜 질문할 수 있다.
> ㉡ 경찰관은 불심검문을 할 때 그 사람이 흉기를 가지고 있는지 조사할 수 있고, 휴대하고 있는 흉기가 위험을 일으킬 수 있는 것으로 인정되면 10일을 초과하지 않는 기간 안에 경찰관서에 임시로 영치할 수 있다.
> ㉢ 경찰관이 구호대상자를 경찰관서에 보호하는 경우 보호 기간은 12시간을 초과할 수 없다.
> ㉣ 경찰관은 보호조치를 한 경우 지체 없이 가족, 친지 등에게 그 사실을 알려야 한다.
> ㉤ 경찰관이 범죄예방을 위해 음식점에 출입하겠다고 요구하는 경우, 음식점이 영업시간이라면 음식점 주인은 정당한 이유 없이 그 요구를 거절할 수 없다.
> ㉥ 경찰관은 직무 수행에 필요하다고 인정되는 상당한 이유가 있을 때에는 국가기관이나 공사(公私) 단체 등에 직무 수행에 관련된 사실을 조회할 수 있다.

① ㉠, ㉡, ㉢　　② ㉡, ㉣, ㉤
③ ㉡, ㉢, ㉥　　④ ㉢, ㉤, ㉥

해설 > ㉠ (○) 불심검문 대상 : 죄를 **범하**였거나 범하**려** 하는 사람, 이를 **안**다고 인정되는 사람 **【범하려안】**
㉡ (×) 흉기의 임시영치는 불심검문이 아닌 보호조치 시에 할 수 있도록 규정되어 있다.
㉢ (×) 보호조치는 24시간이다. **【강제로 정주자 24시간 동안】**
㉥ (×) 사실조회는 경찰관서의 장이 할 수 있다. **경찰관서는 경찰서·지구대·파출소·출장소**가 해당한다(제3조②).

**☞ 경찰관서장 【위대사】**

> ① 위험발생 방지 조치를 위한 관계기관 협조 요청(제5조④)
> ② 대간첩 작전지역, 경찰관서·무기고 등 국가중요시설 접근·통행 제한(제5조②)
> ③ 사실 조회(제8조)

정답 ③

**21** 「경찰관 직무집행법」에 대한 설명으로 가장 적절한 것은? 〈19 승진〉

① 경찰관은 이미 행하여진 범죄나 행하여지려고 하는 범죄행위에 관한 사실을 안다고 인정되는 사람에 대하여 질문을 하는 경우 자신의 신분을 표시하는 증표를 제시하면서 소속과 성명을 밝히고 질문의 목적과 이유를 설명하여야 하며 변호인의 도움을 받을 권리가 있음을 알려야 한다.
② 경찰관은 수상한 행동이나 그 밖의 주위 사정을 합리적으로 판단해 볼 때 구호대상자에 해당함이 명백하여 응급의 구호를 요한다고 믿을 만한 상당한 이유가 있는 자를 발견한 때에는 보건의료기관이나 공공구호기관에 긴급구호를 요청하거나 경찰관서에 보호하는 등 적절한 조치를 하여야 한다.
③ 경찰관은 범죄행위가 목전에 행하여지려고 하고 있다고 인정될 때에는 이를 예방하기 위하여 관계인에게 필요한 경고를 하고 즉시 그 행위를 제지할 수 있다.
④ 경찰관은 자신이나 다른 사람의 생명·신체의 방어 및 보호를 위하여 필요하다고 인정되는 상당한 이유가 있을 때에는 그 사태를 합리적으로 판단하여 필요한 한도에서 경찰장구를 사용할 수 있다.

해설 > ① (×) '변호인의 도움을 받을 권리'는 불심검문 현장에서 할 필요는 없고, 임의동행을 한 경우 동행 후에 고지해야 한다.
**【동행 후 연변 있음을 고지】**
② (×) 경찰관서에 보호하는 등 적절한 조치를 **할 수 있다.**
③ (×) 경고 후 즉시 행위를 제지할 수 있는 것이 아니라 사람의 생명·신체에 위해를 끼치거나 재산에 중대한 손해를 끼칠 우려가 있는 긴급한 경우에 한하여 그 행위를 제지할 수 있다.

> **제6조(범죄의 예방과 제지)** 경찰관은 범죄행위가 **목전**(目前)에 행하여지려고 하고 있다고 인정될 때에는 이를 예방하기 위하여 관계인에게 필요한 **경고**를 하고, 그 행위로 인하여 사람의 **생명·신체**에 위해를 끼치거나 **재산**에 **중대한 손해**를 끼칠 우려가 있는 **긴급**한 경우에는 그 행위를 **제지**할 수 있다.

정답 ④

**22** 「경찰관 직무집행법」상 즉시강제에 해당하는 것은 모두 몇 개인가? (다툼이 있는 경우 판례에 의함)

〈22 채용2차〉

> ㉠ 주택가에서 흉기를 들고 난동을 부리며 경찰관의 중지명령에 항거하는 사람에 대해 전자충격기를 사용하여 강제로 제압하는 것
> ㉡ 음주운전 등 교통법규 위반자에 대해 운전면허를 취소하는 것
> ㉢ 불법집회로 인한 공공시설의 안전에 대한 위해를 억제하기 위해 최루탄을 사용하는 것
> ㉣ 위험물의 폭발로 인해 매우 긴급한 경우에 위해를 입을 우려가 있는 사람을 억류하거나 피난시키는 것
> ㉤ 지정된 기한까지 체납액을 완납하지 않은 국세체납자의 재산을 압류하는 것
> ㉥ 무허가건물의 철거 명령을 받고도 이를 불이행하는 사람의 불법건축물을 철거하는 것

① 3개 ② 4개
③ 5개 ④ 6개

해설 > 「경찰관 직무집행법」상의 즉시강제를 묻는 문제이므로 「경찰관 직무집행법」에 근거하지 않거나 즉시강제에 해당되지 않는 것이 제외된다.
㉡ (×) 도로교통법에 근거한 제재처분이다.
㉢ (○) 경직법 제10조의3에 의한 즉시강제에 해당한다. 다만, 집시법에 의한 강제해산은 불법집회 · 시위자에 해산명령을 하고 그 불이행에 따른 강제해산이므로 이는 직접강제에 해당한다.
㉤ (×) 국세징수법에 근거한 강제징수이다.
㉥ (×) 행정대집행법에 근거한 대집행이다.

정답 ①

**23** 「경찰관 직무집행법」에 관한 설명으로 가장 적절한 것은?

〈23 채용2차〉

① 「경찰관 직무집행법」에 따르면 경찰관은 유실물을 인수할 권리자 확인의 직무를 수행하기 위하여 필요하면 관계인에게 출석하여야 하는 사유 · 일시 및 장소를 명확히 적은 출석 요구서를 보내 경찰관서에 출석할 것을 요구할 수 있다.
② 「경찰관 직무집행법」에 따르면 위해성 경찰장비의 종류 및 그 사용기준, 안전교육 · 안전검사의 기준 등은 행정안전부령으로 정한다.
③ 「경찰관 직무집행법」 제11조의2 제1항에 따른 손실보상을 청구할 수 있는 권리는 손실이 있음을 안 날부터 3년, 손실보상이 확정된 때부터 5년간 행사하지 아니하면 시효의 완성으로 소멸한다.
④ 「경찰관 직무집행법」 제2조 직무의 범위에 "테러경보 발령 · 대테러작전 수행"을 명시하고 있다.

해설 > ② (×) 대통령령(「위해성 경찰장비의 사용기준 등에 관한 규정」)으로 정한다.
③ (×) 손실이 있음을 안 날부터 3년, 손실이 <u>발생한 날부터</u> 5년간 행사하지 아니하면 시효의 완성으로 소멸한다.
④ (×) "대간첩 · 대테러 작전 수행"으로 규정되어 있다. "테러경보 발령"은 「국민보호와 공공안전을 위한 테러방지법」 제6조에 의하여 대테러센터의 업무에 속한다.

정답 ①

## 제2절 경찰장비

**01 「경찰관직무집행법」상 '경찰장비'에 대한 설명으로 옳지 않은 것은?** 〈20 경간〉

① 경찰관은 직무수행 중 경찰장비를 사용할 수 있다. 다만, 사람의 생명이나 신체에 위해를 끼칠 수 있는 경찰장비를 사용할 때에는 필요한 안전교육과 안전검사를 받은 후 사용하여야 한다.
② "경찰장구"란 무기, 최루제와 그 발사장치, 살수차, 감식기구, 해안 감시기구, 통신기기, 차량·선박·항공기 등 경찰이 직무를 수행할 때 필요한 장치와 기구를 말한다.
③ 경찰청장은 사람의 생명이나 신체에 위해를 끼칠 수 있는 경찰장비를 새로 도입하려는 경우에는 대통령령으로 정하는 바에 따라 안전성 검사를 실시하여 그 안전성 검사의 결과보고서를 국회 소관 상임위원회에 제출하여야 한다. 이 경우 안전성 검사에는 외부 전문가를 참여시켜야 한다.
④ 경찰관은 경찰장비를 함부로 개조하거나 경찰장비에 임의의 장비를 부착하여 일반적인 사용법과 달리 사용함으로써 다른 사람의 생명·신체에 위해를 끼쳐서는 아니 된다.

해설 ② (×) "경찰장구"가 아닌 "경찰장비"에 대한 설명이다.

**경찰장비의 종류**

| 구분 | | 내용 |
|---|---|---|
| 경찰관 직무집행법 (제10조②) | | "경찰장비"란 무기, 경찰장구, 최루제와 그 발사장치, 살수차, 감식기구, 해안 감시기구, 통신기기, 차량·선박·항공기 등 경찰이 직무를 수행할 때 필요한 장치와 기구를 말한다. |
| 위해성 경찰장비의 사용기준 등에 관한 기준(제2조) **【무장분기】** | 무기 | 권총, 유**탄**발사기, **도검** 등 |
| | 장구 | 경찰**봉**, 호신용경봉, **포**승, **수**갑, **방**패, 전자방패, **전**자충격기 **【봉포수 방전】** |
| | 분사기·최루탄 | 근접분사기, 가스분사기, 가스발사총(**고무탄겸용 포함**), 최루탄(**발사장치 포함**) 등 |
| | 기타 | 가스**차**, 살수**차**, 특수진압**차**, **물**포, **석**궁, **다**목적발사기 **【차에 물석다】** |

정답 ②

**02 「경찰관 직무집행법」상 경찰장비에 대한 설명으로 적절한 것은 모두 몇 개인가?** 〈22 경간, 18 채용2차〉

> 가. 경찰관은 현행범이나 사형·무기 또는 장기 3년 이상의 징역이나 금고에 해당하는 죄를 범한 범인의 체포 또는 도주 방지의 직무를 수행하기 위하여 필요하다고 인정되는 상당한 이유가 있을 때에는 그 사태를 합리적으로 판단하여 필요한 한도에서 경찰장구를 사용할 수 있다.
> 나. 경찰관은 직무수행 중 경찰장비를 사용할 수 있다. 다만, 재산의 침해 또는 생명이나 신체에 위해를 끼칠 수 있는 경찰장비를 긴급하게 사용할 때에는 안전검사 없이 안전교육을 받은 후 사용할 수 있다.
> 다. 위해성 경찰장비는 필요한 최소한도에서 사용하여야 하며, 위해성 경찰장비의 종류 및 그 사용기준, 안전교육·안전검사의 기준 등은 행정안전부령으로 정한다.
> 라. 경찰청장은 위해성 경찰장비를 새로 도입하려는 경우에는 대통령령으로 정하는 바에 따라 안전교육을 실시하여 그 안전교육의 결과보고서를 국회 소관 상임위원회에 제출하여야 한다. 이 경우 안전교육에는 외부 전문가를 참여시킬 수 있다.

① 0개　② 1개
③ 2개　④ 3개

해설 나. (×) 경찰관은 직무수행 중 경찰장비를 사용할 수 있다. 다만, 사람의 생명이나 신체에 위해를 끼칠 수 있는 경찰장비를 사용할 때에는 필요한 안전교육과 안전검사를 받은 후 사용하여야 한다(제10조①).
다. (×) 위해성 경찰장비의 종류 및 그 사용기준, 안전교육·안전검사의 기준 등은 대통령령(「위해성 경찰장비의 사용기준 등에 관한 규정」)으로 정한다(제10조⑥).
라. (×) 위해성 경찰장비를 새로 도입하려는 경우에는 '안전교육'이 아닌 '안전성 검사'를 실시하여야 하고, 이 경우 외부 전문가를 참여시켜야 한다.

정답 ②

## 03 경찰장비에 대한 설명이다 아래 ㉠부터 ㉣까지의 설명 중 옳고 그름의 표시(○, ×)가 바르게 된 것은?

〈22 승진, 23 법학〉

> ㉠ 「경찰관 직무집행법」상 경찰청장은 위해성 경찰장비를 새로 도입하려는 경우에는 대통령령으로 정하는 바에 따라 안전성 검사를 실시하여 그 안전성 검사의 결과보고서를 행정안전부 장관에게 제출하여야 한다.
> ㉡ 「위해성 경찰장비의 사용기준 등에 관한 규정」상 경찰관은 14세 미만의 자 또는 65세 이상의 고령자에 대하여 전자충격기를 사용하여서는 아니 된다.
> ㉢ 「경찰관 직무집행법」상 경찰관은 범인의 체포 또는 범인의 도주 방지를 위하여 부득이한 경우에는 현장책임자가 판단하여 필요한 최소한의 범위에서 「총포·도검·화약류 등의 안전관리에 관한 법률」에 따른 분사기를 사용할 수 있다.
> ㉣ 「경찰관 직무집행법」상 경찰관은 범인의 체포, 범인의 도주 방지, 자신이나 다른 사람의 생명·신체의 방어 및 보호, 공무집행에 대한 항거의 제지를 위하여 필요하다고 인정되는 상당한 이유가 있을 때에는 그 사태를 합리적으로 판단하여 필요한 한도에서 무기를 사용할 수 있다.

① ㉠(×) ㉡(○) ㉢(○) ㉣(×)
② ㉠(○) ㉡(×) ㉢(○) ㉣(×)
③ ㉠(×) ㉡(×) ㉢(×) ㉣(○)
④ ㉠(×) ㉡(×) ㉢(○) ㉣(○)

해설> ㉠ (×) 국회 소관 상임위원회에 제출하여야 한다.
㉡ (×) 전자**충격**기는 65세 이상의 고령자에 대한 제한은 없다. **14**세 미만의 자 또는 **임**산부에 대하여 사용할 수 없으며, **얼굴**을 향하여 전극침을 발사하여서는 아니 된다. **【충격받은 열사 얼굴임】**
㉢ (○) 경직법에 규정된 분사기는 그 요건에 자타방어나 공무집행 항거 억제 부분은 없으며 집회·시위를 염두에 두고 현장책임자의 판단하에 사용하게 되어 있다. 「위해성경찰장비규정」에 규정된 가스발사총은 경찰관(현장책임자×)이 범인의 체포, 도주방지, 자타방어, 항거억제를 위하여 사용할 수 있다. 분사기와 가스발사총은 서로 구분되는 개념이다.

정답 ④

## 04 「위해성 경찰장비의 사용기준 등에 관한 규정」에 관한 설명 중 가장 적절하지 않은 것은? 〈22 채용1차〉

① 권총·소총·기관총·함포·크레모아·수류탄·가스발사총은 무기에 해당한다.
② 경찰관은 14세 미만의 자 또는 임산부에 대하여 전자충격기 또는 전자방패를 사용하여서는 아니 된다.
③ 경찰관은 전극침(電極針) 발사장치가 있는 전자충격기를 사용하는 경우 상대방의 얼굴을 향하여 전극침을 발사하여서는 아니 된다.
④ 경찰관(경찰공무원으로 한정한다)은 체포·구속영장을 집행하거나 신체의 자유를 제한하는 판결 또는 처분을 받은 자를 법률이 정한 절차에 따라 호송하거나 수용하기 위하여 필요한 때에는 최소한의 범위 안에서 수갑·포승 또는 호송용포승을 사용할 수 있다.

해설> ① (×) 가스발사총은 분사기·최루탄에 포함된다.

정답 ①

## 05 「경찰관 직무집행법」 제10조의4(무기의 사용)에 대한 설명으로 가장 적절한 것은? 〈17 경기북부 여경〉

① 무기란 사람의 생명이나 신체에 위해를 끼칠 수 있도록 제작된 권총·소총·도검 등을 말한다.
② 「형법」에 규정된 정당방위와 긴급피난에 해당할 때 경찰관은 무기사용은 가능하나 위해를 줄 수는 없다.
③ 체포·구속영장을 집행하는 과정에서 경찰관의 직무집행에 항거하거나 도주하려고 할 때 위해를 수반한 무기사용이 가능하다. 다만, 이 경우 압수·수색영장을 집행하는 과정에서는 상대방에게 위해를 수반한 무기사용이 불가능하다.
④ 사형·무기 또는 장기 1년 이상의 징역이나 금고에 해당하는 죄를 범하였다고 의심할 만한 충분한 이유가 있는 사람이 경찰관의 직무집행에 항거하거나 도주하려고 하는 경우 위해를 수반한 무기사용이 가능하다.

해설 ① (○) 무기에 도검이 포함된다.
② (×) 정당방위와 긴급피난의 경우 위해를 수반한 무기사용이 가능하다.
③ (×) 체포·구속영장과 압수·수색영장 집행 시 모두 위해수반 무기사용이 가능하다.
④ (×) 사형·무기 또는 장기 3년 이상의 징역이나 금고에 해당하는 죄(긴급체포 대상)이다.

정답 ①

## 06 「경찰관 직무 집행법」에 대한 설명 중 적절한 것은 모두 몇 개인가? 〈21 법학〉

㉠ 경찰관은 수상한 행동 등 의심할만한 상당한 이유가 있는 자가 신원확인이 불가능한 경우에도 가까운 경찰관서로 동행하여 6시간을 초과하지 않는 범위 내에서 조사를 할 수 있다.
㉡ 경찰관은 미아, 병자, 부상자 등이 응급구호를 거절하지 않는 경우에는 보건의료기관이나 공공구호기관에 긴급구호를 요청하거나 경찰관서에서 보호조치를 할 수 있다. 이때 구호 대상자가 휴대하고 있는 무기·흉기는 10일을 초과하여 임시로 영치할 수 있다.
㉢ 체포·구속된 사람 또는 신체의 자유를 제한하는 판결이나 처분을 받은 사람을 수용하기 위하여 시·도경찰청, 경찰서, 지방해양경찰청, 해양경찰서에 유치장을 둔다.
㉣ 경찰관이 휴대하여 범인 검거와 범죄 진압 등의 직무수행에 사용하는 수갑, 포승, 경찰봉 등의 경찰장구는 현행범이나 사형·무기 또는 장기 3년 이상의 징역이나 금고에 해당하는 죄를 범한 범인의 체포 또는 도주 방지, 자신이나 다른 사람의 생명·신체 및 재산의 보호, 공무집행에 대한 항거 제지를 위해 사용할 수 있다.
㉤ 살수차, 최루탄, 경찰장구, 무기를 사용하는 경우 그 책임자는 사용 일시·장소·대상, 현장책임자, 종류, 수량 등을 기록하여 보관하여야 한다.

① 없음 ② 1개 ③ 2개 ④ 3개

해설 ㉠ (×) 임의동행 요구는 그 사람에게 불리하거나 교통에 방해가 된다고 인정될 때에 한하며, 신원확인 목적으로 할 수는 없다.
㉡ (×) 임시영치는 10일을 초과할 수 없다. **【임시영(10)치】**
㉢ (×) 유치장은 경찰서와 해양경찰서에 두며, 시·도경찰청에는 두지 않는다.
㉣ (×) 경찰장구는 생명·신체의 방어를 위해서 사용할 수 있으며, 재산은 포함되지 않는다.
㉤ (×) **살수**차, **분**사기·최루탄, **무**기 사용 기록은 3년간 보관하며, 경찰장구 사용에 대한 기록 보관은 경찰관직무집행법에 규정되어 있지 않다. **【살수분무 기록은 3년 보관】**

정답 ①

## 07 다음은 「위해성 경찰장비의 사용기준 등에 관한 규정」에 대한 설명이다. 적절한 것만을 고른 것은 모두 몇 개인가? 〈21 채용1차〉

㉠ 경찰관은 소요사태로 인해 타인의 법익이나 공공의 안녕질서에 대한 직접적인 위험이 명백하게 초래되어 살수차 외의 경찰 장비로는 그 위험을 제거·완화시키는 것이 현저히 곤란한 경우에는 시·도경찰청장의 명령에 따라 살수차를 배치·사용할 수 있다.
㉡ 경찰관은 총기 또는 폭발물을 가지고 대항하는 경우를 제외하고는 14세 미만의 자 또는 임산부에 대하여 권총 또는 소총을 발사하여서는 아니 된다.
㉢ 「경찰관 직무집행법」 제10조 제5항 후단에 따라 안전성 검사에 참여한 외부 전문가는 안전성 검사가 끝난 후 3개월 이내에 신규 도입 장비의 안전성 여부에 대한 의견을 경찰청장에게 제출하여야 한다.
㉣ 국가경찰관서의 장(경찰청장·해양경찰청장·시·도경찰청장·지방해양경찰청장·경찰서장 또는 해양경찰서장 기타 경무관·총경·경정 또는 경감을 장으로 하는 국가경찰관서의 장을 말한다)은 폐기 대상인 위해성 경찰장비 또는 성능이 저하된 위해성 경찰장비를 개조할 수 있으며, 소속경찰관으로 하여금 이를 본래의 용법에 준하여 사용하게 할 수 있다.
㉤ 「위해성 경찰장비의 사용기준 등에 관한 규정」 제2조 제2호부터 제4호까지의 위해성 경찰장비(제4호의 경우에는 가스차만 해당한다)를 사용하는 경우 그 현장책임자 또는 사용자는 사용보고서를 작성하여 직근상급 감독자에게 보고하고, 직근상급 감독자는 이를 3년간 보관하여야 한다.

① 1개 ② 2개 ③ 3개 ④ 4개

해설 ㉠ (○) **소요**사태(**불법집회·시위** ×), 통합방위법에 의한 **국가중요시설**에 대한 **직접적인 위험과 보충성** 충족 시 **시·도청장**의 명령에 따라 사용 **【소중이 살수 시도】**
㉢ (×) 외부 전문가는 **안전성 검사가 끝난 후 30일 이내에** 경찰청장에 의견 제출하고, 경찰청장은 **안전성 검사 실시 후 3개월 이내에** 국회 소관 상임위(행안부장관 ×)에 결과보고서 제출하여야 한다.
㉤ (×) 가스차가 아닌 살수차만 해당한다.

정답 ③

## 08 「경찰관 직무집행법」 및 「위해성 경찰장비의 사용기준 등에 관한 규정」상 경찰장비의 사용에 대한 설명으로 가장 적절한 것은? 〈20 채용2차〉

① 경찰관은 범인의 체포 또는 도주의 방지, 자신이나 다른 사람의 생명·신체의 방어 및 보호, 공무집행에 대한 항거의 제지를 위하여 필요한 상당한 이유가 있는 경우 경찰장구를 사용할 수 있다.
② 경찰관은 불법 집회·시위 또는 소요사태로 인하여 발생할 수 있는 타인 또는 경찰관의 생명·신체의 위해와 재산·공공시설의 위험을 억제하기 위하여 부득이한 경우에는 시·도경찰청장의 명령에 따라 필요한 최소한의 범위에서 가스차를 사용할 수 있다.
③ 제11조(사용기록의 보관)에 따라 살수차, 분사기, 전자충격기 및 전자방패, 무기를 사용하는 경우 그 책임자는 사용 일시·장소·대상, 현장책임자, 종류, 수량 등을 기록하여 보관하여야 한다.
④ 경찰관은 범인·주취자 또는 정신착란자의 자살 또는 자해기도를 방지하기 위하여 필요한 때에는 수갑·포승 또는 호송용 포승을 사용할 수 있다. 이 경우 경찰관은 소속 국가경찰관서의 장에게 그 사실을 보고하여야 한다.

해설 ① (×) 장구 사용 요건으로 다른 장비와 달리 유일하게 "현행범·긴급체포 대상 범인의 체포"으로 규정되어 있다. 보기의 지문은 무기사용 요건이다.

| 제10조의2(경찰장구의 사용) | 제10조의4(무기의 사용) |
|---|---|
| ① 경찰관은 다음 각 호의 직무를 수행하기 위하여 필요하다고 인정되는 상당한 이유가 있을 때에는 그 사태를 합리적으로 판단하여 필요한 한도에서 경찰장구를 사용할 수 있다. **【현·긴 체도방항】**<br>1. **현**행범이나 사형·무기 또는 장기 3년 이상의 징역이나 금고에 해당하는 죄(**긴급체포** 대상)를 범한 범인의 **체**포 또는 **도**주 방지<br>2. **자**신이나 **다**른 사람의 **생명**·**신**체의 **방**어 및 보호(**재산**×)<br>3. 공무집행에 대한 **항**거(抗拒) 제지 | ① 경찰관은 범인의 **체포**, 범인의 **도**주 방지, **자**신이나 **다**른 사람의 **생명**·**신**체의 **방**어 및 보호(**재산** ×), 공무집행에 대한 **항**거의 제지를 위하여 필요하다고 인정되는 상당한 이유가 있을 때에는 그 사태를 합리적으로 판단하여 필요한 한도에서 무기를 사용할 수 있다. |

② (×) 가스차는 현장책임자 판단에 의한다(위해성경찰장비규정).

| 특수진압차 | 경찰관 |
|---|---|
| 물포(해상) | 현장책임자 판단 |
| 가스차 | 현장책임자 판단 |
| 살수차 | 시·도경찰청장 명령 |

③ (×) **살수**차, **분**사기, **무**기(전자충격기 및 전자방패 ×) 기록은 책임자가 3년간 보관 **【살수분무】**

정답 ④

## 09 「위해성 경찰장비의 사용기준 등에 관한 규정」에 대한 설명 중 가장 적절한 것은? 〈21 법학〉

① 무기의 종류에는 권총·소총·기관총·산탄총·가스발사총 등이 있다.

② 경찰관을 급습하거나 인질 사건에 있어서 은밀히 작전을 수행하는 경우에 사람을 향하여 권총 또는 소총을 발사하고자 하는 때에는 미리 구두 또는 공포탄에 의한 사격으로 상대방에게 경고하여야 한다.

③ 수갑을 사용하는 경위 이하 소속 경찰관은 경찰장비사용기관에서 사용요건과 사용방법에 대하여 부서발령 시 1회, 연간 1회 안전교육을 받아야 한다.

④ 경찰관은 체포·구속영장을 집행하거나 신체의 자유를 제한하는 판결 또는 처분을 받은 자를 호송하거나 수용하기 위하여 수갑·포승 또는 호송용포승을 사용하여야 한다.

해설 ① (×) 가스발사총은 "분사기·최루탄 등"에 분류된다.
② (×) 미리 구두 또는 공포탄에 의한 사격으로 경고하지 않을 수 있는 경우(제9조)

> 1. 경찰관을 급습하거나 타인의 생명·신체에 대한 중대한 위험을 야기하는 범행이 목전에 실행되고 있는 등 상황이 급박하여 특히 경고할 시간적 여유가 없는 경우
> 2. 인질·간첩 또는 테러사건에 있어서 은밀히 작전을 수행하는 경우

③ (○) [별표1]에 의하여, 수갑을 사용하는 경위 이하 소속 경찰관은 부서발령 시 1회, 연간 1회의 교육을 받아야 한다.
④ (×) 경찰관은 체포·구속영장을 집행하거나 신체의 자유를 제한하는 판결 또는 처분을 받은 자를 법률이 정한 절차에 따라 호송하거나 수용하기 위하여 필요한 때에는 최소한의 범위 안에서 수갑·포승 또는 호송용포승을 **사용할 수 있다**(제4조).

정답 ③

## 10 「위해성 경찰장비의 사용기준 등에 관한 규정」에 대한 설명으로 가장 적절하지 않은 것은? 〈21 승진〉

① 경찰관은 불법집회·시위로 인하여 발생할 수 있는 경찰관의 생명·신체의 위해와 재산·공공시설의 위험을 방지하기 위해서는 경찰봉 또는 호신용경봉을 사용할 수 없다.

② 경찰관은 범인·술에 취한 사람 또는 정신착란자의 자살 또는 자해기도를 방지하기 위하여 필요한 때에는 수갑·포승 또는 호송용포승을 사용할 수 있다.

③ 경찰청장은 위해성 경찰장비를 새로 도입하려는 경우에는 신규 도입 장비에 대한 안전성 검사를 실시한 후 3개월 이내에 안전성 검사 결과보고서를 국회 소관 상임위원회에 제출하여야 한다.

④ 경찰관은 가스차·살수차 또는 특수진압차의 최루탄발사대로 최루탄을 발사하는 경우에는 15도 이상의 발사각을 유지하여야 하고, 최루탄발사기로 최루탄을 발사하는 경우 30도 이상의 발사각을 유지하여야 한다.

해설 ① (×) 경찰봉을 사용할 수 있다. 경찰봉은 경찰장구로서 경직법에 의할 때 불법집회·시위 현장에서 사용할 수 있도록 규정되어 있지 않기 때문에 「위해성경찰장비규정」에서 경찰봉을 불법집회·시위 현장에서 사용할 수 있도록 규정하고 있다.

정답 ①

PART 04

**11** 「위해성 경찰장비의 사용기준 등에 관한 규정」에 대한 내용으로 가장 적절하지 않은 것은? 〈18 채용1차, 19 승진〉

① 경찰관은 범인·주취자 또는 정신착란자의 자살 또는 자해기도를 방지하기 위하여 필요한 때에는 수갑·포승 또는 호송용포승을 사용할 수 있다.
② 경찰관은 총기 또는 폭발물을 가지고 대항하는 경우를 제외하고는 14세 미만의 자 또는 임산부에 대하여 권총 또는 소총을 발사하여서는 아니 된다.
③ 경찰관은 최루탄발사기로 최루탄을 발사하는 경우 30도 이상의 발사각을 유지하여야 하고, 가스차·살수차 또는 특수진압차의 최루탄발사대로 최루탄을 발사하는 경우에는 15도 이상의 발사각을 유지하여야 한다.
④ 경찰청장은 신규 도입 장비에 대한 안전성 검사를 실시한 후 3개월 이내에 안전성 검사 결과보고서를 국무회의에 제출하여야 한다.

해설>

**위해성 경찰장비 사용기준**

| | |
|---|---|
| 전자**충격**기 | 14세 미만, **얼굴, 임**산부에 사용 금지<br>**【충격받은 열사(14) 얼굴임】** |
| 권**총**·소총 | 총기·폭발물로 대항하는 경우를 제외하고 **14**세 미만, **임**산부 금지(얼굴 ×) **【총 맞은 열사임】** |
| **가스**발사총 | **1m** 이내 얼굴 금지(14세 미만, 임산부 ×)<br>**【가스발사(방귀)는 1m 이내 얼굴만 금지】** |
| 최루탄 발사기 | **최루탄발사기는 30도 이상**, 가스차 등의 **최루탄발사대는 15도 이상** 발사각 |

정답 ④

**12** 「위해성 경찰장비의 사용기준 등에 관한 규정」에 대한 설명 중 가장 옳은 것은? 〈19 경간, 17년 채용1차〉

① 경찰관은 최루탄발사기로 최루탄을 발사하는 경우 15도 이상의 발사각을 유지하여야 하고, 가스차·살수차 또는 특수진압차의 최루탄발사대로 최루탄을 발사하는 경우에는 30도 이상의 발사각을 유지하여야 한다.
② 경찰관은 14세 이하의 자 또는 임산부에 대하여 전자충격기 또는 전자방패를 사용하여서는 아니 된다.
③ 분사기·최루탄 등에는 근접분사기·가스분사기·가스발사총(고무탄 발사겸용을 제외) 및 최루탄(그 발사장치를 포함)이 있다.
④ 경찰관은 범인의 체포 또는 도주방지, 타인 또는 경찰관의 생명·신체에 대한 방호, 공무집행에 대한 항거의 억제를 위하여 필요한 때에는 최소한의 범위 안에서 가스발사총을 사용할 수 있다. 이 경우 경찰관은 1미터 이내의 거리에서 상대방의 얼굴을 향하여 이를 발사하여서는 아니 된다.

해설> ① (×) 최루탄발사기(사람 사용): 30도 이상, 최루탄발사대(차량 사용): 15도 이상
② (×) **14세 미만 또는 임**산부에 사용 금지
③ (×) 가스발사총은 고무탄 발사겸용 포함이고, 최루탄은 발사장치 포함이다.

정답 ④

**13** 「위해성 경찰장비의 사용기준 등에 관한 규정」의 내용으로 가장 적절하지 않은 것은? 〈18 경위〉

① 경찰장구에는 수갑, 포승(捕繩), 호송용포승, 경찰봉, 호신용경봉을 포함한다.

② 무기에는 산탄총, 유탄발사기, 3인치포, 전자충격기, 폭발류 및 도검을 포함한다.

③ 경찰관은 범인의 체포 또는 도주방지, 타인 또는 경찰관의 생명·신체에 대한 방호, 공무집행에 대한 항거의 억제를 위하여 필요한 때에는 최소한의 범위 안에서 가스발사총을 사용할 수 있다. 이 경우 경찰관은 1미터 이내의 거리에서 상대방의 얼굴을 향하여 이를 발사하여서는 아니된다.

④ 경찰관은 범인·주취자 또는 정신착란자의 자살 또는 자해기도를 방지하기 위하여 필요한 때에는 수갑·포승 또는 호송용포승을 사용할 수 있다. 이 경우 경찰관은 소속 국가경찰관서의 장(경찰청장·해양경찰청장·시·도경찰청장·지방해양경찰청장·경찰서장 또는 해양경찰서장 기타 경무관·총경·경정 또는 경감을 장으로 하는 국가경찰관서의 장을 말한다)에게 그 사실을 보고하여야 한다.

해설 ② (×) 전자충격기는 장구에 해당한다. 경찰**봉**, **포**승, **수**갑, **방**패, **전**자충격기 등 **【봉포수 방전】**

정답 ②

**14** 경찰장비 중 「경찰관직무집행법」과 「총포·도검·화약류 등의 안전관리에 관한 법률」 및 동법 시행령에 따를 때 공무집행에 대한 항거 제지를 위해 사용할 수 없는 경찰장비는 모두 몇 개인가? 〈20 법학〉

| | |
|---|---|
| ㉠ 총포형 분사기 | ㉡ 수갑 |
| ㉢ 권총 | ㉣ 경찰봉 |
| ㉤ 방패 | |

① 0개 ② 1개
③ 2개 ④ 3개

해설 경직법의 분사기는 「총포·도검·화약류 등의 안전관리에 관한 법률」 및 동법 시행령에 의하여 ① 총포형 분사기, ② 막대형 분사기, ③ 만년필형 분사기, ④ 기타 휴대형 분사기로 구분된다. 경직법에서 분사기·최루탄의 사용요건에 자타방어 및 항거제지는 포함되어 있지 않다. 따라서 ㉠ 총포형분사기는 항거 제지를 위하여 사용할 수 없다. 다만, 「위해성경찰장비규정」의 가스발사총은 범인의 체포, 도주방지, 자타방어, 항거제지를 위하여 사용할 수 있으며 총포형 분사기는 가스분사기에 해당하는 장비로서 가스발사총과 구별된다.

정답 ②

**15** 경찰관 무기사용에 대한 설명으로 적절한 것은 모두 몇 개인가? (다툼이 있는 경우 판례에 의함) 〈23 경간〉

가. 경찰관이 신호위반을 이유로 정지명령에 불응하고 도주하던 차량에 탑승한 동승자를 추격하던 중 수차례에 걸쳐 경고하고 공포탄을 발사했음에도 불구하고 계속 도주하자 실탄을 발사하여 사망케 한 경우, 위 총기 사용 행위는 허용범위를 벗어난 위법행위이다.
나. 경찰관의 무기 사용이 특히 사람에게 위해를 가할 위험성이 큰 권총의 사용에 있어서는 그 요건을 더욱 엄격하게 판단하여야 한다.
다. 「경찰관 직무집행법」상 무기란 사람의 생명이나 신체에 위해를 끼칠 수 있도록 제작된 권총·소총·도검 등을 말하며, 대간첩·대테러 작전 등 국가안전에 관련되는 작전을 수행할 때에는 개인화기 외에 공용화기를 사용할 수 있다.
라. 경찰관이 길이 40cm 가량의 칼로 반복적으로 위협하며 도주하는 차량 절도 혐의자를 추적하던 중, 도주하기 위하여 등을 돌린 혐의자의 몸 쪽을 향하여 약 2m 거리에서 실탄을 발사하여 혐의자를 복부관통상으로 사망케 한 경우, 경찰관의 총기사용은 사회통념상 허용범위를 벗어난 위법행위이다.

① 1개 ② 2개
③ 3개 ④ 4개

정답 ④

**16** **경찰관의 직무수행 및 경찰장비의 사용과 관련한 재량의 범위 및 한계에 대한 설명으로 가장 적절하게 나열한 것은? (다툼이 있는 경우 판례에 의함)**

〈23 경간〉

> 불법적인 농성을 진압하는 방법 및 그 과정에서 어떤 경찰장비를 사용할 것인지는 ( 가 )인 상황과 예측되는 피해 발생의 ( 나 ) 위험성의 내용 등에 비추어 경찰관이 그 재량의 범위 내에서 정할 수 있다. 그러나 그 직무수행 중 특정한 경찰장비를 필요한 최소한의 범위를 넘어 관계 법령에서 정한 통상의 용법과 달리 사용함으로써 타인의 생명·신체에 위해를 가하였다면, 불법적인 농성의 진압을 위하여 그러한 방법으로라도 해당 경찰장비를 사용할 필요가 있고 그로 인하여 발생할 우려가 있는 타인의 생명·신체에 대한 위해의 정도가 ( 다 )으로 예견되는 범위 내에 있다는 등의 특별한 사정이 없는 한 그 직무수행은 위법하다고 보아야 한다. 나아가 경찰관이 농성진압의 과정에서 경찰장비를 위법하게 사용함으로써 그 직무수행이 적법한 범위를 벗어난 것으로 볼 수밖에 없다면, 상대방이 그로 인한 생명·신체에 대한 위해를 면하기 위하여 ( 라 )으로 대항하는 과정에서 그 경찰장비를 손상시켰더라도 이는 위법한 공무집행으로 인한 신체에 대한 현재의 부당한 침해에서 벗어나기 위한 행위로서 정당방위에 해당한다.

| | (가) | (나) | (다) | (라) |
|---|---|---|---|---|
| ① | 구체적 | 추상적 | 특수적 | 간접적 |
| ② | 추상적 | 구체적 | 통상적 | 직접적 |
| ③ | 구체적 | 추상적 | 통상적 | 직접적 |
| ④ | 구체적 | 구체적 | 통상적 | 직접적 |

해설〉 경찰이 점거 파업을 진압하기 위하여 헬기에서 다량의 최루액을 살포하거나 공장 옥상으로부터 30~100m 고도로 제자리 비행을 하여 조합원들을 헬기 하강풍에 노출되게 하였고, 그 과정에서 헬기가 새총으로 발사된 볼트 등의 이물질에 맞아 손상된 사안에서, 헬기의 의도적 저공비행과 헬기에서 최루제를 살포한 것은 경찰장비를 통상의 용법과 달리 사용한 위법한 직무집행이므로 이에 대한 대항은 정당방위에 해당하여 손해배상책임이 인정되지 않는다(대판 2016다26662).

정답 ④

**17** **「경찰 물리력 행사의 기준과 방법에 관한 규칙」상 경찰 물리력 수준에 관한 설명으로 가장 적절하지 않은 것은?** 〈23 채용1차〉

① 협조적 통제는 '순응' 이상의 상태인 대상자에 대해 사용할 수 있는 물리력 수준으로서, 대상자의 협조를 유도하거나 협조에 따른 물리력을 말한다.
② 접촉 통제는 '소극적 저항' 이상의 상태인 대상자에 대해 사용할 수 있는 물리력 수준으로서, 대상자 신체 접촉을 통해 경찰목적 달성을 강제하지만 신체적 부상을 야기할 가능성은 극히 낮은 물리력을 말한다.
③ 저위험 물리력은 '적극적 저항' 이상의 상태인 대상자에 대해 사용할 수 있는 물리력 수준으로서, 대상자가 통증을 느낄 수 있으나 신체적 부상을 당할 가능성은 낮은 물리력을 말한다.
④ 중위험 물리력은 '치명적 공격' 상태의 대상자로 인해 경찰관 또는 제3자의 생명·신체에 급박하고 중대한 위해가 초래될 가능성이 있는 경우 최후의 수단으로 사용할 수 있는 물리력 수준으로서, 대상자의 사망 또는 심각한 부상을 초래할 수 있는 물리력을 말한다.

해설〉 ④ (×) 고위험 물리력에 해당한다. 중위험 물리력은 대상자에게 신체적 부상을 입힐 수 있으나 생명·신체에 대한 중대한 위해 발생 가능성은 낮은 물리력을 말한다.

정답 ④

**18** **「경찰 물리력 행사의 기준과 방법에 관한 규칙」 제2장에 따른 대상자 행위에 대한 설명이다. 각 단계와 내용의 연결이 가장 적절하지 않은 것은?** 〈22 채용1차〉

① 소극적 저항 – 대상자가 경찰관의 지시, 통제를 따르지 않고 비협조적이지만 경찰관 또는 제3자에 대해 직접적인 위해를 가하지 않는 상태
② 적극적 저항 – 대상자가 자신에 대한 경찰관의 체포·연행 등 정당한 공무집행을 방해하지만 경찰관 또는 제3자에 대해 위해 수준이 낮은 행위만을 하는 상태
③ 폭력적 공격 – 대상자가 경찰관 또는 제3자에 대해 신체적 위해를 가하는 상태
④ 치명적 공격 – 대상자가 경찰관에게 폭력을 행사하려는 자세를 취하여 그 행사가 임박한 상태, 주먹·발 등을 사용해서 경찰관에 대해 신체적 위해를 초래하고 있는 상태

해설 ④ (×) 대상자가 주먹이나 발로 위해를 초래하는 상태는 폭력적 공격이다.

**【순소적폭치–허접저중고】【시비공주흉】【저통중부】**

| 대상자 행위(2.1) | | 경찰 대응 수준(2.2) | |
|---|---|---|---|
| **순응** | 경찰관의 지시·통제에 따르는 상태, 경찰관의 요구에 **시**간만 지체하는 경우 | **협조적 통제** | 대상자의 협조를 유도하거나 협조에 따른 물리력 |
| **소극적** 저항 | 경찰관의 지시·통제를 따르지 않고 **비협조적**이지만 경찰관 또는 제3자에 대해 **직접적인 위해를 가하지 않는** 상태, 이동 명령에 전혀 움직이지 않거나, 물체를 잡고 버팀. | **접촉** 통제 | 대상자 **신체 접촉**을 통해 경찰목적 달성을 강제하지만 신체적 부상을 야기할 가능성은 극히 낮은 물리력 |
| **적극적** 저항 | 경찰관의 체포·연행 등 정당한 **공무집행을 방해**하지만 **위해 수준이 낮은** 행위만을 하는 상태, 경찰관 손을 뿌리치거나 밀거나 끌고 침을 뱉는 행위 | **저위험** 물리력 | 대상자가 **통증**을 느낄 수 있으나 신체적 부상을 당할 가능성은 낮은 물리력 |
| **폭력적** 공격 | 경찰관이나 제3자에 대해 신체적 위해를 가하는 상태, **주먹·발로 위해를 초래하거나 임박한 상태,** 강한 힘으로 경찰관으로부터 벗어나려고 하는 상태 | **중위험** 물리력 | 대상자에게 신체적 **부상**을 입힐 수 있으나 생명·신체에 대한 중대한 위해 발생 가능성은 낮은 물리력 |
| **치명적** 공격 | 경찰관이나 제3자에 대해 사망 또는 심각한 부상을 초래할 수 있는 상태, 총기류, **흉**기, 둔기 등을 이용하여 위력 행사 | **고위험** 물리력 | 대상자의 사망 또는 심각한 부상을 초래할 수 있는 물리력 |

정답 ④

**19** **「경찰 물리력 행사의 기준과 방법에 관한 규칙」에 대한 설명으로 가장 적절하지 않은 것은?** 〈20 채용1차〉

① 경찰관이 물리력 사용 시 준수하여야 할 기본원칙, 물리력 사용의 정도, 각 물리력 수단의 사용 한계 및 유의사항을 규정함으로써 국민과 경찰관의 생명·신체를 보호하고 인권을 보장하며 경찰 법집행의 정당성을 확보하는 데에 그 목적이 있다.

② 경찰관은 성별, 장애, 인종, 종교 및 성정체성 등에 대한 선입견을 가지고 차별적으로 물리력을 사용하여서는 아니 된다.

③ 경찰관은 이미 경찰 목적을 달성하여 더 이상 물리력을 사용할 필요가 없는 경우에는 물리력 사용을 즉시 중단하여야 한다.

④ 대상자가 경찰관의 지시, 통제를 따르지 않고 비협조적이지만 경찰관 또는 제3자에 대해 직접적인 위해를 가하지 않는 경우에 경찰봉이나 방패 등으로 대상자의 신체 중요 부위 또는 급소 부위를 가격할 수 있다.

해설 ④ (×) "비협조적이지만 경찰관 또는 제3자에 대해 직접적인 위해를 가하지 않는 경우"는 소극적 저항 단계로서 접촉통제로 대응할 수 있다. "신체 중요 부위 또는 급소 부위 가격"은 가장 높은 단계인 "치명적 공격"에 해당한다.

**☞ 경찰 물리력 수준**

| 대상자 행위 | 순응 | 소극적 저항 | 적극적 저항 | **폭력**적 공격 | 치명적 공격 |
|---|---|---|---|---|---|
| 경찰대응 수준 | 협조적 통제 | **접촉** 통제 | **저위험 물리력** 통증(○) 부상(×) | **중위험 물리력** **부상**(○) 중대한 위해(×) | **고위험 물리력** 부상(○) 사망(○) |
| 신체적 물리력 | 가벼운 접촉 | 잡기, 밀기, 끌기, 쥐기, 누르기, 비틀기 | **목 압박**, **넘**어뜨리기, 관절 **꺾**기, **조**르기 **【넘꺽조】** | 손바닥, 주먹, 발 등으로 **가격** | 모든 신체부위 가격 가능 (머리는 지양), **중요부위** 가격, **급소** 가격, 목 조르기, 강하게 압박 |
| 경찰봉 방패 | × | 밀어내기 | 밀어내기 | • 경찰봉 : **가격** • 방패 : 세게 밀기 | |
| 분사기 | × | × | ○ | ○ | ○ |
| 전자충격기 | × | × | × | ○ | ○ |
| 권총 | × | × | × | × | ○ |
| 수갑 | 모든 단계에서 사용 가능 | | | | |

정답 ④

**20** **「경찰 물리력 행사의 기준과 방법에 관한 규칙」에서 정하는 대상자의 행위에 따른 경찰관의 대응 수준 중 중위험 물리력의 종류로 가장 적절하지 않은 것은?** 〈23 법학〉

① 손바닥, 주먹, 발 등 신체부위를 이용한 가격
② 경찰봉으로 중요부위가 아닌 신체부위를 찌르거나 가격
③ 분사기 사용
④ 방패로 강하게 압박하거나 세게 미는 행위

해설> ③ (×) 분사기는 저위험 물리력에 해당하며, 중위험 물리력에 해당하는 장비로는 전자충격기가 있다. 참고로, 대상자의 '폭력적 공격'에 따른 경찰관의 대응 수준을 묻는 질문이라면, 경찰관은 '폭력적 공격'에 대하여 저위험 물리력을 사용할 수도 있고 중위험 물리력을 사용할 수도 있으므로 이 경우에는 분사기도 사용 가능하다.

**비교**

| 구분 | 수단 | 물리력 수준 | 사용 장비 |
|---|---|---|---|
| 저위험 물리력<br>**【넘꺾조】** | **넘**어뜨리기<br>**꺾**기<br>**조**르기 | • **통증**을 주는 정도<br>• 방패로 밀어내기 | 가스분사기 |
| 중위험 물리력<br>**【가격-충격】** | 손·발,<br>경찰봉으로<br>**가격** | • 신체적 **부상**을 입힐 수 있으나 생명·신체에 대한 중대한 위해 발생 가능성은 낮은 정도<br>• 방패로 강하게 압박하거나 세게 미는 행위 | **전자충격기** |

정답 ③

## 제3절 손실보상 및 공로자 보상

**01** **「경찰관 직무집행법」상 손실보상에 대한 설명으로 가장 적절하지 않은 것은?** 〈23 경간, 20 승진〉

① 손실보상의 원인에 대하여 책임이 없는 자가 경찰관의 직무집행에 자발적으로 협조하거나 물건을 제공하여 생명·신체 또는 재산상의 손실을 입은 경우 정당한 보상을 하여야 한다.
② 손실발생의 원인에 대하여 책임이 있는 자가 자신의 책임에 상응하는 정도를 초과하는 생명·신체 또는 재산상의 손실을 입은 경우 정당한 보상을 하여야 한다.
③ 손실보상을 청구할 수 있는 권리는 손실이 발생한 날부터 3년, 손실이 있음을 안 날부터 5년간 행사하지 아니하면 시효의 완성으로 소멸한다.
④ 보상금이 지급된 경우 손실보상심의위원회는 대통령령으로 정하는 바에 따라 국가경찰위원회에 심사자료와 결과를 보고하여야 한다.

해설> ③ (×) **안** 날부터 **3**년, 손실이 **발**생한 날부터 **5**년 **【안심**하세요 **바로** 보상해드립니다**】**

정답 ③

**02** 「경찰관 직무집행법」에 대한 내용으로 옳지 않은 것은 모두 몇 개인가? 〈20 채용1차〉

㉠ 일반적 수권조항의 존재를 부정하는 학자들에 따르면 「경찰관 직무집행법」 제2조 제7호는 경찰의 직무범위만을 정한 것으로서 본질적으로 조직법적 성질의 규정에 해당한다고 주장한다.
㉡ 경찰관은 수상한 행동이나 그 밖의 주위 사정을 합리적으로 판단해 볼 때 보호조치 대상자에 해당하는 것이 명백하고 응급구호가 필요하다고 믿을 만한 상당한 이유가 있는 사람을 발견하였을 때에는 보건의료기관이나 공공구호기관에 긴급 구호를 요청하거나 경찰관서에 보호하는 등 적절한 조치를 하여야 한다.
㉢ 구호대상자를 경찰관서에서 보호하는 기간은 24시간을 초과할 수 없고, 물건을 경찰관서에 임시로 영치하는 기간은 10일을 초과할 수 없다.
㉣ 경찰관은 '현행범이나 사형・무기 또는 장기 3년 이상의 징역 이나 금고에 해당하는 죄를 범한 범인의 체포 또는 도주 방지', '자신이나 다른 사람의 생명・신체 및 재산의 보호', '공무집행에 대한 항거 제지'의 직무를 수행하기 위하여 필요 하다고 인정되는 상당한 이유가 있을 때에는 그 사태를 합리적으로 판단하여 필요한 한도 내에서 경찰장구를 사용할 수 있다.
㉤ 경찰청장 또는 시・도경찰청장은 손실보상심의위원회의 심의・의결에 따라 보상금을 지급하고, 거짓 또는 부정한 방법으로 보상금을 받은 사람에 대하여는 해당 보상금을 환수할 수 있다.

① 1개 ② 2개 ③ 3개 ④ 4개

해설> ㉠ (○) 일반적 수권조항 부정설의 입장은 경직법 제2조 제7항(그 밖에 공공의 안녕과 질서 유지)을 조직법적 규정으로 본다.
㉡ (×) 보호조치는 할 수 있다(하여야 한다 ×).
㉢ (○) 보호조치 **【강제로 정주자 24시간 동안】**, 임시영치 **【임시영(10)치】**
㉣ (×) 경찰장구 : **【현・긴 체도방항】**, '**자**신이나 **다**른 사람의 **생**명・**신**체의 **방**어 및 보호'로 규정되어 있어서, "재산"은 해당사항 없다. **【자다 생신빵】** "재산"이 나오는 경우는 불법 집회・시위로 인한 **【집시-생신재공】** 이다.
㉤ (×) 해당 보상금을 환수하여야 한다.

정답 ③

**03** 「경찰관직무집행법」 및 동법 시행령상 손실보상에 관한 내용 중 가장 적절하지 않은 것은? 〈22 채용1차〉

① 소속 경찰공무원의 직무집행으로 인하여 발생한 손실보상청구사건을 심의하기 위하여 경찰청, 해양경찰청, 시・도경찰청 및 지방해양경찰청에 손실보상심의위원회를 설치한다.
② 손실보상을 청구할 수 있는 권리는 손실이 있음을 안 날부터 3년, 손실이 발생한 날부터 5년간 행사하지 아니하면 시효의 완성으로 소멸한다.
③ 손실보상금 지급 청구서를 받은 경찰청장등은 손실보상심의위원회의 심의・의결에 따라 손실보상 여부 및 손실보상금액을 결정하되 손실보상 청구가 요건과 절차를 갖추지 못한 경우(다만, 그 잘못된 부분을 시정할 수 있는 경우는 제외한다) 그 청구를 기각하는 결정을 하여야 한다.
④ 손실보상금은 일시불로 지급하되, 예산 부족 등의 사유로 일시금으로 지급할 수 없는 특별한 사정이 있는 경우에는 청구인의 동의를 받아 분할하여 지급할 수 있다.

해설> ③ (×) 청구가 요건과 절차를 갖추지 못한 경우는 각하한다.

경찰관직무집행법 시행령 제10조
③ 제2항에 따라 보상금 지급 청구서를 받은 경찰청장등은 손실보상심의위원회의 심의・의결에 따라 보상 여부 및 보상금액을 결정하되, 다음 각 호의 어느 하나에 해당하는 경우에는 그 청구를 각하(却下)하는 결정을 하여야 한다.
2. **손실보상 청구가 요건과 절차를 갖추지 못한 경우. 다만, 그 잘못된 부분을 시정할 수 있는 경우는 제외한다.**

정답 ③

## 04 다음 설명으로 가장 적절하지 않은 것은? (다툼이 있는 경우 판례에 의함) 〈22 승진〉

① 「경찰관 직무집행법 시행령」상 경찰관의 적법한 직무집행으로 인하여 발생한 손실을 보상받으려는 사람은 보상금 지급 청구서에 손실내용과 손실금액을 증명할 수 있는 서류를 첨부하여 손실 보상청구 사건 발생지를 관할하는 국가경찰관서의 장에게 제출하여야 한다.

② 「경찰관 직무집행법」에 따라 경찰관은 미아, 병자, 부상자 등으로서 적당한 보호자가 없으며 응급구호가 필요하다고 인정되는 사람은 본인이 구호를 거절하는 경우에도 보호조치를 할 수 있다.

③ 「경찰관 직무집행법」에 따라 경찰관이 불심검문을 하던 중 정지시킨 장소에서 질문하는 것이 불심자에게 불리하거나 교통에 방해가 된다고 인정될 때에는 질문을 하기 위하여 경찰관서로 동행할 것을 요구할 수 있다.

④ 「경찰관 직무집행법」상 '제지'는 행정상 즉시강제에 해당하며, 필요한 최소한도 내에서 행해져야 하므로 해당 집회 참가가 불법 행위라도, 집회 장소와 시간적·장소적으로 근접하지 않은 경우에는 이를 제지할 수 없다.

해설 ① (○) 사건 발생지를 관할하는 국가경찰관서의 장에게 제출해야 함에 유의한다. 손실보상심의위원회가 설치되지 않는 경찰서에 보상금 지급 청구서를 제출하면, 경찰서에서 이를 위원회가 개최되는 시·도경찰청에 보내게 된다.
② (×) 임의적 보호조치 대상이다.

정답 ②

## 05 「경찰관직무집행법」과 동법 시행령상 손실보상에 대한 설명이다. 옳고 그름의 표시(○, ×)가 바르게 된 것은? 〈20 법학〉

㉠ 경찰관의 적법한 직무집행으로 인하여 손실발생의 원인에 대하여 책임이 있는 자가 자신의 책임에 상응하는 정도를 초과하는 생명·신체 또는 재산상의 손실을 입은 경우, 국가는 해당하는 손실을 입은 자에 대하여 정당한 보상을 하여야 한다.

㉡ 손실보상심의위원회가 설치된 경찰청, 해양경찰청, 시·도경찰청 및 지방해양경찰청의 장은 손실보상심의위원회의 심의·의결에 따라 보상금을 지급하기로 결정한 경우, 해당 결정일로부터 7일 이내에 보상금 지급 청구 승인 통지서에 결정내용을 적어서 청구인에게 통지하여야 한다.

㉢ 보상금은 다른 법률에 특별한 규정이 있는 경우를 제외하고는 현금으로 지급하여야 하며, 또한 보상금의 추가 지급을 원활히 하기 위해 분할하여 지급하는 것을 원칙으로 한다.

㉣ 경찰청장 또는 시·도경찰청장은 동법 제11조의2 제4항에 따라 보상금을 반환하여야 할 사람이 대통령령으로 정한 기한까지 그 금액을 납부하지 아니한 때에는 국세 체납처분의 예에 따라 징수할 수 있다.

① ㉠(○) ㉡(○) ㉢(×) ㉣(○)
② ㉠(○) ㉡(×) ㉢(×) ㉣(○)
③ ㉠(○) ㉡(×) ㉢(○) ㉣(○)
④ ㉠(×) ㉡(○) ㉢(×) ㉣(×)

해설 ㉡ (×) 결정일부터 10일 이내에 청구인에게 통지하여야 한다.
**【보상 결정하면 식기(10일) 전에 통지】**
㉢ (×) 보상금은 **현금, 일시불 지급이 원칙**이다. 다만, **예산 부족 등의 사유로** 일시금으로 지급할 수 없는 특별한 사정이 있는 경우에는 **청구인의 동의를 받아 분할하여 지급할 수 있다.**
㉣ (○) 국세 체납처분의 예에 따라 징수할 수 있다(해야 한다 ×).

정답 ②

**06** **「경찰관 직무집행법」 및 「경찰관 직무집행법 시행령」 상 손실보상에 대한 설명으로 가장 적절한 것은?**

〈21 채용1차〉

① 손실발생의 원인에 대하여 책임이 없는 자가 경찰관의 적법한 직무집행으로 인하여 생명·신체 또는 재산상의 손실을 입은 경우(손실발생의 원인에 대하여 책임이 없는 자가 경찰관의 직무집행에 자발적으로 협조하거나 물건을 제공하여 생명·신체 또는 재산상의 손실을 입은 경우를 제외한다), 국가는 그 손실을 입은 자에 대하여 정당한 보상을 하여야 한다.

② 경찰청장 또는 시·도경찰청장은 손실보상심의위원회의 심의·의결에 따라 보상금을 지급하고, 거짓 또는 부정한 방법으로 보상금을 받은 사람에 대하여는 해당 보상금을 환수할 수 있다.

③ 손실보상심의위원회는 위원장 1명을 포함한 5명 이상 7명 이하의 위원으로 구성하며, 위원장이 부득이한 사유로 직무를 수행할 수 없는 때에는 상임위원, 위원 중 연장자 순으로 위원장의 직무를 대행한다.

④ 보상금을 지급하기로 결정한 경우 경찰청장등(경찰청, 해양경찰청, 시·도경찰청 및 지방해양경찰청의 장)은 「경찰관 직무집행법 시행령」 제10조제3항에 따른 결정일부터 10일 이내에 보상금 지급 청구 승인 통지서에 결정 내용을 적어서 청구인에게 통지하여야 한다.

해설 > ① (×) 손실발생의 원인에 대하여 책임이 없는 자가 경찰관의 직무집행에 자발적으로 협조하거나 물건을 제공하여 생명·신체 또는 재산상의 손실을 입은 경우를 **포함한다.**
② (×) 환수하여야 한다.
③ (×) 손보위(손실보상심의위원회)에 상임위원은 존재하지 않는다. 손보위 직무대리는 위원장이 미리 지명한 위원이 그 직무를 대행한다. '상임위원, 위원 중 연장자 순으로 위원장의 직무를 대행'하는 위원회는 국가 및 자치 경찰위원회이다.
④ (○) **【보상 결정하면 식기(10일) 전에 통지】**

**☞ 경찰관직무집행법 시행령**

제10조(손실보상의 지급절차 및 방법)
③ 제2항에 따라 보상금 지급 청구서를 받은 경찰청장등은 손실보상심의위원회의 심의·의결에 따라 보상 여부 및 보상금액을 결정하되, 다음 각 호의 어느 하나에 해당하는 경우에는 그 청구를 각하(却下)하는 결정을 하여야 한다. (제1호 및 제2호 생략)
④ 경찰청장등은 제3항에 따른 **결정(보상 또는 각하결정)일부터 10일 이내**에 다음 각 호의 구분에 따른 통지서에 결정 내용을 적어서 청구인에게 **통지**하여야 한다. (제1호 및 제2호 생략)
제12조(위원장) ① 위원장은 위원 중에서 호선(互選)한다.
② 위원장은 위원회를 대표하며, 위원회의 업무를 총괄한다.
③ 위원장이 부득이한 사유로 직무를 수행할 수 없는 때에는 **위원장이 미리 지명한 위원이 그 직무를 대행한다.**

정답 ④

PART 04

**07** 「경찰관직무집행법」 및 「경찰관직무집행법 시행령」 상 손실보상에 대한 설명으로 옳지 않은 것은 모두 몇 개인가? 〈20 경간〉

가. 국가는 경찰관의 적법한 직무집행으로 인하여 손실 발생의 원인에 대하여 책임이 없는 자가 생명·신체 또는 재산상의 손실을 입은 경우 손실을 입은 자에게 정당한 보상을 하여야 한다.
나. 손실을 입은 물건을 수리할 수 있는 경우에는 수리비에 상당하는 금액으로 보상한다.
다. 손실을 입은 물건을 수리할 수 없는 경우에는 보상 당시의 해당 물건의 교환 가액으로 보상한다.
라. 영업자가 손실을 입은 물건의 수리나 교환으로 인하여 영업을 계속할 수 없는 경우에는 기간 중 영업상 이익에 상당하는 금액으로 보상한다.
마. 물건의 멸실·훼손으로 인한 손실 외의 재산상 손실에 대해서는 직무집행과 상당한 인과관계가 있는 범위에서 보상한다.
바. 보상금은 다른 법률에 특별한 규정이 있는 경우를 제외하고는 현금으로 지급하여야 한다.

① 1개 ② 2개
③ 3개 ④ 4개

해설〉 가. (○) 책임이 없는 자가 생·신·재 손실을 입었거나, 책임 있는 자가 책임을 초과하는 생·신·재 손실을 입은 경우 정당한 보상을 하여야 한다.
나. (○) 다. (×) 라. (○) 마. (○)

| 물건 수리 가능 | 수리비 |
|---|---|
| 물건 수리 불가 | 손실(보상×) 당시 물건 교환가 |
| 물건 수리 교환으로 영업 손실 | 그 기간 영업 이익 |
| 물건 외의 재산상 손실 | 직무집행과 상당인과관계 범위 내 |

바. (○) 보상금은 **현금, 일시불 지급이 원칙**이다. 다만, **예산 부족 등의 사유로** 일시금으로 지급할 수 없는 특별한 사정이 있는 경우에는 **청구인의 동의를 받아 분할하여 지급할 수 있다.**

정답 ①

**08** 「경찰관직무집행법」 및 「경찰관직무집행법 시행령」 상 손실보상에 대한 다음 설명 중 옳지 않은 것은 모두 몇 개인가? 〈19 경간〉

가. 국가는 경찰관의 적법한 직무집행으로 인하여 손실 발생의 원인에 대하여 책임이 있는 자가 자신의 책임에 상응하는 정도를 초과하는 재산상의 손실을 입은 경우 손실을 입은 자에 대하여 정당한 보상을 하여야 한다.
나. 손실보상의 기준, 보상금액, 지급절차 및 방법, 손실보상심의위원회의 구성 및 운영, 그 밖에 필요한 사항은 행정안전부령으로 한다.
다. 소속 경찰공무원의 직무집행으로 인하여 발생한 손실보상청구 사건을 심의하기 위하여 경찰청, 시·도경찰청 및 경찰서에 손실보상심의위원회(이하 "위원회"라 한다)를 설치한다.
라. 위원회는 위원장 1명을 포함한 5명 이상 7명 이하의 위원으로 구성한다. 이 경우 위원의 과반수 이상은 경찰공무원이 아닌 사람으로 하여야 한다.
마. 위원회의 위원은 소속 경찰공무원과 ⅰ) 판사·검사 또는 변호사로 5년 이상 재직한 사람, ⅱ) 고등교육법 제2조에 따른 학교에서 법학 또는 행정학을 가르치는 정교수 이상으로 5년 이상 재직한 사람, ⅲ) 경찰업무와 손실보상에 관하여 학식과 경험이 풍부한 사람 중에서 경찰청장 등이 위촉하거나 임명한다.
바. 위원회의 회의는 재적위원 과반수의 출석으로 개의하고, 출석위원 과반수의 찬성으로 의결한다.

① 1개 ② 2개
③ 3개 ④ 4개

해설〉 나. (×) 대통령령으로 정한다. 경직법 시행령에 규정되어 있다.
다. (×) 경찰서에는 설치하지 않는다. 경찰청과 시·도경찰청에만 설치한다.
마. (×) "부교수 5년 이상"이다. "정교수"가 나오는 경우는 경찰청 중앙징계위원회의 자격요건이고, "조교수"가 나오는 경우는 경찰공무원 고충처리위원회, 시경위(시·도자치경찰위원회), 국가수사본부장이다. **【고시(考試)본조, 중앙총정렬임】** 그 외는 모두 부교수 요건이다.
※ 경찰 **중앙**징계위: **총**경 또는 4급이상 퇴직 공무원, **정**교수 이상, 법·검·변 10년 이상, 민간부문 인사·감사 **임**원급

정답 ③

**09** 「경찰관 직무집행법」에 대한 다음 설명 중 옳은 것은 모두 몇 개인가? 〈17 경간〉

㉠ 미아・병자・부상자 등으로서 적당한 보호자가 없으며 응급의 구호를 요한다고 인정되는 경우 당해인이 이를 거절하는 때에도 보호조치를 할 수 있다.
㉡ 위험 발생의 방지를 위한 조치수단 중 긴급을 요할 때 '억류 또는 피난조치를 할 수 있는 대상자'로 규정된 자는 그 장소에 모인 사람, 사물의 관리자, 그 밖의 관계인이다.
㉢ 법 제10조의4에 따른 무기를 사용하는 경우 그 책임자는 사용 일시・장소・대상, 현장책임자, 종류, 수량 등을 기록하여 보관하여야 한다.
㉣ 이 법에 규정된 경찰관의 의무를 위반하거나 직권을 남용하여 다른 사람에게 해를 끼친 사람은 1년 이하의 징역이나 금고에 처한다.
㉤ 손실보상을 청구할 수 있는 권리는 손실이 있음을 안 날로부터 2년, 손실이 발생한 날로부터 5년간 행사하지 아니하면 시효의 완성으로 소멸한다.

① 1개　② 2개
③ 3개　④ 4개

해설> ㉠ (×) 거절하는 경우 보호조치할 수 없다.
㉡ (×) **억류・피난**은 위해를 입을 **우려자**이다. **【억피우려】**

| 경고 | 그 장소에 **모**인 사람, **사**물의 관리자, 그 밖의 관계인에 **경고** **【모사경고】** |
|---|---|
| 억류・피난 | 매우 긴급한 경우 위해 입을 **우려자를 억류・피난** **【억피우려】** |
| 위해방지 | 그 장소에 **있**는 사람, **사**물의 관리자, 그 밖의 관계인에게 위해 **방지** 조치를 하게 하거나 직접 조치 **【익사 방지】** |

㉤ (×) **안** 날부터 3년, **발생**한 날부터 5년
**【손실보상 안심하세요 바로됩니다】**

정답 ②

**10** 「경찰관 직무집행법」 및 동법 시행령상 손실보상에 대한 설명으로 가장 적절하지 않은 것은? 〈18 채용2차, 17 채용2차〉

① 보상을 청구할 수 있는 권리는 손실이 있음을 안 날부터 3년, 손실이 발생한 날부터 5년간 행사하지 아니하면 시효의 완성으로 소멸한다.
② 소속 경찰공무원의 직무집행으로 인하여 발생한 손실보상청구 사건을 심의하기 위하여 경찰청, 해양경찰청, 시・도경찰청, 지방해양경찰청, 경찰서 및 해양경찰서에 손실보상심의위원회(이하 "위원회"라 한다)를 설치하며, 위원회는 위원장 1명을 포함한 5명 이상 7명 이하의 위원으로 구성한다.
③ 보상금은 일시불로 지급하되, 예산 부족 등의 사유로 일시금으로 지급할 수 없는 특별한 사정이 있는 경우에는 청구인의 동의를 받아 분할하여 지급할 수 있다.
④ 손실보상의 기준, 보상금액, 지급절차 및 방법, 손실보상심의위원회의 구성 및 운영, 그 밖에 필요한 사항은 대통령령으로 정한다.

해설> ② (×) 손실보상심의위원회는 경찰서에 설치하지 않는다. 참고로 인권위원회도 경찰서에는 설치하지 않는다.

정답 ②

PART 04

## 11 「경찰관 직무집행법」상 범인검거 등 공로자 보상에 대한 ㉠부터 ㉣까지의 내용 중 옳은 것을 모두 고른 것은? 〈19 승진〉

> 제11조의3(범인검거 등 공로자 보상) ① 경찰청장, 시·도경찰청장 또는 경찰서장은 다음 각 호의 어느 하나에 해당하는 사람에게 ㉠ 보상금을 지급하여야 한다.
> 1. 범인 또는 범인의 소재를 신고하여 검거하게 한 사람
> ㉡ 2. 범인을 검거하여 경찰공무원에게 인도한 사람
> ㉢ 3. 테러범죄의 예방활동에 현저한 공로가 있는 사람
> ② 경찰청장, 시·도경찰청장 및 경찰서장은 제1항에 따른 보상금 지급의 심사를 위하여 대통령령으로 정하는 바에 따라 각각 보상금심사위원회를 설치·운영하여야 한다.
> ③ 제2항에 따른 보상금심사위원회는 ㉣ 위원장 1명을 제외한 5명 이내의 위원으로 구성한다.

① ㉠, ㉡　② ㉠, ㉣
③ ㉡, ㉢　④ ㉡, ㉣

해설 > ㉠ (×) 보상금을 지급할 수 있다.
㉡㉢ (○) 제1호에서 제3호외에 경직법 시행령(제18조)으로 정하는 사람(범인의 **신**원을 특정할 수 있는 정보를 제공한 사람, 범죄사실을 입증하는 증거물을 제출한 사람, 그 밖에 수사에 협조한 사람 중 보상금심사위원회가 인정하는 사람)에게도 보상금을 지급할 수 있다.
㉣ (×) 위원장 1명을 포함한 5명 이내의 위원으로 구성한다. **【공로(05)자 보상금위원회】**

정답 ③

## 12 「경찰관 직무집행법 시행령」에서 위임받아 제정된 「범인검거 등 공로자 보상에 관한 규정」에 대한 설명으로 가장 적절하지 않은 것은?
〈18 경감 변형, 18 채용1차 변형〉

① 사형, 무기징역 또는 무기금고, 장기 10년 이상의 징역 또는 금고에 해당하는 범죄에 대한 보상금 지급기준 금액은 80만원이다.
② 장기 10년 미만의 징역 또는 금고에 해당하는 범죄에 해당하는 보상금 지급기준 금액은 50만원이다.
③ 범인검거 등 공로자가 2명 이상인 경우에는 각자의 공로, 당사자 간의 분배 합의 등을 감안해서 보상금을 배분하여 지급할 수 있다.
④ 보상금 지급 심사·의결을 거쳐 지급이 이루어진 이후에는 동일한 사건에 대하여 보상금을 지급할 수 없다.

해설 > ① (×) 100만원이다. 동일인에게 연간 5회, 최고 5억원이다.

> 제6조(보상금의 지급 기준) ① 시행령 제20조에 따른 보상금 지급 기준 금액은 다음 각 호와 같다.
> 1. 사형, 무기징역 또는 무기금고, 장기 **10년 이상**의 징역 또는 금고에 해당하는 범죄: **100만원**
> 2. 장기 **10년 미만**의 징역 또는 금고에 해당하는 범죄: **50만원** **【5년 이상 ~ 10년 미만: 50만원】**
> 3. 장기 **5년 미만**의 징역 또는 금고, 장기 10년 이상의 자격정지 또는 벌금형: **30만원**

정답 ①

**13** 「경찰관직무집행법」상 보상금 지급에 대한 설명으로 가장 적절하지 않은 것은? 〈17 경위〉

① 경찰청장, 시·도경찰청장 또는 경찰서장은 테러범죄의 예방활동에 현저한 공로가 있는 사람에게 보상금을 지급할 수 있다.
② 경찰청장, 시·도경찰청장 및 경찰서장은 보상금 지급의 심사를 위하여 대통령령으로 정하는 바에 따라 각각 보상금심사위원회를 설치·운영하여야 한다.
③ 보상금심사위원회의 위원은 경찰청장, 시·도경찰청장 또는 경찰서장이 임명하고, 위원의 과반수 이상은 경찰공무원이 아닌 사람으로 하여야 한다.
④ 경찰청장, 시·도경찰청장 또는 경찰서장은 보상금심사위원회의 심사·의결에 따라 보상금을 지급하고, 거짓 또는 부정한 방법으로 보상금을 받은 사람에 대하여는 해당 보상금을 환수한다.

해설> ③ (×) 보상금심사위원회는 위원 전원이 경찰공무원으로 구성된다. 과반수 이상이 경찰공무원 아닌 사람을 요건하는 것은 손실보상심의위원회이다.

정답 ③

**14** 「경찰관직무집행법」에 관한 내용 중 가장 적절하지 않은 것은? 〈22 채용1차〉

① 경찰관서의 장은 직무 수행에 필요하다고 인정되는 상당한 이유가 있을 때에는 국가기관이나 공사(公私) 단체 등에 직무 수행에 관련된 사실을 조회할 수 있다. 다만, 긴급한 경우에는 소속 경찰관으로 하여금 현장에 나가 해당 기관 또는 단체의 장의 협조를 받아 그 사실을 확인하게 할 수 있다.
② 국가경찰위원회 위원장은 경찰관이 「경찰관직무집행법」 제2조(직무의 범위) 각 호에 따른 직무의 수행으로 인하여 민·형사상 책임과 관련된 소송을 수행할 경우 변호인 선임 등 소송 수행에 필요한 지원을 하여야 한다.
③ 경찰청장, 시·도경찰청장 또는 경찰서장은 「경찰관직무집행법」 제11조의3 제2항에 따른 보상금심사위원회의 심사·의결에 따라 보상금을 지급하고, 거짓 또는 부정한 방법으로 보상금을 받은 사람에 대하여는 해당 보상금을 환수한다.
④ 보상금심사위원회는 위원장 1명을 포함한 5명 이내의 위원으로 구성한다.

해설> ② (×) 국가경찰위원회가 아닌 경찰청장이 지원을 하며, 지원은 기속행위가 아닌 재량행위로 규정되어 있다.

> 제11조의4(소송 지원) 경찰청장과 해양경찰청장은 경찰관이 제2조 각 호에 따른 직무의 수행으로 인하여 민·형사상 책임과 관련된 소송을 수행할 경우 변호인 선임 등 소송 수행에 필요한 지원을 할 수 있다.

정답 ②

## 제4절 범죄피해자 보호법

**01 「범죄피해자 보호법」에 관한 설명 중 가장 적절하지 않은 것은?** 〈22 채용1차〉

① '범죄피해자'란 타인의 범죄행위로 피해를 당한 사람과 그 배우자, 직계친족 및 형제자매를 말한다. 다만, 배우자의 경우 사실상의 혼인관계는 제외한다.
② 국가는 범죄피해자가 해당 사건과 관련하여 수사담당자와 상담하거나 재판절차에 참여하여 진술하는 등 형사절차상의 권리를 행사할 수 있도록 보장하여야 한다.
③ 국가는 범죄피해자가 요청하면 가해자에 대한 수사 결과, 공판기일, 재판 결과, 형 집행 및 보호관찰 집행 상황 등 형사절차 관련 정보를 대통령령으로 정하는 바에 따라 제공할 수 있다.
④ 국가 및 지방자치단체는 범죄피해자가 형사소송절차에서 한 진술이나 증언과 관련하여 보복을 당할 우려가 있는 등 범죄 피해자를 보호할 필요가 있을 경우에는 적절한 조치를 마련하여야 한다.

해설 ① (×) "범죄피해자"란 타인의 범죄행위로 피해를 당한 사람과 그 **배우자(사실상의 혼인관계를 포함한다)**, 직계친족 및 형제자매를 말한다(제3조 제1항 제1호). 경찰학에서 언급되는 대부분의 법률에서 배우자는 사실혼을 포함하는 개념이며, 사실혼이 제외된 법률혼으로만 규정된 것은 「부정청탁 및 금품등수수의 금지에 관한 법률」에서 규정된 배우자이다.

| 공직자윤리법 | 등록대상이 되는 배우자는 사실혼 포함 |
|---|---|
| 청탁금지법 | 금품수수 등이 금지되는 배우자는 **법률상 배우자(사실혼 제외)** |
| 가정폭력처벌법 | 가정구성원의 배우자는 사실혼 포함 |
| 출입국관리법 | 결혼이민비자(F-6) 발급대상 배우자는 사실혼 포함 |

정답 ①

**02 「범죄피해자 보호법」에 관한 설명 중 가장 적절하지 않은 것은?** 〈22 법학〉

① "범죄피해자 보호·지원"이란 복지 증진을 제외한 범죄피해자의 손실 복구, 정당한 권리 행사에 기여하는 행위를 말한다. 다만, 수사·변호 또는 재판에 부당한 영향을 미치는 행위는 포함되지 아니한다.
② 국가는 구조피해자나 유족이 해당 구조대상 범죄피해를 원인으로 하여 손해배상을 받았으면 그 범위에서 구조금을 지급하지 아니한다.
③ 이 법은 외국인이 구조피해자이거나 유족인 경우에는 해당 국가의 상호보증이 있는 경우에만 적용한다.
④ 구조금을 받으려는 사람은 법무부령으로 정하는 바에 따라 그 주소지, 거주지 또는 범죄 발생지를 관할하는 지구심의회에 신청하여야 한다.

해설 ① (×) "범죄피해자 보호·지원"이란 범죄피해자의 손실 복구, 정당한 권리 행사 및 복지 증진에 기여하는 행위를 말한다. 다만, 수사·변호 또는 재판에 부당한 영향을 미치는 행위는 포함되지 아니한다(제3조 제2호).

정답 ①

**03 범죄피해자 보호에 관한 설명으로 가장 적절하지 않은 것은?** 〈23 법학〉

① 범죄피해자는 범죄피해 상황에서 빨리 벗어나 인간의 존엄성을 보장받을 권리가 있다.
② 범죄피해 방지 및 범죄피해자 구조 활동으로 피해를 당한 사람도 범죄피해자로 본다.
③ 국민은 범죄피해자의 명예와 사생활의 평온을 해치지 아니하도록 유의하여야 하고, 국가 및 지방자치단체가 실시하는 범죄피해자를 위한 정책의 수립과 추진에 최대한 협력하여야 한다.
④ 구조금을 받을 권리는 그 구조결정이 해당 신청인에게 발송된 날부터 1년간 행사하지 아니하면 시효로 인하여 소멸된다.

해설> ① (○) 「범죄피해자 보호법」

제2조(기본이념) ① 범죄피해자는 범죄피해 상황에서 빨리 벗어나 인간의 존엄성을 보장받을 권리가 있다.
② 범죄피해자의 명예와 사생활의 평온은 보호되어야 한다.
③ 범죄피해자는 해당 사건과 관련하여 각종 법적 절차에 참여할 권리가 있다.

② (○) 제3조(정의)②
③ (○) 제6조(국민의 책무)
④ (×) 구조금 신청은 **안** 날부터 3년, **발**생한 날부터 10년이며, 구조금 **받**을 권리는 결정이 된 이후 2년간 행사하지 않으면 시효 소멸된다. **【인삼(안3) 발열(발10) 바디(받2)】**

정답 ④

## 04 「범죄피해자 보호법」에 관한 설명 중 가장 옳지 않은 것은? 〈보충〉

① "범죄피해자"란 타인의 범죄행위로 피해를 당한 사람과 그 배우자(사실상의 혼인관계를 포함한다), 직계친족 및 형제자매를 말하며, 범죄피해 방지 및 범죄피해자 구조활동으로 피해를 당한 사람도 범죄피해자로 본다.
② 형법 제20조(정당행위), 제21조 제1항(정당방위), 제22조 제1항(긴급피난)에 따라 처벌되지 아니하는 행위 및 과실에 의한 행위로 인한 피해는 범죄피해 구조대상에서 제외된다.
③ "구조대상 범죄피해"란 사람의 생명 또는 신체를 해치는 죄에 해당하는 행위로 인하여 피해를 입은 것을 말하며 정신적 피해 또는 재산적 피해는 제외된다.
④ 단순폭행을 당한 자가 가해자로부터 배상을 받지 못하였더라도 구조금 지급대상이 되지 않는다.

해설> ① (○) 범죄피해자 : **당**사자, **배**우자(사실혼 포함), **직**계친족, **형**제자매, **구**조활동 피해자 **【당배직형구】**
② (×) 긴급피난은 구조대상에 포함된다.

| 구조대상 포함 | 형사미성년자, 심신장애인, 강요된 행위, 긴급피난으로 인한 피해 |
|---|---|
| 구조대상 제외 | **정**당행위, **정**당방위, **과**실에 의한 행위**【정정과】** |

③ (○) 생명・신체에 한하며 재산(사기죄)이나 정신적 피해(명예훼손죄)는 제외된다.
④ (○) **사**망, **장**해, **중**상해를 입은 경우만 해당하므로 단순폭행은 해당하지 않는다. **【사장중】**

정답 ②

# 제6장 행정구제

## 제1절 행정절차법

## 01 「행정절차법」상 행정청이 처분을 할 때 청문을 하여야 하는 경우가 아닌 것은? 〈23 채용1차〉

① 다른 법령에서 청문을 하도록 규정하고 있는 경우
② 해당 처분의 영향이 광범위하여 널리 의견을 수렴할 필요가 있다고 행정청이 인정하는 경우
③ 인허가 등의 취소의 처분을 하는 경우
④ 법인이나 조합 등의 설립허가의 취소의 처분을 하는 경우

해설> ② (×) 공청회의 요건에 해당한다.

**의견청취 제도 비교**

| 청문 | 공청회 | 의견제출 |
|---|---|---|
| • 법령 규정<br>• 행정청이 필요하다 인정<br>• 인허가 등의 취소, 신분・자격 박탈, 법인・조합 등의 설립허가 취소 처분 시 | • 법령 규정<br>• **행정청이 널리 의견 수렴 필요하다고 인정**<br>• 당사자 요구 : 대통령령으로 정하는 처분(생명, 안전, 건강, 환경에 영향)에 대통령령으로 정하는 수(30명) 이상 요구시 | 행정청이 **당사자에게 의무를 부과하거나 권익을 제한하는 처분을 할 때** 청문 또는 공청회 외에는 당사자 등에게 의견제출의 기회를 **주어야 한다.** |

정답 ②

## 02 「행정절차법」에 관한 다음 설명 중 옳지 않은 것은?

〈18 경간〉

① 당사자 등은 처분 전에 그 처분의 관할 행정청에 서면이나 말로 또는 정보통신망을 이용하여 의견제출을 할 수 있다.

② 행정청이 당사자에게 의무를 부과하거나 권익을 제한하는 처분을 할 때, 청문을 실시하거나 공청회를 개최하는 경우 외에는 당사자 등에게 의견제출의 기회를 주어야 한다.

③ 행정청은 청문이 시작되는 날부터 10일 전까지 청문 주재자에게 청문과 관련된 필요한 자료를 미리 통지하여야 한다.

④ 청문 절차 시 당사자 등으로부터 문서의 열람 또는 복사의 요청이 있는 경우, 행정청은 다른 법령에 따라 공개가 제한되는 경우를 제외하고는 이를 거부할 수 없다.

해설 ② (○) 의무부과 또는 권익제한 처분 시 청문이나 공청회를 하지 아니한 경우에는 **의견제출 기회를 주어야 한다(할 수 있다 ×).** 의견이 **이유 있다고 인정**할 때는 이를 **반영하여야 한다**(할 수 있다 ×).
③ (×) 행정청은 청문이 시작되는 날부터 **10일 전까지 당사자등(당사자, 이해관계인)에게** 통지하여야 한다(제21조②). 행정청은 청문이 시작되는 날부터 **7일 전까지 청문 주재자에게** 청문과 관련한 자료를 미리 통지하여야 한다(제28조②). **【청문(Blue door) 열(10)기** 전에 당사자에 통지, 7일(1**주**) 전에 **주**재자에 통지**】**
④ (○) 당사자등은 **청문의 통지가 있는 날부터 청문이 끝날 때까지** 행정청에 해당 사안의 조사결과에 관한 문서와 그 밖에 해당 처분과 관련되는 **문서의 열람 또는 복사를 요청**할 수 있다. 이 경우 행정청은 다른 **법령에 따라 공개가 제한되는 경우를 제외하고는 그 요청을 거부할 수 없다**(공익을 이유로 거부 ×).

정답 ③

## 03 「행정절차법」상 행정지도에 관한 설명 중 가장 적절하지 않은 것은?

〈22 채용1차〉

① 행정지도는 그 목적 달성에 필요한 최소한도에 그쳐야 하며, 행정지도의 상대방의 의사에 반하여 부당하게 강요하여서는 아니 된다.

② 행정기관은 행정지도의 상대방이 행정지도에 따르지 아니하였다는 것을 이유로 불이익한 조치를 하여서는 아니 된다.

③ 행정지도가 말로 이루어지는 경우에 상대방이 행정지도의 취지 및 내용과 신분의 사항을 적은 서면의 교부를 요구하면 그 행정지도를 하는 자는 직무 수행에 특별한 지장이 없으면 이를 교부하여야 한다.

④ 행정지도의 상대방은 해당 행정지도의 방식·내용 등에 관하여 행정기관에 의견제출을 할 수 없다.

해설 ④ (×) 상대방은 의견을 제출할 수 있다.

정답 ④

## 04 「행정절차법」상 행정지도에 대한 설명으로 가장 적절하지 않은 것은?

〈19 채용1차〉

① 반드시 문서의 형식으로 하여야만 한다.

② 임의성 원칙을 명문화하고 있다.

③ 행정기관이 그 소관 사무의 범위에서 일정한 행정목적을 실현하기 위하여 특정인에게 일정한 행위를 하거나 하지 아니하도록 지도, 권고, 조언 등을 하는 행정작용을 말한다.

④ 행정지도의 상대방은 해당 행정지도의 방식·내용 등에 관하여 행정기관에 의견제출을 할 수 있다.

해설 ① (×) 행정지도를 하는 자는 그 상대방에게 그 **행정지도의 취지 및 내용과 신분을 밝혀야 하며, 행정지도가 말로 이루어지는 경우에** 상대방이 행정지도의 취지 및 내용과 신분을 적은 **서면의 교부를 요구**하면 그 행정지도를 하는 자는 직무 수행에 특별한 지장이 없으면 이를 교부하여야 한다(제49조).
② (○) 행정지도는 그 목적 달성에 필요한 최소한도에 그쳐야 하며, 행정지도의 상대방의 의사에 반하여 부당하게 강요하여서는 아니 된다(제48조①).

정답 ①

**05** 「행정절차법」에 대한 설명으로 가장 적절하지 않은 것은? 〈19 승진〉

① 행정청이 당사자에게 의무를 부과하거나 권익을 제한하는 처분을 할 때 다른 법령에 특별한 규정이 없으면 청문을 거쳐야 한다.
② 행정청은 청문을 하려면 청문이 시작되는 날부터 10일 전까지 처분의 제목 등 일정한 사항을 당사자 등에게 통지하여야 한다.
③ 행정지도는 그 목적 달성에 필요한 최소한도에 그쳐야 하며, 행정지도의 상대방의 의사에 반하여 부당하게 강요하여서는 아니 된다.
④ 행정지도를 하는 자는 그 상대방에게 그 행정지도의 취지 및 내용과 신분을 밝혀야 하며, 행정지도의 상대방은 해당 행정지도의 방식·내용 등에 관하여 행정기관에 의견제출을 할 수 있다.

해설 ① (×) 법령에 규정이 있는 경우에 청문을 거친다.

| 청문 | 공청회 | 의견제출 |
|---|---|---|
| • 법령 규정<br>• 행정청이 필요하다 인정<br>• 인허가등의 취소, 신분·자격박탈, 법인·조합등의 설립허가 취소 | • 법령 규정<br>• 행정청이 필요하다 인정<br>• 당사자 요구: 대통령령으로 정하는 처분(생명, 안전, 건강, 환경에 영향)에 대통령령으로 정하는 수 이상 요구시 | 행정청이 **당사자에게 의무를 부과하거나 권익을 제한하는 처분을 할 때** 청문 또는 공청회 외에는 당사자등에게 **의견제출의 기회를 주어야 한다.** |

정답 ①

## 제2절 행정심판법

**01** 「행정심판법」에 관한 설명으로 가장 적절한 것은? 〈23 채용2차〉

① 대통령의 처분 또는 부작위에 대하여는 다른 법률에서 행정심판을 청구할 수 있도록 정한 경우 외에는 행정심판을 청구할 수 없다.
② 취소심판은 당사자의 신청에 대한 행정청의 위법 또는 부당한 거부처분이나 부작위에 대하여 일정한 처분을 하도록 하는 행정심판이다.
③ 처분 또는 부작위에 대한 행정심판은 청구서를 제출하거나 말로써 청구할 수 있다.
④ 행정심판위원회는 심판청구가 이유가 있다고 인정하는 경우에도 이를 인용(認容)하는 것이 공공복리에 크게 위배된다고 인정하면 그 심판청구를 기각하는 재결을 하여야 한다.

해설 ② (×) 의무이행심판에 대한 설명이다.
③ (×) 말로써 청구할 수는 없다.
④ (×) 사정재결에 대한 내용으로서, 기각하는 재결을 할 수 있다.

정답 ①

## 02 「행정심판법」상 재결에 관한 설명으로 가장 적절하지 않은 것은? (다툼이 있는 경우 판례에 의함)

〈23 채용1차〉

① 재결은 서면으로 한다.

② 위원회는 심판청구가 이유가 없다고 인정하면 그 심판을 기각한다.

③ 위원회는 지체 없이 당사자에게 재결서 등본을 송달하여야 하며, 재결서가 청구인에게 발송되었을 때에 그 효력이 생긴다.

④ 재결의 기속력은 재결의 주문 및 그 전제가 된 요건사실의 인정과 판단, 즉 처분 등의 구체적 위법사유에 관한 판단에만 미친다고 할 것이고, 종전 처분이 재결에 의하여 취소되었다 하더라도 종전 처분시와는 다른 사유를 들어서 처분을 하는 것은 기속력에 저촉되지 않는다.

해설 ③ (×) 위원회는 지체 없이 당사자에게 **재결서의 정본을 송달**하여야 하며, 재결서가 청구인에게 **송달되었을 때에 그 효력이 생긴다**(제48조①②).
④ (○) 재결의 기속력은 재결의 주문 및 그 전제가 된 요건사실의 인정과 판단, 즉 처분 등의 구체적 위법사유에 관한 판단에만 미친다고 할 것이고, 종전 처분이 재결에 의하여 취소되었다 하더라도 **종전 처분시와는 다른 사유를 들어서 처분을 하는 것은 기속력에 저촉되지 않는다**(대판 2003두7705).

정답 ③

## 03 「행정심판법」상 사정재결에 관한 설명 중 가장 적절하지 않은 것은? (다툼이 있는 경우 판례에 의함)

〈22 채용2차〉

① 사정재결은 인용재결의 일종이다.

② 무효등확인심판에서는 사정재결을 할 수 없다.

③ 사정재결을 하는 경우 반드시 재결주문에 그 처분 또는 부작위가 위법하다는 것을 명시해야 한다.

④ 사정재결 이후에도 행정심판의 대상인 처분 등의 효력은 유지된다.

해설 ① (×) 사정재결은 기각재결이다.

**행정심판법**

> 제44조(사정재결) ① 위원회는 심판청구가 이유가 있다고 인정하는 경우에도 이를 인용(認容)하는 것이 공공복리에 크게 위배된다고 인정하면 그 심판청구를 **기각하는 재결을 할 수 있다.** 이 경우 위원회는 재결의 **주문(主文)에서 그 처분 또는 부작위가 위법하거나 부당하다는 것을 구체적으로 밝혀야 한다.**
> ② 위원회는 제1항에 따른 재결을 할 때에는 청구인에 대하여 상당한 구제방법을 취하거나 상당한 구제방법을 취할 것을 피청구인에게 명할 수 있다.
> ③ 제1항과 제2항은 **무효등확인심판에는 적용하지 아니한다.**

정답 ①

## 04 「행정심판법」상 중앙행정심판위원회에 관한 내용 중 가장 적절하지 않은 것은?

〈22 · 23 법학〉

① 위원장 1명을 포함하여 70명 이내의 위원으로 구성하되, 위원 중 상임위원은 4명 이내로 한다.

② 위원장은 국민권익위원회의 부위원장 중 1명이 된다.

③ 비상임위원은 제7조 제4항 각 호의 어느 하나에 해당하는 사람 중에서 중앙행정심판위원회 위원장의 제청으로 국무총리가 성별을 고려하여 위촉한다.

④ 비상임위원의 임기는 2년으로 하되, 1차에 한하여 연임할 수 있다.

해설 ④ (×) 비상임위원의 임기는 2년으로 하되, 2차에 한하여 연임할 수 있다(제9조③). 상임위원의 임기는 3년으로 하며, 1차에 한하여 연임할 수 있다(제9조②).

☞ **중앙행정심판위원회 구성**

> 제8조(중앙행정심판위원회의 구성) ① 중앙행정심판위원회는 **위원장 1명을 포함하여 70명** 이내의 위원으로 구성하되, 위원 중 상임위원은 4명 이내로 한다.
> ② 중앙행정심판위원회의 **위원장은 국민권익위원회의 부위원장 중 1명이 되며,** 위원장이 없거나 부득이한 사유로 직무를 수행할 수 없거나 위원장이 필요하다고 인정하는 경우에는 상임위원(상임으로 재직한 기간이 긴 위원 순서로, 재직기간이 같은 경우에는 연장자 순서로 한다)이 위원장의 직무를 대행한다.
> ③ 중앙행정심판위원회의 **상임위원은 일반직공무원으로서** 「국가공무원법」 제26조의5에 따른 **임기제공무원으로 임명하되,** 3급 이상 공무원 또는 고위공무원단에 속하는 일반직공무원으로 3년 이상 근무한 사람이나 그 밖에 행정심판에 관한 지식과 경험이 풍부한 사람 중에서 중앙행정심판위원회 **위원장의 제청으로 국무총리를 거쳐 대통령이 임명한다.**
> ④ 중앙행정심판위원회의 **비상임위원은** 제7조제4항 각 호의 어느 하나에 해당하는 사람 중에서 중앙행정심판위원회 **위원장의 제청으로 국무총리가 성별을 고려하여 위촉한다.**

정답 ④

## 05 「행정심판법」상 행정심판청구의 기간에 대한 설명으로 가장 옳은 것은? 〈보충〉

① 행정심판은 처분이 있음을 알게 된 날부터 30일 이내에 청구하여야 한다.
② 행정심판은 처분이 있었던 날부터 1년이 지나면 청구하지 못한다.
③ 취소심판의 경우와 달리 무효등확인심판과 의무이행심판의 경우에는 심판청구의 기간에 제한이 없다.
④ 심판청구에 대한 재결이 있으면 그 재결 및 같은 처분 또는 부작위에 대하여 다시 행정심판을 청구할 수 없다.

해설〉 ① (×) **안** 날부터 90일 이내에 청구하여야 한다.
② (×) 있었던 날부터 180일 이내이다. **【안구 180도】**
③ (×) 심판청구기간의 제한은 성질상 취소심판과 거부처분에 대한 의무이행심판에만 적용되고, 무효등확인심판과 부작위에 대한 의무이행심판에는 적용되지 않는다(동법 제27조 제7항).
④ (○) 제51조

정답 ④

## 06 「행정심판법」상의 행정심판에 대한 설명으로 옳지 않은 것은? (다툼이 있는 경우 판례에 의함) 〈보충〉

① 행정청의 부당한 처분을 변경하는 행정심판은 현행법상 허용된다.
② 당사자의 신청에 대한 행정청의 부당한 거부처분에 대하여 일정한 처분을 하도록 하는 행정심판은 현행법상 허용된다.
③ 당사자의 신청에 대한 행정청의 위법한 부작위에 대하여 행정청의 부작위가 위법하다는 것을 확인하는 행정심판은 현행법상 허용되지 않는다.
④ 당사자의 신청에 대한 행정청의 부당한 거부처분을 취소하는 행정심판은 현행법상 허용되지 않는다.

해설〉 ④ (×) 취소심판으로 부당한 거부 처분을 취소할 수 있다.

정답 ④

## 07 「행정심판법」에 관한 다음 설명 중 옳지 않은 것은? 〈보충〉

① 당사자의 신청에 대한 행정청의 위법 또는 부당한 거부처분이나 부작위에 대하여 일정한 처분을 하도록 하는 행정심판은 의무이행심판이다.
② 위원회는 심판청구가 이유가 있다고 인정하는 경우에도 이를 인용하는 것이 공공복리에 크게 위배된다고 인정하면 그 심판청구를 기각하는 재결을 할 수 있다.
③ 사정재결은 무효등확인심판에는 적용하지 아니한다.
④ 다른 법률에 특별한 규정이 있는 경우 외에는 대통령의 처분 또는 부작위에 대하여 행정심판을 청구할 수 있다.

해설〉 ④ (×) 대통령의 처분 또는 부작위에 대하여는 다른 법률에서 행정심판을 청구할 수 있도록 정한 경우 외에는 행정심판을 청구할 수 없다(제3조①).

정답 ④

## 08 「행정심판법」에 대한 설명으로 옳지 않은 것은? 〈보충〉

① 행정심판은 처분이 있음을 알게 된 날부터 90일 이내에 또는 처분이 있었던 날부터 180일이 지나면 청구하지 못한다.
② "취소심판"은 당사자의 신청에 대한 행정청의 위법 또는 부당한 거부처분이나 부작위에 대하여 일정한 처분을 하도록 하는 행정심판이다.
③ 행정심판위원회는 처분, 처분의 집행 또는 절차의 속행 때문에 중대한 손해가 생기는 것을 예방할 필요성이 긴급하다고 인정할 때에는 직권으로 또는 당사자의 신청에 의하여 처분의 효력, 처분의 집행 또는 절차의 속행의 전부 또는 일부의 정지를 결정할 수 있다.
④ 처분의 효력정지는 처분의 집행 또는 절차의 속행을 정지함으로써 그 목적을 달성할 수 있을 때에는 허용되지 아니한다.

해설> ② (×) 의무이행심판에 대한 설명이다. 취소심판은 행정청의 위법 또는 부당한 처분을 취소하거나 변경하는 행정심판이다(제5조).

정답 ②

## 09 「행정심판법」에 대한 설명으로 옳은 것은? 〈보충〉

① 행정심판은 처분이 있음을 알게 된 날부터 90일 이내에 또는 처분이 있었던 날부터 1년이 지나면 청구하지 못한다.
② 취소심판의 경우와 달리 무효등확인심판과 의무이행심판의 경우에는 심판청구의 기간에 제한이 없다.
③ 위원회는 심판청구가 적법하지 아니하면 그 심판청구를 각하(却下)하고, 심판청구가 이유가 없다고 인정하면 그 심판청구를 기각(棄却)한다.
④ 위원회는 심판청구가 이유가 있다고 인정하는 경우에도 이를 인용(認容)하는 것이 공공복리에 크게 위배된다고 인정하면 그 심판청구를 기각하는 재결을 할 수 있다. 의무이행확인심판에는 적용하지 아니한다.

해설> ① (×) **안** 날부터 **90**일 이내, 있었던 날부터 **180**일 이내이다. **【안구 180도】**
② (×) 심판청구기간의 제한은 성질상 취소심판과 거부처분에 대한 의무이행심판에만 적용되고, 무효등확인심판과 부작위에 대한 의무이행심판에는 적용되지 않는다(동법 제27조 제7항).
④ (×) 사정재결은 무효등확인심판에는 적용하지 아니한다(제44조③).

정답 ③

# 제3절 행정소송법

## 01 다음 빈칸에 들어갈 말로 가장 적절한 것은? (다툼이 있는 경우 판례에 의함) 〈23 채용2차〉

> 명예퇴직한 법관이 미지급 명예퇴직 수당액에 대하여 가지는 권리는 명예퇴직수당 지급대상자 결정 절차를 거쳐 명예퇴직 수당규칙에 의하여 확정된 공법상 법률관계에 관한 권리로서, 그 지급을 구하는 소송은 「행정소송법」의 (　　)에 해당하며, 그 법률관계의 당사자인 국가를 상대로 제기하여야 한다.

① 취소소송　② 부작위위법확인소송
③ 기관소송　④ 당사자소송

해설> ④ (○) 당사자소송은 국가·공공단체 그 밖의 권리주체를 피고로 한다(행정소송법 제39조). 당사자소송은 권리주체를 피고로 하는 점에서 처분청을 피고로 하는 항고소송과 다르다.
법관이 이미 수령한 수당액이 정당한 명예퇴직수당액에 미치지 못한다고 주장하며 차액의 지급을 신청함에 대하여 법원행정처장이 거부하는 의사를 표시했더라도, 그 의사표시는 명예퇴직수당액을 형성·확정하는 행정처분이 아니라 공법상의 법률관계의 한쪽 당사자로서 지급의무의 존부 및 범위에 관하여 자신의 의견을 밝힌 것에 불과하므로 행정처분으로 볼 수 없다. 결국 그 지급을 구하는 소송은 행정소송법의 당사자소송에 해당하며, 그 법률관계의 당사자인 국가를 상대로 제기하여야 한다(대판 2013두14863).

정답 ④

## 02 경찰작용에 있어서 행정소송에 대한 설명으로 가장 적절한 것은 모두 몇 개인가? (다툼이 있는 경우 판례에 의함)

〈23 경간〉

가. 관할 경찰청장은 운전면허와 관련된 처분권한을 각 경찰서장에게 위임하였고, 이에 따라 A경찰서장은 자신의 명의로 甲에게 운전면허정지처분을 하였다면, 甲의 운전 면허정지처분 취소소송의 피고적격자는 A 경찰서장이 아니라 관할 경찰청장이다.

나. 혈중알콜농도 0.13%의 주취상태에서 차량을 운전하다가 적발된 乙에게 관할 경찰청장이 「도로교통법」에 의거 운전면허취소처분을 하였을 경우, 乙은 행정심판을 거치지 않고 바로 행정소송을 제기할 수 있다.

다. 도로 외의 곳에서의 음주운전·음주측정거부 등에 대해서는 형사처벌도 가능하고 운전면허취소처분도 부과할 수 있다.

라. 경찰청장을 피고로 하여 취소소송을 제기하는 경우, 대법원 소재지를 관할하는 행정법원이 제1심 관할 법원으로 될 수 있다.

① 1개 ② 2개 ③ 3개 ④ 4개

해설 가. (×) 위임에 의하여 처분을 한 A경찰서장이 피고가 된다.
나. (×) 도로교통법에 의한 행정처분은 반드시 행정심판을 거쳐야 하는 행정심판전치주의가 적용된다.

> 제142조(행정소송과의 관계) 이 법에 따른 처분으로서 해당 처분에 대한 행정소송은 행정심판의 재결(裁決)을 거치지 아니하면 제기할 수 없다.

다. (×) 도로 외의 곳에서 음주운전 및 음주측정거부는 형사처벌은 가능하지만 운전면허 행정처분은 할 수 없다.
라. (○) 대법원 소재지를 관할하는 행정법원이 제1심 관할 법원으로 될 수 있다.

> 제9조(재판관할) ①취소소송의 **제1심관할법원은 피고의 소재지를 관할하는 행정법원으로 한다.**
> ② 제1항에도 불구하고 다음 각 호의 어느 하나에 해당하는 피고에 대하여 취소소송을 제기하는 경우에는 **대법원소재지를 관할하는 행정법원에 제기할 수 있다.**
> 1. 중앙행정기관, 중앙행정기관의 부속기관과 합의제행정기관 또는 그 장
> 2. 국가의 사무를 위임 또는 위탁받은 공공단체 또는 그 장

정답 ①

## 03 「행정소송법」상 항고소송에 해당하지 않는 것은?

〈22 채용1차〉

① 국가 또는 공공단체의 기관이 법률에 위반되는 행위를 한 때에 직접 자기의 법률상 이익과 관계없이 그 시정을 구하기 위하여 제기하는 민중소송
② 행정청의 처분 등의 효력 유무 또는 존재여부를 확인하는 무효 등 확인소송
③ 행정청의 부작위가 위법하다는 것을 확인하는 부작위위법확인소송
④ 행정청의 위법한 처분 등을 취소 또는 변경하는 취소소송

해설 ① (×) 소송의 종류에는 항고소송, 당사자소송, 민중소송, 기관소송으로 구분되며, 항고소송에는 취소소송, 무효등확인소송, 부작위위법확인소송이 있다.

정답 ①

## 04 「행정소송법」 및 「행정심판법」에 대한 설명으로 옳지 않은 것은?

〈보충〉

① 행정심판의 종류는 취소심판, 무효등확인심판, 부작위위법확인심판이 있다.
② 행정심판은 처분이 있었던 날부터 180일이 지나면 청구하지 못한다. 다만, 정당한 사유가 있는 경우에는 그러하지 아니하다.
③ 행정심판위원회는 심판청구가 이유가 있다고 인정하는 경우에도 이를 인용하는 것이 공공복리에 크게 위배된다고 인정하면 그 심판청구를 기각하는 재결을 할 수 있다.
④ 경찰서장에 대한 행정심판은 국민권익위원회에 두는 중앙행정심판위원회에서 심리·재결한다.

해설 ① (×) 행정심판에는 취소심판, 무효등확인심판, 의무이행심판이 있고, 행정소송에는 취소소송, 무효등확인소송, 부작위위법확인소송이 있다.

정답 ①

PART 04

## 제4절 국가배상법

**01 「국가배상법」상 경찰공무원의 배상책임에 대한 설명으로 가장 적절하지 않은 것은? (다툼이 있는 경우 판례에 의함)** 〈23 경간〉

① 경찰공무원이 공무를 수행하는 과정에서 위법행위로 타인에게 손해를 가한 경우에 국가 등이 손해배상책임을 지는 것 외에 그 개인은 고의 또는 중과실이 있는 경우에는 손해배상책임을 진다.

② 경찰공무원의 중과실이란 공무원에게 통상 요구되는 정도의 상당한 주의를 하지 않더라도 약간의 주의를 한다면 손쉽게 위법·위해한 결과를 예견할 수 있는 경우임에도 만연히 이를 간과한 경우와 같이 거의 고의에 가까운 현저한 주의를 결여한 상태를 의미한다.

③ 경찰공무원이 직무를 수행함에 있어 경과실로 타인에게 손해를 입힌 경우에는 그로 인하여 발생한 손해에 대하여 경찰공무원 개인에게 배상책임을 부담시키지 아니하는 것은 공무원의 공무집행의 안정성을 확보하려는 데 있다.

④ 국민의 생명·신체·재산 등을 보호하는 것을 본래의 사명으로 하는 국가는 형식적 의미의 법령에 근거가 없다면 경찰공무원에 대하여 위험을 배제할 작위의무를 인정할 수 없으므로, 경찰공무원의 부작위를 이유로 국가배상책임을 인정할 수 없다.

해설 ① (○) 공무원이 직무 수행중 불법행위로 타인에게 손해를 입힌 경우에 국가나 지방자치단체가 국가배상책임을 부담하는 외에 공무원 개인도 고의 또는 중과실이 있는 경우에는 불법행위로 인한 손해배상책임을 지고, 공무원에게 경과실뿐인 경우에만 공무원 개인은 손해배상책임을 부담하지 아니한다(대판 95다5110).
④ (×) 국가배상책임에 있어서 '법령에 위반하여'는 국가가 초법규적, 일차적으로 그 위험 배제에 나서지 아니하면 국민의 생명, 신체, 재산 등을 보호할 수 없는 경우에는 형식적 의미의 법령에 근거가 없더라도 국가나 관련 공무원에 대하여 그러한 위험을 배제할 작위의무를 인정할 수 있다. 다만, 그와 같은 절박하고 중대한 위험상태가 발생하였거나 발생할 우려가 있는 경우가 아닌 한, 원칙적으로 공무원이 관련 법령대로만 직무를 수행하였다면 그와 같은 공무원의 부작위를 가지고 '고의 또는 과실로 법령에 위반'하였다고 할 수는 없다(대판 2000다57856).

정답 ④

**02 국가배상에 관한 설명 중 가장 적절하지 않은 것은? (다툼이 있는 경우 판례에 의함)** 〈22 채용2차〉

① 일반적으로 공무원이 직무를 집행함에 있어서 법령에 대한 해석이 그 문언 자체만으로는 명백하지 아니하여 여러 견해가 있을 수 있는데다가 이에 대한 선례나 학설, 판례 등도 귀일된 바 없어 이의(異義)가 없을 수 없는 경우, 관계 국가공무원이 그 나름대로 신중을 다하여 합리적인 근거를 찾아 그 중 어느 한 견해를 따라 내린 해석이 후에 대법원이 내린 입장과 같지 않아 결과적으로 잘못된 해석에 돌아가고, 이에 따른 처리가 역시 결과적으로 위법하게 되어 그 법령의 부당집행이라는 결과를 가져오게 되었다고 하더라도 「국가배상법」상 공무원의 과실을 인정할 수는 없다.

② 국가공무원이 고의 또는 과실로 직무상 의무를 위반하였을 경우라고 하더라도 국가는 그러한 직무상의 의무 위반과 피해자가 입은 손해 사이에 상당인과관계가 인정되는 범위 내에서만 배상책임을 지는 것이고, 이 경우 상당인과관계가 인정되기 위하여는 공무원에게 부과된 직무상 의무의 내용이 단순히 공공 일반의 이익을 위한 것이거나 행정기관 내부의 질서를 규율하기 위한 것이 아니고 전적으로 또는 부수적으로 사회구성원 개인의 안전과 이익을 보호하기 위하여 설정된 것이어야 한다.

③ 외국인이 피해자인 경우 국가배상청구권은 해당 국가와 상호 보증이 있을 때에만 인정되므로, 그 상호 보증은 외국의 법령, 판례 및 관례 등에 의한 발생요건을 비교하여 인정되는 것이 아니라 반드시 당사국과의 조약이 체결되어 있어야 한다.

④ 국민의 생명, 신체 및 재산의 보호, 범죄의 예방 진압 및 수사, 기타 공공의 안녕과 질서유지 등의 직무를 수행하는 경찰은 경찰관 직무집행법, 형사소송법 등 관련 법령에서 부여한 여러 권한을 제반 상황에 대응하여 적절하게 행사하여 필요한 조치를 취할 수 있고, 그 권한은 일반적으로 경찰관의 전문적 판단에 기한 합리적인 재량에 위임되어 있지만, 경찰관에게 권한을 부여한 취지와 목적에 비추어 볼 때 구체적인 사정에 따라 경찰관이 그 권한을 행사하여 필요한 조치를 취하지 아니하는 것이 현저하게 불합리하다고 인정되는 경우에는 그러한 권한의 불행사는 직무상의 의무를 위반한 것이 되어 위법하게 된다.

해설 ③ (×) 상호보증은 외국의 법령, 판례 및 관례 등에 의하여 발생요건을 비교하여 인정되면 충분하고 **반드시 당사국과의 조약이 체결되어 있을 필요는 없다**(대판 2013다208388).

**국가배상법**

제7조(외국인에 대한 책임) 이 법은 외국인이 피해자인 경우에는 해당 국가와 **상호 보증이 있을 때에만 적용한다.**

정답 ③

## 03 「국가배상법」에 대한 설명으로 적절한 것은 모두 몇 개인가? (다툼이 있는 경우 판례에 따름) 〈22 경간〉

가. 경찰관들의 시위진압에 대항하여 시위자들이 던진 화염병에 의하여 발생한 화재로 인하여 손해를 입은 주민이 국가를 상대로 국가배상을 청구한 경우에는 국가의 배상책임이 인정되지 않는다.
나. 시위진압 과정에서 가해공무원인 전투경찰이 특정되지 않더라도 손해배상책임이 인정된다.
다. 전투경찰순경은 「국가배상법」 제2조 제1항 단서에 따라 손해배상청구가 제한되는 군인·군무원·경찰공무원 또는 예비군대원에 해당한다.
라. 경찰공무원이 전투·훈련 등 직무집행과 관련하여 순직한 경우에는 전투·훈련 또는 이에 준하는 직무집행뿐만 아니라 일반 직무집행에 관하여도 국가나 지방자치단체의 배상책임이 제한된다.
마. 「국가배상법」 제5조에 따라 도로나 하천은 물론 경찰견도 영조물에 포함된다.

① 2개 ② 3개 ③ 4개 ④ 5개

해설 가. (○) 대판 94다2480
라. (○) 경찰공무원이 낙석사고 현장 주변 교통정리를 위하여 사고현장 부근으로 이동하던 중 대형 낙석이 순찰차를 덮쳐 사망한 사안에서, 국가배상법 제2조 제1항 단서의 면책조항은 전투·훈련 또는 이에 준하는 직무집행뿐만 아니라 '**일반 직무집행**'**에 관하여도 국가나 지방자치단체의 배상책임을 제한하는 것**이라고 해석하였다(대판 2010다85942).
마. (○) 경찰견도 영조물에 포함된다.

정답 ④

## 04 국가배상책임에 대한 설명으로 옳지 않은 것은? 〈보충〉

① 「국가배상법」 제5조(공공시설 등의 하자로 인한 책임)에 의한 손해배상책임은 공무원의 고의 또는 과실을 요건으로 하지 않는 무과실책임이다.
② 경찰공무원이 전투·훈련 등 직무 집행과 관련하여 전사·순직하거나 공상을 입은 경우에 본인이나 그 유족이 다른 법령에 따라 재해보상금·유족연금·상이연금 등의 보상을 지급받을 수 있을 때에는 「국가배상법」 및 「민법」에 따른 손해배상을 청구할 수 없다.
③ 생명·신체의 침해로 인한 국가배상을 받을 권리는 양도하거나 압류하지 못한다.
④ 판례는 국가배상청구소송을 당사자소송으로 보아 행정소송으로 다루고 있다.

해설 ④ (×) 국가배상책임을 공법적 책임으로 보는 견해는 국가배상청구소송은 당사자소송으로 제기되어야 한다고 보지만, 판례는 국가배상청구소송을 사권으로 보아 민사소송으로 다루고 있다.

정답 ④

**박용증 아두스 경찰학**
진도별 기출문제집

두문자로 쏙쏙 암기하는
**아**름다운 **두**문자 **스**토리 **경찰학!**

# PART 05

# 각론

PART

# 05 각론

## 제1장 생활안전경찰

### 제1절 사무분장 및 112 치안종합상황실

**01 「경찰청과 그 소속기관 직제」상 경찰청 범죄예방대응국장의 분장사항에 해당하지 않는 것은 모두 몇 개인가?** 〈22 채용2차〉

> ㉠ 아동·청소년 대상 성매매 사범에 대한 지도 및 단속
> ㉡ 경비업에 관한 연구 및 지도
> ㉢ 아동학대 수사 및 피해자 보호에 관한 업무
> ㉣ 청원경찰의 운영 및 지도
> ㉤ 교통사고 교통범죄에 관한 수사 지휘 감독
> ㉥ 각종 안전사고의 예방에 관한 사항

① 2개　② 3개
③ 4개　④ 5개

해설 ㉠ (×) 형사국장 소관이다.
㉢ (×) '수사'는 국가수사본부 소관이며 아동학대 수사는 형사국장 소관이다.
㉣ (×) 청원경찰 업무는 경비국장 소관이다.
㉤ (×) '수사'는 국가수사본부 소관이며, 교통사고 등에 관한 수사는 형사국장 소관이다.

정답 ③

**02 「112종합상황실 운영 및 신고처리 규칙」에 관한 내용 중 가장 적절하지 않은 것은?** 〈23 승진〉

① 경찰 출동요소에 의한 현장조치 필요성이 없는 경우는 112신고의 분류 중 code 3 신고로 분류한다.
② 현장 출동 경찰관은 접수자가 112신고의 대응코드를 분류한 경우라도 추가 사실을 확인하여 코드를 변경할 수 있다.
③ 112요원은 사건이 해결된 경우라면 타 부서의 계속적 조치가 필요하더라도 별도의 인계없이 112 신고처리를 종결할 수 있다.
④ 112 신고의 처리와 관련하여 출동요소는 현장 상황이 급박하여 신속한 현장 조치가 필요한 경우 우선 조치 후 보고할 수 있다.

해설 ③ (×) 타 부서의 계속적 조치가 필요한 경우 해당부서에 사건을 인계한 이후 종결하여야 한다.

> 제17조(112신고처리의 종결) 112요원은 다음 각 호의 경우 112신고 처리를 종결할 수 있다. 다만, **타 부서의 계속적 조치가 필요한 경우 해당부서에 사건을 인계한 이후 종결하여야 한다.**
> 1. 사건이 해결된 경우
> 2. 신고자가 신고를 취소한 경우. 다만, 신고자와 취소자가 동일인인지 여부 및 취소의 사유 등을 파악하여 신고취소의 진의 여부를 확인하여야 한다.
> 3. 추가적 수사의 필요 등으로 사건 해결에 장시간이 소요되어 해당 부서로 인계하여 처리하는 것이 효과적인 경우
> 4. 허위·오인으로 인한 신고 또는 경찰 소관이 아닌 내용의 사건으로 확인된 경우
> 5. 현장에 출동하였으나 사건 내용을 확인할 수 없으며, 사건이 실제 발생하였다는 사실도 확인되지 않는 경우
> 6. 그 밖에 상황관리관, 112종합상황실(팀)장이 초동조치가 종결된 것으로 판단하는 경우

정답 ③

**03** **「112종합상황실 운영 및 신고처리 규칙」에 관한 설명 중 가장 적절하지 않은 것은?** 〈22 채용2차〉

① 시·도경찰청장 및 경찰서장이 112요원을 배치할 때에는 관할 구역 내 지리감각, 언어 능력 및 상황 대처능력이 뛰어난 경찰 공무원을 선발 배치하여야 하며, 근무기간은 1년 이상으로 한다.

② 112요원은 접수한 신고의 내용이 code 3의 유형에 해당하는 경우에는 출동요소에 지령하지 않고 자체 종결하거나 소관기관이나 담당 부서에 신고내용을 통보하여 처리하도록 조치하여야 한다.

③ 112신고 이외 경찰관서별 일반전화 또는 직접 방문 등으로 경찰관의 현장출동을 필요로 하는 사건의 신고를 한 경우 해당 신고를 받은 자가 접수한다. 이때 접수한 자는 112시스템에 신고내용을 입력하여야 한다.

④ 112종합상황실 자료 중 접수처리 입력자료는 1년간 보존하고, 무선지령내용 녹음자료는 24시간 녹음하고 3개월간 보존한다.

해설> ① (×) 112요원의 근무기간은 2년 이상으로 한다.
② (○) 「112종합상황실 운영 및 신고처리 규칙」에 의하면 112신고 코드는 코드1, 코드2, 코드3으로 분류되어 있으나, 2016. 3. 이후 112신고 코드는 5단계(코드0~4)로 개정되었다.

☞ **112 신고의 분류(제9조)**

| 구분 | 규칙 | 현행 | 분류기준 | 출동 목표시간 |
|---|---|---|---|---|
| 긴급 | 코드1 ⇨ | 코드0 | 코드1 중 이동범죄, 강력범죄 현행범 등 실시간 전파가 필요한 경우<br>예 남자가 여자를 강제로 차에 태워 갔다. 여자가 비명을 지른 후 끊기 신고 | 최단시간 내 |
| | | 코드1 | 생명·신체에 대한 위험이 임박, 진행 중, 직후인 경우 또는 현행범인인 경우<br>예 모르는 사람이 현관문을 열려고 한다. 주차된 차문을 열어보고 다닌다. | 최단시간 내 |
| 비긴급 | 코드2 ⇨ | 코드2 | 생명·신체에 대한 잠재적 위험이 있는 경우 또는 범죄예방 등을 위해 필요한 경우<br>예 영업이 끝났는데 손님이 깨워도 일어나지 않는다. 집에 와보니 도둑이 들었는지 집이 난리다. | 긴급신고 지장 없는 범위내 가급적 신속 출동 |
| | | 코드3 | 즉각적인 현장조치는 불필요하나 수사, 전문 상담 등이 필요한 경우<br>예 언제인지 모르지만 금반지가 없어졌다. 며칠 전에 폭행을 당해 병원 치료중이다. | 당일 근무시간 내 |
| 비출동 | 코드3 ⇨ | 코드4 | 긴급성이 없는 민원·상담 신고 | 타기관 인계 |

제10조(지령) ① 112요원은 접수한 신고 내용이 code 1 및 code 2의 유형에 해당하는 경우에는 1개 이상의 출동요소에 출동장소, 신고내용, 신고유형 등을 고지하고 처리하도록 지령하여야 한다.
② 112요원은 접수한 신고의 내용이 **code 3의 유형에 해당하는 경우에는 출동요소에 지령하지 않고 자체 종결하거나, 소관기관이나 담당 부서에 신고내용을 통보하여 처리하도록 조치하여야 한다.**

※ 23. 9. 현재, 실무를 반영한 코드분류 체계로 개정 중임.

정답 ①

## 04 '112신고 접수 · 지령 매뉴얼'과 관련된 위치정보조회에 대한 설명으로 가장 적절하지 않은 것은?

〈21 승진〉

① 납치 · 감금 · 강도, 성폭력 등의 생명 · 신체를 위협하는 범죄피해를 당하거나 범죄피해가 예상되는 자의 위치정보조회가 가능하다.
② 자살을 암시하는 유서 또는 음성, 문자 등을 타인에게 전송한 자살기도자의 위치정보조회가 가능하다.
③ 112 또는 119를 통해 긴급구조 요청이 접수된 경우는 「통신비밀보호법」에 의거하여 위치정보조회를 실시한다.
④ 위치정보조회는 112신고 접수시스템에 연계하여 위치정보 요청 및 정보를 수신한다.

해설 ① (○) 범죄피해자(요구조자) : 생명 · 신체를 위협하는 급박한 위험으로부터 자신의 구조를 요청한 경우
② (○) 목격자 : 다른 사람의 생명 · 신체를 보호하기 위하여 목격자가 구조를 요청한 경우, 목격자의 위치를 추적하기 위해서는 목격자의 동의를 받아야 하고, 요구조자의 위치를 확인하기 위해서는 요구조자의 의사를 확인하여야 한다. 요구조자의 의사는 음성이나 문자 메시지 등으로도 확인할 수 있다.
③ (×) 구조 목적의 위치정보 확인은 「위치정보의 보호 및 이용 등에 관한 법률」에 의하고, 수사 목적은 「통신비밀보호법」에 의한다.
④ (○) 통신사에서 제공하는 위치정보는 112신고 접수시스템과 연계하여 수초 이내에 조회 가능하다.

정답 ③

## 05 112신고처리 업무와 관련한 측위기술에 대한 설명 중 가장 적절하지 않은 것은?

〈20 승진〉

① LBS란 Location Based Services의 약자로 휴대전화 등의 위치를 기반으로 한 서비스를 통칭하는 용어이며 일반적으로 휴대전화 위치추적의 의미로도 사용된다.
② Cell 방식은 휴대전화가 접속한 기지국의 위치를 기반으로 위치를 판단하며 모든 휴대전화에 사용가능하나 위치오차가 크다.
③ GPS 방식은 인공위성을 통해 휴대전화에 내장된 GPS의 위치를 측정하며 위치오차가 비교적 정확하지만 건물내부나 지하 등에서는 측위가 불가능한 경우가 발생한다.
④ Wi-Fi 방식은 휴대전화의 Wi-Fi가 연결된 무선AP(무선인터넷 공유기)의 위치를 통한 측위를 나타내며 Cell 방식과 비교하여 위치가 현격히 다른 경우 Wi-Fi값 위치를 신고자의 위치로 추정한다.

해설 ④ (×) Wi-Fi 방식이 Cell 방식과 위치가 현격히 다른 경우 Cell값 위치를 기준으로 한다. Wi-fi 소유자가 이사를 했음에도 통신사에 이전 주소지가 그대로 남아 있어서 오류 발생하는 경우가 있다.

정답 ④

## 제2절 지역경찰

**01 경찰공무원의 근무시간 등에 관한 용어 설명으로 가장 적절한 것은?** 〈22 경간〉

① "상시근무"라 함은 일상적으로 24시간 계속하여 대응·처리해야 하는 업무를 수행하기 위하여 근무조를 나누어 일정한 계획에 의한 반복주기에 따라 교대로 업무를 수행하는 근무형태를 말한다.

② "대기"라 함은 근무도중 자유롭게 쉬는 시간을 말하며 식사시간을 포함한다.

③ "비번"이라 함은 교대근무자가 일정한 계획에 따라 다음 근무시작 전까지 자유롭게 쉬는 것을 말한다.

④ "휴게시간"이라 함은 근무일에 해당함에도 불구하고 누적된 피로 회복 등 건강유지를 위하여 일정시간 동안 근무에서 벗어나 자유롭게 쉬는 것을 말한다.

해설>

**☞ 경찰기관 상시근무 공무원의 근무시간 등에 관한 규칙**

제2조(정의) 이 규칙에서 사용하는 용어는 다음과 같다.
1. "상시근무"라 함은 일상적으로 24시간 계속하여 대응·처리해야 하는 업무를 수행하거나 긴급하고 중대한 치안상황에 대비하기 위하여 야간, **토요일 및 공휴일에 관계없이 상시적으로** 업무를 수행하는 근무형태를 말한다.
2. "교대근무"라 함은 근무조를 나누어 일정한 계획에 의한 **반복주기에 따라 교대로** 업무를 수행하는 근무형태를 말한다.
3. "휴무"라 함은 근무일에 해당함에도 불구하고 **누적된 피로 회복 등 건강유지를 위하여** 일정시간 동안 근무에서 벗어나 **자유롭게 쉬는 것**을 말한다.
4. "비번"이라 함은 교대근무자가 **일정한 계획에 따라 다음 근무시작 전까지 자유롭게 쉬는 것**을 말한다.
5. "휴게시간"이라 함은 **근무도중 자유롭게 쉬는 시간**을 말하며 식사시간을 포함한다.
6. "대기"라 함은 신고사건 출동 등 치안상황에 대응하기 위하여 일정시간 지정된 장소에서 **근무태세를 갖추고 있는 형태**의 근무를 말한다.

※ 지역경찰관리자는 신고출동태세 유지 등을 위해 필요한 경우에는 휴게 및 식사시간도 대기 근무로 지정할 수 있다(「지역경찰의 조직 및 운영에 관한 규칙」 제29조⑥).

정답 ③

**02 「지역경찰의 조직 및 운영에 관한 규칙」상 경찰서장이 정하는 사항으로 적절한 것은 모두 몇 개인가?** 〈23 경간〉

가. 치안센터 관할구역의 크기
나. 순찰팀의 수
다. 치안센터 전담근무자의 근무형태 및 근무시간
라. 관리팀 및 순찰팀의 인원

① 1개　② 2개
③ 3개　④ 4개

해설> 가. (○) 치안센터 관할구역의 크기는 설치목적, 배치 인원 및 장비, 교통·지리적 요건 등을 고려하여 경찰서장이 정한다(제11조③).
나. (×) 순찰팀의 수는 지역 치안수요 및 인력여건 등을 고려하여 시·도경찰청장이 결정한다(제6조②).
다. (○) 경찰서장은 치안센터의 종류 및 지리적 여건 등을 고려하여 필요한 경우 치안센터에 전담근무자를 배치할 수 있으며, 지역 치안여건 및 인원여건을 고려, 운영시간을 탄력적으로 조정할 수 있다(제12조, 제13조). 치안센터는 시·도경찰청장이 지역경찰관서장 소속하에 설치할 수 있으며, 경찰서장은 관할구역의 크기, 전담근무자 배치, 운영시간 등을 정한다.

정답 ③

## 03 「지역경찰의 조직 및 운영에 관한 규칙」에 대한 설명 중 가장 적절한 것은? 〈23 승진〉

① "지역경찰관서"란 「국가경찰과 자치경찰의 조직 및 운영에 관한 법률」 제30조 제3항 및 경찰청과 그 소속기관 직제 제43조에 규정된 지구대, 파출소 및 치안센터를 말한다.

② 상황근무를 지정받은 지역경찰은 문서의 접수 및 처리와 중요사건·사고 발생 시 보고·전파 업무를 수행한다.

③ 지역경찰은 근무 중 주요사항을 근무일지(을지)에 기재하여야 하고 근무일지는 5년간 보관한다.

④ 대기근무를 지정받은 지역경찰은 지정된 장소에서 휴식을 취하되, 무전기를 청취하며 10분 이내 출동이 가능한 상태를 유지하여야 한다.

해설 ① (×) 지구대와 파출소만 해당하고 치안센터는 해당하지 않는다.
② (×) '문서의 접수 및 처리'는 관리팀의 직무이다.
③ (×) 3년간 보관한다.
④ (○) 10분내 출동가능한 상태이다(5분 대기조 ×).

정답 ④

## 04 「지역경찰의 조직 및 운영에 관한 규칙」에 관한 설명으로 가장 적절한 것은? 〈23 채용2차〉

① 경찰청장은 인구, 면적, 행정구역, 교통 지리적 여건, 각종 사건사고 발생 등을 고려하여 경찰서의 관할구역을 나누어 지역경찰관서를 설치한다.

② 순찰팀은 범죄예방 순찰, 각종 사건사고에 대한 초동조치 등 현장 치안활동을 담당한다.

③ 지역경찰관서장은 지역경찰관서의 운영에 관하여 총괄 지휘·감독한다.

④ 「지역경찰의 조직 및 운영에 관한 규칙」 제23조는 "행정근무를 지정 받은 지역경찰은 지역경찰관서 및 치안센터 내에서 방문 민원 및 각종 신고사건의 접수 및 처리업무를 수행한다."라고 규정하고 있다.

해설 ① (×) 시·도경찰청장이 설치한다.
③ (×) 경찰서장은 '지역경찰관서의 운영에 관하여 총괄 지휘·감독'하고, 지역경찰관서장 '지역경찰관서의 시설·장비·예산 및 소속 지역경찰의 근무에 관한 제반사항을 지휘·감독'한다.
④ (×) 상황근무자의 근무이다.

정답 ②

## 05 「지역경찰의 조직 및 운영에 관한 규칙」에 관한 설명 중 옳은 것은 모두 몇 개인가? 〈22 채용1차〉

㉠ 시·도경찰청장은 인구, 면적, 행정구역, 교통·지리적 여건, 각종 사건사고 발생 등을 고려하여 경찰서의 관할구역을 나누어 지역경찰관서를 설치한다.
㉡ 관리팀원 및 순찰팀원에 대한 일일근무 지정 및 지휘·감독과 관내 중요 사건 발생 시 현장 지휘는 순찰팀장의 직무이다.
㉢ 직주일체형 치안센터에 배치된 근무자는 근무 종료 후(휴무일 포함)에도 관할구역 내에 위치하며 지역경찰관서와 연락체계를 유지하여야 한다.
㉣ 지역경찰관서장은 관내 치안상황의 분석 및 대책을 수립하고 소속 지역경찰의 근무와 관련된 제반사항에 대해 지휘 및 감독한다.
㉤ 상황근무를 지정받은 지역경찰은 지역경찰관서 및 치안센터 내에서 방문민원 및 각종 신고사건의 접수 및 처리를 수행한다.

① 5개　② 4개
③ 3개　④ 2개

해설 ㉢ (×) 휴무일은 제외한다. 치안센터에는 검문소형과 출장소형으로 구분되며, 출장소형 치안센터 중 직주일체형 치안센터는 근무자가 치안센터 내에서 거주하면서 근무하는 형태의 치안센터를 말한다. 직주일체형 치안센터에는 배우자와 함께 거주함을 원칙으로 하며, 배우자는 근무자 부재 시 방문 민원 접수·처리 등 보조 역할을 수행한다. 직주일체형 치안센터에 배치된 근무자는 근무 종료 후에도 관할구역 내에 위치하며 지역경찰관서와 연락체계를 유지하여야 하지만, 휴무일은 제외한다.

정답 ②

**06** **「지역경찰의 조직 및 운영에 관한 규칙」에 대한 설명으로 가장 적절하지 않은 것은?**

〈18 채용2차, 19 경간, 22 승진〉

① 지역경찰 동원은 근무자 동원을 원칙으로 하되, 불가피한 경우에 한하여 비번자, 휴무자 순으로 동원할 수 있다.
② 지역경찰관리자는 신고출동태세 유지 등을 위해 필요한 경우에는 휴게 및 식사시간도 기타 근무로 지정할 수 있다.
③ 순찰팀장은 관리팀원에게 행정근무를 지정하고 순찰팀원에게 상황 또는 순찰근무 지정하는 것을 원칙으로 하되 필요한 경우에는 다른 근무를 지정하거나 병행하여 수행하도록 지정할 수 있다.
④ 상황근무를 지정받은 지역경찰은 지역경찰관서 및 치안센터 내에서 요보호자 또는 피의자에 대한 보호 감시, 방문민원 및 각종 신고사건의 접수 및 처리 등의 업무를 수행한다.

해설> ② (×) 휴게 및 식사시간도 대기근무로 지정할 수 있다. 지역경찰은 식사를 하다가도 신고가 있으면 출동해야 하는 대기근무로 지정하는 것이 일반적이다.
④ (○) 상황근무자 **【신작중요】**

| ① 방문민원, **신고사건 접수 · 처리**<br>② **시설, 장비 작동 여부 확인**(행정 근무 ×)<br>③ **중요** 사건사고 보고 및 전파<br>④ **요보호자**, 피의자에 대한 보호 · 감시 |
|---|

정답 ②

**07** **지역경찰활동에 대한 설명으로 가장 적절한 것은?**

〈20 승진〉

① 「지역경찰의 조직 및 운영에 관한 규칙」상 관리팀원 및 순찰 팀원에 대한 일일근무 지정 및 지휘 감독은 지역경찰관서장의 업무이다.
② 지역사회 경찰활동(community policing)은 주민의 경찰업무에의 협조도로 경찰업무의 효율성을 평가한다.
③ 지역경찰의 조직 및 운영에 관한 규칙상 비상 및 작전사태 등 발생 시 차량, 선박 등의 통행 통제는 순찰근무에 해당한다.
④ 지역경찰관은 강제추행사건을 처리하는 경우 피해자에게 친고죄에 해당함을 설명하고, 피해자로부터 고소장을 제출받아 경찰서에 전달해야 한다.

해설> ① (×) 일일근무 지정은 순찰팀장의 업무이다.
③ (×) 경계근무에 해당한다.
④ (×) 강제추행 사건은 비친고죄이다.

정답 ②

## 08 「지역경찰의 조직 및 운영에 관한 규칙」에 대한 설명 중 옳지 않은 것은 모두 몇 개인가? 〈20 경간 변형〉

> 가. 행정근무를 지정받은 지역경찰은 각종 현황 · 통계 · 부책 관리 및 중요 사건 · 사고 발생 시 보고 · 전파 업무를 수행한다.
> 나. 순찰팀의 수는 지역 치안수요 및 인력여건 등을 고려하여 경찰서장이 결정한다.
> 다. 경찰 중요 시책의 홍보 및 협력치안 활동은 지역경찰관서장의 직무로, 관내 중요 사건발생 시 현장지휘는 순찰팀장의 직무로 명시되어 있다.
> 라. 경찰서장은 인구, 면적, 교통 · 지리적 여건 등을 고려하여 경찰서 관할구역을 나누어 지역경찰관서를 설치한다.
> 마. '지역경찰관서'라 함은 「국가경찰과 자치경찰의 조직 및 운영에 관한 법률」 제30조 및 「경찰청과 그 소속기관 직제」 제43조에 규정된 지구대, 파출소 및 치안센터를 말한다.

① 1개　② 2개
③ 3개　④ 4개

해설 가. (×) '중요 사건 · 사고 발생 시 보고 · 전파 업무'는 상황근무이다.
나. (×) 순찰팀의 수는 시 · 도청장이 정하고, 관리 및 순찰팀의 인원은 경찰서장이 정한다.
라. (×) 경찰서장이 아닌 시 · 도청장이다.
마. (×) "지역경찰관서"에 지구대와 파출소만 포함되고 치안센터는 포함되지 않는다.

**☞ 경찰관서장의 범위**

> 1. 경찰관직무집행법 : 경찰서장, 지구대장, 파출소장, 출장소장
> 2. 위해성경찰장비규정 : 경찰청장, 시 · 도청장, 경찰서장, 경무관 ~ 경감을 장으로 하는 국가경찰관서장
> 3. 지역경찰의 조직 및 운영에 관한 규칙의 지역경찰관서 : 지구대장, 파출소장

정답 ④

## 09 「지역경찰의 조직 및 운영에 관한 규칙」상 '순찰근무'에 대한 설명으로 가장 적절하지 않은 것은? 〈19 승진〉

① 각종 사건사고 발생 시 초동조치 및 보고, 전파
② 비상 및 작전사태 등 발생 시 차량, 선박 등의 통행 통제
③ 경찰사범의 단속 및 검거
④ 통행인 및 차량에 대한 검문검색 등

해설 ② (×) 경계근무이다.

**☞ 유사 업무 비교**

| 구분 | 내용 |
|---|---|
| 지역경찰 관서장 | 시설 · 장비 · **예산의 관리** |
| 행정근무 (관리팀) | 시설 · 장비의 관리, **예산의 집행** |
| 상황근무 | 시설 · 장비의 작동 여부 확인 |
| 순찰 근무 | 통행인 및 차량에 대한 **검문검색** |
| 경계 근무 | 범법자 등을 단속 · 검거하기 위한 통행인, 차량, 선박등에 대한 **검문검색** |
| 상황 근무 | 방문민원 및 각종 **신고사건의 접수 및 처리**<br>중요 사건 · 사고 발생 시 **보고 및 전파** |
| 순찰 근무 | 각종 사건 · 사고 발생 시 **초동조치 및 보고, 전파** |

정답 ②

**10** **「지역경찰 조직 및 운영에 관한 규칙」에 대한 다음 설명 중 가장 옳은 것은?** 〈17 경간〉

① "지역경찰관서"라 함은 「국가경찰과 자치경찰의 조직 및 운영에 관한 법률」 제30조 및 「경찰청과 그 소속기관 직제」 제43조에 규정된 지구대, 파출소 및 치안센터를 말한다.
② 경찰서장은 인구, 면적, 행정구역, 교통 · 지리적 여건, 각종 사건사고 발생 등을 고려하여 경찰서의 관할구역을 나누어 지역경찰관서를 설치한다.
③ 지역 치안수요 및 인력여건 등을 고려하여 지역경찰관서의 관리팀 및 순찰팀의 인원은 시 · 도경찰청장이 결정하고, 순찰팀의 수는 경찰서장이 결정한다.
④ 경찰 중요 시책의 홍보 및 협력치안 활동은 지역경찰관서장의 직무로, 관내 중요 사건 발생 시 현장 지휘는 순찰팀장의 직무로 명시되어 있다.

해설 ① (×) 치안센터는 지역경찰관서에 포함되지 않는다.
② (×) 지역경찰관서인 지구대와 파출소는 시 · 도경찰청장이 설치한다.
③ (×) 순찰팀의 수는 시 · 도청장이 정하고, 순찰팀의 인원은 경찰서장이 정한다.

정답 ④

**11** **「지역경찰의 조직 및 운영에 관한 규칙」에 관한 다음 설명 중 옳은 것은 모두 몇 개인가?** 〈18 경간〉

가. 시 · 도경찰청장 및 경찰서장은 지역경찰의 올바른 직무수행 및 자질 향상을 위해 필요한 교육을 실시하여야 하며 교육시간, 방법, 내용 등 지역경찰 교육과 관련된 세부적인 기준은 시 · 도경찰청장이 따로 정한다.
나. 순찰근무의 근무종류 및 근무구역은 시간대별 · 장소별 치안수요, 각종 사건사고 발생, 순찰 인원 및 가용장비, 관할 면적 및 교통 · 지리적 여건을 고려하여 지정하여야 한다.
다. 상황근무를 지정받은 지역경찰은 지역경찰관서 및 치안센터 내에서 시설 및 장비의 작동여부 확인, 방문민원 및 각종 신고사건의 접수 및 처리, 요보호자 또는 피의자에 대한 보호 · 감시, 중요 사건 · 사고 발생 시 보고 및 전파, 기타 필요한 문서의 작성의 업무를 수행한다.
라. 행정근무를 지정받은 지역경찰은 지역경찰관서 내에서 문서의 접수 및 처리, 시설 · 장비의 관리 및 예산의 집행, 각종 현황 · 통계 · 자료 · 부책 관리, 기타 행정업무 및 지역경찰관서장이 지시한 업무를 수행한다.
마. 시 · 도경찰청장은 소속 시 · 도경찰청의 지역경찰 정원 충원 현황을 연 2회 이상 점검하고 현원이 정원에 미달할 경우, 지역경찰 정원충원 대책을 수립 · 시행하여야 한다.

① 1개 ② 2개
③ 3개 ④ 4개

해설 가. (×) 시 · 도경찰청장 및 경찰서장은 필요한 교육을 실시하고, 교육시간, 방법, 내용 등 지역경찰 교육과 관련된 세부적인 기준은 **경찰청장**이 따로 정한다.

정답 ④

PART 05

## 제3절 경비업

**01 「경비업법」 제2조 정의에 관한 설명 중 가장 적절하지 않은 것은?** 〈22 채용1차〉

① '시설경비업무'란 경비를 필요로 하는 시설 및 장소(이하 "경비대상시설"이라 한다)에서의 도난·화재 그 밖의 혼잡 등으로 인한 위험발생을 방지하는 업무를 말한다.
② '호송경비업무'란 운반 중에 있는 현금·유가증권·귀금속·상품 그 밖의 물건에 대하여 도난·화재 등 위험발생을 방지하는 업무를 말한다.
③ '신변보호업무'란 사람의 생명·신체·재산에 대한 위해의 발생을 방지하고 그 신변을 보호하는 업무를 말한다.
④ '기계경비업무'란 경비대상시설에 설치한 기기에 의하여 감지·송신된 정보를 그 경비대상시설 외의 장소에 설치한 관제시설의 기기로 수신하여 도난·화재 등 위험발생을 방지하는 업무를 말한다.

해설> ③ (×) '재산'은 포함되지 않는다. 호송경비업무는 물건에 대한 것이고, 신변보호업무는 사람에 대한 것이다.

정답 ③

**02 「경비업법」상 경비업에 대한 설명 중 옳은 것을 모두 고른 것은?** 〈20 경간〉

가. 기계경비업무는 경비대상시설에 설치한 기기에 의하여 감지·송신된 정보를 그 경비대상시설 외의 장소에 설치한 관제시설의 기기로 수신하여 도난·화재 등 위험발생을 방지하는 업무이다.
나. 신변보호업무는 사람의 생명이나 신체에 대한 위해의 발생을 방지하고 그 신변을 보호하는 업무이다.
다. 특수경비업무는 공항(항공기를 제외한다) 등 대통령령이 정하는 국가중요시설의 경비 및 도난·화재 그 밖의 위험발생을 방지하는 업무이다.
라. 혼잡경비업무는 경비를 필요로 하는 시설 및 장소에서의 도난·화재 그 밖의 혼잡 등으로 인한 위험발생을 방지하는 업무이다.

① 가　　② 가, 나
③ 가, 나, 다　　④ 가, 나, 다, 라

해설> 다. (×) 항공기를 포함한다.
라. (×) 시설경비에 대한 설명이다. 혼잡경비 업무는 경비업법에 규정되어 있지 않다. 경비업법에 집단민원 현장 근무가 있다.

정답 ②

**03** **「경비업법」 제2조 제1호에서 정의하고 있는 "경비업"의 내용을 설명한 것이다. 아래 ㉠부터 ㉣까지의 설명 중 옳은 것을 모두 고른 것은?**

〈16 채용1차, 17 채용1차, 17 경감〉

> ㉠ 특수경비업무는 공항(항공기 포함) 등 대통령령이 정하는 국가중요시설의 경비 및 도난・화재 그 밖의 위험발생을 방지하는 업무이다.
> ㉡ 신변보호업무는 사람의 생명이나 신체에 대한 위해의 발생을 방지하고 그 신변을 보호하는 업무이다.
> ㉢ 혼잡경비업무는 경비를 필요로 하는 시설 및 장소(이하 "경비대상시설"이라 한다)에서의 도난・화재 그 밖의 혼잡 등으로 인한 위험발생을 방지하는 업무이다.
> ㉣ 기계경비업무는 경비대상시설에 설치한 기기에 의하여 감지・송신된 정보를 그 경비대상시설 장소에 설치한 관제시설의 기기로 수신하여 도난・화재 등 위험발생을 방지하는 업무이다.

① ㉠, ㉡　　② ㉠, ㉡, ㉢
③ ㉠, ㉡, ㉣　　④ ㉠, ㉡, ㉢, ㉣

해설> ㉢ (×) 시설경비에 대한 설명이다.
㉣ (×) 그 경비대상시설 외(내×)의 장소에 설치한 관제시설의 기기로 수신한다.

정답 ①

**04** **「경비업법」에 대한 설명 중 가장 옳지 않은 것은?**

〈19 경간〉

① 경비업을 영위하고자 하는 법인은 도급받아 행하고자 하는 경비업무를 특정하여 그 법인의 주사무소의 소재지를 관할하는 경찰서장의 허가를 받아야 한다. 도급받아 행하고자 하는 경비업무를 변경하는 경우에도 또한 같다.
② 경비업은 법인이 아니면 이를 영위할 수 없다.
③ 경비업 허가의 유효기간은 허가받은 날부터 5년으로 한다.
④ 경비업자는 집단민원현장에 경비원을 배치하는 때에는 경비지도사를 선임하고 그 장소에 배치하여 행정안전부령으로 정하는 바에 따라 경비원을 지도・감독하게 하여야 한다.

해설> ① (×) 시・도청장이 허가한다.
③ (○) **【경비옷(5)】**
④ (○) 집단민원현장에는 반드시 경비지도사를 선입해야 하며, 대통령령이 아닌 행정안전부령에 따라 경비원을 지도・감독한다.

정답 ①

**05** **다음 중 경비업의 허가를 받은 법인이 관할 시 · 도 경찰청장에게 신고해야 할 사항이 아닌 것은?**

〈18 경간〉

① 영업을 폐업하거나 휴업한 때
② 법인의 주사무소나 출장소를 신설 · 이전 또는 폐지한 때
③ 도급받아 행하고자 하는 경비업무를 변경하는 경우
④ 특수경비업무를 개시하거나 종료한 때

해설 ③ (×) 허가사항이다.

**☞ 허가 및 신고사항**

| | |
|---|---|
| 허가 | ① **법인만 신청** 가능하며 **시 · 도청장**이 허가<br>② **신규 또는 도급받아 행하고자 하는 경비업무 변경**<br>③ 허가받은 날부터 **5년간** 유효 |
| 신고 | ① 시 · 도청장에 신고<br>② 영업 폐업/휴업<br>③ 법인 명칭 · 대표자 · 임원 변경시<br>④ 법인 주사무소/**출장소 신설** · 이전 · 폐지<br>⑤ 기계경비업무를 위한 **관제시설의 신설** · 이전 · 폐지<br>⑥ **특수경비업무 개시/종료**<br>⑦ 그밖에 대통령령으로 정하는 중요사항 변경 시 |

정답 ③

## 제4절 생활질서 업무

### 풍속영업 및 성매매 단속

**01** **「풍속영업의 규제에 관한 법률」에서 규정하는 풍속영업의 범위에 해당하지 않는 것은?** 〈17 경간〉

① 「게임산업진흥에 관한 법률」에 따른 복합유통게임제공업
② 「영화 및 비디오물의 진흥에 관한 법률」에 따른 비디오물감상실업
③ 「공중위생관리법」에 따른 미용업
④ 「체육시설의 설치 · 이용에 관한 법률」에 따른 무도장업

해설

**☞ 풍속영업의 범위 【음주가무 (즐기는) 숙이 목 비게(계)유】**

① 식품위생법 : 단란**주**점, 유흥**주**점(酒)
② 음악산업진흥법 : 노래연습장(歌)
③ 체육시설 설치 · 이용에 관한 법률 : **무**도학원업, 무도장업
④ 공중위생법 : **숙**박업, **목**욕장업, **이**용업(미용×) 중 대통령령으로 정하는 것
⑤ 영화 및 비디오물 진흥법 : **비**디오물감상실업
⑥ 게임산업진흥법 : **게**임제공업 및 복합유통게임제공업
⑦ 그 밖에 선량한 풍속을 해치거나 청소년의 건전한 성장을 저해할 우려가 있는 영업으로 대통령령으로 정하는 것(대통령령에서는 여성가족부장관이 고시하는 청소년의 출입과 고용이 금지되는 '**청소년 유해업소**'를 의미함)

✔ 풍속영업 아닌 것 : **티켓다방**, 「사행행위등규제및처벌특례법」상 **사행행위영업**

정답 ③

## 02 풍속사범에 대한 단속과 관련한 설명 중 옳은 것은 모두 몇 개인가? (판례에 의함) 〈20 경간〉

가. 풍속업소인 숙박업소에서 음란한 외국의 위성방송프로그램을 수신하여 투숙객 등으로 하여금 시청하게 하는 행위는 구 「풍속영업의 규제에 관한 법률」에서 규정된 '음란한 물건'을 관람하게 하는 행위에 해당하지 않는다.

나. 유흥주점영업허가를 받았다고 하더라도 실제로는 노래연습장영업을 하고 있다면 유흥주점영업에 따른 영업자 준수사항을 지켜야 할 의무가 있다고 할 수 없다.

다. 일반음식점 허가를 받은 사람이 주로 주류를 조리·판매하는 형태의 주점영업을 하였다면, 손님이 노래를 부를 수 있는 여건이 갖추어지지 않았다고 하더라도 구 「식품위생법」상 단란주점영업에 해당한다.

라. 18세 미만의 청소년에게 술을 판매함에 있어서 가사 그의 민법상 법정대리인의 동의를 받았다고 하더라도 그러한 사정만으로 위 행위가 정당화 될 수는 없다.

마. 청소년이 이른바 '티켓걸'로서 노래연습장 또는 유흥주점에서 손님들의 흥을 돋우어 주고 시간당 보수를 받은 경우라고 하더라도 업소주인이 청소년을 시간제 접대부로 고용한 것으로 보기는 어려우므로 업소주인을 청소년보호법위반죄로 처벌할 수 없다.

바. 모텔에 동영상 파일 재생장치인 디빅 플레이어를 설치하고 투숙객에게 그 비밀번호를 가르쳐 주어 저장된 음란동영상을 관람하게 한 경우, 이는 「풍속영업의 규제에 관한 법률」에서 금지하고 있는 음란한 비디오물을 풍속영업소에서 관람하게 한 행위에 해당한다.

① 1개 ② 2개
③ 3개 ④ 4개

해설 가. (×) 대판 2008도11679
나. (○) 대판 97도1873
다. (×) 단란주점 영업에 해당하지 않는다(대판 2008도2160).
라. (○) 대판 99도2151
마. (×) 다방 종업원인 '티켓걸'을 불러서 손님을 접대하게 하거나 손님이 직접 티켓걸을 불러서 티켓비를 지급한 사정을 업소 주인이 알고 있었다면 유흥종사자를 둔 경우에 해당한다(대판 2005도3801).
바. (○) 대판 2008도3975

**풍속사범 관련 기타 판례**

① 여종업원이 상의를 벗고 브래지어만 착용하고 접대하는 것은 음란행위 아님.
② 나이트클럽 무용수가 겉옷을 모두 벗고 성행위와 유사한 동작을 연출하거나 모조 성기를 수차례 노출한 경우는 음란행위에 해당
③ 유흥접객원은 유흥을 돋우어 주고 보수를 받는 부녀자로서, 일시적으로 손님과 합석한 일반 여종업원이나 바텐더는 해당하지 않는다.
④ 단순히 놀러오거나 손님으로 왔다가 합석하여 술을 마신 부녀자는 유흥접객원이 아니다.

정답 ③

## 03 「성매매알선 등 행위의 처벌에 관한 법률」에 대한 설명으로 적절한 것은 모두 몇 개인가? 〈21 채용2차〉

㉠ "성매매"란 불특정인을 상대로 금품이나 그 밖의 재산상의 이익을 수수하거나 수수하기로 약속하고 유사성교행위를 제외한 성교행위를 하거나 그 상대방이 되는 것을 말한다.
㉡ "성매매알선 등 행위"에는 성매매를 알선, 권유, 유인 또는 강요하는 행위와 성매매의 장소를 제공하는 행위를 포함한다.
㉢ "성매매피해자"란 위계, 위력에 의하여 성매매를 강요당한 사람, 성매매 목적의 인신매매를 당한 사람 등을 말한다. 다만, 고용관계로 인하여 보호 또는 감독하는 사람에 의하여 마약등에 중독되어 성매매를 한 사람은 성매매피해자에 포함되지 않는다.
㉣ 검사 또는 사법경찰관은 수사과정에서 피의자 또는 참고인이 성매매피해자에 해당한다고 볼만한 상당한 이유가 있을 때에는 지체없이 법정대리인, 친족 또는 변호인에게 통지하고, 신변보호, 수사의 비공개, 친족 또는 지원시설・성매매피해상담소에의 인계 등 그 보호에 필요한 조치를 하여야 한다. 다만, 피의자 또는 참고인의 사생활 보호 등 부득이한 사유가 있는 경우에는 통지하지 아니할 수 있다.
㉤ 성매매피해자의 성매매는 형을 감경하거나 면제할 수 있다.

① 1개 ② 2개
③ 3개 ④ 4개

해설> ㉠ (×) 성교 또는 유사성교행위이다. 참고로 「아동・청소년 성보호에 관한 법률」에 의한 아동・청소년에 대한 성매매 유형은 **성**교・유사성교, **접**촉・노출로 일반인의 성적 **수**치심이나 혐오감 발생한 행위, **자**위행위하거나 하게 한 행위이다. **【성접수자】**
㉡ (○) "성매매알선 등 행위": 성매매 **알**선・**강**요・**권**유・**유**인, 성매매 **장**소 제공, 성매매에 제공되는 사실을 **알면서 자**금・**토**지・**건**물 제공 **【알강권유, 장자토건】**
㉢ (×) 보호 또는 감독하는 사람에 의하여 마약 등에 중독되어 성매매를 한 사람은 성매매피해자도 포함된다.
㉣ (○) 「성매매알선등 행위의 처벌에 관한 법률」 제6조 제2항
㉤ (×) 피해자는 처벌하지 아니한다.

정답 ②

## 04 「성매매알선 등 행위의 처벌에 관한 법률」에 대한 설명으로 적절하지 않은 것을 모두 고른 것은? 〈21 법학〉

㉠ 경찰은 신고자등을 조사할 때에는 직권으로 또는 본인・법정대리인의 신청에 의하여 신뢰관계에 있는 사람을 동석하게 할 수 있다.
㉡ 성매매피해자의 성매매는 처벌하지 아니한다.
㉢ 법원은 신고자등의 사생활이나 신변을 보호하기 위하여 심리를 비공개하여야 한다.
㉣ 판사는 보호처분으로 성매매가 이루어질 우려가 있다고 인정되는 장소나 지역에의 출입금지 처분을 할 수 있다. 이에 따른 보호처분 기간은 6개월을 초과할 수 없다.
㉤ 영업으로 성매매알선 등 행위를 한 사람에 대한 벌칙은 3년 이하의 징역 또는 3천만원 이하의 벌금에 처한다.

① ㉠, ㉡ ② ㉡, ㉢
③ ㉢, ㉤ ④ ㉣, ㉤

해설> ㉢ (×) 심리를 비공개할 수 있다.
㉤ (×) 영**업**으로 성매매알선 등 행위를 한 사람은 **7년 이하**의 징역 또는 7천만원 이하의 벌금에 처한다. **【7up(업)】**
※ 아동・청소년의 성을 사는 행위의 장소 제공, 알선을 **업**으로 하는 자는 **7년 이상** 징역 **【7up(업)】**

정답 ③

## ② 총포 · 도검 · 화약류 단속

**01 「총포 · 도검 · 화약류 등의 안전관리에 관한 법률」에 대한 내용으로 가장 적절하지 않은 것은?**

〈18 채용1차〉

① "총포"란 권총, 소총, 기관총, 포, 엽총, 금속성 탄알이나 가스 등을 쏠 수 있는 장약총포, 공기총(가스를 이용하는 것을 포함한다) 및 총포신 · 기관부 등 그 부품으로서 대통령령으로 정하는 것을 말한다.
② 자격정지 이상의 형을 선고받고 그 집행이 끝나거나 집행을 받지 아니하기로 확정된 후 3년이 지나지 아니한 자는 총포 · 도검 · 화약류 · 분사기 · 전자충격기 · 석궁 제조업의 허가를 받을 수 없다.
③ 누구든지 유실 · 매몰 또는 정당하게 관리되고 있지 아니하는 총포 · 도검 · 화약류 · 분사기 · 전자충격기 · 석궁이라고 인정되는 물건을 발견하거나 습득하였을 때에는 24시간 이내에 가까운 경찰관서에 신고하여야 한다.
④ 화약류를 운반하려는 사람은 행정안전부령으로 정하는 바에 따라 발송지를 관할하는 경찰서장에게 신고하여야 한다. 다만, 대통령령으로 정하는 수량 이하의 화약류를 운반하는 경우에는 그러하지 아니하다.

해설 > ② (×) 금고 이상 **실**형을 선고받고 그 집행이 끝나거나 집행을 받지 아니하기로 확정된 후 3년 미경과자는 제조업 허가를 받을 수 없다. **【제조가 실세】**
③ (○) **총포** 등 습득 시 **24시간 내** 신고 의무(위반 시 2년↓징역 또는 500만원↓벌금) **【총포(four)−24】**
④ (○) 화약류 신고 또는 허가

| 사용 | 화약류 사용(발파 · 연소)은 **행안부령에 따라 사용 장소** 관할 경찰서장의 **허가** |
|---|---|
| 운반 | **행안부령에 따라** 출발 1시간 전까지 **발송지** 관할 경찰서장에 **신고(대통령령으로 정하는 수량 이하는 제외)** |

정답 ②

## ③ 경범죄 단속

**01 경범죄 처벌법상 다음( )안에 들어갈 숫자로 알맞은 것은?**

〈23 채용1차〉

㉠ 출판물의 부당게재 등 – 올바르지 아니한 이익을 얻을 목적으로 다른 사람 또는 단체의 사업이나 사사로운 일에 관하여 신문, 잡지. 그 밖의 출판물에 어떤 사항을 싣거나 싣지 아니할 것을 약속하고 돈이나 물건을 받은 사람은 (가) 만원 이하의 벌금, 구류 또는 과료의 형으로 처벌한다.
㉡ 거짓 광고 – 여러 사람에게 물품을 팔거나 나누어 주거나 일을 해주면서 다른 사람을 속이거나 잘못 알게 할 만한 사실을 들어 광고한 사람은 (나) 만원 이하의 벌금, 구류 또는 과료의 형으로 처벌한다.
㉢ 업무방해 – 못된 장난 등으로 다른 사람, 단체 또는 공무수행 중인 자의 업무를 방해한 사람은 (다) 만원 이하의 벌금, 구류 또는 과료의 형으로 처벌한다.
㉣ 암표매매 – 흥행장, 경기장, 역, 나루터, 정류장, 그 밖에 정하여진 요금을 받고 입장시키거나 승차 또는 승선시키는 곳에서 웃돈을 받고 입장권 · 승차권 또는 승선권을 다른 사람에게 되판 사람은 (라) 만원 이하의 벌금, 구류 또는 과료의 형으로 처벌한다.

| | ㉠ | ㉡ | ㉢ | ㉣ |
|---|---|---|---|---|
| ① | 10 | 20 | 60 | 20 |
| ② | 20 | 20 | 20 | 20 |
| ③ | 20 | 10 | 60 | 20 |
| ④ | 20 | 60 | 20 | 10 |

해설 > ② (○) 20만원 이하의 벌금 · 구류 · 과료에 처할 수 있는 것은 업무**방**해, 거짓**광**고, 암**표**매매, **출**판물 부당게재이다.**【방광표출】**

정답 ②

**02** 「경범죄 처벌법」에 관한 설명 중 가장 적절하지 않은 것은? 〈23 승진〉

① 경범죄를 짓도록 시키거나 도와준 사람은 죄를 지은 사람에 준하여 처벌한다.
② 범칙행위를 상습적으로 하는 사람은 범칙자에 해당하지 아니한다.
③ 음주소란, 지속적 괴롭힘, 거짓 인적사항을 사용한 사람은 10만원 이하의 벌금, 구류 또는 과료의 형으로 처벌한다.
④ 술에 취한 채로 관공서에서 몹시 거친 말과 행동으로 주정하거나 시끄럽게 한 사람은 100만원 이하의 벌금, 구류 또는 과료의 형으로 처벌한다.

해설 ④ (×) 60만원 이하의 벌금이다.

정답 ④

**03** 「경범죄 처벌법」에 대한 설명이다. 아래 가.부터 라.까지 설명 중 옳고 그름의 표시(○, ×)가 바르게 된 것은? 〈22 경간〉

가. 여러 사람에게 물품을 팔거나 나누어 주거나 일을 해 주면서 다른 사람을 속이거나 잘못 알게 할 만한 사실을 들어 광고한 사람은 20만원 이하의 벌금, 구류 또는 과료의 형으로 처벌한다.
나. 「경범죄 처벌법」 제8조 제1항에 따른 납부기간에 범칙금을 납부하지 아니한 사람은 납부 기간의 마지막 날의 다음 날부터 30일 이내에 통고받은 범칙금에 그 금액의 100분의 30을 더한 금액을 납부하여야 한다.
다. 해양경찰서장을 제외한 경찰서장, 제주특별자치도지사 또는 철도특별사법경찰대장은 범칙자로 인정되는 사람에 대하여 그 이유를 명백히 나타낸 서면으로 범칙금을 부과하고 이를 납부할 것을 통고할 수 있다.
라. 범칙금 납부 기한 내 범칙금을 납부하지 않아 즉결심판이 청구된 피고인이 통고받은 범칙금에 그 금액의 100분의 50을 더한 금액을 납부하고 그 증명서류를 즉결심판 선고 전까지 제출하였을 때에는 경찰청장, 해양경찰청장, 제주특별자치도지사는 그 피고인에 대한 즉결심판 청구를 취소할 수 있다.

① 가(×) 나(×) 다(×) 라(×)
② 가(○) 나(×) 다(○) 라(×)
③ 가(○) 나(×) 다(×) 라(○)
④ 가(○) 나(×) 다(×) 라(×)

해설 나. (×) 범칙금을 납부하지 아니한 사람은 납부기간의 마지막 날의 다음 날부터 20일 이내에 통고받은 범칙금에 그 금액의 100분의 20을 더한 금액을 납부하여야 한다.
다. (×) 제7조(통고처분) ① 경찰서장, **해양경찰서장**, 제주특별자치도지사 또는 철도특별사법경찰대장은 범칙자로 인정되는 사람에 대하여 그 이유를 명백히 나타낸 서면으로 범칙금을 부과하고 이를 납부할 것을 통고할 수 있다.
라. (×) 즉결심판이 청구된 피고인이 통고받은 범칙금에 그 금액의 100분의 50을 더한 금액을 납부하고 그 증명서류를 즉결심판 선고 전까지 제출하였을 때에는 **경찰서장,** 해양경찰서장 및 제주특별자치도지사는 그 피고인에 대한 즉결심판 청구를 **취소하여야 한다**(제9조②).

정답 ④

**04** 「경범죄 처벌법」에 대한 설명으로 가장 적절하지 않은 것은? (다툼이 있는 경우 판례에 의함) 〈22 승진〉

① 범칙행위를 한 사람이라도 18세 미만인 경우에는 범칙자에 해당하지 않는다.
② 주거지에서 음악 소리를 크게 내거나 큰 소리로 떠들어 이웃을 시끄럽게 하는 행위는 「경범죄 처벌법」상 인근소란 등에 해당한다.
③ '관공서에서의 주취소란'과 '거짓신고'의 법정형으로 볼 때, 두 경범죄의 경우에는 형사소송법 제214조(경미사건과 현행범인의 체포)에 해당되지 않아 범인의 주거가 분명하더라도 현행범인 체포가 가능하다.
④ '폭행 등 예비'와 '거짓 광고'는 10만원 이하의 벌금, 구류 또는 과료의 형으로 처벌한다.

해설 ④ (×) 거짓 광고는 20만원 이하이다.

| ① 10만원 이하 벌금, 구류, 과료 : 대부분<br>② 20만원 이하 벌금, 구류, 과료 : 4개 **【방광표출】**<br>1. 업무**방**해, 2. 거짓**광**고, 3. 암**표**매매, 4. **출**판물 부당게재<br>③ 60만원 이하 벌금, 구류, 과료 : 2개 **【주신(酒神) 체포】**<br>1. 관공서 **주**취소란(단순 음주소란은 10만원 이하)<br>2. 거짓 **신**고(장난전화 ×)<br>※ 주거가 분명하더라도 현행범 체포 가능하다. |
|---|

정답 ④

**05** 「경범죄 처벌법」에 대한 설명으로 적절하지 않은 것은 모두 몇 개인가? 〈22 경간〉

| 가. 「경범죄 처벌법」 위반의 죄를 짓도록 시키거나 도와준 사람은 죄를 지은 사람에 준하여 벌한다.<br>나. 경찰청장, 해양경찰청장, 제주특별자치도지사 또는 철도특별사법경찰대장은 범칙자로 인정되는 사람에 대하여 그 이유를 명백히 나타낸 서면으로 범칙금을 부과하고 이를 납부할 것을 통고할 수 있다.<br>다. 통고처분서를 받은 사람은 통고처분서를 받은 날부터 10일 이내에 경찰청장·해양경찰청장 또는 철도특별사법경찰대장이 지정한 은행, 그 지점이나 대리점, 우체국 또는 제주특별자치도지사가 지정하는 금융기관이나 그 지점에 범칙금을 납부하여야 한다. 다만, 천재지변이나 그 밖의 부득이한 사유로 말미암아 그 기간 내에 범칙금을 납부할 수 없을 때에는 그 부득이한 사유가 없어지게 된 날부터 5일 이내에 납부하여야 한다.<br>라. 범칙행위를 상습적으로 하는 사람은 경범죄 처벌의 특례를 규정한 장에서 범칙자에 해당하지 않는다.<br>마. 술에 취한 채로 관공서에서 몹시 거친 말과 행동으로 주정하거나 시끄럽게 한 사람은 20만원 이하의 벌금, 구류 또는 과료의 형으로 처벌한다. |
|---|

① 없음 ② 1개
③ 2개 ④ 3개

해설 가. (○) 교사범이나 방조범은 정범과 동일하게 처벌된다.
나. (×) 경찰청장 또는 해양경찰청장이 아닌 경찰서장 또는 해양경찰서장
다. (○) 천재지변 등 사후(after 4) 5일 이내
라. (○) **상**습범, **피**해자가 있는 경우, **18**세 미만자, **구**류 처분함이 상당한 자는 통고처분할 수 있는 범칙자의 대상에서 제외된다. **【쌍피팔구 주부난】**
마. (×) 관공서 주취소란은 60만원 이하의 벌금이다.

정답 ③

## 06 「경범죄 처벌법」에 대한 설명으로 가장 적절하지 않은 것은? 〈20 채용2차〉

① 범칙행위란 「경범죄 처벌법」 제3조 제1항 각 호부터 제3항 각 호까지의 어느 하나에 해당하는 위반행위이다.
② 「경범죄 처벌법」 제3조의 죄를 짓도록 시키거나 도와준 사람은 죄를 지은 사람에 준하여 처벌한다.
③ "범칙자"란 범칙행위를 한 사람으로서 '피해자가 있는 행위를 한 사람', '죄를 지은 동기나 수단 및 결과를 헤아려볼 때 구류처분을 하는 것이 적절하다고 인정되는 사람', '범칙행위를 상습적으로 하는 사람', '18세 미만인 사람'의 어느 하나에도 해당하지 않는 사람을 말한다.
④ 술에 취한 채로 관공서에서 몹시 거친 말과 행동으로 주정하거나 시끄럽게 한 사람에 대해서 60만원 이하의 벌금, 구류 또는 과료의 형으로 처벌한다.

해설> ① (×) 범칙행위는 20만원 이하의 벌금·구류·과료에만 해당한다. 제1항은 10만원 이하의 벌금, 제2항은 20만원 이하의 벌금, 제3항은 60만원 이하의 벌금에 해당하는 행위가 규정되어 있다.

> 제6조(정의) ① 이 장에서 "범칙행위"란 제3조제1항 각 호 및 제2항 각 호의 어느 하나에 해당하는 위반행위를 말하며, 말하며, 그 구체적인 범위는 대통령령으로 정한다.

③ (○) 통고처분 할 수 없는 경우

| 구분 | 경범죄처벌법<br>【쌍피팔구 주부난】 | 도로교통법<br>【사면 주부도】 |
|---|---|---|
| 범칙자 제외 | • **상습**범<br>• **피**해자가 있는 경우<br>• **18**세 미만자<br>• **구**류 처분함이 상당한 자 | • 범칙행위로 교통**사**고 발생자<br>• **면**허증(증명서) 미제시 등 |
| 통고 처분 제외 | • **주**거·신원 부정<br>• 통고처분서 수령 거**부**자<br>• 기타 통고처분 곤**란**자 | • **주**소·성명 부정<br>• 통고처분서 수령 거**부**자<br>• **도**주 우려 있는 자 |

정답 ①

## 07 「경범죄 처벌법」에 대한 설명 중 가장 적절하지 않은 것은? 〈21 채용1차〉

① 장난전화, 광고물 무단부착, 행렬방해, 흉기의 은닉휴대는 10만원 이하의 벌금, 구류 또는 과료의 형으로 처벌한다.
② 「경범죄 처벌법」 제7조 제1항에 따라 범칙자로 인정되는 사람일지라도 통고처분서 받기를 거부한 사람, 주거 또는 신원이 확실하지 아니한 사람, 그 밖에 통고처분을 하기가 매우 어려운 사람에 대하여는 통고처분하지 않는다.
③ 경범죄를 짓도록 시키거나 도와준 사람은 죄를 지은 사람에 준하여 벌하며, 경범죄의 미수범도 처벌한다.
④ 「경범죄 처벌법」 제8조 제1항에 따른 납부기간에 범칙금을 납부하지 아니한 사람은 납부기간의 마지막 날의 다음 날부터 20일 이내에 통고받은 범칙금에 그 금액의 100분의 20을 더한 금액을 납부하여야 한다.

해설> ③ (×) 교사범, 방조범은 정범과 동일하게 처벌하며, 미수범 처벌은 없다.
④ (○) 범칙금 납부 절차

> ① 1차 납부기간: 10일
> **【1차 10일】【2차 20일 20% 추가, 2-2-2】**
> ② 2차 납부기간: 1차 만료 후 20일내 20% 가산
> ③ **50%** 가산금을 즉심 청구 전에 납부 시, 즉심청구를 하지 않고, 즉심 청구 후 선고 전에 납부 시에는 즉심 청구 취소
> **【즉심전에만 오십(50)시오】**
> ④ 천재지변 **사후 5일**내 납부 **【4후는 5】**
> ⑤ **신용카드 납부 가능, 분할 납부는 불가**
> ⑥ 범칙금 납부자는 그 행위에 대하여 다시 벌 받지 아니한다.

정답 ③

## 08 「경범죄처벌법」에 대한 설명으로 가장 적절하지 않은 것은?

〈18 법학〉

① 거짓광고, 업무방해, 암표매매의 경우 20만원 이하의 벌금, 구류 또는 과료의 형으로 처벌한다.
② 범칙금을 납부한 사람은 그 범칙행위에 대하여 다시 처벌받지 아니한다.
③ 「경범죄처벌법」상의 범칙금 통고처분서를 받은 사람은 천재지변이나 그 밖의 부득이한 사유가 없는 한 통고처분서를 받은 날부터 10일 이내에 범칙금을 납부하여야 한다.
④ 있지 아니한 범죄나 재해 사실을 공무원에게 거짓으로 신고한 사람의 주거가 분명한 경우에는 현행범으로 체포할 수 없으므로 즉결심판 청구나 통고처분을 하여야 한다.

해설 ④ (×) 거짓신고는 60만원 이하 벌·구·과에 해당하므로, 주거가 분명한 경우에도 현행범으로 체포할 수 있다.

정답 ④

## 09 「경범죄처벌법」에 대한 설명으로 가장 적절하지 않은 것은?

〈20 법학〉

① 이 법 제3조의 거짓신고를 한 자는 주거가 분명한 경우에도 현행범 체포가 가능하다.
② 이 법 제3조의 행렬방해에 해당하는 자는 20만원 이하의 벌금, 구류 또는 과료의 형으로 처벌한다.
③ 범칙금을 납부한 사람은 그 범칙행위에 대하여 다시 처벌받지 아니한다.
④ 범칙금 통고처분서를 받은 사람이 천재지변이나 그 밖의 부득이한 사유로 말미암아 기간 내에 범칙금을 납부할 수 없을 때에는 그 부득이한 사유가 없어지게 된 날부터 5일 이내에 납부하여야 한다.

해설 ② (×) 행렬방해(공공장소에서 승차·승선, 입장·매표 등을 위한 행렬에 끼어들거나 떠밀거나 하여 그 행렬의 질서를 어지럽힌 사람)는 10만원 이하의 벌·구·과에 해당하고, 업무방해(못된 장난 등으로 다른 사람, 단체 또는 공무수행 중인 자의 업무를 방해한 사람)는 20만원 이하의 벌·구·과에 해당한다.

정답 ②

## 10 「경범죄처벌법」에 대한 다음 설명 중 가장 옳지 않은 것은?

〈16 경간〉

① 술에 취한 채로 관공서에서 몹시 거친 말과 행동으로 주정하거나 시끄럽게 한 사람에 대해서는 주거가 분명한 경우에도 현행범 체포가 가능하다.
② 거짓신고는 재해 사실에 대하여 공무원에게 거짓으로 신고한 경우에도 성립한다.
③ 여러 사람에게 물품을 팔거나 나누어 주거나 일을 해주면서 다른 사람을 속이거나 잘못 알게 할 만한 사실을 들어 광고한 사람은 60만원 이하의 벌금, 구류 또는 과료의 형으로 처벌한다.
④ 상대방의 명시적 의사에 반하여 지속적으로 접근을 시도하여 면회 또는 교제를 요구하거나 지켜보기, 따라다니기, 잠복하여 기다리기 등의 행위를 반복하여 하는 사람은 10만원 이하의 벌금, 구류 또는 과료의 형으로 처벌한다.

해설 ③ (×) 거짓 광고(여러 사람에게 물품을 팔거나 나누어 주거나 일을 해주면서 다른 사람을 속이거나 잘못 알게 할 만한 사실을 들어 광고한 사람)는 20만원 이하의 벌·구·과에 해당한다.
④ (○) 경범죄처벌법상 스토킹에 해당하는 '지속적 괴롭힘'은 10만원 이하의 벌·구·과에 불과하다. 스토킹 범죄는 「스토킹범죄의 처벌 등에 관한 법률」의 제정으로 처벌이 강화되었다.

정답 ③

PART 05

## 11 「경범죄 처벌법」에 대한 설명 중 가장 적절한 것은?

〈18 경간, 18 채용3차, 19 법학〉

① 경범죄를 범한 사람을 벌할 때에는 그 사정과 형편을 헤아려서 그 형을 감경 또는 면제하거나 구류와 과료를 함께 과(科)할 수 있다.

② '범칙자'란 범칙행위를 한 사람으로서, 범칙행위를 상습적으로 하는 사람, 죄를 지은 동기나 수단 및 결과를 헤아려볼 때 구류처분을 하는 것이 적절하다고 인정되는 사람, 피해자가 있는 행위를 한 사람, 18세 미만인 사람 중 어느 하나에 해당하지 않는 사람을 말한다.

③ 범칙금 납부 기한 내 범칙금을 납부하지 않아 즉결심판이 청구된 피고인이 통고받은 범칙금에 그 금액의 100분의 50을 더한 금액을 납부하고 그 증명서류를 즉결심판 선고 전까지 제출하였을 때에는 경찰서장, 해양경찰서장 및 제주특별자치도지사는 그 피고인에 대한 즉결심판 청구를 취소할 수 있다.

④ 「경범죄처벌법」상의 교사·방조는 형법총칙상의 교사·방조에 관한 규정과 동일하게 교사범은 정범과 동일한 형으로 처벌하고, 경범죄의 방조범은 정범의 형보다 감경하여 처벌한다.

해설> ① (×) 범칙행위(경범, 교통위반)는 형을 **면제**하거나 구류와 과료를 함께 부과한다. (감면×, 감경×, 가중×)

※ 과태료는 감면 가능(범칙행위는 금액이 적고 과태료는 금액이 큰 것도 많다)

② (○) 범칙자 제외자 : **상습**범, **피**해자가 있는 경우, **18**세 미만자, **구**류 처분함이 상당한 자 **【쌍피팔구】**

③ (×) 돈을 납부하였으므로 반드시 즉결심판을 취소하여야 한다.

④ (×) 교사범, 방조범은 정범과 동일하게 처벌하며, 미수범 처벌은 없다.

정답 ②

## 4 유실물 처리

## 01 유실물 처리와 관련된 다음 설명 중 틀린 것은 모두 몇 개인가?

〈16 경간〉

> ㉠ 습득물 공고 후 1년 이내에 소유자가 권리를 주장하지 않으면 습득자가 소유권을 취득한다.
> ㉡ 국가 또는 지방자치단체와 그 밖에 대통령령으로 정하는 공공기관도 보상금을 청구할 수 있다.
> ㉢ 물건의 반환을 받는 자는 물건 가액의 5/100 내지 30/100의 범위 내에서 보상금을 습득자에게 지급하여야 한다.
> ㉣ 습득물, 유실물, 준유실물, 유기동물은 「유실물법」의 규정에 따라 처리된다.

① 1개 ② 2개
③ 3개 ④ 4개

해설> ㉠ (×) 유실물 공고 **6**개월 후 소유자 없으면 습득자가 **소유권** 취득 ⇨ 습득자가 소유권 취득 후 **3**개월내 그 물건을 찾아가지 아니하면 **소유권 상실** ⇨ 국고귀속 **【소-육권-삼실】**

㉡ (×) 보상금을 청구할 수 없다.

㉢ (×) 보상금은 **5%~20%** **【보상금 섭취(습7) 오이시(5~20)】** ※ 오이시는 일본어로 맛있다는 뜻

㉣ (×) 유기동물은 유실물법이 아닌 동물보호법이 적용된다. 다만, 일실(逸失)한 가축(잃어버린 가축)은 준유실물로서 유실물법이 적용된다.

정답 ④

**02** **유실물처리에 관한 다음 설명 중 가장 옳지 않은 것은?** 〈18 경간〉

① 유실물이란 점유자의 의사에 의하지 않거나 타인에게 절취된 것이 아니면서 우연히 그 지배에서 벗어난 동산을 말하며, 점유자의 의사에 의하여 버린 물건이나 도품은 유실물에 해당하지 않는다.
② 범죄자가 놓고 간 것으로 인정되는 물건을 습득한 자는 신속히 그 물건을 경찰서에 제출하여야 한다.
③ 유실물을 습득한 자가 보상금을 받을 권리 및 습득물의 소유권을 취득할 권리를 얻기 위해서는 습득일로부터 7일 이내에 경찰서(지구대 · 파출소 등 소속 경찰관서를 포함한다)에 신고하여야 한다.
④ 유실물을 습득한 자가 유실물의 소유권을 취득할 권리를 보유한 때부터 2개월 이내에 유실물을 수취하지 아니할 때에는 그 소유권을 상실한다.

해설 ③ (○) 유실물을 습득한 자는 **습**득일로부터 **7**일내 반환하거나 경찰관서에 신고해야 한다. 미반환 또는 미신고한 자에게는 비용이나 보상금을 받을 권리 및 습득물의 소유권을 취득할 권리를 상실한다.
※ 총포, 도검류 등 습득 시 **24시간 내(48×)** 경찰관서 신고 의무(위반 시 처벌) **【총포(four)－24】**
④ (×) 유실물 공고 **6**개월 후 소유자 없으면 습득자가 소유**권** 취득 ⇨ 습득자가 소유권 취득 후 **3**개월 내 그 물건을 찾아가지 아니하면 **소유권 상실** ⇨ 국고귀속 **【소－육권－삼실】**

☞ **보상금**

| | |
|---|---|
| ○ | ① **습**득일부터 **7**일내 반환 or 신고<br>② 보상금은 **5%～20%**<br>**【보상금 섭취(습7) 오이시(5～20)】** |
| △ | 선박, 차량, 건축물 등 점유자와 실제로 물건을 습득한 자는 절반씩 나눔. |
| × | ① 착오로 점유한 물건(준유실물)<br>② 습득한 물건을 횡령하여 처벌받은 자<br>③ 습득일부터 7일내 미반환 또는 미신고자<br>④ 국가 · 지방자치단체와 그 밖에 대통령령으로 정하는 공공기관이 습득한 경우 |

정답 ④

## 제5절 여성 · 청소년 보호

 **실종아동 보호**

**01** **「실종아동 등의 보호 및 지원에 관한 법률」과 「실종아동 등 및 가출인 업무처리 규칙」에 관한 설명 중 옳은 것은 모두 몇 개인가?** 〈22 채용2차〉

㉠ '장기실종아동 등'이라 함은 보호자로부터 이탈한지 48시간이 경과한 후에도 발견되지 않은 '찾는 실종아동 등'을 말한다.
㉡ 경찰관서의 장은 실종아동 등의 발생 신고를 접수하면 24시간 이내에 수색 또는 수사의 실시여부를 결정하여야 한다.
㉢ 발견된 18세 미만 아동 및 가출인의 경우, 실종아동 등 프로 파일링시스템에 등록된 자료는 수배 해제 후로부터 10년간 보관한다.
㉣ 실종아동 등 프로파일링시스템에 등록된 미발견자의 자료는 소재 발견 시까지 보관한다.
㉤ 경찰관서의 장은 실종아동 등에 대하여 실종아동 등 및 가출인 업무처리 규칙 제18조에 따른 현장 탐문 및 수색 후, 그 결과를 즉시 보호자에게 통보하여야 한다. 이후에는 실종아동 등 프로파일링시스템에 등록한 날로부터 1개월까지는 15일에 1회, 1개월이 경과한 후부터는 분기별 1회 보호자에게 추적 진행사항을 통보한다.

① 1개 ② 2개 ③ 3개 ④ 4개

해설 ㉠ (×) **신**고 접수한 지 **48**시간이 경과한 경우이다. **【장기실종 신48】**
㉡ (×) 신고 접수하면 **지체 없이** 수색 또는 수사 실시여부를 결정해야 한다.
㉢ (×) 수배 해제 후 5년간이다.

☞ **자료 보존(제7조)**

① 발견된 **아**동(18세 미만), **가**출인 : 수배해제 후 5년간 **【아가옷】**
② 발견된 **자**폐성 · **지**적장애인, **정**신 장애인, **치**매환자 : 수배해제 후 10년간
③ 미발견자 : 소재 발견 시까지
④ **보호시설 무연고자 : 본인 요청 시까지 계속 보존**
⑤ **대상자가 사망하거나 보호자가 삭제 요구 시 즉시 삭제**

정답 ②

## 02 실종아동 등에 대한 설명으로 가장 적절하지 않은 것은? 〈22 승진〉

① 「실종아동 등 및 가출인 업무처리 규칙」상 '장기실종아동 등'이란 보호자로부터 신고를 접수한 지 48시간이 경과한 후에도 발견되지 않은 찾는 실종아동 등을 말한다.
② 「실종아동 등 및 가출인 업무처리 규칙」상 '발견지'는 실종아동 등 또는 가출인을 발견하여 보호 중인 장소를 말하며 발견한 장소와 보호 중인 장소가 서로 다른 경우에는 발견한 장소를 말한다.
③ 「실종아동 등 및 가출인 업무처리 규칙」상 경찰관서의 장은 실종아동 등 또는 가출인에 대한 신고를 접수한 후 신고대상자가 수사기관으로부터 지명수배 또는 지명통보된 사람에 해당하는 경우에는 신고 내용을 실종아동 등 프로파일링시스템에 입력하지 않을 수 있다.
④ 「실종아동 등의 보호 및 지원에 관한 법률」상 경찰관서의 장은 실종아동 등(범죄로 인한 경우 제외)의 조속한 발견을 위하여 「위치정보의 보호 및 이용 등에 관한 법률」에 따른 개인위치정보사업자에게 실종아동 등의 위치 확인에 필요한 개인위치정보등의 제공을 요청할 수 있다.

해설 > ② (×) 발견지와 보호지가 다를 경우 보호지를 기준으로 한다.

정답 ②

## 03 「실종아동 등의 보호 및 지원에 관한 법률」상 용어의 정의에 관한 설명 중 가장 적절하지 않은 것은? 〈16 채용2차, 22 법학〉

① "아동 등"이란 실종 당시 18세 미만인 아동, 「장애인복지법」 제2조의 장애인 중 지적장애인, 자폐성장애인 또는 정신장애인, 「치매관리법」 제2조 제2호의 치매환자를 말한다.
② "실종아동 등"이란 약취 · 유인 또는 유기되거나 사고를 당하거나 길을 잃는 등의 사유로 인하여 보호자로부터 이탈된 아동을 말한다. 다만, 가출한 경우는 제외한다.
③ "보호자"란 친권자, 후견인이나 그 밖에 다른 법률에 따라 아동 등을 보호하거나 부양할 의무가 있는 사람을 말한다. 다만, 동법 제2조 제4호의 보호시설의 장 또는 종사자는 제외한다.
④ "보호시설"이란 「사회복지사업법」 제2조 제4호에 따른 사회복지시설 및 인가 · 신고 등이 없이 아동들을 보호하는 시설로서 사회복지시설에 준하는 시설을 말한다.

해설 > ② (×) 가출한 경우를 포함한다. **약**취(略取) **유**인(誘引) 또는 **유**기(遺棄)되거나 **사**고를 당하거나 **가**출하거나 **길**을 잃는 등의 사유로 인하여 보호자로부터 이탈(離脫)된 아동 등 **【약유유 사가길】**

정답 ②

## 04 「실종아동 등 및 가출인 업무처리 규칙」상 규정된 용어에 대한 설명 중 가장 적절하지 않은 것은? 〈18 채용3차〉

① "가출인"이란 신고 당시 보호자로부터 이탈된 18세 이상의 사람을 말한다.
② "장기실종아동 등"이란 보호자로부터 신고를 접수한 지 48시간이 경과한 후에도 발견되지 않은 찾는 실종아동 등을 말한다.
③ "보호실종아동 등"이란 보호자가 확인되어 경찰관이 보호하고 있는 실종아동 등을 말한다.
④ "발견지"란 실종아동 등 또는 가출인을 발견하여 보호 중인 장소를 말하며, 발견한 장소와 보호 중인 장소가 서로 다른 경우에는 보호 중인 장소를 말한다.

해설> ① (○) '아동 등'은 실종 당시 18세 미만, 가출인은 신고 당시 18세 이상 **【아실 가신당】**
② (○) **장기실종** 아동 등 : 신고 접수한 지 **48**시간이 경과한 아동 등 **【장기실종 신48】**
③ (×) 보호실종아동 등 : 보호자가 **확인되지 않아 경찰관이 보호**하고 있는 실종아동 등

정답 ③

## 05 「실종아동 등의 보호 및 지원에 관한 법률」과 「실종아동 등 및 가출인 업무처리 규칙」상 용어의 설명으로 가장 적절한 것은? 〈17 채용1차, 17 경위, 17 경감〉

① '아동 등'이란 실종신고 당시 18세 미만인 아동, 「장애인복지법」 제2조의 장애인 중 지적장애인, 자폐성장애인 또는 정신장애인 및 「치매관리법」 제2조 제2호의 치매환자를 말한다.
② '발생지'란 실종아동 등 및 가출인이 실종·가출 전 최종적으로 목격되었거나 목격되었을 것으로 추정하여 신고자 등이 진술한 장소를 말하며, 신고자 등이 최종 목격 장소를 진술하지 못하거나, 목격되었을 것으로 추정되는 장소가 대중교통시설 등일 경우 또는 실종·가출 발생 후 10일이 경과한 때에는 실종아동 등 및 가출인의 실종 전 최종 주거지를 말한다.
③ '발견지'란 실종아동 등 또는 가출인을 발견하여 보호 중인 장소를 말하며, 발견한 장소와 보호 중인 장소가 서로 다른 경우에는 발견한 장소를 말한다.
④ '장기실종아동 등'이란 보호자로부터 신고를 접수한 지 48시간이 경과한 후에도 발견되지 않은 찾는 실종아동 등을 말한다.

해설> ① (×) '**아동 등**'은 **실종** 당시 18세 미만, **가출**인은 **신고 당시** 18세 이상 **【아실 가신당】**
② (×) 발생지 : ① **최종 목격지**, 최종 목격 추정지(신고자 진술), ② 신고자가 최종 목격지 모르거나 대중교통에서 목격, 실종·가출 후 **1개월 경과 시는 최종 주거지**
③ (×) 발견하여 현재 보호 중인 장소로서, 발견지와 보호지가 다른 경우 **보호지 기준**
④ (○) **장기실종** 아동 등 : **신고** 접수한 지 **48**시간이 경과한 아동 등 **【장기실종 신48】**

정답 ④

## 06 「실종아동 등의 보호 및 지원에 관한 법률」과 「실종아동 등 및 가출인 업무처리규칙」에 대한 설명 중 가장 옳지 않은 것은? 〈19 경간〉

① "발견지"란 실종아동 등 또는 가출인을 발견하여 보호 중인 장소를 말하며, 발견한 장소와 보호 중인 장소가 서로 다른 경우에는 보호 중인 장소를 말한다.
② 실종아동 등 프로파일링시스템에 입력하는 대상은 실종아동 등, 가출인, 보호시설 입소자 중 보호자가 확인되지 않는 사람이다.
③ 발견된 18세 미만 아동 및 가출인의 경우 실종아동 등 프로파일링시스템에 등록된 자료는 수배 해제 후로부터 10년간 보관한다.
④ 경찰관서의 장은 실종아동 등(범죄로 인한 경우 제외)의 조속한 발견을 위하여 필요한 때에는 「위치정보의 보호 및 이용 등에 관한 법률」에 따른 위치정보사업자에게 실종아동 등의 개인위치정보의 제공을 요청할 수 있다.

해설> ③ (×) 자료 보존(제7조)

| |
|---|
| ① 발견된 **아**동(18세 미만), **가**출인 : 수배해제 후 **5**년간 **【아가옷】**<br>② 발견된 **자**폐성·**지**적장애인, **정**신 장애인, **치**매환자 : 수배해제 후 **10**년간<br>③ 미발견자 : 소재 발견 시까지<br>④ **보호시설 무연고자 : 본인 요청 시까지 계속 보존**<br>⑤ **대상자가 사망하거나 보호자가 삭제 요구 시 즉시 삭제** |

정답 ③

**07** 「실종아동 등의 보호 및 지원에 관한 법률」 및 「실종아동 등 및 가출인 업무처리 규칙」에 대한 설명 중 가장 적절한 것은? 〈20 승진〉

① 실종아동 등 및 가출인 업무처리 규칙상 '장기실종아동 등'이란 실종된 지 48시간이 경과한 후에도 발견되지 않은 찾는 실종아동 등을 말한다.

② 「실종아동 등의 보호 및 지원에 관한 법률」상 의료법 제3조에 따른 의료기관의 장 또는 의료인은 신고 의무자에 해당한다.

③ 실종아동 등 및 가출인 업무처리 규칙 제7조 제2항에 따라 보호시설 무연고자는 실종아동 등 프로파일링시스템에 입력하지 않을 수 있다.

④ 실종아동 등의 보호 및 지원에 관한 법률상 '아동 등'이란 약취 유인 또는 유기되거나 사고를 당하거나 길을 잃는 등의 사유로 인하여 보호자로부터 이탈된 아동 등을 말한다.

해설 ① (×) **장기실종** 아동 등: **신**고 접수한 지 **48**시간이 경과한 아동 등 **【장기실종 신48】**
② (○) 신고의무자

| 1. **보호시설**의 장, 종사자, 2. 아동복지전담 공무원(지자체장 ×), 3. 청소년 보호 재활센터 장, 종사자, 4. 사회복지전담 공무원, 5. **의료기관**의 장, 의료인, 6. **업무 · 고용 관계로(관계없이×) 사실상 아동 등을 보호, 감독하는 사람**(신고의무 위반 시 과태료 200만원) |
|---|

③ (×) 정보시스템 입력대상이다.

| | |
|---|---|
| 프로파일링 입력대상 | ① 프로파일링 시스템은 경찰 내부망에서 사용하는 것이고, 인터넷 안전드림은 일반인에 공개된 시스템이다.<br>② **실**종아동 등, 보호시설 **무**연고자, **가**출인 **【실무가】** |
| 인터넷 안전드림 | **실**종아동 등, 보호시설 **무**연고자(가출인은 비공개) **【실무】** |

④ (×) 정의 규정

| | |
|---|---|
| 아동 등 | 실종 당시(신고 당시 ×) 18세 미만, 자폐성 · 지적 · 정신 장애인, 치매환자(신체 장애인 ×) |
| 실종아동 등 | 아동 등이 **약취, 유인, 유기, 사고, 가출, 길을 잃는 등**의 이유로 보호자로부터 이탈된 경우 **【약유유 사가길】** |

정답 ②

**08** 「실종아동 등의 보호 및 지원에 관한 법률」에 대한 설명으로 가장 적절한 것은? 〈19 승진〉

① 경찰관서의 장은 실종아동 등의 발생 신고를 접수하면 24시간 내에 수색 또는 수사의 실시 여부를 결정하여야 한다.

② 경찰관서의 장은 실종아동 등(범죄로 인한 경우 포함)의 조속한 발견을 위하여 필요한 때에는 「위치정보의 보호 및 이용 등에 관한 법률」에 따른 개인위치정보사업자에게 실종아동 등의 개인위치정보의 제공을 요청할 수 있다.

③ 업무에 관계없이 아동을 보호하는 자는 신고의무자에 해당한다.

④ '아동 등'은 실종 당시 18세 미만인 아동과 「장애인복지법」 제2조의 장애인 중 지적장애인, 자폐성장애인 또는 정신장애인, 「치매관리법」 제2조 제2호의 치매환자를 말한다.

해설 ① (×) 경찰관서의 장은 접수하면 **지체 없이** 수색 또는 수사 실시 여부를 결정해야 한다.
② (×) 범죄로 인한 경우는 제외
③ (×) 업무 · 고용 관계로(관계없이×) 사실상 아동 등을 보호, 감독하는 사람

정답 ④

**09** 「실종아동 등의 보호 및 지원에 관한 법률」상 실종아동 등에 대한 신고의무자가 아닌 것은 모두 몇 개인가? 〈18 경간〉

가. 「아동복지법」 제13조에 따른 아동복지전담공무원
나. 「사회복지사업법」 제14조에 따른 사회복지전담공무원
다. 「청소년 보호법」 제35조에 따른 청소년 보호·재활센터의 장 또는 그 종사자
라. 업무·고용 등의 관계로 사실상 아동 등을 보호·감독하는 사람

① 0개 ② 1개
③ 2개 ④ 3개

해설 >

**신고의무자**

1. **보호시설**의 장, 종사자, 2. 아동복지전담 공무원(지자체장 ×), 3. 청소년 보호 재활센터 장, 종사자, 4. 사회복지전담 공무원, 5. **의료기관**의 장, 의료인, 6. **업무·고용 관계로(관계없이×) 사실상 아동 등을 보호, 감독하는 사람**(신고의무 위반시 과태료 200만원)

정답 ①

**10** 「실종아동 등의 보호 및 지원에 관한 법률」에 대한 다음 설명 중 옳은 것은 모두 몇 개인가? 〈17 경간〉

㉠ "보호시설"이라 함은 「사회복지사업법」 제2조 제4호에 따른 사회복지시설만을 의미하고, 인가·신고 등이 없이 아동 등을 보호하는 시설로서 사회복지시설에 준하는 시설은 보호시설에 포함되지 않는다.
㉡ 직무를 수행하면서 실종아동 등임을 알게 되었을 때에 경찰신고체계로 지체 없이 신고해야 하는 신고의무자로는 보호시설의 장, 사회복지전담공무원이 있고, 보호시설의 종사자는 신고의무자에 해당하지 않는다.
㉢ 경찰관서의 장은 실종아동 등의 발생 신고를 접수하면 지체 없이 수색 또는 수사의 실시 여부를 결정하여야 한다.
㉣ 경찰관서의 장은 실종아동 등(범죄로 인한 경우 포함)의 조속한 발견을 위하여 필요한 때에는 「위치정보의 보호 및 이용 등에 관한 법률」에 따른 위치정보사업자에게 실종아동 등의 개인위치정보의 제공을 요청할 수 있다.

① 1개 ② 2개
③ 3개 ④ 4개

해설 > ㉠ (×) 보호시설: 사회복지시설 + **인가·신고 등 없이** 아동 등을 보호하는 시설
㉡ (×) 보호시설의 장 또는 종사자도 보호자에는 포함되지 않고 신고의무대상에는 포함된다.
㉣ (×) 범죄로 인한 경우는 제외

정답 ①

## 2 청소년 보호법

**01 「청소년 보호법」상 "청소년유해업소"에 관한 설명으로 가장 적절하지 않은 것은? (단 청소년은 모두 「청소년 보호법」 제2조 제1호의 "청소년"을 의미한다.)** 〈19 채용2차〉

① 청소년 출입·고용금지업소와 청소년고용금지업소로 구분된다.
② 이 경우 업소의 구분은 그 업소가 영업을 할 때 다른 법령에 따라 요구되는 허가·인가·등록·신고 등의 여부와 관계없이 실제로 이루어지고 있는 영업행위를 기준으로 한다.
③ 사행행위 영업, 단란주점 영업, 유흥주점 영업소의 경우 청소년의 고용뿐 아니라 출입도 금지되어 있다.
④ 청소년은 일반음식점 영업 중 주로 주류의 조리·판매를 목적으로 한 소주방·호프·카페는 출입할 수 없다.

해설 ④ (×) 호프, 소주방, 카페(일반 카페가 아닌 주로 주류 판매)는 고용금지이다.

**청소년 유해업소**

| 구분 | 내용 | |
|---|---|---|
| 출입·고용 금지 | 유흥/단란 주점, 무도장, 사행행위장, 일반게임제공업, 복합유통게임제공업, 노래연습장(청소년실은 청소년 출입가능), 비디오감상실업(비디오방), 성적 서비스업(성기구 판매소등), 전화방, 여가부장관이 고시한 성적 서비스제공업 등, 경마, 경륜, 경정 장외매장 **【유단무사 일복노비 성전 (출입금지)】** | |
| 고용 금지 | 티켓다방 배달, 비디오물소극장업, 인터넷컴퓨터게임시설제공업(PC방), 숙박업(민박제외), 이용업(남자 청소년은 예외), 목욕장업(안마실 영업하는 경우), 청소년게임장, 만화대여업, 소주방, 호프, 카페(주로 주류 판매), 유해화학물질 영업 **【티비에서 인숙이 목청만 소카(솨아)유】** | |
| 비교 | 비디오감상실업: 출·고용 금지<br>비디오물소극장업: 고용 금지<br>제한관람가비디오물소극장업: 출·고용 금지 | 일게·복게: 출입·고용 금지<br>청게·인게: 고용금지 |

정답 ④

**02 다음 중 「청소년 보호법」상 청소년의 출입과 고용이 청소년에게 유해한 것으로 인정되는 청소년 출입·고용금지업소를 모두 고른 것은?** 〈19 승진〉

> ㉠ 「사행행위 등 규제 및 처벌 특례법」에 따른 사행행위 영업
> ㉡ 「체육시설의 설치·이용에 관한 법률」에 따른 무도학원업 및 무도장업
> ㉢ 「영화 및 비디오물의 진흥에 관한 법률」에 따른 비디오물소극장업
> ㉣ 회비 등을 받거나 유료로 만화를 빌려 주는 만화대여업

① ㉠, ㉡ ② ㉠, ㉢ ③ ㉡, ㉢ ④ ㉡, ㉣

해설 ㉢㉣ (×) 고용금지 업소이다.

정답 ①

**03 다음의 「청소년 보호법」 및 동법 시행령상 청소년유해업소 중 "청소년 출입·고용금지업소"를 모두 고른 것은?** 〈18 채용2차〉

> ㉠ 「게임산업진흥에 관한 법률」에 따른 인터넷컴퓨터게임시설 제공업
> ㉡ 「게임산업진흥에 관한 법률」에 따른 일반게임제공업
> ㉢ 「영화 및 비디오물의 진흥에 관한 법률」 제2조 제16호에 따른 비디오물감상실업
> ㉣ 「영화 및 비디오물의 진흥에 관한 법률」에 따른 비디오물소극장업

① ㉠, ㉢ ② ㉠, ㉣ ③ ㉡, ㉢ ④ ㉡, ㉣

해설 ㉠ (×) 청게·인게: 고용금지
㉡ (○) 일게·복게: 출입·고용 금지 **【유단무사 일복노비 성전 (출입금지)】**
㉢ (○) 비디오감상실업: 출입·고용 금지
㉣ (×) 비디오물소극장업: 고용금지
※ 제한관람가 비디오물소극장업: 출입·고용 금지

정답 ③

**04** 「청소년 보호법」 제2조 제5호의 "청소년유해업소"란 청소년의 출입과 고용이 청소년에게 유해한 것으로 인정되는 청소년출입·고용금지업소와 청소년의 출입은 가능하나 고용이 청소년에게 유해한 것으로 인정되는 청소년고용금지업소를 말한다. 다음 중 옳지 않은 것은? (이 경우 업소의 구분은 그 업소가 영업을 할 때 다른 법령에 따라 요구되는 허가·인가·등록·신고 등의 여부와 관계없이 실제로 이루어지고 있는 영업행위를 기준으로 한다)

〈17 경감〉

| | 청소년출입·고용금지업소 | 청소년고용금지업소 |
|---|---|---|
| ① | 「게임산업진흥에 관한 법률」에 따른 '일반게임제공업' | 「게임산업진흥에 관한 법률」에 따른 '청소년게임제공업' |
| ② | 「영화 및 비디오물의 진흥에 관한 법률」에 따른 '비디오물소극장업' | 「영화 및 비디오물의 진흥에 관한 법률」에 따른 '비디오감상실업' |
| ③ | 「사행행위 등 규제 및 처벌 특례법」에 따른 '사행행위영업' | 「게임산업진흥에 관한 법률」에 따른 '인터넷컴퓨터게임시설제공업' |
| ④ | 「체육시설의 설치·이용에 관한 법률」에 따른 '무도학원업' | 회비 등을 받거나 유료로 만화를 빌려 주는 '만화대여업' |

해설 ② (×) 비디오감상실업(출입·고용 금지), 비디오물소극장업(고용금지), 제한관람가 비디오물소극장업(출입·고용 금지)

정답 ②

**05** 「청소년보호법」상 청소년유해행위에 해당하는 것은 모두 몇 개인가? 〈19 경간〉

가. 청소년에게 구걸을 시키거나 청소년을 이용하여 구걸하는 행위
나. 영리나 흥행을 목적으로 청소년에게 음란한 행위를 하게 하는 행위
다. 영리를 목적으로 청소년으로 하여금 거리에서 손님을 유인하는 행위를 하게 하는 행위
라. 주로 차 종류를 조리·판매하는 업소에서 청소년을 고용하는 행위
마. 청소년을 남녀 혼숙하게 하는 등 풍기를 문란하게 하는 영업행위를 하거나 이를 목적으로 장소를 제공하는 행위
바. 영리를 목적으로 청소년으로 하여금 손님과 함께 술을 마시거나 노래 또는 춤 등으로 손님의 유흥을 돋우는 접객행위를 하게 하거나 이러한 행위를 알선·매개하는 행위

① 3개 ② 4개 ③ 5개 ④ 6개

해설 라. (×) 다방에서 영업장을 벗어나 차를 배달(티겟다방 배달)하는 행위가 유해행위에 해당한다.

**청소년 유해행위 【성접음 장구학 호혼티】**

1. 영리목적으로 접촉, 노출 등 **성**적 **접**대시키거나 알선·매개(성교 ×)
2. 노래, 춤 등으로 유흥을 돋우는 **접**객행위시키거나 알선매개
3. 영리 흥행 목적으로 **음**란행위시키는 행위
4. **장**애·기형 등을 관람시키는 행위
5. **구**걸시키거나 청소년을 이용하여 구걸하는 행위
6. 청소년 **학**대
7. 거리에서 손님을 유인하게 하는 행위(**호**객)
8. 청소년을 **혼**숙하게 하는 영업행위 또는 장소제공
9. 영업장을 벗어나(영업장 내에서 ×) 차 배달시키는 행위(**티**겟다방 배달)

정답 ③

PART 05

**06** 「청소년보호법」상 '청소년유해행위'에 해당하지 않는 것은? 〈16 경간〉

① 영리를 목적으로 청소년으로 하여금 신체적인 접촉 또는 은밀한 부분의 노출 등 성적 접대행위를 하게 하거나 이러한 행위를 알선·매개하는 행위
② 영리나 흥행을 목적으로 청소년에게 음란한 행위를 하게 하는 행위
③ 주로 차 종류를 조리·판매하는 업소에서 청소년으로 하여금 영업장을 벗어나 차 종류를 배달하는 행위를 하게 하거나 이를 조장하거나 묵인하는 행위
④ 아동·청소년에 대하여 폭행이나 협박으로 구강·항문 등 신체(성기는 제외한다)의 내부에 성기를 넣는 행위

해설> ④ (×) 유해행위가 아닌 유사성교 행위에 해당한다. 아동·청소년 성보호법 위반이다.

정답 ④

## 3 성폭력범죄의 처벌 등에 관한 특례법

**01** 「성폭력범죄의 처벌 등에 관한 특례법」에 대한 설명으로 가장 적절한 것은? 〈20 채용2차 변형〉

① 수사기관은 「성폭력범죄의 처벌 등에 관한 특례법」 제3조부터 제8조까지, 제10조 및 제15조(제9조의 미수범은 제외한다)의 범죄의 피해자를 조사하는 경우에 피해자 등이 신청할 때에는 조사에 지장을 줄 우려가 있는 등 부득이한 경우가 아니면 피해자와 신뢰관계에 있는 사람을 동석하게 하여야 한다. 이 경우 수사기관은 피해자와 신뢰관계에 있는 사람이 피해자에게 불리하거나 피해자가 원하지 아니하는 경우에는 동석하게 하여서는 아니 된다.
② 모든 성폭력범죄 피해자를 조사하는 경우에 진술 내용과 조사 과정을 비디오녹화기 등 영상물 녹화장치로 촬영·보존하여야 한다.
③ 경찰청장은 각 경찰서장으로 하여금 성폭력범죄 전담 사법경찰관을 지정하도록 하여 특별한 사정이 없으면 이들로 하여금 피의자를 조사하게 하여야 한다.
④ 수사기관은 성폭력범죄의 피해자를 조사할 때 피해자가 편안한 상태에서 진술할 수 있는 환경을 조성하여야 하며, 조사 횟수는 1회로 마쳐야 한다.

해설> ② (×) 19세미만피해자등의 진술 내용과 조사 과정을 영상녹화하여야 한다. 다만, 19세미만피해자등 또는 그 법정대리인(법정대리인이 가해자이거나 가해자의 배우자인 경우는 제외한다)이 이를 원하지 아니하는 의사를 표시하는 경우에는 영상녹화를 하여서는 아니 된다.
③ (×) 전담 사법경찰관은 **피해자를 조사**한다.
④ (×) 수사기관과 법원은 성폭력범죄의 피해자를 조사하거나 심리·재판할 때 피해자가 편안한 상태에서 진술할 수 있는 환경을 조성하여야 하며, 조사 및 심리·재판 횟수는 필요한 범위에서 **최소한으로** 하여야 한다.

정답 ①

**02** 「성폭력범죄의 처벌 등에 관한 특례법」에 대한 설명으로 옳은 것은? 〈20 경간 변형〉

① 등록대상자가 6개월 이상 국외에 체류하기 위하여 출국하는 경우에는 미리 관할 경찰관서의 장에게 허가를 받아야 한다.
② 경찰청장은 각 경찰서장으로 하여금 성폭력범죄 전담 사법경찰관을 지정하도록 하여 특별한 사정이 없으면 이들로 하여금 피해자를 조사하게 하여야 한다.
③ 촬영한 영상물에 수록된 피해자의 진술은 공판기일에 피해자의 진술에 의하여 그 성립의 진정함이 인정된 경우에만 증거로 할 수 있다.
④ 13세 미만의 사람 및 신체적인 또는 정신적인 장애가 있는 사람에 대하여 강간죄를 범한 경우에는 공소시효가 10년 연장된다.

해설 ① (×) 미리 신고하여야 한다.
③ (×) 영상녹화물은 증거보전기일, 공판준비기일 또는 공판기일에 그 내용에 대하여 피의자, 피고인 또는 변호인이 피해자를 신문할 수 있었던 경우이거나. 19세미만피해자등이 사망, 외국 거주, 신체적, 정신적 질병·장애, 소재불명 등으로 공판준비기일 또는 공판기일에 출석하여 진술할 수 없는 경우에 증거로 할 수 있다(제30조의2 요약).
④ (×) 시효가 배제된다.

**☞ 공소시효 특례**

| ① 성년에 달한 날부터 진행: 피해자가 미성년일 때<br>② 10년 연장: 특정범죄에 대한 DNA 등 과학적인 증거가 있을 때<br>③ 시효 배제: 13세 미만자 또는 신체·정신적 장애인에 대한 강간·강제추행·의제강간(미성년자에 대한 간음) 등 |
|---|

정답 ②

**03** 「성폭력범죄의 처벌 등에 관한 특례법」에 대한 설명으로 가장 적절한 것은? 〈19 승진〉

① 카메라등이용촬영죄는 디엔에이(DNA)증거 등 그 죄를 증명할 수 있는 과학적인 증거가 있는 때에는 공소시효가 10년 연장된다.
② 경찰청장은 각 경찰서장으로 하여금 성폭력범죄 전담 사법경찰관을 지정하도록 하여 특별한 사정이 없으면 이들로 하여금 피의자를 조사하게 하여야 한다.
③ 13세인 사람에 대하여 강간죄를 범한 경우에는 공소시효를 적용하지 아니한다.
④ 신체적인 장애가 있는 사람에 대하여 강제추행죄를 범한 경우에는 공소시효를 적용하지 아니한다.

해설 ① (×) 특정한 범죄에 대하여는 DNA 증거가 있는 경우 공소시효가 연장된다. 제10조(업무상 위력 등에 의한 추행), 제11조(공중 밀집 장소에서의 추행), 제12조(성적 목적을 위한 다중이용장소 침입행위), 제13조(통신매체를 이용한 음란행위), 제14조(카메라 등을 이용한 촬영), 제14조의2(허위영상물 등의 반포 등), 제14조의3(촬영물 등을 이용한 협박·강요) 등의 죄에 대해서는 해당사항 없다.
② (×) 피해자 조사
③ (×) 신체·정신적 장애인 및 13세 미만자에 대한 강간·강제추행·의제강간(미성년자에 대한 간음)은 시효배제 **【장애·열세】**

정답 ④

PART 05

## 04 「성폭력범죄의 처벌 등에 관한 특례법」의 신상정보 등록 등에 대한 내용으로 가장 적절하지 않은 것은? 〈18 채용1차〉

① 등록대상자가 6개월 이상 국외에 체류하기 위하여 출국하는 경우에는 미리 관할경찰관서의 장에게 허가를 받아야 한다.

② 신상정보 등록의 원인이 된 성범죄로 형의 선고를 유예받은 사람이 선고유예를 받은 날부터 2년이 경과하여 「형법」 제60조에 따라 면소된 것으로 간주되면 신상정보 등록을 면제한다.

③ 등록대상자의 신상정보의 등록·보존 및 관리 업무에 종사하거나 종사하였던 자는 직무상 알게 된 등록정보를 누설하여서는 아니 된다.

④ 등록정보의 공개는 여성가족부장관이 집행하고, 법무부장관은 등록정보의 공개에 필요한 정보를 여성가족부장관에게 송부하여야 한다.

해설 ① (×) 허가가 아닌 신고해야 한다.

**신상정보 등록**

| | |
|---|---|
| 등록대상자 | 등록대상 성범죄로 유죄판결 확정된 자 또는 공개명령 확정된 자 |
| 신상정보 제출의무 | 등록대상자는 판결 확정 30일 내에 관할 경찰관서의 장에게 제출하고 변경사유 발생 시 20일 내에 제출 |
| 출입국시 신고의무 | ① **6개월 이상 국외 체류** 목적으로 출국하는 경우에는 미리 관할 경찰관서의 장에게 체류 국가 및 기간 등을 **신고**하여야 한다.<br>② 신고한 등록대상자가 **입국**하였을 때에는 특별한 사정이 없으면 **14일** 이내에 관할 경찰관서장에게 입국사실을 신고하여야 한다. |
| 등록 | **법무부장관은** 등록대상자 정보를 **등록**하여야 한다. |
| 등록면제 | 신상정보 등록의 원인이 된 성범죄로 형의 선고를 유예받은 사람이 **선고유예를 받은 날부터 2년이 경과**하여 「형법」 제60조에 따라 **면소**된 것으로 간주되면 신상정보 등록을 면제한다. |
| 등록정보 공개 | 등록정보의 공개는 **여성가족부장관이 집행**한다. |

정답 ①

## 05 「성폭력범죄의 처벌 등에 관한 특례법」에 대한 다음 설명 중 옳지 않은 것은 모두 몇 개인가? 〈17 경간〉

> ㉠ 미성년자에 대한 성폭력범죄의 공소시효는 해당 성폭력범죄로 피해를 당한 미성년자가 성년에 달한 날부터 진행한다.
> ㉡ 13세 미만의 사람 및 신체적인 또는 정신적인 장애가 있는 사람에 대하여 강간죄를 범한 경우에는 공소시효가 10년 연장된다.
> ㉢ 성폭력범죄의 피해자가 21세 미만이거나 신체적인 또는 정신적인 장애로 사물을 변별하거나 의사를 결정할 능력이 미약한 경우에는 피해자의 진술 내용과 조사과정을 비디오녹화기 등 영상물 녹화장치로 촬영·보존하여야 한다.
> ㉣ 검사와 사법경찰관은 성폭력범죄의 피의자가 죄를 범하였다고 믿을 만한 충분한 증거가 있고, 국민의 알권리 보장, 피의자의 재범 방지 및 범죄예방 등 오로지 공공의 이익을 위하여 필요할 때에는 얼굴, 성명 및 나이 등 피의자의 신상에 관한 정보를 공개할 수 있다. 다만, 피의자가 「청소년보호법」상 청소년에 해당하는 경우에는 공개하지 아니한다.

① 1개　　② 2개
③ 3개　　④ 4개

해설 ㉠ (○) 공소시효 특례

> ① 성년에 달한 날부터 진행: 피해자가 미성년일 때
> ② 10년 연장: 특정범죄에 대한 DNA 등 과학적인 증거가 있을 때
> ③ 시효 배제: 13세 미만자 또는 신체·정신적 장애인에 대한 강간·강제추행·의제강간(미성년자에 대한 간음) 등

㉡ (×) 공소시효 배제
㉢ (×) 19세 미만이다. **【씻구(19) 촬영】**
㉣ (○) **성폭력범죄 피의자가 죄를 범하였다고 믿을 만한 충분한 증거가 있고, 성인**(청소년보호법상 청소년 아닌 경우)이며, **공공의 이익**을 위하여 얼굴, 성명 및 나이 등을 공개할 수 있다. **【성충성공 공개】**

정답 ②

**06 「성폭력범죄의 수사 및 피해자 보호에 관한 규칙」에 관한 설명 중 가장 적절하지 않은 것은?** 〈22 채용2차〉

① 경찰관은 성폭력범죄의 피해자가 13세 미만이거나 신체적인 또는 정신적인 장애로 사물을 변별하거나 의사를 결정할 능력이 미약한 경우에는 통합지원센터나 성폭력 전담의료기관과 연계하여 치료, 상담 및 조사를 병행한다. 다만, 피해자가 원하지 않는 경우에는 그러하지 아니하다.
② 경찰서장은 특별한 사정이 없는 한 성폭력 피해여성을 여성 성폭력범죄 전담조사관이 조사하도록 하여야 한다. 다만, 피해자가 원하는 경우에는 신뢰관계자, 진술조력인 또는 다른 경찰관으로 하여금 입회하게 하고 '피해자 조사 동의서'에 서면으로 동의를 받아 남성 성폭력범죄 전담조사관으로 하여금 조사하게 할 수 있다.
③ 경찰관은 영상녹화를 할 때에는 피해자등에게 영상녹화의 취지 등을 설명하고 동의 여부를 확인하여야 하며, 피해자등이 녹화를 원하지 않는 의사를 표시한 때에는 촬영을 하여서는 아니 된다. 다만, 가해자가 친권자 중 일방인 경우에는 그러하지 아니하다.
④ 경찰관은 성폭력범죄의 피해자가 13세 미만이거나 신체적인 또는 정신적인 장애로 의사소통이나 의사표현에 어려움이 있는 경우 진술조력인을 조사과정에 반드시 참여시켜야 한다.

해설> ④ (×) 진술조력인은 항상 임의적으로 참여시킬 수 있다.

정답 ④

## 4 아동 · 청소년 성보호에 관한 법률

**01 「아동 · 청소년의 성보호에 관한 법률」상 미수범으로 처벌되는 경우는?** 〈20 경간〉

① 아동 · 청소년의 성을 사는 행위의 장소를 제공하는 행위를 업으로 하는 자
② 폭행이나 협박으로 아동 · 청소년으로 하여금 아동 · 청소년의 성을 사는 행위의 상대방이 되게 한 자
③ 아동 · 청소년의 성을 사는 행위를 알선하는데 사용되는 사실을 알면서도 자금 · 토지 또는 건물을 제공하는 자
④ 영업으로 아동 · 청소년의 성을 사는 행위의 장소를 제공 · 알선하는 업소에 아동 · 청소년을 고용하도록 한 자

해설> ① (×) 포주: 7년 이상 **【업(up)으로 하는 포주 7up】**
② (○) 미수범: 아청 성착취물 **제작 · 수입 · 수출**, **강간** 등, 인신**매매**, 성매매 **강요** **【미수(美手)로 제수수 강매강요】**
③④ (×) 알선영업 행위(7년 이상 유기징역)는 미수범 처벌 규정 없음.

정답 ②

**02 「아동 · 청소년의 성보호에 관한 법률」의 내용으로 가장 적절하지 않은 것은?** 〈18 법학〉

① 「아동 · 청소년의 성보호에 관한 법률」상 "아동 · 청소년"은 19세 미만의 자를 말한다. 다만, 19세에 도달하는 해의 1월 1일을 맞이한 자는 제외한다.
② 아동 · 청소년이용음란물 제작 · 수입 · 수출 행위의 미수범은 처벌한다.
③ 음주 또는 약물로 인한 심신장애 상태에서 아동 · 청소년 대상 성폭력범죄를 범한 때에는 「형법」상 심신장애자, 농아자 감면규정을 적용하지 아니한다.
④ 아동 · 청소년에 대한 강간 · 강제추행 등의 죄는 디엔에이(DNA) 증거 등 그 죄를 증명할 수 있는 과학적인 증거가 있는 때에는 공소시효가 10년 연장된다.

해설> ③ (×) 적용하지 아니할 수 있다.

정답 ③

PART 05

## 03 아동 · 청소년의 성보호에 관한 법률에 대한 설명 중 가장 적절하지 않은 것은? 〈20 승진 변형〉

① 아동 · 청소년이용 성착취물을 제작한 자는 무기징역 또는 5년 이상의 유기징역에 처하며, 그 미수범 처벌 규정을 두고 있다.

② 법원은 아동 · 청소년 대상 성범죄를 범한 소년법 제2조의 소년에 대하여 형의 선고를 유예하는 경우에는 반드시 보호관찰을 명하여야 한다.

③ '아동 · 청소년의 성을 사는 행위의 장소를 제공하는 행위를 업으로 하는 자'에 대한 처벌규정 보다 '폭행이나 협박으로 아동 · 청소년 대상 성범죄의 피해자를 상대로 합의를 강요한 자'에 대한 처벌 규정이 중하다.

④ 노래와 춤 등으로 손님의 유흥을 돋구는 접객행위는 아동 · 청소년의 성을 사는 행위가 아니다.

해설〉 ① (○) 미수범: 아청 성착취물 **제작 · 수입 · 수출**, **강간** 등, 인신매매, 성매매 **강요** **【미수(美手)로 제수수 강매강요】**
② (○) 아동 · 청소년(연19세 미만) 대상 성범죄를 범한 「소년법」상의 소년(만19세 미만)에 선고유예 시, 반드시 보호관찰 병과(제21조)
③ (×) 장소를 제공하는 행위를 업으로 하는 자(포주): 7년 이상 **【업(up)으로 하는 포주 7up】**
피해자, 보호자에 대한 **합의 강요**: 7년 이하 **【합치(7) 강요】**
아 · 청에 대한 **성매매 강요**: 5년 이상(미수처벌)
④ (○) 아청 성매매와 청소년 유해행위(청보법) 비교

| 아청 성매매(아청법) | 청소년 유해행위(청보법) |
|---|---|
| ① 성교, 유사성교 **【(아청 성매수는) 성 접수자】**<br>② 접촉, 노출로 일반인의 **수치심**, 혐오감 발생<br>③ **자위** 행위 | ① 접촉, 노출 등 **성적접대** **【성접음】**<br>② 노래, 춤 등으로 **유흥접객**<br>③ 영리 · 흥행 목적, **음란행위** |

정답 ③

## 04 「아동 · 청소년의 성보호에 관한 법률」에 대한 설명으로 가장 적절하지 않은 것은? 〈17 채용2차〉

① 아동 · 청소년성착취물을 제작 · 수입 또는 수출한 자(동법 제11조 제1항)에 대하여 미수범 처벌 규정을 두고 있다.

② 아동 · 청소년의 성을 사기 위하여 아동 · 청소년을 유인하거나 성을 팔도록 권유한 자(동법 제13조 제2항)의 경우 미수범 처벌규정이 없다.

③ 법원은 아동 · 청소년 대상 성범죄를 범한 「소년법」 제2조의 소년에 대하여 형의 선고를 유예하는 경우에는 반드시 보호관찰을 명하여야 한다.

④ 음주 또는 약물로 인한 심신장애 상태에서 아동 · 청소년대상 성폭력 범죄를 범한 때에는 「형법」 제10조 제1항 · 제2항 및 제11조(심신장애자 · 농아자 감면규정)를 적용하지 아니한다.

해설〉 ② (○) 성을 사기 위하여 유인, **팔도록 권유하는 행위는 미수범 처벌규정이 없다.** 폭행 · 협박 등으로 성매매 강요는 미수범 처벌규정이 있다.
④ (×) 적용하지 아니할 수 있다.

정답 ④

**05** 「아동 · 청소년의 성보호에 관한 법률」에 대한 설명으로 가장 적절하지 않은 것은? (다툼이 있는 경우 판례에 의함) 〈21 승진〉

① 아동 · 청소년이 이미 성매매 의사를 가지고 있었던 경우에도 그러한 아동 · 청소년에게 금품이나 그 밖의 재산상 이익, 직무 · 편의제공 등 대가를 제공하거나 약속하는 등의 방법으로 성을 팔도록 권유하는 행위는 동법에서 말하는 '성을 팔도록 권유하는 행위'에 포함된다.

② 아동 · 청소년의 '성을 사는 행위'를 알선하는 행위를 업으로 하는 사람이 알선의 대상이 아동 · 청소년임을 인식하면서 알선행위를 하였더라도, 아동 · 청소년의 성을 사는 행위를 한 사람이 상대방이 아동 · 청소년임을 인식하지 못하였다면 「아동 · 청소년의 성보호에 관한 법률」 위반으로 처벌할 수 없다.

③ 성을 사는 행위를 알선하는 행위를 업으로 하는 자가 성매매알선을 위한 종업원을 고용하면서 고용대상자에 대하여 연령확인 의무 이행을 다하지 아니한 채 아동 · 청소년을 고용하였다면, 특별한 사정이 없는 한 적어도 아동 · 청소년의 성을 사는 행위의 알선에 관한 미필적 고의는 인정된다.

④ 아동 · 청소년의 성을 사기 위하여 아동 · 청소년을 유인하거나 성을 팔도록 권유한 행위(동법 제13조 제2항)는 미수범 처벌규정이 없다.

해설 ① (○) 대판 2011도3934

② (×) 업으로 성매매 알선하는 자가 대상이 아동 · 청소년임을 인식하고 있었다면 성을 사는 사람이 이를 인식하지 못하였다고 하더라도 알선행위에 해당한다(대판 2015도15664).

정답 ②

**06** 「아동 · 청소년의 성보호에 관한 법률」에 관한 설명으로 가장 적절하지 않은 것은? 〈23 채용2차〉

① "아동 · 청소년"이란 19세 미만의 자를 말한다. 다만, 19세에 도달하는 연도의 1월 1일을 맞이한 자는 제외한다

② 위계(僞計) 또는 위력으로써 아동 · 청소년을 추행한 자에 대한 미수범 처벌규정을 두고 있다.

③ 사법경찰관리는 19세 이상의 사람이 성적 착취를 목적으로 정보 통신망을 통하여 아동 · 청소년에게 성적 욕망이나 수치심 또는 혐오감을 유발할 수 있는 대화를 지속적 또는 반복적으로 하거나 그러한 대화에 지속적 또는 반복적으로 참여시키는 행위를 한 범죄에 대하여 신분을 비공개하고 범인으로 추정되는 자들에게 접근하여 범죄행위의 증거 및 자료 등을 수집할 수 있다.

④ 사법경찰관리가 디지털 성범죄에 대한 신분위장수사를 할 때 신분을 위장하기 위한 문서, 도화 및 전자기록 등의 작성, 변경 또는 행사는 가능하지만, 아동 · 청소년성착취물을 소지, 판매 또는 광고할 수 없다.

해설 ② (○) 미수죄 처벌: **성착취물** 제작 · 수입 · 수출, **강**간죄 등(유사강간, 준강간, 강제추행), 인신**매**매, 성을 팔도록 **강요【성착취물 강매강요】**

④ (×) 아동 · 청소년성착취물을 소지, 판매 또는 광고할 수 있다.

> 제25조의2(아동 · 청소년대상 디지털 성범죄의 수사 특례) ② (중략) 다음 각 호의 행위(이하 "신분위장수사"라 한다)를 할 수 있다.
> 1. 신분을 위장하기 위한 문서, 도화 및 전자기록 등의 작성, 변경 또는 행사
> 2. 위장 신분을 사용한 계약 · 거래
> 3. 아동 · 청소년성착취물 또는 「성폭력범죄의 처벌 등에 관한 특례법」 제14조제2항의 촬영물 또는 복제물(복제물의 복제물을 포함한다)의 **소지, 판매 또는 광고**

정답 ④

## 07 「아동 · 청소년의 성보호에 관한 법률」에 관한 설명 중 가장 적절하지 않은 것은? 〈22 채용2차〉

① 사법경찰관리는 아동 · 청소년의 성보호에 관한 법률 제11조 및 제15조의2의 죄, 아동 · 청소년에 대한 성폭력범죄의 처벌 등에 관한 특례법 제14조 제2항 및 제3항의 죄에 해당하는 '디지털 성범죄'에 대하여 신분을 비공개하고 범죄현장(정보통신망 포함) 또는 범인으로 추정되는 자들에게 접근하여 범죄행위의 증거 및 자료 등을 수집할 수 있다.

② 사법경찰관리가 신분비공개수사를 진행하고자 할 때에는 사전에 상급 경찰관서 수사부서의 장의 승인을 받아야 한다. 이 경우 그 수사기간은 1개월을 초과할 수 없다.

③ 사법경찰관리는 신분위장수사를 하려는 경우에는 검사에게 신분위장수사에 대한 허가를 신청하고, 검사는 법원에 그 허가를 청구한다. 다만 신분위장수사 절차를 거칠 수 없는 긴급을 요하는 때에는 동법 제25조의2 제2항의 요건을 구비하고 법원의 허가 없이 신분위장수사를 할 수 있다. 이 경우, 사법경찰관리는 신분위장수사 개시 후 지체 없이 검사에게 허가를 신청하여야 하고, 48시간 이내에 법원의 허가를 받지 못한 때에는 즉시 신분위장수사를 중지하여야 한다.

④ 국가수사본부장은 신분비공개수사가 종료된 즉시 대통령령으로 정하는 바에 따라 국가경찰위원회에 수사 관련 자료를 보고하여야 하며, 국가수사본부장은 대통령령으로 정하는 바에 따라 국회 소관 상임위원회에 신분비공개수사 관련 자료를 반기별로 보고하여야 한다.

해설 > ② (×) 신분비공개수사는 3개월을 초과할 수 없다(연장불가). 신분위장수사도 3개월을 초과할 수 없지만, 3개월의 범위에서 연장할 수 있고 총 기간은 1년을 초과할 수 없다.

정답 ②

## 08 「아동 · 청소년의 성보호에 관한 법률」상 '디지털 성범죄'에 해당하지 아니하는 것은? 〈보충〉

① 아동 · 청소년성착취물을 제작 · 수입 · 수출하는 행위

② 19세 이상의 사람이 성적 착취를 목적으로 정보통신망을 통하여 성적 욕망이나 수치심 또는 혐오감을 유발할 수 있는 대화를 지속적 또는 반복적으로 하거나 아동 · 청소년의 성을 사는 행위를 위하여 아동 · 청소년을 유인 · 권유하는 행위

③ 아동 · 청소년의 성을 사는 행위를 알선하거나 정보통신망에서 알선정보를 제공하는 행위

④ 카메라등 이용 촬영물을 반포 · 판매 · 임대 · 제공 또는 공공연하게 전시 · 상영하는 행위

해설 > ③ (×) 정보통신망에서 알선정보를 제공하는 행위(제15조②)는 포함되어 있지 않다.

**디지털 성범죄(제25조의2) 【성착취물 반대유】**

① 아동 · 청소년**성착취물** 제작 · 배포 등
② 카메라등 이용 **촬영물**(복제물의 복제물 포함)을 **반포 · 판매 · 임대 · 제공 또는 공공연하게 전시 · 상영하는 행위**(촬영 당시 승낙하였으나 의사에 반하여 반포하는 경우 포함)
③ 19세 이상의 사람이 **성적 착취를 목적으로** 대화를 지속적 또는 반복적으로 하는 행위
④ 19세 이상의 사람이 **성을 팔도록** 아동 · 청소년을 유인 · 권유하는 행위

정답 ③

**09** 「아동 · 청소년의 성보호에 관한 법률」 및 동법 시행령에 의한 신분비공개수사 및 신분위장수사에 대한 설명으로 옳지 않은 것은? 〈보충〉

① 신분비공개수사는 사법경찰관리가 디지털 성범죄에 대하여 자신의 신분을 비공개하고 범죄현장(정보통신망 포함) 또는 범인으로 추정되는 자들에게 접근하여 범죄행위의 증거 및 자료 등을 수집하는 것을 말한다.
② 경찰관임을 밝히지 않는 것은 신분비공개수사에 해당하지만, 경찰관 외의 신분을 고지하는 방식은 신분위장수사에 해당한다.
③ 아동 · 청소년에 대한 「성폭력범죄의 처벌 등에 관한 특례법」 제14조(카메라 등을 이용한 촬영) 제2항(반포등) 및 제3항(영리목적으로 반포등)의 죄를 대상으로 한다.
④ 신분위장수사의 기간은 3개월을 초과할 수 없는 것이 원칙이며, 그 수사기간 중 수사의 목적이 달성되었을 경우에는 즉시 종료하여야 한다.

해설 ② (×) 신분위장에 이르지 않는 행위로서 경찰관 외의 신분을 고지하는 방식도 신분비공개수사에 포함된다(동법 시행령 제5조의3①).

정답 ②

## 5 가정폭력범죄의 처벌 등에 관한 특례법

**01** 「가정폭력범죄의 처벌 등에 관한 특례법」에 대한 설명 중 가장 적절한 것은? 〈23 승진〉

① "가정 구성원"이란 배우자(사실상 혼인관계에 있는 사람은 제외한다) 또는 배우자였던 사람을 의미한다.
② 가정폭력범죄의 형사처벌 절차에 관한 특례를 정하고 가정폭력범죄를 범한 사람에 대하여 환경의 조정과 성행(行)의 교정을 위한 보호처분을 함으로써 가정폭력범죄로 파괴된 가정의 평화와 안정을 회복하고 건강한 가정을 가꾸며 피해자와 가족구성원의 인권을 보호함을 목적으로 한다.
③ "가정폭력행위자"는 가정폭력범죄를 범한 사람만을 의미하고 가정 구성원인 공범은 포함되지 않는다.
④ "가정폭력"이란 가정 구성원 사이의 신체적, 정신적 피해를 수반하는 행위를 말하며, 재산상 피해를 수반하는 행위는 "가정폭력"에 해당하지 않는다.

해설 ① (×) 사실혼 관계에 있는 사람도 포함된다.
③ (×) "가정폭력행위자"란 가정폭력범죄를 범한 사람 및 가정구성원인 공범을 말한다.
④ (×) "가정폭력"이란 가정구성원 사이의 신체적, 정신적 또는 재산상 피해를 수반하는 행위를 말한다.

정답 ②

## 02 다음 사례에서 「가정폭력범죄의 처벌 등에 관한 특례법」상 A의 "가정구성원"에 해당하지 않는 자는?

〈22 경간〉

> A남은 B녀와 혼인하여 살다가 이혼하였고 C녀는 D남과 혼인하여 살다가 이혼하였다. 그 후 A와 C가 재혼하였다. A에게는 부친 E가 있으며, C에게는 모친 F가 있다. 한편 A의 형제자매로는 남동생 G가 있으며, C의 형제자매로는 여동생 H가 있다. G는 아직 결혼을 하지 않고, 충남 아산에 있는 A와 C의 집에서 같이 살고 있으며, H는 결혼하여 남편과 함께 미국에서 살고 있다.

① B ② F
③ G ④ H

해설 ① (○) B : 배우자였던 사람으로 해당한다.
② (○) F : 배우자의 직계존속으로 해당한다.
③ (○) G : 동거하는 친족이므로 해당한다.
④ (×) H : 형제자매는 동거하는 경우에 한하여 해당한다.

**가정구성원의 범위(제2조 제2호)【배직동】**

> 2. "가정구성원"이란 다음 각 목의 어느 하나에 해당하는 사람을 말한다.
> 가. **배우자**(사실상 혼인관계에 있는 사람을 포함한다. 이하 같다) 또는 배우자였던 사람
> 나. 자기 또는 배우자와 **직계존비속관계**(사실상의 양친자관계를 포함한다. 이하 같다)에 있거나 있었던 사람
> 다. 계부모와 자녀의 관계 또는 적모(嫡母)와 서자(庶子)의 관계에 있거나 있었던 사람
> 라. **동거하는 친족**

정답 ④

## 03 「가정폭력범죄의 처벌 등에 관한 특례법」에 대한 설명으로 가장 적절하지 않은 것은?

〈22 승진〉

① 사법경찰관은 가정폭력범죄에 대한 응급조치에도 불구하고 가정폭력범죄가 재발될 우려가 있고 긴급을 요하여 법원의 임시조치 결정을 받을 수 없을 때에는 직권 또는 피해자나 그 법정대리인의 신청에 의하여 긴급임시조치를 할 수 있다.

② 진행 중인 가정폭력범죄에 대하여 신고를 받은 사법경찰관리는 즉시 현장에 나가서 폭력행위의 제지, 가정폭력행위자 피해자의 분리, 현행범인의 체포 등 범죄수사, 피해자를 가정폭력 관련 상담소 또는 보호시설로 인도(피해자가 동의한 경우만 해당), 긴급치료가 필요한 피해자를 의료기관으로 인도, 폭력행위 재발 시 제8조에 따라 임시조치를 신청할 수 있음을 통보, 제55조의2에 따른 피해자보호명령 또는 신변안전조치를 청구할 수 있음을 고지해야 한다.

③ 甲의 배우자였던 乙이 甲에게 폭행을 당한 것을 이유로 112종합상황실에 가정폭력으로 신고하여 순찰 중이던 경찰관이 출동한 경우 그 경찰관은 해당 사건에 대해 가정폭력범죄 사건으로 처리할 수 없다.

④ 피해자 또는 그 법정대리인은 가정폭력행위자를 고소할 수 있고, 피해자의 법정대리인이 가정폭력행위자인 경우 또는 가정폭력행위자와 공동으로 가정폭력범죄를 범한 경우에는 피해자의 친족이 고소할 수 있다.

해설 ③ (×) 가정폭력범죄의 대상으로 가정구성원은 가족이거나 가족이었던자(배우자, 직계존비속, 계부모와 자, 적모와 서자)이며, 동거친족은 현재 동거 중인 자만 해당하고 동거 친족이었던 자는 제외된다. 따라서 배우자였던 자는 대상에 해당한다.

정답 ③

**04** 「가정폭력범죄의 처벌 등에 관한 특례법」에 대한 설명으로 가장 적절하지 않은 것은? 〈21 채용1차〉

① 가정폭력으로서 출판물 등에 의한 명예훼손, 재물손괴, 유사강간, 주거침입의 죄는 가정폭력범죄에 해당한다.
② 사법경찰관은 「가정폭력범죄의 처벌 등에 관한 특례법」 제5조에 따른 응급조치에도 불구하고 가정폭력범죄가 재발될 우려가 있고, 긴급을 요하여 법원의 임시조치 결정을 받을 수 없을 때에는 직권 또는 피해자나 그 법정대리인의 신청에 의하여 긴급임시조치를 할 수 있다.
③ 법원은 가정폭력행위자에 대하여 유죄판결(선고유예는 제외)을 선고하거나 약식명령을 고지하는 경우에는 200시간의 범위에서 재범예방에 필요한 수강명령(「보호관찰 등에 관한 법률」에 따른 수강명령) 또는 가정폭력 치료프로그램의 이수명령을 병과할 수 있다.
④ 가정폭력범죄 중 아동학대범죄에 대해서는 「청소년 보호법」을 우선 적용한다.

해설 ③ (○) 유죄판결(선고유예 제외)·약식명령 시 수강·이수명령

| 200시간 이내 (~병과할 수 있다) | 500시간 이내 (~병과하여야 한다) |
|---|---|
| • 가정폭력처벌법<br>• 아동학대처벌법<br>• 스토킹처벌법 | • 아동청소년성보호법<br>• 성폭력처벌법<br>【비타 500】 |

④ (×) 제3조(다른 법률과의 관계) 가정폭력범죄에 대하여는 이 법을 우선 적용한다. 다만, 아동학대범죄에 대하여는 「아동학대범죄의 처벌 등에 관한 특례법」을 우선 적용한다.

정답 ④

**05** 「가정폭력범죄의 처벌 등에 관한 특례법」상 가정폭력 범죄의 유형에 해당하지 않는 죄는 모두 몇 개인가? 〈20 경간 변형〉

| | |
|---|---|
| 가. 공갈죄 | 나. 퇴거불응죄 |
| 다. 주거·신체 수색죄 | 라. 중손괴죄 |
| 마. 재물손괴죄 | 바. 중감금죄 |
| 사. 약취·유인죄 | 아. 특수감금죄 |
| 자. 아동혹사죄 | |

① 1개 ② 2개 ③ 3개 ④ 4개

해설 (○) 가, 나, 다, 마, 바, 아, 자
(×) 라, 사

**☞ 주요 가정폭력범죄 아닌 것【약방인 중손괴 배살사절 강행치사】**

약취·유인, 업무방해, 인질강요, 중손괴, 배임, 살인, 사기, 절도, 강도, 횡령, 상해치사, 폭행치사상, 유기치사상, 체포감금치사상
(강간치사는 가정폭력범죄에 포함됨)
【약방인 중손괴 배살사절 강행치사】

**☞ 유의할 가정폭력 범죄**

| ○ | 손괴, 특수손괴 | 강요 | 강간살인·치사 | 공갈 |
|---|---|---|---|---|
| × | 중손괴 | 인질강요 | 상해치사 등 사망사건 | 강도 |

정답 ②

**06** 「가정폭력범죄의 처벌 등에 관한 특례법」상 가정폭력범죄에 해당되지 않는 것은? 〈18 경위〉

① 상해치사
② 협박
③ 특수공갈
④ 출판물등에 의한 명예훼손

해설 ① (×) 상해치사, 폭행치사상, 유기치사상, 체포감금치사상 등은 해당하지 않고, 강간치사상은 포함된다. 살인은 해당되지 않지만 강간살인은 포함된다.

정답 ①

**07** 다음 중 「가정폭력범죄의 처벌 등에 관한 특례법」상 가정폭력범죄의 유형에 해당하지 않는 죄는 모두 몇 개인가? 〈17 경간 변형〉

| | | |
|---|---|---|
| ㉠ 폭행죄 | ㉡ 체포죄 | ㉢ 모욕죄 |
| ㉣ 유기죄 | ㉤ 주거침입죄 | ㉥ 공갈죄 |
| ㉦ 재물손괴죄 | ㉧ 사기죄 | ㉨ 협박죄 |

① 0개 ② 1개 ③ 2개 ④ 3개

해설 (○) ㉠, ㉡, ㉢, ㉣, ㉤, ㉥, ㉦, ㉨
(×) ㉧ **【약방인 중손괴 배살사절 강행치사】**

정답 ②

**08** 다음 중 신고를 받고 출동한 지역경찰관이 「가정폭력 범죄의 처벌 등에 관한 특례법」상 가정폭력 사건으로 처리할 수 있는 경우는? 〈19 승진〉

① 甲과 사실혼 관계에 있는 사람이 甲에게 사기죄를 범한 경우
② 乙의 시어머니가 乙의 아들을 약취한 경우
③ 丙과 같이 살고 있는 사촌동생이 丙의 명예를 훼손한 경우
④ 丁의 배우자의 지인이 丁의 재물을 손괴한 경우

해설 ① (×) 사기죄는 가정폭력범죄에 해당하지 않는다.
② (×) 약취는 가정폭력범죄에 해당하지 않는다.
③ (○) 현재 동거친족(동거친족 이었던 자×)은 가정구성원에 포함된다.
④ (×) 배우자(사실혼 포함)는 해당하지만 배우자의 지인은 해당하지 않는다.

정답 ③

**09** 「가정폭력범죄의 처벌 등에 관한 특례법」에 대한 다음 설명 중 옳지 않은 것은 모두 몇 개인가? 〈19 경간 변형〉

가. "가정폭력범죄"란 가정폭력으로서 「형법」상 상해, 폭행, 유기, 학대, 아동혹사, 체포, 감금, 협박, 강간, 강제추행, 명예훼손, 모욕, 주거침입, 강요, 공갈, 재물손괴 중 어느 하나에 해당하는 죄를 말한다.
나. 가정폭력행위자가 자기 또는 배우자의 직계존속일 경우에는 고소할 수 없다.
다. 피해자에게 고소할 법정대리인이나 친족이 없는 경우에 이해관계인이 신청하면 검사는 7일 이내에 고소할 수 있는 사람을 지정하여야 한다.
라. 사법경찰관이 응급조치 또는 긴급임시조치를 하였을 때에는 지체 없이 검사에게 임시조치의 청구를 신청하여야 한다.

① 1개 ② 2개
③ 3개 ④ 4개

해설 나. (×) 고소할 수 있다.
다. (×) 10일 이내에 지정하여야 한다.
라. (×) 긴급임시조치를 한 때에는 지체 없이 검사에게 임시조치를 신청하여야 하지만, 응급조치를 한 때에는 신청할 의무가 없다. 응급조치 시에는 재발이 될 경우 임시조치를 신청할 수 있다는 것을 피해자에게 통보만 해주면 된다.

☞ **고소의 특례**

| 고소권자 | 피해자 또는 그 법정대리인 |
|---|---|
| 특례 | ① 법정대리인이 가해자인 경우 피해자 친족은 고소 가능<br>② 자기 또는 배우자의 직계존속에 대해서도 고소 가능<br>③ 피해자에게 고소할 법정대리인이나 친족이 없는 경우에 이해관계인이 신청하면 검사는 **10일** 이내에 고소인을 **지정하여야 한다.** |

정답 ③

**10** **「가정폭력범죄의 처벌 등에 관한 특례법」에 대한 설명 중 가장 적절하지 않은 것은?** 〈19 법학〉

① 사법경찰관은 가정폭력범죄를 검사에게 송치할 때, 해당 사건을 가정보호사건으로 처리하는 것이 적절한지에 관한 의견을 제시할 수 있다.
② 사법경찰관이 긴급임시조치를 한 경우에는 범죄사실의 요지, 긴급임시조치가 필요한 사유 등을 기재한 긴급임시조치결정서를 즉시 작성하여야 한다.
③ 피해자에게 고소할 법정대리인이나 친족이 없는 경우에 검사는 직권으로 고소할 수 있는 사람을 지정해야 한다.
④「가정폭력범죄의 처벌 등에 관한 특례법」 제29조 제1항 제5호(국가경찰관서의 유치장 또는 구치소에의 유치)는 긴급임시조치의 대상이 아니다.

해설> ③ (×) 이해관계인이 신청하면 검사는 10일 이내에 고소인을 지정하여야 한다.

정답 ③

**11** **「가정폭력범죄의 처벌 등에 관한 특례법」상 가정폭력범죄에 대해 사법경찰관이 취할 수 있는 긴급임시조치로 가장 적절하지 않은 것은?** 〈23 채용1차〉

① 국가경찰관서의 유치장 또는 구치소에 유치
② 피해자 또는 가정 구성원이나 그 주거·직장 등에서 100미터 이내의 접근금지
③ 피해자 또는 가정구성원의 주거 또는 점유하는 방실로부터의 퇴거 등 격리
④ 피해자 또는 가정 구성원에 대한「전기통신기본법」 제2조 제1호의 전기통신을 이용한 접근금지

해설> ① (×) 긴급임시조치는 **격**리 또는 **접**근금지(100미터 이내 또는 전기통신 이용)이다. **【격접】** 유치장 또는 구치소에 유치는 판사의 임시조치 내용이다.

정답 ①

**12** **「가정폭력범죄의 처벌 등에 관한 특례법」상 사법경찰관의 긴급임시조치에 해당하는 것으로 가장 적절하지 않은 것은?** 〈17 경위 변형〉

① 의료기관이나 그 밖의 요양소에의 위탁
② 피해자 또는 가정구성원이나 그 주거·직장 등에서 100미터 이내의 접근 금지
③ 피해자 또는 가정구성원의 주거 또는 점유하는 방실로부터의 퇴거 등 격리
④ 피해자 또는 가정구성원에 대한 유선·무선·광선 및 기타의 전자적 방식에 의하여 부호·문언·음향 또는 영상을 송신하거나 수신하는 전기통신을 이용한 접근금지

해설> ① (×) 의료기관이나 그 밖의 요양소 위탁은 판사의 임시조치 사항에는 들어 있지만, 경찰의 긴급임시조치 사항에는 포함되지 않는다.

정답 ①

**13** **「가정폭력범죄의 처벌 등에 관한 특례법」에 대한 설명으로 가장 적절하지 않은 것은?** 〈16 채용2차〉

① 검사는 가정폭력범죄가 재발될 우려가 있다고 인정하는 경우에는 직권으로 또는 사법경찰관의 신청에 의하여 법원에 피해자 또는 가정구성원의 주거 또는 점유하는 방실로부터의 퇴거 등 격리, 피해자 또는 가정구성원의 주거·직장 등에서 100미터 이내의 접근 금지, 의료기관이나 그 밖의 요양소에 위탁의 임시조치를 청구할 수 있다.
② 사법경찰관은 응급조치에도 불구하고 가정폭력범죄가 재발될 우려가 있고, 긴급을 요하여 법원의 임시조치 결정을 받을 수 없을 때에는 직권 또는 피해자나 그 법정대리인의 신청에 의하여 긴급임시조치를 할 수 있다.
③ 임시조치의 청구는 긴급임시조치를 한 때부터 48시간 이내에 청구하여야 하며, 긴급임시조치결정서를 첨부하여야 한다.
④「형법」상 유기죄는 가정폭력범죄에 해당한다.

해설> ① (×) 판사의 임시조치 중에서, 의료기관·요양소·상담소 위탁은 검사 청구 없이 판사가 결정한다.

정답 ①

## 6 아동학대 처벌

**01 「아동학대범죄의 처벌 등에 관한 특례법」에 대한 설명으로 가장 적절한 것은?** 〈23 경간〉

① 피해아동에게 고소할 법정대리인이나 친족이 없는 경우에 이해관계인이 신청하면 검사는 20일 이내에 고소할 수 있는 사람을 지정하여야 한다.

② 아동학대범죄 신고를 접수한 사법경찰관리는 아동학대범죄가 행하여지고 있는 것으로 신고된 현장 또는 피해아동을 보호하기 위하여 필요한 장소에 출입하여 아동 또는 아동학대행위자 등 관계인에 대하여 조사를 하거나 질문을 할 수 있다. 이 경우 사법경찰관리는 피해아동의 보호 및 「아동복지법」 제22조의4의 사례관리계획에 따른 사례관리를 위한 범위에서만 아동학대행위자 등 관계인에 대하여 조사해야 한다.

③ 법원은 아동학대행위자에 대하여 유죄판결(선고유예를 포함한다)을 선고하면서 200시간의 범위에서 재범예방에 필요한 수강명령 또는 아동학대 치료프로그램의 이수명령을 병과할 수 있다.

④ 사법경찰관은 아동학대행위자에 대한 긴급임시조치를 한 경우에는 즉시 긴급임시조치결정서를 작성하여야 하고, 그 내용을 시·도지사 또는 시장·군수·구청장에게 지체 없이 통지하여야 한다.

해설 > ① (×) 검사는 10일 이내에 고소할 수 있는 사람을 지정하여야 한다.

② (×) 피해아동의 보호 및 사례관리를 위한 범위에서만 조사해야 하는 사람은 아동학대전담공무원이다.

> 제11조(현장출동) ② 아동학대범죄 신고를 접수한 사법경찰관리나 아동학대전담공무원은 아동학대범죄가 행하여지고 있는 것으로 신고된 현장 또는 피해아동을 보호하기 위하여 필요한 장소에 출입하여 아동 또는 아동학대행위자 등 관계인에 대하여 조사를 하거나 질문을 할 수 있다. 다만, 아동학대전담공무원은 다음 각 호를 위한 범위에서만 아동학대행위자 등 관계인에 대하여 조사 또는 질문을 할 수 있다.
> 1. 피해아동의 보호
> 2. 「아동복지법」 제22조의4의 사례관리계획에 따른 사례관리(이하 "사례관리"라 한다)

③ (×) 유죄판결에 선고유예는 제외한다(제8조①).

☞ **유죄판결(선고유예 제외)·약식명령 시 수강·이수명령**

| 200시간 이내 (~병과할 수 있다) | 500시간 이내 (~병과하여야 한다) |
|---|---|
| • 가정폭력처벌법<br>• 아동학대처벌법<br>• 스토킹처벌법 | • 아동청소년성보호법<br>• 성폭력처벌법<br>【비타 500】 |

정답 ④

**02 「아동학대범죄의 처벌 등에 관한 특례법」에 대한 설명으로 가장 적절하지 않은 것은?** 〈22 승진〉

① 아동학대범죄 신고를 접수한 사법경찰관리나 아동학대전담공무원이 동행하여 현장출동하지 아니한 경우 수사기관의 장이나 시·도지사 또는 시장·군수·구청장은 현장출동에 따른 조사 등의 결과를 서로에게 통지할 수 있다.

② 사법경찰관은 피해아동 등에 대한 응급조치에도 불구하고 아동학대범죄가 재발될 우려가 있고 긴급을 요하여 법원의 임시조치결정을 받을 수 없을 때에는 직권으로 아동학대행위자에 대한 긴급임시조치를 할 수 있다.

③ 검사는 아동학대범죄사건의 증인이 피고인 또는 그 밖의 사람으로부터 생명·신체에 해를 입거나 입을 염려가 있다고 인정될 때에는 관할 경찰서장에게 증인의 신변안전을 위하여 필요한 조치를 할 것을 요청하여야 한다.

④ 판사가 아동학대범죄의 원활한 조사·심리 또는 피해아동 등의 보호를 위하여 필요하다고 인정하는 경우에는 결정으로 아동학대행위자에게 경찰관서의 유치장 또는 구치소에 유치하는 조치를 할 수 있다.

해설 > ① (×) 아동학대범죄 신고를 접수한 사법경찰관리나 아동학대전담공무원은 **지체 없이** 아동학대범죄의 현장에 **출동하여야 한다.** 이 경우 **수사기관의 장(경찰관 ×)**이나 시·도지사, 시·군·구청장은 서로 동행하여 줄 것을 **요청할 수 있다.** 현장출동이 동행하여 이루어지지 아니한 경우 수사기관의 장이나 시·도지사 또는 시장·군수·구청장은 현장출동에 따른 **조사 등의 결과를 서로에게 통지하여야 한다**(제11조).

정답 ①

## 03 「아동학대범죄의 처벌 등에 관한 특례법」에 대한 설명으로 가장 적절하지 않은 것은? 〈21 채용2차〉

① 아동학대 신고의무자가 보호하는 아동에 대하여 아동학대범죄를 범한 때에는 그 죄에 정한 형의 2분의 1까지 가중한다.

② 아동학대범죄 현장을 발견한 경우 또는 학대현장 이외의 장소에서 학대피해가 확인되고 재학대의 위험이 급박한 경우, 사법경찰관리 또는 아동학대전담공무원은 피해아동 등의 보호를 위하여 즉시 응급조치를 하여야 한다. 응급조치에는 아동학대범죄 행위의 제지, 아동학대행위자를 피해아동 등으로부터 격리, 피해아동 등을 아동학대 관련 보호시설로 인도, 피해아동 등 또는 가정구성원에 대한 전기통신을 이용한 접근 금지 조치가 있다.

③ 아동학대행위자를 피해아동 등으로부터 격리하는 경우, 72시간을 넘을 수 없다. 다만, 공휴일이나 토요일이 포함되는 경우로서 피해아동 등의 보호를 위하여 필요하다고 인정되는 경우에는 48시간의 범위에서 그 기간을 연장할 수 있다.

④ 판사는 아동학대범죄의 원활한 조사·심리 또는 피해아동 등의 보호를 위하여 필요하다고 인정하는 경우에는 결정으로 아동학대행위자에게 임시조치를 할 수 있다. 임시조치에는 친권 또는 후견인 권한 행사의 제한 또는 정지, 아동보호전문기관 등에의 상담 및 교육 위탁, 의료기관이나 그 밖의 요양시설에의 위탁, 경찰관서의 유치장 또는 구치소에의 유치 등이 있다.

해설 > ② (×) 피해아동 등 또는 가정구성원에 대한 전기통신을 이용한 접근 금지 조치는 임시조치 또는 긴급임시조치의 내용이다.

정답 ②

## 04 「아동학대범죄의 처벌 등에 관한 특례법」에 대한 설명으로 가장 적절하지 않은 것은? 〈21 승진, 19경간〉

① 동법 제12조 제1항에 따라 응급조치상 아동학대행위자를 피해아동 등으로부터 격리할 경우 48시간을 넘을 수 없으나, 검사가 임시조치를 법원에 청구한 경우에는 법원의 임시조치 결정 시까지 연장된다.

② 응급조치에도 불구하고 아동학대범죄의 재발이 우려되고, 긴급을 요하여 법원의 임시조치 결정을 받을 수 없을 때에는 사법경찰관의 직권으로 긴급임시조치를 할 수 있다.

③ 판사는 아동학대범죄의 원활한 조사·심리 또는 피해아동 등의 보호를 위하여 필요하다고 인정하는 경우에는 결정으로 아동학대행위자에게 임시조치를 할 수 있다.

④ 임시조치 결정을 통해 아동학대행위자를 경찰관서의 유치장 또는 구치소에의 유치 등을 할 수 있다.

해설 > ① (×) 응급조치(인도·격리)는 72시간을 초과할 수 없으나 공휴일이나 토요일이 포함되는 경우에는 48시간의 범위에서 그 기간을 연장할 수 있으며, 검사가 임시조치 청구 시에는 임시조치 결정 시까지 연장된다. **【제인 격통, 추이(72)를 보자】**

정답 ①

## 05 「아동학대범죄의 처벌 등에 관한 특례법」상 사법경찰관의 긴급임시조치로 가장 적절하지 않은 것은? 〈23 채용2차〉

① 피해아동등 또는 가정구성원의 주거로부터 퇴거 등 격리

② 경찰관서의 유치장 또는 구치소에의 유치

③ 피해아동등 또는 가정구성원의 주거, 학교 또는 보호시설 등에서 100미터 이내의 접근 금지

④ 피해아동등 또는 가정구성원에 대한 「전기통신기본법」 제2조 제1호의 전기통신을 이용한 접근 금지

해설 > ② (×) 긴급임시조치에 해당하지 아니한다.

정답 ②

PART 05

## 06 아동학대범죄의 처벌 등에 관한 특례법에 대한 설명 중 가장 적절하지 않은 것은? 〈20 승진 변형〉

① 아동학대범죄에 대하여는 이 법을 우선 적용한다. 다만, 성폭력 범죄의 처벌 등에 관한 특례법, 아동·청소년의 성보호에 관한 법률에서 가중처벌되는 경우에는 그 법에서 정한 바에 따른다.

② 아동학대범죄 신고를 접수한 사법경찰관리나 아동학대전담공무원은 지체 없이 아동학대범죄의 현장에 출동하여야 한다.

③ 현장에 출동하거나 아동학대범죄 현장을 발견한 사법경찰관리 또는 아동학대전담공무원은 피해아동 보호를 위하여 즉시 응급조치를 하여야 한다.

④ 피해아동에 대한 응급조치의 내용 중 '피해아동을 아동학대 관련 보호시설로 인도'하는 조치를 하는 때에는 피해아동 및 보호자의 동의를 받아야 한다.

해설> ④ (×) 동의는 받을 필요 없으나, **피해아동 등의 이익을 최우선으로 고려**하여야 하며, 피해아동 등을 보호하여야 할 필요가 있는 등 특별한 사정이 있는 경우를 제외하고는 피해아동 등의 **의사를 존중**하여야 한다. 가정폭력처벌법에서 보호시설 인도 시에는 동의가 필요하다.

정답 ④

## 07 「아동학대범죄의 처벌 등에 관한 특례법」에 대한 설명으로 가장 적절하지 않은 것은? 〈18 경감〉

① 피해아동이 보호자의 학대를 당연하게 받아들이고 이를 학대로 인식하지 못하는 은폐성 때문에 「아동학대범죄의 처벌 등에 관한 특례법」은 아동학대 신고의무자를 광범위하게 규정하고 있다.

② 응급조치상의 격리란 아동학대행위자를 72시간(단, 검사가 법원에 임시조치를 청구한 경우에는 법원의 임시조치 결정 시까지 연장)을 기한으로 하여 피해아동으로부터 장소적으로 분리하는 조치를 의미한다.

③ 응급조치에도 불구하고 아동학대범죄가 재발될 우려가 있고, 긴급을 요하여 법원의 임시조치 결정을 받을 수 없을 때 사법경찰관은 직권이나 피해아동 등의 신청에 따라 긴급임시조치를 할 수 있다.

④ 임시조치는 아동학대범죄의 원활한 조사·심리 또는 피해아동 보호를 위하여 필요하다고 인정되는 경우 판사의 결정으로 아동학대행위자의 권한 또는 자유를 일정 기간 동안 제한하는 조치이다.

해설> ① (×) 학대로 인식하지 못하는 미인지성(은폐성×) 때문이다.

정답 ①

**08** 「아동학대범죄의 처벌 등에 관한 특례법」에 대한 다음 설명 중 옳은 것은 모두 몇 개인가?

〈17 경간 변형〉

㉠ 아동이란 19세 미만인 사람을 말한다.
㉡ 아동학대범죄 신고를 접수한 사법경찰관리나 아동학대전담공무원은 지체 없이 아동학대범죄의 현장에 출동하여야 한다.
㉢ 현장에 출동하거나 아동학대범죄 현장을 발견한 사법경찰관리 또는 아동학대전담공무원은 피해아동 보호를 위하여 즉시 응급조치를 하여야 한다.
㉣ 응급조치의 유형에는 아동학대범죄 행위의 제지, 아동학대행위자를 피해아동으로부터 격리, 피해아동을 아동학대 관련 보호시설로 인도, 아동보호전문기관에의 상담 및 교육 위탁이 있다.
㉤ 아동학대행위자를 피해아동으로부터 격리하는 응급조치는 48시간을 넘을 수 없다.

① 1개 ② 2개
③ 3개 ④ 4개

해설 ㉠ (×) 아동은 18세 미만이다.
㉣ (×) "아동보호전문기관 등에의 상담 및 교육 위탁"은 임시조치의 내용이다.
㉤ (×) 72시간이 원칙이다.

정답 ②

## 7 스토킹처벌법

**01** 「스토킹범죄의 처벌 등에 관한 법률」상 잠정조치로 적절한 것은 모두 몇 개인가? 〈23 경간〉

가. 국가경찰관서의 유치장 또는 구치소에의 유치
나. 스토킹 행위자와 피해자 등의 분리 및 범죄수사
다. 피해자 또는 그의 동거인, 가족이나 그 주거 등으로부터 100미터 이내의 접근 금지
라. 스토킹 피해 관련 상담소 또는 보호시설로의 피해자 등 인도(피해자 등이 동의한 경우만 해당한다)
마. 피해자 또는 그의 동거인, 가족에 대한 「전기통신기본법」 제2조 제1호의 전기통신을 이용한 접근 금지

① 1개 ② 2개
③ 3개 ④ 4개

해설 나. (×) 응급조치에 해당한다.
라. (×) 응급조치에 해당한다.

**☞ 잠정조치의 내용**

제9조(스토킹행위자에 대한 잠정조치) ① 법원은 스토킹범죄의 원활한 조사·심리 또는 피해자 보호를 위하여 필요하다고 인정하는 경우에는 결정으로 스토킹행위자에게 다음 각 호의 어느 하나에 해당하는 조치(이하 "잠정조치"라 한다)를 할 수 있다.
1. 피해자에 대한 스토킹범죄 중단에 관한 서면 **경**고
2. 피해자 또는 그의 동거인, 가족이나 그 주거등으로부터 100미터 이내의 **접**근 금지
3. 피해자 또는 그의 동거인, 가족에 대한 「전기통신기본법」 제2조제1호의 전기통신을 이용한 **접**근 금지
3의2. 「전자장치 부착 등에 관한 법률」 제2조제4호의 위치추적 **전**자장치(이하 "전자장치"라 한다)의 부착 〈2024.1.12. 시행〉
4. 국가경찰관서의 유치장 또는 **구**치소에의 유치 **【경접전구】**

정답 ③

## 02 「스토킹범죄의 처벌 등에 관한 법률」상 처리절차에 관한 설명 중 옳은 것은 모두 몇 개인가? 〈22 채용2차〉

> ㉠ 사법경찰관은 스토킹행위 신고와 관련하여 스토킹행위가 지속적 또는 반복적으로 행하여질 우려가 있고 스토킹범죄의 예방을 위하여 긴급을 요하는 경우, 스토킹행위자에게 직권으로 또는 스토킹행위의 상대방이나 그 법정대리인 또는 스토킹행위를 신고한 사람의 요청에 의하여, 스토킹행위의 상대방이나 그 주거 등으로부터 100미터 이내의 접근 금지, 전기통신기본법 제2조 제1호의 전기통신을 이용한 접근 금지 등의 조치를 할 수 있다.
> ㉡ 사법경찰관은 긴급응급조치를 하였을 때에는 지체 없이 검사에게 해당 긴급응급조치에 대한 사후승인을 지방법원 판사에게 청구하여 줄 것을 신청하여야 하며, 신청을 받은 검사는 긴급 응급조치가 있었던 때부터 48시간 이내에 지방법원 판사에게 해당 긴급응급조치에 대한 사후승인을 청구한다.
> ㉢ 긴급응급조치기간은 1개월을 초과할 수 없다.
> ㉣ 법원은 스토킹범죄의 원활한 조사 심리 또는 피해자 보호를 위하여 잠정조치가 필요하다고 인정하는 경우에는 결정으로 스토킹행위자를 경찰관서의 유치장 또는 구치소에 1개월을 초과하지 않는 범위에서 유치할 수 있다. 다만 법원은 피해자의 보호를 위하여 그 기간을 연장할 필요가 있다고 인정하는 경우에는 결정으로 2개월의 범위에서 연장할 수 있다.

① 1개　　② 2개
③ 3개　　④ 4개

해설> ㉣ (×) 유치장 또는 구치소에 유치하는 잠정조치는 1개월을 초과할 수 없으며 연장할 수 없다.

**☞ 임시조치(잠정조치) 기간 비교**

| | |
|---|---|
| 가정폭력처벌법 | 격 · 접: 2개월(2회 연장)<br>요 · 구: 1개월(1회 연장) |
| 아동학대처벌법 | 격 · 접: 2개월(2회 연장)<br>친 · 교 · 요 · 구: 2개월(1회 연장) |
| 스토킹처벌법 | 접 · 전: **3개월(2회 연장)**<br>구: **1개월(연장불가)** |

정답 ③

## 03 「스토킹범죄의 처벌 등에 관한 법률」에 관한 설명 중 가장 적절하지 않은 것은? 〈22 채용1차〉

① '스토킹범죄'란 지속적 또는 반복적으로 스토킹행위를 하는 것을 말한다.
② 사법경찰관리는 진행 중인 스토킹행위에 대하여 신고를 받은 경우 즉시 현장에 나가 스토킹 행위의 제지, 스토킹행위자와 피해자 분리, 유치장 또는 구치소에의 유치 등의 조치를 할 수 있다.
③ 스토킹범죄를 저지른 사람은 3년 이하의 징역 또는 3천만원 이하의 벌금에 처한다.
④ 흉기 또는 그 밖의 위험한 물건을 휴대하거나 이용하여 스토킹 범죄를 저지른 사람은 5년 이하의 징역 또는 5천만원 이하의 벌금에 처한다.

해설> ② (×) '유치장 또는 구치소에의 유치'는 잠정조치에 해당한다.

정답 ②

## 04 「스토킹범죄의 처벌 등에 관한 법률」상 용어의 정의에 대한 설명으로 옳지 않은 것은? 〈보충〉

① "스토킹행위"에 정보통신망을 이용하여 물건등을 도달하게 하는 행위는 포함되지만 주거등 또는 그 부근에 놓여져 있는 물건등을 훼손하는 행위는 포함되지 않는다.
② "스토킹범죄"란 지속적 또는 반복적으로 스토킹행위를 하는 것을 말한다.
③ "피해자"란 스토킹범죄로 직접적인 피해를 입은 사람을 말한다.
④ "피해자등"이란 피해자 및 스토킹행위의 상대방을 말한다.

해설> ① (×) 물건등을 훼손하는 행위도 포함된다.

☞ **"스토킹행위" 유형【가게(에서) 따지기도해(훼)】**

1. 접근하거나 **따라다니거나 진로를 막아서는 행위**
2. 주거, 직장, 학교, 그 밖에 일상적으로 생활하는 장소(이하 "주거 등"이라 한다) 또는 그 부근에서 **기다리거나 지켜보는 행위**
3. **우편·전화·팩스** 또는 「정보통신망 이용촉진 및 정보보호 등에 관한 법률」 제2조제1항제1호의 **정보통신망을 이용**하여 물건이나 글·말·부호·음향·그림·영상·화상(이하 "물건등"이라 한다)을 **도달하게 하거나 상대방등에게 나타나게 하는 행위**
4. 직접 또는 제3자를 통하여 **물건 등을 도달하게** 하거나 주거 등 또는 그 부근에 물건 등을 두는 행위
5. 주거 등 또는 그 부근에 놓여져 있는 **물건 등을 훼손**하는 행위
6. 정보통신망을 이용하여 상대방등의 개인정보, 개인위치정보 또는 이를 편집·합성 또는 가공한 정보를 배포 또는 **게**시하는 행위
7. 정보통신망을 통하여 자신이 상대방등인 것처럼 **가장**하는 행위

정답 ①

## 05 「스토킹범죄의 처벌 등에 관한 법률」에 대한 설명으로 가장 적절한 것은? 〈보충〉

① 사법경찰관은 긴급응급조치를 하였을 때에는 지체 없이 검사에게 잠정조치 청구를 신청하여야 한다.
② 긴급응급조치기간은 1개월을 초과할 수 없다. 다만, 스토킹행위가 지속적 또는 반복적으로 행하여질 우려가 있는 경우에는 검사에게 기간을 연장하여 줄 것을 신청할 수 있다.
③ 사법경찰관은 정당한 이유가 있다고 인정하는 경우에는 직권으로 또는 신청에 의하여 해당 긴급응급조치를 취소할 수 있고, 지방법원 판사의 승인을 받아 긴급응급조치의 종류를 변경할 수 있다.
④ 법원은 스토킹행위자를 국가경찰관서의 유치장에 유치하는 잠정조치 결정을 할 수는 없다.

해설> ① (×) 사법경찰관은 지체 없이 검사에게 해당 긴급응급조치에 대한 사후승인을 지방법원 판사에게 청구하여 줄 것을 신청하여야 한다. 잠정조치를 반드시 청구할 필요는 없다.
② (×) 긴급 응급조치는 1개월을 초과할 수 없다. 연장에 대한 규정은 없다.
③ (○) 제7조④
④ (×) 법원은 **법원은** 다음 각 호의 잠정조치를 할 수 있으며, 병과할 수 있다. **【경접전구】**

1. 피해자에 대한 스토킹범죄 중단에 관한 **서면 경고**
2. **피해자나 그 주거 등**으로부터 100미터 이내의 **접근 금지**
3. 피해자에 대한 「전기통신기본법」 제2조제1호의 **전기통신을 이용한 접근 금지**
4. 위치추적 **전**자장치의 부착
5. 국가경찰관서의 **유치장 또는 구치소에의 유치**

정답 ③

# 제2장 수사경찰

## 제1절 수사 일반

**01 「검사와 사법경찰관의 상호협력과 일반적 수사준칙에 관한 규정」에 대한 설명으로 가장 적절한 것은?** 〈21 채용2차변형〉

① 검사는 사법경찰관에게 수사경합에 따른 수사송치를 요구할 때에는 그 내용과 이유를 구체적으로 적은 서면으로 해야 하며, 사법경찰관은 요구를 받은 날부터 10일 이내에 사건을 검사에게 송치해야 한다.
② 사법경찰관은 수사중지 결정을 한 경우 7일 이내에 사건기록을 검사에게 송부해야 한다. 이 경우 검사는 사건기록을 송부받은 날부터 30일 이내에 반환해야 한다.
③ 검사는 사법경찰관으로부터 송치받은 사건에 대해 직접 보완수사를 할 수 없다.
④ 검사는 사법경찰관에게 재수사를 요청하려는 경우에는 관계 서류와 증거물을 송부받은 날부터 90일 이내에 해야 하며, 90일이 지난 후에는 불송치 결정에 영향을 줄 수 있는 명백히 새로운 증거 또는 사실이 발견된 경우를 제외하고 재수사를 요청할 수 없다.

해설 ① (×) 7일 이내에 사건을 검사에게 송치해야 한다(제49조②).
③ (×) 검사는 직접 보완수사를 하거나 사법경찰관에게 보완수사를 요구할 수 있다(제59조①).
④ (×) 검사는 **불**송치 사건에 대하여 서류와 증거물을 송부받은 날부터 **90**일 이내에 **재**수사를 요청해야 한다. 다만, 증거 등의 **허**위, 위·변조가 있거나 명백히 **새**로운 증거 등이 발견된 경우에는 90일이 지난 후에도 재수사를 요청할 수 있다.**【불구재 허새】**

정답 ②

**02 수사실행의 5대 원칙에 대한 설명으로 가장 적절한 것은?** 〈21 승진〉

① 수사자료 감식·검토의 원칙: 수사관의 상식적 검토·판단에만 의할 것이 아니라 감식과학이나 과학적 지식 또는 시설장비를 최대한 활용하여 수사를 해야 한다는 원칙으로, 수사의 기본방법 중 제1조건이다.
② 적절한 추리의 원칙: 추측 시에 수집된 자료를 기초로 합리적인 판단을 하고, 추측은 수사결과에 대한 확정적 판단이므로, 신뢰성이 검증된 증거를 바탕으로 추측을 하여야 한다.
③ 검증적 수사의 원칙: 여러 가지 추측 중에서 어떤 추측이 정당한 것인가를 가리기 위해서는 그들 추측 하나를 모든 각도에서 검토해야 한다는 원칙으로, 수사방법의 결정 → 수사사항의 결정 → 수사실행이라는 순서에 따라 검토한다.
④ 사실판단 증명의 원칙: 수사관이 한 판단의 진실성이 증명되기 위해서는 누구에게나 그 진위가 확인될 수 있어야 하며, 판단이 언어나 문자로 표현되고 근거의 제시로서 객관화되어야 한다는 원칙이다.

해설 ① (×) 제1조건은 완전수집의 원칙이다.
② (×) 적절한 추리의 원칙: 수집된 자료를 기초로 합리적인 판단을 하고, 추측은 가상적인 판단이므로 그 진실성이 확인될 때까지 추측을 진실이라고 주장·확신해서는 안 된다.
③ (×) 수사사항의 결정 → 수사방법의 결정 → 수사실행의 순서에 따라 검토한다.

정답 ④

**03 수사실행의 5대 원칙 중 검증적 수사의 원칙에 대한 설명으로 가장 옳은 것은?** 〈16 경간〉

① 수사의 기본방법에서 제1의 조건 또는 제1의 법칙이다.
② 여러 가지 추측 중에서 과연 어떤 추측이 정당한 것인가를 가리기 위해서 모든 추측 하나하나를 모든 각도에서 검토해야 한다는 원칙이다.
③ 수사관의 판단이 진실이라는 이유 또는 객관적 증거를 제시해야 한다는 원칙이다.
④ 수집된 자료를 기초로 합리적인 판단을 해야 한다는 원칙이다.

해설 ① (×) 제1의 조건은 수사자료 완전수집의 원칙이다.
③ (×) 사실판단 증명의 원칙에 대한 설명이다.
④ (×) 합리적 판단은 적절한 추리의 원칙이다.

정답 ②

**04** **범죄첩보는 수사첩보의 한 내용으로서 범죄수사상 참고가 될 만한 제반사항을 의미하는 것으로 수사의 단서가 될 수 있는 것은 물론 범죄로의 이행이 예상되는 사안이나 이미 발생한 범죄에 관한 사항 등이 모두 대상이 된다. 다음 중 범죄첩보의 특징을 설명한 것으로 가장 적절하지 않은 것은?** 〈16 채용1차〉

① 결과지향성 – 범죄첩보는 수사 후 현출되는 결과가 있어야 한다.
② 혼합성 – 범죄첩보는 그 속에 하나의 원인과 결과가 내포되어 있어야 한다.
③ 가치변화성 – 범죄첩보는 시간이 경과함에 따라 가치가 감소한다.
④ 결합성 – 범죄첩보는 여러 첩보가 서로 결합되어 이루어진다.

해설 ③ (×) 가치변화성은 수사기관의 필요성에 따라 가치가 변화하는 것이고, 시한성이 시간의 경과에 따라 가치가 감소하는 성질을 의미한다.

**범죄첩보의 특징**

| | |
|---|---|
| 결합성 | 여러 첩보가 서로 **결합** |
| 혼합성 | 그 속에 **원인과 결과가 내포** |
| 결과지향성 | 현출되는 **결과**가 있어야 함. |
| 가치변화성 | 수사기관의 **필요성**에 따라 가치 **변화** |
| 시한성 | **시간**에 따라 가치 **감소**<br>**【결혼 결과 가시(밭) – 가필(加筆) 시시】** |

정답 ③

## 제2절 수사절차

**01** **변사사건 및 지문에 대한 설명으로 가장 적절하지 않은 것은?** 〈22 승진〉

① 전당포, 금은방, 등에 비치된 거래대장에 압날된 지문과 같이 준현장지문은 범죄현장 이외의 장소에서 채취한 지문을 말한다.
② 「경찰수사규칙」상 사법경찰관이 검시를 할 때에는 검시 조사관을 참여시켜야 하며 검시에 참여한 검시 조사관은 변사자조사결과보고서를 작성해야 한다.
③ 「지문 및 수사자료표 등에 관한 규칙」상 '지문자동검색시스템(AFIS : Automated Fingerprint Identification System)'은 주민등록증발급신청서·외국인의 생체정보·수사자료표의 지문을 원본 그대로 암호화하여 데이터베이스에 저장하고 채취한 지문과의 동일성 검색에 활용하는 전산시스템을 말한다.
④ 「경찰수사규칙」상 사법경찰관리는 검시에 특별한 지장이 없다고 인정하면 변사자의 가족·친족, 이웃사람·친구, 시·군·구·읍·면·동의 공무원이나 그 밖에 필요하다고 인정하는 사람을 검시에 참여시켜야 한다.

해설 ② (×) 사법경찰관은 **의사를 참여시키고,** 검시에 특별한 지장이 없으면 변사자의 가족, 친족, 이웃, 친구, 자치단체 공무원 등을 **참여시켜야 하며,** 검시조사관을 **참여시킬 수 있다.**

정답 ②

## 02 「검사와 사법경찰관의 상호협력과 일반적 수사준칙에 관한 규정」 및 「경찰수사규칙」상 변사사건 처리요령에 대한 설명으로 가장 적절하지 않은 것은?

〈19 승진 변형〉

① 사법경찰관은 변사자 또는 변사한 것으로 의심되는 사체가 있으면 변사사건 발생사실을 검사에게 통보해야 한다.
② 사법경찰관이 검시를 할 때에는 검시 조사관을 참여시켜야 한다.
③ 사법경찰관은 형사소송법 제222조에 따른 검시 또는 검증 결과 사망의 원인이 범죄로 인한 것으로 판단하는 경우에는 신속하게 수사를 개시해야 한다.
④ 검사와 사법경찰관은 형사소송법 제222조에 따라 변사자의 검시를 한 사건에 대해 사건 종결 전에 수사할 사항 등에 관하여 상호 의견을 제시·교환해야 한다.

해설> ② (×) 의사는 참여시키고, 검시 조사관은 참여시킬 수 있다. 특별한 사정이 없는 한 변사자의 가족 등도 참여시켜야 한다(수사규칙 제27조, 제30조).

> 제27조(변사자의 검시·검증) ① 사법경찰관은 법 제222조제1항 및 제3항에 따라 검시를 하는 경우에는 **의사를 참여시켜야 하며,** 그 의사로 하여금 검안서를 작성하게 해야 한다. 이 경우 사법경찰관은 **검시 조사관을 참여시킬 수 있다.**
>
> 제30조(검시와 참여자) 사법경찰관리는 검시에 특별한 지장이 없다고 인정하면 변사자의 가족·친족, 이웃사람·친구, 시·군·구·읍·면·동의 공무원이나 그 밖에 필요하다고 인정하는 사람을 검시에 **참여시켜야 한다.**

**☞ 검사와 사법경찰관의 상호협력과 일반적 수사준칙에 관한 규정**

> 제17조(변사자의 검시 등) ① 사법경찰관은 변사자 또는 변사한 것으로 의심되는 사체가 있으면 변사사건 발생사실을 검사에게 통보해야 한다.
> ② 검사는 법 제222조제1항에 따라 검시를 했을 경우에는 검시조서를, 검증영장이나 같은 조 제2항에 따라 검증을 했을 경우에는 검증조서를 각각 작성하여 사법경찰관에게 송부해야 한다.
> ③ 사법경찰관은 법 제222조제1항 및 제3항에 따라 검시를 했을 경우에는 검시조서를, 검증영장이나 같은 조 제2항 및 제3항에 따라 검증을 했을 경우에는 검증조서를 각각 작성하여 검사에게 송부해야 한다.
> ④ 검사와 사법경찰관은 법 제222조에 따라 변사자의 검시를 한 사건에 대해 사건 종결 전에 수사할 사항 등에 관하여 상호 의견을 제시·교환해야 한다.

정답 ②

## 03 압수·수색의 절차에 대한 설명으로 가장 적절한 것은? (다툼이 있는 경우 판례에 의함)

〈21 승진〉

① 수색한 경우 증거물·몰수물이 없으면 수색증명서를 교부하고, 압수한 경우에는 목록을 작성하여 소유자, 소지자, 보관자 기타 이에 준할 자에게 교부하여야 한다.
② 압수·수색영장 집행 전에 피처분자에게 영장을 제시하는 것이 현실적으로 불가능하더라도 영장을 제시하지 아니한 채 압수·수색을 진행하면 위법하다.
③ 피의자를 신문하던 중 제출된 압수물에 대하여, 피의자신문조서에 압수의 취지를 기재함으로써 압수조서에 갈음할 수는 없다.
④ 압수·수색영장은 사법경찰리 명의로 검사에게 신청하고, 영장신청서에는 피의자의 인적 사항, 죄명, 범죄사실의 요지, 압수·수색·검증의 사유 등을 기재하여야 한다.

해설> ① (○) 경찰수사규칙 제65조(수색조서 및 수색증명서) ② 법 제219조에서 준용하는 법 제128조에 따라 **증거물 또는 몰수할 물건이 없다는 취지의 증명서를 교부하는 경우**에는 별지 제71호서식의 **수색증명서**에 따른다.
② (×) 형사소송법 제118조(영장의 제시)는 영장제시가 현실적으로 가능한 상황을 전제로 한 규정으로 보아야 하므로, 영장제시가 현실적으로 불가능한 경우에는 영장을 제시하지 아니한 채 압수·수색을 하더라도 위법하다고 볼 수 없다(대판 2015.1.22. 2014도10978).
③ (×) 수사준칙 제40조(압수조서와 압수목록) 검사 또는 사법경찰관은 증거물 또는 몰수할 물건을 압수했을 때에는 압수의 일시·장소, 압수 경위 등을 적은 압수조서와 압수물건의 품종·수량 등을 적은 압수목록을 작성해야 한다. 다만, 피의자신문조서, 진술조서, 검증조서에 압수의 취지를 적은 경우에는 그렇지 않다.
④ (×) 사법경찰관이 검사에 신청한다.

정답 ①

**04** 「검사와 사법경찰관의 상호협력과 일반적 수사준칙에 관한 규정」 및 「디지털 증거 수집 및 처리 등에 관한 규칙」에 대한 설명으로 가장 적절하지 않은 것은? 〈18 경감 변형〉

① '복제본'이란 디지털 저장매체 내에 들어 있는 디지털 데이터 전부를 하드카피 또는 이미징 등의 기술적 방법으로 다른 디지털 저장매체에 저장한 것을 말한다.
② '디지털 증거분석 의뢰물'이란 범죄사실을 규명하기 위해 디지털 증거분석관에게 분석의뢰된 디지털 데이터, 복제본 또는 디지털 저장매체를 말한다.
③ 수사관은 압수·수색·검증 현장에서 디지털 데이터를 압수하는 경우에는 실체적 진실발견과 증거인멸 방지를 위해 디지털 저장매체 원본을 외부로 반출하는 방법으로 압수하는 것이 원칙이다.
④ 수사관과 증거분석관은 디지털 데이터를 압수하는 경우에는 데이터 고유 식별값(해시값) 확인 등 디지털 증거의 동일성, 무결성을 담보할 수 있는 적절한 방법과 조치를 취하여야 한다.

해설 ①② (○) 「디지털 증거 수집 및 처리 등에 관한 규칙」 제2조(정의)
③ (×) 전자정보를 압수하는 경우에는 범죄사실과 관련된 전자정보의 **범위를 정하여 출력하거나 복제하는 방법으로 하는 것이 원칙**이며, 압수 방법의 실행이 불가능하거나 그 방법으로는 압수의 목적을 달성하는 것이 현저히 곤란한 경우에는 **전자정보 전부를 복제하여 반출할 수 있다.** 압수 방법의 실행이 불가능하거나 그 방법으로는 압수의 목적을 달성하는 것이 현저히 곤란한 경우에는 **원본을 봉인(封印)하여 반출할 수 있다**(수사준칙 제41조 요약).
④ (○) 검사 또는 사법경찰관은 전자정보의 복제본을 취득하거나 전자정보를 복제할 때에는 **해시값(파일의 고유값으로서 일종의 전자지문을 말한다)**을 확인하거나 압수·수색 또는 검증의 과정을 촬영하는 등 전자적 증거의 **동일성과 무결성(無缺性)을 보장**할 수 있는 적절한 방법과 조치를 취해야 한다(수사준칙 제42조③).

정답 ③

**05** 압수·수색에 대한 설명으로 옳은 것을 모두 고른 것은? 〈16 경간 변형〉

㉠ 검사 또는 사법경찰관은 증거물 또는 몰수할 물건을 압수했을 때에는 압수의 일시·장소, 압수 경위 등을 적은 압수조서와 압수물건의 품종·수량 등을 적은 압수목록을 작성해야 한다. 다만, 피의자신문조서, 진술조서, 검증조서에 압수의 취지를 적은 경우에는 그렇지 않다.
㉡ 압수조서에는 물건의 특징을, 압수목록에는 압수경위를 각각 구체적으로 기재하여야 한다.
㉢ 범행 중 또는 범행 직후의 범죄 장소에서의 압수·수색은 형사소송법 제216조 제3항에 의해 사후영장을 요한다.
㉣ 법원은 압수의 목적물이 컴퓨터용 디스크, 이와 비슷한 정보저장매체인 경우에는 정보저장매체를 직접 압수하는 것이 원칙이다.

① ㉠, ㉢
② ㉡, ㉢
③ ㉡, ㉣
④ ㉢, ㉣

해설 ㉡ (×) 압수조서에 압수경위를, 압수목록에 물건의 특징을 기재하여야 한다.
㉣ (×) 형사소송법 제106조 ③ 법원은 압수의 목적물이 컴퓨터용디스크, 그 밖에 이와 비슷한 정보저장매체(이하 이 항에서 "정보저장매체등"이라 한다)인 경우에는 **기억된 정보의 범위를 정하여 출력하거나 복제하여 제출받아야 한다.** 다만, 범위를 정하여 출력 또는 복제하는 방법이 불가능하거나 압수의 목적을 달성하기에 현저히 곤란하다고 인정되는 때에는 정보저장매체등을 압수할 수 있다.

정답 ①

## 제3절 현장 수사 활동

### 01 통신수사에 대한 설명으로 가장 적절하지 않은 것은? 〈22 승진〉

① 「전기통신사업법」상 전기통신사업자는 법원, 검사 또는 수사관서의 장, 정보수사기관의 장이 재판, 수사, 형의 집행 또는 국가안전보장에 대한 위해를 방지하기 위한 정보수집을 위하여 통신자료제공을 요청하면 그 요청에 따를 수 있다.

② 「통신비밀보호법」상 검사 또는 사법경찰관은 수사 또는 형의 집행을 위하여 필요한 경우 법원의 허가를 받아 「전기통신사업법」에 의한 전기통신사업자에게 통신사실확인자료의 열람이나 제출을 요청할 수 있다.

③ 「통신비밀보호법」 제3조(통신 및 대화비밀의 보호)의 규정에 위반하여 불법검열에 의하여 취득한 우편물이나 그 내용 및 불법 감청에 의하여 지득 또는 채록된 전기통신의 내용은 재판 또는 징계절차에서 증거로 사용할 수 없다.

④ 「통신비밀보호법」상 발·착신 통신번호 등 상대방의 가입자번호는 통신사실확인자료에 해당되지 않는다.

해설> ④ (×) 가입자의 정보는 통신자료에 불과하지만, 상대방의 번호는 통화내역에 해당하므로 통신사실 확인자료에 들어간다.

정답 ④

### 02 「통신비밀보호법」상 통신제한조치에 대한 설명으로 가장 적절하지 않은 것은? 〈19 승진〉

① 사법경찰관은 범죄수사를 위한 통신제한조치의 허가요건이 구비된 경우에는 검사에 대하여 각 사건별로 통신제한조치에 대한 허가를 신청하고, 검사는 법원에 대하여 그 허가를 청구할 수 있다.

② 우편물 검열은 통신제한조치에 해당한다.

③ 사법경찰관은 긴급통신제한조치의 집행착수 후 검사에 긴급통신제한조치에 대한 허가를 신청하고, 그 집행에 착수한 때부터 36시간 이내에 법원의 허가를 받지 못한 경우에는 해당 조치를 즉시 중지하고 해당 조치로 취득한 자료를 폐기하여야 한다.

④ 사법경찰관이 긴급통신제한조치를 할 경우에는 미리 검사의 지휘를 받아야 한다. 다만, 특히 급속을 요하여 미리 지휘를 받을 수 없는 사유가 있는 경우에는 긴급통신제한조치의 집행착수 후 지체 없이 검사의 승인을 얻어야 한다.

해설> ① (×) 각 사건별이 아닌 피의자별 또는 내사자별로 신청해야 한다.

정답 ①

## 03 통신수사에 대한 다음 설명 중 옳은 것은 모두 몇 개인가?

〈17 경간, 18 경위〉

> ㉠ 통신제한조치는 전기통신사업법에 근거하는 임의수사이다.
> ㉡ 우편물 검열은 통신제한조치에 해당한다.
> ㉢ 성명, 아이디 등 이용자의 인적사항은 「통신비밀보호법」에 규정된 통신사실확인자료에 해당한다.
> ㉣ 통신사실확인자료의 제공 요청은 경찰서장 명의 공문만으로도 가능하다.

① 0개 ② 1개
③ 2개 ④ 3개

해설 ㉠ (×) 통신제한조치와 통신사실 확인자료는 통신비밀보호법에 근거하여 법원의 허가가 필요한 강제수사이고, 통신자료는 전기통신사업법에 근거한 임의수사이다.
㉡ (○) 통신제한조치는 발송·수취하거나 송·수신하는 우편물이나 전기통신을 대상으로 허가될 수 있다(제5조②).
㉢ (×) 성명, 아이디는 이용**자** 개인정보로서 통신**자**료에 해당한다. **【자자】**
㉣ (×) 통신사실 확인자료는 법원의 허가가 필요하며, 통신자료는 경찰서장의 공문으로 가능하다.

**☞ 통신수사 구별개념 【제－용, 사－역, 자－자】**

| | |
|---|---|
| 통신제한조치 | 통화내용(통화내역×)에 관한 것 |
| 통신사실확인자료 | 통화내역에 관한 것(통화내용×, 이용자×) |
| 통신자료 | 이용자 개인정보(성명, 주민번호, 주소, 전화번호, 아이디, 가입일 등) |

정답 ②

## 04 「통신비밀보호법」상 통신수사 및 통신제한조치에 대한 설명으로 가장 적절하지 않은 것은? (다툼이 있으면 판례에 의함)

〈17 경감〉

① 사법경찰관은 통신제한조치를 집행한 사건에 관하여 검사로부터 공소를 제기하거나 제기하지 아니하는 처분(기소중지 또는 참고인중지 결정은 제외한다)의 통보를 받거나 검찰송치를 하지 아니하는 처분(수사중지 결정은 제외한다) 또는 내사사건에 관하여 입건하지 아니하는 처분을 한 때에는 그 날부터 30일 이내에 우편물 검열의 경우에는 그 대상자에게, 감청의 경우에는 그 대상이 된 전기통신의 가입자에게 통신제한조치를 집행한 사실과 집행기관 및 그 기간 등을 서면으로 통지하여야 한다.
② 정보통신망에 접속된 정보통신기기의 위치를 확인할 수 있는 발신기지국의 위치추적자료는 감청이 아닌 통신사실확인자료에 해당한다.
③ 사법경찰관이 긴급통신제한조치를 할 경우에는 미리 검사의 지휘를 받아야 한다. 다만, 특히 급속을 요하여 미리 지휘를 받을 수 없는 사유가 있는 경우에는 긴급통신제한조치의 집행착수 후 지체 없이 검사의 승인을 얻어야 한다.
④ 「통신비밀보호법」상 '감청'이란 전기통신의 송·수신과 동시에 이루어지는 경우뿐만 아니라 이미 수신이 완료된 전기통신의 내용을 지득하는 등의 행위도 포함한다.

해설 ④ (×) "감청"이라 함은 전기통신에 대하여 당사자의 동의 없이 전자장치·기계장치 등을 사용하여 통신의 음향·문언·부호·영상을 청취·공독하여 그 내용을 **지득 또는 채록**하거나 전기통신의 송·수신을 **방해**하는 것을 말한다(제2조 제7호). 이미 **수신이 완료된 경우는 감청이 아닌 압수·수색의 대상**이 된다(대판 2012도4644).

정답 ④

PART 05

## 05 「특정강력범죄의 처벌에 관한 법률」상 특정강력범죄 사건의 피의자 신상에 관한 정보공개의 요건으로 가장 적절하지 않은 것은? 〈19 경간, 23 승진〉

① 피의자가 「청소년 보호법」 제2조 제1호의 청소년에 해당하지 아니할 것
② 국민의 알권리 보장, 피의자의 재범방지 및 범죄 예방 등 오로지 공공의 이익을 위하여 필요할 것
③ 범행수단이 잔인하고 중대한 피해가 발생한 특정강력범죄사건일 것
④ 피의자가 그 죄를 범하였다고 믿을 만한 충분한 의심이 있을 것

해설 ④ (×) 충분한 증거가 있어야 한다.

**☞ 성폭력 피의자 신상공개 【성충성공】**
① **충**분한 증거, ② **성**인, ③ **공**공의 이익을 위하여 피의자 얼굴 등을 공개할 수 있다.

> 제25조(피의자의 얼굴 등 공개) ① 검사와 사법경찰관은 **성**폭력범죄의 피의자가 죄를 범하였다고 믿을 만한 **충**분한 증거가 있고, 국민의 알권리 보장, 피의자의 재범 방지 및 범죄예방 등 오로지 **공**공의 이익을 위하여 필요할 때에는 얼굴, 성명 및 나이 등 피의자의 신상에 관한 정보를 공개할 수 있다. 다만, 피의자가 「청소년 보호법」 제2조제1호의 청소년에 해당하는 경우에는 공개하지 아니한다(**성**인).

정답 ④

## 제4절 피의자 유치 및 호송

## 01 「피의자 유치 및 호송 규칙」에 대한 설명 중 옳지 않은 것은 모두 몇 개인가? 〈20 경간〉

> 가. 호송관은 피호송자를 숙박시켜야 할 사유가 발생하였을 때에는 체류지 관할 경찰서 유치장 또는 교도소를 이용하여야 한다.
> 나. 호송관은 반드시 호송주무관의 지휘에 따라 포박한 후 피호송자에 대하여 안전호송에 필요한 신체검색을 실시하여야 한다.
> 다. 피호송자의 수용장소를 다른 곳으로 이동하거나 특정 관서에 인계하기 위한 호송을 비상호송이라 한다.
> 라. 호송관은 호송근무를 할 때 분사기를 휴대하여야 하며, 호송관서의 장은 특별한 사유가 있는 경우 호송관이 총기를 휴대하도록 하여야 한다.
> 마. 일출 전 또는 일몰 후에는 호송이 항상 금지된다.
> 바. 금전·유가증권은 호송관에게 탁송하고, 물품은 호송관서에서 인수관서에 직접 송부함이 원칙이다.

① 2개　　② 3개
③ 4개　　④ 5개

해설 나. (×) 포박하기 전에 신체검색을 실시하여야 한다(제49조).
다. (×) 이감호송에 대한 설명이다.

| 이감호송 | 다른 곳으로 이동하거나 특정관서에 인계하는 호송 |
|---|---|
| 왕복호송 | 특정장소에서 용무를 마치고 다시 돌아오는 호송 |
| 집단호송 | 한 번에 다수의 피호송자를 호송 |
| 비상호송 | 전시, 사변, 비상사태, 천재·지변에 피호송자를 다른 곳으로 호송 |

라. (×) 호송관은 **분사기 휴대 의무**, 특별한 사유가 있는 경우 호송관서의 장은 **총기를 휴대하게 할 수 있음**.
마. (×) 호송은 일출 전 또는 일몰 후에 할 수 없다. 다만, 기차, 선박 및 차량을 이용하는 때 또는 특별한 사유가 있는 때에는 그러하지 아니한다.
바. (×) **금전, 유가증권 : 송부 원칙**, 소액 또는 당일 호송 종료시에는 호송관에 탁송 가능
**물품 :** 호송관에 **탁송 원칙**, 위험 또는 휴대 부적당시 송부 가능

정답 ④

## 02 「피의자 유치 및 호송 규칙」상 피의자 유치 및 호송에 대한 설명 중 가장 적절하지 않은 것은? 〈22 승진〉

① 간이검사란 일반적으로 유치인에 대하여는 탈의막 안에서 속옷은 벗지 않고 신체검사의를 착용(유치인의 의사에 따른다)하도록 한 상태에서 위험물 등의 은닉 여부를 검사하는 것을 말한다.
② 피의자를 유치장에 입감시키거나 출감시킬 때에는 유치인 보호 주무자가 발부하는 피의자입(출)감지휘서에 의하여야 하며 동시에 3명 이상의 피의자를 입감시킬 때에는 경위 이상 경찰관이 입회하여 순차적으로 입감시켜야 한다.
③ 호송관은 호송 중 피호송자가 도망하였을 때 도주한 자에 관한 호송관계서류 및 금품을 인수관서에 보관해야 한다.
④ 피호송자의 금전 유가증권은 호송관서에서 인수관서에 직접 송부하나 소액의 금전 유가증권 또는 당일로 호송을 마칠 수 있을 때에는 호송관에게 탁송할 수 있다.

해설 ③ (×) 호송관서에서 보관해야 한다. 인수관서는 사람과 서류 등을 함께 인수해야 하는데 서류만 인수할 수는 없다. 호송관서에서 책임지고 보관하는 것이 마땅하다.

정답 ③

## 03 「피의자 유치 및 호송규칙」에 대한 설명으로 가장 적절하지 않은 것은? 〈17 경간, 18 경감〉

① 호송관은 반드시 호송주무관의 지휘에 따라 포박하기 전에 피호송자에 대하여 안전호송에 필요한 신체검색을 실시하여야 한다.
② 호송관은 수갑 또는 수갑·포승을 사용하는 피호송자가 2인 이상일 때에는 호송수단에 따라 2인 내지 6인을 1조로 하여 상호 연결시켜 포승으로 포박한다.
③ 호송수단은 경찰호송차, 기타 경찰이 보유하고 있는 차량에 의함을 원칙으로 한다.
④ 여자인 피호송자의 신체검색은 여자경찰관이 행하거나 성년의 여자를 참여시켜야 한다.

해설 ② (×) 2~5인을 1조로 상호 연결시켜 포승해야 한다.

정답 ②

## 04 「피의자 유치 및 호송규칙」상 유치장 관리에 관한 설명으로 가장 적절하지 않은 것은? 〈16 경감〉

① 경찰서장은 피의자의 유치 및 유치장의 관리에 전반적인 지휘·감독을 하여야 하며 그 책임을 져야 한다.
② 간이검사란 죄질이 경미하고 동작과 언행에 특이사항이 없으며 위험물 등을 은닉하고 있지 않다고 판단되는 유치인에 대하여 신체 등의 외부를 눈으로 확인하고 손으로 가볍게 두드려 만져 검사하는 것을 말한다.
③ 형사범과 구류 처분을 받은 자, 19세 이상의 사람과 19세 미만의 사람, 신체장애인 및 사건관련의 공범자 등은 유치실이 허용하는 범위 내에서 분리하여 유치하여야 한다.
④ 야간 또는 공휴일에는 상황실장 또는 경찰서장이 지정하는 자가 유치인보호주무자의 직무를 대리하여 그 책임을 진다.

해설 ② (×) 외표검사에 대한 설명이다.

| | |
|---|---|
| 외표검사 | 죄질이 경미하고 동작과 언행에 특이사항이 없으며 위험물 등을 은닉하고 있지 않다고 판단되는 경우에 눈으로 확인하고 **손으로 가볍게 두드려** 검사 |
| 간이검사 | 탈의막 안에서 **속옷은 벗지 않고** 신체검사의를 착용한 상태(유치인의 의사에 따른다)에서 위험물 등의 은닉여부 검사 |
| 정밀검사 | 살인, 강도, 절도, 강간, 방화, 마약류, 조직폭력 등 죄질이 중하거나 타인에 대한 위해 또는 자해할 우려 있을 때 탈의막 안에서 **속옷을 벗고** 신체검사의로 갈아입은 후 정밀하게 위험물 등의 은닉여부를 검사 |

③ (○) 형사범과 **구**류, 19세 이상과 19세 미만(**미**성년), 사건 **공**범자, 신체 **장**애인 등은 유치실이 허용하는 범위 내에서 분리 유치한다. **【구미공장 분리】**

정답 ②

## 05 「피의자 유치 및 호송규칙」상 유치 및 호송에 관한 설명 중 옳은 것은 모두 몇 개인가? 〈18 경간〉

가. 비상호송이란 전시, 사변 또는 이에 준하는 국가비상사태나 천재, 지변에 있어서 피호송자를 다른 곳에 수용하기 위한 호송을 말한다.
나. 호송은 일출 전 또는 일몰 후에 하는 것을 원칙으로 한다.
다. 19세 이상의 사람과 19세 미만의 사람은 유치실이 허용하는 범위 내에서 분리하여 유치하여야 한다.
라. 송치하는 금품을 호송관에게 탁송할 때에는 호송관서에 보관책임이 있고, 그렇지 아니한 때에는 송부한 관서에 그 책임이 있다.
마. 호송 중 중증이 발병한 경우, 24시간 이내 치료될 수 있다고 진단되었을 때에는 치료 후 호송관서의 호송관이 호송을 계속하게 하여야 한다.
바. 호송에 큰 지장이 없고 당일로 호송을 마칠 수 있는 경증의 경우, 호송관이 적절한 응급조치를 취하고 호송을 계속하여야 한다.

① 2개 ② 3개
③ 4개 ④ 5개

해설> 나. (×) 호송은 일출 전 또는 일몰 후에 할 수 없다. 다만, 기차, 선박 및 차량을 이용하는 때 또는 특별한 사유가 있는 때에는 그러하지 아니한다.

**☞ 피호송자 도주, 발병, 사망 시 조치 정리**

| 구분 | 도주 | 발병 | | 사망 |
|---|---|---|---|---|
| | | 경증, 24h내 치료 | 중증 | |
| 사람·서류·금품 | 호송관서에서 보관 | 호송관서에서 치료 | 발생지 경찰서에 인도 | |
| 비용 | – | – | 교부받은 관서에서 부담 | |
| 사후조치 | 호송관서에서 상급경찰관서·인수관서 통지 | 호송관서에서 호송 | 치료한 관서에서 호송 | 호송관서에서 상급경찰관서·유족 등에 통지 |

정답 ④

## 제5절 과학수사

## 01 지문에 대한 설명으로 옳지 않은 것은 모두 몇 개인가? 〈14 경간〉

가. 정상지문 – 먼지 쌓인 물체, 연한 점토, 마르지 않은 도장면에 인상된 지문으로 선의 고랑과 이랑이 반대로 현출된다.
나. 준현장지문 – 피의자 검거를 위해 범죄현장에서 채취한 피의자의 지문을 말한다.
다. 관계자지문 – 현장지문, 준현장지문 중에서 범인이 남긴 것으로 추정되는 지문을 말한다.
라. 잠재지문 – 이화학적 가공을 하여야 비로소 가시상태로 되는 지문으로 채취 방법에는 고체법, 기체법, 액체법 등이 있다.

① 1개 ② 2개 ③ 3개 ④ 4개

해설> 가. (×) 역지문에 대한 설명이다.
나. (×) 범죄현장에서 채취한 것은 현장지문, 범죄현장 이외의 장소에서 채취한 것은 준현장지문
다. (×) **현장·준현장 지문 중**, 범인 이외의 자가 남긴 지문 (피해자 등)

정답 ③

## 02 지문에 대한 설명으로 가장 적절하지 않은 것은?

〈19 승진〉

① 혈액지문은 실리콘러버법으로 지문을 채취한다.
② 제상문은 지문 모양이 말발굽 모양을 형성하는 지문을 말한다.
③ 궁상문, 제상문, 와상문 중 어느 문형에도 속하지 않는 지문은 변태문이다.
④ 정상지문은 혈액·잉크·먼지 등이 손가락에 묻은 후 피사체에 인상된 지문이므로 무인했을 때의 지문과 동일하다.

해설 ① 혈액지문은 실리콘러버법으로 채취하기 곤란하다.

**지문의 분류**

| | |
|---|---|
| 궁상문 | 궁(弓)은 활. 활 모양의 지문으로 **삼각도가 없음.** |
| 제상문 | 제(蹄)는 말발굽. 말발굽 모양의 지문으로 **1개의 삼각도**가 있음. |
| 와상문 | **2개 이상의 삼각도**가 있는 지문. **유태제형 와상문은 삼각도가 1개** |
| 변태문 | 육손가락, 합지 등 위 분류에 속하지 않는 지문 |

정답 ①

## 03 과학수사에 대한 설명으로 옳은 것을 모두 고른 것은?

〈20 승진〉

㉠ 유류품 수사 시 착안점으로 동일성, 관련성, 기회성, 완전성을 들 수 있는바, 유류품이 범행 시와 동일한 상태로 보전되어 있는가를 검사하는 것은 완전성과 관련된다.
㉡ 현장지문 또는 준현장지문 중에서 관계자지문을 제외하고 남은 지문은 범인지문으로 추정되는 지문으로서 이를 유류지문이라고 하며, 손가락으로 마르지 않은 진흙을 적당히 눌렀을 때 나타나는 지문은 역지문이다.
㉢ 각막의 혼탁은 사후 12시간 전후 흐려져서 24시간이 되면 현저하게 흐려지고, 48시간이 되면 불투명해진다.
㉣ 시체굳음은 턱관절에서 경직되기 시작하여 사후 12시간 정도면 전신에 미친다.

① ㉠, ㉢
② ㉠, ㉡, ㉣
③ ㉡, ㉢, ㉣
④ ㉠, ㉡, ㉢, ㉣

정답 ④

## 04 시체의 현상에 대한 설명으로 가장 적절한 것은?

〈21 승진 변형〉

① 적혈구 자체 중량에 의한 혈액 침전현상으로 시체 하부의 피부가 암적갈색으로 변화하는 시체얼룩과 세포 가운데의 자가효소에 의해 세포구성 성분이 분해·변성되는 자가용해는 모두 시체의 초기현상에 해당된다.
② 시체는 '손가락·발가락 → 팔·다리 → 어깨 → 턱' 순으로 굳는다.
③ 공기의 유통이 좋고 온도는 20~30도 사이에서 습도는 60~66%일 때 활발히 진행되는 부패와 피부에 대한 수분 보충이 정지되어 몸의 표면이 습윤성을 잃고 건조해지는 시체의 밀랍화는 모두 시체의 후기현상에 해당된다.
④ 총기에 의해 사망한 시체의 경우, 총알입구, 사출구, 사창관이 모두 있는 관통총창이 대부분이나, 발사각도 등에 따라 회선총창, 반도총창이 있을 수 있다.

해설 ① (×) 자가용해는 시체 후기 현상이다.
② (×) 시체굳음 현상은 '턱 → 어깨 → 팔·다리 → 손가락·발가락' 순으로 발생한다(Nysten 법칙).
③ (×) 밀랍화는 수중이나 수분이 많은 지중(地中)에서 형성된다.
④ (○) 탄환이 골격에 맞은 후 천공하지 못하고 우회한 경우가 회선총창이고, 탄환의 속도가 떨어져 피부를 뚫지 못하고 피부까짐이나 피부밑출혈만 형성되는 것은 반도총창이다.

정답 ④

## 05 프로파일링(Profiling)에 대한 설명으로 가장 옳은 것은? 〈21 경간〉

① 프로파일링은 범죄자의 유형(type)을 파악하는 것이 아니라 신원(identity)을 파악하는 것이다.
② 프로파일링은 범죄현장에는 범인의 성향이 반영된다는 것과 범인의 성격은 쉽게 변하지 않는다는 전제를 지니고 있다.
③ 심리학적 프로파일링은 범행 위치 및 피해자의 거주지 등 범죄와 관련된 정보를 계량화하여 범인이 생활하는 근거지를 확인하는 방법이다.
④ 한국은 도시 간의 간격이 협소하고 거주지역 내 인구가 밀집되어 있어 지리학적 프로파일링에 최적화된 환경을 제공한다.

해설 ① (×) 범죄자의 신원을 파악하는 것이 아니라 유형을 파악하는 것이다.
③ (×) 장소를 분석하는 방법은 지리적 프로파일링이다.
④ (×) 지리적 프로파일링에 적합하지 않다.

**☞ 프로파일링(Profiling)의 상황적 분류**

| | |
|---|---|
| 심리학적 프로파일링 | 범인의 성격적 특징에 기초한 행동적 패턴을 분석 |
| 범죄자 프로파일링 | 범죄의 특징을 기반으로 범인의 성격, 지능수준, 행동패턴, 지리적 습관, 인구 사회적 특징 등을 확인 |
| 지리적 프로파일링 | 범죄 장소의 특징을 분석하여 범인의 거주지, 범인을 검거하기 위하여 어디로 가야 하는지, 범인의 다음 예상 범행지 등을 파악하는 기법으로 합리적 선택이론, 일상활동 이론, 범죄패턴 이론 등의 영향을 받았다. |
| 심리부검 | 심리부검은 사망한 사람을 대상으로 한다. 사망자의 유가족이나 지인을 심층 면담하여 사망의 원인을 분석한다. |
| 인종적 프로파일링 | 인종이나 민족적 기원에 의존하는 활동이다. 시체훼손 현장을 보고 조선족에 의한 범행 가능성을 추정하는 것 등이다. |

정답 ②

# 제6절 마약류 사범 수사

## 01 다음은 「마약류 관리에 관한 법률 및 동법 시행령」상 마약류에 관한 설명이다. 〈보기 1〉의 설명과 〈보기 2〉 마약류의 품명이 가장 적절하게 연결된 것은? 〈23 채용1차〉

〈보기 1〉

㉠ 진해거담제로서 의사의 처방이 있으면 약국에서 구입 가능하고, 도취감과 환각작용을 느끼기 위해 사용량의 수십 배를 남용하는 경우도 있다. 청소년들이 소주에 타서 마시기도 하여 흔히 '정글주스'라고도 불린다.
㉡ 골격근 이완의 효과가 있는 근골격계 질환 치료제이며, 과다복용 시 인사불성, 혼수쇼크, 호흡저하, 사망에까지 이를 수 있다.
㉢ 곡물의 곰팡이, 보리 맥각에서 추출·합성한 무색·무취·무미의 매우 강력한 환각제로, 내성은 있으나 금단증상은 일으키지 않는다고 알려져 있다.
㉣ 페놀계 화합물로 흔히 수면마취제라고 불리는 정맥마취제로서 수면내시경검사 마취 등에 사용되고, 환각제 대용으로 오남용되는 사례가 있으며, 정신적 의존성을 유발하기도 한다.

〈보기 2〉

ⓐ 카리소프로돌(S정) ⓑ 프로포폴
ⓒ LSD ⓓ 덱스트로메트로판(러미나)

① ㉠ – ⓓ ㉡ – ⓒ ㉢ – ⓐ ㉣ – ⓑ
② ㉠ – ⓓ ㉡ – ⓐ ㉢ – ⓒ ㉣ – ⓑ
③ ㉠ – ⓒ ㉡ – ⓑ ㉢ – ⓓ ㉣ – ⓐ
④ ㉠ – ⓓ ㉡ – ⓐ ㉢ – ⓑ ㉣ – ⓒ

해설 ㉠ **진해**거담제로서 '정글**주스**'로 불리는 것은 러**미나**(**덱**스트로메트로판)이다. **【미나리댁 주스 진해】**
㉡ **골**격근 이완의 효과가 있는 것은 카리소프로**돌**(S정)이다. **【골–돌】**
㉢ 곡물의 곰팡이, 보리 맥각에서 추출한 무색·무취·무미한 것은 가장 강력한 L.S.D이다. **【이세돌(LSD)은 가장 강력】**
㉣ 수면마취제는 프로포폴이다.

정답 ②

**02** 「마약류 관리에 관한 법률」상 '대마'의 정의에 해당하지 않은 것은? 〈23 승진〉

① 대마초와 그 수지(樹脂)
② 대마초와 그 수지(樹脂)와 동일한 화학적 합성품으로서 대통령령으로 정하는 것
③ 대마초 또는 그 수지를 원료로 하여 제조된 모든 제품
④ 대마초의 종자(種子). 뿌리 및 성숙한 대마초의 줄기

해설 ④ (×) 종자, 뿌리, 성숙한 대마초 줄기는 제외한다.

제2조(정의)
4. "대마"란 다음 각 목의 어느 하나에 해당하는 것을 말한다. 다만, 대마초[칸나비스 사티바 엘(Cannabis sativa L)을 말한다. 이하 같다]의 **종자(種子)·뿌리 및 성숙한 대마초의 줄기와 그 제품은 제외한다.**
가. 대마초와 그 수지(樹脂)
나. 대마초 또는 그 수지를 원료로 하여 제조된 모든 제품
다. 가목 또는 나목에 규정된 것과 동일한 화학적 합성품으로서 대통령령으로 정하는 것
라. 가목부터 다목까지에 규정된 것을 함유하는 혼합물질 또는 혼합제제

정답 ④

**03** 마약류에 대한 설명 중 적절한 것은 모두 몇 개인가? 〈21 법학〉

㉠ 엑스터시는 1914년 독일에서 식욕감퇴제로 개발되었으며, 곡물의 곰팡이와 보리 맥각에서 발견되어 이를 분리·가공·합성한 것이다.
㉡ 프로포폴은 흔히 수면마취제라고 불리는 정맥마취제로서 수면내시경 등에 사용되나, 환각제 대용으로 오·남용되는 사례가 있어 마약으로 지정되어 관리되고 있다.
㉢ 야바는 카페인, 에페드린, 밀가루 등에 필로폰을 혼합한 것이다.
㉣ 메스칼린은 미국의 텍사스나 멕시코 북부지역에서 자생하는 선인장인 페이요트에서 추출·합성한 향정신성의약품이다.
㉤ 대마의 종류에는 대마초, 대마초의 종자·뿌리, 대마수지 또는 해시시 등이 있다.

① 1개 ② 2개
③ 3개 ④ 4개

해설 ㉠ (×) 엑시터시가 1914년경 독일에서 식욕감퇴제로 개발된 것은 맞으나, 곡물의 곰팡이와 보리 맥각에서 발견되어 이를 분리·가공·합성한 것은 L.S.D.이다.
㉡ (×) 프로포폴은 수면마취제라고 불리는 정맥마취제로서 수면내시경 등에 사용되며, 향정신성의약품으로 지정되어 관리되고 있다.
㉤ (×) 대마초의 뿌리, 종자, 성숙한 줄기는 마약류 관리에 관한 법률(제2조)에서 규제하는 대마에 해당하지 않는다.

정답 ②

## 04 마약류에 대한 설명으로 가장 적절한 것은?

〈20 채용1차〉

① 러미나(덱스트로메트로판)는 강한 중추신경 억제성 진해작용이 있으며, 의존성과 독성이 강한 특징이 있다.

② 카리소프로돌(일명 S정)은 골격근 이완의 효과가 있는 근골격계 질환 치료제로서 과다복용 시 인사불성, 혼수쇼크, 호흡저하, 사망에까지 이르게 할 수 있다.

③ GHB는 무색, 무취, 무미의 액체로 소다수 등 음료수에 타서 복용하여 '물 같은 히로뽕'이라는 뜻으로 일명 물뽕으로 불리고 있다.

④ 사일로시빈은 미국의 텍사스나 멕시코북부지역에서 자생하는 선인장인 페이요트(Peyote)에서 추출·합성한 향정신성의약품이다.

해설 > ① (×) **러미나**(덱스트로메트로판) : **진해**거담제(기침완화, 가래제거)로 약국 구입 가능, 의존성과 독성이 없으며 코데인 대용으로 사용, 술에 타서 마시며 이를 정글**쥬스**라고 함. **【미나리댁 쥬스 진해】**
② (○) 카리소프로돌(S정) : **【돌처럼 굳는 Stop 정】**
③ (×) GHB : 무색, 무취하지만 **짠맛**이 난다. **【짠(G) 뽕(B)】**
④ (×) 메스카린 : **선인장** 페이요트에서 추출 합성한 것
**【메스카린 카시】**

정답 ②

## 05 마약류에 대한 설명으로 가장 적절한 것은? 〈20 승진〉

① 한외마약이란 일반약품에 마약성분을 미세하게 혼합한 약물로 신체적, 정신적 의존성을 일으킬 염려가 없어 감기약 등으로 판매되는 합법의약품이다.

② 향정신성의약품 중 덱스트로메트로판은 강한 중추신경 억제성 진해작용이 있으며 의존성과 독성이 강하다.

③ 마약의 분류 중 합성 마약으로는 헤로인, 옥시코돈, 하이드로폰 등이 있다.

④ GHB는 무색무취의 짠맛이 나는 액체로 소다수 등의 음료에 타서 복용하며, 특히 미국, 유럽 등지에서 성범죄용으로 악용되어 '정글 주스'라고도 불린다.

해설 > ② (×) **러미나**(덱스트로메트로판) : **진해**거담제(기침완화, 가래제거)로 약국 구입 가능, 의존성과 독성이 없으며 코데인 대용으로 사용, 술에 타서 마시며 정글**쥬스**라고 함. **【미나리댁 쥬스 진해】**
③ (×) 반합성마약의 종류이다. **【반항(반합성)하면 하옥해!】**
④ (×) 정글쥬스는 러미나(덱스트로메트로판)이다.
**【미나리댁 쥬스 진해】**

정답 ①

## 06 다음은 마약류에 대한 설명이다. 옳은 것으로 묶인 것은?

〈19 채용1차〉

㉠ 마약이라 함은 양귀비, 아편, 대마와 이로부터 추출되는 모든 알칼로이드로서 대통령령으로 정하는 것을 말한다.
㉡ GHB(일명 물뽕)는 무색, 무취, 무미의 액체로 유럽 등지에서 데이트 강간약물로도 불린다.
㉢ LSD는 곡물의 곰팡이, 보리 맥각에서 추출한 물질을 인공 합성시켜 만든 것으로 무색, 무취, 무미하다.
㉣ 코카인은 「마약류 관리에 관한 법률」에서 규제하는 향정신성의약품에 해당한다.
㉤ 마약성분을 갖고 있으나 다른 약들과 혼합되어 마약으로 다시 제조하거나 제제할 수 없고, 그것에 의하여 신체적 또는 정신적 의존성을 일으키지 아니하는 것으로서 총리령으로 정하는 것을 한외마약이라고 한다.
㉥ 한외마약은 코데날, 코데잘, 코데솔, 코데인, 유코데, 세코날 등이 있다.

① ㉠, ㉥ ② ㉡, ㉢
③ ㉢, ㉤ ④ ㉣, ㉤

해설 ㉠ (×) 「마약류 관리에 관한 법률」상 "마약류"는 마약 · 향정신성의약품 및 대마를 말한다. 대마는 마약에 포함되지 않는다. **【마대향】**
㉡ (×) GHB(일명 물뽕)는 짠맛이 난다. **【짠(G) 뽕(B)】**
㉢ (○) **【이세돌(L.S.D.)은 무색 · 무취 · 무미한 표정으로 가장 강력】**
㉣ (×) 코카인은 마약 중에서도 천연마약에 해당한다. **【~인(in)】**
㉤ (○) '총리령'으로 특이하게 규정되어 있다.
㉥ (×) '코'가 들어가는 것은 결코 마약이 아니지만 '인(in)이 들어가는 것은 마약 안에(in) 들어간다.

**마약류 분류**

| 한외마약 : **코**데날, **코**데잘, **코**데솔, 유**코**데, 세**코**날<br>**【~코 : 결코 마약 아님】**<br>천연마약 : 코카**인**, 코데**인**<br>반합성마약 : **하**이드로폰, **옥**시코돈, **헤**로인 |
|---|

정답 ③

## 07 「마약류 관리에 관한 법률」상 마약류에 대한 설명으로 가장 적절하지 않은 것은? 〈18 경위〉

① GHB는 무색무취의 짠맛이 나는 액체로 소다수 등 음료에 타서 복용하며, 근육강화 호르몬 분비효과가 있다.
② 카리소프로돌(일명 S정)은 내성이나 심리적 의존현상은 있지만 금단증상은 일으키지 않는다고 알려져 있으며, 일부 남용자들은 '플래시백 현상'을 일으키기도 한다.
③ 야바(YABA)는 카페인, 에페드린, 밀가루 등에 필로폰을 혼합한 것으로 원료가 화공약품이기 때문에 보다 안정적인 밀조가 가능하다.
④ 메스카린(Mescaline)은 미국의 텍사스나 멕시코 북부 지역에서 자생하는 선인장인 페이요트에서 추출 · 합성한 향정신성의약품이다.

해설 ② (×) 플래시백 현상을 일으키는 것은 가장 강력한 L.S.D.(이세돌)이다.

정답 ②

## 08 마약류에 관한 다음 설명 중 옳은 것은 모두 몇 개인가? 〈18 경간〉

| 가. MDMA(엑스터시)는 독일에서 식욕감퇴제로 개발된 것으로, 포옹마약으로도 지칭된다.<br>나. GHB(물뽕)은 미국이나 유럽 등지에서는 성범죄용으로 악용되어 '데이트 강간 약물'이라고도 불린다.<br>다. 러미나(덱스트로메트로판)는 청소년들 사이에서 소주에 타서 마시기도 하는데 정글쥬스라고도 한다.<br>라. S정(카리소프로돌)은 근골격계 질환 치료제이며 과다복용 시 사망까지 이를 수 있다.<br>마. L.S.D.는 우편 · 종이 등의 표면에 묻혔다가 뜯어서 입에 넣는 방법으로 복용하기도 한다.<br>바. 야바(YABA)는 카페인, 에페드린, 밀가루 등에 필로폰을 혼합한 것으로 순도가 낮다.<br>사. 메스카린은 선인장인 페이요트에서 추출 · 합성한 향정신성의약품이다. |
|---|

① 4개 ② 5개
③ 6개 ④ 7개

해설 가. (○) **엑스터시 : 클럽마약, 포옹마약, 도리도리로 불림 【엑스맨은 포돌이】**
바. (○) **야바**(YABA) : 카페인 등에 필로폰을 혼합하여 **순도가 낮으며,** 동남아 지역 **유흥업소** 중심으로 확산 **【야한 바(bar)】**

정답 ④

PART 05

# 제3장 경비경찰

## 제1절 경비경찰 일반

### 01 경비경찰의 종류 및 특징에 대한 설명으로 가장 적절하지 않은 것은? 〈21 승진〉

① 경비경찰의 종류 중 치안경비란 공안을 해하는 다중범죄 등 집단적인 범죄사태가 발생하거나 발생할 우려가 있는 경우 적절한 조치로 사태를 예방·경계·진압하는 경찰을 내용으로 한다.
② 경비경찰의 종류 중 혼잡경비란 기념행사·경기대회·경축제례 등에 수반하는 조직화되지 않은 군중에 의하여 발생하는 자연적·인위적 혼란상태를 예방·경계·진압하는 경찰을 내용으로 한다.
③ 경비경찰은 다중범죄, 테러, 경호상 위해나 경찰작전상황 등이 발생하였을 경우 즉시 출동하여 신속하게 조기진압해야 하는 복합기능적인 활동이라는 특징을 갖는다.
④ 경비경찰은 지휘관의 하향적 명령에 의한 활동으로 부대원의 재량은 상대적으로 적고, 활동 결과에 대한 책임은 지휘관이 지는 경우가 많다는 특징을 갖는다.

해설 ③ (×) 복합기능적 활동은 예방, 경계, 진압을 복합적으로 수행하는 것이고, 즉시 출동하여 조기진압하는 기능은 즉시적 활동이다.

☞ **경비경찰의 특징**: 복합기능적 활동, 현상유지적 활동, 즉시적 활동, 조직적 부대활동, 하향적 명령 활동, 사회전반적 안녕 목적의 활동

정답 ③

### 02 경비경찰의 특징에 대한 설명으로 가장 적절하지 않은 것은? 〈19 승진〉

① 복합기능적 활동－경비사태가 발생한 후의 진압뿐만 아니라 특정한 사태가 발생하기 전의 경계·예방의 역할을 수행한다.
② 현상유지적 활동－경비활동은 기본적으로 현재의 질서상태를 보존하는 것에 가치를 둔다고 할 수 있다. 그러나 정태적·소극적인 질서유지가 아닌 새로운 변화와 발전을 보장하기 위한 동태적·적극적인 의미의 유지작용이다.
③ 즉시적(즉응적) 활동－경비상황은 국가적으로나 사회적으로 중대한 영향을 미치므로 신속한 처리가 요구된다. 따라서 경비사태에 대한 기한을 정하여 진압할 수 없으며 즉시 출동하여 신속하게 조기에 제압한다.
④ 하향적 명령에 의한 활동－긴급하고 신속한 경비업무의 효율적인 처리를 위하여 지휘관을 한 사람만 두어야 한다는 의미로 폭동의 진압과 같은 긴급한 상황에서는 지휘관의 신속한 결단과 명확한 지침이 필요하다.

해설 ④ (×) 지휘관의 하향적 명령에 의한 활동으로 부대원 재량은 적고, 결과 책임은 지휘관이 지는 경우가 많다. **【명령에는 책임이 따른다】** 지휘관을 한 사람만 두어야 한다는 것은 지휘관 단일의 원칙으로 조직운영의원칙이다.

☞ **조직운영의 원칙**: **지**휘관 단일, **부**대단위 활동, 체계**통**일성, 치안**협**력성 **【조직은 지부통합】**

정답 ④

## 03 경비경찰 조직운영의 원칙에 관한 설명으로 가장 적절하지 않은 것은? 〈23 승진 변형〉

① 치안협력성 원칙: 경비경찰이 업무수행과정에서 국민의 협력을 구해야 하고, 국민이 스스로 협조를 할 때 효과적인 업무수행이 가능하다.
② 지휘관단일성 원칙: 지휘관은 한 사람만 두어야 한다.
③ 부대단위활동 원칙: 부대에는 지휘관, 직원 및 대원, 지휘권과 장비가 편성되며 임무수행을 위한 보급지원 체제를 갖추고 있어야 한다.
④ 체계통일성 원칙: 경비업무를 효과적으로 수행하기 위해 복수의 지휘관을 두어야 한다.

해설 ④ (×) 조직운영의 원칙에서 복수의 지휘관을 두어야 하는 경우는 없다. 체계통일성의 원칙은 상하계급 간 일정한 관계가 형성되고 책임과 임무의 분담이 명확히 이루어지고 명령과 복종의 체계가 통일되어야 한다는 것으로 경찰조직 간 체계가 확립되어야만 타 기관과도 상호응원이 가능하게 된다.

정답 ④

## 04 경비경찰의 경비수단 종류 및 원칙에 관한 설명으로 가장 적절하지 않은 것은? 〈23 승진〉

① 경고와 제지는 간접적 실력행사로서 「경찰관 직무집행법」에 근거를 두고 있다.
② 위치의 원칙이란 사태 진압시의 실력행사에 있어서 가장 유리한 지형·지물·위치 등을 확보하여 작전수행이나 진압을 용이하게 한다는 원칙이다.
③ 균형의 원칙이란 주력부대와 예비대를 적절하게 활용하여 한정된 경력으로 최대의 효과를 얻도록 해야 한다는 원칙이다.
④ 안전의 원칙이란 작전 때의 변수 발생은 사회적으로 큰 파장을 미칠 수 있으므로 사고 없는 안전한 진압을 실시해야 한다는 원칙이다.

해설 ① (×) 제지는 직접적 실력행사에 해당한다.

**경비수단의 종류**

| | | |
|---|---|---|
| 경고 | **경직법** 제5조(위험발생 방지)에 근거한 임의적 처분으로서 주의를 촉구하는 통지행위임. | 간접적 실력행사 |
| 제지 | ① **경직법** 제6조(범죄의 예방과 제지)에 근거<br>② **대인적 즉시강제**라는 점에서 의무 불이행을 전제로 하는 행정상 강제집행과는 구별됨. | 직접적 실력행사 |
| 체포 | ① **형사소송법** 제212조에 근거<br>② 반드시 경고, 제지, 체포의 순서로 행사되어야 하는 것은 아님. | |

정답 ①

## 05 경비경찰에 대한 설명으로 가장 적절하지 않은 것은? 〈22 경간〉

① 경비경찰활동은 하향적 명령체계가 확보되어야 하므로 부대원의 재량은 상대적으로 적고, 활동의 결과에 대해서는 지휘관이 책임을 지는 것이 일반적이다.
② 경비수단의 종류 중 체포는 상대방의 신체를 구속하는 강제처분이며 직접적 실력행사로서 「경찰관 직무집행법」에 근거를 두고 있다.
③ 경비경찰은 실력행사시 상대의 저항력이 약한 시점을 포착하여 가장 적절한 시기에 강력하고 집중적인 실력행사를 하여야 한다.
④ 경비경찰 활동은 현재의 질서상태를 보존하는 것에 중점을 두는 현상유지적 활동 수행의 특성을 가진다.

해설 ② (×) 체포는 형사소송법에 근거하여야 한다.

**경비수단의 종류**

| | | |
|---|---|---|
| 경고 | **경직법** 제5조(위험발생 방지)에 근거한 임의적 처분으로서 주의를 촉구하는 통지행위임. | 간접적 실력행사 |
| 제지 | ① **경직법** 제6조(범죄의 예방과 제지)에 근거<br>② **대인적 즉시강제**라는 점에서 의무 불이행을 전제로 하는 행정상 강제집행과는 구별됨. | 직접적 실력행사 |
| 체포 | ① **형사소송법** 제212조에 근거<br>② 반드시 경고, 제지, 체포의 순서로 행사되어야 하는 것은 아님. | |

정답 ②

## 06 경비수단에 대한 설명 중 가장 적절한 것은? 〈21 승진〉

① 경비부대를 전면에 배치 또는 진출시켜 위력을 과시하거나 경고하여 범죄실행의 의사를 자발적으로 포기하도록 하는 '경고'는 「경찰관 직무집행법」 제5조에 근거를 두고 있다.

② 경비수단의 원칙 중 '위치의 원칙'은 상대방의 저항력이 가장 허약한 시점을 포착하여 집중적이고 강력한 실력행사를 하여야 한다는 원칙이다.

③ 직접적 실력행사인 '제지'와 '체포'는 경비사태를 예방·진압하거나 상대방의 신체를 구속하는 강제처분으로서 모두 「경찰관 직무집행법」 제6조에 근거를 두고 있다.

④ 경비수단의 원칙 중 '균형의 원칙'은 작전 시의 변수의 발생은 사회적으로 큰 파장을 미칠 수 있으므로 경찰병력이나 군중들을 사고 없이 안전하게 진압하여야 한다는 원칙이다.

해설 ② (×) 시점의 원칙에 대한 설명이다.
③ (×) 체포는 형사소송법에 근거한다.
④ (×) 안전의 원칙에 대한 설명이다.

**경비수단의 원칙 【경비수단은 시위꾼 안전】**

| | |
|---|---|
| 시점 | 상대의 저항이 허약한 시점을 포착하여 집중적이고 강력한 실력행사 |
| 위치 | 군중보다 유리한 위치 확보 |
| 균형 | 균형 있는 경력운영, **한정된 경력으로 최대 효과** |
| 안전 | 경찰이나 시민의 사고 없도록 안전 유지 |

정답 ①

## 07 경비경찰의 특징에 대한 설명으로 가장 옳지 않은 것은? 〈16 경간〉

① 복합기능적 활동 – 경비사태가 발생한 후의 진압뿐만 아니라 특정한 사태가 발생하기 전의 경계·예방 역할을 수행한다.

② 현상유지적 활동 – 경비활동은 기본적으로 현재의 질서상태를 보존하는 것에 가치를 둔다고 할 수 있다. 따라서, 동태적·적극적 질서유지가 아닌 새로운 변화와 발전을 보장하기 위한 정태적·소극적 의미의 유지작용이다.

③ 즉시적(즉응적) 활동 – 경비상황은 국가적으로나 사회적으로 중대한 영향을 미치므로 신속한 처리가 요구된다. 따라서 경비사태에 대한 기한을 정하여 진압할 수 없으며 즉시 출동하여 신속하게 조기에 제압한다.

④ 하향적 명령에 의한 활동 – 경비활동은 주로 계선조직의 지휘관이 내리는 지시나 명령에 의하여 움직이므로 활동의 결과에 대해서도 지휘관이 지휘책임을 지는 것이 일반적이다.

해설 ② (×) 정태·소극적 유지가 아닌 새로운 변화와 발전을 보장하기 위한 동태·적극적인 유지이다.

정답 ②

## 제2절 경비경찰의 주요대상

### 1 행사안전경비

**01 행사안전경비에서 군중정리의 원칙에 관한 설명 중 가장 적절하지 않은 것은?** 〈22 채용2차〉

① 밀도의 희박화 – 제한된 면적의 특정한 지역에 사람이 많이 모이면 상호간에 충돌현상이 나타나고 혼잡이 야기되므로, 차분한 목소리로 안내방송을 진행함으로써 사전에 혼잡상황을 대비하여 사고를 방지할 수 있다.
② 이동의 일정화 – 군중은 현재의 자기 위치와 갈 곳을 잘 몰라 불안감과 초조감을 갖게 되므로 일정방향과 속도로 이동을 시켜 주위의 상황을 파악할 수 있는 여건을 조성시킴으로써 심리적 안정감을 갖도록 하는 것이다.
③ 경쟁적 사태의 해소 – 다른 사람보다 먼저 가려는 심리상태를 억제시켜 질서 있게 행동하면 모든 일이 잘 될 수 있다는 것을 납득시키는 것이다. 이 경우 질서를 지키면 오히려 손해를 본다는 심리상태가 형성되지 않도록 주의하여야 한다.
④ 지시의 철저 – 분명하고 자세한 안내방송을 계속함으로써 혼잡한 사태를 회피하고 사고를 방지할 수 있다.

해설 ① (×) 밀도의 희박화는 사전 블록화하는 것이다. 차분한 목소리로 안내방송 하는 것은 경쟁행동 지양이다.

정답 ①

**02 행사안전경비 중 부대의 편성과 배치에 대한 설명으로 적절한 것을 모두 고른 것은?** 〈18 경감〉

> ㉠ 경력은 단계별로 탄력적으로 운영한다.
> ㉡ 경력배치는 항상 군중이 집결되기 전부터 사전배치함을 원칙으로 한다.
> ㉢ 예비대의 운용여부 판단은 주최측과 협조하여 실시한다.
> ㉣ 예비대가 관중석에 배치될 경우 관중이 잘 보이도록 행사장 앞쪽에 배치하는 것이 효과적이다.

① ㉠, ㉡ ② ㉠, ㉢ ③ ㉠, ㉣ ④ ㉢, ㉣

해설 ㉢ (×) 예비대 운용은 **경찰판단 사항**이며, 주최측과 협조할 사항은 행사진행 과정, 경비원 활용 권고, 자율적 질서유지 등이다.
㉣ (×) 예비대가 단시간 내에 혼란지역에 도달할 수 있도록 **통로 주변**에 배치한다.

정답 ①

**03 「공연법」 및 「동법 시행령」의 내용으로 가장 적절하지 않은 것은?** 〈18 경위 변형〉

① 공연장운영자는 화재나 그 밖의 재해를 예방하기 위하여 그 공연장 종업원의 임무・배치 등 재해대처계획을 수립하여 매년 관할 특별자치시장・특별자치도지사・시장・군수・구청장에게 신고하여야 한다. 이 경우 특별자치시장・특별자치도지사・시장・군수・구청장은 신고 받은 재해대처계획을 관할 소방서장에게 통보하여야 한다.
② 재해대처계획에는 비상시에 하여야 할 조치 및 연락처에 관한 사항이 포함되어야 한다.
③ 공연장 외의 시설이나 장소에서 1천명 이상의 관람이 예상되는 공연을 하려는 자가 신고한 재해대처계획의 사항을 변경하려는 경우에는 해당 공연 7일 전까지 변경신고를 하여야 한다.
④ 재해대처계획을 신고하지 아니한 자는 1천만원 이하의 과태료를 부과한다.

해설 ③ (○) 공연장 외 **1천명** 이상 운집 예상 시 공연 **14일 전**까지 재해대처계획을 지자체 신고, **7일 전**까지 변경신고 ※ 집단민원현장(경비업법) : 100명 이상 행사장
④ (×) **재해대처계획 미신고는 2,000만원 이하의 과태료이다.**
**【재(두번째)−2】**
※ 「집시법」 집회 철회신고 위반 : 100만원↓과태료
「출입국관리법」 외국인 여권 미휴대 : 100만원↓벌금

정답 ④

## 04 행사안전경비에 관한 다음 설명 중 가장 옳은 것은? 〈18 경간〉

① 「공연법」 제11조에 의하면 공연장 운영자는 재해대처계획을 수립하여 매년 관할 시·도경찰청장에게 신고하여야 한다. 이 경우 시·도경찰청장은 신고 받은 재해대처계획을 관할 소방서장에게 통보하여야 한다.

② 「경비업법 시행령」 제30조에 의하면 시·도경찰청장은 행사장 그 밖에 많은 사람이 모이는 시설 또는 장소에서 혼잡 등으로 인한 위험의 발생을 방지하기 위하여 경비원에 의한 경비가 필요하다고 인정되는 때에는 행사개최일 전에 당해 행사의 주최자에게 경비원에 의한 경비를 실시하거나 부득이한 사유로 그것을 실시할 수 없는 경우에는 행사개최 36시간 전까지 시·도경찰청장에게 그 사실을 통지하여 줄 것을 요청해야 한다.

③ 「경찰관직무집행법」 제5조(위험 발생의 방지 등)에 따라 경찰관은 행사경비를 실시함에 있어 매우 긴급한 경우 위해를 입을 우려가 있는 사람을 필요한 한도 내에서 억류할 수 있다.

④ 행사안전경비는 공연, 경기대회 등 미조직된 군중에 의하여 발생되는 자연적인 혼란상태를 사전에 예방·경계·진압하는 경비경찰활동으로 개인이나 단체의 불법행위를 전제로 한다.

해설> ① (×) 매년 재해대처계획을 지자체장에 신고하고, 지자체장은 소방서장에게 통보

② (×) 행사 **24시간 전에** 시·도경찰청장에게 통지하여 줄 것을 **요청할 수 있다. 【행사 24】**

※ 총포, 도검류 등 습득 시 24시간 내 경찰관서 신고 **【총포(four) 24】**

③ (○) 위해를 입을 **우려**자에 대한 **억류·피난 【억피우려】**

| | |
|---|---|
| 경고 | 그 장소에 **모**인 사람, **사**물의 관리자, 그 밖의 관계인에 **경고 【모사경고】** |
| 억류·피난 | 매우 긴급한 경우 위해 입을 **우려**자를 **억류·피난 【억피우려】** |
| 위해방지 | 그 장소에 **있**는 사람, **사**물의 관리자, 그 밖의 관계인에게 위해 **방지** 조치를 하게 하거나 직접 조치 **【익사 방지】** |

④ (×) 불법행위를 전제로 하지 않는다.

정답 ③

## 2 선거경비

## 01 선거경비에 대한 설명으로 가장 적절하지 않은 것은? 〈22 승진〉

① 개표소 경비에 대한 3선 개념 중 제3선은 울타리 외곽으로 검문조·순찰조를 운영하여 위해 기도자의 접근을 차단한다.

② 「공직선거법」상 구·시·군선거관리위원회위원장이나 위원이 개표소의 질서유지를 위하여 정복을 한 경찰공무원 또는 경찰관서장에게 원조를 요구할 수 있으며 이와 같은 요구에 의해 개표소안에 들어간 경찰공무원 또는 경찰관서장은 질서가 회복되거나 위원장의 요구 시 개표소에서 퇴거할 수 있다.

③ 「공직선거법」상 투표소 안에서 또는 투표소로부터 100미터 안에서 소란한 언동을 하거나 특정 정당이나 후보자를 지지 또는 반대하는 언동을 하는 자가 있는 때에는 투표관리관 또는 투표사무원은 이를 제지하고 그 명령에 불응하는 때에는 투표소 또는 그 제한거리 밖으로 퇴거하게 할 수 있다.

④ 「공직선거법」상 투표관리관 또는 투표사무원은 투표소의 질서가 심히 문란하여 공정한 투표가 실시될 수 없다고 인정하는 때에는 투표소의 질서를 유지하기 위하여 정복을 한 경찰공무원 또는 경찰관서장에게 원조를 요구할 수 있다.

해설> ② (×) 원조요구로 개표소 안에 들어간 경찰은 선관위원장의 지시를 받으며, 질서가 회복되거나 선관위원장 요구가 있을 때에는 **즉시 퇴거하여야 한다.**

정답 ②

## 02 선거경비에 대한 설명으로 가장 적절한 것은?

〈21 채용2차〉

① 통상 비상근무체제는 선거기간 개시일부터 개표 종료 때까지이며, 경계강화기간은 선거기간 개시일부터 선거 전일까지이다.

② 대통령 후보자는 갑호 경호 대상으로 후보자 등록 시부터 당선 확정 시까지 후보자가 원하는 경우 유세장·숙소 등에 대해 24시간 경호임무를 수행하고, 후보자가 원하지 않는 경우 시·도경찰청에서 경호 경험이 있는 자를 선발해 관내 유세기간 중 근접 배치한다.

③ 투표소의 질서유지는 선거관리위원회와 경찰이 합동으로 하고, 경찰은 112 순찰차를 투표소 밖에 배치하여 거점근무 및 순찰을 실시하고, 정복 경찰을 투표소 내에 배치하여야 한다.

④ 「공직선거법」상 누구든지 개표소 안에서 무기 등을 지닐 수 없으므로 선거관리위원회 위원장의 원조요구가 있더라도 개표소 안으로 투입되는 경찰관은 무기를 휴대할 수 없다.

해설> ② (×) **대통령선거 후보자는 을호 경호대상이며, 경호를 원하지 않더라도 선발된 직원을 항상 대기**시켜 근접 배치한다. **국회의원 선거 후보자는 각 선거구를 관할하는 경찰서에서 후보자가 원할 경우 배치한다.**

③ (×) 투표소 안에 정복 경찰관을 배치하지 않는다. 투표관리관 또는 투표사무원은 투표소의 질서가 심히 문란하여 공정한 투표가 실시될 수 없다고 인정하는 때에는 투표소의 질서를 유지하기 위하여 정복을 한 경찰공무원 또는 경찰관서장에게 원조를 요구할 수 있다(공직선거법 제164조).

④ (×) 원조 요구에 의하여 개표소 안으로 투입될 경우에는 무기를 휴대할 수 있다. 구·시·군선거관리위원회위원장이나 위원은 개표소의 질서가 심히 문란하여 공정한 개표가 진행될 수 없다고 인정하는 때에는 개표소의 질서유지를 위하여 정복을 한 경찰공무원 또는 경찰관서장에게 원조를 요구할 수 있다. 이 경우를 제외하고는 누구든지 개표소 안에서 무기나 흉기 또는 폭발물을 지닐 수 없다(공직선거법 제183조).

정답 ①

## 03 선거경비에 대한 설명 중 가장 적절하지 않은 것은?

〈20 승진〉

① 대통령 선거기간은 23일이며, 국회의원 및 지방자치단체 의원 선거기간은 14일이다.

② 개표소 경비관련 3선 개념에 의하면 제1선은 개표소 내부, 제2선은 울타리 내곽, 제3선은 울타리 외곽으로 구분한다.

③ 대통령선거, 국회의원선거, 지방자치단체의 의회의원 및 장의 선거기간은 후보자등록 마감일의 다음날부터 선거일까지이다.

④ 대통령선거, 국회의원선거, 지방선거 모두 선거일 06:00부터 개표 종료 시까지 갑호비상이 원칙이다.

해설> ③ (×) 선거기간 【대선과 총선 선거기간 날짜를 섞으면 1234】

① 대통령: **23일**, 후보자 등록 **마감일의 다음날 ~ 선거일**
② 국회의원과 지자체 의원 및 장: **14일**, 후보자 등록 **마감일 후 6일 ~ 선거일**

정답 ③

**04** **A경찰서 경비계장은 지방선거를 앞두고 개표소 경비대책을 수립하였다. ㉠부터 ㉣까지의 내용 중 적절하지 않은 것을 모두 고른 것은?** 〈18 경감〉

> ㉠ 제1선(개표소 내부)은 선거관리위원회위원장의 책임하에 질서를 유지한다.
> ㉡ 「공직선거법」상 누구든지 개표소 안에서 무기 등을 지닐 수 없으므로 선거관리위원회위원장의 원조 요구가 있더라도 개표소 안으로 투입되는 경찰관에게 무기를 휴대할 수 없도록 한다.
> ㉢ 제2선(울타리 내곽)에서는 선거관리위원회와 합동으로 출입자를 통제하며, 2선의 출입문은 수개로 하는 것이 원칙이므로 정문과 후문을 개방한다.
> ㉣ 우발사태에 대비하여 개표소별로 예비대를 확보하고 소방・한전 등 관계요원을 대기시켜 자가발전시설이나 예비조명기구를 확보하여 화재・정전사고 등에 대비한다.

① ㉠, ㉡ ② ㉠, ㉢
③ ㉡, ㉢ ④ ㉢, ㉣

해설> ㉡ (×) 선관위 위원장의 책임하에 질서유지하며 선관위원**장** 또는 **위원**은 정복 경찰공무원 또는 경찰관서장에게 원조를 요구할 수 있으며, 원조요구 외에 개표소 안에서 무기, 휴기, 폭발물 휴대할 수 없다.
㉢ (×) 제2선에서 경찰・선관위 합동으로 출입자 통제하며, 출입문은 가급적 정문만 사용한다.
※ 경호 행사장에서는 1선에서 출입자 통제(MD 운용, 비표확인)

정답 ③

**05** **선거경비에 대한 설명 중 옳지 않은 것은 모두 몇 개인가?** 〈20 경간〉

> 가. 국회의원 후보자의 신변보호는 후보자가 경호를 원하지 않더라도 직원을 항상 대기시켜 유세기간 중 근접배치 한다.
> 나. 대통령후보자의 신변보호는 을호 경호대상으로 후보자등록의 다음날부터 당선 확정 시까지 실시한다.
> 다. 제1선 개표소 내부에 질서문란행위가 발생한 경우 선거관리위원회위원장의 요청이 있는 경우에만 경찰력을 투입한다.
> 라. 개표소 경비 제2선(울타리 내곽)은 선거관리위원회와 합동으로 출입자를 통제하고, 출입문은 되도록 정문만을 사용한다.
> 마. 개표소 내부의 사전 안전검측 및 유지는 선거관리위원회에서 보안안전팀을 운영하여 실시한다.

① 2개 ② 3개
③ 4개 ④ 5개

해설> 가. (×) 대통령선거 후보자는 경호를 원하지 않더라도 선발된 직원을 항상 대기시켜 근접 배치하며, 국회의원 선거 후보자는 각 선거구를 관할하는 경찰서에서 후보자가 원할 경우 배치한다.
나. (×) 대통령선거 후보자는 을호 경호대상이며, 대통령 당선자는 갑호 경호대상자이다. 신변보호 기간은 후보자 등록시부터 당선 확정 시까지이며, 24시간 근접 실시한다.
다. (×) 선관위원**장** 또는 **위원**은 정복 경찰공무원 또는 경찰관서장에게 원조를 요구할 수 있다.
마. (×) 선관위 요청 시 **경찰에서** 소방・한전 등 유관기관과 협조하여 개표소 내・외곽에 대한 사전 안전검측을 실시한다.

정답 ③

## ③ 다중 범죄

**01 다중범죄의 정책적 치료법 및 진압의 기본원칙에 대한 설명으로 가장 적절하지 않은 것은?** 〈22 승진〉

① 전이법은 불만집단과 이에 반대하는 대중의견을 크게 부각시켜 불만집단이 자진해산 및 분산하게 하는 정책적 치료법이다.

② 봉쇄·방어는 군중이 중요시설이나 기관 등 보호대상물의 점거를 기도할 경우 사전에 부대가 선점하여 바리케이트 등으로 봉쇄하는 방어조치로 충돌 없이 효과적으로 무산시키는 진압의 기본원칙이다.

③ 세력분산은 일단 시위대가 집단을 형성한 이후에 부대가 대형으로 진입하거나 장비를 사용하여 시위집단의 지휘통제력을 차단하며, 수개의 소집단으로 분할시켜 시위의사를 약화시키는 진압의 기본원칙이다.

④ 지연정화법은 시간을 지연시킴으로써 불만집단의 고조된 주장을 이성적으로 사고할 기회를 부여하고 정서적으로 감정을 둔화시켜서 흥분을 가라앉게 하는 정책적 치료법이다.

해설 > ① (×) **전이**법은 다른 큰 **이슈**를 폭로하여 원래 이슈를 약화시키는 것이다. 반대하는 의견을 크게 부각시키는 것은 경쟁행위법이다. **【전이슈】**

**☞ 정책적 치료법 【선전경지】**

| 선수승화법 | **사전**에 불만이나 분쟁요인을 찾아서 해소 | **선수친다 – 사전** |
|---|---|---|
| 전이법 | 다른 큰 **이슈**를 폭로하여 원래 이슈를 약화 | **전이슈** |
| 경쟁행위법 | **반대** 의견을 크게 부각 | **경쟁 – 반대** |
| 지연정화법 | **시간**을 끌어 흥분을 가라앉히는 방법 | – |

정답 ①

**02 다중범죄의 정책적 치료법과 그에 대한 내용으로 가장 적절한 것은?** 〈17 경감, 18 채용1차〉

① 선수승화법 – 불만집단의 고조된 주장을 시간을 끌어 이성적으로 사고할 기회를 부여하고 정서적으로 감정을 둔화시켜서 흥분을 가라앉게 하는 방법

② 전이법 – 다중범죄의 발생 징후나 이슈가 있을 때 집단이나 국민들의 관심을 집중시킬 수 있는 경이적인 사건을 폭로하거나 규모가 큰 행사를 개최하여 그 발생 징후나 이슈가 상대적으로 약화되도록 하는 방법

③ 지연정화법 – 불만집단에 반대하는 대중의견을 크게 부각시켜 불만집단이 위압되어 자진해산 및 분산되도록 하는 방법

④ 경쟁행위법 – 특정한 불만집단에 대한 정보활동을 강화하여 사전에 불만 및 분쟁요인을 찾아내어 해소시켜 주는 방법

해설 >

**☞ 정책적 치료법 【선전경지】**

| 선수승화법 | **사전**에 불만이나 분쟁요인을 찾아서 해소 | **선수친다 – 사전** |
|---|---|---|
| 전이법 | 다른 큰 **이슈**를 폭로하여 원래 이슈를 약화 | **전이슈** |
| 경쟁행위법 | **반대** 의견을 크게 부각 | **경쟁 – 반대** |
| 지연정화법 | **시간**을 끌어 흥분을 가라앉히는 방법 | – |

정답 ②

PART 05

## 03 다중범죄의 특징 중 확신적 행동성에 관한 설명으로 가장 적절한 것은? 〈16 경감〉

① 다중범죄를 발생시키는 주동자나 참여하는 자들은 자신의 사고가 정의라는 확신을 가지고 행동하므로 과감하고 전투적인 경우가 많다. 점거농성 때 투신이나 분신자살 등이 그 대표적인 예이다.

② 다중범죄의 발생은 군중심리의 영향을 많이 받아 일단 발생하면 부화뇌동으로 인하여 갑자기 확대될 수도 있다. 조직도 상호 연계되어 있으므로 어느 한 곳에서 시위사태가 발생하면 같은 상황이 전국으로 파급되기 쉽다.

③ 시위군중은 행동에 대한 의혹이나 불안을 갖지 않고 과격·단순하게 행동하며 비이성적인 경우가 많아 주장내용이 편협하고 타협, 설득이 어렵다.

④ 현대사회의 문제는 전국적으로 공통성이 있으며 조직도 전국적으로 연계된 경우가 많다. 다중범죄는 특정한 조직에 기반을 두고 뚜렷한 목적의식을 가지고 있으므로 소속되어 있는 단체의 설치목적이나 활동방침을 분명하게 파악하는 것이 사태의 진상파악에 도움이 된다.

해설 >

**☞ 다중범죄 특징**

| | | |
|---|---|---|
| 확신적 행동성 | 주동자는 자신의 생각에 확신을 가짐(투신, 분신자살). | **다중은 확부비죠(조)** |
| 부하뇌동 파급성 | 군중심리의 영향으로 부하뇌동하여 갑자기 확대될 수 있음. | |
| 비이성적 단순성 | 과격, 단순, 사회통념상 비이성적인 경향 | |
| 조직적 연계성 | 조직에 기반을 두고 전국이 연계하는 경향 | |

정답 ①

## 04 다중범죄에 대한 진압의 기본원칙 중 다음은 무엇에 관한 설명인가? 〈18 법학, 17 경간〉

> 군중이 목적지에 집결하기 전에 중간에서 차단하여 집합을 못하게 하는 방법으로, 중요 목지점에 경력을 배치하고 검문검색을 실시하여 불법시위 가담자를 사전색출·검거하거나 귀가 조치하여 시위군중의 집합을 사전에 차단하는 방법

① 봉쇄·방어　② 세력분산
③ 차단·배제　④ 주동자 격리

해설 >

**☞ 진압의 기본원칙**

| | | |
|---|---|---|
| 봉쇄·방어 | **사전**에 군중 집결지를 봉쇄 | **사전 봉쇄** |
| 차단·배제 | 집결지로 이동하는 **중간**에서 차단 〈17경간〉 | **중간 차단** |
| 세력 분산 | 집결 후에는 여러 개의 소집단으로 분할시킴. | – |
| 주동자 격리 | 주동자를 검거하거나 군중과 격리시킴. | – |

**※ 「집회 및 시위에 관한 법률」 관련 문제는 '제5장 정보' 분야에 통합**

정답 ③

## 4 재난관리

**01** 「재난 및 안전관리 기본법」에 대한 설명으로 가장 적절한 것은? 〈23 경간〉

① 재난관리란 재난이나 그 밖의 각종 사고로부터 사람의 생명·신체 및 재산의 안전을 확보하기 위하여 하는 모든 활동을 말한다.
② 시장·군수·구청장과 지역통제단장(대통령령으로 정하는 권한을 행사하는 경우에만 해당한다)은 재난이 발생하거나 발생할 우려가 있는 경우에 사람의 생명 또는 신체나 재산에 대한 위해를 방지하기 위하여 필요하면 해당 지역 주민이나 그 지역 안에 있는 사람에게 대피하도록 명하거나 선박·자동차 등을 그 소유자·관리자 또는 점유자에게 대피시킬 것을 명할 수 있다. 이 경우 미리 대피장소를 지정할 수 있다.
③ 긴급구조기관이란 경찰청, 시·도경찰청 및 경찰서를 말한다. 다만, 해양에서 발생한 재난의 경우에는 해양경찰청·지방해양경찰청 및 해양경찰서를 말한다.
④ 국무총리는 대통령령으로 정하는 재난이 발생하거나 발생할 우려가 있는 경우 사람의 생명·신체 및 재산에 미치는 중대한 영향이나 피해를 줄이기 위하여 긴급한 조치가 필요하다고 인정하면 중앙안전관리위원회의 심의를 거쳐 재난사태를 선포할 수 있다. 다만, 국무총리는 재난상황이 긴급하여 중앙안전관리위원회의 심의를 거칠 시간적 여유가 없다고 인정하는 경우에는 중앙안전관리위원회의 심의를 거치지 아니하고 재난사태를 선포할 수 있다.

해설 ① (×) "재난관리"란 **재난의 예방·대비·대응 및 복구를 위하여** 하는 모든 활동을 말하고, **"안전관리"**란 재난이나 그 밖의 각종 사고로부터 사람의 **생명·신체 및 재산의 안전을 확보하기 위하여** 하는 모든 활동을 말한다.
③ (×) 경찰청은 긴급구조지원기관에 해당한다. "긴급구조기관"이란 소방청·소방본부 및 소방서를 말한다. 다만, 해양에서 발생한 재난의 경우에는 해양경찰청·지방해양경찰청 및 해양경찰서를 말한다.
④ (×) 국무총리가 아닌 행정안전부장관이 재난사태를 선포할 수 있다. 재난상황이 긴급한 경우에도 행정안전부방관이 중앙위원회의 심의를 거치지 아니하고 재난사태를 선포할 수 있다.

정답 ②

**02** 재난 및 안전관리 기본법」에 관한 설명으로 가장 적절하지 않은 것은? 〈23 채용1차〉

① "재난"이란 국민의 생명·신체·재산과 국가에 피해를 주거나 줄 수 있는 것으로서 사회재난과 자연재난으로 구분한다.
② "재난관리"란 재난의 예방·대비·대응 및 복구를 위하여 하는 모든 활동을 말한다.
③ 경찰청장은 국가 및 지방자치단체가 행하는 재난 및 안전관리 업무를 총괄·조정한다.
④ 대통령령으로 정하는 대규모 재난의 대응·복구 등에 관한 사항을 총괄·조정하고, 필요한 조치를 하기 위하여 행정안전부에 중앙재난안전대책본부를 둔다.

해설 ③ (×) 행정안전부장관이 총괄·조정한다.

정답 ③

**03** 「재난 및 안전관리 기본법」에 대한 설명으로 가장 적절한 것은? 〈19 채용2차, 20 채용2차〉

① "재난"이란 국민의 생명·신체·재산과 국가에 피해를 주거나 줄 수 있는 것으로서 자연재난과 인적재난으로 구분된다.
② "재난관리"란 재난의 예방·대응·복구 및 평가를 위하여 하는 모든 활동을 말한다.
③ 「재난 및 안전관리 기본법」상 대통령령으로 정하는 대규모 재난의 대응·복구 등에 관한 사항을 총괄·조정하고 필요한 조치를 하기 위하여 국무조정실에 중앙재난안전대책본부를 둔다.
④ 해외재난의 경우 외교부장관이 중앙재난안전대책본부장의 권한을 행사한다.

해설 ① (×) 자연재난과 사회재난으로 구분
② (×) 예방·대비·대응·복구 **【재난관리 잘 하면 예비대복】**
③ (×) 행정안전부에 중앙재난안전대책본부를 둔다.
④ (○) 본부장은 원칙적으로 행안부장관이나 해외재난은 외교부장관, 방사능재난은 중앙방사능방재대책본부의 장이 된다.

정답 ④

## 04 재난경비에 대한 설명으로 옳지 않은 것은?

〈20 경간 변형〉

① 「재난 및 안전관리 기본법」상 위기경보는 재난 피해의 전개 속도, 확대 가능성 등 재난상황의 심각성을 종합적으로 고려하여 관심 · 주의 · 경계 · 심각으로 구분할 수 있다.

② 재난지역 주민대피 지원은 112치안종합상황실 기능에서 수행한다.

③ 「재난 및 안전관리기본법」상 '재난'이란 국민의 생명 · 신체 · 재산과 국가의 피해를 주거나 줄 수 있는 것으로서 자연재난, 인적재난으로 구분된다.

④ 「재난 및 안전관리기본법」상 대통령령으로 정하는 대규모 재난의 대응 · 복구 등에 관한 사항을 총괄 · 조정하고 필요한 조치를 하기 위하여 행정안전부에 중앙재난안전대책본부를 둔다.

해설 ③ (×) 자연재난과 사회재난으로 구분된다.

| | |
|---|---|
| 재난 | 국민의 생명 · 신체 · 재산과 국가에 피해를 주거나 줄 수 있는 것으로서 **자연재난과 사회재난으로 구분**된다. |
| 재난관리 | 재난의 **예방 · 대비 · 대응 및 복구**를 위하여 하는 모든 활동을 말한다. |
| 안전관리 | 재난이나 그 밖의 각종 사고로부터 **사람의 생명 · 신체 및 재산의 안전을 확보**하기 위하여 하는 모든 활동을 말한다. |

정답 ③

## 05 「재난 및 안전관리 기본법」상 중앙재난안전대책본부(이하 "중앙대책본부"라 한다)에 대한 설명으로 가장 적절한 것은? 〈18 법학〉

① 행정안전부령으로 정하는 대규모 재난의 대응 · 복구 등에 관한 사항을 총괄 · 조정하고 필요한 조치를 하기 위하여 행정안전부에 중앙대책본부를 둔다.

② 중앙대책본부의 본부장은 대통령이 되며, 중앙대책본부장은 필요하다고 인정하면 중앙대책본부회의를 소집할 수 있다.

③ 예외적으로 해외재난의 경우 법무부장관이 중앙대책본부장의 권한을 행사한다.

④ 재난의 효과적인 수습을 위하여 국무총리가 범정부적 차원의 통합 대응이 필요하다고 인정하는 경우에는 국무총리가 중앙대책본부장의 권한을 행사할 수 있다.

해설 ① (×) 대통령령으로 정하는 대규모 재난이다.

②③ (×) 본부장은 원칙적으로 행안부장관이나 해외재난은 외교부장관, 방사능재난은 중앙방사능방재대책본부의 장이 된다. 총리는 범정부적 차원에서 통합 대응이 필요할 때 본부장이 될 수 있으며 각 소관장관은 차장이 된다. 이 때 국무총리가 지명하는 중앙행정기관의 장은 행정안전부장관, 외교부장관 또는 원자력안전위원회 위원장과 공동으로 차장이 된다.

※ 코로나19 중대본 : 총리－본부장, 1차장－보건복지부 장관, 2차장－행안부장관

정답 ④

## 06 「재난 및 안전관리 기본법」상 재난관리 체계에 대한 설명으로 옳은 것은? 〈19 채용1차〉

① 특별재난지역 선포는 대응 단계에서의 활동이다.
② 재난분야 위기관리 매뉴얼 작성은 예방 단계에서의 활동이다.
③ 재난관리체계 등의 평가는 대비 단계에서의 활동이다.
④ 재난피해조사는 복구 단계에서의 활동이다.

해설> ① (×) 특별재난지역 선포는 복구이고, 재난사태 선포는 대응이다.
② (×) 위기관리 **매뉴**얼은 **대비**이다. **【(가격) 대비 메뉴】**
③ (×) 재난관리체계 등의 평가는 예방이다.

**재난 관리**

| | |
|---|---|
| 예방 | ① 국가기반시설 지정·관리, 특정관리대상 지역 지정·관리<br>② 재난안전분야 종사자 교육, 정부합동 안전 **점검**, 재난관리체계 등의 **평가** 활동 |
| 대비 | ① 재난발생시 피해를 최소화하고 원활한 대응을 위한 **준비**<br>② 기능별 재난대응 **활동계획 작성**, 재난대비 **훈련**<br>③ 위기관리 **매뉴얼 작성 【(가격) 대비 메뉴】** |
| 대응 | ① **재난사태 선포, 위기경보 발령**<br>② 응급조치, 긴급구조, 동원명령, 대피명령 |
| 복구 | **재난피해조사, 특별재난지역 선포** 등 |

정답 ④

## 07 「경찰 재난관리 규칙」에 대한 설명으로 옳지 않은 것은? 〈보충〉

① 경비국장은 재난이 발생하였거나 재난이 발생할 우려가 있는 경우에는 위기관리센터 또는 치안종합상황실에 재난상황실을 설치·운영할 수 있다.
② 재난대책본부가 설치되었거나 「재난 및 안전관리 기본법」 제38조에 따라 '심각' 단계의 위기경보가 발령된 경우에는 재난상황실을 설치·운영하여야 한다.
③ 재난상황실장은 위기관리센터장으로 한다.
④ 재난상황실에 총괄반, 분석반, 상황반을 둔다.

해설> ① (×) 경비국장이 아닌 치안상황관리관이다.

정답 ①

## 08 「경찰 재난관리 규칙」에 대한 설명으로 옳지 않은 것은? 〈보충〉

① 경찰청장은 전국적인 관리가 필요하다고 인정하는 경우 경찰청에 재난대책본부를 설치할 수 있다.
② 재난대책본부는 경찰청 차장이 본부장이 된다.
③ 재난에 대한 범정부적 차원의 통합대응이 필요하다고 인정되는 경우 재난대책본부 본부장을 경찰청장으로 격상하여 운영할 수 있다.
④ 재난대책본부에 총괄운영단, 대책실행단, 대책지원단을 둔다.

해설> ② (×) 재난대책본부장은 치안상황관리관이 된다. 재난에 대한 범정부적 차원의 통합대응이 필요하다고 인정되는 경우 본부장을 경찰청장 또는 경찰청 차장으로 격상하여 운영할 수 있다. 다만, 시·도경찰청의 본부장은 시·도경찰청장이 지정하는 차장 또는 부장으로 한다.

정답 ②

## 5 통합방위법

**01 「통합방위법」에 관한 설명 중 가장 적절하지 않은 것은?** 〈23 승진〉

① "갑종사태"란 일정한 조직체계를 갖춘 적의 대규모 병력 침투 또는 대량살상무기 공격 등의 도발로 발생한 비상사태로서 통합방위본부장 또는 지역군사령관의 지휘·통제하에 통합방위작전을 수행하여야 할 사태를 말한다.
② "을종사태"란 적의 침투·도발 위협이 예상되거나 소규모의 적이 침투하였을 때에 시·도경찰청장, 지역군사령관 또는 함대사령관의 지휘·통제하에 통합방위작전을 수행하여 단기간 내에 치안이 회복될 수 있는 사태를 말한다.
③ 국무총리 소속으로 중앙 통합방위협의회를 둔다.
④ 국가중요시설은 국방부장관이 관계 행정기관의 장 및 국가정보원장과 협의하여 지정한다.

해설> ② (×) 을종은 지역군사령관이 지휘한다.

**☞ 통합방위작전 수행(제2조, 제15조)**

| 구분 | 사태구분 | 지휘관 | |
|---|---|---|---|
| 갑종 | 대규모 병력, 대량살상무기 공격 | **통**합방위본부장 또는 **지**역군사령관 | **갑통지! 을지(문덕) 장군이 병(兵) 지시함** |
| 을종 | 일부 지역 도발, 단기 회복 불가 | **지**역군사령관 | |
| 병종 | 소규모 적이 침투, 단기 회복 가능 | • 특정경비지역 및 군관할지역: **지**역군사령관<br>• 경찰관할지역: **시**·도경찰청장(경찰청장 ×)<br>• 특정경비해역 및 일반경비해역: **함**대사령관<br>• 비행금지공역 및 일반공역: 공군작전사령관<br>※ 공군작전사령관은 통합방위 지원 | |

정답 ②

**02 통합방위법에 대한 설명으로 가장 적절하지 않은 것은?** 〈20 승진 변형〉

① 시·도경찰청장, 지역군사령관 또는 함대사령관은 을종사태나 병종사태에 해당하는 상황이 발생한 때에는 즉시 시·도지사에게 통합방위사태의 선포를 건의하여야 한다.
② 시·도지사는 위 ①에 따른 건의를 받은 때에는 중앙협의회의 심의를 거쳐 을종사태 또는 병종사태를 선포할 수 있다.
③ 통합방위법상 통합방위본부장은 합동참모의장, 부본부장은 합동참모본부 합동작전본부장이 되고, 시·도 통합방위협의회 의장은 시·도지사이며, 중앙 통합방위협의회 의장은 국무총리이다.
④ 국방부장관은 둘 이상의 시·도에 걸쳐 을종사태에 해당하는 상황이 발생하였을 때 즉시 국무총리를 거쳐 대통령에게 통합 방위사태의 선포를 건의하여야 한다.

해설> ② (×) 시·도지사는 시·도 협의회의 심의를 거쳐 을종사태 또는 병종사태를 선포할 수 있다. 대통령은 중앙협의회와 국무회의의 심의를 거쳐 통합방위사태를 선포할 수 있다.

**☞ 통합방위기구 【총시참작】**

| | |
|---|---|
| 중앙통합방위협의회 | 의장: **국무총리** |
| 지역통합방위협의회 | 시·도통합방위협의회 의장: **시·도지사**<br>시·군·구 통합방위협의회 의장: 시·군·구청장 |
| 통합방위본부 | 본부장: **합동참모의장**(의장 – 의장 ×)<br>부본부장: 합동참모본부 **합동작전본부장**<br>(본부장 – 본부장 ×) |

정답 ②

**03** **통합방위사태가 선포된 때에는 「통합방위법」의 규정에 따라 통합방위작전을 신속하게 수행하여야 한다. 지역별 통합방위작전 수행 담당자로 가장 적절한 것은?** 〈22 경간〉

① 갑종사태가 선포된 경우 경찰관할지역: 경찰청장
② 을종사태가 선포된 경우 특정경비지역: 통합방위본부장
③ 을종사태가 선포된 경우 경찰관할지역: 시·도경찰청장
④ 병종사태가 선포된 경우 특정경비지역: 지역군사령관

해설> ① (×) 통합방위법에서 경찰청장이 수행자가 되는 경우는 없다.
②③ (×) 을종사태가 선포된 경우는 지역군사령관이 통합방위작전 수행

**통합방위법**

> 제15조(통합방위작전) ② 시·도경찰청장, 지역군사령관 또는 함대사령관은 통합방위사태가 선포된 때에는 즉시 다음 각 호의 구분에 따라 통합방위작전(공군작전사령관의 경우에는 통합방위 지원작전)을 신속하게 수행하여야 한다. 다만, **을종사태가 선포된 경우에는 지역군사령관이** 통합방위작전을 수행하고, **갑종사태가 선포된 경우에는 통합방위본부장 또는 지역군사령관이** 통합방위작전을 수행한다.
> 1. **경찰관할지역: 시·도경찰청장**
> 2. **특정경비지역** 및 군관할지역: **지역군사령관**
> 3. 특정경비해역 및 일반경비해역: 함대사령관
> 4. 비행금지공역 및 일반공역: 공군작전사령관

정답 ④

**04** **「통합방위법」에 대한 설명으로 가장 적절하지 않은 것은?** 〈19 승진〉

① '갑종사태'란 일정한 조직체계를 갖춘 적의 대규모 병력 침투 또는 대량살상무기 공격 등의 도발로 발생한 비상사태로서 통합방위본부장 또는 지역군사령관의 지휘·통제하에 통합방위작전을 수행하여야 할 사태를 말한다.
② 행정안전부장관 또는 국방부장관은 을종사태에 해당하는 상황이 발생하였을 때 즉시 국무총리를 거쳐 대통령에게 통합방위사태의 선포를 건의하여야 한다.
③ 중앙 통합방위협의회의 의장은 국무총리가 되고 통합방위본부장은 합동참모의장이 된다.
④ 시·도지사 또는 시장·군수·구청장은 통합방위사태가 선포된 때에는 인명·신체에 대한 위해를 방지하기 위하여 즉시 작전지역에 있는 주민이나 체류 중인 사람에게 대피할 것을 명할 수 있다.

해설> ② (×) 둘 이상의 시·도에 **걸쳐 병**종사태에 해당하는 상황이 발생하였을 때 **행정안전부**장관 또는 국**방**부장관은 즉시 국무총리를 거쳐 **대통령**에게 통합방위사태의 선포를 건의하여야 한다.
**【걸뱅이(거지) 행방은 대통령도 모른다.】**

**통합방위사태 선포(제12조)**

| 구분 | | 건의 | 선포 | |
|---|---|---|---|---|
| 갑종 | 2 이상 걸친 을종 | 국방장관 | 대통령 | **걸뱅이 (거지) 행방은 대통령도 모른다.** |
| – | 2 이상 걸친 병종 | **행**안/국**방** 장관 | | |
| 을·병종 | – | **지역군사령관**<br>**시**·도경찰청장<br>**함대사령관** | 시·도지사 | |

정답 ②

## 05 「통합방위법」에 대한 다음 설명 중 옳지 않은 것은 모두 몇 개인가? 〈19 경간〉

가. 특별시장・광역시장・특별자치시장・도지사・특별자치도지사 소속으로 특별시・광역시・특별자치시・도・특별자치도 통합방위협의회를 두고, 그 의장은 시・도지사가 된다.
나. 대통령 소속으로 중앙 통합방위협의회를 둔다.
다. "을종사태"란 적의 침투・도발 위협이 예상되거나 소규모의 적이 침투하였을 때에 시・도경찰청장, 지역군사령관 또는 함대사령관의 지휘・통제하에 통합방위작전을 수행하여 단기간 내에 치안이 회복될 수 있는 사태를 말한다.
라. 시・도경찰청장, 지역군사령관 또는 함대사령관은 둘 이상의 시・도에 걸쳐 병종상태에 해당하는 상황이 발생하였을 때 즉시 국방부장관에게 통합방위사태의 선포를 건의하여야 한다.
마. 시・도지사 또는 시장・군수・구청장은 통합방위사태가 선포된 때에는 인명・신체에 대한 위해를 방지하기 위하여 즉시 작전지역에 있는 주민이나 체류 중인 사람에게 대피할 것을 명할 수 있다.

① 2개 ② 3개 ③ 4개 ④ 5개

해설 나. (×) 중앙통합방위협의회 의장은 국무총리이다. 국무총리 소속으로 둔다.
다. (×) 을종사태란 일부 또는 여러 지역에서 적이 침투・도발하여 **단기간 내에 치안이 회복되기 어려워 지역군사령관의 지휘**・통제하에 통합방위작전을 수행하여야 할 사태를 말한다. 병종은 단기 회복기 가능한 사태이고, 지역군사령관, 시・도경찰청장 또는 함대사령관이 지휘한다. **【갑통지 을지 병 지시함】**
라. (×) 둘 이상의 시・도에 걸쳐 병종상태에 해당하는 상황이 발생하였을 때 행정안전부장관 또는 국방부장관이 국무총리를 거쳐 대통령에게 통합방위사태의 선포를 건의하여야 한다.
**【걸뱅(병)이 행방은 대통령도 모른다】**
마. (○) 을・병종 사태선포는 시・도지사(시・군・구청장×)가 하고, 통제구역・대피명령은 시・도지사 또는 시・군・구청장이 할 수 있다.

정답 ②

## 06 통합방위사태 선포 시 대응활동에 관한 설명 중 옳지 않은 것은 모두 몇 개인가? 〈18 경간〉

가. 서울특별시와 경기도에 걸친 병종사태에 해당하는 상황이 발생하였을 때는 대통령이 선포권자가 된다.
나. 통합방위작전의 관할구역 중 경찰관할지역은 경찰청장이 작전을 수행한다.
다. 시장・군수・구청장도 통제구역을 설정하여 출입을 금지・제한하거나 퇴거명령을 할 수 있다.
라. 을종사태는 적의 침투・도발이 예상되거나 소규모의 적이 침투하여 단기간 내에 치안이 회복될 수 있는 사태를 말한다.
마. 「통합방위법」에 따른 대피명령을 위반하는 경우 300만원 이하의 벌금에 처한다.

① 0개 ② 1개
③ 2개 ④ 3개

해설 가. (○) 둘 이상의 시・도에 **걸쳐 병종**사태에 해당하는 상황이 발생하였을 때 **행**정안전부장관 또는 **국방**부장관은 즉시 국무총리를 거쳐 **대통령**에게 통합방위사태의 선포를 건의하여야 한다.
**【걸뱅이(거지) 행방은 대통령도 모른다.】**
나. (×) 통합방위법에서 경찰청장이 나오는 경우는 없다. 시・도경찰청장이 수행한다.
다. (○) 사태선포는 시・도지사가 하지만, 통제구역, 대피명령은 시장・군수・구청장도 가능하다.
라. (×) 병종사태에 대한 설명이다. 을종은 단기 회복이 어려운 사태이다.

정답 ③

**07** **「통합방위법」상 통합방위작전 및 경찰작전에 대한 설명으로 가장 적절한 것은?** 〈17 채용2차〉

① 대통령 소속으로 중앙 통합방위협의회를 둔다.
② '갑종사태'란 일정한 조직 체계를 갖춘 적의 대규모 병력 침투 또는 대량살상무기(大量殺傷武器) 공격 등의 도발로 발생한 비상사태로서 통합방위본부장 또는 지역군사령관의 지휘·통제하에 통합방위작전을 수행하여야 할 사태를 말한다.
③ 시·도경찰청장 또는 경찰서장은 통합방위사태가 선포된 때에는 인명·신체에 대한 위해를 방지하기 위하여 즉시 작전지역에 있는 주민이나 체류 중인 사람에게 대피할 것을 명하여야 한다.
④ '을종사태'란 일부 또는 여러 지역에서 적이 침투·도발하여 단기간 내에 치안이 회복되기 어려워 시·도경찰청장의 지휘·통제하에 통합방위작전을 수행하여야 할 사태를 말한다.

해설 ① (×) 중앙통합방위협의회 의장은 국무총리이다. 국무총리 소속으로 둔다.
③ (×) 시·도지사 또는 시장·군수·구청장은 통합방위사태가 선포된 때에는 인명·신체에 대한 위해를 방지하기 위하여 즉시 작전지역에 있는 주민이나 체류 중인 사람에게 대피할 것을 명할 수 있다(제17조①).
④ (×) 을종사태에서는 지역군사령관이 지휘·통제한다.
**【갑통지, 을지, 병 지시함】**

정답 ②

**08** **「통합방위법」상 다음 설명 중 가장 옳지 않은 것은?** 〈16 경간〉

① 통합방위본부는 합동참모본부에 두며, 통합방위본부장은 국방부장관이고 부본부장은 합동참모의장이다.
② 「통합방위법」상 대피명령을 위반하는 경우 처벌규정이 있다.
③ 국무총리 소속으로 중앙 통합방위협의회를 둔다.
④ 시·도경찰청장은 관할구역 중에서 적의 침투가 예상되는 곳 등에 검문소를 설치·운용할 수 있다.

해설 ① (×) 통합방위본부는 합동참모본부에 두며, 통합방위본부장은 합동참모의장이 되고 부본부장은 합동참모본부 합동작전본부장이 된다. **【총도참작】**
② (○) 대피명령 위반 시 300만원 이하 벌금
④ (○) **시**·도경찰청장, **지**역군사령관, **함**대사령관은 검문소를 설치·운용할 수 있다.

정답 ①

## 6 국가중요시설 경비

**01** **「통합방위법」상 국가중요시설에 대한 설명으로 가장 적절하지 않은 것은?** 〈22 경간〉

① 국가중요시설의 관리자는 경비·보안 및 방호책임을 지며, 통합방위사태에 대비하여 자체방호계획을 수립하여야 한다. 이 경우 국가중요시설의 관리자는 자체방호계획을 수립하기 위하여 시·도경찰청장 또는 지역군사령관에게 협조를 요청하여야 한다.
② 시·도경찰청장 또는 지역군사령관은 통합방위사태에 대비하여 국가중요시설에 대한 방호지원계획을 수립·시행하여야 한다.
③ 국가중요시설의 평시 경비·보안활동에 대한 지도·감독은 관계 행정기관의 장과 국가정보원장이 수행한다.
④ 국가중요시설은 국방부장관이 관계 행정기관의 장 및 국가정보원장과 협의하여 지정한다.

해설 ① (×) 협조를 요청할 수 있다.

정답 ①

**02** 「통합방위법」상 국가중요시설에 관한 다음 설명 중 가장 적절하지 않은 것은? 〈16 채용1차〉

① 국가중요시설의 관리자(소유자를 포함한다. 이하 같다)는 경비·보안 및 방호책임을 지며, 통합방위사태에 대비하여 자체방호계획을 수립하여야 한다. 이 경우 국가중요시설의 관리자는 자체방호계획을 수립하기 위하여 필요하면 시·도경찰청장 또는 지역군사령관에게 협조를 요청할 수 있다.
② 시·도경찰청장 또는 지역군사령관은 통합방위사태에 대비하여 국가중요시설에 대한 방호지원계획을 수립·시행하여야 한다.
③ 국가중요시설의 평시 경비·보안활동에 대한 지도·감독은 관계 행정기관의 장과 국가정보원장이 수행한다.
④ 국가중요시설은 경찰청장이 관계 행정기관의 장 및 국가정보원장과 협의하여 지정한다.

해설 ④ (×) 통합방위법에서 경찰청장은 나오지 않는다. 관계기관의 장과 국정원장이 협의하여 지정한다.

☞ **방호 체계**

| | |
|---|---|
| 지정 | **국방**부장관(경찰청장×)이 관계행정기관 **장**과 국**정**원장과 협의하여 **가·나·다** 급으로 분류하여 관리 **【국방장정이 지정】** |
| 감독 | 관계행정기관 **장**과 국**정**원장 **【장정이 감독】** |
| 계획 | ① 자체방호계획 수립: 국가중요시설의 관리자(소유자 포함)<br>② 방호지원계획 수립: 시·도경찰청장, 지역군사령관 |

정답 ④

## 7 경찰 비상업무 규칙

**01** 「경찰 비상업무 규칙」에 대한 설명으로 가장 적절하지 않은 것은? 〈21 승진〉

① "지휘선상 위치 근무"란 비상연락체계를 유지하며 유사시 1시간 이내에 현장지휘 및 현장근무가 가능한 장소에 위치하는 것을 말한다.
② "정착근무"란 사무실 또는 상황과 관련된 현장에 위치하는 것을 말한다.
③ "일반요원"이란 필수요원을 포함한 경찰관 등으로 비상소집시 2시간 이내에 응소하여야 할 자를 말한다.
④ "가용경력"이란 총원에서 휴가·출장·교육·파견 등을 제외하고 실제 동원될 수 있는 모든 인원을 말한다.

해설

☞ **용어의 정의(경찰 비상업무 규칙)**

| | |
|---|---|
| 정착 근무 | **사무실** 또는 상황과 관련된 **현장**에 위치 |
| 정위치 근무 | 감독순시, 현장근무, 사무실 대기 등 **관할구역** 내 위치 |
| 지휘선상 근무 | **1시간** 이내 지휘·현장 근무 가능한 장소에 위치 |
| 필수 요원 | 경찰기관장이 지정한 자로 비상소집시 **1시간** 내 응소해야 할 자 |
| 일반 요원 | 필수요원을 제외한 비상소집시 **2시간** 내 응소해야 할 자 |
| 가용 경력 | **휴**가, **출**장, **교**육, **파**견 등을 **제외**한 모든 인원 **【후출고파】** |
| 작전 준비태세 | '**경계강화**' **이전**에 별도 경력동원 없이 출동태세 점검, 비상연락망 구축, 신속한 응소체제 유지, 작전상황반 운영 등 |

정답 ③

**02** **「경찰 비상업무 규칙」상 용어의 정의로 가장 적절하지 않은 것은?** 〈18 채용2차, 19 승진〉

① '가용경력'이라 함은 총원에서 휴가・출장・교육・파견 등을 제외하고 실제 동원될 수 있는 모든 인원을 말한다.
② '지휘선상 위치 근무'라 함은 비상연락체계를 유지하며 유사 시 1시간 이내에 현장지휘 및 현장근무가 가능한 장소에 위치하는 것을 말한다.
③ '필수요원'이라 함은 전 경찰관 및 일반직공무원 중 경찰기관의 장이 지정한 자로 비상소집 시 1시간 이내에 응소하여야 할 자를 말한다.
④ '작전준비태세'라 함은 '경계강화'단계를 발령하기 이전에 별도의 경력을 동원하여 경찰작전부대의 출동태세 점검, 지휘관 및 참모의 비상연락망 구축 및 신속한 응소체제를 유지하며, 작전상황반을 운영하는 등 필요한 작전사항을 미리 조치하는 것을 말한다.

해설 ④ (×) 작전준비태세는 별도의 경력동원 없다.

정답 ④

**03** **「경찰 비상업무 규칙」상 비상근무의 종류별 정황에 대한 설명이다. 아래 ㉠부터 ㉣까지의 설명 중 옳고 그름의 표시(○, ×)가 바르게 된 것은?** 〈20・22 승진〉

> ㉠ 작전비상 − 갑호 − 대규모 적정이 발생하였거나 발생 징후가 현저한 경우
> ㉡ 교통비상 − 을호 − 농무, 풍수설해 및 화재로 극도의 교통혼란 및 사고발생 시
> ㉢ 경비비상 − 병호 − 국제행사 기념일 등을 전후하여 치안수요가 증가하여 가용경력의 50%를 동원할 필요가 있는 경우
> ㉣ 수사비상 − 갑호 − 사회이목을 집중시킬만한 중대범죄 발생 시

① ㉠(○) ㉡(×) ㉢(×) ㉣(○)
② ㉠(○) ㉡(×) ㉢(○) ㉣(○)
③ ㉡(×) ㉡(×) ㉢(○) ㉣(×)
④ ㉠(○) ㉡(○) ㉢(×) ㉣(×)

해설

☞ **비상근무 종류별 정황(제4조 별표1)**

| 구분 | 등급 | 정황 |
|---|---|---|
| 경비비상 | 갑호 | • 계엄이 선포되기 전의 치안상태<br>• **대규모 집단사태, 테러 등으로 극도 혼란, 징후 현저**한 경우<br>• 국제행사, 기념일 등으로 가용경력 **100% 동원**할 필요가 있을 경우 |
| | 을호 | • **대규모 집단사태, 테러 등으로 혼란, 징후 예견**<br>• 국제행사, 기념일 등으로 가용경력 **50% 동원**할 필요가 있을 경우 |
| | 병호 | • **집단사태, 테러 등으로 치안질서 혼란이 예견**되는 경우<br>• 국제행사, 기념일 등으로 가용경력 **30% 동원**할 필요가 있을 경우 |
| 작전비상 | 갑호 | **대규모 적정(敵情)이 발생하였거나 발생 징후가 현저**한 경우 |
| | 을호 | **적정이 발생하였거나 일부 적의 침투가 예상**되는 경우 |
| | 병호 | **정・첩보에 의해 적 침투에 대비한 고도의 경계강화**가 필요한 경우 |
| 재난비상 | 갑호 | **대규모 재난의 발생으로 치안질서가 극도로 혼란**하게 되었거나 그 **징후가 현저**한 경우 |
| | 을호 | **대규모 재난의 발생으로 치안질서가 혼란하게 되었거나 그 징후가 예견**되는 경우 |
| | 병호 | **재난의 발생으로 치안질서의 혼란이 예견**되는 경우 |
| 안보비상 | 갑호 | 간첩・정보사범 색출을 위한 **경계지역** 내 검문검색 필요시 **【보 − 경계】** |
| | 을호 | 상기 상황하에서 **특정지역**・요지에 대한 검문검색 필요시 |
| 교통비상 | 갑호 | 농무, 풍수설해 및 화재로 극도의 교통혼란 및 사고발생 시 |
| | 을호 | 상기 징후가 예상될 시 |
| 수사비상 | 갑호 | **사회이목**을 집중시킬 만한 중대범죄 발생 시 **【사 − 사】** |
| | 을호 | **중요범죄** 사건발생 시 |

**【경작재 안교수】【경비 − 대대집】【작전 − 대적정】**
**【재난 − 대대재】【보 − 경계】【사 − 사】**

정답 ①

## 04 「경찰 비상업무 규칙」에 대한 설명 중 가장 적절한 것은? 〈21 법학〉

① 비상근무의 종류에는 경비비상, 작전비상, 안보비상, 수사비상, 교통비상, 재난비상이 있다.
② 시·도경찰청의 경찰지휘본부는 당해 지휘본부장이 필요하다고 인정할 때에는 사건 현장 인근에 설치함을 원칙으로 한다.
③ 일반요원은 필수요원을 포함한 경찰관 등으로 비상소집 시 2시간 이내에 응소하여야 할 자를 말한다.
④ 기능별 상황의 긴급성 및 중요도에 따라 비상등급은 갑호 비상, 을호 비상, 병호 비상, 작전준비태세, 경계강화 순으로 구분하여 실시한다.

해설 > ② (×) 경찰지휘본부는 치안상황실에 설치함을 원칙으로 하고, 현장 인근에는 현장지휘본부를 설치할 수 있다(제17조).
③ (×) 일반요원은 2시간 이내, 필수요원은 1시간 이내
④ (×) **갑**호 비상, **을**호 비상, **병**호 비상, **경**계 강화, **작**전준비태세 순이다. **【갑을병경작】**

정답 ①

## 05 「경찰 비상업무 규칙」에 대한 설명으로 가장 적절한 것은? 〈18 채용3차〉

① "필수요원"이라 함은 전 경찰관 및 일반직공무원 중 경찰기관의 장이 지정한 자로 비상소집 시 1시간 이내에 응소하여야 할 자를 말한다.
② "지휘선상 위치 근무"라 함은 감독순시·현장근무 및 사무실 대기 등 관할구역 내에 위치하는 것을 말한다.
③ 지휘관과 참모는 을호 비상시 정위치 근무 또는 지휘선상 위치 근무를 원칙으로, 병호 비상시 지휘선상 위치 근무를 원칙으로 한다.
④ 비상근무를 발령할 경우에는 정황의 특수성을 감안하여 비상근무의 목적이 원활히 달성될 수 있도록 가용경력을 최대한 동원하여야 한다.

해설 > ② (×) 정위치 근무에 대한 설명이다.
③ (×) 을호 비상시에는 정위치 근무, 병호 비상시에는 정위치 근무 또는 지휘선상 근무이다.
④ (×) 비상근무를 발령할 경우에는 정황의 특수성을 감안하여 비상근무의 목적이 원활히 달성될 수 있도록 적정한 인원, 계급, 부서를 동원하여 **불필요한 동원이 없도록** 하여야 한다(경찰비상업무규칙 제5조⑥).

정답 ①

## 06 「경찰 비상업무 규칙」상 비상근무에 대한 설명 중 가장 적절하지 않은 것은? 〈19 법학〉

① 병호 비상시 부득이한 경우를 제외하고는 연가를 억제하고 가용경력의 30%까지 동원할 수 있다.
② 지휘관과 참모는 을호 비상시 정위치 근무를, 경계 강화 시 지휘선상 위치 근무를 원칙으로 한다.
③ 작전준비태세 시에는 별도 경력동원은 필요하지 않고 경찰관서 지휘관 및 참모의 비상연락망을 구축하고 응소체제를 유지하면 된다.
④ 집단사태·테러 등의 발생으로 치안질서의 혼란이 예견되는 경우에는 경비비상 을호를 발령하는 것이 적절하다.

해설 > ④ (×) 경비비상 병호를 발령하는 것이 적절하다. 경비비상 을호는 대규모 집단사태·테러 등의 발생으로 치안질서가 혼란하게 되었거나 그 징후가 예견되는 경우에 발령한다.

| | | |
|---|---|---|
| 경비비상 | 갑호 | • 계엄이 선포되기 전의 치안상태<br>• 대규모 집단사태, 테러 등으로 **극도 혼란, 징후 현저**한 경우<br>• 국제행사, 기념일 등으로 가용경력 **100% 동원**할 필요가 있을 경우 |
| | 을호 | • 대규모 집단사태, 테러 등으로 **혼란, 징후 예견**<br>• 국제행사, 기념일 등으로 가용경력 **50% 동원**할 필요가 있을 경우 |
| | 병호 | • 집단사태, 테러 등으로 치안질서 혼란이 **예견**되는 경우<br>• 국제행사, 기념일 등으로 가용경력 **30% 동원**할 필요가 있을 경우 |

정답 ④

## 07 「경찰 비상업무 규칙」에 대한 설명으로 가장 적절한 것은? 〈23 경간〉

① 필수요원이라 함은 전 경찰공무원 및 일반직공무원 중 경찰기관의 장이 지정한 자로 비상소집 시 2시간 이내에 응소하여야 할 자를 말한다.
② 비상근무는 비상상황의 유형에 따라 경비소관의 경비, 작전비상, 수사소관의 수사비상, 안보소관의 안보비상, 치안상황소관의 교통, 재난비상으로 구분하여 발령한다.
③ 경계강화 발령시 별도의 경력동원 없이 특정분야의 근무를 강화하며 지휘관과 참모는 정위치 근무를 원칙으로 한다.
④ 비상근무의 발령권자는 비상상황이 발생하여 비상근무를 실시하고자 할 경우에는 비상근무의 목적, 지역, 기간 및 동원대상 등을 특정하여 별지 제1호 서식의 비상근무발령서에 의하여 비상근무를 발령한다.

해설 ① (×) 필수요원은 1시간 이내, 일반요원은 2시간 이내에 응소하여야 한다.
② (×) 치안상황 소관의 재난비상, 교통 소관의 교통비상으로 구분한다.
③ (×) 경계강화 발령시 지휘관과 참모는 지휘선상 위치 근무를 원칙으로 한다.

**비상근무 종류 【갑을병경작】**

| 구분 | 지휘관·참모 | 연가 | 가용 경력 | – |
|---|---|---|---|---|
| 갑호 비상 | 정착 | 중지 | 100 | – |
| 을호 비상 | 정위치 | 중지 | 50 | – |
| 병호 비상 | 정위치·지휘선상 | 억제 | 30 | **병(病)정지 억세게!** |
| 경계 강화 | 지휘선상 | – | 출동태세 | **경력동원 없음.** |
| 작전준비태세(작전비상시 적용) | – | – | 출동태세 점검 | |

정답 ④

## 08 경찰 비상업무 규칙에 대한 설명 중 가장 적절한 것은? 〈18·20 승진〉

① 병호 비상시 연가를 중지하고 가용경력 30%까지 동원할 수 있다.
② 경계 강화 시 지휘관과 참모는 비상연락망을 구축하고 신속한 응소체제를 유지한다.
③ '가용경력'이라 함은 총원에서 휴가 출장 교육 파견 등을 포함한 실제 동원될 수 있는 모든 인원을 말한다.
④ 비상근무 유형에 따른 분류에는 경비비상, 작전비상, 안보비상, 수사비상, 교통비상, 재난비상이 있다.

해설 ① (×) 병호비상시 연가를 억제한다.
② (×) 작전준비태세에 대한 설명이다. 경계강화는 비상연락체계를 유지하고 출동대기태세를 유지한다.
③ (×) 가용경력은 **휴**가 **출**장 **교**육 **파**견 등을 제외한 실제 동원될 수 있는 모든 인원이다. **【후출고파 제외】**
④ (○) **【경작재 안교수】**

**근무요령 비교(제7조)**

| 작전준비태세(작전비상 시 적용) | 경계강화 |
|---|---|
| • 별도의 경력동원 없이 경찰관서 지휘관 및 참모의 **비상연락망을 구축**하고 신속한 **응소체제를 유지**한다.<br>• 경찰작전부대는 상황발생 시 즉각 출동이 가능하도록 **출동태세 점검**을 실시한다.<br>• **유관기관과의 긴밀한 연락체계를 유지**하고, 필요 시 **작전상황반을 유지**한다. | • 별도의 경력동원 없이 특정분야의 근무를 강화한다.<br>• 전 경찰관은 **비상연락체계를 유지**하고 경찰작전부대는 상황발생 시 즉각 출동이 가능하도록 **출동대기태세를 유지**한다.<br>• **지휘관과 참모는 지휘선상** 위치 근무를 원칙으로 한다. |

정답 ④

PART 05

**09** 「경찰 비상업무 규칙」에 대한 설명으로 가장 적절하지 않은 것은? 〈21 채용1차〉

① 필수요원이라 함은 전 경찰관 및 일반직공무원(이하 "경찰관 등"이라 한다) 중 경찰기관의 장이 지정한 자로 비상소집 시 1시간 이내에 응소하여야 할 자를 말하며, 일반요원이라 함은 필수요원을 제외한 경찰관 등으로 비상소집 시 2시간 이내에 응소하여야 할 자를 말한다.

② 비상근무는 경비 소관의 경비, 작전비상, 안보 소관의 안보비상, 수사 소관의 수사비상, 교통 소관의 교통비상, 생활안전 소관의 생활안전비상으로 구분하여 발령한다.

③ 비상근무 갑호가 발령된 때에는 연가를 중지하고 가용경력 100%까지 동원할 수 있고, 비상근무 을호가 발령된 때에는 연가를 중지하고 가용경력 50%까지 동원할 수 있으며, 비상 근무 병호가 발령된 때에는 부득이한 경우를 제외하고는 연가를 억제하고 가용경력 30%까지 동원할 수 있다.

④ 작전준비태세가 발령된 때에는 별도의 경력동원 없이 경찰관서 지휘관 및 참모의 비상연락망을 구축하고 신속한 응소체제를 유지하며, 경찰작전부대는 상황발생 시 즉각 출동이 가능하도록 출동태세 점검을 실시하는 등의 비상근무를 한다.

해설 ② (×) 비상근무의 종류는 **【경작재 안교수】**으로 생활안전 비상은 포함되지 않는다.

정답 ②

## 8 대테러 업무

**01** 「국민보호와 공공안전을 위한 테러방지법」에 관한 설명으로 가장 적절한 것은? 〈23 채용2차〉

① 「여권법」 제17조 제1항 단서에 따른 외교부장관의 허가를 받지 아니하고 방문 및 체류가 금지된 국가 또는 지역을 방문·체류한 사람이 테러로 인해 생명의 피해를 입은 경우, 그 사람의 유족에 대해 특별위로금을 지급할 수 있다.

② 「국민보호와 공공안전을 위한 테러방지법」에서 말하는 "테러단체"란 국제형사경찰기구(ICPO)가 지정한 테러단체를 말한다.

③ 대테러활동을 수행하는 국가기관, 지방자치단체, 그 밖에 대통령령으로 정하는 기관의 대테러활동으로 인한 국민의 기본권 침해 방지를 위하여 국가테러대책위원회 소속으로 대테러 인권보호관 1명을 둔다.

④ 테러로 인하여 신체·재산·명예의 피해를 입은 국민은 관계기관에 즉시 신고하여야 한다. 다만, 인질 등 부득이한 사유로 신고할 수 없을 때에는 법률관계 또는 계약관계에 의하여 보호 의무가 있는 사람이 이를 알게 된 때에 즉시 신고하여야 한다.

해설 ① (×) 외교부장관의 허가를 받지 아니하고 방문 및 체류가 금지된 국가 또는 지역을 방문·체류한 사람에 대해서는 특별위로금을 지급할 수 없다(제16조).
② (×) "테러단체"란 국제연합(UN)이 지정한 테러단체를 말한다.
④ (×) 테러로 인하여 신체 또는 재산의 피해를 입은 국민은 관계기관에 즉시 신고하여야 한다. 다만, 인질 등 부득이한 사유로 신고할 수 없을 때에는 법률관계 또는 계약관계에 의하여 보호의무가 있는 사람이 이를 알게 된 때에 즉시 신고하여야 한다(제15조①).

정답 ③

**02** 「국민보호와 공공안전을 위한 테러방지법」에서 규정하는 내용 중 적절한 것은 모두 몇 개인가?

〈23 승진〉

> ㉠ "테러위험인물"이란 테러를 실행 계획 · 준비하거나 테러에 참가할 목적으로 국적국이 아닌 국가의 테러단체에 가입하거나 가입하기 위하여 이동 또는 이동을 시도하는 내국인 · 외국인을 말한다.
> ㉡ 대테러활동에 관한 정책의 중요사항을 심의 · 의결하기 위하여 국가테러대책위원회를 두고 위원장은 국가정보원장으로 한다.
> ㉢ 관계기관의 장은 테러의 계획 또는 실행에 관한 사실을 관계기관에 신고하여 테러를 사전에 예방할 수 있게 하였거나, 테러에 가담 또는 지원한 사람을 신고하거나 체포한 사람에 대하여 대통령령으로 정하는 바에 따라 포상금을 지급하여야 한다.
> ㉣ 국가정보원장은 대테러활동에 필요한 정보나 자료를 수집하기 위하여 대테러조사 및 테러위험인물에 대한 추적을 할 수 있다. 이 경우 사전 또는 사후에 대책위원회 위원장에게 보고하여야 한다.

① 1개 ② 2개
③ 3개 ④ 4개

해설> ㉠ (×) 외국인테러전투원에 대한 설명이다.
㉡ (×) 위원장은 국무총리이다.
㉢ (×) 포상금을 지급할 수 있다.

> 제14조(신고자 보호 및 포상금) ② **관계기관의 장은** 테러의 계획 또는 실행에 관한 사실을 관계기관에 신고하여 테러를 사전에 예방할 수 있게 하였거나, 테러에 가담 또는 지원한 사람을 신고하거나 체포한 사람에 대하여 대통령령으로 정하는 바에 따라 **포상금을 지급할 수 있다.**

정답 ①

**03** 「국민보호와 공공안전을 위한 테러방지법」 제2조 정의에 관한 설명 중 가장 적절하지 않은 것은?

〈22 채용1차〉

① '테러위험인물'이란 테러를 실행 · 계획 · 준비하거나 테러에 참가할 목적으로 국적국이 아닌 국가의 테러단체에 가입하거나 가입하기 위하여 이동 또는 이동을 시도하는 외국인을 말한다.
② '대테러활동'이란 제1호의 테러 관련 정보의 수집, 테러위험 인물의 관리, 테러에 이용될 수 있는 위험물질 등 테러수단의 안전관리, 인원 · 시설 · 장비의 보호, 국제행사의 안전확보, 테러위협에의 대응 및 무력진압 등 테러 예방과 대응에 관한 제반활동을 말한다.
③ '테러단체'란 국제연합(UN)이 지정한 테러단체를 말한다.
④ '대테러조사'란 대테러활동에 필요한 정보나 자료를 수집하기 위하여 현장조사 · 문서열람 · 시료채취 등을 하거나 조사대상자에게 자료제출 및 진술을 요구하는 활동을 말한다.

해설> ① (×) '외국인테러전투원'에 대한 설명이며, 외국인뿐만 아니라 내국인도 포함된다. '테러위험인물'은 테러단체의 조직원이거나 테러단체 선전, 테러자금 모금 · 기부, 그 밖에 테러 예비 · 음모 · 선전 · 선동을 하였거나 하였다고 의심할 상당한 이유가 있는 사람을 말한다.

정답 ①

## 04 재난 및 대테러경비활동에 대한 설명으로 가장 적절하지 않은 것은? 〈22 승진〉

① 「재난 및 안전관리 기본법」상 재난은 자연재난과 사회재난으로 구분된다.

② 「테러취약시설 안전활동에 관한 규칙」상 C급 다중이용건축물등은 테러에 의하여 파괴되거나 기능 마비 시 제한된 지역에서 단기간 대테러진압작전이 요구되고 국민생활에 상당한 영향을 미칠 수 있는 건축물 또는 시설을 말한다.

③ 「국민보호와 공공안전을 위한 테러방지법」상 '테러위험인물'이란 테러단체의 조직원이거나 테러단체 선전, 테러자금 모금·기부, 그 밖에 테러 예비·음모·선전·선동을 하였거나 하였다고 의심할 상당한 이유가 있는 사람을 말한다.

④ 「경찰 재난관리 규칙」상 시·도경찰청등의 장은 관할지역 내에서 재난이 발생하였거나 발생할 우려가 있는 경우 재난상황실을 설치·운영할 수 있으나 시·도경찰청등에 재난대책본부가 설치되었거나 「재난 및 안전관리 기본법」상 '경계' 단계의 위기경보가 발령된 경우에는 재난상황실을 설치·운영하여야 한다.

해설 ④ (×) '심각'단계의 위기경보 발령 시 의무적으로 설치·운영하여야 한다.

정답 ④

## 05 「국민보호와 공공안전을 위한 테러방지법」에 대한 설명으로 가장 적절한 것은? 〈17 채용1차, 18 승진〉

① 국가테러대책위원회 위원장은 대통령으로 한다.

② '테러단체'란 국제연합(UN)이 지정한 테러단체를 말한다.

③ '테러위험인물'이란 테러를 실행·계획·준비하거나 테러에 참가할 목적으로 국적국이 아닌 국가의 테러단체에 가입하거나 가입하기 위하여 이동 또는 이동을 시도하는 내국인·외국인을 말한다.

④ 국가정보원장은 테러위험인물에 대하여 출입국·금융거래 및 통신이용 등 관련 정보를 수집하여야 한다.

해설 ① (×) 위원장은 국무총리이다.

**☞ 총리가 책임자인 경우 3개**

| |
|---|
| 1. 국가테러대책위원장<br>2. 중앙통합방위협의회 의장<br>3. 중앙재난안전대책본부장(원칙적으로 행안부장관, 통합 대응 필요시에는 총리) |

③ (×) 외국인테러전투원에 대한 설명이다.
④ (×) 정보를 수집할 수 있다(제9조①).

정답 ②

## 06 「국민보호와 공공안전을 위한 테러방지법」에 대한 설명으로 가장 적절하지 않은 것은? 〈17 경위〉

① 국가테러대책위원회 위원장은 국무총리로 한다.

② 국가정보원장은 테러위험인물에 대하여 출입국·금융거래 및 통신이용 등 관련 정보를 수집할 수 있다.

③ 국가정보원장은 대테러활동에 필요한 정보나 자료를 수집하기 위하여 대테러조사 및 테러위험인물에 대한 추적을 할 수 있다. 이 경우 사전 또는 사후에 대책위원회 위원장에게 보고하여야 한다.

④ 타국의 외국인테러전투원으로 가입한 사람은 3년 이상의 징역으로 처벌한다.

해설 ④ (×) 외국인테러전투원으로 가입한 사람은 **5년** 이상 징역에 처한다.

정답 ④

## 07 경찰의 대테러 업무에 대한 설명 중 옳지 않은 것은? 〈20 경간〉

① 한국의 대테러 부대인 KNP868은 대테러 예방 및 대응을 위해 1983년 창설된 경찰특수부대로 현재 서울시·도경찰청 직할부대이다.
② 외국의 대테러조직으로 영국의 SAS, 미국의 SWAT, 독일의 GSG-9, 프랑스의 GIGN 등이 있다.
③ 「테러취약시설 안전활동에 관한 규칙」상 경찰서장은 관할 내에 있는 B급 다중이용건축물 등에 대하여 분기 1회 이상 지도·점검을 실시하여야 한다.
④ 「국민보호와 공공안전을 위한 테러방지법」상 '테러단체'란 국제연합(UN)이 지정한 테러단체를 말한다.

해설 ③ (×) 경찰서장의 다중이용건축물등의 **점검**은 A급은 분기에 1회, **B·C급은 반기에 1회** 한다. **【B·C카드 점검해서 반으로 쪼개】**

**☞ 각국의 대테러 조직**

| | |
|---|---|
| 영국 SAS | 2차 대전 이후 세계 최초의 전문화된 특수부대로 창설 |
| 미국 SWAT | 주립 경찰서에 조직된 경찰특공대 |
| 독일 GSG-9 | 1972년 뮌헨올림픽 때 검은 9월단의 이스라엘 선수단 인질 테러 사건을 계기 **【독 가스관(GSG)】** |
| 프랑스 GIGN | 1973년, 사우디아라비아 대사관 점거사건 직후 창설 **【지(GI)프】** |
| 한국 KNP 868 | ① 86년 아시아게임과 88년 서울올림픽을 위해서 1983년에 서울경찰청 소속으로 창설된 경찰특공대이다. '868'은 86·88을 의미한다.<br>② 각 시·도경찰청별로 별도의 경찰특공대를 운영하고 있다. |

정답 ③

## 08 다음 빈 칸에 들어갈 알맞은 단어끼리 짝지은 것은? 〈17 경간, 18 승진〉

> • 1972년 뮌헨올림픽 당시 검은 9월단에 의한 이스라엘 선수단 테러사건을 계기로 독일에서는 연방경찰 소속으로 ( ㉠ )이 설립되었다.
> • ( ㉡ )은 인질사건 발생 시 인질이 인질범에 동화되는 현상을 의미하며, 심리학에서 오귀인 효과라고도 한다.

① ㉠ GSG-9 ㉡ 스톡홀름 증후군
② ㉠ GIPN ㉡ 스톡홀름 증후군
③ ㉠ GSG-9G ㉡ 리마 증후군
④ ㉠ GIPN ㉡ 리마 증후군

해설

**☞ 테러 증후군**

| | |
|---|---|
| 스톡홀름 증후군 | 1973년. 스웨덴 스톡홀름 은행 강도 사건에서 **인질이 인질범에 동화**된 사건<br>**【스톡홀름 : 인질(Hostage)이 홀림】**<br>※ 오귀인(誤歸因, mis-attribution) 효과와 유사<br>· 오귀인은 악한 사람을 '**귀인**으로 **오**해'하는 것임.<br>· 인질이 완전히 제압당할수록 인질범의 기분과 욕구를 맞추려고 노력 |
| 리마 증후군 | 1995년. 페루 수도 리마에서 일본대사관 행사에 참석한 400여 명의 각국 대사 등을 4개월간 인질로 잡고 있으면서 **인질범이 인질들에 동화**된 사건 |

정답 ①

## 09 경찰의 대테러 업무에 대한 설명 중 옳은 것을 모두 고른 것은? 〈18 경간, 17 · 20 승진〉

> ㉠ 「테러취약시설 안전활동에 관한 규칙」에 의하면 'B'급 다중 이용건축물등의 경우 테러에 의해 파괴되거나 기능 마비 시 일부 지역의 대테러진압작전이 요구되고, 국민 생활에 중대한 영향을 미칠 수 있는 건축물 또는 시설이며, 관할 경찰서장은 분기 1회 이상 지도 점검을 실시해야 한다.
> ㉡ 「테러취약시설 안전활동에 관한 규칙」에 의하면 'C'급 다중 이용건축물등의 경우 테러에 의하여 파괴되거나 기능 마비 시 제한된 지역의 대테러진압작전이 요구되고, 국민생활에 상당한 영향을 미칠 수 있는 건축물 또는 시설이며, 관할 경찰서장은 반기 1회 이상 지도 점검을 실시해야 한다.
> ㉢ '리마증후군'이란 인질범이 인질에게 일체감을 느끼게 되고 인질의 입장을 이해하여 호의를 베푸는 등 인질범이 인질에게 동화되는 현상이다.
> ㉣ 테러단체 구성죄는 미수범, 예비 · 음모 모두 처벌한다.

① ㉠, ㉢ ② ㉡, ㉢
③ ㉡, ㉢, ㉣ ④ ㉠, ㉡, ㉣

해설 ㉠ (×) B · C급은 관할 서장이 반기에 1회 이상 점검한다.

**☞ 점검 및 훈련 【BC카드 점검해서 반으로 쪼개】**

| 구분 | 서장 | 시 · 도청장 |
|---|---|---|
| 다중이용건축물 점검 | **분기(B · C는 반기)** | 반기 |
| 대테러 훈련 | 분기 | 반기 |

- 점검은 시설관리자의 동의를 받아서 실시
- 서장의 분기별 대테러훈련 중 연 1회 이상은 관계기관 합동으로 실시

정답 ③

# 9 청원경찰

## 01 청원경찰에 대한 설명으로 적절한 것은 모두 몇 개인가? (다툼이 있는 경우 판례에 따름) 〈22 경간〉

> 가. 시 · 도경찰청장은 청원경찰 배치가 필요하다고 인정하는 기관의 장 또는 시설사업장의 경영자에게 청원경찰을 배치할 것을 명령할 수 있다.
> 나. 청원경찰이 직무상의 의무 등을 위반하는 경우에는 청원주 및 관할 감독 경찰서장은 대통령령이 정하는 징계절차를 거쳐 징계처분을 하여야 한다.
> 다. 청원경찰은 「형법」이나 그 밖의 법령에 따른 벌칙을 적용할 때에는 공무원으로 보기 때문에 청원경찰의 불법행위에 대한 배상책임에 관하여는 「국가배상법」의 규정을 적용한다.
> 라. 국가나 지방자치단체에 근무하는 청원경찰의 근무관계는 사법상의 고용계약관계이다.

① 0개 ② 1개
③ 2개 ④ 3개

해설 가. (×) 시 · 도경찰청장은 청원경찰 배치가 필요하다고 인정하는 기관의 장 또는 시설 · 사업장의 경영자에게 청원경찰을 배치할 것을 요청할 수 있다(제4조③).
나. (×) 징계는 청원주가 하고 경찰서장은 징계를 요청할 수 있을 뿐이다.
다. (×) 제10조의2(청원경찰의 불법행위에 대한 배상책임) 청원경찰(국가기관이나 지방자치단체에 근무하는 청원경찰은 제외한다)의 직무상 불법행위에 대한 배상책임에 관하여는 「민법」의 규정을 따른다.
라. (×) **국가나 지방자치단체에 근무하는 청원경찰은 국가공무원법이나 지방공무원법상의 공무원은 아니지만,** 임용자격, 직무, 복무의무 내용 등을 종합하여 볼 때, **그 근무관계를 사법상의 고용계약관계로 보기는 어려우므로 그에 대한 징계처분의 시정을 구하는 소는 행정소송의 대상이지 민사소송의 대상이 아니다**(대판 92다47564). **국가나 지방자치단체에 근무하는 청원경찰은 공법상 근무관계이다(대판 90나10766).**

정답 ①

**02** **청원경찰 법령에 대한 설명 중 적절한 것을 모두 고른 것은?** 〈21 법학〉

> ㉠ 청원경찰을 배치받으려는 자는 관할 시·도경찰청장에게 청원경찰 배치를 신청하여야 한다.
> ㉡ 청원경찰은 청원경찰의 배치 결정을 받은 자와 배치된 기관·시설 또는 사업장 등의 구역을 관할하는 시·도경찰청장의 감독을 받아 그 경비구역만의 경비를 목적으로 필요한 범위에서 「경찰관 직무 집행법」에 따른 경찰관의 직무를 수행한다.
> ㉢ 청원경찰이 직무를 수행할 때에는 경비목적을 위하여 「경찰관 직무 집행법」에 따른 직무와 수사활동 등 사법경찰관리의 직무를 수행할 경우에는 필요한 최소한의 범위에서 하여야 한다.
> ㉣ 청원주는 청원경찰이 직무상의 의무를 위반하거나 직무를 태만히 한 때에는 징계절차를 거쳐 그 경중에 따라 파면, 해임, 강등, 정직, 감봉 및 견책 중 합당한 처분을 하여야 한다.
> ㉤ 청원경찰은 「총포·도검·화약류 등의 안전관리에 관한 법률」에 따른 소지허가를 받아야만 분사기를 휴대하고 직무를 수행할 수 있다.

① ㉠, ㉢ ② ㉠, ㉤
③ ㉡, ㉢ ④ ㉣, ㉤

해설 > ㉡ (×) 청원경찰은 청원주와 경찰서장의 감독을 받으며, 시·도청장은 청원경찰이 아닌 청원주를 감독한다.
㉢ (×) 청원경찰은 그 경비구역만의 경비를 목적으로 직무를 수행하므로, 수사업무는 할 수 없다.
㉣ (×) 청원경찰에 대한 징계의 종류에 강등은 포함되지 않는다.

정답 ②

**03** **「경비업법」과 「청원경찰법」상 관련자들에게 부여된 준수 사항들로 옳지 않은 것은?** 〈21 경간〉

① 경비업자는 경찰공무원 또는 군인의 제복과 색상 및 디자인 등이 명확히 구별되는 소속 경비원의 복장을 정하고 이를 확인할 수 있는 사진을 첨부하여 주된 사무소를 관할하는 시·도경찰청장에게 소정의 양식에 따라 신고하여야 한다.
② 경비원은 장비를 근무 중에만 휴대할 수 있고 경비업무를 위하여 필요하다고 인정되는 상당한 이유가 있을 때에는 필요한 최소한도에서 장비를 사용할 수 있다.
③ 청원경찰은 청원주와 배치된 기관·시설 또는 사업장 등의 구역을 관할하는 경찰서장의 감독을 받아 그 경비구역만의 경비를 목적으로 필요한 범위에서 「경찰관 직무집행법」에 따른 경찰관의 직무를 수행한다.
④ 청원경찰은 근무 중 제복을 착용하여야 하며 경찰청장은 청원경찰이 직무를 수행하기 위하여 필요하다고 인정하면 청원주의 신청을 받아 관할 시·도경찰청장으로 하여금 청원경찰에게 무기를 대여하여 지니게 할 수 있다.

해설 > ④ (×) **시·도청장은** 청원주가 기부 채납한 무기를 **서장으로 하여금** 청원경찰에게 무기를 대여하여 지니게 할 수 있다. 청원주는 분사기 소지 허가를 받아 청원경찰로 하여금 휴대하게 할 수 있다. 참고로 「경비업법」상 특수경비원도 시·도경찰청장은 국가중요시설에 대한 경비업무의 수행을 위하여 필요하다고 인정하는 때에는 관할경찰관서장으로 하여금 무기를 대여하게 한다.

정답 ④

PART 05

## 04 「청원경찰법」 및 동법 시행령상 청원경찰에 대한 설명으로 가장 적절하지 않은 것은? 〈20 채용1차〉

① 청원경찰에 대한 징계의 종류는 파면, 해임, 정직, 감봉 및 견책으로 구분한다.
② 청원주는 청원경찰을 신규로 배치하거나 이동 배치하였을 때에는 배치지(이동배치의 경우에는 종전의 배치지)를 관할하는 경찰서장에게 그 사실을 통보하여야 한다.
③ 청원경찰(국가기관이나 지방자치단체에 근무하는 청원경찰을 포함한다)의 직무상 불법행위에 대한 배상책임에 관하여는 「민법」의 규정을 따른다.
④ 청원경찰이 그 배치지의 특수성 등으로 특수복장을 착용할 필요가 있을 때에는 청원주는 시·도경찰청장의 승인을 받아 특수복장을 착용하게 할 수 있다.

해설> ① (○) 청원경찰의 징계에는 강등이 없다.
② (○) 이동배치 시에는 종전의 배치지 관할 서장에게 통보한다.
③ (×) 국가기관이나 지방자치단체에 근무하는 청원경찰을 제외한다. 국가기관이나 지방자치단체에 근무하는 청원경찰의 직무상 불법행위는 국가배상법에 따른다.
④ (○) 특수복장은 시·도경찰청장의 승인을 받아야 한다. 정답 ③

## 05 「청원경찰법 및 동법 시행령」상 청원경찰에 대한 설명으로 가장 적절한 것은? 〈17 채용2차, 19 경간〉

① 청원경찰은 청원주와 배치된 기관·시설 또는 사업장 등의 구역을 관할하는 경찰서장의 감독을 받아 그 경비구역만의 경비를 목적으로 필요한 범위에서 「국가경찰과 자치경찰의 조직 및 운영에 관한 법률」에 따른 경찰관의 직무를 수행한다.
② 관할 경찰서장은 청원경찰이 직무상에 의무를 위반하거나 직무를 태만히 할 때 징계처분을 하여야 한다.
③ 관할 경찰서장은 매달 1회 이상 청원경찰을 배치한 경비구역에 대하여 복무규율과 근무 상황을 감독하여야 한다.
④ 청원경찰의 임용자격은 19세 이상인 사람이며, 남자의 경우에는 군복무를 마쳤거나 군복무가 면제된 사람으로 한정한다.

해설> ① (×) 경찰관직무집행법이다.
② (×) 서장은 징계처분 요청 가능하다.
④ (×) 나이는 18세 이상이며, 군복무 요건은 삭제되었다. 정답 ③

# ⑩ 경호경비

## 01 다음 행사장 경호에 대한 설명과 명칭을 바르게 연결한 것은? 〈21 승진〉

> ㉠ 주경비지역으로, 바리케이트 등 장애물을 설치, 돌발사태를 대비한 예비대 운영 및 구급차, 소방차 대기가 필요하다.
> ㉡ 절대안전 확보구역으로, 출입자 통제관리, MD 설치 운용, 비표 확인 및 출입자 감시가 필요하다.
> ㉢ 조기경보지역으로, 감시조 운용, 도보 등 원거리 기동순찰조 운영, 원거리 불심자 검문·차단이 필요하다.

① ㉠ 안전구역 ㉡ 경비구역 ㉢ 경계구역
② ㉠ 경비구역 ㉡ 경계구역 ㉢ 안전구역
③ ㉠ 경비구역 ㉡ 안전구역 ㉢ 경계구역
④ ㉠ 경계구역 ㉡ 안전구역 ㉢ 경비구역

해설>

☞ **행사장 경호 【안비계 절주조】**

| | |
|---|---|
| 제1선<br>(안전구역) | ① 절대안전 확보구역<br>② 경호 주관 및 책임은 경호실, 경찰은 경호실 요청한 때 지원<br>③ **출입자 통제, MD 운용, 비표확인 및 출입자 감시**<br>※ 개표소 경비 : 제2선에서 경찰·선관위 합동 출입자 통제 |
| 제2선<br>(경비구역) | ① 주경비지역(소총 유효사거리 내외의 취약개소)<br>② 경호책임은 경찰이 담당, 군부대 내일 경우는 군이 책임<br>③ **돌발사태 대비 예비대 및 비상통로 확보, 바리케이트, 구급차, 소방차** 대기 **【장비나 차량등 대기】** |
| 제3선<br>(경계구역) | ① **조기경보지역**(적의 접근을 조기에 경보하고 차단)<br>② 주변 동향파악, 직시고층건물 및 감제고지에 대한 안전확보, 우발사태 대비책 강구 등<br>③ 통상 경찰 책임, **우발사태 대비책 강구**<br>④ **감시조**, 도보 등 원거리 **기동순찰조**, 원거리 불심자 검문 등 |

정답 ③

## 02 경비경찰활동에 대한 설명 중 가장 적절한 것은?

〈20 법학〉

① 군중정리의 원칙들 중 대규모 군중이 모이는 장소를 사전에 블록화하여 추후 일정한 방향으로 이동시켜 주위 상황을 파악할 수 있는 여건을 조성하는 것은 경쟁적 행동의 지양과 밀접한 관련이 있다.

② 통합방위사태의 유형 중 일부 또는 여러 지역에서 적의 침투 혹은 도발로 단기간 내에 치안회복이 어려워 시·도경찰청장, 지역군사령관 또는 함대사령관의 지휘·통제하에 통합방위작전을 수행하여야 할 사태는 갑종사태이다.

③ 세 가지 경호활동지역 중 MD설치 운용과 비표확인 및 출입자 감시를 주요활동으로 하는 구역은 절대안전확보구역인 제3선이다.

④ 경호경비의 4대 원칙은 자기 희생의 원칙, 목적물 보존의 원칙, 자기 담당구역 책임의 원칙, 하나의 통제된 지점을 통한 접근의 원칙이다.

해설 ① (×) 군중정리 원칙 중에서 사전 블록화하는 것은 밀도의 희박화이다. **【밀경지(경작지)로 이동!】**
※ 밀도의 희박화, 경쟁행동 지양, 지시 철저, 이동 일정화
② (×) 단기간 내에 치안 회복이 어려운 경우는 을종사태이고, 단기간 내에 치안 회복이 가능한 사태는 병종사태이다. 병종은 지역군사령관, 시·도경찰청장 또는 함대사령관의 지휘·통제 하에 통합방위작전을 수행한다. **【갑통지, 을지, 병 지시함】**
③ (×) 절대안전확보구역은 제1선이다. **【안비계, 절주조】** 정답 ④

## 03 경호경비업무를 수행함에 있어 행사장 경호는 3선(1선 안전구역, 2선 경비구역, 3선 경계구역) 개념의 경력을 배치, 운영을 하고 있다. 1선 안전구역 근무자의 임무에 관한 설명으로 가장 적절한 것은?

〈16 경위〉

① 행사장 입장자에 대한 비표 확인 및 신원 불심자에 대하여 검문을 실시

② 행사장 접근로에 바리케이드를 설치

③ 돌발사태에 대비하여 예비대 및 비상통로, 소방차, 구급차 등을 확보

④ 원거리부터 불심자 및 집단사태를 적발·차단하고 경호상황본부에 상황전파로 경력이 대처할 시간을 제공

해설 ②③ (×) 제2선, ④ (×) 제3선 정답 ①

## 04 경호경비에 대한 설명으로 옳은 것은? 〈21 경간〉

① 경호란 경비와 호위를 포함하는 개념으로 호위란 피경호자의 생명과 신체를 보호하기 위해 특정한 지역을 경계·순찰·방비하는 행위이다.

② 자기 담당구역이 아닌 인근지역에서 특별한 상황이 발생하면 상호원조의 원칙에 따라 확인·원조해야 한다.

③ 행사장 경호과정에서 비표확인이나 MD(금속탐지기) 설치 운영 등은 제3선 경계구역부터 철저히 이루어져야 한다.

④ 「대통령 등의 경호에 관한 법률」에 따르면 대통령뿐만 아니라 대통령 당선인과 대통령권한대행 모두 경호처의 경호대상이다.

해설 ① (×) "경호"란 경호 대상자의 생명과 재산을 보호하기 위하여 신체에 가하여지는 위해(危害)를 방지하거나 제거하고**(호위)**, 특정 지역을 경계·순찰 및 방비하는 등의 모든 안전 활동**(경비)**을 말한다(대통령 등의 경호에 관한 법률). 경호는 호위와 경비를 포함한다.
② (×) 자기담당 구역책임 원칙 : 자기 담당구역에서 발생한 일은 자기책임으로 해결한다는 원칙으로, 비록 인근지역에 특별 상황이 발생하여도 자기구역 이탈금지
③ (×) 제1선(안전구역)에 대한 설명이다.

**☞ 경호 대상**

| | | | |
|---|---|---|---|
| 국내 | 갑호 | ① 대통령과 그 가족<br>② 대통령 당선인과 그 가족<br>③ 퇴임 후 10년 이내 전직 대통령과그 배우자<br>※ 임기 만료 전에 퇴임, 재직 중 사망 : 5년<br>※ 처장이 고령 등의 사유로 필요 인정시 5년 내 연장 가능<br>④ 대통령 권한대행과 그 배우자 | 경호처 담당 |
| | 을호 | ① 퇴임 후 **10년** 경과 대통령<br>② 대통령 선거 **후**보자<br>③ 국회의장, **대**법원장, **헌**법재판소장, 국무**총**리<br>**【10년 후 의대헌총 경찰관리】** | 경찰 담당 |
| | 병호 | 갑, 을 외에 경찰청장이 필요하다고 인정 | |

정답 ④

# 제4장 교통경찰

## 제1절 교통지도단속

**01** **「도로교통법」에 대한 설명이다. 아래 가.부터 마.까지 설명 중 옳고 그름의 표시(○, ×)가 바르게 된 것은?** 〈22 경간〉

> 가. "보도"란 연석선, 안전표시나 그와 비슷한 인공구조물로 경계를 표시하여 보행자(유모차와 보행보조용 의자차 제외)가 통행할 수 있도록 한 도로의 부분을 말한다.
> 나. "길가장자리구역"이란 보도와 차도의 구분되지 않은 도로에서 보행자의 안전을 확보하기 위하여 안전표지 등으로 경계를 표시한 도로의 가장자리 부분을 말한다.
> 다. "자동차"란 철길이나 가설된 선을 이용하지 아니하고 원동기를 사용하여 운전되는 차로서 승용자동차, 승합자동차, 화물자동차, 특수자동차, 이륜자동차, 원동기장치자전거와 건설기계를 말한다.
> 라. 어린이의 보호자는 어린이가 행정안전부령으로 정하는 인명보호 장구를 착용한 경우를 제외하고 도로에서 개인형 이동장치를 운전하게 하여서는 아니 된다.
> 마. "모범운전자"란 동법에 따라 무사고운전자 또는 유공운전자의 표시장을 받거나 2년 이상 사업용 자동차 운전에 종사하면서 교통사고를 일으킨 전력이 없는 사람으로서 시·도경찰청장이 정하는 바에 따라 선발되어 교통안전 봉사활동에 종사하는 사람을 말한다.

① 가(×) 나(○) 다(×) 라(○) 마(×)
② 가(×) 나(○) 다(○) 라(×) 마(○)
③ 가(×) 나(×) 다(×) 라(○) 마(×)
④ 가(×) 나(○) 다(×) 라(×) 마(×)

해설> 가. (×) 유모차와 보행보조용 의자차는 보행자에 포함된다.
다. (×) "자동차"는 승용·승합·화물·특수·이륜자동차와 「건설기계관리법」 제26조 제1항 단서에 따른 건설기계(10종의 건설기계)를 말한다. 원동기장치자전거는 자동차에 포함되지 아니하고, "자동차등"에 포함된다.
라. (×) 개인형 이동장치는 원동기장치자전거를 운전할 수 있는 운전면허가 있어야 하며, 어린이는 13세 미만의 자로서 인명장구 착용 여부를 불문하고 운전할 수 없다.
마. (×) 모범운전자는 경찰청장이 정하는 바에 따라 선발된다.

정답 ④

**02** **「도로교통법」에 대한 설명(㉠~㉣) 중 옳고 그름의 표시(○, ×)가 바르게 된 것은?** 〈21 경채, 21 채용2차〉

> ㉠ "자동차"란 철길이나 가설된 선을 이용하지 아니하고 원동기를 사용하여 운전되는 차로서 승용자동차, 승합자동차, 화물자동차, 특수자동차, 이륜자동차, 원동기장치자전거를 말한다. 다만, 건설기계는 제외한다.
> ㉡ 자동차등을 운전하려는 사람은 시·도경찰청장으로부터 운전면허를 받아야 한다. 다만, 「도로교통법」 제2조 제19호 나목의 원동기를 단 차 중 「교통약자의 이동편의 증진법」 제2조 제1호에 따른 교통약자가 최고속도 시속 20킬로미터 이하로만 운행될 수 있는 차를 운전하는 경우에는 그러하지 아니하다.
> ㉢ 어린이통학버스가 도로에 정차하여 어린이나 영유아가 타고 내리는 중임을 표시하는 점멸등 등의 장치를 작동 중일 때에는 어린이통학버스가 정차한 차로와 그 차로의 바로 옆 차로로 통행하는 차의 운전자는 어린이통학버스에 이르기 전에 일시정지하여 안전을 확인한 후 서행하여야 한다.
> ㉣ 어린이의 보호자는 어린이가 행정안전부령으로 정하는 인명보호장구를 착용한 경우를 제외하고 도로에서 개인형 이동장치를 운전하게 하여서는 아니 된다.

① ㉠(○) ㉡(×) ㉢(○) ㉣(×)
② ㉠(×) ㉡(○) ㉢(×) ㉣(○)
③ ㉠(×) ㉡(×) ㉢(○) ㉣(×)
④ ㉠(×) ㉡(○) ㉢(○) ㉣(×)

해설> ㉠ (×) "자동차"는 승용·승합·화물·특수·이륜자동차와 「건설기계관리법」 제26조 제1항 단서에 따른 건설기계(10종의 건설기계)를 말한다. 원동기장치자전거는 자동차에 포함되지 아니하고, "자동차등"에 포함된다.
㉣ (×) 개인형 이동장치는 원동기장치자전거를 운전할 수 있는 운전면허가 있어야 하며, 어린이는 13세 미만의 자로서 인명장구 착용 여부를 불문하고 운전할 수 없다.

정답 ④

## 03 「도로교통법」 제2조 용어의 정의에 대한 설명으로 가장 적절하지 않은 것은? 〈16 경간, 17 채용2차〉

① '자전거횡단도'란 자전거가 일반도로를 횡단할 수 있도록 안전표지로 표시한 도로의 부분을 말한다.
② '교차로'란 '十'자로, 'T'자로나 그 밖에 둘 이상의 도로(보도와 차도가 구분되어 있는 도로에서는 차도를 말한다)가 교차하는 부분을 말한다.
③ '길가장자리구역'이란 보도와 차도가 구분되어 있는 도로에서 보행자의 안전을 확보하기 위하여 안전표지 등으로 경계를 표시한 도로의 가장자리 부분을 말한다.
④ '안전표지'란 교통안전에 필요한 주의·규제·지시 등을 표시하는 표지판이나 도로의 바닥에 표시하는 기호·문자 또는 선 등을 말한다.

해설 ③ (×) '보도와 차도가 구분되지 아니한 도로'이다.

정답 ③

## 04 「도로교통법 시행규칙」상 안전표지에 대한 설명 중 적절하지 않은 것을 모두 고른 것은? 〈19 경간, 20 채용1차〉

㉠ 보조표지 – 도로상태가 위험하거나 도로 또는 그 부근에 위험물이 있는 경우에 필요한 안전조치를 할 수 있도록 이를 도로사용자에게 알리는 표지
㉡ 규제표지 – 도로교통의 안전을 위하여 각종 제한·금지 등의 규제를 하는 경우에 이를 도로사용자에게 알리는 표지
㉢ 노면표시 – 주의표지·규제표지 또는 지시표지의 주기능을 보충하여 도로사용자에게 알리는 표지
㉣ 지시표지 – 도로의 통행방법·통행구분 등 도로교통의 안전을 위하여 필요한 지시를 하는 경우에 도로사용자가 이에 따르도록 알리는 표지

① ㉠, ㉡ ② ㉡, ㉢
③ ㉠, ㉢ ④ ㉡, ㉣

해설 ㉠ (×) 위험하거나 위험물이 있는 경우는 주의표지이다. **【주위(의) 표지】**
㉢ (×) 보충하는 표지는 보조표지이다.

**☞ 교통안전표지 【주지! 노뽀규(No Fuck you!)】**

| 주의표지 | 위험물이 있는 경우 알리는 표지 **【주위(의) 표지】** |
|---|---|
| 지시표지 | 안전을 위해 필요한 **지시**를 하는 표지 |
| 노면표시 | **노면**에 알리는 표지 |
| 보조표지 | 다른 표지를 **보충**하는 표지 |
| 규제표지 | 제한, 금지 등 **규제** 표지 |

정답 ③

## 05 어린이 보호구역 및 어린이 통학버스에 대한 설명으로 가장 적절하지 않은 것은? 〈22 승진〉

① 「도로교통법」상 모든 차의 운전자는 어린이나 영유아를 태우고 있다는 표시를 한 상태로 도로를 통행하는 어린이통학버스를 앞지르지 못한다.
② 「어린이 · 노인 및 장애인 보호구역의 지정 및 관리에 관한 규칙」상 시 · 도경찰청장이나 경찰서장은 「도로교통법」 제12조 제1항 또는 제12조의2 제1항에 따라 보호구역에서 구간별 · 시간대별로 도시지역의 간선도로를 일방통행로로 지정 운영할 수 있다.
③ 「도로교통법 시행령」상 어린이 통학버스는 교통사고로 인한 피해를 전액 배상할 수 있도록 「보험업법」에 따른 보험 또는 「여객자동차 운수사업법에 따른 공제조합」에 가입되어 있어야 한다.
④ 「어린이 · 노인 및 장애인 보호구역의 지정 및 관리에 관한 규칙」상 시장등은 조사 결과 보호구역으로 지정 · 관리할 필요가 인정되는 경우에 관할 시 · 도경찰청장 또는 경찰서장과 협의하여 해당 보호구역 지정대상시설의 주 출입문을 중심으로 반경 300미터 이내의 도로 중 일정구간을 보호구역으로 지정하나 해당 지역의 교통여건 및 효과성 등을 면밀히 검토하여 필요한 경우에 보호구역 지정대상시설의 주 출입문을 중심으로 반경 500미터 이내의 도로에 대해서도 보호구역으로 지정할 수 있다.

해설 > ② (×) 간선도로가 아닌 이면도로이다.

① 지자체장이 학교 등 **주 출입문 300미터** 이내 지정하고(필수), **500미터** 이내 지정할 수 있다(임의).
② 시 · 도청장이나 경찰서장(시장 ×)은 보호구역에서 아래 조치를 할 수 있다.
1. 속도 30Km 제한
2. 이면도로(**간선도로**×) 일방통행 지정
3. 주 · 정차 금지
4. 통행금지 · 제한
**【어린이는 순백(300)하고, 경찰은 속이酒통】**

정답 ②

## 06 「도로교통법」에 규정된 '어린이통학버스'에 대한 설명으로 가장 적절하지 않은 것은? 〈18 경위〉

① 어린이라 함은 13세 미만인 사람을 말한다.
② 어린이통학버스가 도로에 정차하여 어린이나 영유아가 타고 내리는 중임을 표시하는 점멸등 등의 장치를 작동 중일 때에는 어린이통학버스가 정차한 차로와 그 차로의 바로 옆 차로로 통행하는 차의 운전자는 어린이통학버스에 이르기 전에 일시정지하여 안전을 확인한 후 서행하여야 한다.
③ 위 '②'의 경우 중앙선이 설치되지 아니한 도로와 편도 1차로인 도로에서는 반대방향에서 진행하는 차의 운전자도 어린이통학버스에 이르기 전에 일시정지하여 안전을 확인한 후 서행하여야 한다.
④ 모든 차의 운전자는 어린이나 영유아를 태우고 있다는 표시를 한 상태로 도로를 통행하는 어린이통학버스를 앞지를 때 과도하게 속도를 올리는 등 행위를 자제하여야 한다.

해설 > ④ (×) 앞지르지 못한다.

**어린이 통학버스 특별보호**

① 어린이 통학버스가 정차하여 점멸등 작동 중일 때 **바로 옆 차로(편도 1차로이면 반대편) 일시정지**하여야 한다.
② 모든 차는 어린이를 태우고 있다는 표시를 하고 주행하는 어린이 통학버스를 **앞지르지 못한다.**

정답 ④

**07** **승용자동차 기준 제한속도 위반에 따른 범칙금과 벌점에 대한 설명으로 옳은 것은? (단, 어린이보호구역 및 장애인 · 노인보호구역 제외)** 〈17 경간〉

① 제한속도를 60km/h 초과한 경우 13만원의 범칙금과 60점의 벌점이 부과된다.
② 제한속도 위반 정도가 40km/h 초과, 60km/h 이하인 경우 9만원의 범칙금과 40점의 벌점이 부과된다.
③ 제한속도 위반 정도가 20km/h 초과, 40km/h 이하인 경우 6만원의 범칙금과 15점의 벌점이 부과된다.
④ 제한속도 위반 정도가 20km/h 이하인 경우 4만원의 범칙금이 부과된다.

해설 >

**☞ 속도위반에 따른 범칙금 및 벌점**

| 구분 | 처벌<br>(승용차 기준) | 행정처분<br>(벌점) |
|---|---|---|
| 20Km 이하 | 범칙금 3만원 | **없음.** |
| 20 초과 ~ 40Km | 범칙금 6만원 | **15** |
| 40 초과 ~ 60Km | 범칙금 9만원 | **30** |
| **60** 초과 ~ 80Km | 범칙금 12만원 | **60** |
| **80** 초과 ~ 100Km | 30만원 이하의 벌금 · 구류<br>(20만원 초과로 범칙행위 아님.) | **80** |
| **100**Km 초과 | 100만원 이하의 벌금 · 구류 | **100** |
| 100Km 초과 3회 | 1년⇩ 징역 또는 500만원⇩ 벌금<br>(음주운전 0.03 ~ 0.08 미만과 동일) | **면허취소** |

정답 ③

**08** **「도로교통법」에 관한 설명으로 가장 적절하지 않은 것은? (다툼이 있는 경우 판례에 의함)** 〈23 채용2차〉

① 모든 차의 운전자는 예외 없이 터널 안에 차를 주차해서는 아니 된다.
② 긴급자동차에 대하여는 동법 제23조에 따른 끼어들기의 금지를 적용하지 아니한다.
③ "정차"란 운전자가 5분을 초과하지 아니하고 차를 정지시키는 것으로서 주차 외의 정지 상태를 말한다
④ 물로 입 안을 헹굴 기회를 달라는 피고인의 요구를 무시한 채 호흡측정기로 측정한 혈중알코올농도 수치가 0.05%로 나타난 사안에서, 피고인이 당시 혈중알코올농도 0.05% 이상의 술에 취한 상태에서 운전하였다고 단정할 수 없다.

해설 > ① (×) 예외적으로 긴급자동차 중에서 소방차, 구급차, 혈액공급차, 대통령령으로 정하는 경찰용 자동차는 터널 안에 주차할 수 있다.

> 제30조(긴급자동차에 대한 특례) 긴급자동차에 대하여는 다음 각 호의 사항을 적용하지 아니한다. 다만, 제4호부터 제12호까지의 사항은 긴급자동차 중 제2조제22호가목부터 다목까지의 자동차와 대통령령으로 정하는 경찰용 자동차에 대해서만 적용하지 아니한다.
> 11. 제33조에 따른 주차금지

정답 ①

## 09 「도로교통법」 및 「도로교통법 시행령」상 주 · 정차에 대한 설명으로 가장 적절하지 않은 것은? 〈22 승진〉

① 경찰서장, 도지사 또는 시장등은 차를 견인하였을 때부터 24시간이 경과되어도 이를 인수하지 아니하는 때에는 해당 차의 보관장소 등 행정안전부령이 정하는 사항을 해당 차의 사용자 또는 운전자에게 등기우편으로 통지할 수 있다.

② 도로공사를 하고 있는 경우에 그 공사 구역의 양쪽 가장자리로부터 5미터 이내인 곳은 주차금지 장소에 해당한다.

③ 도로 또는 노상주차장에 정차하거나 주차하려고 하는 차의 운전자는 차를 차도의 우측 가장자리에 정차하는 등 대통령령으로 정하는 정차 또는 주차의 방법 · 시간과 금지사항 등을 지켜야 한다.

④ 경사진 곳에 정차하거나 주차(도로 외의 경사진 곳에서 정차하거나 주차하는 경우를 포함한다)하려는 자동차의 운전자는 대통령령으로 정하는 바에 따라 고임목을 설치하거나 조향장치(操向裝置)를 도로의 가장자리 방향으로 돌려놓는 등 미끄럼 사고의 발생을 방지하기 위한 조치를 취하여야 한다.

해설 ① (×) 24시간이 경과되어도 이를 인수하지 아니하는 때에는 **등기우편으로 통지하여야 한다.** 1개월 이내에 반환을 요구하지 아니할 때에는 매각하거나 폐차할 수 있다.

정답 ①

## 10 다음 중 주 · 정차 금지구역에 해당하지 않은 것은? 〈17 채용1차, 17 경간, 20 승진〉

① 도로공사를 하고 있는 경우 그 공사 구역의 양쪽 가장자리로부터 5m 이내인 곳

② 교차로의 가장자리나 도로의 모퉁이로부터 5m 이내인 곳

③ 건널목의 가장자리 또는 횡단보도로부터 10m 이내인 곳

④ 안전지대가 설치된 도로에서는 그 안전지대의 사방으로부터 각각 10m 이내인 곳

해설

**주 · 정차 및 주차금지 장소**

| 구분 | 장소 | 암기 |
|---|---|---|
| 주·정차금지 | 1. 교차로, 횡단보도, 건널목, 보도<br>2. 교차로 가장자리나 **모퉁이로**부터 5미터 이내<br>3. **소**방시설 5미터 이내(승용차 과태료 8만원)<br>4. **안**전지대 10미터 이내<br>5. 버스 **정**류장 10미터 이내<br>6. **횡**단보도, 건널목 10미터 이내<br>7. 기타 시 · 도청장이 지정한 곳<br>8. 시장 등이 지정한 어린이보호구역 | **오(5)소 모퉁이로 안정환(횡) 숏(10)**<br>**※ '안정환 숏'외 나머지는 5m(주차금지 포함)** |
| 주차금지 | 1. 시 · 도청장이 정한 **다(多)**중이용업소 5미터 이내<br>2. 도로**공**사 양쪽에서 **5미**터 이내<br>3. **터**널 안<br>4. **다**리 위<br>5. 기타 시 · 도청장이 지정한 곳 | **오메(5m) 다공터다(그래도 주차금지!)** |

정답 ①

## 11 「도로교통법 시행규칙」'별표2'에서 규정하는 '차량 신호등' 중, 원형등화의 신호의 종류와 그 신호의 뜻에 대한 설명으로 가장 적절하지 않은 것은? 〈23 승진〉

① 녹색의 등화: 비보호좌회전표지 또는 비보호좌회전표시가 있는 곳에서는 좌회전할 수 있다.

② 황색등화의 점멸: 차마는 다른 교통 또는 안전표지의 표시에 주의하면서 진행할 수 있다.

③ 황색의 동화: 차마는 정지선이 있거나 횡단보도가 있을 때에는 그 직전이나 교차로의 직전에 정지하여야 하며, 이미 교차로에 차마의 일부라도 진입한 경우에는 신속히 교차로 밖으로 진행하여야 한다.

④ 적색등화의 점멸: 차마는 정지선이나 횡단보도가 있을 때에는 그 직전이나 교차로의 전에 서행하여 다른 교통에 주의하면서 진행할 수 있다.

해설 ④ (×) 차마는 정지선이나 횡단보도가 있을 때에는 그 직전이나 교차로의 직전에 **일시정지한 후** 다른 교통에 주의하면서 진행할 수 있다.

정답 ④

## 12 「도로교통법」 제26조(교통정리가 없는 교차로에서의 양보운전)에 관한 설명으로 가장 적절하지 않은 것은? 〈23 승진〉

① 교통정리를 하고 있지 아니하는 교차로에 들어가려고 하는 차의 운전자는 이미 교차로에 들어가 있는 다른 차가 있을 때에는 그 차에 진로를 양보하여야 한다.
② 교통정리를 하고 있지 아니하는 교차로에 들어가려고 하는 차의 운전자는 그 차가 통행하고 있는 도로의 폭보다 교차하는 도로의 폭이 넓은 경우에는 서행하여야 하며, 폭이 넓은 도로로부터 교차로에 들어가려고 하는 다른 차가 있을 때에는 그 차에 진로를 양보하여야 한다.
③ 교통정리를 하고 있지 아니하는 교차로에 동시에 들어가려고 하는 차의 운전자는 좌측도로의 차에 진로를 양보하여야 한다.
④ 교통정리를 하고 있지 아니하는 교차로에서 좌회전하려고 하는 차의 운전자는 그 교차로에서 직진하거나 우회전하려는 다른 차가 있을 때에는 그 차에 진로를 양보하여야 한다.

해설 ③ (×) 교통정리를 하고 있지 아니하는 교차로에 동시에 들어가려고 하는 차의 운전자는 **우측도로의 차에 진로를 양보**하여야 한다(제26조③).

정답 ③

## 13 「도로교통법령」상 '국내외 요인에 대한 경호업무 수행에 공무로 사용되는 자동차'에 대한 특례로서 해당 긴급 자동차에 적용하지 않는 사항들은 모두 몇 개인가? 〈22 경간〉

> 가. 「도로교통법」 제17조에 따른 자동차등의 속도 제한
> 나. 「도로교통법」 제23조에 따른 끼어들기 금지
> 다. 「도로교통법」 제19조에 따른 안전거리 확보 등
> 라. 「도로교통법」 제33조에 따른 주차금지
> 마. 「도로교통법」 제21조 제1항에 따른 앞지르기 방법 등

① 2개 ② 3개 ③ 4개 ④ 5개

해설 경호차에 특례가 적용되는 것(위반사항이 적용되지 않는 것)은 "가"와 "나"이다. 경호업무에 수행되는 자동차를 포함한 일반적인 긴급자동차는 **앞**지르기 **시**기 · **장**소 금지, **속**도제한, **끼**어들기 금지 행위에 대하여만 특례가 인정되고, **【앞시장속끼】** 모든 특례가 적용되는 긴급자동차는 **소**방차, **구**급차, **혈**액 공급차량, 대통령령으로 정하는 **경**찰용 자동차(**경찰용 자동차 중 범죄수사, 교통단속, 그 밖의 긴급한 경찰업무 수행에 사용되는 자동차**) 뿐이다. 경호차는 도로교통법시행령 제2조 제1항 제5호에서 규정하는 일반적인 긴급자동차에 해당한다.

**☞ 긴급자동차 특례**

| | | | |
|---|---|---|---|
| 소방차<br>구급차<br>혈액공급차<br>경찰차 | 일반 긴급자동차 | • 앞지르기의 금지(시기 · 장소)<br>• 속도 제한<br>• 끼어들기의 금지 | 일반 긴급자동차는 **【앞시장속끼】**만 적용배제 |
| | – | • 신호위반<br>• 중앙선 침범<br>• 보도침범<br>• 안전거리 확보 등<br>• 앞지르기 방법 등<br>• 횡단 등의 금지<br>• 정차 및 주차의 금지<br>• 주차금지<br>• 고장 등의 조치 | **【소구혈경】**은 **【앞시장속끼】 + 신중보안 앞방행(횡) 정주고】**<br>※ "앞지르기 방법 위반"에 대한 특례는 소구혈경에만 적용 |

정답 ①

## 14 「도로교통법」상 자전거와 긴급자동차의 통행방법에 대한 설명 중 가장 적절하지 않은 것은? 〈20 법학〉

① 자전거의 운전자는 자전거도로가 설치되지 아니한 곳에서는 도로 우측 가장자리에 붙어서 통행하여야 한다.
② 자전거의 운전자는 길가장자리구역을 통행할 때, 보행자의 통행에 방해가 되면 서행하거나 일시정지하여야 한다.
③ 긴급자동차는 긴급하고 부득이한 경우에는 도로의 중앙이나 좌측 부분을 통행할 수 있으며, 이 경우 교통안전에 특히 주의하면서 통행하여야 한다.
④ 교차로나 그 부근에서 긴급자동차가 접근하는 경우 차마와 노면전차의 운전자는 긴급자동차가 우선 통행할 수 있도록 진로를 양보하여 서행하여야 한다.

해설 ④ (×) 교차로나 그 부근에서 긴급자동차가 접근하면 일시정지하고, 교차로나 그 부근 외의 곳에서는 진로를 양보한다.

정답 ④

PART 05

**15** 「도로교통법」상 자전거와 관련된 다음 설명 중 옳은 것은 모두 몇 개인가? 〈18 경간〉

가. 자전거의 운전자는 자전거도로가 설치되지 아니한 곳에서는 도로 좌측 가장자리에 붙어서 통행하여야 한다.
나. 자전거의 운전자는 길가장자리구역(안전표지로 자전거의 통행을 금지한 구간은 제외한다)을 통행할 수 있다. 이 경우 자전거의 운전자는 보행자의 통행에 방해가 될 때에는 서행하거나 일시정지하여야 한다.
다. 자전거의 운전자는 안전표지로 통행이 허용된 경우를 제외하고는 2대 이상이 나란히 차도를 통행하여서는 아니 된다.
라. 자전거의 운전자가 횡단보도를 이용하여 도로를 횡단할 때에는 보행자의 통행에 방해가 되지 않도록 서행하여야 한다.
마. 자전거의 운전자는 자전거에 어린이를 태우고 운전할 때에는 그 어린이에게 행정안전부령으로 정하는 인명보호 장구를 착용하도록 하여야 한다.
바. 자전거의 운전자는 밤에 도로를 통행하는 때에는 전조등과 미등을 켜거나 야광띠 등 발광장치를 착용하여야 한다.

① 1개 ② 2개
③ 3개 ④ 4개

해설> 가. (×) 도로 우측 가장자리에 붙어야 한다.
라. (×) **자전거 등(자전거+개인형 이동장치)**의 운전자가 횡단보도를 이용하여 도로를 횡단할 때에는 자전거 등에서 내려서 자전거 등을 끌거나 들고 보행하여야 한다(도로교통법 제13조의2). 자전거와 개인형 이동장치의 통행방법의 특례(도로교통법 제13조의2)는 동일하다.

정답 ④

**16** 「도로교통법」상 경찰공무원이 반드시 조치를 하여야 하는 내용에 해당하지 않는 것은? 〈22 경간〉

① 도로에서의 위험을 방지하고 교통의 안전과 원활한 소통을 확보하기 위하여 필요하다고 인정할 때, 행렬등에 대하여 구간을 정하고 그 구간에서 행렬등이 도로 또는 차도의 우측(자전거도로가 설치되어 있는 차도에서는 자전거도로를 제외한 부분의 우측을 말한다)으로 붙어서 통행할 것을 명하는 등 필요한 조치
② 신체에 장애가 있는 사람이 도로를 통행하거나 횡단하기 위하여 도움을 요청하거나 도움이 필요하다고 인정하는 경우, 그 사람이 안전하게 통행하거나 횡단할 수 있도록 필요한 조치
③ 앞을 보지 못하는 사람으로서 흰색 지팡이를 가지지 아니하거나 장애인보조견을 동반하지 아니하는 등 필요한 조치를 하지 아니하고 다니는 사람을 발견한 경우, 그들의 안전을 위한 적절한 조치
④ 교통이 빈번한 도로에서 놀고 있는 어린이를 발견한 경우, 그들의 안전을 위한 적절한 조치

해설> ① (×) 필요한 조치를 할 수 있다.

도로교통법 제9조(행렬등의 통행) ③ 경찰공무원은 도로에서의 위험을 방지하고 교통의 안전과 원활한 소통을 확보하기 위하여 **필요하다고 인정할 때에는** 행렬등에 대하여 구간을 정하고 그 구간에서 행렬등이 도로 또는 차도의 우측(자전거도로가 설치되어 있는 차도에서는 자전거도로를 제외한 부분의 우측을 말한다)으로 붙어서 통행할 것을 명하는 등 **필요한 조치를 할 수 있다.**

정답 ①

## 제2절 운전면허

**01 다음 중 무면허 운전에 해당하는 경우로 가장 적절한 것은?** 〈19 채용2차〉

① 제1종 보통면허를 소지한 甲이 12톤의 화물자동차를 운전한 경우
② 제1종 대형면허를 소지한 乙이 구난차 등이 아닌 특수자동차를 운전한 경우
③ 제2종 보통면허를 소지한 丙이 승차정원 10인의 승합자동차를 운전한 경우
④ 제2종 보통면허를 소지한 丁이 적재중량 4톤의 화물자동차를 운전한 경우

해설 ① (×) 1종 보통면허는 12톤 미만의 화물차를 운전할 수 있다. 면허에서 "미만"이 나오는 경우는 1종 보통면허에서 12톤 미만의 화물차, 10톤 미만의 특수차, 도로를 운행하는 3톤 미만의 지게차 등 3가지 경우뿐이다.

정답 ①

**02 다음 중 「도로교통법」 및 「도로교통법 시행규칙」에 따라 제2종 보통 연습면허만을 받은 사람이 운전할 수 있는 차량의 개수는?** 〈21 채용1차〉

- 승차정원 10명 이하의 승합자동차
- 총중량 3.5톤 이하의 견인형 특수자동차
- 적재중량 4톤 이하의 화물자동차
- 건설기계(도로를 운행하는 3톤 미만의 지게차로 한정)

① 1개 ② 2개
③ 3개 ④ 4개

해설 연습 면허는 승용, 승합, 화물차만 가능하다. 견인형 특수차, 지게차는 운전할 수 없다.

정답 ②

**03 다음은 「도로교통법 시행규칙」상 ㉠부터 ㉣까지 ( ) 안에 들어갈 숫자를 순서대로 나열한 것은?** 〈18 채용2차, 18 경감〉

〈제1종 보통운전면허〉
㉠ 적재중량 ( )톤 미만의 화물자동차

〈제2종 보통운전면허〉
㉡ 승차정원 ( )명 이하의 승합자동차
㉢ 적재중량 ( )톤 이하의 화물자동차
㉣ 총중량 ( )톤 이하의 특수자동차(구난차등은 제외한다)

① 10 − 12 − 4 − 3.5 ② 12 − 10 − 4 − 3.5
③ 12 − 10 − 4 − 4 ④ 12 − 10 − 3.5 − 4

해설 면허에서 "미만"이 나오는 경우는 1종 보통면허에서 12톤 미만의 화물차, 10톤 미만의 특수차, 도로를 운행하는 3톤 미만의 지게차 등 3가지 경우뿐이다.

정답 ②



**04 「도로교통법」상 운전면허 결격사유에 대한 설명 중 가장 옳지 않은 것은?** 〈17 채용2차, 19 경간〉

① 제1종 대형면허 또는 제1종 특수면허를 받으려는 경우로서 19세 미만이거나 자동차(이륜자동차는 제외한다)의 운전경험이 2년 미만인 사람은 운전면허를 받을 수 없다.
② 18세 미만(원동기장치자전거의 경우에는 16세 미만)인 사람은 운전면허를 받을 수 없다.
③ 듣지 못하는 사람(제1종 운전면허 중 대형면허·특수면허만 해당한다), 앞을 보지 못하는 사람(한쪽 눈만 보지 못하는 사람의 경우에는 제1종 운전면허 중 대형면허·특수면허만 해당한다)이나 그 밖에 대통령령으로 정하는 신체장애인은 운전면허를 받을 수 없다.
④ 교통상의 위험과 장해를 일으킬 수 있는 정신질환자 또는 뇌전증 환자로서 대통령령으로 정하는 사람은 운전면허를 받을 수 없다.

해설 ① (×) 특수·대형 면허는 19세 이상이고 운전경험이 1년 이상인 사람만 가능하다.

정답 ①

## 05 「도로교통법」상 국제운전면허증에 관한 다음 설명 중 옳고 그름의 표시(○, ×)가 바르게 된 것은?

〈16 경위, 18 경간〉

가. 국제운전면허증을 외국에서 발급받은 사람은 「여객자동차 운수사업법」 또는 「화물자동차 운수사업법」에 따른 사업용 자동차를 운전할 수 없다. 「여객자동차 운수사업법」에 따른 대여사업용 자동차를 임차하여 운전하는 경우에도 마찬가지이다.
나. 국제운전면허증을 외국에서 발급받은 사람은 국내에 입국한 날부터 2년 동안만 그 국제운전면허증으로 자동차 등을 운전할 수 있다.
다. 국제운전면허는 모든 국가에서 통용된다.
라. 국제운전면허증을 발급받은 사람의 국내운전면허의 효력이 정지된 때에는 그 정지기간 동안 그 효력이 정지된다.

① 가(×) 나(×) 다(×) 라(○)
② 가(○) 나(○) 다(×) 라(○)
③ 가(×) 나(○) 다(○) 라(×)
④ 가(×) 나(○) 다(×) 라(○)

해설 가. (×) 국제운전면허증으로 사업용자동차를 운전할 수 없으나, 대여사업용 자동차(렌트카)는 임차하여 운전할 수 있다.
나. (×) 입국한 날부터 1년
다. (×) 1949년 제네바에서 체결된 「도로교통에 관한 협약」, 1968년 비엔나에서 체결된 「도로교통에 관한 협약」, 우리나라와 외국 간에 국제운전면허를 상호 인정하는 협약, 협정 또는 약정에 따른 운전면허증을 발급받은 사람이다(제96조①).

정답 ①

## 06 「도로교통법」 및 「도로교통법 시행령」상 교통안전교육에 대한 설명으로 가장 적절하지 않은 것은?

〈21 승진〉

① 교통안전교육은 운전면허를 받고자 하는 사람이 학과시험 응시 전 받아야 하는 1시간의 교통안전교육으로, 자동차운전 전문학원에서 학과교육을 수료한 사람은 제외된다.
② 특별교통안전교육 중 의무교육 대상은 운전면허효력 정지처분을 받게 되거나 받은 초보운전자로서 그 정지기간이 끝나지 아니한 사람 등이다.
③ 특별교통안전교육 중 권장교육 대상은 운전면허를 받은 사람 중 교육을 받으려는 날에 65세 이상인 사람 등으로, 권장교육을 받기 전 1년 이내에 해당 교육을 받지 아니한 사람에 한정한다.
④ 긴급자동차 교통안전교육 중 신규 교통안전교육은 긴급자동차를 운전하는 사람을 대상으로 3년마다 정기적으로 실시하는 교육이다.

해설 ④ (×) 신규교육은 긴급자동차를 운전하려는 사람에게 3시간 이상 실시하고, 정기교육은 3년마다 2시간 이상 실시

정답 ④

**07** **연습운전면허에 대한 다음 설명 중 옳지 않은 것은 모두 몇 개인가?** 〈18 법학, 19 경간〉

가. 연습운전면허는 그 면허를 받은 날부터 1년 동안 효력을 가진다. 다만, 연습운전면허를 받은 날부터 1년 이전이라도 제1종 보통면허 또는 제2종 보통면허를 받은 경우 연습운전면허는 그 효력을 잃는다.
나. 시·도경찰청장은 연습운전면허를 발급받은 사람이 운전 중 고의 또는 과실로 교통사고를 일으키거나 「도로교통법」이나 「도로교통법」에 따른 명령 또는 처분을 위반한 경우에는 연습운전면허를 취소하여야 한다.
다. 다만, 연습운전면허를 받은 사람이 i) 도로교통공단의 도로주행시험을 담당하는 사람, 자동차운전학원의 강사, 전문학원의 강사 또는 기능검정원의 지시에 따라 운전하던 중 교통사고를 일으킨 경우, ii) 도로가 아닌 곳에서 교통사고를 일으킨 경우, iii) 교통사고를 일으켰으나 물적 피해만 발생한 경우에는 연습운전면허를 취소하지 않는다.
라. 연습운전면허를 받은 사람이 도로에서 주행연습을 하는 때에는 운전면허(연습하고자 하는 자동차를 운전할 수 있는 운전면허에 한한다)를 받은 날부터 2년이 경과된 사람(소지하고 있는 운전면허의 효력이 정지기간 중인 사람을 제외한다)과 함께 승차하여 그 사람의 지도를 받아야 한다.

① 없음 ② 1개 ③ 2개 ④ 3개

해설> 나. 다. (○) 교통사고를 일으키거나 도로교통법 등의 명령에 위반한 때에는 연습면허를 취소하여야 한다(정지 제도는 없음). 다만, 다음의 경우는 예외이다.

**【연습 물강도는 처벌(취소) 없음】**

① **물**피 교통사고만 발생한 경우
② **강**사(도로교통공단에서 도로주행시험을 담당하는 사람, 자동차운전학원의 강사, 전문학원의 강사 또는 기능검정원) 지시에 따라 운전하던 중 교통사고를 일으킨 경우
③ **도**로가 아닌 곳에서 교통사고를 일으킨 경우

정답 ①

**08** **운전면허에 대한 설명으로 가장 적절하지 않은 것은?** 〈19 승진〉

① 외국 발행의 국제운전면허증은 입국일로부터 1년간 유효하다.
② 임시운전증명서는 유효기간 중 운전면허증과 동일한 효력이 있다.
③ 국제운전면허증을 외국에서 발급받은 사람은 「여객자동차 운수사업법」에 따른 사업용 자동차를 운전할 수 없다(단, 「여객자동차 운수사업법」에 따른 대여사업용 자동차를 임차하여 운전하는 경우는 제외).
④ 연습운전면허를 발급받은 사람은 「여객자동차 운수사업법」 또는 「화물자동차 운수사업법」에 따른 사업용 자동차를 운전할 수 있다.

해설> ④ (×) 연습운전면허로 사업용 자동차를 운전하는 등 주행연습 외의 목적으로 운전하여서는 아니 된다. 연습운전면허 준수사항 위반은 적발되더라도 연습운전면허가 취소될 뿐 무면허 운전이 되지는 않는다.

**연습운전면허 준수사항**

제55조(연습운전면허를 받은 사람의 준수사항) 법 제80조제2항 제3호에 따른 연습운전면허를 받은 사람이 도로에서 주행연습을 하는 때에는 다음 각 호의 사항을 지켜야 한다.
1. 운전면허(연습하고자 하는 자동차를 운전할 수 있는 운전면허에 한한다)를 받은 날부터 2년이 경과된 사람(소지하고 있는 운전면허의 효력이 정지기간 중인 사람을 제외한다)과 함께 승차하여 그 사람의 지도를 받아야 한다.
2. 「여객자동차 운수사업법」 또는 「화물자동차 운수사업법」에 따른 사업용 자동차를 운전하는 등 주행연습 외의 목적으로 운전하여서는 아니 된다.
3. 주행연습 중이라는 사실을 다른 차의 운전자가 알 수 있도록 연습 중인 자동차에 별표 21의 표지를 붙여야 한다.

정답 ④

## 09 운전면허에 대한 설명으로 가장 적절하지 않은 것은? 〈20 승진〉

① 제2종 보통면허로는 승차정원 10명 이하의 승합자동차, 적재 중량 4톤 이하의 화물자동차, 총중량 3.5톤 이하의 특수자동차(구난차등은 제외한다) 등을 운전할 수 있다.
② 임시운전증명서의 유효기간은 20일 이내로 하되, 운전면허의 취소 또는 정지처분 대상자의 경우 40일 이내로 할 수 있다. 다만, 시・도경찰청장이 필요하다고 인정하는 경우 그 유효기간을 1회에 한하여 20일의 범위 이내에서 연장할 수 있다.
③ 제1종 특수면허 중 소형견인차 면허를 가지고 총중량 3.5톤 이하의 견인형 특수자동차를 운전할 수 있다.
④ 국제운전면허증을 발급받은 사람은 국내에 입국한 날부터 1년 동안만 그 국제운전면허증으로 자동차 등을 운전할 수 있다.

해설 ② (×) 임시운전증명서 발급 및 연장은 경찰서장이 한다(시행령 제86조③). 유효기간은 20일 이내로 하되, 운전면허 취소・정지 대상자는 40일 이내로 할 수 있다.
**【임신(임시) 증명은 20대 ~ 40대】**

| 도로교통법 | 도로교통법 시행령 | 도로교통법 시행규칙 |
|---|---|---|
| 제91조<br>① **시・도경찰청장은** 다음 각 호의 어느 하나의 경우에 해당하는 사람이 임시운전증명서 발급을 신청하면 **행정안전부령으로 정하는 바에 따라 임시운전증명서를 발급할 수 있다.** | 제86조<br>③ **시・도경찰청장은** 법 제147조제3항에 따라 다음 각 호의 권한을 관할 **경찰서장에게 위임한다.**<br>2. 법 제91조제1항 제3호에 따른 **임시운전증명서 발급** | 88조(임시운전증명서)<br>② 제1항에 따른 임시운전증명서의 유효기간은 20일 이내로 하되, 법 제93조에 따른 운전면허의 취소 또는 정지처분 대상자의 경우에는 40일 이내로 할 수 있다. 다만, **경찰서장이 필요하다고 인정하는 경우에는 그 유효기간을 1회에 한하여 20일의 범위에서 연장할 수 있다.** |

※ 「도로교통법」에 의할 때는 발급권자가 시・도청장으로 규정되어 있음에 유의

정답 ②

## 10 다음은 「도로교통법」에서 운전면허와 관련하여 규정하는 내용들이다. 괄호 안에 들어갈 숫자를 모두 더한 값은? (㉠+㉡+㉢+㉣) 〈21 경간〉

가. ( ㉠ )세 미만(원동기장치자전거의 경우 제외)인 사람은 운전면허를 받을 수 없다.
나. ( ㉡ )세 이상인 사람으로서 운전면허를 받으려는 사람은 시험에 응시하기 전에 '노화와 안전운전에 관한 사항' 등에 관한 교통안전교육을 받아야 한다.
다. 연습운전면허는 그 면허를 받은 날부터 ( ㉢ )년 동안 효력을 가진다.
라. 운전면허시험에서 부정행위를 하여 해당 시험이 무효로 처리된 사람은 그 처분이 있은 날부터 ( ㉣ )년간 해당 시험에 응시하지 못한다.

① 94　② 96
③ 98　④ 99

해설 라. 운전면허시험 부정행위는 2년간 결격사유이고, **【교통 범죄는 2년】** 채용시험 등에서 부정행위한 자는 5년간 결격사유이다.
**【오랫동안 제재】**
㉠ 18, ㉡ 75, ㉢ 1, ㉣ 2

정답 ②

**11** **아래는 「도로교통법 시행규칙」 별표 28 운전면허 취소 · 정지처분 기준의 일부를 발췌한 것이다. 다음 중 옳은 것은?** 〈18 채용3차, 20 승진〉

> 1. 일반기준
> 가. ~ 마. <생략>
> 바. 처분기준의 감경
> (1) 감경사유
> (가) 음주운전으로 운전면허 취소처분 또는 정지처분을 받은 경우
> 운전이 가족의 생계를 유지할 중요한 수단이 되거나, ㉠ 모범운전자로서 처분 당시 2년 이상 교통봉사활동에 종사하고 있거나, 교통사고를 일으키고 도주한 운전자를 검거하여 경찰서장 이상의 표창을 받은 사람으로서 다음의 어느 하나에 해당되는 경우가 없어야 한다.
> 1) ㉡ 혈중알코올농도가 0.15퍼센트를 초과하여 운전한 경우
> 2) 음주운전 중 인적피해 교통사고를 일으킨 경우
> 3) 경찰관의 음주측정요구에 불응하거나 도주한 때 또는 단속경찰관을 폭행한 경우
> 4) ㉢ 과거 5년 이내에 3회 이상의 인적피해 교통사고의 전력이 있는 경우
> 5) ㉣ 과거 3년 이내에 음주운전의 전력이 있는 경우

① ㉠ ② ㉡
③ ㉢ ④ ㉣

해설 > ㉠ (×) 모범운전자로서 3년 이상 교통봉사활동에 종사자
㉡ (×) 0.1퍼센트 초과
㉣ (×) 5년 이내에 음주운전 전력

정답 ③

**12** **다음은 운전면허시험 응시제한기간에 대한 내용이다. 괄호 안에 들어갈 숫자의 총합은?** 〈17 경간〉

> ㉠ 과로운전 중 사상사고 야기 후 구호조치 및 신고 없이 도주한 경우, 취소된 날부터 (　)년
> ㉡ 2회 이상 음주운전으로 운전면허가 취소된 경우, 취소된 날부터 (　)년
> ㉢ 다른 사람의 자동차등을 훔치거나 빼앗은 사람이 무면허운전을 한 경우, 위반한 날부터 (　)년
> ㉣ 2회 이상의 공동위험행위로 운전면허가 취소된 경우, 취소된 날부터 (　)년
> ㉤ 운전면허효력의 정지기간 중 운전면허증 또는 운전면허증을 갈음하는 증명서를 발급받은 사실이 드러나 운전면허가 취소된 경우, 취소된 날부터 (　)년

① 13 ② 14 ③ 15 ④ 16

해설 > ㉠ 과로운전(1년) + 인피도주(4년) = 5년
㉡ 음주운전(1년) + 2회(1년) = 2년
㉢ 범죄(2년) + 무면허(1년) = 3년(서로 다른 종류의 범죄로 실체적 경합)
㉣ 공동위험행위(1년) + 2회(1년) = 2년
㉤ 부정발급 범죄(2년)

정답 ② (5–2–3–2–2)

PART 05

## 13 운전면허 행정처분 결과에 따른 결격대상자와 결격기간의 연결이 옳지 않은 것은 모두 몇 개인가?

〈20 경간〉

가. 자동차 등을 이용하여 범죄행위를 하거나 다른 사람의 자동차를 훔치거나 빼앗아 무면허로 운전한 자 – 위반한 날부터 3년
나. 다른 사람이 부정하게 운전면허를 받도록 하기 위하여 운전면허시험에 대리응시한 자 – 취소된 날부터 2년
다. 과로상태 운전으로 사람을 사상한 후 구호조치 없이 도주한 자 – 취소된 날부터 5년
라. 2회 이상의 공동위험행위로 운전면허가 취소된 자 – 취소된 날부터 2년
마. 적성검사를 받지 아니하여 운전면허가 취소된 자 – 취소된 날부터 1년

① 1개　　② 2개　　③ 3개　　④ 4개

해설 가. (○) 자동차이용범죄(1년) + 무면허(1년) = 3년(예외),
자동차 강·절도(2년) + 무면허(1년) = 3년
나. (○) 대리응시는 2년
다. (○) 과로(1년) + 인피도주(4년) = 5년
라. (○) 2회(1년) + 공동위험행위(1년) = 2년
마. (×) 적성검사로 면허취소된 경우는 결격기간 제한 없다.

정답 ①

## 14 「도로교통법」 및 동법 시행규칙상 운전면허에 대한 설명 중 가장 적절하지 않은 것은?

〈20 승진〉

① 제1종 보통면허로는 승차정원 15명 이하의 승합자동차, 적재 중량 12톤 미만의 화물자동차를 운전할 수 있다.
② 제2종 보통면허로는 승차정원 10명 이하의 승합자동차, 적재 중량 4톤 이하의 화물자동차를 운전할 수 있다.
③ 운전면허증 소지자가 면허증의 반납사유가 발생하면 그 사유가 발생한 날부터 7일 이내에 반납하여야 한다.
④ 무면허운전 금지를 3회 위반하여 자동차등을 운전한 경우 위반한 날부터 3년간 운전면허 시험응시가 제한된다.

해설 ④ (×) 무면허(1년) + 3회 이상(1년) = 2년

정답 ④

# 제3절 음주운전 단속

## 01 음주운전 관련 판례에 관한 설명 중 가장 적절하지 않은 것은? (다툼이 있는 경우 판례에 의함)

〈16 채용2차, 23 채용1차〉

① 경찰관이 술에 취한 상태에서 자동차를 운전한 것으로 보이는 피고인을 「경찰관직무집행법」에 따른 보호조치 대상자로 보아 경찰관서로 데려온 직후 음주측정을 요구하였는데 피고인이 불응하여 음주측정불응죄로 기소된 사안에서 위법한 보호조치 상태를 이용하여 음주측정 요구가 이루어졌다는 등의 특별한 사정이 없는 한 피고인의 행위는 음주측정불응죄에 해당한다.
② 술에 취해 자동차 안에서 잠을 자다가 추위를 느껴 히터를 가동시키기 위하여 시동을 걸었고, 실수로 자동차의 제동장치 등을 건드렸거나 처음 주차할 때 안전조치를 제대로 취하지 아니한 탓으로 원동기의 추진력에 의하여 자동차가 약간 경사진 길을 따라 앞으로 움직여 피해자의 차량 옆면을 충격하게 된 경우는 자동차의 운전에 해당한다.
③ 음주측정 요구 당시 운전자가 술에 취한 상태에서 자동차를 운전하였다고 인정할 만한 상당한 이유가 있었으며, 음주운전 종료 후 별도의 음주 사실이 없었음이 증명된 경우, 경찰관이 음주 및 음주운전 종료로부터 약 5시간 후 집에서 자고 있는 피고인을 연행하여 음주측정을 요구한 데에 대하여 피고인이 불응하였다면, 「도로교통법」상의 음주측정불응죄가 성립한다.
④ 특별한 이유 없이 호흡측정기에 의한 측정에 불응하는 운전자에게 경찰공무원이 혈액채취에 의한 측정방법이 있음을 고지하고 그 선택 여부를 물어야 할 의무는 없다.

해설 ② (×) 운전의 개념은 그 규정의 내용에 비추어 목적적 요소를 포함하는 것이므로 **고의의 운전행위만을 의미**하고 자동차 안에 있는 사람의 의지나 관여 없이 자동차가 움직인 경우에는 운전에 해당하지 않는다(대판 2004도1109).

정답 ②

## 02 다음 사례에서 A와 B에 대한 처분으로 옳은 것은?

〈22 법학〉

> A와 B는 친구 사이로 동시에 1종 보통운전면허 시험에 합격하여 면허를 발급받았다. 둘은 축하하기 위하여 알코올을 섭취 후 A는 도로교통법에서 정의하는 개인형 이동장치인 전동킥보드를, B는 전동기를 장착하지 않은 일반 자전거를 타고 도로교통법상 도로에 해당하는 골목길을 운전하여 주행하던 중 교통경찰관에게 단속되었다. 음주측정 결과 A는 혈중알코올 농도 0.09%, B는 혈중알코올 농도 0.1%로 각각 측정되었다.(단, A와 B에 대한 다른 교통법규 위반은 고려하지 않는 것으로 함)

| | A | B |
|---|---|---|
| ① | 운전면허 취소와 범칙금 10만원 | 범칙금 3만원 |
| ② | 운전면허 취소와 범칙금 10만원 | 운전면허 취소와 범칙금 3만원 |
| ③ | 운전면허 취소와 범칙금 13만원 | 운전면허 취소와 범칙금 10만원 |
| ④ | 운전면허 정지와 범칙금 10만원 | 범칙금 없음 |

해설 >

**☞ 범칙금(「도로교통법 시행령」 별표8)**

| 구분 | 음주운전 | 측정불응 |
|---|---|---|
| 자전거 | 3만원 | 10만원 |
| 개인형 이동장치 | 10만원 | 13만원 |

정답 ①

## 03 「도로교통법」, 「도로교통법 시행규칙」 및 「특정범죄 가중처벌 등에 관한 법률」에 관한 설명 중 괄호 안 숫자의 합은?

〈21 법학〉

> ㉠ 경찰공무원은 교통의 안전과 위험방지를 위하여 필요하다고 인정되거나 술에 취한 상태에서 자전거를 운전하였다고 인정할만한 상당한 이유가 있는 사람을 호흡조사로 측정할 수 있다. 이 경우 경찰공무원의 측정에 응하지 아니한 사람은 ( )만원 이하의 벌금이나 구류 또는 과료에 처한다.
>
> ㉡ 특수학교 및 국제학교의 주변도로 가운데 일정 구간을 어린이 보호구역으로 지정하여 자동차등과 노면전차의 통행 속도를 시속 ( )킬로미터 이내로 제한할 수 있다.
>
> ㉢ 자동차의 운전자가 어린이 보호구역에서 통행속도 준수 의무를 위반하여 ( )세 미만의 어린이에게 「교통사고처리 특례법」 제3조 제1항의 죄를 범하여 사망에 이르게 된 경우에는 무기 또는 3년 이상의 징역에 처한다.
>
> ㉣ 혈중알코올농도가 0.03퍼센트 이상 0.08퍼센트 미만인 사람이 자동차등 또는 노면전차를 운전한 경우 ( )년 이하의 징역이나 500만원이하의 벌금에 처한다.
>
> ㉤ 승차정원 ( )명 이하의 승합자동차는 제2종 보통면허로 운전할 수 있다.

① 64 ② 74 ③ 76 ④ 94

해설 > ㉠ 자전거등을 음주운전하거나 측정불응한 경우 모두 20만원 이하의 벌금·구류·과료에 처한다.

※ 범칙금

| 구분 | 음주운전 | 측정불응 |
|---|---|---|
| 자전거 | 3만원 | 10만원 |
| 개인형 이동장치 | 10만원 | 13만원 |

㉡ 30Km 이내로 속도를 제한할 수 있다.
㉢ 어린이는 13세 미만이다.
㉣ 1년 이하의 징역이다.
㉤ 2종 보통은 10인 이하 승합차이다.

정답 ②

## 04 「도로교통법」상 음주운전과 관련된 내용이다. 아래 ㉠부터 ㉣까지의 내용 중 옳고 그름의 표시(○, ×)가 바르게 된 것은? (단, '술에 취한 상태'는 혈중알코올농도가 0.03퍼센트 이상인 경우로 전제함)

〈19 채용1차 변형〉

> ㉠ 술에 취한 상태에서 자전거를 운전한 사람은 처벌된다.
> ㉡ 음주운전 2회 이상 위반으로 벌금형을 확정받고 면허가 취소된 경우, 면허가 취소된 날부터 3년간 면허시험 응시자격이 제한된다.
> ㉢ 무면허인 자가 술에 취한 상태에서 자동차 등을 운전한 경우, 무면허운전죄와 음주운전죄는 실체적 경합관계에 있다.
> ㉣ 도로가 아닌 곳에서 술에 취한 상태로 자동차 등을 운전하더라도 음주단속의 대상이 된다.

① ㉠(○) ㉡(○) ㉢(×) ㉣(×)
② ㉠(○) ㉡(×) ㉢(○) ㉣(○)
③ ㉠(○) ㉡(×) ㉢(×) ㉣(○)
④ ㉠(×) ㉡(○) ㉢(○) ㉣(×)

해설> ㉠ (○) 자전거등 음주운전시 20만원 이하의 벌금・구류・과료에 처하며, 범칙금은 음주운전 3만원, 측정거부 10만원(시행령 별표 8, 64의2, 64의3)
※ 자전거등 단속 대상: **음**주 운전, **주**차위반, **끼**어들기, **신**호위반 처벌 (운전 중 휴대전화 ×) **【음주끼신】**
㉡ (×) 음주운전(1년) + 2회(1년) = 2년
㉢ (×) 상상적 경합이 된다.
㉣ (○) 도로가 아닌 곳(주차장 등)에서 무면허운전은 단속 대상이 아니지만, **음**주운전, **도**주, **약**물운전 등의 경우는 단속 대상이다.
**【주차장에서도 음도약(노래) 금지】**

정답 ③

## 05 음주운전 관련 판례에 관한 설명 중 가장 적절하지 않은 것은? (다툼이 있는 경우 판례에 의함)

〈22 채용1차〉

① 술에 취해 자동차 안에서 잠을 자다가 추위를 느껴 히터를 가동시키기 위하여 시동을 걸었고, 실수로 자동차의 제동장치 등을 건드렸거나 처음 주차할 때 안전조치를 제대로 취하지 아니한 탓으로 원동기의 추진력에 의하여 자동차가 약간 경사진 길을 따라 앞으로 움직여 피해자의 차량 옆면을 충격한 사실을 엿볼 수 있으나 이를 두고 피고인이 자동차를 운전하였다고 할 수는 없다.
② 운전자가 경찰공무원으로부터 음주측정을 요구받고 호흡측정기에 숨을 내쉬는 시늉만 하는 등 형식적으로 음주측정에 응하였을 뿐 경찰공무원의 거듭된 요구에도 불구하고 호흡측정기에 음주측정수치가 나타날 정도로 숨을 제대로 불어넣지 아니하였다면 이는 실질적으로 음주측정에 불응한 것과 다를 바 없다.
③ 음주운전과 관련한 도로교통법 위반죄의 범죄수사를 위하여 미성년자인 피의자의 혈액채취가 필요한 경우에도 피의자에게 의사능력이 있다면 피의자 본인만이 혈액채취에 관한 유효한 동의를 할 수 있고, 피의자에게 의사능력이 없는 경우 명문의 규정이 없더라도 법정대리인이 피의자를 대리하여 동의할 수 있다.
④ 특별한 이유 없이 호흡측정기에 의한 측정에 불응하는 운전자에게 경찰공무원이 혈액채취에 의한 측정방법이 있음을 고지하고 그 선택 여부를 물어야 할 의무가 있다고는 할 수 없다.

해설> ③ (×) 미성년자인 경우에도 본인만이 유효한 동의를 할 수 있으며, 법정대리인이 피의자를 대리하여 동의할 수 없다. 따라서 이 경우 피의자의 동의 없이 혈액을 채취한 경우로서 사후 영장을 반드시 발부받아야 한다.

정답 ③

## 06 음주운전 관련 판례에 대한 설명으로 가장 적절하지 않은 것은? 〈22 경간〉

① 위드마크 공식은 운전자가 음주한 상태에서 운전한 사실이 있는지에 대한 경험법칙에 의한 증거수집 방법에 불과하므로, 경찰공무원에게 위드마크 공식의 존재 및 나아가 호흡측정에 의한 혈중알코올농도가 음주운전 처벌기준 수치에 미달하였더라도 위드마크 공식에 의한 역추산 방식에 의하여 운전 당시의 혈중알코올농도를 산출할 경우 그 결과가 음주운전 처벌기준 수치 이상이 될 가능성이 있다는 취지를 운전자에게 미리 고지하여야 할 의무는 없다.

② 경찰관이 음주운전 단속 시 운전자의 요구에 따라 곧바로 채혈을 실시하지 않은 채 호흡측정기에 의한 음주측정을 하고 1시간 12분이 경과한 후에 채혈을 한 것은 객관적 정당성을 상실하여 운전자가 음주운전 단속과정에서 받을 수 있는 권익이 현저하게 침해되었다고 볼 수 있다.

③ 음주종료 후 4시간 정도 지난 시점에서 물로 입 안을 헹구지 아니한 채 호흡측정기로 측정한 혈중알코올 농도 수치가 0.05%로 나타난 사안에서, 위 증거만으로는 피고인이 혈중알코올 농도 0.05% 이상의 술에 취한 상태에서 자동차를 운전하였다고 인정하기 어렵다.

④ 경찰관이 술에 취한 상태에서 자동차를 운전한 것으로 보이는 피고인을 「경찰관 직무집행법」에 따른 보호조치 대상자로 보아 경찰관서로 데려온 직후 음주측정을 요구하였는데 피고인이 불응하여 음주측정불응죄로 기소된 사안에서, 위법한 보호조치 상태를 이용하여 음주측정 요구가 이루어졌다는 등의 특별한 사정이 없는 한 피고인의 행위는 음주측정불응죄에 해당한다.

해설 ② (×) 음주운전자의 채혈요구에 1시간 12분이 지체된 후 채혈하였더라도 운전자의 권익이 현저하게 침해되었다고 볼 수 없다(대법원 2008.4.24. 2006다32132). 교통단속처리지침 제38조 제6항에서 음주운전자가 채혈을 요구할 경우 '즉시' 채혈을 하도록 규정되어 있는데, 음주운전자가 채혈을 요구하였음에도 즉시 이루어지지 않은 것은 '정당하게 단속받을 권리를 침해'하였다는 이유로 국가를 상대로 손해배상소송을 제기하였던 사례이다. 당시 단속 현장에 채혈을 위한 용기가 비치되어 있지 아니하여 인근 지구대로 갔으나 거기서도 용기가 없어서 다른 지구대로 이동하면서 시간이 지체된 것이다. 이에 대하여 대법원은 채혈의 지연이 부당한 의도나 불합리한 사유에서 비롯된 것으로 볼 수 없다고 하면서 단순히 1시간 12분이 지연되었다는 이유로 운전자가 음주운전에 대한 단속과정에서 받을 수 있는 권익이 현저하게 침해되었다고 단정하기는 어렵다고 판시하였다.

정답 ②

## 07 「도로교통법」상 음주운전에 대한 설명으로 가장 적절하지 않은 것은? (다툼이 있는 경우 판례에 의함) 〈21 승진〉

① 경찰공무원은 교통의 안전과 위험방지를 위하여 필요하다고 인정하거나, 술에 취한 상태에서 자동차등을 운전하였다고 인정할 만한 상당한 이유가 있는 경우에는 음주측정을 할 수 있다.

② 무면허인데다가 술이 취한 상태에서 오토바이를 운전하였다면 무면허운전죄와 음주운전죄는 실체적 경합관계에 있다.

③ 음주감지기에서 음주반응이 나온 경우, 그것만으로 술에 취한 상태에 있다고 인정할 만한 상당한 이유가 있다고 볼 수 없다.

④ 주차장, 학교 경내 등 「도로교통법」상 도로가 아닌 곳에서의 음주운전, 약물운전, 사고 후 미조치에 대하여 형사처벌이 가능하다.

해설 ② (×) 무면허 운전과 음주운전은 하나의 행위로 수죄를 범한 상상적 경합관계에 있다.

정답 ②

## 08 「도로교통법」상 음주측정 거부에 해당하는 것은? (판례에 의함)
〈21 경간〉

① 경찰공무원이 운전자의 음주 여부나 주취 정도를 확인하기 위하여 음주측정기에 의한 측정의 사전절차로서 음주감지기에 의한 시험을 요구할 때, 그 시험결과에 따라 음주측정기에 의한 측정이 예정되어 있고 운전자가 그러한 사정을 인식하였음에도 음주감지기에 의한 시험에 명시적으로 불응한 경우

② 오토바이를 운전하여 자신의 집에 도착한 상태에서 단속경찰관으로부터 주취운전에 관한 증거 수집을 위한 음주측정을 위해 인근 파출소까지 동행하여 줄 것을 요구받고 이를 명백하게 거절하였음에도 위법하게 체포·감금된 상태에서 음주측정요구에 응하지 않은 행위

③ 신체 이상 등의 사유로 인하여 호흡조사에 의한 측정에 응할 수 없는 운전자가 혈액채취에 의한 측정을 거부하거나 이를 불가능하게 한 행위

④ 교통사고로 상해를 입은 피고인의 골절부위와 정도에 비추어 음주측정 당시 통증으로 인하여 깊은 호흡을 하기 어려웠고 그 결과 음주측정이 제대로 되지 아니한 경우

해설 ① (○) 대판 2016도16121
② (×) 위법하게 체포·감금된 상태에서 음주측정요구를 받게 되었으므로 음주측정 거부로 처벌할 수 없다(대판 2004도8404).
③ (×) 음주 측정은 호흡조사에 의한 측정만을 의미하는 것으로서 혈액채취에 의한 측정을 포함하는 것으로 볼 수 없음은 법문상 명백하다. 따라서, 신체 이상 등의 사유로 인하여 호흡조사에 의한 측정에 응할 수 없는 운전자가 혈액채취에 의한 측정을 거부하거나 이를 불가능하게 하였다고 하더라도 음주측정에 불응한 것으로 볼 수는 없다(대판 2010도2935)
④ (×) 교통사고로 상해를 입은 피고인의 골절부위와 정도에 비추어 음주측정 당시 통증으로 인하여 깊은 호흡을 하기 어려웠고 그 결과 음주측정이 제대로 되지 아니하였던 것으로 보이므로 피고인이 음주측정에 불응한 것이라고 볼 수는 없다(대판 2005도7125).

정답 ①

## 09 음주측정거부에 대한 설명으로 가장 적절하지 않은 것은? (다툼이 있는 경우 판례에 의함)
〈21 승진〉

① 명시적인 의사표시를 하지 않으면서 경찰관이 음주측정 불응에 따른 불이익을 5분 간격으로 3회 이상 고지(최초 측정요구 시로부터 15분 경과)했음에도 계속 음주측정에 응하지 않은 때에는 음주측정거부자로 처리한다.

② 최초 음주측정거부 시 1년 이상 5년 이하의 징역이나 5백만원 이상 2천만원 이하의 벌금에 처한다.

③ 흉골골절 등으로 인한 통증으로 깊은 호흡을 할 수 없어 이십여 차례 음주측정기를 불었으나 끝내 음주측정이 되지 아니한 경우 음주측정불응죄가 성립하지 아니한다.

④ 여러 차례에 걸쳐 호흡측정기의 빨대를 입에 물고 형식적으로 숨을 부는 시늉만 하였을 뿐 숨을 제대로 불지 아니하여 호흡측정기에 음주측정수치가 나타나지 아니하도록 한 행위는 음주측정불응죄에 해당하지 않는다.

해설 ④ (×) 음주측정불응죄에 해당한다(대판 2002.3.15. 2001도7121).

정답 ④

## 10 음주운전 단속 및 처벌에 대한 설명으로 가장 적절하지 않은 것은? (다툼이 있으면 판례에 의함)
〈20 승진〉

① 음주측정 시에 사용하는 불대는 1회 1개 사용함을 원칙으로 한다.

② 호흡측정기에 의한 음주측정치와 혈액검사에 의한 음주측정치가 불일치할 경우 혈액검사에 의한 음주측정치가 우선한다.

③ 음주로 인한 특정범죄가중처벌 등에 관한 법률 위반(위험운전치사상)죄와 도로교통법 위반(음주운전)죄는 실체적 경합관계에 있다.

④ 음주운전 최초 위반 시 혈중알코올농도가 0.15퍼센트인 경우 2년 이상 5년 이하의 징역이나 1천만원 이상 2천만원 이하의 벌금에 처한다.

해설 ① (○) '1인 1개'가 아닌 '1회 1개'이다.
④ (×) 음주 수치가 0.08~0.2 미만인 경우는 1년 이상 2년 이하의 징역이나 500만원 이상 1천만원 이하의 벌금이다.

정답 ④

**11** **음주운전 관련 판례에 대한 설명으로 가장 적절하지 않은 것은? (다툼이 있는 경우 판례에 의함)**

〈20 채용2차 변형〉

① 경찰관이 음주운전 단속시 운전자의 요구에도 불구하고 곧바로 채혈을 실시하지 않은 채 호흡측정기에 의한 음주측정을 하고 1시간 12분이 경과한 후에야 채혈을 하였다면 운전자가 음주운전 단속과정에서 받을 수 있는 권익이 현저하게 침해되었다.

② 경찰공무원이 술에 취한 상태에 있다고 인정할 만한 상당한 이유가 있는 운전자에게 음주 여부를 확인하기 위하여 음주측정기에 의한 측정의 사전 단계로 음주감지기에 의한 시험을 요구하는 경우, 그 시험 결과에 따라 음주측정기에 의한 측정이 예정되어 있고 운전자가 그러한 사정을 인식하였음에도 음주감지기에 의한 시험에 명시적으로 불응함으로써 음주측정을 거부하겠다는 의사를 표명하였다면, 음주감지기에 의한 시험을 거부한 행위도 음주측정기에 의한 측정에 응할 의사가 없음을 객관적으로 명백하게 나타낸 것으로 볼 수 있다.

③ 주취운전자에 대한 경찰관의 권한 행사가 법률상 경찰관의 재량에 맡겨져 있다고 하더라도, 그러한 권한을 행사하지 아니한 것이 구체적인 상황하에서 현저하게 합리성을 잃는 경우에는 경찰관의 직무상 의무를 위배한 것으로서 위법하다. 음주운전으로 적발된 주취운전자가 도로 밖으로 차량을 이동하겠다며 단속경찰관으로부터 보관 중이던 차량열쇠를 반환받아 몰래 차량을 운전하여 가던 중 사고를 일으켰다면, 주의의무를 게을리 한 경찰관의 직무상 의무위반에 의한 국가배상책임이 인정된다.

④ 음주운전과 관련한 「도로교통법」 위반죄의 범죄수사를 위하여 미성년자인 피의자의 혈액채취가 필요한 경우, 피의자에게 의사 능력이 있다면 피의자 본인만이 혈액채취에 관한 유효한 동의를 할 수 있고, 피의자에게 의사능력이 없는 경우에도 명문의 규정이 없는 이상 법정대리인이 피의자를 대리하여 동의할 수는 없다.

해설> ① (×) 권익이 현저하게 침해되었다고 단정하기 어렵다(대판 2006다32132).

정답 ①

**12** **아래의 상황에 대한 설명으로 가장 적절하지 않은 것은? (다툼이 있는 경우 판례에 의함)** 〈20 법학〉

> ○○경찰서 △△지구대에 근무 중인 경찰관 P는 순찰근무 중 112신고를 받고 20XX. 11.3. 00:30경 현장에 출동한바, 햄버거 가게 앞 도로의 편도 2차로 중 1차로에서 자신의 차량에 시동을 켠 채로 그대로 정차하여 운전석에 잠들어 있는 甲을 발견하였다. 경찰관 P는 당시 甲의 술냄새가 나고, 혈색이 붉으며, 말을 할 때 혀가 심하게 꼬이고 비틀거리며 걷는 등 술에 취한 것으로 보여 甲을 순찰차 뒷자리에 태운 뒤 △△지구대로 데려와, 도착한 직후인 00:47부터 같은 날 01:09까지 甲에게 3회에 걸쳐 음주측정을 요구하였으나, 甲은 이에 불응하였다.

① P는 甲을 경찰관직무집행법 제4조 제1항에 따른 보호조치 대상자로 판단하였다.

② 지구대에서 음주측정을 요구한 시점에 P의 甲에 대한 보호조치는 종료되었다.

③ 만일 출동 현장에 甲의 배우자가 있었으나 인계하지 않고 배우자의 의사에 반하여 지구대로 데려왔다면, 이는 적법한 조치라고 할 수 없다.

④ P의 음주측정 요구에 불응한 甲에게는 도로교통법상 음주측정 불응죄가 성립한다.

해설> ② (×) 보호조치된 운전자에 대하여 음주측정을 요구하였다는 이유만으로 그 보호조치가 당연히 종료된 것으로 볼 수는 없다. 경찰관이 음주측정을 요구할 시점에 보호조치가 종결된 것으로 보아야 한다(보호조치는 종결되고 수사절차가 개시되었으므로 언제든지 자유롭게 퇴거할 수 있다는 고지 후 임의수사 또는 형사소송법에 의한 강제수사 절차를 따라야 한다)는 전제 아래 음주측정 요구가 위법한 체포상태에서 이루어진 것으로 보아 음주측정불응죄가 성립하지 아니한다고 본 원심판결에 위법이 있다(대판 2011도4328).

정답 ②

## 13 다음 상황에 대한 설명으로 가장 적절하지 않은 것은? (다툼이 있는 경우 판례에 의함) 〈21 채용1차〉

> 甲은 음주 후 자신의 처(처는 술을 마시지 않음)와 동승한 채 화물차를 운전하여 가다가 음주단속을 당하게 되자 경찰관이 들고 있던 경찰봉 불봉을 충격하고 그대로 도주하였다. 단속 현장에서 약 3Km 떨어진 지점까지 교통사고를 내지 않고 운전하며 진행하던 중 다른 차량에 막혀 더 이상 진행하지 못하게 되자 스스로 차량을 세운 후 운전석에서 내려 도주하려 하였으나, 결국 甲은 경찰관에게 제지되어 체포의 절차에 따르지 않고 甲과 그의 처의 의사에 반하여 지구대로 보호조치 되었다. 이후 2회에 걸친 경찰관의 음주측정요구를 거부하였다는 이유로 甲은 「도로교통법」 위반(음주측정거부) 혐의로 기소되었다.

① 경찰관이 甲에 대하여 「경찰관 직무집행법」 제4조에 따른 보호조치를 하고자 하였다면, 당시 옆에 있었던 처에게 甲을 인계하였어야 했고, 특별한 사정이 없는 한 지구대에서 甲을 보호하는 것은 허용되지 않는다.

② 甲은 음주측정거부에 관한 「도로교통법」 위반죄로 처벌될 수 없다.

③ 구 「도로교통법」 제44조 제2항 및 제148조의2 제2호 규정들이 음주측정을 위한 강제처분의 근거가 될 수 있으므로, 위와 같은 음주측정을 위하여 운전자를 강제로 연행하기 위해서는 수사상 강제처분에 관한 「형사소송법」상 절차에 따를 필요가 없다.

④ 경찰관이 甲에 대하여 행한 음주측정요구는 「형법」 제136조에 따른 공무집행방해죄의 보호 대상이 될 수 없다.

해설 ③ (×) 운전자를 강제 연행하기 위해서는 「형사소송법」상 절차를 따라야 한다.

**대법원 판결(대판 2012도11162)**

> 음주측정은 이미 행하여진 주취운전이라는 범죄행위에 대한 증거 수집을 위한 수사절차로서 의미를 가지는데, **운전자를 강제로 연행하기 위해서는 수사상 강제처분에 관한 형사소송법상 절차에 따라야 하고, 이러한 절차를 무시한 채 이루어진 강제연행은 위법한 체포에 해당한다.** 따라서 위법한 음주측정요구에 불응하였다고 하여 **음주측정거부에 관한 도로교통법 위반죄로 처벌할 수 없다.**
>
> 당시 피고인이 술에 취한 상태이기는 하였으나 **술에 만취하여 정상적인 판단능력이나 의사능력을 상실할 정도에 있었다고 보기 어려운 점**, 당시 상황에 비추어 **평균적인 경찰관으로서는 보호조치를 필요로 하는 상태에 있었다고 판단하지 않았을 것으로 보이는 점**, 경찰관이 피고인에 대하여 「경찰관직무집행법」상 **보호조치를 하고자 하였다면, 당시 옆에 있었던 피고인 처(처)에게 피고인을 인계하였어야 하는데도, 피고인 처의 의사에 반하여 지구대로 데려간 점** 등 제반 사정을 종합할 때, 경찰관이 피고인과 피고인 처의 의사에 반하여 피고인을 지구대로 데려간 행위를 **적법한 보호조치라고 할 수 없다.**

정답 ③

## 14 음주운전 또는 교통사고에 대한 판례의 태도로 가장 적절하지 않은 것은? 〈19 승진〉

① 아파트 단지 내 통행로가 왕복 4차선의 외부도로와 직접 연결되어 있고, 외부차량의 통행에 제한이 없으며, 별도의 주차관리인이 없다면 「도로교통법」상 도로에 해당한다.

② 교통사고의 결과가 피해자의 구호 및 교통질서의 회복을 위한 조치가 필요한 상황인 이상 교통사고 발생 시의 구호조치의무 및 신고의무는 교통사고를 발생시킨 당해 차량의 운전자에게 그 사고 발생에 있어서 고의·과실 혹은 유책·위법의 유무에 관계없이 부과된 의무라고 해석함이 타당하고, 당해 사고의 발생에 귀책사유가 없는 경우에도 위 의무가 없다고 할 수 없다.

③ 신호위반으로 교통사고를 야기한 자가 통고처분을 받아 신호위반의 범칙금을 납부하였다고 하더라도, 「교통사고처리 특례법」상 신호위반으로 인한 업무상과실치상죄로 처벌하는 것이 이중처벌에 해당한다고 볼 수 없다.

④ 약물 등의 영향으로 정상적으로 운전하지 못할 우려가 있는 상태에서 자동차 등을 운전하였다고 인정하려면, 약물 등의 영향으로 인하여 현실적으로 '정상적으로 운전하지 못할 상태'에 이르러야만 한다.

해설 ④ (×) 정상적으로 운전하지 못할 우려가 있는 상태에서 운전을 하면 바로 성립하고, 현실적으로 정상적으로 운전하지 못할 상태에 이르러야만 하는 것은 아니다(대판 2010도11272).

정답 ④

**15 음주운전 단속과 처벌에 대한 설명 중 옳지 않은 것은 모두 몇 개인가? (음주운전은 혈중알콜농도 0.03%이상을 넘어서 운전한 경우로 전제함, 다툼이 있는 경우 판례에 의함)** 〈20 경간〉

> 가. 자전거 음주운전도 처벌 대상이다.
> 나. 취중 경운기나 트랙터 운전의 경우 음주운전에 해당하지 않는다.
> 다. 음주측정용 불대는 1인 1개를 사용함을 원칙으로 한다.
> 라. 주차장, 학교 경내 등 「도로교통법」상 도로가 아닌 곳에서도 음주운전에 대해 「도로교통법」 적용이 가능하나, 운전면허 행정처분만 가능하고 형사처벌은 할 수 없다.
> 마. 음주운전을 하다가 교통사고로 사람을 죽게 하거나 다치게 한 때에는 그 운전면허를 취소한다.
> 바. 피고인의 음주와 음주운전을 목격한 참고인이 있는 상황에서 경찰관이 음주 및 음주운전 종료로부터 약 5시간 후 집에서 자고 있는 피고인을 연행하여 음주측정을 요구한 데에 대하여 피고인이 불응한 경우, 「도로교통법」상 음주측정불응죄가 성립한다.

① 2개　② 3개
③ 4개　④ 5개

해설 가. (○) 자전거등 음주운전 시 20만원 이하의 벌금 · 구류 · 과료에 처하며, 범칙금은 음주운전 3만원, 측정거부 10만원(시행령 별표 8, 64의2, 64의3)
※ 자전거등 단속 대상 : 음주운전, 주차위반, 끼어들기, 신호위반 처벌(운전 중 휴대전화 ×) **【음주끼신】**
나. (○) 경운기, 트랙터는 농업기계로서 도로교통법상의 자동차 등에 포함되지 않아 음주운전에 해당하지 않는다.
다. (×) 불대는 1회 1개를 원칙으로 한다.
라. (×) 도로가 아닌 곳(주차장 등)에서의 음주운전, 도주, 약물운전 등은 형사처벌할 수 있다. 다만, 운전면허 행정처분(면허정지 · 취소)은 할 수 없다(대판 2018두42771).
마. (○) 도교법 시행규칙 별표28
바. (○) 대판 2000도6026

정답 ①

## 제4절 교통사고

**01 「교통사고조사규칙」에서 규정하고 있는 용어의 정의로 가장 옳은 것은?** 〈18 경간〉

① 충돌이란 2대 이상의 차가 동일방향으로 주행 중 뒤차가 앞차의 후면을 충격한 것을 말한다.
② 요마크(Yaw mark)란 차의 급제동으로 인하여 타이어의 회전이 정지된 상태에서 노면에 미끄러져 생긴 타이어 마모흔적 또는 활주흔적을 말한다.
③ 접촉이란 차가 추월, 교행 등을 하려다가 차의 좌우측면을 서로 스친 것을 말한다.
④ 전도란 차가 주행 중 도로 또는 도로 이외의 장소에 뒤집혀 넘어진 것을 말한다.

해설 ① (×) 추돌 : 2대 이상의 차가 **동일방향**으로 주행 중 뒤차가 앞차의 후면을 충격한 것
충돌 : 차가 **반대방향** 또는 측방에서 진입하여 그 차의 정면으로 다른 차의 정면 또는 측면을 충격한 것
② (×) 요마크 : 급핸들 등으로 인하여 차의 **바퀴가 돌면서 차축과 평행하게 옆으로 미끄러진** 타이어의 마모흔적
스키드마크 : 차의 급제동으로 인하여 **타이어의 회전이 정지된 상태에서 노면에 미끄러져** 생긴 타이어 마모흔적 또는 활주흔적을 말한다.
④ (×) 전도 : 차가 주행 중 도로 또는 도로 이외의 장소에 차체의 측면이 지면에 접하고 있는 상태(좌측면이 지면에 접해 있으면 좌전도, 우측면이 지면에 접해 있으면 우전도)
전복 : 차가 주행 중 도로 또는 도로 이외의 장소에 뒤집혀 넘어진 것

정답 ③

**02** **차륜흔적 및 노면의 상처에 대한 다음 설명 중 옳은 것은 모두 몇 개인가?** 〈16 경간〉

| |
|---|
| ㉠ 스크래치(Scratch) – 큰 압력 없이 미끄러진 금속물체에 의해 단단한 포장노면에 가볍게 불규칙적으로 좁게 나타나는 긁힌 자국<br>㉡ 가속스커프(Acceleration Scuff) – 정지된 차량에서 기어가 들어가 있는 채로 엔진이 고속으로 회전하다가 클러치 페달을 갑자기 놓아 급가속이 될 때 순간적으로 발생<br>㉢ 칩(Chip) – 마치 호미로 노면을 판 것 같이 짧고 깊게 팬 가우지 마크로서 차량간의 최대 접속 시 만들어짐<br>㉣ 요마크(Yaw Mark) – 바퀴가 돌면서 차축과 평행하게 옆으로 미끄러진 타이어의 마찰 흔적 |

① 1개 ② 2개
③ 3개 ④ 4개

해설> ㉢ 찹(Chop)은 칩보다 얕고 **넓게** 패인 흔적이고, 그루브(Groove)는 부품이 노면에 **끌리면서** 발생한다.

정답 ④

**03** **「도로교통법」 및 관련 법령에 따를 때, 다음 설명 중 가장 적절하지 않은 것은? (다툼이 있는 경우 판례에 의함)** 〈22 채용2차〉

① 운전자가 음주운전으로 교통사고를 야기한 후, 차에서 내려 피해자(진단 3주)에게 '왜 와서 들이받냐'라는 말을 하고, 교통사고 조사를 위해 경찰서에 가자는 경찰관의 지시에 순순히 응하여 순찰차에 스스로 탑승하여 경찰서까지 갔을 뿐 아니라 경찰서에서 조사받으면서 사고 당시 상황에 대한 자신의 주장을 정확하게 진술하였다면, 비록 경찰관이 작성한 주취운전자 정황진술보고서에는 '언행상태'란에 '발음 약간 부정확', '보행상태'란에 '비틀거림이 없음', '운전자 혈색'란에 '안면홍조 및 눈 충혈'이라고 기재되어 있다고 하더라도 음주로 인한 특정 범죄 가중처벌 등에 관한 법률 위반(위험운전치사상)이 아니라 도로교통법 위반(음주운전)으로 처벌해야 한다.

② 「도로교통법」 및 관련 법령에는 연습운전면허를 발급받은 사람이 본인에게 귀책사유(歸責事由)가 없는 경우 등 대통령령으로 정하는 경우를 제외하고, 운전 중 고의 또는 과실로 교통사고를 일으키거나 「도로교통법」이나 동법에 따른 명령 또는 처분을 위반한 경우에 시·도경찰청장은 연습운전면허를 취소하여야 한다고 규정하고 있으므로, 연습운전면허를 받은 사람이 운전을 함에 있어 주행연습 외의 목적으로 운전하여서는 아니 된다는 준수사항을 지키지 않았다고 하더라도 무면허운전으로 처벌할 수는 없다.

③ 「도로교통법」상 도로가 아닌 곳에서 술에 취한 상태에서의 운전은 음주운전으로는 처벌할 수 있지만 운전면허의 정지 또는 취소처분을 부과할 수는 없다.

④ 개인형 이동장치를 타고 신호위반, 중앙선 침범과 진로변경 금지 위반행위를 연달아 하여 다른 사람에게 위협 또는 위해를 가할 뿐 아니라 교통상의 위험을 발생하게 한 운전자에 대해 난폭운전으로 처벌할 수 있다.

해설 > ① (○) 특정범죄 가중처벌 등에 관한 법률 위반(위험운전치사상)죄는 운전자가 '음주의 영향으로 실제 정상적인 운전이 곤란한 상태'에 있어야만 한다.

> 음주로 인한 특정범죄 가중처벌 등에 관한 법률 위반(위험운전치사상)죄는 **도로교통법 위반(음주운전)죄의 경우와는 달리 형식적으로 혈중알코올농도의 법정 최저기준치를 초과하였는지 여부와는 상관없이 운전자가 '음주의 영향으로 실제 정상적인 운전이 곤란한 상태'에 있어야만 하고,** 그러한 상태에서 자동차를 운전하다가 사람을 상해 또는 사망에 이르게 한 행위를 처벌대상으로 하고 있다. 이 사건 사고 당시 **피고인이 '음주의 영향으로 정상적인 운전이 곤란한 상태'에 있었다고 단정하기 어렵다.** 다만, 이 사건 공소사실 중 **도로교통법 위반(음주측정거부)의 점을 유죄로 인정한 것은 정당하다**(대판 2017도15519).

③ (×) 도로가 아닌 곳(주차장 등)에서의 음주운전, 도주, 약물운전 등은 형사처벌할 수 있다. 다만, 운전면허 행정처분(면허정지·취소)은 할 수 없다(대판 2018두42771).
④ (×) 개인형 이동장치의 난폭운전 및 공동위험행위는 처벌 대상에 해당하지 아니한다.

**도로교통법**

> **제46조의3(난폭운전 금지) 자동차 등(개인형 이동장치는 제외한다)**의 운전자는 다음 각 호 중 둘 이상의 행위를 연달아 하거나, 하나의 행위를 지속 또는 반복하여 다른 사람에게 위협 또는 위해를 가하거나 교통상의 위험을 발생하게 하여서는 아니 된다.

정답 ④

**04 다음 ㉠부터 ㉣까지 중 「교통사고처리 특례법」 제3조 제2항(처벌의 특례) 단서 각 호에 해당하는 것은 모두 몇 개인가?** 〈22 승진〉

> ㉠ 「도로교통법」 제39조 제4항을 위반하여 자동차의 화물이 떨어지지 아니하도록 필요한 조치를 하지 아니하고 운전한 경우
> ㉡ 「도로교통법」 제17조 제1항 또는 제2항에 따른 제한속도를 시속 20킬로미터 초과하여 운전한 경우
> ㉢ 「도로교통법」 제13조 제3항을 위반하여 중앙선을 침범하거나 같은 법 제62조를 위반하여 횡단·유턴 또는 후진한 경우
> ㉣ 「도로교통법」 제24조에 따른 철길건널목 통과방법을 위반하여 운전한 경우

① 1개　　② 2개
③ 3개　　④ 4개

해설 > ㉢ (○) 고속도로에서의 횡단, 유턴, 후진인 경우이다. 제62조로 인용되어 있어서 일반도로인지 고속도로인지 쉽게 알기는 어려운 문제이다.

정답 ④

PART 05

## 05 「교통사고처리특례법」 제3조 제2항 단서 '처벌특례 항목'에 해당하지 않는 것은? 〈18 채용, 20 경간〉

① 일시정지를 내용으로 하는 안전표지가 표시하는 지시를 위반하여 운전한 경우
② 교차로 통행방법을 위반하여 운전한 경우
③ 고속도로에서의 앞지르기 방법을 위반하여 운전한 경우
④ 약물의 영향으로 정상적으로 운전하지 못할 우려가 있는 상태에서 운전한 경우

해설 (×) 교차로 통행방법(우회전시 우측가장자리에서 우회전, 좌회전시 교차로 중심 안쪽을 이용하여 좌회전 등) 위반은 12개 특례항목에 해당하지 않는다.

**12개 처벌특례 항목**
**【과음 무신중, 철길 앞 횡단 보도, 어린이 승화(사망)】**

| | |
|---|---|
| 과속 운전 | 제한속도 **20Km 초과** |
| 음주 운전 | 음주 또는 **약물** 운전 |
| 무면허 운전 | 무면허운전, 무건설기계조종사면허, **미소지 국제운전면허증** |
| 신호지시 위반 | 신호위반, **교통정리 경찰관 신호위반, 회전교차로의 유도표시(안전표지) 위반, 통행금지 또는 일시정지 안전표지 위반** |
| 중앙선 침범 | 중앙선 침범, **고속도로(일반도로 ×) 등을 횡단, 유턴, 후진** |
| 철길건널목 통과방법 위반 | – |
| 앞지르기 위반 | **앞지르기 시기 · 장소 · 방법, 끼어들기** 위반 **【앞시장방끼】**<br>**고속도로에서 앞지르기 방법 위반【고앞방】** |
| 횡단보도 보행자 보호위반 | – |
| 보도침범 사고 | 보도침범, 보도 횡단방법 위반 |
| 어린이 보호구역 위반 | 어린이 보호구역에서 안전의무위반으로 **어린이 신체 상해** |
| 승객 추락방지 | – |
| 화물 추락사고 | – |

정답 ②

## 06 「교통사고처리 특례법」 제3조 제2항 단서 '처벌특례 항목'들에 대한 설명 중 옳은 것들로 묶인 것은? (판례에 의함) 〈21 경간〉

가. 교차로 진입 직전에 백색실선이 설치되어 있으면, 교차로에서의 진로변경을 금지하는 내용의 안전표지가 개별적으로 설치되어 있지 않다고 하더라도 자동차 운전자가 교차로에서 진로변경을 시도하다가 교통사고를 내었다면 이는 특례법상 '통행금지를 내용으로 하는 안전표지가 표시하는 지시를 위반하여 운전한 경우'에 해당한다.
나. 중앙선이 설치된 도로의 어느 구역에서 좌회전이나 유턴이 허용되어 중앙선이 백색 점선으로 표시되어 있는 경우, 그 지점에서 안전표지에 따라 좌회전이나 유턴을 하기 위하여 중앙선을 넘어 운행하다가 반대편 차로를 운행하는 차량과 충돌하는 교통사고를 내었더라도 이를 특례법에서 규정한 중앙선 침범 사고라고 할 것은 아니다.
다. 연습운전면허를 받은 사람은 운전을 함에 있어 '주행연습 외의 목적으로 운전하여서는 아니 된다'는 사항을 준수해야 하며 이에 위반하여 운전한 경우 그 운전은 특례법에서 규정한 무면허운전으로 보아 처벌할 수 있다.
라. 화물차 적재함에서 작업하던 피해자가 차에서 내린 것을 확인하지 않은 채 출발함으로써 피해자가 추락하여 상해를 입게 된 경우, 특례법 소정의 '승객의 추락방지의무'를 위반하여 운전한 경우에 해당하지 않는다.

① 가, 나　② 가, 다
③ 나, 다　④ 나, 라

해설 가. (×) 교차로 진입 직전에 백색실선이 설치되어 있으나 교차로에서의 진로변경을 금지하는 내용의 안전표지가 개별적으로 설치되어 있지 않은 경우, 교차로에서 진로변경을 하다가 야기한 교통사고는 안전표지가 표시하는 지시를 위반한 것에 해당하지 않는다(대판2015도3107).
다. (×) 주행연습 외의 목적으로 운전한 경우 연습운전면허 취소 등 제재를 가할 수 있음은 별론으로 하고 그 운전을 무면허운전으로 보아 처벌할 수는 없다(대판 2013도15031).
라. (○) **화물차 작업자는 승객에 해당하지 않는다.** 사람의 운송에 공하는 차의 운전자가 그 승객에 대하여 부담하는 의무이다(대판 99도3716).

정답 ④

**07 교통법규 위반에 대한 설명 중 옳지 않은 것은? (판례에 의함)** 〈20 경간〉

① 횡단보도의 신호가 적색인 상태에서 반대차선에 정지 중인 차량 뒤에서 보행자가 건너올 것까지 예상하여 주의의무를 다하여야 한다고 할 수 없다.
② 앞차가 빗길에 미끄러져 비정상적으로 움직일 때는 진로를 예상할 수 없으므로 뒤따라가는 차량의 운전자는 이러한 사태에 대비하여 속도를 줄이고 안전거리를 확보해야 할 주의의무가 있다.
③ 교차로에 교통섬이 설치되고 그 오른쪽으로 직진 차로에서 분리된 우회전 차로가 설치된 경우, 우회전 차로가 아닌 직진 차로를 따라 우회전하는 행위를 교차로 통행방법을 위반한 것이라 볼 수 없다.
④ '운전면허를 받지 아니하고'라는 법률 문언의 통상적 의미에 '운전면허를 받았으나 그 후 운전면허의 효력이 정지된 경우'가 당연히 포함된다 할 수 없다.

해설> ① (○) 대판 92도2077
② (○) 대판 89도777
③ (×) 교차로 통행방법 위반이다(대판 2011도9821).
④ (○) 대판 2011도7725, 이 판례 이후 도로교통법의 개정으로 무면허 운전의 범위에 운전면허를 받지 아니한 경우뿐만 아니라 운전면허 효력이 정지된 경우의 운전도 포함된다.

> 제43조(무면허운전 등의 금지) 누구든지 제80조에 따라 시·도경찰청장으로부터 운전면허를 받지 아니하거나 운전면허의 효력이 정지된 경우에는 자동차등을 운전하여서는 아니 된다. 〈개정 2020. 6. 9., 2020. 12. 22., 2021. 1. 12.〉

정답 ③

**08 다음 설명 중 가장 적절하지 않은 것은? (다툼이 있는 경우 판례에 의함)** 〈19 법학〉

① 피해자가 보행신호등의 녹색등화가 점멸되고 있는 상태에서 횡단보도를 횡단하기 시작하여 횡단을 완료하기 전에 보행신호등이 적색등화로 변경되었고, 차량신호등의 녹색등화에 따라서 직진하던 운전차량이 피해자를 충격해 상해를 입혔다면 「도로교통법」상 보행자 보호의무를 위반한 것이다.
② 무면허에 음주를 하고 운전을 하였다면 이는 1개의 운전행위라 할 것이므로 무면허운전죄와 음주운전죄는 상상적 경합관계에 해당한다.
③ 앞지르기가 금지된 비탈길의 고갯마루 부근에서 앞차가 진로를 양보하였더라도 앞지르기는 할 수 없다.
④ 동승자가 교통사고 후 운전자와 공모하여 도주행위에 단순하게 가담하였다는 이유만으로는, 특정범죄가중처벌등에 관한 법률위반(도주차량)죄의 공동정범으로 처벌할 수 없다.

해설> ① (×) 업무상 주의의무위반은 인정되지만, 도로교통법 제24조 제1항의 보행자보호의무를 위반한 것으로 볼 수 없다(대판 2001도2939).

정답 ①

PART 05

## 09 교통사고에 대한 판례의 태도로 가장 적절하지 않은 것은? 〈19 승진〉

① 신호위반으로 교통사고를 일으킨 사람이 통고처분을 받아 신호위반의 범칙금을 납부하였다고 하더라도, 「교통사고처리 특례법」상 신호위반으로 인한 업무상과실치상죄로 처벌하는 것이 이중처벌에 해당한다고 볼 수 없다.

② 교통사고 피해자가 2주간의 치료를 요하는 경미한 상해를 입었다는 사정만으로 사고 당시 피해자를 구호할 필요가 없었다고 단정 지을 수 없다.

③ 음주로 인한 특정범죄가중처벌 등에 관한 법률 위반(위험운전치사상)죄와 도로교통법 위반(음주운전)죄가 모두 성립하는 경우 두 죄는 실체적 경합관계에 있다.

④ 「특정범죄 가중처벌 등에 관한 법률」 제5조의3 도주차량 운전자의 가중처벌 규정과 관련하여, 차의 교통으로 인한 업무상과실치사상의 사고는 「도로교통법」이 정하는 도로에서의 교통사고로 한정된다.

해설> ④ (×) 대학구내의 도로는 도로교통법이 정하는 도로에는 해당하지 않으나, 교통사고처리특례법의 교통사고는 도로교통법에서 정하는 도로에서 발생한 교통사고의 경우에만 적용되는 것이 아니고, 차의 교통으로 인하여 발생한 모든 경우에 적용되는 것으로 보아야 한다(대판 96도1848).

정답 ④

## 10 교통사고와 관련된 내용으로 가장 적절하지 않은 것은? (다툼이 있으면 판례에 의함) 〈17 경감 변형〉

① 신호위반으로 교통사고를 일으킨 사람이 통고처분을 받아 신호위반의 범칙금을 납부하였다면, 「교통사고처리 특례법」상 신호위반으로 인한 업무상과실치상죄의 죄책을 물을 수 없다.

② 교차로와 횡단보도가 연접하여 설치되어 있고 차량용 신호기는 교차로에만 설치된 경우, 교차로의 차량신호등이 적색이고 교차로에 연접한 횡단보도 보행등이 녹색인 경우에 차량 운전자가 위 횡단보도 앞에서 정지하지 아니하고 횡단보도를 지나 우회전하던 중 업무상과실치상의 결과가 발생하면 「교통사고처리 특례법」 제3조 제1항, 제2항 단서 제1호의 '신호위반'에 해당한다.

③ 「특정범죄 가중처벌 등에 관한 법률」 제5조의3 도주차량운전자에 대한 가중처벌규정과 관련하여, 차의 교통으로 인한 업무상과실치사상의 사고는 「도로교통법」이 정하는 도로에서의 교통사고로 제한되지 않는다.

④ 택시 운전자인 甲이 교차로에서 적색등화에 우회전하다가 신호에 따라 진행하던 乙의 승용차를 충격하여 乙에게 상해를 입혔다면 「교통사고처리 특례법」 제3조 제2항 단서 제1호에서 정한 '신호위반' 책임이 아닌 안전운전의무위반의 책임을 진다.

해설> ① (×) 안전운전의 의무를 불이행하였음을 이유로 통고처분에 따른 범칙금을 납부하였다고 하더라도 교통사고처리특례법 제3조 위반죄로 처벌한다고 하여 이중처벌에 해당한다고 볼 수 없다(대판 2001도849).

② (○) 교차로의 차량용 적색등화는 교차로 및 **횡단보도 앞에서의 정지의무를 아울러 명하고 있는 것**으로 보아야 한다. 따라서 **횡단보도의 보행등이 녹색**인 경우에는 모든 차량이 횡단보도 정지선에서 정지하여야 하고, 나아가 우회전을 하다가 피해자를 충격한 경우에는 교특법상 **신호위반**에 해당한다(대판 2009도8222, 2011도3970).

④ (○) 대판 2011도3970

정답 ①

# 제5장 정보경찰

## 제1절 경찰 정보

**01 「경찰관 직무집행법」 및 「경찰관의 정보수집 및 처리 등에 관한 규정(대통령령)」상 경찰관이 정보활동을 위해 필요한 경우에 한정하여 일시적으로만 출입이 가능한 곳은 모두 몇 개인가?**

〈22 채용2차, 22 경간〉

| | |
|---|---|
| ㉠ 언론기관 | ㉡ 종교시설 |
| ㉢ 민간기업 | ㉣ 정당의 사무소 |
| ㉤ 시민사회 단체 | |

① 2개 ② 3개
③ 4개 ④ 5개

해설 >

제5조(정보 수집 등을 위한 출입의 한계) 경찰관은 다음 각 호의 장소에 상시적으로 출입해서는 안 되며, 정보활동을 위해 필요한 경우에 한정하여 **일시적으로만 출입해야 한다.**
1. 언론·교육·종교·시민사회 단체 등 민간단체
2. 민간기업 (공기업 ×)
3. 정당의 사무소

정답 ④

**02 정보경찰활동에 대한 내용으로 옳지 않은 것은?**

〈21 경간, 23승진〉

① 첩보와 정보는 구분되며 첩보가 부정확한 견문이나 지식을 포함하는데 반해 정보는 가공을 통해 객관적으로 평가된 지식이다.
② 정보는 사용목적(대상)에 따라 소극정보와 적극정보로 구분되며 국가안전을 유지하는 경찰기능의 기초가 되는 정보를 소극정보라 한다.
③ 「경찰관직무집행법」에서 정보경찰의 직무를 '공공안녕에 대한 위험의 예방과 대응을 위한 정보의 수집·작성 및 배포'로 규정하고 있다.
④ 「경찰관의 정보수집 및 처리 등에 관한 규정(대통령령)」에 따라 경찰관이 정보를 수집할 때에는 모든 상황에서 신분을 밝히고 목적을 설명하여야 하며, 임의적인 방법을 사용하여야 한다.

해설 > ④ (×) 「경찰관의 정보수집 및 처리 등에 관한 규정(대통령령)」

제4조(정보의 수집 및 사실의 확인 절차) ① 경찰관은 법 제8조의2 제1항에 따라 정보를 수집하거나 정보의 수집·작성·배포에 수반되는 사실을 확인하려는 경우에는 상대방에게 자신의 신분을 밝히고 정보 수집 또는 사실 확인의 목적을 설명해야 한다. 이 경우 강제적인 방법을 사용해서는 안 된다.
② 제1항 전단에도 불구하고 다음 각 호의 어느 하나에 해당하는 경우에는 같은 항 전단에서 규정한 절차를 생략할 수 있다.
1. 국민의 생명·신체의 안전이나 국가안보에 긴박한 위험이 발생할 우려가 있는 경우
2. 범죄의 대응을 위한 정보활동에 현저한 지장을 초래할 우려가 있는 경우

정답 ④

## 03 정보를 출처에 따라 분류할 때 그 설명 중 가장 적절한 것은? 〈20 승진〉

① 근본출처정보는 정보출처에 대한 별다른 보호조치가 없더라도 상시적으로 정보를 획득할 것으로 기대되는 출처로부터 얻어진 정보이다.

② 비밀출처정보란 정보관이 의도한 정보입수의 시점과는 무관하게 얻어지는 정보이다.

③ 정기출처정보는 정기적으로 정보를 획득할 수 있는 출처로부터 얻은 정보로 일반적으로 우연출처정보에 비해 출처의 신빙성과 내용의 신뢰성 면에서 우위를 점한다고 볼 수 없다.

④ 간접정보란 중간매체가 있는 경우의 정보로 정보관은 이들 매체를 통해 정보를 감지하게 되지만 사실은 그 내용에 해당 매체의 주관이나 편견이 개입될 소지가 있다는 면에서 직접정보에 비해 출처의 신빙성과 내용의 신뢰성이 낮게 평가될 여지가 있다.

해설〉 ① (×) 공개출처에 대한 설명이다.
② (×) 우연출처에 대한 설명이다.
③ (×) 일반적으로 정기출처 정보가 우연출처 정보에 비해 내용의 신뢰성이 높다.
④ (○) 신뢰도 : **부차**(간접) < **근본**(직접), **공개** ≒ **비밀**, 우연 < 정기 **【출처는 부근 공비 우정】**

정답 ④

## 04 정보를 분석형태에 따라 분류할 때 다음 보기와 가장 관련이 깊은 정보는? 〈19 경간〉

> 과거와 현재를 바탕으로 하여 미래의 가능성을 예측한 평가정보로서 정책결정자에게 정책의 결정에 필요한 사전적인 지식을 제공하는 기능을 한다.

① 기본정보 ② 판단정보 ③ 현용정보 ④ 보안정보

해설〉

**☞ 분석형태에 따른 분류**

| 구분 | 내용 |
|---|---|
| 기본정보 | 과거의 사실이나 사건들에 대한 정적인 상태를 기술한 정보 |
| 현용정보 | ① 현재의 동적인 상태를 보고하는 정보로서 경찰의 정보상황보고 등<br>② 통상 정보사용자는 현안에 관심이 많아서 판단정보보다 **현용정보를 더 높게 평가** |
| 판단정보 | ① 과거와 현재를 바탕으로 하여 미래 가능성을 예측한 평가정보<br>② 종합 분석과 과학적 추론을 하므로 가장 정선된 형태의 정보이며, 생산자의 능력과 **재능을 가장 많이 필요**로 함.<br>③ 사용자에게 정책 결정에 필요한 적당한 **사전 지식 제공**을 사명으로 함. |

정답 ②

## 05 다음 빈칸에 들어갈 알맞은 단어끼리 짝지은 것은? 〈17 경간〉

> • ( ㉠ )는 과거와 현재를 바탕으로 하여 미래의 가능성을 예측한 평가정보로서 정책결정자에게 정책의 결정에 필요한 사전적인 지식을 제공하는 기능을 한다.
> • ( ㉡ )는 국가안전보장을 위태롭게 하는 간첩활동, 태업 및 전복에 대비할 국가적 취약점의 분석과 판단에 관한 정보를 말한다.

① ㉠ – 판단정보, ㉡ – 적극정보
② ㉠ – 판단정보, ㉡ – 보안정보
③ ㉠ – 현용정보, ㉡ – 소극정보
④ ㉠ – 현용정보, ㉡ – 적극정보

해설〉

**☞ 사용목적에 따른 분류 【목적소】**

| 구분 | 내용 |
|---|---|
| 적극정보<br>(정책정보) | 국가 이익을 위하여 정보기관이 생산하는 대부분의 정보로서 주요정책 수행상의 문제점, 정책과 관련된 민심의 동향이나 여론 등 |
| 소극정보<br>**(보안정보)** | ① 국가 안전을 유지하는 경찰기능의 기초가 되는 정보<br>② 방첩정보 또는 대(對) 정보(counter-intelligence) 등과 유사 개념<br>③ 자국민 또는 자국 내 거주하는 외국인의 테러정보, 외부에서 침투하는 간첩, 기타 비밀활동자의 색출을 위한 정보, 밀입국자 또는 마약거래자의 예방과 적발을 위한 정보 등 |

정답 ②

## 06 정보에 대한 설명 중 가장 적절하지 않은 것은?

〈19 법학〉

① 전략정보란 국가 전체에 영향을 미치는 수준의 정보이고, 전술정보는 전략정보의 기본 방침하에서 이를 구체적으로 수행하기 위한 세부적인 정보로서, 전략정보와 전술정보는 상대적인 개념으로 파악된다.
② 정보는 사용 목적에 따라 적극정보와 소극정보로 분류할 수 있으며 적극정보는 국가이익을 증대시키기 위해 정책을 입안하고 계획을 수립하며 정책계획을 수행하는데 필요한 정보를 말하고, 소극정보는 국가의 안전을 유지하는 국가경찰기능의 기초가 되는 정보를 말한다.
③ 공개출처정보는 정보출처에 대한 별다른 보호조치가 없더라도 상시적으로 정보를 획득할 것으로 기대되는 출처로부터 얻어진 정보를 뜻하며, 방대한 양이 장점이자 단점이다.
④ 정보의 적시성(timeliness)이란, 정보가 정책결정이 이뤄지는 시점에 비추어 가장 적절한 시기에 존재해야 한다는 것으로, 평가 기준이 되는 시점은 생산자의 생산 시점이다.

해설 ② (○) 사용목적에 따른 분류 : 적극정보(정책정보), 소극정보(보안정보) 【목적소】
④ (×) 사용자가 필요한 시점이다.

정답 ④

## 07 다음 설명 중 가장 옳지 않은 것은?

〈18 경간〉

① PNIO는 국가정책의 수립자와 수행자의 질문에 대한 응답을 위하여 선정된 우선적인 정보 목표이며, 국가의 전 정보기관활동의 기본방침이고, 특히 경찰청이 정보수집계획을 수립할 때 가장 중요한 지침이 된다.
② EEI는 사전에 반드시 첩보수집요구계획서를 작성하며, 해당부서의 정보활동을 위한 일반지침이 된다.
③ SRI는 어떤 수시적 돌발상황의 해결에 필요한 한도 내에서 임시적 · 단편적 · 지역적인 특수사건을 단기에 해결하기 위하여 필요한 경우에 요구되는 첩보이다.
④ SRI의 경우 사전 첩보수집계획서가 필요하다.

해설 ① (○) PNIO : 국가정보목표 우선순위,
OIR(기타정보요구) : PNIO에 누락된 주요 정보 목표로서 정보상황에 따라 수정이 필요한 경우 등 PNIO에 우선하여 충족시키기 위한 정보요구이다.
④ (×) EEI는 사전에 반드시 첩보수집계획서를 작성하지만, SRI는 첩보수집계획서가 필요 없다.

정답 ④

## 08 정보요구의 방법 중 첩보기본요소(EEI)에 대한 설명으로 가장 적절하지 않은 것은?

〈19 승진〉

① 정보기관의 활동은 주로 첩보기본요소(EEI)에 의한다.
② 사전에 반드시 첩보수집계획서를 작성한다.
③ 전체적인 의미를 가진 일반적인 내용으로 계속적 · 반복적으로 수집할 사항이다.
④ 우선적으로 필요로 하는 가장 기본적인 사항으로 첩보수집계획서의 핵심이다.

해설 ① (×) 정보기관의 활동은 주로 SRI에 의한다.

정답 ①

## 09 정보의 순환과정에 대한 설명으로 가장 적절한 것은?

〈22 경간〉

① 정보의 순환과정은 첩보의 수집 → 정보의 요구 → 정보의 생산 → 정보의 배포 순이다.
② 첩보수집의 소순환과정은 첩보의 수집계획 → 출처개척 → 획득 → 전달 순이다.
③ 정보요구의 소순환과정은 첩보의 선택 → 기록 → 평가 → 분석 → 종합 → 해석 순이다.
④ 정보생산의 소순환과정은 첩보의 기본요소 결정→ 수집계획서의 작성 → 명령하달 → 사후검토 순이다.

해설 ① (×) 정보 요구 → 첩보 수집 → 정보 생산 → 정보 배포
③ (×) 정보 생산의 소순환 과정에 대한 설명이다.
④ (×) 정보 요구의 소순환 과정에 대한 설명이다.

정답 ②

PART 05

**10** **정보의 순환과정에 대한 다음 설명 중 옳은 것은 모두 몇 개인가?** 〈19 경간〉

> 가. 정보의 순환과정 중 가장 중요하고도 어려운 단계는 정보생산단계이다.
> 나. 첩보수집단계의 소순환과정은 첩보의 기본요소 결정 → 첩보수집계획서의 작성 → 명령・하달 → 사후검토 순이다.
> 다. 정보생산단계의 소순환과정은 선택 → 평가 → 기록 → 분석 → 종합 → 해석이다.
> 라. 정보의 순환은 연속적 또는 동시에 이루어질 수도 있다.
> 마. 정보배포의 원칙 중 '보안성'이란 알아야 할 필요가 있는 대상자에게는 알려야 하고, 알 필요가 없는 대상자에게는 알려서는 안 된다는 것이다.
> 바. 정보배포의 수단 중 '특별보고서'는 어떤 기관 또는 사용자가 요청한 문제에 대하여 정보를 작성하고 배포하는 방법이다.

① 1개　　② 2개
③ 3개　　④ 4개

해설> 가. (×) 가장 중요하고 어려운 단계는 첩보수집단계이다. 가장 중심이 되고 학문적 성격이 요구되는 단계가 정보 생산(분석) 단계이다.
나. (×) 첩보수집이 아닌 정보요구의 소순환과정이다. 첩보기본**요**소 결정 → 첩보수집**계**획서 작성 → **명**령하달 → 사후**검**토(조정・감독) **【요구 요괴(계)명검】**
다. (×) **선**택 → **기**록(**분류**) → **평**가 → **분**석 → **종**합 → **해**석 **【선기 평발 종해(해산)】**
마. (×) 알 사람만 알아야 하는 원칙은 '필요성의 원칙'이다. 보안성의 원칙은 물리보안, **인**사보안, **분**류조치, **통**신보안 등이다. **【물인분통 보안!】**
바. (×) **특별보고서**는 축적된 정보가 여러 사람이나 기관에게 가치를 가질 때 발행하는 것이고, **지정된 연구과제**가 어떤 기관 또는 사용자가 요청한 문제에 대하여 정보를 작성하고 배포하는 방법이다.

정답 ①

**11** **정보배포의 원칙에 대한 설명이다. 〈보기 1〉과 〈보기 2〉의 내용이 가장 적절하게 연결된 것은?** 〈20 법학〉

> 〈보기 1〉
> (가) 특정 정보가 필요한 정보사용자에게 배포되었다면, 그 정보의 내용이 변화되었거나 혹은 관련 내용이 추가적으로 입수되었을 경우에 관련 정보는 지속적으로 사용자에게 배포되어야 한다.
> (나) 정보는 정책결정과정에서 정보사용자가 사용하고자 하는 시간에 맞추어 배포되어야 한다.
> (다) 정보는 사용자의 능력과 상황에 맞추어서 적당한 양을 조절하여 필요한 만큼만 적절한 전파수단을 통해 전달되어야 한다.

> 〈보기 2〉
> ㉠ 필요성　㉡ 적시성　㉢ 적당성　㉣ 계속성

| | (가) | (나) | (다) | | (가) | (나) | (다) |
|---|---|---|---|---|---|---|---|
| ① | ㉣ | ㉡ | ㉢ | ② | ㉡ | ㉢ | ㉠ |
| ③ | ㉠ | ㉡ | ㉢ | ④ | ㉣ | ㉡ | ㉠ |

해설>
☞ **배포 원칙 【적 필적 보게!】【보안 물인분통!】**

| 원칙 | 구분 | 내용 |
|---|---|---|
| 적시성 | | ① 정보활용에 필요한 최소한의 시간적 여유를 보장(활용 직전에 배포 ×)<br>② 중요하고 긴급한 정보를 우선 배포(먼저 생산된 정보 우선 배포 ×) |
| 필요성 | | 알 **필요**가 있는 대상자에게 알려야 한다. **【한 알만 필요】** |
| 적당성 | | 사용자의 능력과 상황에 맞춰 **적당한 양**을 조절하여 필요한 만큼만 전달한다. |
| 보안성 | 물리보안 | ① **시설**, 장비에 대한 조치<br>② 보호구역 설정, 시설보안, 이동수단 등에 대한 물리적 보안 |
| | 인사보안 | ① **사람**에 대한 조치<br>② 담당 공무원에 보안심사, 보안서약, 보안교육(열람자격 제한 ×) |
| | 분류조치 | ① **문서**에 대한 조치<br>② **비밀 표시**, 배포범위 제한, **폐기문서 파기** 등<br>③ **문서 열람자격 제한**: '자격'이 아닌 '문서'에 대한 것으로 **인사보안이 아닌 분류조치임에 유의** |
| | 통신보안 | 전선, 전파, 컴퓨터 네트워크 보안 |
| 계속성 | | 한번 배포되었으면 추가된 정보를 **계속** 배포한다. |

정답 ①

**12** **정보경찰활동에 대한 설명으로 가장 적절하지 않은 것은?** 〈20 · 18 경감〉

① 관련 문서의 배포범위를 제한하거나 폐기 대상인 문서를 파기하는 등의 관리방법은 물리적 보안조치에 해당한다.

② 정보배포의 원칙으로 필요성, 적당성, 보안성, 적시성, 계속성이 있다.

③ 어떤 수시적 돌발상황의 해결에 필요한 한도 내에서 임시적, 단편적, 지역적 특수사건을 단기에 해결하기 위하여 필요한 경우 요구되는 첩보를 SRI(특별첩보요구)라고 한다.

④ 정보배포의 원칙 중 계속성은 특정 정보가 필요한 정보사용자에게 배포되었다면 그 정보의 내용이 계속 변화되었거나 관련 내용이 추가적으로 입수되었거나 할 경우 정보는 계속적으로 사용자에게 배포되어야 한다는 원칙이다.

해설 > ① (×) 분류조치에 대한 설명이다.

정답 ①

**13** **정보의 배포와 관련된 설명으로 ㉠~㉤의 내용 중 옳고 그름의 표시(○, ×)가 모두 바르게 된 것은?** 〈19 채용2차〉

㉠ 정보의 배포란 정보를 필요로 하는 개인이나 기관에게 적합한 내용을 적당한 시기에 제공하는 과정을 말하는 것으로, 적합한 형태를 갖출 필요는 없다.
㉡ 보안성의 원칙은 정보연구 및 판단이 누설되면 정보로서의 가치를 상실할 수 있으므로 이를 예방하기 위해 보안대책을 강구해야 한다는 것을 말한다.
㉢ 계속성의 원칙은 정보가 정보사용자에게 배포되었다면, 그 정보의 내용이 변화되었거나 관련 내용이 추가적으로 입수되었거나 할 경우 계속적으로 사용자에게 배포되어야 한다는 것을 말한다.
㉣ 정보배포의 주된 목적은 정책입안자 또는 정책결정자가 정보를 바탕으로 건전한 정책결정에 이르도록 하는 데 있다.
㉤ 정보는 먼저 생산된 것을 우선적으로 배포하여야 한다.

① ㉠(×) ㉡(×) ㉢(○) ㉣(×) ㉤(○)
② ㉠(×) ㉡(○) ㉢(○) ㉣(○) ㉤(×)
③ ㉠(○) ㉡(○) ㉢(×) ㉣(○) ㉤(○)
④ ㉠(×) ㉡(○) ㉢(○) ㉣(×) ㉤(×)

해설 > ㉠ (×) 정보의 배포란 사용자에게 적합한 형태와 내용을 갖추어 적당한 시기에 제공하는 과정이다.
㉤ (×) 시급하고 중요한 정보를 우선적으로 배포해야 한다.

정답 ②

PART 05

## 14 정보의 배포수단에 대한 설명 중 가장 적절하게 연결된 것은? 〈17 채용1차〉

> ㉠ 통상 개인적인 대화의 형태로 이루어지며, 질문에 대한 답변이나 토의 형태로 직접 전달하는 방법이다.
> ㉡ 정보사용자 또는 다수 인원에게 신속히 전달하는 경우에 이용되는 방법으로 강연식이나 문답식으로 진행되며, 현용정보의 배포수단으로 많이 이용된다.
> ㉢ 정보분석관이 가장 많이 활용하는 방법으로 정기간행물에 포함시키는 것이 적절하지 못한 긴급한 정보를 전달하는 데 주로 사용되며, 신속성이 중요하다.
> ㉣ 매일 24시간에 걸친 정치, 경제, 사회, 문화 등 제반 정세의 변화를 중점적으로 망라한 보고서로 사전에 고안된 양식에 의해 매일 작성되며, 제한된 범위에서 배포된다.

| | ㉠ | ㉡ | ㉢ | ㉣ |
|---|---|---|---|---|
| ① | 비공식적 방법 | 브리핑 | 메모 | 일일정보보고서 |
| ② | 비공식적 방법 | 브리핑 | 전신 | 특별보고서 |
| ③ | 브리핑 | 비공식적 방법 | 메모 | 특별보고서 |
| ④ | 브리핑 | 비공식적 방법 | 전신 | 일일정보보고서 |

정답 ①

## 15 경찰정보활동에 대한 설명으로 가장 적절하지 않은 것은? 〈19 승진 변형〉

① '견문'이란 경찰관이 공・사생활을 통하여 보고 들은 국내외의 정치・경제・사회・문화 등 제 분야에 관한 각종 보고자료를 말한다.
② '정보상황보고'란 일반적으로 '중보'라고 불리며 매일 전국의 갈등상황이나 집회시위 상황을 정리하여 전파하는 보고서이다.
③ '정보판단(대책)서'란 신고된 집회계획 또는 정보관들이 입수한 미신고 집회 개최계획 등을 파악하고 이 중 경찰력을 필요로 하는 중요 집회에 대해 미리 작성하여 경비・수사 등 관련기능에 전파하는 보고서이다.
④ '정책정보보고서'란 정부 정책의 문제점을 파악하고 그 개선책을 보고하는 데 주안점을 두는 정보보고이며, '예방적 상황정보'라고 볼 수 있다.

해설 ② (×) '중요상황정보'에 대한 설명이다. '정보상황보고'는 '상황속보' 또는 '속보'로 불린다.

정답 ②

## 16 「보안업무규정」상 신원조사에 대한 설명으로 가장 적절하지 않은 것은? 〈18 경위 변형〉

① 국가정보원장은 국가안전보장에 한정된 국가 기밀을 취급하는 사람의 충성심・신뢰성 등을 확인하기 위하여 신원조사를 한다.
② 신원조사는 국가정보원장이 직권으로 할 수 없고 관계기관의 장이 요청하는 경우에만 할 수 있다.
③ 국가보안시설・보호장비를 관리하는 기관 등의 장(해당 국가보안시설 등의 관리 업무를 수행하는 소속 직원을 포함한다)
④ 국가정보원장은 신원조사 결과 국가안전보장에 해를 끼칠 정보가 있음이 확인된 사람에 대해서는 관계 기관의 장에게 그 사실을 통보할 수 있고, 통보를 받은 관계 기관의 장은 신원조사 결과에 따라 필요한 보안대책을 마련하여야 한다.

해설 > ② (○) 국가정보원장이 직권으로 하는 신원조사 제도를 폐지하고, 관계 기관의 장이 국가정보원장에게 신원조사를 요청하는 경우에만 할 수 있다(제36조③).
④ (×) 국가정보원장은 신원조사 결과 국가안전보장에 해를 끼칠 정보가 있음이 확인된 사람에 대해서는 관계 기관의 장에게 그 사실을 **통보해야 한다**(37조①).

정답 ④

**17** **「보안업무규정」상 신원조사에 대한 설명으로 가장 적절하지 않은 것은?** 〈18 채용2차 변형〉

① 신원조사는 경찰청장이 직권으로 하거나 관계 기관의 장의 요청에 따라 한다.
② 공무원 임용 예정자는 국가안전보장에 한정된 국가 기밀을 취급하는 직위에 임용될 예정인 사람으로 한정한다.
③ 비밀취급 인가 예정자는 신원조사 대상자에 해당한다.
④ 국가정보원장은 신원조사 결과 국가안전보장에 해를 끼칠 정보가 있음이 확인된 사람에 대해서는 관계 기관의 장에게 그 사실을 통보하여야 한다.

해설 > ① (×) 국가정보원장은 관계 기관의 장의 요청에 의하여 실시하며(제36조③), 신원조사와 관련한 권한의 일부를 국방부장관과 경찰청장에게 위탁할 수 있다(제45조①).

**신원조사 대상자 【공비 보장직】**

① 공무원 임용 예정자(**국가안전보장에 한정된 국가 기밀을 취급하는 직위에 임용될 예정인 사람으로 한정**한다)
② 비밀취급 인가 예정자
③ 국가**보**안시설 · 보호장비를 관리하는 기관 등의 **장**(해당 국가보안시설 등의 관리 업무를 수행하는 소속 **직원**을 포함한다)
④ 그 밖에 다른 법령에서 정하는 사람이나 각급기관의 장이 국가안전보장을 위하여 필요하다고 인정하는 사람

정답 ①

## 제2절 집회 및 시위

### 집회 · 시위의 정의 및 신고

**01** **「집회 및 시위에 관한 법률」에 관한 설명으로 옳은 것을 모두 고른 것은? (다툼이 있는 경우 판례에 의함)** 〈23 채용2차〉

㉠ "질서유지인"이란 관할 경찰서장이 집회 또는 시위의 질서를 유지하게 할 목적으로 임명한 자를 말한다.
㉡ 집회의 자유가 가지는 헌법적 가치와 기능, 집회에 대한 허가 금지를 선언한 헌법정신, 신고제도의 취지 등을 종합하여 보면, 신고는 행정관청에 집회에 관한 구체적인 정보를 제공함으로써 공공질서의 유지에 협력하도록 하는 데 의의가 있는 것으로 집회의 허가를 구하는 신청으로 변질되어서는 아니 되므로, 신고를 하지 아니하였다는 이유만으로 옥외집회 또는 시위를 헌법의 보호 범위를 벗어나 개최가 허용되지 않는 집회 내지 시위라고 단정할 수 없다.
㉢ 관할경찰관서장은 옥외집회 및 시위에 관한 신고서의 기재 사항에 미비한 점을 발견하면 접수증을 교부한 때부터 24시간 이내에 주최자에게 48시간을 기한으로 그 기재 사항을 보완할 것을 통고할 수 있다.
㉣ 「집회 및 시위에 관한 법률」에 따른 신고 없이 이루어진 집회에 참석한 참가자들이 차로 위를 행진하는 등 도로교통을 방해함으로써 통행을 불가능하게 하거나 현저하게 곤란하게 하는 경우라도 참가자 모두에게 당연히 일반교통방해죄가 성립하는 것은 아니다.

① ㉠㉡　　② ㉡㉢
③ ㉡㉣　　④ ㉢㉣

해설 > ㉠ (×) "질서유지인"이란 주최자가 자신을 보좌하여 집회 또는 시위의 질서를 유지하게 할 목적으로 임명한 자를 말한다.
㉢ (×) 접수증을 교부한 때부터 12시간 이내에 주최자에게 24시간을 기한으로 그 기재 사항을 보완할 것을 통고할 수 있다.

정답 ③

PART 05

## 02 「집회 및 시위에 관한 법률」상 집회 및 시위에 대한 설명으로 가장 적절하지 않은 것은? (다툼이 있는 경우 판례에 의함) 〈21 승진〉

① 「집회 및 시위에 관한 법률」 제2조 제2호가 규정한 '시위'에 해당하려면 '공중이 자유로이 통행할 수 있는 장소'라는 요건을 반드시 충족하여야 한다.

② 외형상 기자회견이라는 형식을 띠었지만, 용산철거를 둘러싸고 철거민의 입장을 옹호하면서 검찰에 수사기록을 공개하라는 내용의 공동 의견을 형성하여 이를 대외적으로 표명할 목적 아래 일시적으로 일정한 장소에 모인 것은 「집회 및 시위에 관한 법률」상 집회에 해당한다.

③ 「집회 및 시위에 관한 법률」은 옥외집회와 시위를 구분하여 개념을 규정하고 있고, 순수한 1인 시위는 동법의 적용 대상에 해당하지 않는다.

④ 집회가 성립하기 위한 최소한의 인원에 대해 종래의 학계와 실무에서는 2인설과 3인설이 대립하고 있었으나 대법원은 '2인이 모인 집회도 「집회 및 시위에 관한 법률」의 규제대상'이라고 판시한 바 있다.

해설 > ① (×) 집회는 「다수인이 공동 목적으로 일시적 회합」하는 것이며, 최소한 2인 이상이 필요하다. 시위는 다수인이 공동의 목적으로 **일반인이 자유로이 통행할 수 있는 장소를 행진**하거나 **위력 또는 기세를 보여** 여러 사람의 의견에 영향을 주거나 제압을 가하는 행위로서, **위력 과시는 장소적 제한이 없다.【시위】**

정답 ①

## 03 다음 중 「집회 및 시위에 관한 법률」에 대한 설명으로 적절한 것을 모두 고른 것은? 〈18 채용2차〉

㉠ 집회 또는 시위의 주최자 및 질서유지인은 특정한 사람이나 단체가 집회나 시위에 참가하는 것을 막을 수 있다. 다만, 언론사의 기자는 출입이 보장되어야 하며, 이 경우 기자는 신분증을 제시하고 기자임을 표시한 완장을 착용하여야 한다.

㉡ 단체는 「집회 및 시위에 관한 법률」상 "주최자"가 될 수 없다.

㉢ 집회 또는 시위의 주최자는 집회 또는 시위의 질서 유지에 관하여 자신을 보좌하도록 18세 이상의 사람을 질서유지인으로 임명할 수 있다.

㉣ 학문, 예술, 체육, 종교, 의식, 친목, 오락, 관혼상제 및 국경행사에 관한 집회에는 '확성기 등 사용의 제한'에 관한 규정을 적용하지 아니한다.

① ㉠, ㉡ ② ㉠, ㉢
③ ㉡, ㉢ ④ ㉠, ㉢, ㉣

해설 > ㉡ (×) "주최자"란 자기 이름으로 자기 책임 아래 집회나 시위를 여는 사람이나 단체를 말한다.
㉣ (×) 신고하지 않는 집회도 집회에 해당하므로 확성기 등 사용의 제한을 받는다. 다만, 1인 시위는 집회, 시위로 보지 않으므로 확성기 제한도 적용되지 않는다.

정답 ②

**04** 「집회 및 시위에 관한 법률」상 집회신고에 관한 설명이다. ㉠부터 ㉤까지의 숫자가 순서대로 바르게 나열된 것은? 〈17 경감, 18 경위〉

> ㉮ 옥외집회나 시위를 주최하려는 자는 목적, 일시, 장소, 주최자 · 연락책임자 · 질서유지인(주소, 성명, 직업, 연락처), 참가 예정인 단체와 인원, 시위의 경우 그 방법 등의 기재사항 모두를 적은 신고서를 옥외집회나 시위를 시작하기 ( ㉠ )시간 전부터 ( ㉡ )시간 전에 관할 경찰서장에게 제출하여야 한다.
> ㉯ 주최자는 ㉮에 따라 신고한 옥외집회 또는 시위를 하지 아니하게 된 경우에는 신고서에 적힌 집회 일시 ( ㉢ )시간 전에 그 철회사유 등을 적은 철회신고서를 관할경찰관서장에게 제출하여야 한다.
> ㉰ 관할경찰관서장은 ㉮에 따른 신고서의 기재 사항에 미비한 점을 발견하면 접수증을 교부한 때부터 ( ㉣ )시간 이내에 주최자에게 ( ㉤ )시간을 기한으로 그 기재 사항을 보완할 것을 통고할 수 있다.

① ㉠ 720 ㉡ 36 ㉢ 24 ㉣ 12 ㉤ 24
② ㉠ 720 ㉡ 48 ㉢ 24 ㉣ 12 ㉤ 24
③ ㉠ 720 ㉡ 36 ㉢ 12 ㉣ 24 ㉤ 12
④ ㉠ 720 ㉡ 48 ㉢ 12 ㉣ 24 ㉤ 12

해설 >

**☞ 집회 · 시위 관련 시간 정리**

| 구분 | 내용 | 비고 |
|---|---|---|
| 신고서 제출 | 720시간 전 ~ **48**시간 전 | **사파리(48) 개장 신고**<br>**사파리(48) 개장 금지** |
| 접수증 | 즉시 발부 | |
| 금지통고 | 접수 ~ **48**시간 이내 | |
| 보완 통고서 | 접수 ~ **12**시간 이내에 | **보완 시비(12)** |
| 보완 신고 | 보완통고서 수령 ~ 24시간 이내 | **금지통고에 열(10) 받아서 상부에 이의신청**<br>**※ 나머지는 모두 24시간** |
| 이의신청 | **상급**관청에 **10일** 내 신청<br>⇨ 24시간 내 재결서 발송<br>⇨ 새로운 집회 24시간 전 신고 | |

| 구분 | 내용 |
|---|---|
| (금지 · 이의신청으로) 시기 놓친 경우 | 집회 24시간 전 신고 |
| 중복 신고 시, 먼저 신고된 집회 철회 | 집회 24시간 전 철회신고, 미신고시 과태료 100만원 **【이사(24) 철에(철회) 신고】** |

정답 ②

**05** 「집회 및 시위에 관한 법률」상 제한 · 금지 · 보완통고에 대한 설명으로 가장 적절하지 않은 것은? 〈21 승진〉

① 관할경찰관서장은 「집회 및 시위에 관한 법률」 제8조 제5항 각호의 어느 하나에 해당하는 경우로서 거주자나 관리자가 시설이나 장소의 보호를 요청하는 경우에는 집회나 시위의 금지 또는 제한을 통고할 수 있으며, 제한 통고의 경우 시한에 대한 규정은 없다.
② 관할경찰관서장은 금지 사유에 해당하는 집회 및 시위의 경우에 신고서를 접수한 때로부터 48시간 이내에 금지통고를 할 수 있다.
③ 관할경찰관서장은 「집회 및 시위에 관한 법률」 제6조 제1항에 따른 신고서의 기재사항에 미비한 점을 발견하면 접수증을 교부한 때로부터 12시간 이내에 주최자에게 24시간을 기한으로 그 기재사항을 보완할 것을 통고할 수 있다.
④ 보완통고는 보완할 사항을 분명히 밝혀 서면 또는 문자 메시지(SMS)로 주최자 또는 연락책임자에게 전달하여야 한다.

해설 > ④ (×) 보완 통고는 보완할 사항을 분명히 밝혀 서면으로 주최자 또는 연락책임자에게 송달하여야 한다(제7조②). 서면에 문자 메시지는 포함되지 않는다.

정답 ④

PART 05

## 06 집회 및 시위에 관한 법률에 대한 설명으로 가장 적절하지 않은 것은? 〈20 승진〉

① 옥외집회와 시위의 장소가 두 곳 이상의 시·도경찰청의 관할에 속하는 경우 주최지를 관할하는 시·도경찰청장에게 집회신고서를 제출해야 한다.
② 관할경찰관서장은 신고서의 기재 사항에 미비한 점을 발견하면 접수증을 교부한 때부터 12시간 이내에 주최자에게 24시간을 기한으로 그 기재 사항을 보완할 것을 통고할 수 있다.
③ 주최자는 신고한 옥외집회 또는 시위를 하지 아니하게 된 경우에는 신고서에 적힌 집회 일시 12시간 전에 관할경찰관서장에게 철회신고서를 제출해야 한다.
④ 옥외집회나 시위를 주최하려는 자는 신고서를 옥외집회나 시위를 시작하기 720시간 전부터 48시간 전에 관할 경찰서장에게 제출해야 한다.

해설〉 ③ (×) 집회 24시간 전 철회신고를 해야 한다.
**【이사(24) 철에(철회) 신고】** 정답 ③

## 07 「집회 및 시위에 관한 법률」에 대한 설명으로 가장 적절한 것은? 〈19 승진〉

① '집회'란 여러 사람이 공동의 목적을 가지고 도로, 광장, 공원 등 일반인이 자유로이 통행할 수 있는 장소를 행진하거나 위력 또는 기세를 보여, 불특정한 여러 사람의 의견에 영향을 주거나 제압을 가하는 행위를 말한다.
② 집회·시위의 신고를 받은 관할경찰관서장은 집회·시위의 보호와 공공의 질서 유지를 위해 최대한의 범위를 정하여 질서유지선을 설정할 수 있다.
③ 신고장소가 다른 사람의 주거지역이나 이와 유사한 장소 또는 학교 및 군사시설, 상가밀집지역의 주변지역에서의 집회나 시위의 경우 그 거주자나 관리자가 시설이나 장소의 보호를 요청하는 경우에는 집회나 시위의 금지 또는 제한을 통고할 수 있다.
④ 관할경찰관서장은 옥외집회 및 시위 신고서의 기재 사항에 미비한 점을 발견하면 접수증을 교부한 때부터 12시간 이내에 주최자에게 24시간을 기한으로 그 기재 사항을 보완할 것을 통고할 수 있다.

해설〉 ① (×) 시위에 대한 설명이다.
② (×) 관할경찰관서장은 집회 및 시위의 보호와 공공의 질서 유지를 위하여 필요하다고 인정하면 **최소한의 범위**를 정하여 질서유지선을 설정할 수 있다(제13조①).
③ (×) 상가밀집지역은 해당하지 않는다. **【주학군 시설보호】**

정답 ④

## 08 「집회 및 시위에 관한 법률」에 대한 설명으로 가장 적절한 것은? 〈17 채용2차〉

① '주관자(主管者)'란 자기 이름으로 자기 책임 아래 집회나 시위를 여는 사람이나 단체를 말한다.
② 집회 또는 시위의 주관자는 집회 또는 시위의 질서 유지에 관하여 자신을 보좌하도록 18세 이상의 사람을 질서유지인으로 임명하여야 한다.
③ 주최자는 신고한 옥외집회 또는 시위를 하지 아니하게 된 경우에는 신고서에 적힌 집회 일시 24시간 전에 그 철회사유 등을 적은 철회신고서를 관할 경찰관서장에게 제출하여야 한다.
④ 관할 경찰서장 또는 시·도경찰청장은 신고서를 접수하면 신고자에게 접수 일시를 적은 접수증을 12시간 이내에 내주어야 한다.

해설〉 ① (×) 주최자이다.
② (×) 집회 또는 시위의 주최자는 집회 또는 시위의 질서 유지에 관하여 자신을 보좌하도록 **18세 이상**의 사람을 질서유지인으로 **임명할 수 있다.**
④ (×) 접수증은 즉시 주어야 한다.

정답 ③

## 09 「집회 및 시위에 관한 법률」에 대한 다음 설명 중 가장 옳은 것은? 〈16 경간〉

① 관할경찰관서장은 제6조 제1항에 따른 신고서의 기재사항에 미비한 점을 발견하면 접수증을 교부한 때부터 24시간 이내에 주최자에게 12시간을 기한으로 그 기재사항을 보완할 것을 통고할 수 있다.
② 관할경찰관서장은 집회 또는 시위의 시간과 장소가 중복되는 2개 이상의 신고가 있는 경우 그 목적으로 보아 서로 상반되거나 방해가 된다고 인정되면 뒤에 접수된 집회 또는 시위에 대하여 그 집회 또는 시위의 금지를 통고하여야 한다.
③ 집회 또는 시위의 주최자는 집회 또는 시위의 질서 유지에 관하여 자신을 보좌하도록 16세 이상의 사람을 질서유지인으로 임명할 수 있다.
④ 집회 또는 시위의 주최자는 금지통고를 받은 날부터 10일 이내에 해당 경찰관서의 바로 위의 상급경찰관서의 장에게 이의를 신청할 수 있다.

해설 ① (×) 12시간 이내에 24시간을 기한으로 보완 통고
② (×) 서로 상반되는 집회가 같은 시간 · 장소에서 중복될 때, 시간 · 장소 분할을 권유하고 권유가 받아들여지지 않으면 뒤에 접수된 신고를 금지할 수 있다. 반드시 금지 통고해야 하는 것은 아니다.
③ (×) 18세 이상이다.

정답 ④

## 10 「집회 및 시위에 관한 법률」에 대한 설명으로 가장 적절하지 않은 것은? 〈19 채용1차〉

① 군인 · 검사 · 경찰관이 폭행, 협박, 그 밖의 방법으로 평화적인 집회 또는 시위를 방해한 경우 3년 이하의 징역에 처한다.
② 관할경찰관서장은 집회신고서의 기재 사항에 미비점을 발견하면 접수증을 교부한 때로부터 12시간 이내에 주최자에게 24시간을 기한으로 그 기재사항을 보완할 것을 통고할 수 있다.
③ 헌법재판소의 결정에 따라 해산된 정당의 목적을 달성하기 위한 집회 또는 시위는 주최하여서는 아니 된다.
④ 집회신고서를 접수한 때로부터 48시간이 경과한 이후에도 남은 기간의 집회시위에 대해 금지통고를 할 수 있는 경우가 있다.

해설 ① (×) 일반인은 3년 이하의 징역 또는 300만원 이하의 벌금에 처하고, 군인 · 검사 또는 경찰관은 5년 이하의 징역에 처한다.
④ (○) 집회 또는 시위가 집단적인 폭행, 협박, 손괴, 방화 등으로 공공의 안녕 질서에 직접적인 위험을 초래한 경우에는 남은 기간의 해당 집회 또는 시위에 대하여 신고서를 접수한 때부터 48시간이 지난 경우에도 금지 통고를 할 수 있다(제8조①).

정답 ①

## 11 「집회 및 시위에 관한 법률」에 대한 설명 중 가장 옳지 않은 것은? 〈18 경감, 19 경간〉

① 주최자는 신고한 집회 · 시위를 개최하지 아니할 경우 집회일시 24시간 전에 관할경찰관서장에게 철회신고서를 제출하여야 한다.
② 옥외집회 및 시위의 신고를 받은 경찰관서장이 설정한 질서유지선을 경찰관의 경고에도 불구하고 정당한 사유 없이 상당 시간 침범하거나 손괴 · 은닉 · 이동 또는 제거하거나 그 밖의 방법으로 그 효용을 해친 자는 6개월 이하의 징역 또는 50만원 이하의 벌금 · 구류 또는 과료에 처한다.
③ 정당한 사유 없이 철회신고서를 관할경찰관서장에게 제출하지 아니한 모든 옥외집회 또는 시위의 주최자에 대해서는 100만원 이하의 과태료를 부과한다.
④ 폭행, 협박, 그 밖의 방법으로 평화적인 집회 또는 시위를 방해하거나 질서를 문란하게 한 자는 3년 이하의 징역 또는 300만원 이하의 벌금에 처한다. 다만 군인 · 검사 · 경찰이 방해하면 5년 이하의 징역에 처한다.

해설 ③ (×) 서로 상반되는 집회가 중복되어 뒤에 접수된 신고를 금지한 경우에 먼저 신고된 옥외집회 또는 시위의 주최자가 정당한 사유 없이 철회신고서를 제출 의무를 위반하면 100만원 이하의 과태료를 부과한다. 모든 주최자는 신고한 옥외집회 또는 시위를 하지 아니하게 된 경우에는 신고서에 적힌 집회 일시 24시간 전에 그 철회사유 등을 적은 철회신고서를 관할경찰관서장에게 제출하도록 규정하고 있지만(제6조③), 과태료는 상반되는 집회의 경우에만 부과한다.

정답 ③

PART 05

## 12 「집회 및 시위에 관한 법률」상 옥외집회에 대한 설명으로 가장 적절한 것은? (다툼이 있는 경우 판례에 따름) 〈22 경간〉

① 대통령 관저, 국회의장 공관, 대법원장 공관, 헌법재판소장 공관, 전직 대통령이 현재 거주하는 사저의 경계지점으로부터 100미터 이내의 장소에서는 옥외집회 또는 시위가 금지된다.

② 대규모 집회 또는 시위로 확산될 우려가 없는 경우라면 주한 일본대사관의 업무가 없는 휴일인 일요일에 주한일본대사의 숙소로부터 100미터 이내의 장소에서 그 숙소를 대상으로 하지 않고 그 숙소의 기능이나 안녕을 침해할 우려가 없다고 인정된다면 확성기를 사용한 옥외집회가 가능하다.

③ 옥외집회나 시위를 주최하려는 자가 집시법이 규정하는 각 호의 사항 모두를 적은 신고서를 옥외집회나 시위를 시작하기 72시간 전부터 48시간 전에 관할 경찰서장에게 제출한 경우, 집회 또는 시위의 주최자가 질서유지인을 두고 도로를 행진하는 경우에는 질서유지선을 설정할 수 없다.

④ 주최자가 질서유지인을 두고 부득이 새벽 1시에 집회를 하겠다고 미리 신고한 경우에는 집회의 성격상 부득이하다면 관할경찰관서장은 질서유지를 위한 조건을 붙여 옥외집회를 허용할 수 있다.

해설> ① (×) 전직 대통령 사저는 포함되지 않는다. 참고로 대통령 관저 및 국회의장 공관의 경계지점 100미터 이내 집회·시위 금지 규정은 헌법불합치 결정(2024. 5. 31.기한)되었다.
③ (×) 옥외집회나 시위를 시작하기 720시간 전부터 48시간 전에 관할 경찰서장에게 제출하여야 한다. 또한, 질서유지인을 두는 경우라도 질서유지선을 설정할 수 없다는 규정은 없으므로 질서유지선을 설정할 수 있다.
④ (×) 헌법불합치 결정 된 집시법 제10조의 내용이다. 관할경찰서장이 야간옥외집회의 허용 여부를 사전에 심사하여 결정한다는 것은 야간옥외집회에 대한 허가를 규정한 것이라고 보지 않을 수 없고, 이는 헌법 제21조 제2항에 정면으로 위반된다(헌재 2008헌가25).

정답 ②

## ② 질서유지선, 확성기 등 소음기준, 해산절차

## 01 「집회 및 시위에 관한 법률」에 관한 다음 설명 중 가장 적절하지 않은 것은? (다툼이 있는 경우 판례에 의함) 〈22 채용2차〉

① 집회의 신고가 경합할 경우, 먼저 신고된 집회의 목적, 장소 및 시간, 참여예정인원, 집회 신고인이 기존에 신고한 집회 건수와 실제로 집회를 개최한 비율 등 먼저 신고된 집회의 실제 개최 가능성 여부와 양 집회의 상반 또는 방해가능성 등 제반 사정을 확인하여 먼저 신고된 집회가 다른 집회의 개최를 봉쇄하기 위한 허위 또는 가장 집회신고에 해당함이 객관적으로 분명해 보이는 경우라도 관할경찰관서장이 뒤에 신고된 집회에 대하여 금지통고를 했다면, 이러한 금지통고에 위반하여 집회를 개최한 행위는 「집회 및 시위에 관한 법률」에 위배된다.

② 질서유지선이 집회 및 시위의 보호와 공공의 질서유지를 위하여 필요하다고 인정되는 최소한의 범위를 정하여 설정되고 「집회 및 시위에 관한 법률 시행령」 관련 조항에서 정한 사유에 해당한다면, 집회 또는 시위가 이루어지는 장소 외곽의 경계 지역뿐 아니라 집회 또는 시위의 장소 안에도 설정할 수 있다.

③ 경찰관들이 옥외집회 또는 시위 장소에서 줄지어 서는 등의 방법으로 소위 '사실상 질서유지선'의 역할을 수행한다고 하더라도 이를 가리켜 「집회 및 시위에 관한 법률」에서 정한 질서 유지선이라고 할 수는 없다.

④ 집회·시위 참가자들이 관할 경찰관서에 신고하지 않고 집회를 개최한 경우, 그 옥외집회 또는 시위로 인하여 타인의 법익이나 공공의 안녕질서에 대한 직접적인 위험이 명백하게 초래되지 않은 상황에서 경찰이 '미신고집회'라는 사유로 자진 해산 요청을 한 후, '불법적인 행진시도', '불법 도로 점거로 인한 도로교통법 제68조 제3항 제2호 위반'이라는 사유로 3회에 걸쳐 해산명령을 하였더라도 정당한 해산명령에 해당하지 않는다.

해설> ① (×) 위배되지 아니한다.

> **먼저 신고된 집회가 다른 집회의 개최를 봉쇄하기 위한 허위 또는 가장 집회신고에 해당함이 객관적으로 분명해 보이는 경우에는,** 뒤에 신고된 집회에 다른 집회금지 사유가 있는 경우가 아닌 한, 관할경찰관서장이 **단지 먼저 신고가 있었다는 이유만으로 뒤에 신고된 집회에 대하여 집회 자체를 금지하는 통고를 하여서는 아니 되고, 설령 이러한 금지통고에 위반하여 집회를 개최하였다고 하더라도 그러한 행위를 집시법상 금지통고에 위반한 집회개최행위에 해당한다고 보아서는 아니 된다**(대법원 선고 2011도13299).

정답 ①

## 02 집회현장에서의 확성기 사용에 대한 설명으로 가장 적절하지 않은 것은? 〈22 승진〉

① 중앙행정기관이 개최하는 국경일 행사의 경우 행사 개최시간에 한정하여 행사 진행에 영향을 미치는 소음에 대해서는 「집회 및 시위에 관한 법률 시행령」 별표2에 따른 확성기 등의 소음기준을 그 밖의 지역의 소음기준으로 적용한다.

② 「집회 및 시위에 관한 법률 시행령」 별표2에 따른 소음측정 장소에서 확성기 등의 대상소음이 있을 때 측정한 소음도를 측정소음도로 하고 같은 장소에서 확성기 등의 대상소음이 없을 때, 5분간 측정한 소음도를 배경소음도로 한다.

③ 「집회 및 시위에 관한 법률」상 관할경찰관서장은 집회 또는 시위의 주최자가 확성기 등의 소음기준을 초과하는 소음을 발생시켜 타인에게 피해를 주는 경우에 그 기준 이하의 소음 유지 또는 확성기 등의 사용 중지를 명하거나 확성기 등의 일시보관 등 필요한 조치를 할 수 있다.

④ 「집회 및 시위에 관한 법률 시행령」 별표2에 따른 확성기 등의 소음기준에서 주거지역의 주간(07:00 ~ 해지기 전) 시간대 등가소음도(Leq)는 65dB 이하이다.

해설> ① (×) 국경일 행사의 경우 가장 엄격한 주거지역의 소음기준을 적용한다.

정답 ①

## 03 집회 및 시위에 대한 설명으로 가장 적절하지 않은 것은? (다툼이 있는 경우 판례) 〈22 승진, 23 법학〉

① 집회참가자들이 망인에 대한 추모의 목적과 그 범위 내에서 이루어지는 노제 등을 위한 이동・행진의 수준을 넘어서서 그 기회를 이용하여 다른 공동의 목적을 가지고 일반인이 자유로이 통행 할 수 있는 장소를 행진하거나 위력 또는 기세를 보여, 불특정한 여러 사람의 의견에 영향을 주거나 제압을 하는 행위에까지 나아가는 경우에는 이미 「집회 및 시위에 관한 법률」이 정한 시위에 해당하므로 「집회 및 시위에 관한 법률」 제6조에 따라 사전에 신고서를 관할 경찰서장에게 제출할 것이 요구된다.

② 옥외집회 또는 시위 참가자들이 교통 혼잡이 야기되었다고 볼 만한 사정은 없으나 이미 신고한 행진 경로를 따라 행진로인 하위 1개 차로에서 약 3시간 30분 동안 이루어진 집회시간 동안 2회에 걸쳐 약 15분 동안 연좌하였다는 사실만으로도 주최행위가 신고한 목적, 일시, 방법 등의 범위를 뚜렷이 벗어나는 경우에 해당한다고 볼 수 있다.

③ 집회란 '특정 또는 불특정 다수인이 공동의 의견을 형성하여 이를 대외적으로 표명할 목적 아래 일시적으로 일정한 장소에 모이는 것'을 말한다.

④ 차도의 통행방법으로 신고하지 아니한 '삼보일배 행진'을 하여 차량의 통행을 방해한 사안에서, 그 시위 방법이 장소, 태양, 내용, 방법과 결과 등에 비추어 사회통념상 용인될 수 있는 다소의 피해를 발생시킨 경우, 신고제도의 목적 달성을 심히 곤란하게 하는 정도에 이른다고 볼 수 없어 사회상규에 위배되지 않는 정당행위에 해당한다.

해설> ② (×) 신고된 하위 1개 차로만 막고 15분간 연좌한 것은 신고범위를 일탈한 것으로 볼 수 없다. 참고로, 우회로가 없는 도로의 3개 차로 모두를 점거한 채 4분 동안 700미터를 진행한 경우는 일반교통방해죄가 성립하는 것으로 보았다.

정답 ②

## 04 「집회 및 시위에 관한 법률」 및 「집회 및 시위에 관한 법률 시행령」에 대한 설명으로 적절하지 않은 것은 모두 몇 개인가? 〈21 채용2차〉

> ㉠ 집회 또는 시위의 주최자는 확성기 등을 사용하여 타인에게 심각한 피해를 주는 소음으로서 주거·학교·종합병원 지역에서 주간(07:00~해지기 전)에 등가소음도(Leq) 65dB(A)이하의 기준을 위반하는 소음을 발생시켜서는 아니 된다.
> ㉡ 확성기 등의 소음은 관할 경찰서장(현장 경찰공무원)이 측정하며, 소음 측정 장소는 피해자가 위치한 건물의 외벽에서 소음원 방향으로 1~3.5m 떨어진 지점으로 하되, 소음도가 높을 것으로 예상되는 지점의 지면 위 1.2~1.5m 높이에서 측정한다. 다만, 주된 건물의 경비 등을 위하여 사용되는 부속 건물, 광장·공원이나 도로상의 영업시설물, 공원의 관리사무소 등은 소음 측정 장소에서 제외한다.
> ㉢ 관할경찰서장은 집회 또는 시위의 주최자가 대통령령으로 정하는 기준을 초과하는 소음을 발생시켜 타인에게 피해를 주는 경우에는 그 기준 이하의 소음 유지 또는 확성기 등의 사용 중지를 명하거나 확성기 등의 일시보관 등 필요한 조치를 할 수 있다.
> ㉣ 「집회 및 시위에 관한 법률」 제14조(확성기 등 사용의 제한)는 예술·체육·종교 등에 관한 집회 및 1인 시위에도 적용된다.

① 1개 ② 2개
③ 3개 ④ 4개

해설 ㉣ (×) 1인 시위는 집회·시위로 보지 않으므로 확성기 제한 규정도 적용되지 아니한다. 학문, 예술, 종교 관련 집회 등 미신고 집회는 집회에 해당하므로 확성기 제한 규정이 적용된다.

정답 ①

## 05 「집회 및 시위에 관한 법률」 및 그 시행령에 대한 설명으로 옳지 않은 것은? 〈20 경간〉

① 단체는 집회 및 시위에 관한 법률상 '주최자'가 될 수 있다.
② 집회 또는 시위의 주최자는 금지통고를 받은 날부터 10일 이내에 해당 경찰관서의 바로 위의 상급경찰관서의 장에게 이의를 신청할 수 있다.
③ 학문, 예술, 체육, 종교, 의식, 친목, 오락, 관혼상제 및 국경행사에 관한 집회에서는 '확성기 등 사용의 제한'에 관한 규정을 적용하지 아니한다.
④ 소음 측정 장소는 피해자가 위치한 건물 외벽에서 소음원 방향으로 1~3.5m 떨어진 지점으로 하되, 소음도가 높을 것으로 예상되는 지점의 지면 위 1.2~1.5m 높이에서 측정한다. 다만, 주된 건물의 경비 등을 위하여 사용되는 부속 건물, 광장·공원이나 도로상의 영업시설물, 공원의 관리사무소 등은 소음 측정 장소에서 제외한다.

해설 ③ (×) 신고하지 않는 집회도 집회에 해당하므로 확성기 등 사용의 제한을 받는다. 다만, 1인 시위는 집회, 시위로 보지 않으므로 확성기 제한도 적용되지 않는다.

| 구분 | 확성기 소음기준 | 질서 유지선 |
|---|---|---|
| 1인 시위 | × | × |
| 미신고 집회·시위 | ○ | × |

정답 ③

**06** **「집회 및 시위에 관한 법률」 및 「집회 및 시위에 관한 법률 시행령」에 대한 설명으로 가장 적절한 것은?** 〈21 법학〉

① 옥외집회나 시위를 주최하려는 자는 신고서를 옥외집회 또는 시위 장소가 두 곳 이상의 경찰서의 관할에 속하는 경우에는 관할 시・도경찰청장에게 제출하여야 하고, 두 곳 이상의 시・도경찰청 관할에 속하는 경우에는 경찰청장에게 제출하여야 한다.
② 누구든지 대통령 관저(官邸), 국무총리 공관, 국회의장 공관, 대법원장 공관, 헌법재판소장 공관 등은 기능이나 안녕을 침해할 우려가 없다고 인정되는 때에도 경계지점으로부터 100미터 이내의 장소에서는 옥외집회 및 시위를 하여서는 아니 된다.
③ 집회 또는 시위의 주최자는 주거지역, 학교, 종합병원, 공공도서관에서 심야에 확성기 등을 사용할 경우 등가소음도(Leq)는 60dB(A) 이하이다.
④ 집회 또는 시위의 주최자는 질서유지에 관하여 자신을 보좌하도록 18세 이상의 사람을 질서유지인으로 임명할 수 있다.

해설 ① (×) 두 곳 이상의 시・도경찰청 관할에 속하는 경우에는 주최지를 관할하는 시・도경찰청장에게 제출하여야 한다.
② (×) 국무총리 공관은 제외된다.
③ (×) 확성기 등의 소음기준(집시법 시행령 별표2)

| 구분 | 대상 지역 | 시간대 | | |
|---|---|---|---|---|
| | | 주간 (07:00~해지기 전) | 야간 (해진 후~24:00) | 심야 (00:00~07:00) |
| 등가소음도 (Leq) | 주거지역, 학교, 종합병원 | 65 이하(**뽀**) | 60 이하(**삐**) | 55 이하(**목**) |
| | 공공도서관 | 65 이하(**뽀**) | 60 이하(**삐**) | |
| | 그 밖의 지역 | 75 이하(**초**) | 65 이하(**보**) | |
| 최고소음도 (Lmax) | 주거지역, 학교, 종합병원 | 85 이하 | 80 이하 | 75 이하 |
| | 공공도서관 | 85 이하 | 80 이하 | |
| | 그 밖의 지역 | **95 이하** | | |

※ **【주학종 도그(dog) 뽀삐목 뽀삐 초보】** 애완견 뽀삐가 목줄하는 것이 처음이어서 초보라는 의미이다. 'ㅃ'과 'ㅂ'은 같으므로 65는 'ㅃ(6)'과 'ㅗ(5)'가 되고, 60은 'ㅃ(6)'과 'ㅣ(0)'가 된다. 같은 방법으로 55는 ㅁ(5)과 ㅗ(5)이 되고 75는 ㅊ(7)과 ㅗ(5)가 된다. 최고소음도는 등가소음도에 20을 더한 값이지만 그 밖의 지역만 예외적으로 95로 통합되었다.

정답 ④

**07** **다음은 집회 및 시위에서 확성기 등의 대상 소음이 있을 때 소음의 측정과 관련된 내용이다. 괄호 안에 들어갈 숫자의 총합은?** 〈19 경간 변형〉

가. 주거지역, 학교, 종합병원의 등가소음도 기준은 주간 (　)dB 이하, 야간 (　)dB 이하이다.
나. 그 밖의 지역의 등가소음도 기준은 주간 (　)dB 이하, 야간 (　)dB 이하이다.
다. 확성기 등의 대상소음이 있을 때 측정한 소음도를 측정소음도로 하고, 같은 장소에서 확성기 등의 대상소음이 없을 때 (　)분간 측정한 소음도를 배경소음도로 한다.
라. 등가소음도는 (　)분간 측정한다.
마. 측정소음도가 배경소음도보다 (　)dB 이상 크면 배경소음의 보정 없이 측정소음도를 대상소음도로 한다.

① 280　② 290
③ 300　④ 310

정답 ② (65, 60, 75, 65, 5, 10, 10)

**08** **「집회 및 시위에 관한 법률 시행령」 제14조 별표 2의 확성기 등의 소음기준[단위 : Leq dB(A)] 및 소음 측정 방법에 대한 내용으로 가장 적절하지 않은 것은?** 〈18 채용1차 변형〉

① 주거지역, 학교, 종합병원에서 주간(07:00~해지기 전)에 확성기 등의 등가소음도 기준은 65 이하이다.
② 그 밖의 지역에서 야간과 심야시간에 확성기 등의 등가소음도 기준은 65 이하이다.
③ 소음 측정 장소는 피해자가 위치한 건물 외벽에서 소음원 방향으로 1~3.5m 떨어진 지점으로 하되, 소음도가 높을 것으로 예상되는 지점의 지면 위 1.2~1.5m 높이에서 측정하고, 주된 건물의 경비 등을 위하여 사용되는 부속 건물, 광장・공원이나 도로상의 영업시설물, 공원의 관리사무소 등도 소음 측정 장소로 포함된다.
④ 확성기 등의 소음은 관할 경찰서장(현장 경찰공무원)이 측정한다.

해설 ③ (×) 부속 건물, 광장・공원이나 도로상의 영업시설물, 공원의 관리사무소 등은 소음 측정 장소에서 제외한다. 정답 ③

**09** **「집회 및 시위에 관한 법률」 및 동법 시행령에 대한 설명 중 가장 적절한 것은?** 〈20 승진, 21 채용〉

① 관할경찰관서장은 「집회 및 시위에 관한 법률」 제6조 제1항에 따른 신고서의 기재 사항에 미비한 점을 발견하면 접수증을 교부한 때부터 12시간 이내에 주최자 또는 질서유지인에게 24시간을 기한으로 그 기재 사항을 보완할 것을 통고할 수 있다.
② 위 ①에 따른 보완통고는 보완할 사항을 분명히 밝혀 서면 또는 구두로 주최자 또는 연락책임자에게 송달하여야 한다.
③ 「집회 및 시위에 관한 법률」 제6조 제1항에 따른 신고를 받은 관할경찰관서장이 집회 및 시위의 보호와 공공의 질서 유지를 위하여 필요하다고 인정하여 질서유지선을 설정할 때에는 주최자 또는 연락책임자에게 이를 알려야 한다.
④ 집회 또는 시위 장소의 상황에 따라 질서유지선을 새로 설정하거나 변경하는 경우 서면으로 통지해야 한다.

해설 ① (×) 집회신고서 보완통보는 **주최자 또는 연락책임자(질서유지인** ×)에게 한다. 질서유지선 설정 통보도 **서면으로 주최자 또는 연락책임자(질서유지인** ×)에게 고지하여야 하며 고지하지 아니한 경우에는 질서유지선으로서의 법적효력을 상실한다. 질서유지인은 질서유지선 서면 통보를 받을 수 없다. 질서유지인은 집회・시위 현장에서 등장하기 때문에 사전에 그러한 통보를 받을 수 없다.
② (×) 반드시 서면으로 하여야 한다.
④ (×) 질서유지선 설정은 서면 통보 원칙이나 현장에서 질서유지선을 새로 설정하거나 변경하는 경우에는 구두로도 알릴 수 있다(시행령 제13조②).

정답 ③

**10** **다음은 「집회 및 시위에 관한 법률」에 대한 설명이다. 보기의 (　　)에 들어갈 숫자를 모두 더한 값은?** 〈16 경간, 20 채용〉

> ㉠ 옥외집회나 시위를 주최하려는 자는 신고서를 옥외집회나 시위를 시작하기 720시간 전부터 (　　)시간 전에 관할 경찰서장에게 제출하여야 한다.
> ㉡ 질서유지선을 경찰관의 경고에도 불구하고 정당한 사유 없이 상당 시간 침범하거나 손괴・은닉・이동 또는 제거하거나 그 밖의 방법으로 그 효용을 해친 자는 (　　)개월 이하의 징역 또는 50만원 이하의 벌금・구류 또는 과료에 처한다.
> ㉢ 폭행, 협박, 그 밖의 방법으로 평화적인 집회 또는 시위를 방해하거나 질서를 문란하게 한 자는 (　　)년 이하의 징역 또는 300만원 이하의 벌금에 처한다.

① 55　　② 56
③ 57　　④ 59

정답 ③ (48, 6, 3)

**11** **「집회 및 시위에 관한 법률」, 「집회 및 시위에 관한 법률 시행령」상 질서유지선에 대한 설명으로 가장 옳은 것은?** 〈17 경간, 23 승진〉

① 집회·시위의 신고를 받은 관할경찰관서장은 집회·시위의 보호와 공공의 질서유지를 위해 최대한의 범위를 정하여 질서유지선을 설정할 수 있다.
② '집회·시위의 참가자를 일반인이나 차량으로부터 보호할 필요가 있을 경우'는 질서유지선을 설정할 수 있는 경우에 해당하지 않는다.
③ 경찰관서장이 질서유지선을 설정할 때에는 사전에 질서유지인에게 이를 서면으로 고지하여야 한다.
④ 적법한 요건에 따라 설정한 질서유지선을 경찰관의 경고에도 불구하고 정당한 사유 없이 상당 시간 침범하거나 손괴·은닉·이동 또는 제거하거나 그 밖의 방법으로 그 효용을 해친 자는 6개월 이하의 징역 또는 50만원 이하의 벌금·구류 또는 과료에 처한다.

해설 ① (×) 최소한의 범위를 정해야 한다.
② (×) 질서유지선 설정 사유(시행령 제13조①)

1. 집회·시위 장소 한정, 집회·시위 참가자와 일반인 구분 필요시
2. 집회·시위 참가자를 일반인이나 차량으로부터 보호할 필요시
3. 일반인 통행 또는 교통 소통을 위하여 필요시
4. 법 제11조(집회·시위 금지장소) 또는 통신시설 등 중요시설에 접근·행진 금지 또는 제한 필요시
5. 집회·시위의 행진로를 확보, 임시횡단보도 설치
6. 그 밖에 집회·시위의 보호와 공공의 질서 유지

③ (×) 질서유지인은 질서유지선 통보를 사전에 서면으로 받을 수 있는 사람에 해당하지 않는다.

정답 ④

**12** **집회 및 시위 관리에 대한 설명으로 가장 적절하지 않은 것은? (다툼이 있으면 판례에 의함)** 〈17 경감〉

① 관할경찰관서장 또는 관할 경찰관서장으로부터 권한을 부여받은 국가경찰공무원은 집회 또는 시위를 해산시키는 주체가 될 수 있다.
② 주최자에게 집회 또는 시위의 종결 선언을 요청하되, 주최자의 소재를 알 수 없는 경우에는 주관자·연락책임자 또는 질서유지인을 통하여 종결 선언을 요청할 수 있다.
③ 질서유지선으로 사람의 대열, 버스 등 차량은 사용할 수 있으나, 인도경계석·차선 등 지상물은 사용할 수 없다.
④ 자진해산을 요청할 때는 반드시 '자진해산'이라는 용어를 사용하여 요청할 필요는 없고, 해산을 요청하는 언행 중에 스스로 해산하도록 청하는 취지가 포함되어 있으면 된다.

해설 ③ (×) 질서유지선으로 띠, 방책, 인도경계선, 차선 등 지상물을 사용할 수 있다. **질서유지선은 물건으로서 사람이 질서유지선이 될 수는 없다.** 다만, 버스를 이용한 '차벽'은 질서유지선으로 사용할 수 있으나, 집회 및 시위 참가자들을 제지하기 위한 목적으로 설치된 경우 집시법상 질서유지선이 아닌 경찰관직무집행법상의 질서유지선으로 볼 수 있으며, 경우에 따라서는 경찰관직무집행법 제6조 제1항에 따른 범죄의 제지를 위한 즉시강제 조치로 볼 수도 있다.

집시법상의 **질서유지선은 집회 및 시위 참가자들을 제지하기 위한 것이라기보다는** 참가자들의 질서유지와 원활한 교통 소통을 위하여 집회 또는 시위의 장소나 행진의 구간을 명확히 알아볼 수 있도록 **사전에 안내하는 역할을 하는 것**으로 봄이 상당하다(서울고등법원 2016. 12. 13. 선고 2016노2071).

정답 ③

## 13 「집회 및 시위에 관한 법률」 및 「집회 및 시위에 관한 법률 시행령」에 대한 설명으로 가장 적절한 것은? 〈20 채용2차〉

① 집회 또는 시위의 주최자는 금지 통고를 받은 날부터 7일 이내에 해당 경찰관서의 바로 위의 상급경찰관서의 장에게 이의를 신청할 수 있다.
② 집회 또는 시위 금지통고에 대해 이의 신청을 받은 경찰서장은 24시간 이내에 금지를 통고한 경찰관서장에게 이의 신청의 취지와 이유를 알리고, 답변서의 제출을 명하여야 한다.
③ 주최자는 신고한 옥외집회 또는 시위를 하지 아니하게 된 경우에는 신고서에 적힌 집회 일시 12시간 전에 철회신고서를 관할경찰관서장에게 제출하여야 한다.
④ 관할경찰관서장은 집회 및 시위 참가자들이 자진 해산 요청에 따르지 아니하는 경우, 세 번 이상 자진 해산할 것을 명령하고 그 이후에도 해산하지 아니하면 직접 해산시킬 수 있다.

해설 ① (×) 10일 **【금지통고에 열(10) 받아서 상부에 이의신청】**
② (×) 이의 신청을 받은 경찰관서장은 **즉시 집회 또는 시위의 금지를 통고한 경찰관서장에게** 이의 신청의 취지와 이유(이의 신청시 증거서류나 증거물을 제출한 경우에는 그 요지를 포함한다)를 알리고, **답변서의 제출을 명하여야 하고,** 재결을 한 때에는 집회 또는 시위의 금지를 통고한 경찰관서장에게 **재결 내용을 즉시 알려야 한다**(시행령 제8조, 제9조).
③ (×) 24전에 철회신고서 제출 **【이사철에(철회)】**

정답 ④

## 14 「집회 및 시위에 관한 법률 시행령」상 집회시위의 해산절차로 가장 적절한 것은? 〈23 승진〉

① 자진 해산의 요청 → 해산명령 → 종결선언의 요청 → 직접 해산
② 자진 해산의 요청 → 종결선언의 요청 → 해산명령 → 직접 해산
③ 종결선언의 요청 → 자진 해산의 요청 → 해산명령 → 직접 해산
④ 종결선언의 요청 → 해산명령 → 자진 해산의 요청 → 직접 해산

해설 ③ (○) **【종자해직】**

정답 ③

## 15 「집회 및 시위에 관한 법률 시행령」에 대한 설명이다. 옳은 것을 모두 고른 것은? 〈17년 채용1차〉

㉠ 관할경찰관서장이 권한을 부여하면 관할 경찰서 경비교통과장도 해산명령의 주체가 될 수 있다.
㉡ 자진 해산 요청은 직접 집회주최자에게 공개적으로 하여야 한다.
㉢ 자진 해산 요청에 따르지 아니하는 경우에는 세 번 이상 자진 해산할 것을 명령하고, 참가자들이 해산명령에도 불구하고 해산하지 아니하면 직접 해산시킬 수 있다.
㉣ 종결선언은 주최자에게 요청하되, 주최자의 소재를 알 수 없는 경우에는 주관자·연락책임자 및 질서유지인에게 하여야 하며 종결선언의 요청은 필요적 절차로 생략할 수 없다.

① ㉠, ㉡ ② ㉠, ㉢
③ ㉡, ㉢ ④ ㉢, ㉣

해설 ㉡ (×) **종결 선언 요청은 주최자에게** 하여야 하고, **자진해산 요청은** 주최자가 아닌 **참가자들에게 직접 공개적으로** 한다.
㉣ (×) 불법, 미신고, 종결선언 한 집회시위와 주최자·주관자·연락책임자 및 질서유지인이 집회 또는 시위 장소에 **없는** 경우에는 종결선언의 요청을 생략할 수 있다. **【불미종 없을 때 생략가능】**

정답 ②

**16** **「집회 및 시위에 관한 법률」상 해산명령에 대한 설명 중 옳지 않은 것은? (판례에 의함)** 〈21 경간〉

① 경찰이 집회 및 시위에 관한 법률이 정한 해산명령을 할 때 해산 사유가 법률 조항 중 어느 사유에 해당하는지에 관하여 구체적으로 고지하여야 한다.

② 사전 금지 또는 제한된 집회라 하더라도 실제 이루어진 집회가 당초 신고 내용과 달리 타인의 법익이나 공공의 안녕질서에 직접적이고 명백한 위험을 초래하지 않은 경우, 사전에 금지 통고된 집회라는 이유만으로 해산을 명하고 이에 불응하였다고 처벌할 수는 없다.

③ 해산명령은 자진 해산 요청에 따르지 않는 시위 참가자들에게 자진 해산할 의무를 부과하는 것이므로 반드시 '자진 해산을 명령한다'는 용어가 사용되거나 말로 해산명령임을 표시해야 한다.

④ 해산명령의 대상은 '집회 또는 시위' 자체이므로 해산명령의 방법은 그 대상인 집회나 시위의 참가자들 전체 무리나 집단에 고지, 전달하는 방법으로 행하여야 한다.

해설> ① (○) 해산절차에 있어서 법률에 규정은 없지만 판례로 인정되는 두 가지는 '직접적인 위험을 명백하게 초래한 경우만 해산명령 가능하다'는 것과 '해산명령할 때는 그 사유를 구체적으로 고지해야 된다'는 것
③ (×) 반드시 '자진해산'이라는 용어를 사용해야 하는 것은 아니고 그러한 취지가 포함되어 있으면 가능(대판 2000도2172)

정답 ③

**17** **「집회 및 시위에 관한 법률」에 대한 판례의 태도로 가장 적절하지 않은 것은?** 〈19 승진〉

① 해산명령 이전에 자진해산할 것을 요청할 때, 반드시 '자진해산'이라는 용어를 사용하여 요청할 필요는 없고, 해산을 요청하는 언행 중에 스스로 해산하도록 청하는 취지가 포함되어 있으면 된다.

② 사전 금지 또는 제한된 집회라 하더라도 실제 이루어진 집회가 당초 신고 내용과 달리 평화롭게 개최되거나 집회 규모를 축소하여 이루어지는 등 타인의 법익 침해나 기타 공공의 안녕질서에 대하여 직접적이고 명백한 위험을 초래하지 않은 경우에는 이에 대하여 사전 금지 또는 제한을 위반하여 집회를 한 점을 들어 처벌하는 것 이외에 더 나아가 이에 대한 해산을 명하고 이에 불응하였다 하여 처벌할 수는 없다.

③ 당초 옥외집회를 개최하겠다고 신고하였지만 그 신고 내용과 달리 아예 옥외집회는 개최하지 아니한 채 신고한 장소와 인접한 건물 등에서 옥내집회만을 개최한 경우, 신고한 옥외집회를 개최하는 과정에서 그 신고 범위를 일탈한 행위로 보아 이를 집회 및 시위에 관한 법률 위반으로 처벌할 수 있다.

④ 타인이 관리하는 건조물에서 옥내집회를 개최하는 경우에도 타인의 법익 침해나 기타 공공의 안녕질서에 대하여 직접적이고 명백한 위험을 초래하는 때에는 해산명령의 대상이 된다.

해설> ③ (×) 집시법 위반죄로 처벌할 수 없다(대판 2010도14545).

정답 ③

# 제6장 안보경찰

## 제1절 안보경찰 일반

### 01 간첩망의 형태에 대한 설명 중 가장 적절한 것은?

〈17 경위, 17 채용1차〉

① 단일형은 간첩이 단일 특수 목적을 수행하기 위해 동조자를 포섭하지 않고 단독으로 활동하는 점조직으로 대남간첩이 가장 많이 사용하며, 간첩 상호간에 종적·횡적 연락의 차단으로 보안 유지 및 신속한 활동이 가능하며 활동 범위가 넓고 공작 성과가 높다는 장점이 있다.

② 삼각형은 지하당 조직에서 주로 사용하는 간첩망 형태로, 지하당 구축을 하명 받은 간첩이 3명 이내의 행동공작원을 포섭하여 직접 지휘하고 포섭된 공작원 간의 횡적 연락을 차단시키는 활동 조직이다.

③ 피라미드형은 간첩 밑에 주공작원 2~3명을 두고, 주공작원은 그 밑에 각각 2~3명의 행동공작원을 두는 조직형태로 일시에 많은 공작을 입체적으로 수행할 수 있어 활동 범위가 넓고 조직 구성에 많은 시간이 소요되지 않는다는 장점이 있다.

④ 레포형은 삼각형 조직에 있어서 간첩과 주공작원 간, 행동공작원 상호간에 연락원을 두고 종·횡으로 연결하는 형태이다.

해설> ① (×) 활동 범위는 좁고 공작성과가 낮다는 단점이 있다.
③ (×) 조직이 크기 때문에 구성에 많은 시간이 소요된다는 단점이 있다.
④ (×) 피라미드 조직을 기반으로 종·횡으로 연결하는 형태이다.
【피레미드】

정답 ②

### 02 간첩망의 형태에 대한 설명 중 옳은 것은 모두 몇 개인가?

〈16 경간, 16 채용〉

| ㉠ 삼각형 – 간첩이 주공작원 2~3명을 두고 그 밑에 각각 2~3명의 행동공작원이 있으며, 일시에 많은 공작을 입체적으로 수행할 수 있고 활동 범위가 넓은 반면, 행동의 노출이 쉽고 일망타진 가능성이 높으며 조직구성에 많은 시간이 소요된다.<br>㉡ 써클형 – 합법적 신분 이용 침투, 대상국의 정치·사회문제를 이용하여 적국의 이념이나 사상에 동조하도록 유도한다.<br>㉢ 단일형 – 특수목적을 위하여 단독으로 활동하는 형태로, 보안유지 및 신속한 활동이 가능하여 활동범위가 넓고 공작성과가 비교적 높다.<br>㉣ 피라미드형 – 간첩활동이 자유롭고 대중적 조직과 동원이 가능한 반면, 간첩의 정체가 폭로되었을 때 외교적 문제가 야기될 수 있다. |
|---|

① 1개　② 2개　③ 3개　④ 4개

해설> ㉠ (×) 피라미드형에 대한 설명이다.
㉢ (×) 단일형은 활동범위가 좁고 공작성과가 비교적 낮다.
㉣ (×) 써클형에 대한 설명이다.

정답 ①

### 03 간첩망의 형태 중 써클형을 가장 잘 설명한 것은?

〈18 경간〉

① 보안유지가 잘되고 일망타진 가능성은 적지만, 활동범위가 좁고 공작원의 검거 시 간첩 정체가 쉽게 노출된다.

② 간첩활동이 자유롭고 대중적 조직과 동원이 가능한 반면, 간첩의 정체가 폭로되었을 때 외교적 문제가 야기될 수 있다.

③ 보안유지 및 신속한 활동이 가능한 반면, 활동범위가 좁고 공작성과가 비교적 낮다.

④ 일시에 많은 공작을 입체적으로 수행할 수 있고 활동범위가 넓은 반면, 행동의 노출이 쉽고 일망타진 가능성이 높으며 조직구성에 많은 시간이 소요된다.

해설> ① (×) 삼각형에 대한 설명이다.
③ (×) 단일형에 대한 설명이다.
④ (×) 피라미드형에 대한 설명이다.

정답 ②

**04** **선전의 종류 중 출처를 밝히지 않고 행하는 선전활동으로 가장 적절한 것은?** 〈16 경위〉

① 백색선전 ② 흑색선전 ③ 회색선전 ④ 적색선전

해설 >

| | |
|---|---|
| 백색 | 출처 공개, 신뢰도가 높음. |
| 흑색 | 출처 위장 【**흙 위로 회색비가 내린다**】 |
| 회색 | 출처 비공개 |

정답 ③

**05** **심리전에 대한 다음 설명 중 가장 옳은 것은?** 〈17 경간〉

① 심리전은 선전 · 선동 · 모략 등의 수단에 의해 직접 상대국 국민 또는 군대에 정신적 자극을 주어 사상의 혼란과 국론의 분열을 유발시킴으로써 자국의 의도대로 유도하는 무력전술이다.
② 심리전의 종류 중 자유진영국가들이 공산진영국가의 국민을 대상으로 전개하는 대공산권방송은 전술심리전에 해당한다.
③ 아측 후방지역의 사기를 앙양시키거나 수복 지역주민들의 협조를 얻고 질서를 유지하는 선전활동으로 타협심리전이라고도 불리우는 심리전은 선무심리전이다.
④ 심리전의 목적에 의한 분류는 공격적 심리전, 방어적 심리전, 공연성 심리전으로 구분된다.

해설 > ① (×) 비무력적 전술이다.
② (×) 대공산권 방송은 전략심리전이다.
④ (×) **목**적에 의한 분류는 **선**무, **공**격적, **방**어적 【**목선공방**】

**☞ 심리전의 분류 【목선공방】**

| | | |
|---|---|---|
| 주체 | 공연성<br>(백색) | 출처를 명시하는 심리전으로 방송, 출판물, 전단 등 |
| | 비공연성<br>(흑색 · 회색) | 출처를 밝히지 않거나 위장, 도용하여 모략, 비방하여 내부혼란 조장 |
| 운용 | 전략 | 광범위하고 장기적, 전국민 대상 심리전이며 **대공산권 방송** 등 |
| | 전술 | 단기적 목표로 즉각적 효과 기대, **간첩 체포시 공개**하는 것 등 |
| 목적 | 선무 | **우리측 사기 앙양** 또는 수복지역 주민 협조 목적. '**타협심리전**'이라고도 한다. |
| | 공격적 | 적에 대해 특정 목적 달성 위하여 공격적으로 행하는 심리전 |
| | 방어적 | 적의 공격에 방어적으로 행하는 심리전 |

정답 ③

## 제2절 보안수사

**01** **「국가보안법」에 대한 설명으로 적절하지 않은 것은 모두 몇 개인가?** 〈23 경간〉

가. 반국가단체라 함은 정부를 참칭하거나 국가를 변란할 것을 목적으로 하는 국내외의 결사 또는 집단으로서 지휘통솔체제를 갖춘 단체를 말한다.
나. 반국가단체의 구성 · 가입죄 및 가입권유죄는 미수뿐만 아니라 예비 · 음모도 처벌한다.
다. 범죄수사 또는 정보의 직무에 종사하는 공무원이 이 법의 죄를 범한 자라는 정을 알면서 그 직무를 유기한 때에는 10년 이하의 징역에 처한다. 다만, 본범과 친족관계가 있는 때에는 그 형을 감경 또는 면제한다.
라. 반국가단체나 그 구성원의 지령을 받거나 받기 위하여 또는 그 목적수행을 협의하거나 협의하기 위하여 잠입하거나 탈출한 자는 10년 이하의 징역에 처한다.

① 1개 ② 2개
③ 3개 ④ 4개

해설 > 나. (×) 가입권유에 대한 예비 · 음모는 처벌하지 않는다.
다. (×) 본범과 친족관계가 있는 때에는 그 형을 감경 또는 면제할 수 있다. 필요적 감면사유로 규정된 것은 불고지죄에 있어서 본범과 친족관계가 있는 경우, 고발 · 자수 · 방해한 때 2개의 경우뿐이다.
라. (×) 5년 이상의 징역에 처한다. 단순 잠입 · 탈출죄는 10년 이하의 징역에 처한다.

정답 ③

## 02 「국가보안법」에 대한 설명으로 가장 적절하지 않은 것은? 〈22 경간〉

① 이 법은 국가의 안전을 위태롭게 하는 반국가활동을 규제함으로써 국가의 안전과 국민의 생존 및 자유를 확보함을 목적으로 한다.
② 이 법에서 "반국가단체"라 함은 정부를 참칭하거나 국가를 변란할 것을 목적으로 하는 국내외의 결사 또는 집단으로서 지휘통솔체제를 갖춘 단체를 말한다.
③ 이 법의 죄를 범한 자를 수사기관 또는 정보기관에 통보하거나 체포한 자에게는 「국가보안유공자 상금지급 등에 관한 규정」이 정하는 바에 따라 상금을 지급한다.
④ 사법경찰관리로부터 이 법에 정한 죄의 참고인으로 출석을 요구받은 자가 정당한 이유 없이 출석요구에 불응한 때에는 관할법원판사의 구속영장을 발부받아 구인할 수 있다.

해설> ④ (×) "정당한 이유 없이 **2회 이상** 출석요구에 불응한 때"이다.

정답 ④

## 03 「국가보안법」상 죄명 중 '행위주체에 제한이 있는 것'은 무엇인가? 〈19 경간〉

① 반국가단체구성죄(제3조)
② 자진지원죄(제5조 제1항)
③ 금품수수죄(제5조 제2항)
④ 잠입・탈출죄(제6조)

해설>

**주체에 제한이 있는 범죄 【목자직 특허】**

① **목**적수행죄 : **반**국가단체 구성원, 그 **지**령 받은 자 **【반지】**
② **자**진지원죄 : **반**국가단체 구성원, 그 **지**령 받은 자 **이외**의 자 **【반지 이외】**
③ **직**권남용무고・날조죄(제12조②) : 정보・수사 공무원, 그 보조・지휘자
④ **특**수직무유기죄 : 정보・수사 공무원
⑤ **허**위사실날조・유포죄(제7조④) : 이적단체 구성원

정답 ②

## 04 「국가보안법」의 특성에 대한 설명으로 가장 적절하지 않은 것은? 〈19 승진〉

① 고의범만 처벌하며, 일부 범죄를 제외하고 기본적으로 미수・예비・음모를 처벌한다.
② 「국가보안법」의 죄를 범한 후 자수하거나 동법의 죄를 범한 자가 타인이 동법의 죄를 범하는 것을 방해하였을 때에는 그 형을 감경 또는 면제한다.
③ 검사는 「국가보안법」의 죄를 범한 자에 대하여 공소제기를 보류할 수 있으며 공소보류가 취소된 경우에는 동일한 범죄사실로 재구속할 수 없다.
④ 편의제공죄나 찬양・고무죄 등 「형법」상 종범의 성격을 가진 행위에 대하여 독립된 범죄로 처벌한다.

해설> ② (○) 필요적 감면사유 : 타인의 죄를 **고**발, **자**수, 타인의 죄를 **방**해한 경우 **【고자방】**
③ (×) 검사는 2년간 공소제기를 보류할 수 있으며 기간 경과 시 소추가 불가하다. 공소보류 취소시 동일 범죄로 재구속이 가능하다.

정답 ③

**05** **「국가보안법」의 보상과 원호에 대한 내용이다. 아래 ㉠부터 ㉣까지의 내용 중 옳고 그름의 표시(○, ×)가 바르게 된 것은?** 〈18 채용1차〉

> ㉠ 이 법의 죄를 범한 자를 수사기관 또는 정보기관에 통보하거나 체포한 자에게는 대통령령이 정하는 바에 따라 상금을 지급한다.
> ㉡ 반국가단체나 그 구성원 또는 그 지령을 받은 자로부터 금품을 취득하여 수사기관 또는 정보기관에 제공한 자에게는 그 가액의 2분의 1에 상당하는 범위 안에서 보로금을 지급할 수 있다. 반국가단체의 구성원 또는 그 지령을 받은 자가 제공한 때에도 또한 같다.
> ㉢ 보로금의 청구 및 지급에 관하여 필요한 사항은 대통령령으로 정한다.
> ㉣ 이 법에 의한 상금과 보로금의 지급 및 제23조에 의한 보상대상자를 심의·결정하기 위하여 법무부장관 소속하에 국가보안유공자 심사위원회를 둔다.

① ㉠(○) ㉡(×) ㉢(○) ㉣(×)
② ㉠(×) ㉡(○) ㉢(×) ㉣(○)
③ ㉠(○) ㉡(×) ㉢(×) ㉣(×)
④ ㉠(○) ㉡(○) ㉢(○) ㉣(○)

해설 >

☞ **상금 · 보로금 등**

| 구분 | 내용 |
|---|---|
| 상금 | ① 범인 **신고, 체포**한 자에게 **상금 지급한다(필수적).**<br>② 범인을 체포한 수사기관 또는 정보기관에 종사하는 자에 대하여도 같다.<br>③ 체포과정에서 살해하거나 자살하게 한 경우에도 상금을 지급할 수 있다. |
| 보로금 | ① **압수물이 있는 때에는 상금을 지급하는 경우에 한하여,** 압수물 가액의 **1/2** 범위 안에서 **보로금을 지급할 수 있다. 【노(로)력 보상】**<br>② **반 · 지로부터 금품을 취득하여 수사 · 정보기관에 제공**한 자에게는 그 가액의 1/2 범위안에서 보로금을 지급할 수 있다(해야 한다×). 반 · 지가 직접 제공한 때에도 같다.<br>③ 보로금의 청구 및 지급에 관하여 필요한 사항은 대통령령으로 정한다.<br>④ **상금과 보로금**의 지급 및 보상대상자를 심의 · 결정하기 위하여 **법무부장관 소속하에 국가유공자 심사위원회**를 둔다. |
| 보상 | 범인 신고, 체포 관련 **사상**을 입은 자에 대한 **보상할 수 있다.**<br>**【상금 : 지급해야 한다, 보로금 · 보상금 : 할 수 있다】**<br>※ 경직법 손실보상 : 정당한 보상을 해야 한다.<br>경직법 범인검거 공로자 보상금 : 지급할 수 있다. |
| 몰수 | 국가보안법위반의 죄를 범하고 그 보수를 받은 때에는 이를 **몰수한다(필수적).** |

정답 ④

**06** **「국가보안법」의 특성에 관한 다음 설명 중 가장 옳지 않은 것은?** 〈18 경간〉

① 편의제공죄나 찬양 · 고무죄 등 형법상 종범의 성격을 가진 행위에 대하여 독립된 범죄로 처벌한다.
② 「국가보안법」, 「군형법」, 「형법」에 규정된 반국가적 범죄로 금고 이상의 형을 선고 받고 그 형의 집행을 종료하지 아니한 자 또는 그 집행을 종료하거나 집행을 받지 않기로 확정된 후 5년이 경과하지 않은 자가 재차 특정범죄를 범하였을 때는 최고형으로 사형을 정하고 있다.
③ 지방법원판사는 목적수행죄에 대해 사법경찰관이 검사에게 신청하여 검사의 청구가 있는 경우에 수사를 계속함에 상당한 이유가 있다고 인정한 때에는 「형사소송법」 제202조의 구속기간의 연장을 2차에 한하여 허가할 수 있다.
④ 「국가보안법」위반죄를 범한 후 자수하거나 동법의 죄를 범한 자가 타인이 동법의 죄를 범하는 것을 방해하였을 때에는 그 형을 감경 또는 면제한다.

해설 > ③ (×) 경찰은 1차 연장(최대 20일), 검사는 2차 연장(최대 30일), 총 50일 구속수사 가능하다.

정답 ③

**07** **「국가보안법」상 반국가단체에 관한 설명이다. 빈칸에 들어갈 말로 가장 적절하게 연결된 것은?** 〈16 경감〉

> '반국가단체'라 함은 정부를 ( ㉠ )하거나 국가를 ( ㉡ ) 할 것을 목적으로 하는 국내외의 결사 또는 집단으로서 지휘통솔체제를 갖춘 단체를 말한다.

① ㉠ - 사칭 ㉡ - 변란
② ㉠ - 참칭 ㉡ - 변란
③ ㉠ - 참칭 ㉡ - 문란
④ ㉠ - 사칭 ㉡ - 문란

해설 정부참칭은 반드시 정부와 동일한 명칭을 사용할 필요는 없고, 일반인이 정부로 오인할 정도이면 충분하다. 형법 제91조의 '국헌문란'은 헌법기관 중 일부를 파괴 또는 변혁하는 경우를 포함하므로 '국가변란'보다 넓은 개념이다.
※ **국헌문란(형법) 》 국가변란(국가보안법)** 【ㅎ-ㅎ, ㅂ-ㅂ】

정답 ②

**08** **「국가보안법」 범죄에 대한 설명으로 가장 적절하지 않은 것은? (다툼이 있으면 판례에 의함)** 〈17 경감〉

① 「국가보안법」 제2조에 의한 반국가단체로서의 지휘통솔체제를 갖춘 단체라 함은 2인 이상의 특정 다수인 사이에 단체의 내부질서를 유지하고 그 단체를 주도하기 위하여 일정한 위계 및 분담 등의 체계를 갖춘 결합체를 의미한다.
② 「국가보안법」 제10조의 불고지죄는 반국가단체구성죄, 목적수행죄, 자진지원죄 등의 죄를 범한 자라는 정을 알면서 수사기관 또는 정보기관에 고지하지 아니하는 경우에 성립하는 것으로, 5년 이하의 징역 또는 200만원 이하의 벌금에 처한다. 다만, 본범과 친족관계가 있는 때에는 그 형을 감경 또는 면제한다.
③ 「국가보안법」의 죄를 범한 후 자수한 때에는 그 형을 감경 또는 면제할 수 있다.
④ 「국가보안법」 제5조 제2항의 금품수수죄는 반국가단체의 구성원이나 그 지령을 받은 자라는 정을 알면서 또는 국가의 존립, 안전이나 자유민주적 기본질서를 위태롭게 한다는 정을 알면서 반국가단체의 구성원이 그 지령을 받은 자로부터 금품을 수수함에 의하여 성립하는 것으로서, 그 수수가액이나 가치는 물론 그 목적도 가리지 아니하고, 그 금품수수가 대한민국을 해할 의도가 있는 경우에 한하는 것도 아니다.

해설 ② (○) 불고지죄는 유일하게 벌금형 규정이 있으며, 본범과 친족 관계시 필요적 감면사유이다.
③ (×) **고**발 · **자**수 · **방**해한 경우는 필요적 감면사유이다. 【**고자방**】
④ (○) **금**품수수죄, **단**순 **잠**입 · 탈출죄, **찬**양 · 고무죄, **회**합 · 통신죄는 이적지정죄에 해당한다. 【**금단잠 찬회**】

정답 ③

**09** **「국가보안법」에 대한 다음 설명 중 옳은 것은 모두 몇 개인가?** 〈17 경간〉

> ㉠ 국가보안법은 군사기밀보호법과 마찬가지로 과실범 처벌규정을 두고 있다.
> ㉡ 국가보안법 제4조 제1항의 목적수행죄는 반국가단체 구성원이나 그 지령을 받은 자는 주체가 될 수 없다.
> ㉢ 국가보안법 제5조 제1항의 자진지원죄는 반국가단체 구성원이나 그 지령을 받은 자도 주체가 될 수 있지만, 국가보안법 제6조 제2항의 특수잠입·탈출죄는 반국가단체 구성원만 주체가 될 수 있다.
> ㉣ 국가보안법의 죄를 범한 후 자수하거나 국가보안법상 죄를 범한 타인을 고발하거나 타인이 국가보안법상 죄를 범하는 것을 방해한 때에는 그 형을 감경 또는 면제한다.

① 1개 ② 2개
③ 3개 ④ 4개

해설> ㉠ (×) 고의범만 처벌하고 과실범은 처벌하지 않는다. 과실범에 대한 처벌규정은 없다.
㉡ (×) 목적수행죄의 주체는 반국가단체 구성원, 그 지령 받은 자이다. **【반지】**
㉢ (×) 자진지원죄는 반국가단체의 구성원 또는 그 지령을 받은 자 이외의 자가 반국가단체 구성원 또는 그 지령을 받은 자를 지원할 목적으로 자진하여 행위를 한 경우 성립한다. 특수잠입·탈출죄는 반국가단체나 그 구성원의 지령을 받거나 받기 위하여 또는 그 목적수행을 협의하거나 협의하기 위하여 잠입하거나 탈출하는 경우 성립한다. 특수잠입·탈출죄는 주체에 제한이 없다.

정답 ①

## 제3절 보안관찰

**01** **보안관찰에 대한 설명 중 가장 적절하지 않은 것은?** 〈22 승진〉

① 「보안관찰법」상 법무부장관은 보안관찰처분대상자 또는 피보안관찰자 중 국내에 가족이 없거나 가족이 있어도 인수를 거절하는 자에 대하여는 대통령령이 정하는 바에 의하여 거소를 제공할 수 있다.
② 「형법」상 일반이적죄는 「보안관찰법」상 보안관찰해당범죄에 해당된다.
③ 「보안관찰법 시행규칙」에서 규정하는 '사안'에는 보안관찰처분 기간갱신청구에 관한 사안도 해당된다.
④ 「보안관찰법」상 피보안관찰자가 주거지를 이전하거나 국외여행 또는 10일 이상 주거를 이탈하여 여행하고자 할 때에는 미리 거주예정지, 여행예정지 기타 대통령령이 정하는 사항을 지구대·파출소장을 거쳐 관할경찰서장에게 신고하여야 한다.

해설> ② (×) 보안관찰 대상범죄 : 형법상 외환**유치**죄, **여**적죄, **간첩**죄, **내란목적살**인죄(**내란죄**×), (모병·시설제공·시설파괴·물건제공) 이적죄**【특수이적죄】** ⇨ **【유치한 여간첩 : "내목살 특이"】**

정답 ②

**02** **「보안관찰법」상 보안관찰 해당범죄가 아닌 것은?** 〈17 채용1차〉

① 「형법」상 내란죄
② 「군형법」상 일반이적죄
③ 「국가보안법」상 목적수행죄
④ 「국가보안법」상 금품수수죄

해설> ① (×) 내란죄는 해당 범죄가 아니고 내란목적살인죄는 해당 범죄이다.

정답 ①

PART 05

## 03 「보안관찰법」상 "보안관찰 해당범죄"로 가장 적절하지 않은 것은? 〈17 경감〉

① 「국가보안법」상 잠입탈출죄
② 「국가보안법」상 목적수행죄
③ 「군형법」상 단순반란불보고죄
④ 「형법」상 시설제공이적죄

해설 >

**보안관찰 대상범죄**

| | | |
|---|---|---|
| 해당 범죄 | 형법 | **외환유치죄, 여적죄, 간첩죄, 내란목적살인죄 (내란죄×)**, (모병 · 시설제공 · 시설파괴 · 물건제공)이적죄 **【특수이적죄】** |
| | 군형법 | **반란죄, 반란목적군용물탈취죄, 군대 및 군용시설제공죄, 군용시설 파괴죄, 간첩죄, 이적목적반란불보고죄, 일반이적죄,** |
| | 국가보안법 | **목적수행죄, 자진지원죄, 잠입 · 탈출죄, 금품수수죄, 무기 등 편의제공죄** |
| 해당 범죄 아닌것 | 형법 | **내란죄, 일반이적죄, 전시군수계약불이행죄 등** |
| | 군형법 | **단순반란불보고죄 등** |

정답 ③

## 04 「보안관찰법」상 보안관찰처분에 대한 설명으로 옳지 않은 것은? 〈21 경간〉

① 보안관찰처분은 보안처분의 일종으로 본질, 추구하는 목적 및 기능에 있어 형벌과는 다른 독자적 의의를 가진 사회보호적 처분이므로 형벌과 병과하여 선고한다고 해서 일사부재리 원칙에 위반하였다고 할 수 없다.
② 보안관찰처분에 관한 결정은 보안관찰처분심의위원회의 의결을 거쳐 법무부장관이 행하며, 법무부장관은 보안관찰처분심의 위원회의 의결과 다른 결정을 할 수 없다. 다만, 보안관찰처분 대상자에 대하여 보안관찰처분심의위원회의 의결보다 유리한 결정을 하는 때에는 그러하지 아니하다.
③ 보안관찰처분의 기간은 2년으로 하며 법무부장관은 검사의 청구가 있는 때에는 보안관찰처분심의위원회의 의결을 거쳐 1회에 한해 그 기간을 갱신할 수 있다.
④ 보안관찰처분결정을 받은 자가 그 결정에 이의가 있을 때에는 행정소송법이 정하는 바에 따라 그 결정이 집행된 날부터 60일 이내에 서울고등법원에 소를 제기할 수 있다.

해설 > ③ (×) 횟수에 대한 제한은 없다. 정답 ③

## 05 보안관찰에 대한 설명으로 가장 적절하지 않은 것은? 〈20 승진〉

① 국가보안법상 목적수행죄, 자진지원죄, 금품수수죄와 형법상 내란목적살인죄, 외환유치죄, 간첩죄, 물건제공이적죄, 모병이적죄, 시설제공이적죄는 보안관찰 해당범죄이다.
② 피보안관찰자는 보안관찰처분결정고지를 받은 날이 속한 달부터 매 3월이 되는 달의 말일까지 정기신고를 해야 한다.
③ 피보안관찰자는 국외여행 또는 10일 이상 국내여행을 하는 경우 신고를 해야 한다.
④ 보안관찰법상 보안관찰처분심의위원회는 위원장 1인(법무부장관)과 6인의 위원으로 구성되고, 위원은 법무부장관의 제청으로 대통령이 임명 또는 위촉한다.

해설 > ④ (×) 위원장은 법무부차관이다. 위원은 법무부장관의 제청으로 대통령이 임명 또는 위촉한다. 정답 ④

## 06 「보안관찰법」상의 보안관찰에 대한 설명 중 가장 적절하지 않은 것은? 〈16 · 17 · 18 · 20 채용〉

① 교도소장은 보안관찰처분대상자에 해당하는 자가 생길 때에는 7일 이내에 보안관찰처분심의위원회와 거주예정지를 관할하는 검사 및 경찰서장에게 통고하여야 한다.

② 보안관찰처분에 관한 사안을 심의 · 의결하기 위하여 법무부에 보안관찰처분심의위원회를 두며, 이 위원회의 위원장은 법무부 차관이 된다.

③ 피보안관찰자가 주거지를 이전하거나 국외여행 또는 10일 이상 주거를 이탈하여 여행하고자 할 때에는 미리 거주예정지, 여행 예정지 기타 대통령령이 정하는 사항을 지구대 · 파출소장을 거쳐 관할경찰서장에게 신고하여야 한다.

④ 보안관찰처분의 기간은 보안관찰처분 결정을 집행하는 날부터 계산하며, 이 경우 초일을 산입한다.

해설 ① (×) 대상자는 출소 2개월 전에 교도소장을 거쳐 신고한다.

**☞ 신고사항**

| 대상자 신고 | | 피보안관찰자 신고 | |
|---|---|---|---|
| 교도소 신고 | **출소 2개월 전** | 최초 신고 | 결정고지 후 7일 내 |
| 출소 후 신고 | 출소 후 7일 내 | 정기 신고 | **매 3월 말일까지** |
| 변동 신고 | 헌법불합치로 삭제 (헌재 2017헌바479) | 여행 신고 | **해외**여행 또는 **국내 10일** 이상 |
| | | 변동 신고 | 신고사항 변동 시 7일 내 |

※ 신고방법 : 교도소 신고는 교도소장을 거쳐서 신고하고, 피보안관찰자 신분이 된 이후는 항상 지구대 · 파출소장을 거쳐 관할 경찰서장에게 신고해야 한다.

※ 성범죄 신상정보 등록대상자는 **6개월** 이상 국외에 체류시 관할경찰관서의 장에 신고

정답 ①

## 07 「보안관찰법」상 보안관찰처분을 받은 자(피보안관찰자)의 신고에 대한 다음 설명 중 가장 옳은 것은? 〈17 경간 변형〉

① 최초 신고사항에 변동이 있을 때에는 10일 이내에 지구대장(파출소장)을 거쳐 관할경찰서장에게 변동사항을 신고하여야 한다.

② 국외여행 또는 7일 이상 주거를 이탈하여 여행하고자 할 때에는 미리 지구대장(파출소장)을 거쳐 관할경찰서장에게 신고하여야 한다.

③ 보안관찰처분결정고지를 받은 날부터 10일 이내에 지구대장(파출소장)을 거쳐 관할경찰서장에게 피보안관찰자 신고를 하여야 한다.

④ 보안관찰처분결정고지를 받은 날이 속한 달부터 매 3월이 되는 달의 말일까지 3월간의 주요활동사항 등 소정사항을 지구대장(파출소장)을 거쳐 관할경찰서장에게 신고하여야 한다.

해설 ① (×) 신고사항 변동 시 7일 내
② (×) 10일 이상 여행 시
③ (×) 결정고지 후 7일 내 신고

정답 ④

## 08 보안관찰에 대한 설명 중 가장 적절하지 않은 것은? 〈19 법학〉

① 보안관찰처분의 기간은 2년으로 하며 법무부장관은 검사의 청구가 있는 때에는 보안관찰처분심의위원회의 의결을 거쳐 그 기간을 갱신할 수 있다.
② 보안관찰처분심의위원회는 보안관찰처분에 관한 사안을 심의·의결하는 기관으로, 위원장 1인과 6인의 위원으로 구성하며, 그 회의는 위원장을 포함한 재적위원 과반수의 출석으로 개의하고 출석위원 과반수의 찬성으로 의결한다.
③ 「보안관찰법」에서 정한 집행중지의 요건이 발생하면 관할경찰서장의 신청을 받아 검사가 보안관찰처분의 집행중지를 청구하고 보안관찰처분심의위원회의 의결을 거쳐 법무부장관이 결정한다.
④ 「보안관찰법」에서 정한 집행중지의 요건이란 피보안관찰자가 도주하거나 1월 이상 그 소재가 불명한 때를 말한다.

해설> ③ (×) 집행중지는 피보안관찰자가 도주하거나 1개월 이상 소재 불명 시에 경찰서장이 검사에게 신청하고, 검사는 집행중지 결정 후 법무부장관에게 보고한다.

정답 ③

## 09 「보안관찰법」에 대한 설명으로 가장 적절한 것은? 〈19 승진, 23 채용1차〉

① 보안관찰처분에 관한 결정은 보안관찰처분심의위원회의 의결을 거쳐 법무부장관이 행한다.
② 피보안관찰자는 국외여행 또는 7일 이상 여행을 하는 경우 수시신고를 해야 한다.
③ 보안관찰처분의 기간은 2년이며, 그 기간은 갱신할 수 없다.
④ '보안관찰처분대상자'는 보안관찰해당범죄 또는 이와 경합된 범죄로 징역 이상의 형의 선고를 받고 그 형기 합계가 3년 이상인 자로서 형의 전부 또는 일부의 집행을 받은 사실이 있는 자를 말한다.

해설> ② (×) 국외여행 또는 10일 이상 여행 시 신고해야 한다.
③ (×) 2년마다 갱신하며 횟수에 제한은 없다.
④ (×) 징역이 아닌 **금고** 이상의 형기 합계가 **3년** 이상인 자로서, **2년간 관찰**하여 2년마다 갱신한다. **【고3은 2년간 관찰】**

정답 ①

## 10 「보안관찰법」상 보안관찰처분심의위원회에 대한 설명 중 가장 옳지 않은 것은? 〈19 경간〉

① 보안관찰처분에 관한 사안을 심의·의결하기 위하여 법무부에 보안관찰처분심의위원회(이하"위원회"라 한다)를 둔다.
② 위원회는 위원장 1인(법무부차관)과 6인의 위원으로 구성되고, 위원은 법무부차관의 제청으로 대통령이 임명 또는 위촉한다.
③ 위원회의 심의·의결사항에는 보안관찰처분 또는 그 기각의 결정, 면제 또는 그 취소결정, 보안관찰처분의 취소 또는 기간의 갱신결정이 있다.
④ 위원회의 회의는 위원장을 포함한 재적위원 과반수의 출석으로 개의하고 출석위원 과반수의 찬성으로 의결한다.

해설> ② (×) 위원회는 위원장 포함 7인으로 구성되며, 법무부장관이 제청한다.

정답 ②

## 제4절 남북교류협력

### 01 남북교류협력에 대한 설명으로 가장 적절하지 않은 것은? 〈20 승진〉

① 재외국민이 외국에서 북한을 왕래할 때에는 통일부장관이나 재외공관의 장에게 신고하여야 한다.
② 거짓이나 부정한 방법으로 방문승인을 받은 경우 승인을 취소해야 한다.
③ 남한 주민이 북한을 방문하고자 하는 경우 방문 10일 전까지 통일부장관에게 '방문승인 신청서'를 제출해야 한다.
④ 남북교류협력에 관한 법률은 남북교류협력을 목적으로 하는 행위에 관하여는 이 법률의 목적 범위에서 다른 법률에 우선하여 이 법을 적용한다.

해설 ③ (×) 방문 7일 전까지 제출하여야 한다.
【북한은 '**북두칠성**' 방향으로 가야한다】

정답 ③

### 02 「남북교류협력에 관한 법률」에 관한 설명으로 가장 적절하지 않은 것은? 〈19 채용2차〉

① 남한의 주민이 북한을 방문하거나 북한의 주민이 남한을 방문하려면 통일부장관의 방문 승인을 받아야 하며, 통일부장관이 발급한 증명서를 소지하여야 한다.
② 남한의 주민이 북한의 주민과 접촉하려면 통일부장관에게 미리 신고하여야 하는 것이 원칙이나 대통령령으로 정하는 부득이한 사유에 해당하는 경우에는 접촉한 후에 신고할 수 있다.
③ 남한과 북한 간의 거래는 국가 간의 거래가 아닌 민족내부의 거래로 본다.
④ 「남북교류협력에 관한 법률」상 "반출·반입"이란 매매, 교환, 임대차, 사용대차, 증여, 사용 등을 목적으로 하는 남한과 북한 간의 물품 등의 이동을 말하며, 단순히 제3국을 거치는 물품 등의 이동은 포함하지 않는다.

해설 ④ (×) 단순히 제3국을 거치는 물품 등의 이동은 포함한다(제2조 제3호).

정답 ④

### 03 「남북교류협력에 관한 법률」 및 동법 시행령과 「국가보안법」에 대한 설명으로 가장 적절하지 않은 것은? (다툼이 있는 경우 판례에 의함) 〈19 승진〉

① 남한 주민이 북한을 방문하고자 하는 경우 방문 3일 전까지 남북교류협력시스템을 통해 '북한 방문승인 신청서'를 제출해야 한다.
② 「남북교류협력에 관한 법률」에 따르면, 방북 시 통일부장관이 발급한 방문증명서를 소지해야 하며, 통일부장관의 방문승인을 받지 아니하고 방북하는 것에 대한 벌칙규정이 있다.
③ 7·4 남북공동성명이 있었고 남북 사이의 화해와 불가침 및 교류협력에 관한 합의서가 체결 및 발효되었다고 하여도 그로 인해 「국가보안법」이 규범력을 상실한 것으로 볼 수는 없다.
④ 「남북교류협력에 관한 법률」상 '재외국민'이 외국에서 북한을 왕래할 때에는 통일부장관이나 재외공관의 장에게 신고하여야 한다.

해설 ① (×) 방문 7일 전까지 제출하여야 한다.
【북한은 '**북두칠성**' 방향으로 가야한다】

**☞ 신고 및 승인**

| 구분 | | | |
|---|---|---|---|
| 북한 방문 | 남한 주민 | 승인 | 통일부장관 |
| | **재외 국민** | **신고 (외국에서 방문 시)** | 통일부장관 or 재외공관장 |
| **북한주민 접촉 (회합, 통신)** | | **신고** | 통일부장관 |
| 물품 등 반출·반입 | | 승인 | 통일부장관 |
| 협력사업 | | 승인(소액투자는 신고) | 통일부장관 |

정답 ①

## 제5절 북한이탈주민의 보호

### 01 「북한이탈주민의 보호 및 정착지원에 관한 법률」에 대한 설명으로 적절한 것은? 〈21 승진〉

① "북한이탈주민"이란 군사분계선 이북지역에 주소, 직계가족, 배우자, 직장 등을 두고 있는 사람으로서 북한을 벗어난 후 외국 국적을 취득하지 아니한 사람을 말한다.

② 위장탈출 혐의자, 국내 입국 후 3년이 지나서 보호신청한 사람, 체류국에 5년 이상 생활 근거지를 두고 있는 사람은 보호 대상자로 결정하지 않을 수 있다.

③ "구호물품"이란 이 법에 따라 보호대상자에게 지급하거나 빌려주는 금전 또는 물품을 말한다.

④ 북한이탈주민으로 보호를 받으려는 사람은 재외공관이나 그 밖의 행정기관의 장에게 보호를 직접 신청해야 하고, 국가정보원장은 '북한이탈주민 보호 및 정착지원협의회'의 심의를 거쳐 보호여부를 결정한다.

해설 ② (×) 외국에 생활 근거지를 두고 있는 사람을 보호대상자로 결정하지 아니할 수 있다는 규정은 삭제되었다.
③ (×) 구호물품이 아니라 보호금품이다.
④ (×) 통일부장관이 협의회의 심의를 거쳐 보호 여부를 결정한다. 다만, 국가안전보장에 현저한 영향을 줄 우려가 있는 사람에 대하여는 국가정보원장이 보호 여부를 결정하고, 결과를 지체 없이 통일부장관과 보호신청자에게 통보하여야 한다.

정답 ①

### 02 「북한이탈주민의 보호 및 정착 지원에 관한 법률」에 관한 설명 중 옳지 않은 것은? 〈18 경간 변형〉

① 위장탈출 혐의자, 국내 입국 후 3년이 지나서 보호신청한 사람은 보호대상자로 결정하지 않을 수 있다.

② 보호금품이란 이 법에 따라 보호대상자에게 지급하거나 빌려주는 금전 또는 물품을 말한다.

③ 관리대상자란 이 법에 따라 보호 및 지원을 받는 북한이탈주민을 말한다.

④ 통일부장관은 북한이탈주민에 대한 보호 및 지원 등을 위하여 북한이탈주민의 실태를 파악하고, 그 결과를 정책에 반영하여야 한다.

해설 ③ (×) "관리대상자"가 아니고 "보호대상자"이다. 정답 ③

### 03 「북한이탈주민의 보호 및 정착지원에 관한 법률」에 대한 설명으로 가장 적절하지 않은 것은? 〈21 채용2차〉

① 위장탈출 혐의자 또는 국내 입국 후 3년이 지나서 보호신청한 사람은 보호대상자로 결정하지 아니할 수 있다.

② 북한이탈주민으로서 「북한이탈주민의 보호 및 정착지원에 관한 법률」에 의한 보호를 받고자 하는 자는 재외공관장등에게 보호를 직접 신청하여야 한다. 다만, 보호를 직접 신청하지 아니할 수 있는 대통령령으로 정하는 사유가 있는 경우에는 그러하지 아니하다.

③ 보호신청을 받은 재외공관장등은 지체 없이 그 사실을 소속 중앙 행정기관의 장을 거쳐 통일부장관과 국가정보원장에게 통보하여야 한다.

④ 경찰청장은 보호신청자에 대하여 보호결정 등을 위하여 필요한 조사 및 일시적인 신변안전조치 등 임시보호조치를 한 후 지체 없이 그 결과를 통일부장관과 국가정보원장에게 통보하여야 한다.

해설 ④ (×) 보호신청자에 대한 조사 및 임시보호조치는 국가정보원장이 한다. 경찰청장이 거주지 신변보호를 하는 시기는 북한이탈주민이 국가정보원 조사와 통일부 정착지원시설(하나원) 교육을 마치고 거주지로 전입하는 때이다. 정답 ④

**04** **「북한이탈주민의 보호 및 정착지원에 관한 법률」에 대한 설명으로 옳지 않은 것은?** 〈21 경간〉

① 북한이탈주민이란 군사분계선 이북지역에 주소, 직계가족, 배우자, 직장 등을 두고 있는 사람으로서 북한을 벗어난 후 외국 국적을 취득하지 아니한 사람을 말한다.
② 대한민국은 보호대상자를 상호주의에 입각하여 특별히 보호하고 외국에 체류하고 있는 북한이탈주민의 보호 및 지원 등을 위해 외교적 노력을 다하여야 한다.
③ 국가는 보호대상자의 성공적인 정착을 위하여 보호대상자의 보호·교육·취업·주거·의료 및 생활보호 등의 지원을 지속적으로 추진하고 이에 필요한 재원을 안정적으로 확보하기 위해 노력하여야 한다.
④ 통일부장관은 보호대상자가 거주지로 전입한 후 그의 신변안전을 위하여 국방부장관이나 경찰청장에게 협조를 요청할 수 있으며, 협조요청을 받은 국방부장관이나 경찰청장은 이에 협조한다.

해설 ② (×) 제4조(기본원칙)

> ① 대한민국은 보호대상자를 **인도주의(상호주의×)에 입각**하여 특별히 보호한다.
> ② 대한민국은 외국에 체류하고 있는 북한이탈주민의 보호 및 지원 등을 위하여 **외교적 노력**을 다하여야 한다.
> ③ 보호대상자는 대한민국의 자유민주적 법질서에 적응하여 건강하고 문화적인 생활을 할 수 있도록 노력하여야 한다.
> ④ **통일부장관은** 북한이탈주민에 대한 보호 및 지원 등을 위하여 **북한이탈주민의 실태를 파악**하고, 그 결과를 정책에 반영하여야 한다.

정답 ②

**05** **「북한이탈주민의 보호 및 정착지원에 관한 법률」에 대한 설명으로 옳지 않은 것은?** 〈20 경간 변형〉

① 통일부장관은 「북한이탈주민의 보호 및 정착지원에 관한 법률」에 따라 보호대상자가 거주지로 전입한 후 그의 신변안전을 위하여 국방부장관이나 경찰청장에게 협조를 요청할 수 있다.
② 북한이탈주민이란 군사분계선 이북지역에 주소, 직계가족, 배우자, 직장 등을 두고 있는 사람으로서 북한을 벗어난 후 외국 국적을 취득하지 아니한 사람을 말한다.
③ 통일부장관은 '북한이탈주민 보호 및 정착지원협의회'의 심의를 거쳐 보호 여부를 결정한다. 단, 국가안보에 현저한 영향을 끼칠 우려가 있는 자의 경우 국가정보원장이 보호 여부를 결정한다.
④ 북한이탈주민으로서 위장탈출 혐의자, 국내 입국 후 3년이 지나서 보호신청한 사람은 보호대상자로 결정될 수 없다.

해설 ④ (×) 보호대상자로 결정하지 아니할 수 있다. 반드시 결정될 수 없는 것은 아니다.

정답 ④

**06** 「북한이탈주민의 보호 및 정착지원에 관한 법률」에 대한 설명으로 적절한 것만을 모두 고른 것은?

〈19 경간, 20 채용2차 변형〉

> ㉠ "북한이탈주민"이란 북한에 주소, 직계가족, 배우자, 직장 등을 두고 있는 사람으로서 북한을 벗어난 후 외국 국적을 취득한 사람을 말한다.
> ㉡ 이 법에 따른 보호 및 정착지원은 원칙적으로 개인을 단위로 하되, 필요하다고 인정하는 경우에는 대통령령으로 정하는 바에 따라 세대 단위로 할 수 있다.
> ㉢ 보호 대상자를 정착지원시설에서 보호하는 기간은 1년 이내로 하고, 거주지에서 보호하는 기간은 5년으로 한다.
> ㉣ 북한이탈주민으로서 국내 입국 후 1년이 지나서 보호 신청한 사람은 보호 대상자로 결정하지 않을 수 있다.

① ㉠, ㉡ ② ㉠, ㉢
③ ㉡, ㉢ ④ ㉡, ㉣

해설 ㉠ (×) 외국국적을 취득하지 않아야 한다.
㉣ (×) 국내 입국 후 3년이다.

**☞ 보호결정의 기준**

> 보호대상자로 결정하지 아니할 수 있는 경우(아니 한다×)
> **【국세(3) 비위】**
> 1. 항공기 납치, 마약거래, 테러, 집단살해 등 **국**제형사범죄자
> 2. 살인 등 중대한 **비**정치적 범죄자
> 3. **위**장탈출 혐의자
> 4. 삭제 〈2020. 12. 8.〉
> 5. 국내 입국 후 **3**년이 지나서 보호신청한 사람
> 6. 그 밖에 국가안전보장 · 질서유지 · 공공복리에 대한 중대한 위해 발생 우려, 보호신청자의 경제적 능력 및 해외체류 여건 등을 고려하여 보호대상자로 정하는 것이 부적당하거나 보호 필요성이 현저히 부족하다고 대통령령으로 정하는 사람

정답 ③

**07** 「북한이탈주민의 보호 및 정착지원에 관한 법률」 및 같은 법 시행령에 대한 설명으로 가장 적절한 것은?

〈19 채용1차〉

① 북한이탈주민이란 군사분계선 이북지역에 주소, 직계가족, 배우자, 직장 등을 두고 있는 사람으로서 북한을 벗어난 후 외국 국적을 취득한 사람을 말한다.
② 북한이탈주민으로서 「북한이탈주민의 보호 및 정착지원에 관한 법률」에 따른 보호를 받으려는 사람은 재외공관이나 그 밖의 행정기관의 장(각급 군부대의 장은 제외한다)에게 보호를 직접 신청하여야 한다.
③ 통일부장관은 '북한이탈주민 보호 및 정착지원협의회'의 심의를 거쳐 북한이탈주민의 보호 여부를 결정한다. 단, 국가안보에 현저한 영향을 끼칠 우려가 있는 자의 경우 국방부장관이 보호 여부를 결정한다.
④ 통일부장관은 「북한이탈주민의 보호 및 정착지원에 관한 법률」에 따라 보호대상자가 거주지로 전입한 후 그의 신변안전을 위하여 국방부장관이나 경찰청장에게 협조를 요청할 수 있다.

해설 ② (×) 각급 군부대의 장을 포함한다.
③ (×) 국방부장관이 아니고 국정원장이다.

정답 ④

**08** **다음 중 「북한이탈주민의 보호 및 정착지원에 관한 법률」에 대한 설명으로 적절한 것을 모두 고른 것은?** 〈18 채용2차〉

| |
|---|
| ㉠ 보호대상자 중 북한의 군인이었던 자가 국군에 편입되기를 희망하더라도 국군으로 특별임용할 수 없다.<br>㉡ 북한이탈주민으로서 「북한이탈주민의 보호 및 정착지원에 관한 법률」에 따른 보호를 받으려는 사람은 재외공관이나 그 밖의 행정기관의 장(각급 군부대의 장을 포함한다)에게 보호를 직접 신청하여야 한다. 다만, 보호를 직접 신청하지 아니할 수 있는 대통령령으로 정하는 사유가 있는 경우에는 그러하지 아니하다.<br>㉢ 북한이탈주민으로서 보호신청을 한 사람 중 위장탈출 혐의자는 보호대상자로 결정될 수 없다.<br>㉣ 통일부장관은 북한이탈주민 보호 및 정착지원협의회의 심의를 거쳐 보호대상자의 보호 및 정착지원에 관한 기본계획을 3년마다 수립·시행하여야 한다. |

① ㉠, ㉡　　② ㉠, ㉣
③ ㉡, ㉢　　④ ㉡, ㉣

해설〉 ㉠ (×) 북한의 군인이었던 보호대상자가 국군에 편입되기를 희망하면 북한을 벗어나기 전의 계급, 직책 및 경력 등을 고려하여 **국군으로 특별임용할 수 있다**(제18조②).
㉢ (×) 보호대상자로 결정하지 아니할 수 있다.

정답 ④

# 제7장 외사경찰

## 제1절 외사 일반

**01** **오늘날 우리나라 경찰의 변화에 관한 설명 중 가장 적절하지 않은 것은?** 〈22 채용1차〉

① 수사절차 전반에 걸쳐 주관적인 시각으로 사건을 살펴보고 오류를 바로잡을 수 있도록 하기 위하여 일선 지구대 및 파출소에 '영장심사관', '수사심사관' 제도를 도입·운영하고 있다.
② 집회·시위에 대한 관점을 관리·통제에서 인권존중·소통으로 근본적으로 바꾸기 위해 스웨덴 집회·시위관리 정책을 벤치마킹한 '대화경찰관제'를 도입·시행하고 있다.
③ 국경을 초월하는 국제범죄에 능동적으로 대응하고 재외국민 보호를 위해 치안시스템 전수, 외국경찰 초청연수, 치안인프라 구축사업 등을 내용으로 하는 치안한류 사업을 추진하고 있다.
④ 2020년 12월 「국가정보원법」 개정에 따라 국가정보원의 국가 안보 관련 수사업무가 경찰로 이관될 예정이다.

해설〉 ① (×) 영장심사관 제도, 수사심사관 제도는 경찰서에서 운영하고 있다. 지구대 및 파출소는 지역경찰관서로서 수사를 위한 특별한 조직은 없다.

정답 ①

## 02 「경찰청과 그 소속기관 직제」상 각 기관과 업무분장 연결이 적절하지 않은 것은 모두 몇 개인가?

〈22 경간〉

가. 국제협력관－외국인 관련 범죄에 대한 통계 및 수사자료 분석
나. 안보수사국－보안관찰 및 경호안전대책 업무에 관한 사항
다. 생활안전교통국－교통사고・교통범죄에 관한 수사 지휘・감독
라. 치안정보국 － 집회・시위 등 공공갈등과 다중운집에 따른 질서 및 안전 유지에 관한 정보활동
마. 경비국 － 예비군의 무기 및 탄약 관리의 지도

① 없음　② 1개
③ 2개　④ 3개

해설 가. (×) 국가수사본부 형사국의 업무이다.
다. (×) 국가수사본부 형사국의 업무이다.

**☞ 경찰청과 그 소속기관 직제**

제11조(생활안전교통국)
14. 경찰 **수사** 과정상의 **범죄피해자 보호** 및 지원에 관한 사항

제20조(형사국) ③ 국장은 다음 사항을 분장한다.
1. 강력범죄, 폭력범죄 및 **교통사고・교통범죄에 관한 수사 지휘・감독**
2. 마약류 범죄 및 조직범죄에 관한 수사 지휘・감독
3. 성폭력범죄, 아동・청소년 대상 성매매, 가정폭력, 아동학대, 학교폭력 및 실종사건에 관한 수사 지휘・감독 및 아동・청소년 대상 성매매 단속
4. 제1호부터 제3호까지의 규정에서 정한 범죄 및 외국인 관련 범죄 수사에 관한 기획, 정책・수사지침 수립・연구・분석 및 수사기법 개발
5. 제1호부터 제3호까지의 규정에서 정한 범죄 및 **외국인 관련 범죄에 대한 통계 및 수사자료 분석**

※ 경찰청의 업무분장과 관련하여 "수사"라는 말이 들어가는 업무는 "생활안전교통국"과 "국가수사본부"의 하부조직뿐이고, 다른 부서는 "수사"라는 용어를 사용하지 않는다.

정답 ③

## 03 다음은 다문화 사회의 접근유형에 대한 설명이다. 〈보기 1〉과 〈보기 2〉의 내용이 가장 적절하게 연결된 것은?

〈19 법학, 20 채용1차〉

〈보기 1〉

(가) 소수집단이 자결(Self-determination)의 원칙을 내세워 문화적 공존을 넘어서는 소수민족 집단만의 공동체 건설을 지향한다.
(나) 차별을 금지하고 사회참여를 위해 기회평등을 보장하는 것으로, 사회통합을 위해 문화적 다양성을 인정하며 민족 집단의 존재를 인정하지만 시민 생활과 공적 생활에서는 주류 사회의 문화, 언어, 사회관습을 따를 것을 요구한다.
(다) 다문화주의를 결과에 있어서의 평등보장이라는 측면에서 접근하는 것으로, 문화적 소수자가 현실적으로 문화적 다수자와의 경쟁에서 불리한 위치에 있다는 것을 전제로 소수집단의 사회참가를 촉진하기 위해 적극적인 법적・재정적 원조를 한다.

〈보기 2〉

㉠ 조합주의적 다문화주의
㉡ 급진적 다문화주의
㉢ 자유주의적 다문화주의

| | (가) | (나) | (다) |
|---|---|---|---|
| ① | ㉠ | ㉢ | ㉡ |
| ② | ㉡ | ㉢ | ㉠ |
| ③ | ㉠ | ㉡ | ㉢ |
| ④ | ㉡ | ㉠ | ㉢ |

해설

**☞ 다문화 사회**

| 자유주의적(동화주의) | 자동 급조다 | 기회평등(출발) ↓ 결과평등(결과) |
|---|---|---|
| 급진적 | | |
| 조합주의적(다원주의) | | |

정답 ②

**04** **다문화 사회의 접근유형에 대한 설명으로 가장 적절하지 않은 것은?** 〈19 승진〉

① 급진적 다문화주의 – 다문화주의는 '차이에 대한 권리'로 해석되며, 소수자의 문화적 권리와 결부되어 이해된다.
② 동화주의 – 사회통합을 이룩하기 위해 국가내부의 문화적 다양성을 허용하고, 소수 인종집단 고유의 문화와 가치를 인정하지만, 시민생활이나 공적생활에서는 주류 사회의 문화・언어・사회습관에 따를 것을 요구한다.
③ 조합주의적 다문화주의 – 자유주의적 다문화주의와 급진적 다문화주의의 절충적 형태로서 다문화주의를 결과에 있어서의 평등보장이라는 측면에서 접근한다.
④ 다원주의 – 소수집단이 자결(self-determination)의 원칙을 내세워 문화적 공존을 넘어서는 소수민족 집단만의 공동체 건설을 지향한다. 미국에서의 흑인과 원주민에 의한 격리주의 운동이 대표적이다.

해설〉 ④ (×) 소수집단이 자결(self-determination)의 원칙을 내세우는 것은 급진적 접근유형이다.

정답 ④

**05** **「국적법」상 일반귀화의 요건에 관한 내용이다. ㉠~㉤의 내용 중 옳고 그름의 표시(○, ×)가 모두 바르게 된 것은?** 〈19 채용2차〉

> ㉠ 10년 이상 계속하여 대한민국에 주소가 있을 것
> ㉡ 대한민국에서 영주할 수 있는 체류자격을 가지고 있을 것
> ㉢ 대한민국의 「민법」상 성년일 것
> ㉣ 법령을 준수하는 등 대통령령으로 정하는 품행 단정의 요건을 갖출 것
> ㉤ 귀화를 허가하는 것이 국가안전보장・질서유지 또는 공공복리를 해치지 아니한다고 법무부장관이 인정할 것

① ㉠(×) ㉡(○) ㉢(○) ㉣(×) ㉤(○)
② ㉠(○) ㉡(×) ㉢(○) ㉣(○) ㉤(×)
③ ㉠(○) ㉡(○) ㉢(×) ㉣(×) ㉤(○)
④ ㉠(×) ㉡(○) ㉢(○) ㉣(×) ㉤(×)

해설〉 ㉠ (×) 5년 이상 계속하여 주소가 있을 것
㉣ (×) 법무부령으로 정하는 요건

**☞ 귀화 요건**

| | |
|---|---|
| 일반 귀화 | ① **5년** 이상 계속하여 대한민국에 주소가 있을 것 **【한국에서 오(5)래 산 성년】**<br>② 대한민국에서 **영주할 수 있는 체류자격**을 가지고 있을 것<br>③ 대한민국의 「민법」상 **성년**일 것<br>④ 법령을 준수하는 등 **법무부령(대통령령×)으로 정하는 품행 단정의 요건**을 갖출 것<br>※ 국적법 시행규칙(법무부령): 형사처벌(벌금 포함)이나 추방 경력 등을 고려<br>⑤ 자신의 자산(資産)이나 기능(技能)에 의하거나 생계를 같이하는 가족에 의존하여 **생계를 유지할 능력**이 있을 것<br>⑥ 국어나 풍습 등 대한민국 국민으로서의 **기본 소양**(素養)을 갖추고 있을 것<br>⑦ 국가안전보장・질서유지 또는 공공복리를 해치지 아니한다고 법무부장관이 인정할 것 |

정답 ①

## 06 통역에 관한 다음 설명 중 가장 옳지 않은 것은?

〈18 경간〉

① 릴레이통역이란 3개 국어 이상의 언어가 통역되어야 할 때 이용되는 방법이다.
② 생동시통역이란 원격지에 있는 사람들과 화상회의를 할 때 사용되는 통역으로 고도의 기술과 장비가 필요하다.
③ 방송통역이란 TV화면과 함께 음성을 동시통역하는 것으로, 걸프전 통역이 대표적인 예이다.
④ 순차통역이란 연사의 발언을 청취하면서 노트테이킹(note-taking)하다가 발언이 끝나면 통역하는 방법으로 가장 보편적인 통역방법이다.

해설 > ② (×) 생동시통역은 통화장비 없이 동시통역하는 것이고, 원격지에 있는 사람들과 화상회의를 할 때는 화상회의통역이다.

정답 ②

## 07 여행경보단계 중 해외체류자는 신변안전에 특별히 유의하여야 하고, 해외여행 예정자는 불필요한 여행을 자제해야 하는 단계는?

〈21 승진〉

① 남색경보 ② 황색경보 ③ 적색경보 ④ 흑색경보

해설 >

☞ **여행경보제도(외교부 훈령) 【남황적흑 - 유자 출금】**

| 구분 | 단계 | 해외체류자 | 해외여행 예정자 |
|---|---|---|---|
| 단계별 여행경보 | 1단계 **남**색경보 (여행**유**의) | 신변안전 위험요인 숙지·대비 | |
| | 2단계 **황**색경보 (여행**자**제) | 신변안전 특별 **유의** | 불필요한 여행 **자제** |
| | 3단계 **적**색경보 (**출**국권고) | 긴급용무 아닌 한 **출국** | 여행 취소, **연기** |
| | 4단계 **흑**색경보 (여행**금**지) | 즉시 대피·**철수** | 여행 **금지** 준수 |
| 특별여행 주의보 | ① 단기적으로 긴급한 위험이 있는 국가(지역)에 발령<br>※ 발령일로부터 **최대 90일까지 유효하며** 특별여행주의보 발령기간 동안 기존의 여행경보는 그 효력이 일시 정지된다.<br>② 행동요령은 여행경보 **2단계 이상 3단계 이하**에 준함. (3단계~4단계 ×) | | |

정답 ②

## 제2절 외국인의 입·출국

## 01 외국인의 입·출국에 관한 설명으로 가장 적절하지 않은 것은?

〈16 경감〉

① 외국인의 출국은 자유이며 원칙적으로 이를 금지할 수 없다.
② 외국인의 강제출국은 형벌이 아닌 행정행위의 일종이다.
③ 외국인은 그 체류자격과 체류기간의 범위에서 대한민국에 체류할 수 있다.
④ 외국인이 그 체류자격에 해당하는 활동과 함께 다른 체류자격에 해당하는 활동을 하려면 미리 외교부장관의 체류자격 외 활동허가를 받아야 한다.

해설 > ④ (×) 법무부장관의 허가를 받아야 한다.

정답 ④

## 02 「출입국관리법」상 외국인의 입국금지 사유로 가장 적절하지 않은 것은?

〈17 채용2차〉

① 감염병환자, 마약류중독자, 그 밖에 공중위생상 위해를 끼칠 염려가 있다고 인정되는 사람
② 강제퇴거명령을 받고 출국한 후 5년이 지난 사람
③ 사리 분별력이 없고 국내에서 체류활동을 보조할 사람이 없는 정신장애인, 국내체류비용을 부담할 능력이 없는 사람, 그 밖에 구호(救護)가 필요한 사람
④ 경제질서 또는 사회질서를 해치거나 선량한 풍속을 해치는 행동을 할 염려가 있다고 인정할 만한 상당한 이유가 있는 사람

해설 > ② (×) 5년이 지나지 않은 사람이 입국금지 대상이다.

정답 ②

**03** 「출입국관리법 시행령」상 외국인의 체류자격에 대한 설명이다. ㉠~㉣의 괄호 안에 들어갈 내용이 가장 적절한 것은? 〈16 · 19 채용, 18 경간, 18 승진〉

- A-( ㉠ ), 외교: 대한민국정부가 접수한 외국정부의 외교사절단이나 영사기관의 구성원, 조약 또는 국제관행에 따라 외교사절과 동등한 특권과 면제를 받는 사람과 그 가족
- ( ㉡ )-2, 유학: 전문대학 이상의 교육기관 또는 학술연구기관에서 정규과정의 교육을 받거나 특정 연구를 하려는 사람
- F-( ㉢ ), 재외동포: 「재외동포의 출입국과 법적 지위에 관한 법률」상 대한민국의 국적을 보유하였던 자(대한민국정부 수립 전에 국외로 이주한 동포를 포함) 또는 그 직계비속으로서 외국국적을 취득한 자 중 대통령령으로 정하는 자(단순 노무행위 등 법령에서 규정한 취업활동에 종사하려는 사람은 제외)
- ( ㉣ )-6, 예술흥행: 수익이 따르는 음악, 미술, 문학 등의 예술활동과 수익을 목적으로 하는 연예, 연주, 연극, 운동경기, 광고 · 패션 모델, 그 밖에 이에 준하는 활동을 하려는 사람

| | ㉠ | ㉡ | ㉢ | ㉣ |
|---|---|---|---|---|
| ① | 2 | D | 6 | E |
| ② | 2 | E | 4 | F |
| ③ | 1 | E | 6 | F |
| ④ | 1 | D | 4 | E |

정답 ④

**04** 출입국관리법에 대한 설명으로 가장 적절하지 않은 것은? 〈20 승진〉

① 법무부장관은 형사재판에 계속 중인 사람, 징역형이나 금고형의 집행이 끝나지 아니한 사람, 대통령령으로 정하는 금액 이상의 벌금이나 추징금을 내지 아니한 사람에 대해서는 6개월 이내의 기간을 정하여 출국을 금지할 수 있다.
② 재난상륙, 긴급상륙, 승무원상륙 허가기간은 각각 30일 이내이며, 난민임시상륙 허가기간은 90일 이내이다.
③ 수사기관이 출입국사범을 입건한 때에는 지체 없이 관할 지방 출입국외국인관서의 장에게 사건을 인계한다.
④ 법무부장관은 입국심사에 필요한 경우에는 관계 행정기관이 보유하고 있는 외국인의 지문 및 얼굴에 관한 자료의 제출을 요청할 수 있다.

해설

**상륙 허가**

| 구분 | 내용 | 기간 | 암기 |
|---|---|---|---|
| 승무원 상륙 | 외국인 승무원이 휴양 또는 다른 선박등으로 옮겨 탈 목적으로 상륙 | 15일 | **씨(Sea) 오일(Oil) 바르고 휴양** |
| 관광 상륙 | 외국인 승객이 관광 목적으로 상륙(크루즈 관광) | 3일 | **관광은 3일** |
| 재난 상륙 | 조**난**당한 선박등에 타고 있던 외국인을 긴급히 구조 | 30일 | **삼재낀(긴) 난 – 난** |
| 긴급 상륙 | 외국인이 **질병**, **사고**로 긴급히 상륙 | | |
| 난민 임시상륙 | 외국인이 난민 신청 사유에 해당할 때 법무부장관은 외교부장관과 협의하여 승인 | 90일 | **난닝(민)구** |

※ "선박등": 선박, 항공기, 기차, 자동차, 그 밖의 교통기관

정답 ②

PART 05

**05** **「출입국관리법」상 상륙의 종류와 상륙허가 기간에 대한 설명으로 ㉠부터 ㉤까지 (　) 안에 들어갈 숫자를 모두 합한 값으로 가장 적절한 것은? (단, 필요요건과 절차는 갖추어졌으며, 연장은 없는 것으로 본다)** 〈18 경위〉

> ㉠ 대한민국의 출입국항에 입항할 예정이거나 정박 중인 선박등으로 옮겨 타려는 외국인승무원 – (　)일 이내
> ㉡ 선박등에 타고 있는 외국인(승무원을 포함한다)이 질병이나 그 밖의 사고로 긴급히 상륙할 필요가 있다고 인정될 때 – (　)일 이내
> ㉢ 승선 중인 선박등이 대한민국의 출입국항에 정박하고 있는 동안 휴양 등의 목적으로 상륙하는 외국인승무원 – (　)일 이내
> ㉣ 조난을 당한 선박등에 타고 있는 외국인(승무원을 포함한다)을 긴급히 구조할 필요가 있다고 인정될 때 – (　)일 이내
> ㉤ 선박등에 타고 있는 외국인이 「난민법」 제2조 제1호에 규정된 이유나 그 밖에 이에 준하는 이유로 그 생명・신체 또는 신체의 자유를 침해받을 공포가 있는 영역에서 도피하여 곧바로 대한민국에 비호를 신청하는 경우 – (　)일 이내

① 153　② 168
③ 180　④ 205

정답 ③ (15, 30, 15, 30, 90)

**06** **「출입국관리법」에 규정된 상륙의 종류에 대한 설명 중 가장 옳은 것은?** 〈19 경간〉

① 긴급상륙 – 조난을 당한 선박 등에 타고 있는 외국인(승무원을 포함한다)을 긴급히 구조할 필요가 있다고 인정될 때
② 관광상륙 – 외국인승무원이 승선 중인 선박 등이 대한민국의 출입국항에 정박하고 있는 동안 휴양 등의 목적으로 상륙하려할 때
③ 재난상륙 – 선박 등에 타고 있는 외국인(승무원을 포함한다)이 질병이나 그 밖의 사고로 긴급히 상륙할 필요가 있다고 인정될 때
④ 난민임시상륙 – 선박 등에 타고 있는 외국인이 「난민법」 제2조 제1호에 규정된 이유나 그 밖에 이에 준하는 이유로 그 생명・신체 또는 신체의 자유를 침해받을 공포가 있는 영역에서 도피하여 곧바로 대한민국에 비호를 신청한 경우 그 외국인을 상륙시킬 만한 상당한 이유가 있다고 인정될 때

해설 ① (×) 재난상륙 : 조난 당한 선박의 외국인
② (×) 승무원 상륙에 대한 설명이다.
③ (×) 긴급상륙에 대한 설명이다.

정답 ④

**07** **「출입국관리법」상 ( ) 안에 들어갈 숫자로 가장 적절한 것은?** 〈18 법학〉

> • 외국인등록을 받은 지방출입국 · 외국인관서의 장은 대통령령으로 정하는 바에 따라 그 외국인에게 외국인등록증을 발급하여야 한다. 다만, 그 외국인이 ( ㉠ )세 미만인 경우에는 발급하지 아니할 수 있다.
> • 외국인등록증을 발급받지 아니한 외국인이 ( ㉡ )세가 된 때에는 ( ㉢ )일 이내에 체류지 관할 지방출입국 · 외국인관서의 장에게 외국인등록증 발급신청을 하여야 한다.

① ㉠ 17 ㉡ 17 ㉢ 60
② ㉠ 17 ㉡ 17 ㉢ 90
③ ㉠ 18 ㉡ 18 ㉢ 60
④ ㉠ 18 ㉡ 18 ㉢ 90

해설 > ㉠㉡ 외국인이 17세 미만인 경우에는 외국인 등록증을 발급하지 아니할 수 있다(제33조①). **【시차(17) 적응되면 등록증 발급】**
㉢ 외국인등록증을 발급받지 아니한 외국인이 17세가 된 때에는 90일 이내에 체류지 관할 지방출입국 · 외국인관서의 장에게 외국인등록증 발급신청을 하여야 한다(제33조②). **【구식(90) 외국인은 등록】**

정답 ②

**08** **「출입국관리법」 및 동법 시행령에 대한 설명 중 가장 적절하지 않은 것은?** 〈20 승진〉

① 법무부장관이 대한민국의 이익 등을 위하여 입국이 필요하다고 인정하는 외국인은 사증 없이 입국할 수 있다.
② 주한외국공관(대사관과 영사관 포함)과 국제기구의 직원 및 그의 가족은 외국인등록 대상이다.
③ 외국인의 강제퇴거 사유가 동시에 형사처분 사유가 되는 경우 강제퇴거와 형사처분을 병행할 수 있다.
④ 법무부장관은 입국심사에 필요한 경우에는 관계 행정기관이 보유하고 있는 외국인의 지문 및 얼굴에 관한 자료의 제출을 요청할 수 있다.

해설 > ② (×) 외국인등록 제외대상자

> 1. 주한 외국공관과 국제기구 직원과 가족
> 2. 외교관 등 특권 및 면제를 누리는 사람과 가족
> 3. 대한민국 정부 초청 등 법무부장관이 정한 사람

정답 ②

**09** **다음은 외사경찰과 관련된 법률에 대한 설명이다. 보기의 ( )에 들어갈 숫자를 모두 더한 값은?** 〈16 경간〉

> ㉠ ( )년 이상 계속하여 대한민국에 주소가 있을 것은 일반귀화 요건 중의 하나이다. 「국적법」
> ㉡ 외국인은 출입국관리공무원이나 권한 있는 공무원이 그 직무수행과 관련하여 여권 등의 제시를 요구하면 여권 등을 제시하여야 한다. 여권 등의 휴대 또는 제시의무를 위반한 사람은 ( )만원 이하의 벌금에 처한다. 「출입국관리법」
> ㉢ 대한민국에 체류하는 외국인은 항상 여권 · 선원신분증명서 · 외국인입국허가서 · 외국인등록증 또는 상륙허가서를 지니고 있어야 한다. 다만, ( )세 미만인 외국인의 경우에는 그러하지 아니하다. 「출입국관리법」
> ㉣ 외교부장관은 장기 ( )년 이상의 형에 해당하는 죄를 범하고 국외로 도피하여 기소중지된 사람에 대하여는 여권의 발급 또는 재발급을 거부할 수 있다. 「여권법」

① 124 ② 125
③ 126 ④ 127

해설 > ㉣ 여권발급 제한 : 장기 **2년** 이상의 형(刑)에 해당하는 죄로 인하여 **기소(起訴)**되어 있는 사람 또는 장기 **3년** 이상의 형에 해당하는 죄로 인하여 **기소중지** 또는 수사중지(피의자중지로 한정)되거나 **체포영장 · 구속영장이 발부**된 사람 중 **국외**에 있는 사람
**【이기소 (암) 3기중 외국】**

정답 ② (5, 100, 17, 3)

**10** **「출입국관리법」상 외국인의 강제퇴거에 관한 설명으로 가장 적절하지 않은 것은?** 〈18 · 20 경간, 23 승진〉

① 강제퇴거명령서는 출입국관리공무원이 집행한다. 지방출입국·외국인관서의 장은 사법경찰관리에게 강제퇴거명령서의 집행을 의뢰할 수 있다.
② 대통령령으로 정하는 금액 이상의 국세·관세 또는 지방세를 정당한 사유 없이 그 납부기한까지 내지 아니한 사람은 강제퇴거 대상자에 해당한다.
③ 금고 이상의 형을 선고받고 석방된 사람은 강제퇴거의 대상이 된다.
④ 지방출입국·외국인관서의 장은 강제퇴거명령을 받은 사람을 보호할 때 그 기간이 3개월이 넘는 경우에는 3개월마다 미리 법무부장관의 승인을 얻어야 한다.

해설> ② (×) 출국정지 사유에 해당한다.
④ (○) 제63조②

**☞ 강제퇴거 주요대상**

1. **유효한 여권과 사증 없이 입국하는 사람**
3. **입국금지 해당사유가 입국 후에 발견되거나 발생한 사람**
5. 지방출입국 · 외국인관서의 장이 붙인 **조건부 입국 허가조건**을 위반한 사람
7. **상륙 허가조건**을 위반한 사람
9. **허가 없이 근무처를 변경 · 추가**하거나 허가를 받지 아니한 외국인을 고용 · 알선한 사람
10. 법무부장관이 정한 **거소 또는 활동범위의 제한이나 그 밖의 준수사항**을 위반한 사람
11. 허위서류 제출 등의 금지규정을 위반한 외국인
12. **출국심사 규정을 위반하여 출국**하려고 한 사람
13. **외국인등록 의무를 위반**한 사람
15. **금고 이상**의 형을 선고받고 석방된 사람
    **【금고추 씨(10)보호】**
17. 영주자격을 가진 사람은 위 1.~16.에 불구하고 강제퇴거되지 아니한다. 다만, 다음의 경우는 그러하지 아니하다.
    ① **「형법」 내란의 죄 또는 외환의 죄**
    ② **5년 이상의 징역 또는 금고**의 형을 선고받고 석방된 사람 중 법무부령으로 정하는 사람
    ③ **밀입국을 위한 선박등의 제공금지를 위반**하거나 교사 · 방조한 사람

정답 ②

**11** **「출입국관리법」상 외국인 강제퇴거 대상으로 적절하지 않은 것은 모두 몇 개인가?** 〈21 채용2차〉

㉠ 조세, 공과금을 체납한 사람
㉡ 외국인등록 의무를 위반한 사람
㉢ 구류의 선고를 받고 석방된 사람
㉣ 법무부장관이 정한 거소 또는 활동범위의 제한이나 그 밖의 준수사항을 위반한 사람
㉤ 지방출입국·외국인관서의 장이 붙인 조건부 입국 허가조건을 위반한 사람

① 2개 ② 3개
③ 4개 ④ 5개

해설> ㉠ (×) 조세나 공과금을 체납한 사람은 출국정지 대상이다.
㉢ (×) 금고 이상의 형을 선고받고 석방된 사람이다.

정답 ①

**12** **「범죄수사규칙」상 외국인 등 관련 범죄에 관한 특칙에 설명으로 가장 적절하지 않은 것은?** 〈23 승진〉

① 경찰관은 외국인인 피의자 및 그 밖의 관계자가 한국어에 능통하지 않는 경우에는 통역인으로 하여금 통역하게 하여 한국어로 피의자신문조서나 진술조서를 작성하여야 하며, 특히 필요한 때에는 한국어의 진술서를 작성하게 하거나 한국어의 진술서를 제출하게 하여야 한다.
② 외국인에 대하여 구속영장 그 밖의 영장을 집행하는 경우에는 번역문을 첨부하여야 한다.
③ 외국인으로부터 압수한 물건에 관하여 압수목록교부서를 교부하는 경우에는 번역문을 첨부하여야 한다.
④ 경찰관은 피의자가 외교 특권을 가진 사람인지 여부가 의심스러운 경우에는 신속히 국가수사본부장에게 보고하여 그 지시를 받아야 한다.

해설> ① (×) 특히 필요한 때에는 외국어의 진술서를 작성하게 하거나 외국어의 진술서를 제출하게 하여야 한다(제217조).

정답 ①

**13** 「경찰수사규칙」과 「범죄수사규칙」이 규정하고 있는 외국인에 대한 조사 및 수사에 관한 내용으로 가장 적절하지 않은 것은? 〈23 채용2차〉

① 경찰관은 대한민국의 영해에 있는 외국 선박 내에서 발생한 범죄로서 대한민국 육상이나 항내의 안전을 해할 때, 승무원 이외의 사람이나 대한민국의 국민에 관계가 있을 때 또는 중대한 범죄가 행하여졌을 때는 수사를 하여야 한다.
② 사법경찰관리는 외국인을 조사하는 경우에는 조사를 받는 외국인이 이해할 수 있는 언어로 통역해 주어야 한다.
③ 사법경찰관은 주한 미합중국 군대의 구성원·외국인군무원 및 그 가족이나 초청계약자의 범죄 관련 사건을 인지하거나 고소·고발 등을 수리한 때에는 7일 이내에 한미행정협정사건 통보서를 미군 당국에게 통보해야 한다.
④ 경찰관은 외국군함에 속하는 군인이나 군속이 그 군함을 떠나 대한민국의 영해 또는 영토 내에서 죄를 범한 경우에는 신속히 국가수사본부장에게 보고하여 그 지시를 받아야 한다. 다만, 현행범 그 밖의 급속을 요하는 때에는 체포 그 밖의 수사상 필요한 조치를 한 후 신속히 국가수사본부장에게 보고하여 그 지시를 받아야 한다.

해설 ③ (×) 사법경찰관은 주한 미합중국 군대의 구성원·외국인군무원 및 그 가족이나 초청계약자의 범죄 관련 사건을 인지하거나 고소·고발 등을 수리한 때에는 7일 이내에 별지 제95호서식의 한미행정협정사건 통보서를 검사에게 통보해야 한다(경찰수사규칙 제92조①).

정답 ③

**14** 「테러방지법(약칭)」과 「출입국관리법」에 대한 설명 중 가장 적절한 것은? 〈21 법학〉

① 법무부장관은 난민인정자가 출국하려고 할 때에는 그의 신청에 의하여 난민여행증명서를 발급하여야 한다. 이에 따른 난민여행증명서의 유효기간은 3년으로 한다.
② 대테러활동과 관련하여 국가 대테러활동 관련 임무분담 및 협조사항 실무 조정, 테러경보 발령, 국가 중요행사 대테러안전대책 수립 등을 수행하기 위하여 대통령 직속으로 관계기관 공무원으로 구성되는 대테러센터를 둔다.
③ 외교부장관은 감염병환자, 마약류중독자, 강제퇴거명령을 받고 출국한 후 5년이 지나지 아니한 자 등의 외국인에 대하여는 입국을 금지할 수 있다.
④ 선박등에 타고 있는 외국인이 생명 또는 신체의 자유를 침해받을 공포가 있는 영역에서 도피하여 곧바로 대한민국에 비호(庇護)를 신청하는 경우 그 외국인을 상륙시킬만한 상당한 이유가 있다고 인정되면 외교부장관의 승인을 받아 90일의 범위에서 난민 임시상륙허가를 할 수 있다.

해설 ② (×) 국무총리 소속으로 관계기관 공무원으로 구성되는 대테러센터를 둔다(제6조). 참고로 국가테러대책위원회의 위원장은 국무총리이다.
③ (×) 입국금지는 외교부장관이 아닌 법무부장관이 한다.
④ (×) 법무부장관은 외교부장관의 승인이 아닌 협의를 하여 허가할 수 있다.

정답 ①

## 제3절 출국금지 및 출국정지

**01 「출입국관리법」 제4조에서는 내국인의 출국금지기간에 대하여 규정하고 있다. 이와 관련된 다음 설명 중 옳지 않은 것은?** 〈17 경간, 17 경위〉

① 법무부장관은 형사재판에 계속 중인 사람에 대하여 6개월 이내의 기간을 정하여 출국을 금지할 수 있다.
② 법무부장관은 징역형이나 금고형의 집행이 끝나지 아니한 사람에 대하여 6개월 이내의 기간을 정하여 출국을 금지할 수 있다.
③ 법무부장관은 기소중지결정이 된 경우로서 체포영장 또는 구속영장이 발부된 사람에 대하여 6개월 이내의 기간을 정하여 출국을 금지할 수 있다.
④ 법무부장관은 소재를 알 수 없어 기소중지결정이 된 사람 또는 도주 등 특별한 사유가 있어 수사진행이 어려운 사람에 대하여 3개월 이내의 기간을 정하여 출국을 금지할 수 있다.

해설 ③ (×) 영장이 발부된 사람은 그 유효기간 동안 출국 금지(정지)할 수 있다.

**☞ 내국인 출국금지 및 외국인 출국정지 사유**

| 금지(정지) 사유 | 금지(정지) 기간 |
|---|---|
| 수사 목적 | 1월 |
| 도주 · 기소중지 · 수사중지(피의자중지로 한정) | 3월 또는 **영장 (체포 · 구속)유효기간** |
| 수사 이외 사유<br>① **형사재판** 계속 중<br>② **징역 · 금고** 집행중<br>③ **벌금 · 추징금** 미납자(대통령령으로 정하는 금액 이상)<br>④ **세금**(국세 · 관세 · 지방세) 미납자(대통령령으로 정하는 금액 이상)<br>⑤ **양육비** 채무자(양육비이행심의위원회 심의 · 의결을 거친자)<br>⑥ 그 밖에 법무부령으로 정하는 사람 | ① 내국인 출국금지: **6월**<br>② **외국인 출국정지**: 3월<br><br>※ 출국금지 · 정지는 기간만 다르고 대체로 동일 |

정답 ③

**02 「출입국관리법」에 대한 설명으로 가장 적절한 것은?** 〈21 채용1차〉

① 출국이 금지(「출입국관리법」 제4조제 1항 또는 제2항)되거나 출국금지기간이 연장(「출입국관리법」 제4조의2 제1항)된 사람은 출국금지결정이나 출국금지기간 연장의 통지를 받은 날 또는 그 사실을 안 날부터 15일 이내에 법무부장관에게 출국금지결정이나 출국금지기간 연장결정에 대한 이의를 신청할 수 있다.
② 외국인이 입국할 때에는 유효한 여권과 외교부장관이 발급한 사증을 가지고 있어야 한다.
③ 수사기관이 「출입국관리법」 제4조의6 제3항에 따른 긴급출국금지 승인을 요청한 때로부터 12시간 이내에 법무부장관으로부터 긴급출국금지 승인을 받지 못한 경우, 법무부장관은 「출입국관리법」 제4조의6 제1항의 수사기관 요청에 따른 출국금지를 해제하여야 한다.
④ 법무부장관은 소재를 알 수 없어 기소중지 결정이 된 사람 또는 도주 등 특별한 사유가 있어 수사진행이 어려운 사람에 대하여는 6개월 이내의 기간을 정하여 출국을 금지할 수 있다.

해설 ① (×) 10일 이내에 이의신청할 수 있다.
② (×) 사증은 법무부장관이 발급한다.
③ (○) 수사기관은 긴급출국금지를 요청한 때로부터 **6시간 이내에 법무부장관에게 긴급출국금지 승인을 요청**하여야 하고, 긴급출국금지 승인을 요청한 때로부터 **12시간 이내에 법무부장관으로부터 긴급출국금지 승인을 받지 못한 경우에는 출국금지를 해제**하여야 한다(제4조의6).
④ (×) 6개월이 아닌 3개월이다.

정답 ③

**03** **「출입국관리법」에 대한 설명이다. 아래 가.부터 라.까지 설명 중 옳고 그름의 표시(○, ×)가 바르게 된 것은?** 〈22 경간〉

가. 수사기관이 「출입국관리법」 제4조의6 제3항에 따른 긴급출국금지 승인을 요청한 때로부터 24시간 이내에 법무부장관으로부터 긴급출국금지 승인을 받지 못한 경우, 법무부장관은 출입국관리법 제4조의6 제1항의 수사기관 요청에 따른 출국금지를 해제하여야 한다.
나. 18세 미만의 외국인을 제외한 대한민국에 체류하는 외국인은 여권, 선원신분증명서, 외국인입국허가서, 외국인등록증 또는 상륙허가서를 지니고 있어야 한다.
다. 출입국관리공무원 외의 수사기관이 출입국사범에 해당하는 사건을 입건하였을 때에는 지체 없이 관할 지방출입국・외국인관서의 장에게 인계하여야 한다.
라. 감염병환자, 마약류중독자, 강제퇴거명령을 받고 출국한 후 5년이 지난 외국인은 입국금지 사항에 해당한다.

① 가(○) 나(×) 다(○) 라(○)
② 가(×) 나(○) 다(○) 라(○)
③ 가(×) 나(×) 다(○) 라(×)
④ 가(○) 나(×) 다(○) 라(×)

해설> 가. (×) 24시간이 아닌 12시간이다.
나. (×) 18세가 아닌 17세이다.
라. (×) 강제퇴거명령을 받고 출국한 후 5년이 지나지 아니한 사람이다.

정답 ③

**04** **「출입국관리법」상 내국인의 출국금지에 대한 설명으로 가장 적절하지 않은 것은?** 〈19 승진〉

① 법무부장관은 형사재판에 계속 중인 사람에 대하여 6개월 이내의 기간을 정하여 출국을 금지할 수 있다.
② 법무부장관은 징역형이나 금고형의 집행이 끝나지 아니한 사람에 대하여 6개월 이내의 기간을 정하여 출국을 금지할 수 있다.
③ 법무부장관은 기소중지 결정이 된 경우로서 체포영장 또는 구속영장이 발부된 사람에 대하여 영장 유효기간까지 출국을 금지하여야 한다.
④ 법무부장관은 소재를 알 수 없어 기소중지결정이 된 사람 또는 도주 등 특별한 사유가 있어 수사진행이 어려운 사람에 대하여 3개월 이내의 기간을 정하여 출국을 금지할 수 있다.

해설> ③ (×) 출국을 금지할 수 있다(제14조②).

정답 ③

**05** **「출입국관리법」 제4조에는 국민의 출국 금지 기간에 대하여 정하고 있다. 다음 ( ) 안에 들어갈 숫자를 모두 더한 값은? (단, 기간연장은 없음)** 〈17 채용1차〉

㉠ 범죄 수사를 위하여 출국이 적당하지 아니하다고 인정되는 사람 : ( )개월 이내
㉡ 형사재판에 계속 중인 사람 : ( )개월 이내
㉢ 징역형의 집행이 끝나지 아니한 사람 : ( )개월 이내
㉣ 소재를 알 수 없어 기소중지결정이 된 사람 : ( )개월 이내
㉤ 도주 등 특별한 사유가 있어 수사진행이 어려운 사람 : ( )개월 이내

① 10 ② 16
③ 19 ④ 20

정답 ③ (1, 6, 6, 3, 3)

PART 05

## 제4절 주한미군지위협정(SOFA) 등

### 01 외사경찰 활동과 관련된 설명으로 옳지 않은 것은?

〈21 경간〉

① 「외사요원 관리규칙」상 외사요원이라 함은 외사기획, 외사정보, 외사수사, 해외주재, 그리고 국제협력업무를 취급하는 경찰 공무원을 말한다.

② 「출입국 관리법」상 수사기관은 긴급출국금지를 요청한 때로부터 6시간 이내에 법무부장관에게 긴급출국금지 승인을 요청하여야 한다.

③ 수사절차 등과 관련해 일정한 제약을 규정하고 있는 「주한미군 지위협정(SOFA)」은 대한민국 영역 안에 있는 미국 군대의 구성원, 군속, 그리고 그 가족으로 적용대상을 제한하고 있다.

④ 「범죄수사규칙」상 경찰관은 외국인 관련범죄의 수사를 함에 있어서는 국제법과 국제조약에 위배되는 일이 없도록 유의해야 하며 중요한 범죄에 관하여는 미리 국가수사본부장에게 보고하여 그 지시를 받아 수사에 착수하여야 한다.

해설 ③ (×) 협정의 적용대상자에 '초청 계약자'도 포함된다.

정답 ③

### 02 「주한미군지위협정(SOFA)」, 「대한민국과 중화인민공화국 간의 영사협정」에 대한 설명으로 가장 적절하지 않은 것은?

〈20 승진〉

① 중국인 피의자 체포 구속 시, 체포 구속된 피의자의 요청이 없는 경우에도 7일 이내 해당 사실을 영사기관에 통보해야 한다.

② 미군의 공무집행중의 작위 또는 부작위에 의한 범죄에 대하여 미군 당국이 1차적 재판권을 가지며, 공무집행의 범위에는 공무집행으로 인한 범죄뿐만 아니라 공무집행에 부수하여 발생한 범죄도 포함된다.

③ 미국 군대의 구성원, 군속, 배우자 및 21세 미만의 자녀, 부모 및 21세 이상의 자녀 또는 기타 친척으로서 그 생계비의 반액 이상을 미국 군대의 구성원에 의존하는 자는 주한미군지위협정의 적용을 받는다.

④ 주한미군의 공무 중 사건으로 인한 피해가 전적으로 미군 측의 책임으로 밝혀진 경우 미군 측이 75%, 한국측이 25%를 부담하여 배상한다.

해설 ① (×) 별도의 영사협약에 따른 통지

> ① 한・러 영사협약: 러시아인을 체포・구속한 때에는 **본인 희망 여부와 상관없이 지체 없이** 러시아 영사기관에 통보한다.
> **【러시아 영사에게는 러시(rush)로】**
> ② 한・중 영사협약: 중국인을 체포・구속한 때에는 **본인 희망여부와 상관없이 4일**(7일 ×) 이내에 중국 영사기관에 통보한다.
> **【중국 영사(04)에게는 4일 내】**

정답 ①

## 03 경찰관의 외국인 관련 사건처리 조치 중 가장 적절하지 않은 것은? 〈23 승진〉

① 사법경찰관 甲은 「경찰수사규칙」에 따라 중국인 피의자 A의 체포시 피의자에게 영사관 접견 등 권리를 요청할 수 있다는 사실을 알려주었다.

② 사법경찰관 乙은 「대한민국과 중화인민공화국 간의 영사협정」에 따라 구속된 중국인 피의자 B의 요청이 없는 경우에도 4일이 넘지 아니하는 기간 내에 그 구속사실을 영사기관에 통보하였다.

③ 사법경찰관 丙은 「범죄수사규칙」에 따라 영사 C의 사무소 안에 있는 기록문서를 압수하지 않고 열람하였다.

④ 사법경찰관 丁은 「경찰수사규칙」에 따라 한미행정 협정사건에 관하여 주한 미합중국 군 당국으로부터 공무증명서를 제출받아 지체 없이 공무증명서의 사본을 검사에게 송부하였다.

해설 ① (○) 「영사관계에 관한 비엔나협약」에 의하여 고지하여야 한다.
② (○) 별도의 협약에 따라 중국인을 체포·구속한 때에는 본인의 희망여부와 상관없이 4일 이내에 통보하여야 하고, 러시아인의 경우에는 지체 없이 통보하여야 한다.
③ (×) 경찰관은 총영사, 영사 또는 부영사나 명예영사의 사무소 안에 있는 기록문서에 관하여는 이를 열람하거나 압수하여서는 아니 된다(제213조④).
④ (○) 사법경찰관은 주한 미합중국 군당국으로부터 공무증명서를 제출받은 경우 지체 없이 공무증명서의 사본을 검사에게 송부해야 한다(제92조②).

정답 ③

## 제5절 인터폴

## 01 국제형사경찰기구(INTERPOL) 설립에 대한 설명으로 가장 적절하지 않은 것은? 〈22 경간〉

① 1914년 모나코(Monaco)에서 제1회 국제형사경찰회의(International Criminal Police Congress)가 개최되었다.

② 1923년 헤이그(Hague)에서 19개국 경찰기관장이 참석하여 유럽대륙 위주의 국제형사경찰위원회(International Criminal Police Commission)를 창설하였다.

③ 1956년 비엔나(Vienna) 제25차 국제형사경찰위원회 총회에서 국제형사경찰기구(International Criminal Police Organization : ICPO), 인터폴(INTERPOL)로 명칭이 변경되었다.

④ 2021년 현재 본부는 리옹(Lyon)에 있다.

해설 ② (×) 헤이그가 아닌 비엔나이다. 헤이그에는 유로폴의 본부가 있다.

**☞ 인터폴 발전과정 【코비비】, 【ICPC → ICPO】**

① 1914년 모나코에서 1차 **국제형사경찰회의**
② 1923년 **비**엔나에서 **19개국 경찰기관장**이 참석한 2차 국제형사경찰회의를 개최하여 '국제형사경찰위원회(**ICPC**)' 창설, 당시는 **유럽대륙 위주의 기구**였다는 지역적 한계(세계적인 경찰협력기구 ×).
③ 1956년 **비**엔나, ICPC총회에서 국제형사경찰기구(**ICPO**) 발족(당시 **파리**에 사무총국을 둠, 현재는 리옹에 있음)
④ 2015년 싱가포르에 '인터폴 글로벌혁신단지' 개소

정답 ②

## 02 다음 중 국제형사경찰기구(INTERPOL)에 대한 설명으로 가장 적절한 것은? 〈18 채용3차〉

① 1914년 모나코에서 국제형사경찰회의(International Criminal Police Congress)가 개최되어 국제범죄 기록보관소 설립, 범죄인 인도절차의 표준화 등에 대하여 논의하였는데 이것이 국제경찰협력의 기초가 되었다.

② 1923년 제네바에서 제2차 국제형사경찰회의가 개최되어 국제형사경찰위원회(International Criminal Police Commission)가 창설되었으며 이는 국제형사경찰기구의 전신이라 할 수 있다.

③ 1956년 비엔나에서 제25차 국제형사경찰위원회가 개최되어 국제형사경찰기구가 발족하였고, 당시 사무총국을 리옹에 두었다.

④ 국가중앙사무국(National Central Bureau)은 회원국에 설치된 상설 경찰협력부서로 우리나라의 경우 경찰청 외사국 국제협력과 인터폴계에 설치되어 있다.

해설> ② (×) 비엔나에서 개최
③ (×) 당시에는 사무총국을 파리에 두었다.
④ (×) 외사국에는 외사기획정보과, 국제협력과, 인터폴국제공조과가 있으며, 우리나라 국가중앙사무국은 인터폴국제공조과에 설치되어 있다.

정답 ①

## 03 국제형사경찰기구(인터폴)에 대한 설명으로 가장 적절하지 않은 것은? 〈20 승진〉

① 인터폴 협력의 원칙으로는 주권의 존중, 일반법의 집행, 보편성의 원칙, 평등성의 원칙, 업무방법의 유연성 등이 있다.

② 1923년 비엔나에서 19개국 경찰기관장이 참석한 가운데 제2차 국제형사경찰회의가 개최되어 국제형사경찰위원회(ICPC : International Criminal Police Commission)를 창립하였다.

③ 법무부장관은 국제형사경찰기구로부터 외국의 형사사건 수사에 대하여 협력을 요청받거나 국제형사경찰기구에 협력을 요청하는 경우 국제범죄의 정보 및 자료 교환, 국제범죄의 동일증명 및 전과조회 등의 조치를 취할 수 있다.

④ 인터폴에서 발행하는 국제수배서에는 변사자 신원확인을 위한 흑색수배서(Black Notice), 장물수배를 위한 장물수배서(Stolen Property Notice), 범죄관련인 소재 확인을 위한 청색수배서 (Blue Notice) 등이 있다.

해설> ③ (×) 인터폴과 관련해서는 법무부장관이 아닌 행정안전부장관이다. 인터폴 공조대상은 국제범죄의 동일 증명 및 전과조회, 국제범죄에 관한 사실 확인·조사, 국제범죄의 정보·자료 교환 등이다. **【동전(달라고) 사정】**

정답 ③

## 04 국제형사경찰기구(INTERPOL)에 대한 설명으로 가장 적절하지 않은 것은? 〈18 법학〉

① 국제형사경찰기구는 정치적, 군사적, 종교적, 인종적 성격을 띤 사항에 대해서 어떠한 간섭이나 활동을 하는 것을 엄격히 금지한다.

② 국제형사경찰기구의 공용어는 영어, 불어, 스페인어, 아랍어이다.

③ 집행위원회는 국제형사경찰기구의 최고의결기관으로 매년 한 번씩 개최하여 일주일간 진행된다.

④ 사무총국은 프랑스 리옹에 있으며, 모든 회원국에는 상설기구로서 국가중앙사무국을 설치하고 있다.

해설

| | |
|---|---|
| 총회 | 인터폴의 **최고 의결기관**, **1년에 한 번 개최**, 총재는 4년 임기 |
| 집행 위원회 | ① 총회에서 선출되는 13명의 위원으로 구성<br>② 헌장 등의 개정을 제안하고 재정분담금 연체국에 대한 제재방안 등 결정 |
| 사무총국 | 각 회원국과 협조관계를 유지하는 **총본부**이자 추진체로서, **국제수배서 발행** |
| 국가중앙 사무국 | 모든 회원국에 설치되는 상설기관으로 우리나라 국장은 외사국장(담당 : 인터폴국제공조과) |

정답 ③

## 05 다음 중 인터폴에서 발행하는 국제수배서에 대한 설명으로 옳은 것은 모두 몇 개인가?

〈16 경간, 20 승진〉

㉠ 적색수배서(Red Notice) – 국제체포수배서로 범죄인 인도를 목적으로 발행
㉡ 청색수배서(Blue Notice) – 상습 국제범죄자의 동향 파악 및 범죄예방을 위해 발행
㉢ 황색수배서(Yellow Notice) – 신원불상 사망자 또는 가명사용 사망자의 신원확인을 위해 발행
㉣ 자주색수배서(Purple Notice) – 폭발물 등 위험물에 대한 경고 목적으로 발행
㉤ 흑색수배서(Black Notice) – 가출인의 소재확인 및 심신 상실자의 신원확인 목적으로 발행

① 0개　② 1개
③ 2개　④ 3개

해설 ㉡ (×) 녹색수배서에 대한 설명이다.
㉢ (×) 흑색수배서에 대한 설명이다.
㉣ (×) Purple은 일반적으로 보라색으로 해석된다. 오렌지수배서에 대한 설명이다.
㉤ (×) 황색수배서에 대한 설명이다.

정답 ②

# 제6절 국제형사사법 공조 및 범죄인 인도

## 01 국제형사사법 공조에 대한 설명으로 옳지 않은 것은 모두 몇 개인가?

〈20 경간〉

가. 요청국이 공조에 따라 취득한 증거를 공조요청의 대상이 된 범죄 이외의 수사나 재판에 사용해서는 안된다는 원칙은 '특정성의 원칙'과 관련이 깊다.
나. 「국제형사사법 공조법」상 공조범죄가 대한민국의 법률에 의하여는 범죄를 구성하지 아니하거나 공소를 제기할 수 없는 범죄인 경우 공조를 하지 아니할 수 있다.
다. 「국제형사사법 공조법」상 대한민국에서 수사가 진행 중이거나 재판에 계속된 범죄에 대하여 외국의 공조요청이 있는 경우에는 그 수사 또는 재판 절차가 끝날 때까지 공조를 연기하여야 한다.
라. 「국제형사사법 공조법」상 외국의 요청에 따른 수사의 공조절차에서 검사는 요청국에 인도하여야 할 증거물 등이 법원에 제출되어 있는 경우에는 법무부장관의 인도허가 결정을 받아야 한다.

① 1개　② 2개
③ 3개　④ 4개

해설 가. (○) 형사사법공조 원칙

| | |
|---|---|
| 상호주의 | 외국이 사법공조를 해주는 만큼 동일한 정도로 공조에 응하는 원칙 |
| 쌍방 가벌성 | 공조대상 범죄는 양 국가 모두의 법률로 처벌 가능한 범죄이어야 함. |
| 특정성 | 공조에 의하여 취득한 증거는 공조대상 범죄에만 사용해야 한다는 원칙 |

나. (○) 임의적 거절사유이다. 국제형사사법공조법에서 절대적 거절사유는 규정되어 있지 않다.
다. (×) 재판 또는 수사 중인 경우는 종료될 때까지 연기할 수 있다. **【재수는 (입학)연기】**
라. (×) 법원의 인도허가 결정을 받아야 한다(제17조③).

정답 ②

## 02 다음은 국제형사사법 공조에 대한 설명이다. 옳지 않은 것으로 묶인 것은? 〈19 경간, 19 채용1차, 19 경간〉

> ㉠ 요청국이 공조에 따라 취득한 증거를 공조요청의 대상이 된 범죄 이외의 수사나 재판에 사용해서는 안 된다는 원칙은 '특정성의 원칙'과 관련이 깊다.
> ㉡ 우리나라가 외국과 체결한 형사사법 공조조약과 「국제형사사법 공조법」의 규정이 상충되면 공조조약이 우선 적용된다.
> ㉢ 「국제형사사법 공조법」상 공조범죄가 대한민국의 법률에 의하여는 범죄를 구성하지 아니하거나 공소를 제기할 수 없는 범죄인 경우 공조를 하지 아니해야 한다.
> ㉣ 「국제형사사법 공조법」상 대한민국에서 수사가 진행 중이거나 재판에 계속된 범죄에 대하여 외국의 공조요청이 있는 경우에 수사의 진행, 재판의 계속을 이유로 공조를 연기할 수 없다.

① ㉠, ㉡ ② ㉡, ㉢ ③ ㉡, ㉣ ④ ㉢, ㉣

해설> ㉢ (×) 공조를 하지 아니할 수 있다.
㉣ (×) 공조를 연기할 수 있다. **【재수는 (입학)연기】** 정답 ④

## 03 범죄인 인도에 관한 원칙에 대한 설명으로 가장 적절하지 않은 것은? 〈16 · 21 승진〉

① 자국민불인도의 원칙은 자국민은 인도하지 않는다는 원칙으로서, 우리나라 「범죄인 인도법」 제9조는 절대적 거절사유로 규정하고 있다.
② 쌍방가벌성의 원칙은 인도청구가 있는 범죄가 청구국과 피청구국 쌍방의 법률에 의하여 범죄를 구성하지 않는 경우에는 그 범죄에 관하여 범죄인을 인도하지 않는다는 원칙이다.
③ 최소한 중요성의 원칙은 어느 정도 중요성을 띤 범죄인만 인도한다는 원칙이다.
④ 특정성의 원칙은 인도된 범죄인이 인도가 허용된 범죄 외의 범죄로 처벌받지 아니하고, 제3국에 인도되지 아니한다는 청구국의 보증이 없는 경우에는 범죄인을 인도하여서는 아니 된다는 원칙이다.

해설> ① (×) 자국민불인도 원칙은 임의적 거절사유이다.

정답 ①

## 04 「범죄인 인도법」 제7조에 따른 절대적 인도거절 사유에 해당하지 않는 것은? 〈22 채용1차〉

① 대한민국 또는 청구국의 법률에 따라 인도범죄에 관한 공소시효 또는 형의 시효가 완성된 경우
② 인도범죄에 관하여 대한민국 법원에서 재판이 계속 중이거나 재판이 확정된 경우
③ 인도범죄의 성격과 범죄인이 처한 환경 등에 비추어 범죄인을 인도하는 것이 비인도적이라고 인정되는 경우
④ 범죄인이 인종, 종교, 국적, 성별, 정치적 신념 또는 특정 사회단체에 속한 것 등을 이유로 처벌되거나 그 밖의 불리한 처분을 받을 염려가 있다고 인정되는 경우

해설> ③ (×) '비인도적' 사유는 임의적 거절사유에 해당한다.
**【차이재시】**

| | | |
|---|---|---|
| 절대적 사유 | 1. 인종, 종교, 국적, 성별, 정치적 신념 등의 이유로 처벌될 우려시(**차별** 우려)<br>2. 인도범죄를 범하였다고 볼 상당한 **이**유가 없는 경우<br>3. 한국 법원에서 **재**판 중이거나 확정된 경우<br>4. 한국 또는 청구국의 법률에 공소**시**효 또는 형의 시효가 완성된 경우 | **차이(나게) 재시(하면) 절대적 인도 거절** |
| 임의적 사유 | 1. 인도범죄의 일부가 **한국** 영역 내에서 행하여진 경우<br>2. 범죄인이 한국 **국민**인 경우<br>3. 인도범죄 **외**의 범죄가 한국 법원에 **재**판 중, 집행 중 또는 면제받지 아니한 경우<br>4. 인도범죄에 관하여 제**3**국(청구국이 아닌 외국)에서 재판 받고 처벌되었거나 처벌받지 않기로 확정된 경우<br>5. 인도범죄의 성격과 범죄인의 환경 등 고려하여 인도가 **비인도적**이라고 인정될 때 | **한국국민(에) 외재인삼 (주는 것은) 비인도적 (이어서) 거절할 수도 있다** |

정답 ③

**05** **다음은 「범죄인 인도법」과 범죄인 인도의 원칙에 대한 설명이다. 옳은 것은 모두 몇 개인가?**

〈20 채용2차〉

> ㉠ 「범죄인 인도법」 제6조는 대한민국과 청구국의 법률에 따라 인도범죄가 사형, 무기징역, 무기금고, 장기 1년 이상의 징역 또는 금고에 해당하는 경우에만 범죄인인도가 가능하다고 규정하여 '쌍방가벌성의 원칙'과 '최소한의 중요성 원칙'을 모두 담고 있다.
> ㉡ 인도조약이 체결되어 있지 않은 경우에도 범죄인의 인도를 청구하는 국가가 동종의 범죄인 인도청구에 응한다는 보증을 하는 경우 「범죄인 인도법」을 적용한다는 원칙은 '상호주의 원칙'이다.
> ㉢ 자국민은 원칙적으로 인도의 대상이 아니라는 '자국민 불인도의 원칙'은 「범죄인 인도법」상 절대적 인도거절 사유로 규정되어 있다.
> ㉣ 인도범죄가 정치적 성격을 지닌 범죄이거나 그와 관련된 경우 범죄인을 인도하여서는 안된다는 '정치범 불인도의 원칙'은 「범죄인 인도법」에 규정되어 있다. 다만 국가원수 암살, 집단 학살 등은 정치범 불인도의 예외사유로 인정한다.

① 1개　　② 2개
③ 3개　　④ 4개

해설> ㉠ (○) 최소주의는 최소한이므로 가장 낮은 1년 이상의 범죄이다.
㉢ (×) 임의적 인도거절 사유이다.

정답 ③

**06** **「범죄인 인도법」 제7조에서 규정하고 있는 절대적 인도거절 사유로 올바르게 묶인 것은?**

〈18 채용1차, 19 경간〉

> 가. 범죄인이 대한민국 국민인 경우
> 나. 대한민국 또는 청구국의 법률에 따라 인도범죄에 관한 공소시효 또는 형의 시효가 완성된 경우
> 다. 인도범죄의 전부 또는 일부가 대한민국 영역에서 범한 것인 경우
> 라. 인도범죄에 관하여 대한민국 법원에서 재판이 계속 중이거나 재판이 확정된 경우
> 마. 범죄인이 인종, 종교, 국적, 성별, 정치적 신념 또는 특정 사회단체에 속한 것 등을 이유로 처벌되거나 그 밖의 불리한 처분을 받을 염려가 있다고 인정되는 경우
> 바. 범죄인이 인도범죄에 관하여 제3국(청구국이 아닌 외국을 말한다)에서 재판을 받고 처벌되었거나 처벌받지 아니하기로 확정된 경우

① 가, 나, 라　　② 가, 다, 마
③ 나, 라, 마　　④ 나, 마, 바

해설> 절대적 거절사유: 나, 라, 마
임의적 거절사유: 가, 다, 바

정답 ③

PART 05

## 07 「범죄인 인도법」상 아래 ㉠부터 ㉤까지 설명으로 절대적 인도거절 사유(A)와 임의적 인도거절 사유(B)로 바르게 연결된 것은? 〈16 채용2차, 17 경위〉

> ㉠ 인도범죄에 관하여 대한민국 법원에서 재판이 계속 중이거나 재판이 확정된 경우
> ㉡ 범죄인이 대한민국 국민인 경우
> ㉢ 인도범죄의 성격과 범죄인이 처한 환경 등에 비추어 범죄인을 인도하는 것이 비인도적이라고 인정되는 경우
> ㉣ 범죄인이 인종, 종교, 국적, 성별, 정치적 신념 또는 특정 사회단체에 속한 것 등을 이유로 처벌되거나 그 밖의 불리한 처분을 받을 염려가 있다고 인정되는 경우
> ㉤ 인도범죄의 전부 또는 일부가 대한민국 영역에서 범한 것인 경우

① A – ㉠, ㉣ B – ㉡, ㉢, ㉤
② A – ㉠, ㉤ B – ㉡, ㉢, ㉣
③ A – ㉡, ㉢ B – ㉠, ㉣, ㉤
④ A – ㉡, ㉣ B – ㉠, ㉢, ㉤

정답 ①

## 08 「범죄인 인도법」에 규정된 내용으로 가장 적절하지 않은 것은? 〈22 경간〉

① 「범죄인 인도법」에 규정된 범죄인의 인도심사 및 그 청구와 관련된 사건은 경찰청 외사국의 전속관할로 한다.
② 대한민국과 청구국의 법률에 따라 인도범죄가 사형, 무기징역, 무기금고, 장기(長期) 1년 이상의 징역 또는 금고에 해당 하는 경우에만 범죄인을 인도할 수 있다.
③ 외교부장관은 청구국으로부터 범죄인의 긴급인도구속을 청구 받았을 때에는 긴급인도구속 청구서와 관련 자료를 법무부장관에게 송부하여야 한다.
④ 「범죄인 인도법」에 따라 법무부장관이 검사장 등에게 하는 명령과 검사장 · 지청장 또는 검사가 법무부장관에게 하는 건의 · 보고 또는 서류 송부는 검찰총장을 거쳐야 한다. 다만, 고위공직자범죄수사처장 또는 그 소속 검사의 경우에는 그러하지 아니하다.

해설> ① (×) 이 법에 규정된 범죄인의 인도심사 및 그 청구와 관련된 사건은 **서울고등법원과 서울고등검찰청의 전속관할**로 한다(제3조).

정답 ①

## 09 외국인 관련 사건처리에 대한 설명 중 가장 적절하지 않은 것은? 〈22 승진〉

① 「범죄인 인도법」상 법원은 범죄인이 인도구속영장에 의하여 구속 중인 경우에 구속된 날부터 2개월 이내에 인도심사에 관한 결정을 하여야 한다.
② 주한미군지위협정(SOFA)상 주한미군의 공무집행 중 작위 또는 부작위에 의한 범죄는 합중국 군 당국의 전속적 재판권 범위에 포함된다.
③ 「국제형사사법 공조법」상 행정안전부장관은 국제형사경찰기구로부터 외국의 형사사건 수사에 대하여 협력을 요청받거나 국제형사경찰기구에 협력을 요청하는 경우에는 국제범죄의 정보 및 자료교환 등의 조치를 취할 수 있다.
④ 「대한민국과 러시아연방간의 영사협약」상 파견국 국민이 영사관할 구역 안에서 구속된 경우 접수국의 권한 있는 당국은 지체 없이 파견국의 영사기관에 통보한다.

해설> ② (×) 전속재판권은 상대국에서는 처벌 불가한 경우 처벌 가능한 국가에서만 처벌하는 것이고, 경합재판권은 양국 모두 재판권이 있지만 미국 군대 내부의 문제(미군 상호간의 폭행 등)이거나 공무집행중의 행위일 때에는 미국이 1차 재판권을 갖는다.

정답 ②

## 10 「범죄인 인도법」에 대한 설명으로 가장 적절한 것은? 〈20 법학〉

① 범죄인 인도에 관하여 이 법에 인도조약과 다른 규정이 있는 경우에는 이 법의 규정을 우선 적용한다.
② 인도범죄의 전부 또는 일부가 대한민국 영역에서 범한 것인 경우는 절대적 인도거절 사유이다.
③ 범죄인이 인종, 종교, 국적, 성별, 정치적 신념 또는 특정 사회단체에 속한 것 등을 이유로 처벌되거나 그 밖의 불리한 처분을 받을 염려가 있다고 인정되는 경우는 임의적 인도거절 사유이다.
④ 외교부장관은 청구국으로부터 범죄인의 인도청구를 받았을 때에는 인도청구서와 관련 자료를 법무부장관에게 송부하여야 하며, 법무부장관은 이를 서울고등검찰청 검사장에게 송부하고 그 소속 검사로 하여금 서울고등법원에 범죄인의 인도허가 여부에 관한 심사를 청구하도록 명하여야 한다.

해설 ① (×) 조약이 우선한다.
② (×) 임의적 거절사유이다.
③ (×) 차별받을 우려는 절대적 거절사유이다.

정답 ④

## 11 「범죄인 인도법」에 대한 설명 중 가장 적절하지 않은 것은? 〈18 채용3차, 20 승진〉

① 순수한 정치범은 인도하지 않는 것이 원칙이나 정치범일지라도 국가원수암살범은 예외가 되어 일반적으로 인도의 대상이 된다.
② 대한민국과 청구국의 법률에 따라 인도범죄가 사형, 무기징역, 무기금고, 장기 1년 이상의 징역 또는 금고에 해당하는 경우에만 범죄인을 인도할 수 있다.
③ 범죄인이 인도범죄에 관하여 제3국(청구국이 아닌 외국)에서 재판을 받고 처벌되었거나 처벌받지 아니하기로 확정된 경우는 청구국에 인도하지 아니할 수 있다.
④ 법무부장관은 범죄인이 인도구속영장에 의하여 구속 중인 경우에는 구속된 날부터 2개월 이내에 인도심사에 관한 결정을 하여야 한다.

해설 ① (○) 정치범이라도 인도할 수 있는 경우는 국가**원**수·정부수반 또는 그 가족의 생명·신체를 침해하거나 위협하는 범죄, 다자간 **조**약에 따라 한국이 재판권을 행사하거나 범죄인을 인도할 의무를 부담하고 있는 범죄, **여**러 사람의 생명·신체를 침해·위협하거나 위험을 발생시킨 범죄이다. **【정치 『원조여』 인도 가능】**
④ (×) 범죄인이 인도구속영장에 의하여 구속된 때에는 구속된 날부터 3일 내에 검사는 인도심사 청구하고, 법원은 2개월 내 인도심사한다.

정답 ④

PART 05

## 12 「범죄인 인도법」에 대한 설명으로 가장 적절한 것은? 〈19 승진〉

① 대한민국의 주권, 국가안전보장, 안녕질서 또는 미풍양속을 해칠 우려가 있는 경우 범죄인을 인도하지 않을 수 있다.
② 범죄인이 인종, 종교, 국적, 성별, 정치적 신념 또는 특정 사회단체에 속한 것 등을 이유로 처벌되거나 그 밖의 불리한 처분을 받을 염려가 있다고 인정되는 경우 범죄인을 인도하지 않을 수 있다.
③ 외교부장관은 범죄인 인도조약의 존재 여부, 상호보증 여부, 인도대상범죄 여부 등을 확인하고 관계서류를 첨부하여 법무부장관에게 송부한다.
④ 외교부장관은 인도조약 또는 「범죄인 인도법」에 따라 범죄인을 인도할 수 없거나 인도하지 아니하는 것이 타당하다고 인정되는 경우에는 인도심사청구명령을 하지 아니하고, 그 사실을 법무부장관에게 통지하여야 한다.

해설> ① (×) "대한민국의 주권, 국가안전보장, 안녕질서 또는 미풍양속을 해칠 우려가 있는 경우"는 국제형사사법공조법의 임의적 거절사유이다.
② (×) 차별우려는 절대적 거절사유이다.
④ (×) 타당성 검토는 법무부장관이 한다.

> 제12조(법무부장관의 인도심사청구명령) ① **법무부장관은** 외교부장관으로부터 제11조에 따른 인도청구서 등을 받았을 때에는 이를 서울고등검찰청 검사장(檢事長)에게 송부하고 그 소속 검사로 하여금 서울고등법원(이하 "법원"이라 한다)에 범죄인의 인도허가 여부에 관한 심사(이하 "인도심사"라 한다)를 청구하도록 명하여야 한다. 다만, 인도조약 또는 이 법에 따라 **범죄인을 인도할 수 없거나 인도하지 아니하는 것이 타당하다고 인정되는 경우**에는 그러하지 아니하다.
> ② 법무부장관은 제1항 단서에 따라 인도심사청구명령을 하지 아니하는 경우에는 그 사실을 외교부장관에게 통지하여야 한다.

정답 ③

## 13 「국제형사사법 공조법」과 「범죄인 인도법」에 대한 내용으로 옳은 것은 모두 몇 개인가? 〈21 경간〉

> 가. 국제형사사법 공조와 범죄인 인도 과정 모두에서 상호주의 원칙과 조약우선주의를 천명하고 있다.
> 나. 대한민국에서 수사가 진행 중이거나 재판에 계속된 범죄에 대하여 외국의 공조요청이 있는 경우에는 즉시 공조해야 한다.
> 다. 외국의 요청에 따른 수사의 공조절차에서 공조요청 접수 및 요청국에 대한 공조 자료의 송부는 법무부장관이 한다. 다만, 긴급한 조치가 필요한 경우나 특별한 사정이 있는 경우에는 외교부장관이 법무부장관의 동의를 받아 이를 할 수 있다.
> 라. 대한민국과 청구국의 법률에 따라 인도범죄가 사형, 무기징역, 무기금고, 장기 3년 이상의 징역 또는금고에 해당하는 경우에만 범죄인을 인도할 수 있다.
> 마. 범죄인이 대한민국 국민이거나 인도 범죄에 관하여 대한민국 법원에서 재판이 확정된 경우에는 범죄인을 인도하여서는 아니 된다.

① 1개 ② 2개
③ 3개 ④ 4개

해설> 나. (×) 수사나 재판 종료 시까지 공조 연기할 수 있다.
다. (×) 공조요청 접수 및 요청국에 대한 공조 자료의 송부는 외교부장관이 한다. 다만, 긴급한 조치가 필요한 경우나 특별한 사정이 있는 경우에는 법무부장관이 외교부장관의 동의를 받아 이를 할 수 있다(국제형사사법공조법 제11조). 문서나 증거물이 국외로 발송되는 것이므로 외교부장관을 통해서 상대국의 외교부로 발송되는 것이 원칙이다.
라. (×) 최소주의로 장기 1년 이상의 범죄이다. 최소한이므로 가장 낮은 1년으로 규정되어 있다.
마. (×) 자국민 인도불가 원칙은 임의적 거절사유이다. 재판이 계속 중이거나 확정된 경우는 절대적 거절사유이다.

정답 ①

**박용증**

**주요 약력**

현) 박문각 경찰학 전임강사

전) • 2018~2019 서울경찰청 채용 면접위원

• 수사실무, 기획실무, 지구대장, 생활안전과장, 경무과장, 정보·보안과장, 112상황실장 근무

• 홍콩·필리핀 대사관 경찰영사

• 호주 빅토리아 주립경찰학교 연수

• 1995 경찰간부후보생 43기 수료

• 한양사이버대학원 경찰법무학과 석사

• 동국대학교 경찰행정학과 졸업

**주요 저서**

2020 ~ 2023 아두스 경찰학 기본서(박문각출판)

2020 ~ 2023 아두스 경찰학 기출문제(박문각출판)

2023 아두스 경찰학 모의고사(박문각출판)

2020 ~ 2023 아두스 경찰실무종합 기본서(베리타스)

2020 ~ 2023 아두스 경찰실무종합 기출문제(베리타스)

2020 ~ 2023 아두스 경찰실무종합 모의고사(베리타스)

박용증

# 아두스 경찰학

**진도별 기출문제집**

---

**초판 인쇄** | 2023. 11. 1. **초판 발행** | 2023. 11. 6. **편저** | 박용증

**발행인** | 박 용 **발행처** | (주)박문각출판 **등록** | 2015년 4월 29일 제2015-000104호

**주소** | 06654 서울시 서초구 효령로 283 서경 B/D 4층 **팩스** | (02)584-2927

**전화** | 교재 문의 (02)6466-7202

저자와의 협의하에 인지생략



정가 34,000원

ISBN 979-11-6987-571-4